Dino de Paolis

SUPERBONUS 110%

2ª edizione completamente riveduta e aggiornata
con la L. 234/2021 (Legge di bilancio 2022)

Legislazione Tecnica

Finito di stampare nel mese di febbraio 2022 da
Stabilimento Tipolitografico Ugo Quintily S.p.A.
Viale Enrico Ortolani 149/151 – Zona industriale di Acilia – 00125 Roma

Legislazione Tecnica S.r.L.
00144 Roma, Via dell'Architettura 16

Servizio Clienti
Tel. 06/5921743 - Fax 06/5921068
servizio.clienti@legislazionetecnica.it

Portale informativo: www.legislazionetecnica.it
Shop: ltshop.legislazionetecnica.it

INDICE

CAP. 2

CAP. 3

CAP. 5
RACCOLTA NORMATIVA RAGIONATA

CAP. 1
DISCIPLINA DEL SUPERBONUS

1.1 RIEPILOGO DEI BONUS EDILIZI VIGENTI

1.1.1 Bonus ristrutturazioni

1.1.1.1 Riepilogo caratteristiche principali

Fonti normative	Art. 16-*bis* del D.P.R. 917/1986 Comma 1, art. 16 del D.L. 63/2013
Periodo di applicazione	Spese sostenute fino al 31/12/2024 (termine così prorogato dal comma 37, art. 1 della L. 234/2021) Per i casi in cui determinate tipologie di interventi rientranti nel Bonus ristrutturazioni possono essere "*trainati*" nel Superbonus 110%, il termine finale di scadenza della misura è da intendersi fissato in base alle scadenze previste per il suddetto Superbonus 110%
Massimale di spesa	96.000 Euro per unità immobiliare
Percentuale di detrazione	50% delle spese sostenute
Periodo di detrazione	10 quote annuali di pari importo

1.1.1.2 Tipologie di interventi

Rientrano nel bonus i seguenti interventi:

A) interventi di manutenzione ordinaria, manutenzione straordinaria, restauro e risanamento conservativo, ristrutturazione edilizia (come definiti dall'art. 3 del D.P.R. 06/06/2001, n. 380, c.d. "*Testo Unico Edilizia*"), effettuati sulle parti comuni di edifici residenziali (come definite dall'art. 1117 del Codice civile);

B) interventi di manutenzione straordinaria, restauro e risanamento conservativo, ristrutturazione edilizia (come definiti dall'art. 3 del D.P.R. 380/2001), effettuati sulle singole unità immobiliari residenziali di qualsiasi categoria catastale, anche rurali, e sulle loro pertinenze;

C) interventi per la ricostruzione o il ripristino di immobile danneggiato a seguito di eventi calamitosi (anche diversi da quelli di cui alle precedenti lettere A e B), sempreché sia stato dichiarato lo stato di emergenza;

D) interventi relativi alla realizzazione di autorimesse o posti auto pertinenziali anche a proprietà comune;

E) interventi finalizzati alla eliminazione delle barriere architettoniche (tali interventi possono anche essere "*trainati*" nel regime del Superbonus 110% - vedi voce dedicata, e sono anche oggetto di una specifica agevolazione per il 2022, per la quale vedi più avanti);

F) adozione di misure finalizzate a prevenire il rischio del compimento di atti illeciti da parte di terzi;

G) opere finalizzate alla cablatura degli edifici, al contenimento dell'inquinamento acustico;

H) opere finalizzate al conseguimento di risparmi energetici con particolare riguardo all'installazione di impianti basati sull'impiego delle fonti rinnovabili di energia, anche in assenza di opere edilizie propriamente dette (con riguardo alla fonte fotovoltaica, tali interventi possono anche essere "*trainati*" nel regime del Superbonus 110% - vedi voce dedicata);

I) adozione di misure antisismiche con particolare riguardo all'esecuzione di opere per la messa in sicurezza statica sulle parti strutturali di edifici o complessi di edifici collegati strutturalmente (c.d. "*Sismabonus*", che a determinate condizioni può usufruire di agevolazioni maggiori oppure rientrare nel regime del Superbonus 110% - vedi voci dedicate);

L) bonifica dall'amianto ed esecuzione di opere volte ad evitare gli infortuni domestici;

M) interventi di sostituzione del gruppo elettrogeno di emergenza esistente con generatori di emergenza a gas di ultima generazione (fattispecie introdotta dal comma 60, art. 1 della L. 30/12/2020, n. 178, Legge di bilancio 2021).

Il bonus spetta anche agli acquirenti di immobili oggetto di interventi di demolizione e ricostruzione effettuati da imprese di costruzione o ristrutturazione, avvenuti entro 18 mesi dalla fine lavori e comunque entro il termine di applicazione dell'agevolazione (c.d. "*Bonus acquisti*").

1.1.2 Bonus mobili

1.1.2.1 Riepilogo caratteristiche principali

Fonti normative	Comma 2, art. 16 del D.L. 63/2013
Periodo di applicazione	Spese sostenute fino al 31/12/2024 (termine così prorogato dal comma 37, art. 1 della L. 234/2021)
Massimale di spesa	10.000 Euro per il 2022 5.000 Euro il 2023 e 2024
Percentuale di detrazione	50% delle spese sostenute
Periodo di detrazione	10 quote annuali di pari importo

1.1.2.2 Tipologie di interventi

Rientrano nel bonus le seguenti tipologie di acquisti (gli acquisti devono essere connessi a interventi per i quali si usufruisce del Bonus ristrutturazioni):

A) acquisto di mobili nuovi quali letti, armadi, cassettiere, librerie, scrivanie, tavoli, sedie, comodini, divani, poltrone, credenze, materassi, apparecchi di illuminazione, ecc.;

B) acquisto di grandi elettrodomestici (quali frigoriferi, congelatori, lavatrici, asciugatrici, lavastoviglie, apparecchi per la cottura, stufe elettriche, forni a microonde, piastre riscaldanti elettriche, apparecchi elettrici di riscaldamento, radiatori elettrici, ventilatori elettrici, apparecchi per il condizionamento, ecc.) di classe non inferiore ad A+ (classe A per i forni).

Inoltre:

- gli acquisti devono essere connessi a interventi per i quali si usufruisce del c.d. "*Bonus ristrutturazioni*";

- le spese per l'acquisto di mobili sono calcolate indipendentemente da quelle sostenute per i lavori di ristrutturazione, cioè tali spese possono anche essere più elevate di quelle per i lavori di ristrutturazione.

La detrazione spetta a condizione che gli interventi di recupero del patrimonio edilizio siano iniziati a partire dal 1° gennaio dell'anno precedente a quello dell'acquisto. Pertanto, ad esempio, per il 2022 la detrazione:

- si applica limitatamente agli interventi di recupero del patrimonio edilizio iniziati a decorrere dal 01/01/2021;
- è calcolata su un importo massimo di 10.000 Euro (invece dei 16.000 che erano previsti per il 2021) e pertanto può dar luogo a un risparmio massimo di 5.000 Euro (50% di 10.000, invece degli 8.000 previsti per il 2021).

1.1.3 Ecobonus ed Eco-Sismabonus

1.1.3.1 Riepilogo caratteristiche principali

Fonti normative	Commi 344-347, art. 1 della L. 296/2006 Art. 14 del D.L. 63/2013 D.M. 06/08/2020 (c.d. "*Decreto Requisiti Ecobonus*") D.M. 28/02/2017, n. 58
Periodo di applicazione	Spese sostenute fino al 31/12/2024 (termine così prorogato dal comma 37, art. 1 della L. 234/2021) Per i casi in cui determinate tipologie di interventi rientranti nell'Ecobonus possono essere "*trainati*" Superbonus 110%, il termine finale di scadenza della misura è da intendersi fissato in base alle scadenze previste per il suddetto Superbonus 110%
Percentuale di detrazione	Percentuale variabile tra il 50% e l'85% delle spese sostenute a seconda delle tipologie di interventi
Periodo di detrazione	10 quote annuali di pari importo
Massimale di spesa	Massimali variabili a seconda delle tipologie di interventi

1.1.3.2 Tipologie di interventi

Rientrano nel bonus i seguenti interventi:

A) interventi di riqualificazione energetica globale di edifici esistenti;

B) interventi di riqualificazione energetica dell'involucro edilizio compresi serramenti, infissi e schermature solari (tali interventi possono anche essere "*trainati*" nel regime del Superbonus 110% - vedi voce dedicata);

C) installazione di pannelli solari (tali interventi possono anche essere "*trainati*" nel regime del Superbonus 110% - vedi voce dedicata);

D) interventi di sostituzione degli impianti di climatizzazione invernale (tali interventi possono anche essere "*trainati*" nel regime del Superbonus 110% - vedi voce dedicata);

E) acquisto e posa in opera di impianti a biomassa o di micro-cogeneratori (tali interventi possono anche essere "*trainati*" nel regime del Superbonus 110% - vedi voce dedicata);

F) acquisto e posa in opera di dispositivi multimediali per il controllo da remoto dell'impianto di riscaldamento o climatizzazione (tali interventi possono anche essere "*trainati*" nel regime del Superbonus 110% - vedi voce dedicata);

G) interventi di riqualificazione energetica su parti comuni di edifici condominiali;
H) interventi di riqualificazione energetica con contestuale adozione di misure antisismiche su parti comuni di edifici condominiali.

1.1.4 Sismabonus

1.1.4.1 Riepilogo caratteristiche principali

Fonti normative	Lettera *i)*, art. 16-*bis* del D.P.R. 917/1986 Commi da 1-*bis* a 1-*septies*, art. 16 del D.L. 63/2013 D.M. 28/02/2017, n. 58
Periodo di applicazione	Spese sostenute fino al 31/12/2024 (termine così prorogato dal comma 37, art. 1 della L. 234/2021) Per i casi in cui il Sismabonus può essere "*trainato*" nel Superbonus 110%, il termine finale di scadenza della misura è da intendersi fissato in base alle scadenze previste per il suddetto Superbonus 110%.
Percentuale di detrazione	Percentuale variabile tra il 70% e l'85% delle spese sostenute in presenza di particolari condizioni concernenti la classificazione del rischio sismico, certificata ad opera di un professionista abilitato
Periodo di detrazione	5 quote annuali di pari importo
Massimale di spesa	96.000 Euro per unità immobiliare

1.1.4.2 Tipologie di interventi

Rientrano nel bonus i seguenti interventi:

A) adozione di misure antisismiche con particolare riguardo all'esecuzione di opere per la messa in sicurezza statica sulle parti strutturali di edifici o complessi di edifici collegati strutturalmente;
B) spese sostenute per la classificazione e verifica sismica degli immobili.

Il bonus spetta anche agli acquirenti di immobili oggetto di interventi di demolizione e ricostruzione effettuati da imprese di costruzione o ristrutturazione, avvenuti entro 18 mesi dalla fine lavori e comunque entro il termine di applicazione dell'agevolazione (c.d. "*Sismabonus acquisti*").

Entrambe le tipologie di interventi (compresa la versione "*acquisti*") possono rientrare anche nel regime del Superbonus 110% - vedi voce dedicata.

1.1.5 Bonus facciate

1.1.5.1 Riepilogo caratteristiche principali

Fonti normative	Commi da 219 a 224, art. 1 della L. 160/2019 D.M. 06/08/2020 (c.d. "*Decreto Requisiti Ecobonus*")
Periodo di applicazione	Spese sostenute fino al 31/12/2022 (termine così prorogato dal comma 39, art. 1 della L. 234/2021)
Percentuale di detrazione	60% delle spese sostenute (per le spese sostenute nel 2021 la percentuale di detrazione era fissata al 90%)
Periodo di detrazione	10 quote annuali di pari importo
Massimale di spesa	Non sono previsti massimali

1.1.5.2 Tipologie di interventi

Rientrano nel bonus i seguenti interventi:

A) interventi sulle strutture opache delle facciate, di sola pulitura e/o tinteggiatura esterna;

B) interventi sulle strutture opache delle facciate, influenti anche dal punto di vista termico;

C) interventi su balconi, fregi ed elementi ornamentali;

1.1.6 Superbonus

1.1.6.1 Riepilogo caratteristiche principali, scadenze

Fonti normative	Art. 119, D.L. 34/2020 D.M. 06/08/2020 (c.d. "*Decreto Requisiti Ecobonus*")
Periodo di applicazione	Scadenze differenziate a seconda del soggetto committente, della tipologia di interventi e della tipologia di edificio - Vedi appresso
Percentuale di detrazione	110% delle spese sostenute
Periodo di detrazione	5 quote annuali di pari importo per le spese sostenute fino al 31/12/2021 4 quote annuali di pari importo per le spese sostenute dal 01/01/2022
Massimale di spesa	Massimali variabili a seconda della tipologia di interventi e della tipologia di edificio sui quali sono realizzati

Le scadenze per il Superbonus sono state oggetto di diverse successive proroghe - dall'art. 1 della L. 178/2020, comma 66, poi dal comma 3, art. 1 del D.L. 59/2021 e infine dall'art. 1 della L. 30/12/2021, n. 234 (Legge di bilancio 2022), comma 28, che ha delineato le scadenze definitive riportate di seguito.

Sulla base del testo dell'art. 119 del D.L. 34/2020, come da ultimo modificato dall'art. 1 della L. 234/2021, comma 28, emerge quanto segue:

1) scadenza al 31/12/2025 per condomini (sia interventi trainanti che interventi trainati nelle singole unità immobiliari - previsione espressamente aggiunta), persone fisiche uniche proprietarie di edifici da 2 a 4 abitazioni ed eventuali pertinenze nonché Onlus, organizzazioni di volontariato, associazioni di promozione sociale, con le seguenti specifiche:

- 110% per le spese sostenute entro il 31/12/2023;
- 70% per le spese sostenute nel 2024 (resta al 110% per gli interventi effettuati nei comuni dei territori colpiti da eventi sismici verificatisi a far data dal 1° aprile 2009 dove sia stato dichiarato lo stato di emergenza);
- 65% per le spese sostenute nel 2025 (resta al 110% per gli interventi effettuati nei comuni dei territori colpiti da eventi sismici verificatisi a far data dal 1° aprile 2009 dove sia stato dichiarato lo stato di emergenza).

Per gli interventi effettuati nei comuni dei territori colpiti da eventi sismici verificatisi a far data dal 01/04/2009 dove sia stato dichiarato lo stato di emergenza, la detrazione resta comunque al 110% fino a tutto il 2025;

2) scadenza al 31/12/2022 per persone fisiche su unifamiliari o unità funzionalmente indipendenti e autonome (concetto che verrà meglio precisato più avanti), a condizione che alla data del 30/06/2022 siano stati effettuati lavori per almeno il 30%

dell'intervento complessivo [1] (in caso contrario la scadenza resta fissata al 30/06/2022);

3) scadenza al 31/12/2023 se al 30/06/2023 per IACP e istituti similari, a condizione che alla data del 30/06/2023 siano stati effettuati lavori per almeno il 60% dell'intervento complessivo (in caso contrario la scadenza resta fissata al 30/06/2023) [2] [3].

La scadenza al 30/06/2023 prorogabile al 31/12/2023, di cui sopra, è estesa alle medesime condizioni anche per le cooperative di abitazione a proprietà indivisa, per interventi realizzati su immobili dalle stesse posseduti e assegnati in godimento ai propri soci.

Il tutto è riepilogato dalla seguente tabella.

Date di applicazione del Superbonus e scadenze

SOGGETTI	SCADENZA
Condomini ed edifici plurifamiliari	31/12/2025 (fino a tutto il 2023 con percentuale 110%, per il 2024 70%, per il 2025 65% - per le zone terremotate la percentuale resta il 110% fino al 31/12/2025)
Persone fisiche unico proprietario o stessi comproprietari fino a 4 unità	31/12/2025 (fino a tutto il 2023 con percentuale 110%, per il 2024 70%, per il 2025 65% - per le zone terremotate la percentuale resta il 110% fino al 31/12/2025)
Persone fisiche su unifamiliari o unità funzionalmente autonome	30/06/2022 Estensione al 31/12/2022 se al 30/06/2022 SAL ≥ 30% (a prescindere da ISEE e data di avvio della procedura edilizia)
IACP e istituti similari, Cooperative edilizie a proprietà indivisa	30/06/2023 Estensione al 31/12/2023 se al 30/06/2023 SAL ≥ 60%
Onlus, Associazioni di volontariato, Associazioni di promoziona sociale	31/12/2025 (fino a tutto il 2023 con percentuale 110%, per il 2024 70%, per il 2025 65% - per le zone terremotate la percentuale resta il 110% fino al 31/12/2025)
Associazioni sportive dilettantistiche	30/06/2022

Quanto alle scadenze prolungate al 2025 per gli interventi nelle zone colpite da sisma, si osserva, con riferimento ai commi dell'art. 119 del D.L. 34/2020 che ne trattano, che il comma 8-*ter* fa riferimento agli "*incentivi fiscali di cui ai commi 1-ter, 4-ter e 4-quater*".

---

[1] Non sono previste altre condizioni oltre a quella indicata, quali ad esempio riferimenti all'indicatore Isee, alla prima casa o alla data di presentazione della pratica edilizia, come si era ipotizzato in una prima provvisoria versione della Legge di bilancio.

[2] La proroga vale sia per gli interventi "*trainanti*" che per quelli "*trainati*" nelle singole unità immobiliari, come da previsione in tal senso espressamente aggiunta alla norma.

[3] La scadenza in questione, disposta dal comma 3-*bis*, art. 119 del D.L. 34/2020, sembra riferita solo al Super-Ecobonus e non anche al Super-Sismabonus (parla delle "*disposizioni dei commi da 1 a 3*"), anche se è poi viene ulteriormente richiamata anche al comma 8-bis, che invece non fa differenze in tal senso.

A loro volta i suddetti commi stabiliscono quanto segue:

1-*ter*: nei comuni dei territori colpiti da eventi sismici, l'incentivo di cui al comma 1 (Super-Ecobonus) spetta per l'importo eccedente il contributo previsto per la ricostruzione.

4-*quater*: nei comuni dei territori colpiti da eventi sismici verificatisi a far data dal 01/04/2009, l'incentivo di cui al comma 4 (Super-Sismabonus) spetta per l'importo eccedente il contributo previsto per la ricostruzione.

Da ciò deriva a nostro parere che la proroga è da intendersi generalizzata, e quindi sia Eco che sisma e riferita alla totalità degli "*interventi effettuati nei comuni dei territori colpiti da eventi sismici*" (comma 8-*ter*), seppure non riferita a tutti i territori in generale colpiti da eventi sismici (il comma 1-*ter* lo è) ma solo a quelli colpiti da eventi verificatisi a far data dal 01/04/2009 (indicazione comma 8-*ter*).

Il riferimento ai casi di cui al comma 8-*bis* è al comma che reca le proroghe per: condomini; persone fisiche su singole unità immobiliari; persone fisiche su edifici da due a quattro unità; Onlus e terzo settore in generale; Iacp e similari; cooperative edilizie. Peraltro, si ritiene che la proroga riguardi solo gli edifici per i quali è riconosciuto il contributo per la ricostruzione, il che sembra anche logico, altrimenti si verrebbe a creare una ingiustificata disparità, se la proroga fosse accordata in relazione a edifici che non hanno subito alcun danno.

C'è poi il problema del c.d. "*Super-Sismabonus acquisti*", cioè la possibilità di sfruttare le agevolazioni maggiorate del 110% per gli acquirenti di unità immobiliari in fabbricati oggetto di interventi di riduzione del rischio sismico eseguiti da imprese di costruzione o ristrutturazione mediante demolizione e ricostruzione. Detto bonus non risulta essere stato oggetto di proroga da parte della Legge di bilancio 2022.

Si arriva a tale conclusione esaminando la norma a valle delle modifiche introdotte dall'art. 1 della L. 234/2021:

- il comma 4, art. 119 del D.L. 34/2020, recita "*Per gli interventi di cui ai commi da 1-bis a 1-septies dell'articolo 16 del decreto-legge 4 giugno 2013, n. 63* [il Sismabonus, compreso il Sismabonus acquisti che è disciplinato dal comma 1-septies, NdR]... *l'aliquota delle detrazioni spettanti è elevata al 110 per cento per le spese sostenute dal 1° luglio 2020 al 30 giugno 2022*";
- i commi 3-*bis* e 8-*bis* dello stesso art. 119 del D.L. 34/2020, nel disporre le varie proroghe per il Superbonus 110% fanno riferimento unicamente al soggetto committente degli interventi (persone fisiche, condomini, cooperative edilizie, ecc.);
- ne segue, almeno fino a ulteriori chiarimenti ufficiali, che le proroghe non sono applicabili al Sismabonus acquisti, nel quale il fruitore del bonus fiscale non è il soggetto che esegue i lavori ma l'acquirente dell'immobile.

Ricordando che per fruire del Sismabonus acquisti occorre stipulare la compravendita entro 30 mesi dalla fine dei lavori (oppure, se antecedente, entro la data di scadenza dell'agevolazione), le compravendite di unità astrattamente eleggibili al Sismabonus acquisti ma stipulate dopo il 30/06/2022 potrebbero fruire delle più ridotte agevolazioni del Sismabonus "*ordinario*", le cui aliquote vanno dal 70 all'85%. Quest'ultima misura, infatti, è stata esplicitamente prorogata al 31/12/2024 dall'art. 1 della L. 234/2021, comma 37.

È tuttavia utile ricordare che il Sismabonus ordinario, al contrario del Super-Sismabonus, prevede obbligatoriamente che l'edificio possa conseguire una riduzione del rischio sismico in termini di classificazione (uno o due salti di classificazione sismica) ai sensi del D.M. 58/2017, come certificato dall'apposita modulistica redatta dal progettista e del DL delle strutture.
Si tratta di un aspetto fondamentale da considerare per tutti quei soggetti che stanno valutando l'avvio di iniziative finalizzate alla fruizione del Sismabonus acquisti.

Le detrazioni del Superbonus sono fruibili in quote annuali come riportato nella seguente tabella.

Superbonus: ripartizione annuale delle quote di detrazione

Periodo di sostenimento delle spese	Quote annuali di detrazione
Tra il 01/07/2020 e il 31/12/2021	5 quote annuali
A partire dal 01/01/2022	4 quote annuali

1.1.6.2 Tipologie di interventi

Rientrano nel bonus i seguenti interventi:

Interventi "principali" (o "trainanti")

A) interventi di isolamento dell'involucro opaco di edifici condominiali, edifici unifamiliari e unità immobiliari funzionalmente indipendenti;
B) interventi di sostituzione dell'impianto di climatizzazione invernale centralizzato di edifici condominiali, o dell'impianto autonomo di edifici unifamiliari e di unità immobiliari funzionalmente indipendenti;
C) interventi di riduzione del rischio sismico negli edifici, comprese le spese sostenute per la classificazione e verifica sismica degli immobili e per l'installazione di sistemi di monitoraggio strutturale continuo a fini antisismici;

Interventi "secondari" (o "trainati")

D) interventi di efficientamento energetico che rientrano nell'Ecobonus (vedi elencazione, interventi lettere da B) ad F), se eseguiti congiuntamente a uno degli interventi principali di cui alle lettere A) e B) qui sopra riportate;
E) interventi di installazione impianti fotovoltaici che rientrano nel Bonus ristrutturazioni (vedi elencazione, interventi lettera H del paragrafo 1.1.1.2 dedicato al Bonus ristrutturazioni), se eseguiti congiuntamente a uno degli interventi di cui alle lettere A), B) o C) precedenti, qui sopra riportate;
F) interventi di eliminazione di barriere architettoniche che rientrano nel Bonus ristrutturazioni (vedi elencazione, interventi lettera E del paragrafo 1.1.1.2 dedicato al Bonus ristrutturazioni), se eseguiti congiuntamente a uno degli interventi di cui alle lettere A), B) o C) precedenti, qui sopra riportate;
G) (c.d. "*Decreto Ecobonus*"), convertito in legge, con modificazioni, dalla L. 03/08/2013, n. 90 (vedi voce dedicata), se eseguiti congiuntamente a uno degli interventi di cui alle lettere A) o B) precedenti, qui sopra riportate.

1.1.7 Bonus aree verdi

1.1.7.1 Riepilogo caratteristiche principali

Fonti normative	Commi 12-15, art. 1 della L. 205/2017
Periodo di applicazione	Spese sostenute fino al 31/12/2024 (termine così prorogato dal comma 38, art. 1 della L. 234/2021)
Percentuale di detrazione	36% delle spese sostenute
Periodo di detrazione	10 quote annuali di pari importo
Massimale di spesa	5.000 Euro per unità immobiliare

1.1.7.2 Tipologie di interventi

Rientrano nel bonus i seguenti interventi:

A) sistemazione a verde di aree scoperte private di edifici esistenti, unità immobiliari, pertinenze o recinzioni, impianti di irrigazione e realizzazione pozzi;

B) realizzazione di coperture a verde e di giardini pensili.

1.1.8 Bonus colonnine ricarica veicoli elettrici

1.1.8.1 Riepilogo caratteristiche principali

Fonti normative	Art. 16-*ter* del D.L. 63/2013
Periodo di applicazione	Spese sostenute fino al 31/12/2021 (il termine di cui sopra non è stato oggetto di ulteriore proroga, pertanto allo stato attuale l'agevolazione in questione è da ritenersi cessata, salvo quanto riportato qui sotto) Per i casi in cui il Bonus colonnine ricarica veicoli elettrici può essere "*trainato*" nel Superbonus 110%, il termine finale di scadenza della misura è da intendersi fissato in base alle scadenze previste per il suddetto Superbonus 110%
Percentuale di detrazione	50% delle spese sostenute
Periodo di detrazione	10 quote annuali di pari importo
Massimale di spesa	3.000 Euro

1.1.8.2 Tipologie di interventi

Rientrano nel bonus i seguenti interventi:

A) acquisto e posa in opera di infrastrutture di ricarica dei veicoli alimentati ad energia elettrica;

B) costi iniziali per la richiesta di potenza addizionale fino ad un massimo di 7 kW.

Tali interventi possono anche essere "*trainati*" nel regime del Superbonus 110% - vedi voce dedicata.

1.1.9 Bonus barriere architettoniche

1.1.9.1 Riepilogo caratteristiche principali

Fonti normative	Comma 42, art. 1 della L. 30/12/2021, n. 234
Periodo di applicazione	Spese sostenute fino al 31/12/2022

Percentuale di detrazione	75% delle spese sostenute
Periodo di detrazione	5 quote annuali di pari importo
Massimale di spesa	- 50.000 Euro per gli edifici unifamiliari o per le unità immobiliari situate all'interno di edifici plurifamiliari che siano funzionalmente indipendenti e dispongano di uno o più accessi autonomi dall'esterno - 40.000 Euro moltiplicati per il numero delle unità immobiliari che compongono l'edificio per gli edifici composti da 2 a 8 unità immobiliari - 30.000 Euro moltiplicati per il numero delle unità immobiliari che compongono l'edificio per gli edifici composti da più di 8 unità immobiliari

1.1.9.2 Tipologie di interventi

Rientrano nel bonus gli interventi attuati nel rispetto del D.M. 14/06/1989, n. 236 (Prescrizioni tecniche necessarie a garantire l'accessibilità, l'adattabilità e la visitabilità degli edifici privati e di edilizia residenziale pubblica sovvenzionata e agevolata, ai fini del superamento e dell'eliminazione delle barriere architettoniche), tra i quali, ad esempio:

A) inserimento di rampe interne ed esterne agli edifici e di servoscala o di piattaforme elevatrici;

B) rifacimento o adeguamento di impianti tecnologici (servizi igienici, impianti elettrici, citofonici, impianti di ascensori);

C) rifacimento di scale e ascensori.

1.2 SUPER-ECOBONUS

1.2.1 Caratteristiche generali e ambito applicativo

1.2.1.1 Caratteristiche generali

L'art. 119 del D.L. 19/05/2020, n. 34 (c.d. "*Decreto Rilancio*", convertito in legge dalla L. 17/07/2020, n. 77) dispone ai commi 1, 2 e 3 che le detrazioni per interventi di efficienza energetica - di cui all'art. 14 del D.L. 63/2013 - si applicano (per le tipologie di interventi e con i massimali indicati nelle tabelle più avanti) nella misura del 110%, con scadenze differenziate a seconda dei soggetti e delle tipologie immobiliari su cui gli interventi sono eseguiti, come indicato al paragrafo 1.1.6.1.

Il richiamo all'Ecobonus "*normale*" nell'ambito delle disposizioni sul 110% comporta che - per tutto quanto non sia specificamente disciplinato nell'ambito del nuovo incentivo - sono applicabili le disposizioni e le consolidate indicazioni di prassi fornite in relazione all'Ecobonus stesso.

1.2.1.2 Interventi agevolabili

Gli interventi agevolabili (lettere *a)*, *b)* e *c)*, comma 1 dell'art. 119 del D.L. 34/2020), possono essenzialmente ridursi a due macro-categorie:

1) interventi di isolamento termico dell'involucro edilizio opaco eseguibili su parti comuni di edifici condominiali, oppure su edifici unifamiliari o su unità immobiliari in possesso di determinati requisiti di autonomia site all'interno di edifici plurifamiliari, e che interessino almeno il 25% della superficie disperdente lorda dell'intero edificio (lettera *a)*, comma 1, art. 119 del D.L. 34/2020);

2) interventi di sostituzione dell'impianto di climatizzazione invernale esistente eseguibili su parti comuni di edifici condominiali per l'impianto centralizzato (lettera *b)*, comma 1, art. 119 del D.L. 34/2020) oppure su edifici unifamiliari o su unità immobiliari in possesso di determinati requisiti di autonomia site all'interno di edifici plurifamiliari (lettera *c)*, comma 1, art. 119 del D.L. 34/2020).

Come si vedrà meglio, tali interventi sono detti "*principali*" o "*trainanti*" poiché in presenza di uno o più di essi, altri interventi normalmente soggetti ad aliquote di agevolazione più basse - se eseguiti "*congiuntamente*" ai suddetti interventi principali - vengono anch'essi attratti ("*trainati*") nel regime del 110%.

Nel rispetto dei requisiti previsti, le agevolazioni sono ammesse anche per gli interventi eseguiti con la modalità della demolizione e ricostruzione, come definiti dall'art. 3 del D.P.R. 380/2001, comma 1, lettera *d)* [4] (comma 3, ultimo periodo, art. 119 del D.L. 34/2020; Circolare 08/08/2020, n. 24/E, punto 2).

In tutti i casi, ai fini del Super-Ecobonus, l'intervento deve riguardare edifici o unità immobiliari "*esistenti*" [5] e dotati di impianto di riscaldamento [6], non essendo agevolabili gli interventi realizzati in fase di nuova costruzione, fatta salva l'ipotesi dell'installazione di sistemi solari fotovoltaici di cui al comma 5, art. 119 del D.L. 34/2020 (Circolare 08/08/2020, n. 24/E, punto 2) [7], così come gli interventi di completamento di edifici "*al rustico*".

1.2.1.3 Tipologie edilizie oggetto di agevolazione e soggetti beneficiari

Alla luce di quanto sopra, anche le tipologie edilizie oggetto di agevolazione si riducono essenzialmente a due:

1) interi edifici condominiali o plurifamiliari;

---

[4] Dopo le modifiche apportate all'art. 3 del D.P.R. 380/2001 ad opera del D.L. 16/07/2020, n. 76 (c.d. "*Decreto Semplificazioni*" convertito, con modificazioni, dalla L. 11/09/2020, n. 120), l'intervento di demolizione e ricostruzione effettuato in ristrutturazione edilizia (lettera *d)* del menzionato art. 3 del D.P.R. 380/2001) può a determinate condizioni contemplare incrementi di volumetria ove espressamente previsti dalla legislazione vigente o dagli strumenti urbanistici comunali.
In proposito, la Commissione di monitoraggio sul Superbonus istituita presso il Consiglio superiore dei lavori pubblici ha chiarito che - per gli interventi di demolizione e ricostruzione con ampliamento, ma in generale per tutti gli interventi di Ecobonus che prevedano un ampliamento volumetrico, a maggior ragione se non attuati tramite demolizione e ricostruzione - l'Ecobonus comunque non si applica alla parte eccedente il volume ante-operam.

[5] Un edificio in generale può considerarsi "*esistente*" se risulta accatastato o se almeno è stata presentata domanda di accatastamento e se vengono pagati i tributi dovuti. Si veda tuttavia anche quanto specificato per gli edifici "*collabenti*" e più in generale per le unità classificate nelle categorie catastali "*fittizie*" F/2 (Unità collabenti), F/3 (Unità in corso di costruzione) ed F/4 (Unità in corso di definizione).

[6] Con riguardo all'Ecobonus, è previsto che gli edifici interessati dall'agevolazione debbano essere dotati di impianti di riscaldamento funzionanti o riattivabili tramite un intervento di manutenzione ordinaria o straordinaria, nonché presenti negli ambienti in cui si realizza l'intervento agevolabile.
Questa condizione è richiesta per tutte le tipologie di interventi di efficientamento energetico agevolabili, ad eccezione dell'installazione dei collettori solari per la produzione di acqua calda nonché dei generatori alimentati a biomassa e delle schermature solari.

[7] Ne segue che, contrariamente agli altri lavori di Ecobonus, l'installazione di impianti fotovoltaici con agevolazioni potrà essere realizzata anche sulla parte ampliata in caso di intervento di demolizione e ricostruzione con ampliamento.

2) edifici unifamiliari o unità immobiliari autonome site all'interno di edifici plurifamiliari.

Agli edifici condominiali sono assimilati gli edifici plurifamiliari, cioè che contengano più unità abitative, di unico proprietario (oppure in comproprietà fra gli stessi soggetti), aventi un massimo di quattro unità abitative più eventuali pertinenze (lettera *a)*, comma 9, art. 119 del D.L. 34/2020).

Per le persone fisiche e i condomini è richiesto che l'immobile oggetto di intervento abbia destinazione residenziale (Circolare 08/08/2020, n. 24/E, punto 2), oppure - nel caso di interventi eseguiti su edifici condominiali - destinazione residenziale prevalente (cioè superiore al 50% della superficie complessiva dell'edificio, vedi Circolare 22/12/2020, n. 30/E, punto 4.4.2). Se invece la superficie complessiva delle unità immobiliari destinate a residenza nell'edificio condominiale è minore del 50%, il Superbonus per interventi realizzati sulle parti comuni spetta solo ai possessori di unità immobiliari residenziali che potranno, peraltro, fruire del Superbonus anche per interventi trainati realizzati sui propri immobili.

L'intervento trainante può essere eseguito anche su una pertinenza e beneficiare del Superbonus [8], indipendentemente dalla circostanza che l'intervento interessi anche il relativo edificio residenziale principale, purché tale intervento sia effettuato nel rispetto di tutti i requisiti (Circolare 22/12/2020, n. 30/E, punto 4.1.1).

Infine, i soggetti beneficiari del Superbonus sono elencati nella tabella riportata al paragrafo successivo, che riepiloga le caratteristiche generali dell'agevolazione.

1.2.1.4 Tabella riepilogativa

Si riporta di seguito una tabella che riepiloga le caratteristiche generali dell'agevolazione. Tutti questi aspetti saranno oggetto di ampio approfondimento nei paragrafi successivi.

Super-Ecobonus: riepilogo delle caratteristiche generali

Tipi di interventi	- Interventi *"principali"*, o *"trainanti"* - interventi *"trainati"* eseguiti congiuntamente ai trainanti
Edifici coinvolti	- Edifici *"condominiali"* - edifici di unico proprietario o in comproprietà fra le stesse persone (pertanto che, tecnicamente, non possono considerarsi condominiali) che presentino massimo quattro unità immobiliari oltre a eventuali pertinenze - edifici *"unifamiliari"* (singole u.i. residenziali di proprietà esclusiva) - singole unità immobiliari residenziali in possesso di determinati requisiti di autonomia - singole unità immobiliari residenziali in condominio (solo interventi *"trainati"*) Interventi su edifici esistenti e con impianto termico funzionante, attuati anche tramite demolizione e ricostruzione Ammissibili anche gli interventi sulle sole pertinenze
Soggetti fruitori	- Condomìni - persone fisiche su edifici interamente posseduti (o in comproprietà) che presentino massimo quattro unità immobiliari oltre a eventuali pertinenze

[8] Deve ovviamente risultare il vincolo pertinenziale con l'immobile principale. Ai sensi dell'art. 817 del Codice civile *"sono pertinenze le cose destinate in modo durevole a servizio o ad ornamento di un'altra cosa. La destinazione può essere effettuata dal proprietario della cosa principale o da chi ha un diritto reale sulla medesima"* (ad esempio nell'atto di compravendita o anche catastalmente).

	- persone fisiche su singole unità immobiliari (massimo due interventi) - enti vari (IACP ed enti assimilabili, cooperative di abitazione, Onlus, organizzazioni di volontariato, associazioni di promozione sociale, società sportive dilettantistiche) - altri soggetti, ad esempio società e persone giuridiche in genere (solo interventi su parti comuni di edifici in condominio a prevalente destinazione residenziale)
% detrazione	110% delle spese sostenute, salvo diminuzione di tale percentuale, in determinate casistiche, al 70 e al 75% - si veda la tabella sulle date di applicazione riportata in precedenza
Tetto di spesa	Differenziato a seconda delle tipologie di intervento e delle tipologie edilizie coinvolte
Durata	5 o 4 quote annuali di pari importo, a seconda del momento di sostenimento della spesa
Monetizzazione	Possibilità completa di cessione del credito o sconto in fattura

1.2.2 Normativa di riferimento

Si riportano di seguito i principali riferimenti normativi, ovviamente da considerare nel testo che emerge a seguito delle eventuali ulteriori modificazioni introdotte; gli ulteriori documenti di prassi (risoluzioni, interpelli, ecc., emanati di volta in volta dall'Agenzia delle entrate) sono citati direttamente nel testo ove pertinenti.

Super-Ecobonus: principali riferimenti normativi

Normativa	Contenuto
Art. 119 del D.L. 34/2020	Caratteristiche generali dell'agevolazione, interventi ammissibili, edifici coinvolti, soggetti beneficiari, massimali, requisiti da rispettare.
Art. 121 del D.L. 34/2020	Alternative alla fruizione della detrazione (cessione diretta del credito o sconto in fattura dai fornitori).
Circ. Agenzia entrate 08/08/2020, n. 24/E	Interpretazioni e chiarimenti Amministrazione finanziaria
Circ. Agenzia entrate 22/12/2020, n. 30/E	Risposte a quesiti vari Amministrazione finanziaria
Guida fiscale Agenzia entrate	Riepilogo generale delle caratteristiche principali con esempi
Provv. Agenzia entrate 06/08/2020, n. 283847	Modalità per l'esercizio dell'opzione per la cessione del credito o per lo sconto in fattura
D.M. 06/08/2020 (Decreto Asseverazioni, nel seguito anche "*DAS*")	Contenuto e modalità di trasmissione dell'asseverazione per gli interventi di efficientamento energetico (detto anche "*Decreto Asseverazioni*" o anche brevemente "*DAS*")
D.M. 06/08/2020 (Decreto Requisiti Ecobonus, nel seguito anche "*DRE*")	Requisiti di carattere tecnico-prestazionale che devono soddisfare gli interventi che danno diritto alla detrazione delle spese (detto anche "*Decreto Requisiti Ecobonus*" o anche brevemente "*DRE*"). I requisiti definiti dal DRE riguardano non già i soli interventi ammissibili al Superbonus, ma tutti gli interventi di efficientamento energetico degli edifici agevolabili nell'ambito del c.d. *"Ecobonus"*. Detti requisiti si applicano per gli interventi iniziati a partire dalla sua data di entrata in vigore - cioè dal 06/10/2020 - mentre per gli interventi precedenti continuano ad applicarsi i requisiti previgenti, contenuti nel D.M. 19/02/2007 nonché nel D.M. 11/03/2008 (come a sua volta modificato dal D.M. 26/01/2010).

1.2.3 Interventi agevolabili c.d. "*trainanti*"

Di seguito il dettaglio delle tipologie di interventi agevolabili, con i relativi massimali di spesa e detrazione.

Involucro edilizio di interi edifici, edifici unifamiliari o unità immobiliari autonome (lettera a), art. 119 del D.L. 34/2020)

Descrizione intervento	Isolamento termico delle superfici opache verticali, orizzontali e inclinate che interessano l'involucro dell'edificio con un'incidenza superiore al 25% della superficie disperdente lorda (d'ora in avanti anche "*SDL*") [9]. Si tratta dunque di pareti verticali, pavimenti e solai, tetti piani o inclinati. Gli interventi per la coibentazione del tetto possono comunque rientrare nella disciplina agevolativa, anche se la copertura delimita un locale sottotetto non riscaldato [10]. Per questi interventi - salvo quanto appena detto in merito alle coperture non disperdenti - si applica il consolidato principio di base secondo il quale non può essere oggetto di coibentazione agevolata la parte fredda dell'involucro (ad esempio, le pareti dei garage non riscaldati, il vano scala non riscaldato, le pareti perimetrali del sottotetto non riscaldato, ecc.). Tuttavia, l'applicazione pratica di questo principio crea spesso rilevanti problemi di ordine tecnico/estetico, dovuti al possibile cappotto "*parziale*" con discontinuità di facciata, eventuali ponti termici in corrispondenza di finestre, balconi e altri elementi in aggetto, ecc. Ai fini dell'individuazione dell'intervento trainante di isolamento termico di cui all'art. 119 del D.L. 34/2020, comma 1, lettera *a)*, occorre distinguere tra i lavori che vengono eseguiti: *1)* sulle facciate esterne degli ambienti riscaldati, in cui è ammesso il Superbonus; *2)* sulle facciate esterne degli ambienti non riscaldati (come, ad esempio, in alcuni casi, lungo il perimetro del piano seminterrato o del piano sottotetto) nonché su alcuni elementi di aggetto (come gronda e balconi). Come accennato in precedenza, le lavorazioni di cui al punto *2)* non sono teoricamente ammesse alle agevolazioni. Tuttavia, secondo Interpello 06/10/2021, n. 665, è possibile usufruire del Superbonus anche sulle porzioni dell'isolamento esterno degli ambienti non riscaldati necessarie al miglioramento dei ponti termici (come, ad esempio, le porzioni di facciate delimitanti il sottotetto e l'autorimessa, lo sporto di gronda e l'intradosso e/o estradosso dei balconi).

[9] Ai fini della determinazione della *"superficie disperdente lorda"* (SDL) si fa riferimento alla definizione di *"superficie disperdente"* che viene fornita dall'art. 2 del D.M. 26/06/2015: *"superficie che delimita il volume climatizzato V rispetto all'esterno, al terreno, ad ambienti a diversa temperatura o ambienti non dotati di impianto di climatizzazione"*, parzialmente ripresa anche dalla nota (10) all'Allegato C del D.M. 06/08/2020 (*DRE*). Ne segue che nel calcolo della SDL vanno incluse anche le superfici trasparenti, seppure l'intervento agevolabile per il Superbonus riguardi solo le parti opache dell'involucro edilizio.

[10] La norma recita testualmente *"gli interventi per la coibentazione del tetto rientrano nella disciplina agevolativa, senza limitare il concetto di superficie disperdente al solo locale sottotetto eventualmente esistente"*. Secondo l'Agenzia delle entrate, la disposizione va interpretata come segue: nel calcolo del 25% della superficie disperdente lorda (SDL) non rientra la copertura che delimiti un sottotetto non riscaldato (Interpello 07/10/2021, n. 680; Interpello 14/04/2021, n. 114). Tuttavia, nel presupposto che la condizione di intervenire su più del 25% della superficie disperdente sia raggiunta con la coibentazione delle superfici che, nella situazione ante intervento, delimitano il volume riscaldato verso l'esterno, vani freddi o terreno, possono rientrare nel Superbonus anche gli interventi di coibentazione del tetto che delimiti vani non riscaldati.
Si ricorda inoltre che, secondo la nota del 31/08/2021 di Enea, a seguito di alcuni chiarimenti interpretativi avuti con il Ministero della transizione ecologica, le spese relative ai lavori di coibentazione di una copertura non disperdente sono ammissibili a patto che non si esegua contemporaneamente la coibentazione del solaio sottostante.

	Si tratterebbe, in questo caso, di spese "*strettamente correlate*" alla esecuzione della lavorazione principale, che potranno rientrare nel bonus fiscale nella misura in cui il tecnico abilitato ne certifichi la necessità in funzione delle esigenze tecniche sopra illustrate. L'intervento deve essere eseguito con utilizzo di materiali isolanti conformi a quanto previsto dal decreto sui criteri ambientali minimi (CAM) per l'edilizia, D.M. 11/10/2017 [11]. In tutti i casi, in base al comma 3, ultimo periodo, art. 119 del D.L. 34/2020, gli interventi di dimensionamento del cappotto termico non concorrono al conteggio della distanza e dell'altezza, in deroga alle distanze minime riportate all'articolo 873 del Codice civile. Vedi anche lettera *b)*, punto ix, comma 1, art. 2 del DRE.
Immobili interessati	Gli interventi in questione possono essere eseguiti su: - intero edificio (sia dunque esso unifamiliare o condominiale/plurifamiliare); *oppure* - singola unità immobiliare situata all'interno di un edificio plurifamiliare, che sia funzionalmente indipendente e disponga di uno o più accessi autonomi dall'esterno (quindi anche, ad esempio: villette a schiera, porzioni di "*bifamiliari*", ecc.). Sono sostanzialmente assimilati agli edifici condominiali/plurifamiliari gli edifici di unico proprietario (o con tutte le unità appartenenti agli stessi comproprietari) composto da un massimo di 4 unità immobiliari abitative oltre ad eventuali pertinenze.
Massimali di spesa	I massimali di spesa sono differenziati a seconda della tipologia di immobile sulla quale si interviene: *a)* 50.000 Euro per gli edifici unifamiliari o le singole unità immobiliari autonome; *b)* negli edifici condominiali/plurifamiliari: - 40.000 Euro per ciascuna unità immobiliare fino all'ottava; - 30.000 Euro per ciascuna unità immobiliare dalla nona in poi. Sono previsti incrementi ai massimali agevolabili per le zone colpite da eventi sismici (c.d. "*Superbonus rafforzato*", del quale si tratterà al paragrafo 2.2.2). Rientrano nelle spese agevolabili anche: - le spese relative alle attestazioni e asseverazioni da rilasciarsi da parte dei tecnici incaricati; - le spese per la coibentazione del tetto, anche se non è elemento di separazione tra il volume riscaldato e l'esterno [12].
Massimali di detrazione	I massimali di detrazione si ottengono applicando la percentuale del 110% ai massimali di spesa ammissibili sopra riportati: - 55.000 Euro per gli edifici unifamiliari o le singole unità immobiliari autonome; - negli edifici plurifamiliari: - 44.000 Euro per ciascuna unità immobiliare fino all'ottava; - 33.000 Euro per ciascuna unità immobiliare dalla nona in poi.

[11] Data la precisa indicazione legislativa in tal senso, il requisito del rispetto dei CAM si intende riferito ai soli materiali isolanti, e non anche a tutti gli altri materiali utilizzati nell'intervento. I materiali isolanti utilizzati per l'intervento di isolamento termico trainante, pertanto, devono essere conformi ai criteri indicati nei capitoli 2.4.1.3 e 2.4.2.9 del D.M. 11/10/2017 (*Criteri ambientali minimi per l'affidamento di servizi di progettazione e lavori per la nuova costruzione, ristrutturazione e manutenzione di edifici pubblici*).

[12] A seguito della modifica normativa introdotta dalla L. 178/2020, art. 1, comma 66, lettera *a)*, n. 2, è da ritenere superata l'indicazione fornita dal punto 2.1.1 della Circolare 08/08/2020, n. 24/E, relativa alla necessità che il tetto sia elemento di separazione tra il volume riscaldato e l'esterno. Vedi anche quanto detto nella nota 10.

Impianti di climatizzazione su parti comuni di edifici (lettera b), art. 119 del D.L. 34/2020)

Descrizione intervento	Sostituzione di impianti di climatizzazione invernale esistenti [13] sulle parti comuni [14] degli edifici con impianti **centralizzati** per il riscaldamento, il raffrescamento o la fornitura di acqua calda sanitaria [15] [16]. Rientrano in questa fattispecie anche gli interventi per la sostituzione di impianti centralizzati al servizio non di tutte ma solo di alcune unità immobiliari costituenti l'edificio (si veda in proposito la Circolare 22/12/2020, n. 30/E, punto 4.1.2. Gli impianti oggetto di installazione possono essere: - a condensazione, con efficienza almeno pari alla classe A di prodotto prevista dal Regolamento 811/2013/UE, Allegato II, Tabella 1 (efficienza energetica stagionale per il riscaldamento d'ambiente $\eta_s \geq 90$); - a pompa di calore; - ibridi (pompa di calore integrata con caldaia a condensazione); - geotermici; - impianti di microcogenerazione; - collettori solari. Gli interventi in questione possono essere anche abbinati a impianti fotovoltaici e relativi sistemi di accumulo di cui ai commi 5 e 6 dell'art. 119 del D.L. 34/2020. Inoltre, esclusivamente per i Comuni montani non interessati dalle procedure europee di infrazione nn. 2014/2147 o 2015/2043 [17], è oggetto di agevolazione anche l'allaccio a

[13] L'impianto deve essere conforme alla definizione fornita dalla lettera *l-tricies)*, art. 2 del D. Leg.vo 192/2005: "*impianto tecnologico fisso destinato ai servizi di climatizzazione invernale o estiva degli ambienti, con o senza produzione di acqua calda sanitaria, o destinato alla sola produzione di acqua calda sanitaria, indipendentemente dal vettore energetico utilizzato, comprendente eventuali sistemi di produzione, distribuzione, accumulo e utilizzazione del calore nonché gli organi di regolazione e controllo, eventualmente combinato con impianti di ventilazione. Non sono considerati impianti termici i sistemi dedicati esclusivamente alla produzione di acqua calda sanitaria al servizio di singole unità immobiliari ad uso residenziale ed assimilate*". L'impianto deve inoltre risultare funzionante oppure riattivabile tramite un intervento di manutenzione ordinaria o straordinaria, tranne che per gli edifici collabenti (categoria catastale F/2) per i quali occorre comunque dimostrare che l'edificio era dotato di impianto conforme alla definizione.

[14] Si tenga conto, in questi casi, delle limitazioni alle possibilità di intervento da parte dell'unico proprietario di tutte le unità immobiliari costituenti l'edificio introdotte dalla Circolare 08/08/2020, n. 24/E, punto 2, ma che si applicano solo per gli edifici con più di quattro unità immobiliari abitative (oltre a eventuali pertinenze) ai sensi dei commi 9 e 10, art. 119 del D.L. 34/2020.

[15] Affinché si configuri la sostituzione degli impianti di climatizzazione invernale esistenti è sufficiente la sostituzione del generatore di calore, senza necessità di intervenire sul sistema di distribuzione e sui terminali (si vedano: Guida dell'Agenzia delle entrate, FAQ n. 13; Circolare 08/08/2020, n. 24/E, punto 2.1). Sono tuttavia ammesse anche le spese relative all'adeguamento dei sistemi di distribuzione (tubi), emissione (sistemi scaldanti) e regolazione (sonde, termostati e valvole termostatiche).

[16] Nella Guida dell'Agenzia delle entrate si legge (esempio n. 6) che se un condominio volesse realizzare, come intervento trainante, un impianto centralizzato per la sola produzione di acqua calda sanitaria per una pluralità di utenze, per avere diritto al Superbonus dovrebbe dotare l'impianto centralizzato di produzione di acqua calda sanitaria di un proprio generatore di calore differente da quello destinato alla climatizzazione invernale, salvo impedimenti di natura tecnica o nel caso che si dimostri che l'adozione di un solo generatore produca un beneficio energetico (comma 6, art. 5 del D.P.R. 412/1993).

[17] I Comuni interessati dalle procedure d'infrazione citate nel testo normativo - relative allo sforamento dei valori limite di inquinanti atmosferici - sono quelli situati nelle seguenti zone (il riferimento è agli agglomerati definiti dalle Regioni e Province autonome nell'ambito dell'attuazione del D. Leg.vo

	sistemi di teleriscaldamento efficiente, come definiti dall'art. 2 del D. Leg.vo 102/2014, comma 2, lettera *tt*. Vedi anche lettera *d)* e lettera *e)*, punti iii, vi, viii, x, xii e xv, comma 1, art. 2 del DRE.
Immobili interessati	Gli interventi in questione possono essere eseguiti su un intero edificio condominiale/plurifamiliare, oppure su un edificio di unico proprietario (o con tutte le unità appartenenti agli stessi comproprietari) composto da un massimo di 4 unità immobiliari abitative oltre ad eventuali pertinenze.
Massimali di spesa	I massimali di spesa sono i seguenti: - 20.000 Euro per ciascuna unità immobiliare fino all'ottava; - 15.000 Euro per ciascuna unità immobiliare dalla nona in poi. Sono previsti incrementi ai massimali agevolabili per le zone colpite da eventi sismici (c.d. "*Superbonus rafforzato*", del quale si tratterà al paragrafo 2.2.2). Rientrano nelle spese agevolabili anche: - le spese relative allo smaltimento e alla bonifica dell'impianto sostituito; - le spese per la sostituzione della canna fumaria collettiva esistente, mediante sistemi fumari multipli o collettivi nuovi, compatibili con apparecchi a condensazione, con marcatura CE di cui al Regolamento 305/2011/UE, nel rispetto dei requisiti minimi prestazionali previsti dalla norma UNI 7129-3 (punto 2.1.2 della Circolare 08/08/2020, n. 24/E). - le spese relative alle attestazioni e asseverazioni da rilasciarsi da parte dei tecnici incaricati.
Massimali di detrazione	I massimali di detrazione si ottengono applicando la percentuale del 110% ai massimali di spesa ammissibili sopra riportati: - 22.000 Euro per ciascuna unità immobiliare fino all'ottava; - 16.500 Euro per ciascuna unità immobiliare dalla nona in poi.

Impianti di climatizzazione su edifici unifamiliari o unità immobiliari autonome (lettera c), art. 119 del D.L. 34/2020)

Descrizione intervento	Sostituzione di impianti di climatizzazione invernale esistenti con impianti per il riscaldamento, il raffrescamento o la fornitura di acqua calda sanitaria [18]. Gli impianti oggetto di installazione possono essere: - a condensazione, con efficienza almeno pari alla classe A di prodotto prevista dal Regolamento 811/2013/UE, Allegato II, Tabella 1 (efficienza energetica stagionale per il riscaldamento d'ambiente $\eta_s \geq 90$); - a pompa di calore; - ibridi (pompa di calore integrata con caldaia a condensazione); - geotermici;

13/08/2010, n. 155; per l'elenco dettagliato dei Comuni ricompresi in ciascun agglomerato occorre fare riferimento al sito dell'Agenzia regionale/provinciale per la protezione dell'ambiente - ARPA/APPA competente per territorio): - IT0118 (Torino agglomerato); - IT0119 (Piemonte Pianura); - IT0120 (Piemonte Collina); - IT0306 (agglomerato di Milano); - IT0307 (agglomerato di Bergamo); - IT0308 (agglomerato di Brescia); - IT0309 (Lombardia, pianura ad elevata urbanizzazione A); - IT0310 (Lombardia, pianura ad elevata urbanizzazione B); - IT0312 (Lombardia, fondovalle D); - IT0508 e IT0509 (ex zona IT0501, agglomerato Venezia-Treviso); - IT0510 (ex zona IT0502, agglomerato di Padova); - IT0511 (ex zona IT0503, agglomerato di Vicenza); - IT0512 (ex zona IT0504, agglomerato di Verona); - IT0513 e IT0514 (ex zona IT0505; zona A1 - provincia del Veneto); - IT0711 (Comune di Genova); - IT0892 (Emilia-Romagna, Pianura ovest); - IT0893 (Emilia-Romagna, Pianura Est); - IT0906 (agglomerato di Firenze); - IT0907 (zona di Prato Pistoia); - IT0909 (zona Valdarno Pisano e Piana Lucchese); - IT1008 (zona della Conca ternana); - IT1212 (zona Valle del Sacco); - IT1215 (agglomerato di Roma); - IT1507 (ex zona IT1501, zona di risanamento - area Napoli e Caserta); - IT1508 (ex zona IT1504, zona costiera collinare beneventana); - IT1613 (Puglia - zona industriale); - IT1911 (agglomerato di Palermo); - IT1912 (agglomerato di Catania); - IT1914 (Sicilia aree industriali).

[18] Si veda la nota 15.

	- impianti di microcogenerazione; - collettori solari. Gli interventi in questione possono essere anche abbinati a impianti fotovoltaici e relativi sistemi di accumulo di cui ai commi 5 e 6 dell'art. 119 del D.L. 34/2020. Inoltre, è oggetto di agevolazione anche: - esclusivamente per le aree non metanizzate nei Comuni non interessati dalle procedure europee di infrazione nn. 2014/2147 o 2015/2043 [19], l'installazione di caldaie a biomassa con emissioni in linea con la classe 5 stelle ai sensi del D.M. 07/11/2017, n. 186, Allegato 1; - esclusivamente per i Comuni montani non interessati dalle procedure europee di infrazione nn. 2014/2147 o 2015/2043 [20], l'allaccio a sistemi di teleriscaldamento efficiente, come definiti dall'art. 2 del D. Leg.vo 102/2014, comma 2, lettera *tt*. Vedi anche lettera *d)* e lettera *e)*, punti iii, vi, viii, x, xii e xv, comma 1, art. 2 del DRE.
Immobili interessati	Gli interventi in questione possono essere eseguiti su: - edificio unifamiliare; *oppure* - singola unità immobiliare situata all'interno di un edificio plurifamiliare che sia funzionalmente indipendente e disponga di uno o più accessi autonomi dall'esterno (quindi anche, ad esempio: villette a schiera, porzioni di *"bifamiliari"*, ecc.).
Massimale di spesa	Il massimale di spesa è pari a 30.000 Euro. Sono previsti incrementi ai massimali agevolabili per le zone colpite da eventi sismici (c.d. "*Superbonus rafforzato*", del quale si tratterà al paragrafo 2.2.2). Rientrano nelle spese agevolabili anche le seguenti voci: - smontaggio, smaltimento e bonifica dell'impianto sostituito; - fornitura e posa in opera di tutte le apparecchiature termiche, meccaniche, elettriche ed elettroniche, delle opere idrauliche e murarie necessarie per la sostituzione a regola d'arte dell'impianto termico esistente con il nuovo generatore a condensazione; - adeguamento della rete di distribuzione, dei sistemi di accumulo, dei sistemi di trattamento dell'acqua, dei dispositivi di controllo e regolazione nonché dei sistemi di emissione; - attestazioni e asseverazioni da rilasciarsi da parte dei tecnici incaricati.
Massimale di detrazione	Il massimale di detrazione si ottiene applicando la percentuale del 110% al massimale di spesa ammissibile sopra riportato: 33.000 Euro.

1.2.4 Impianti fotovoltaici e sistemi di accumulo

1.2.4.1 Interventi agevolabili

L'art. 119 del D.L. 34/2020 dispone ai commi 5 e 6 che sono detraibili nella misura del 110% anche le spese sostenute - nel periodo di vigenza stabilito in generale per il Superbonus - per l'installazione di impianti solari fotovoltaici connessi alla rete elettrica, installati su edifici o su pertinenze degli edifici.

Per fruire dell'agevolazione maggiorata, gli interventi devono essere eseguiti congiuntamente a uno degli interventi dell'Ecobonus 110% o del Sismabonus 110% (pertanto questi interventi sono *"trainati"* nell'applicazione dell'aliquota di detrazione maggiorata).

Gli interventi si inquadrano nella tipologia di cui al comma 1, lettera *h)*, dell'art. 16-*bis* del D.P.R. 22/12/1986, n. 917: *"relativi alla realizzazione di opere finalizzate al conse-*

[19] Si veda la nota 17.

[20] Si veda la nota 17.

guimento di risparmi energetici con particolare riguardo all'installazione di impianti basati sull'impiego delle fonti rinnovabili di energia" (ne segue che, in presenza di altri interventi riconducibili allo stesso riferimento normativo quali ad esempio Sismabonus o interventi finalizzati alla eliminazione di barriere architettoniche, non possono godere di un massimale dedicato, cfr. Risoluzione 30/09/2020, n. 60/E; Circolare 22/12/2020, n. 30/E, punto 4.4.3). Vedi più avanti per ulteriori dettagli su tale interpretazione.

Ove possibile, gli interventi in questione sono realizzabili anche in assenza di opere edilizie propriamente dette.
Il comma 5, art. 119 del D.L. 34/2020, dopo la modifica introdotta dall'art. 1 della L. 178/2020, comma 66, lettera *i)*, prevede espressamente la possibilità di beneficiare del Superbonus per l'installazione degli impianti solari fotovoltaici su strutture pertinenziali agli edifici. Quanto sopra vale anche nel caso in cui l'installazione sia effettuata in un'area pertinenziale dell'edificio in condominio, ad esempio, sulle pensiline di un parcheggio aperto o comunque su un terreno di pertinenza dell'abitazione (in tal senso, Interpello 10/03/2021, n. 171), oppure anche su un edificio diverso da quello oggetto degli interventi agevolati, di cui il contribuente detiene (almeno) la comproprietà dell'area necessaria all'installazione stessa (in tal senso, Interpello 20/09/2021, n. 614).

Anche le detrazioni in questione sono fruibili in cinque quote annuali di pari importo. Quanto alle scadenze, il comma 5, art. 119 del D.L. 34/2020, è stato riformulato ad opera del comma 28, art. 1 della L. 234/2021, con l'eliminazione del riferimento temporale. Tale modifica è stata introdotte vista l'incertezza sulle scadenze per l'intervento trainato di installazione di impianti fotovoltaici, che pertanto adesso seguirà la scadenza dell'intervento trainante che da accesso al Superbonus.

Interventi trainati di installazione di impianti fotovoltaici e sistemi di accumulo

Intervento	Max spesa	Max detrazione
Installazione di impianti solari fotovoltaici su edifici o anche solo su pertinenze (Circolare 22/12/2020, n. 30/E, punto 4.3.2). Gli impianti devono essere installati su edifici rientranti nelle definizioni fornite dall'art. 1 del D.P.R. 412/1993, comma 1, lettere *a)*, *b)*, *c)* e *d)* [21].	48.000 Euro, comunque nel limite di 2.400 Euro per ogni kW di potenza nominale dell'impianto, ridotto a 1.600 Euro per ogni kW [22] se l'installazione è effettuata nell'ambito di interventi di ristrutturazione edilizia, nuova costruzione o	52.800 Euro

[21] Le menzionate lettere *a)*, *b)*, *c)* e *d)* dell'art. 1 del D.P.R. 26/08/1993, n. 412 recano le definizioni di: "*edificio*", "*edificio di proprietà pubblica*", "*edificio adibito ad uso pubblico*", "*edificio di nuova costruzione*". Dal momento che la lettera *d)*, comma 1, art. 1 del D.P.R. 412/1993, riguarda gli "*edifici di nuova costruzione*", deve ritenersi che l'installazione degli impianti fotovoltaici con il Superbonus possa essere effettuata anche su edificio di nuova costruzione, oppure, in caso di ampliamento, con riguardo anche alla spesa riferita alla parte ampliata. In tal senso: Interpello 30/08/2021, n. 567; Interpello 27/07/2021, n. 488; Interpello 14/04/2021, n. 248; Interpello 08/01/2021, n. 24.

[22] Poiché il comma 13-*ter*, art. 119 del D.L. 34/2020, dispone che "*gli interventi di cui al presente articolo, anche qualora riguardino le parti strutturali degli edifici o i prospetti, con esclusione di quelli comportanti la demolizione e la ricostruzione degli edifici, costituiscono manutenzione straordinaria*", si ritiene che in tutti i casi in cui l'intervento non sia complessivamente attuato tramite demolizione e ricostruzione il costo "*congruo*" per ciascun kW di potenza dell'impianto fotovoltaico rimanga fissato a 2.400 Euro.

	ristrutturazione urbanistica (art. 3 del D.P.R. 380/2001, comma 1, lettere *d), e)* ed *f)* [23].	
Installazione, contestuale o successiva, di sistemi di accumulo integrati negli impianti fotovoltaici.	1.000 Euro per ogni kWh di capacità di accumulo del sistema di accumulo.	1.100 Euro per ogni kW di capacità di accumulo del sistema di accumulo.

Il comma 6 dell'art. 119 del D.L. 34/2020 dispone che la detrazione per i sistemi di accumulo si applica a condizione che i sistemi di accumulo siano *"integrati"* negli impianti solari fotovoltaici e che la loro installazione sia contestuale o successiva a quella degli impianti stessi.
Il limite di spesa è stabilito distintamente per l'installazione degli impianti solari fotovoltaici e dei sistemi di accumulo integrati nei predetti impianti (vedi Risoluzione 28/09/2020, n. 60/E, che sullo specifico punto supera quanto affermato dalla Circolare 08/08/2020, n. 24/E).

Inoltre, detto limite è riferito alla singola unità immobiliare (vedi Circolare 08/08/2020, n. 24/E, punto 2.2.2). Tuttavia, il limite massimo di potenza che può essere agevolabile, secondo quanto si legge nella Circolare 22/12/2020, n. 30/E, punto 4.3.3:

- se l'impianto è al servizio del condominio, è riferito all'edificio condominiale;
- se l'impianto è a servizio delle singole unità abitative, va riferito alla singola unità.

In base al comma 16-*ter*, art. 119 del DL 34/2020, l'aliquota del 110% per il fotovoltaico si applica alla quota di spesa corrispondente alla potenza massima di 20 kW, mentre per la quota di spesa corrispondente alla potenza eccedente 20 kW spetta la detrazione ordinaria al 50% stabilita dall'art. 16-bis del D.P.R. 917/1996. Quindi in pratica - a prescindere dagli eventuali massimali di spesa per l'esecuzione dell'intervento, che se effettuato su edificio condominiale/plurifamiliare possono anche essere molto elevati - esiste per il fotovoltaico un limite di potenza per l'assoggettamento al 110%.

1.2.4.2 Soggetti beneficiari

Ai sensi del comma 9 dell'art. 119 del D.L. 34/2020, i soggetti beneficiari sono sostanzialmente gli stessi ammessi all'agevolazione dell'Ecobonus 110%, si rinvia in proposito al paragrafo 1.4.2.

1.2.4.3 Cumulo massimali fotovoltaico con altri interventi

I massimali delle detrazioni per gli impianti fotovoltaici sono cumulabili con quelli degli interventi trainanti e trainati.
Ciò è peraltro espressamente indicato:

- dalla Circolare 08/08/2020, n. 24/E con riferimento agli interventi di sostituzione impiantistica su parti comuni di edifici (punto 2.1.2), nonché per quelli di sostituzione impiantistica su edifici unifamiliari o unità immobiliari autonome (punto 2.1.3);

---

[23] Dal momento che la lettera *e)*, comma 1, art. 1 del D.P.R. 380/2001, riguarda gli "*edifici di nuova costruzione*", se ne trae una conferma in merito al fatto che l'installazione degli impianti fotovoltaici con il Superbonus possa essere effettuata anche su edificio di nuova costruzione, oppure, in caso di ampliamento, con riguardo anche alla spesa riferita alla parte ampliata.

- dalla Risoluzione 28/09/2020, n. 60/E, ove si legge che "*nel caso in cui sul medesimo immobile siano effettuati più interventi agevolabili, il limite massimo di spesa ammesso alla detrazione è costituito dalla somma degli importi previsti per ciascuno degli interventi realizzati*".

Tuttavia, per avere un quadro chiaro e completo, occorre precisare che gli interventi relativi all'installazione di impianti basati sull'impiego delle fonti rinnovabili di energia (come ad esempio gli impianti fotovoltaici in argomento) rientrano nella più generale categoria delle detrazioni per interventi di ristrutturazione del patrimonio edilizio, disciplinati dall'art. 16-*bis* del D.P.R. 917/1986.

Pertanto - poiché con riferimento al Superbonus l'art. 119 del D.L. 34/2020 richiama proprio l'art. 16-*bis* del D.P.R. 917/1986 per gli interventi di installazione di impianti fotovoltaici - questa tipologia di intervento non può usufruire di un massimale unico qualora coesista con altri interventi della spessa specie, come ad esempio quelli finalizzati alla riduzione del rischio sismico (Sismabonus) o quelli finalizzati alla rimozione delle barriere architettoniche (si vedano: Risoluzione 30/09/2020, n. 60/E; Circolare 22/12/2020, n. 30/E, punto 4.4.3).

Ciò in quanto non possono essere considerati interventi distinti, ma, se eseguiti congiuntamente, devono rientrare nel medesimo massimale previsto di 96.000 Euro [24]. Si veda anche quanto in proposito indicato nel paragrafo 1.2.7 dedicato agli interventi di eliminazione delle barriere architettoniche, intervento che a sua volta richiama l'art. 16-*bis* del D.P.R. 917/1986.

Un paio di esempi formulati qui di seguito, per semplicità riferiti a un edificio unifamiliare, potranno meglio chiarire il concetto.

---

[24] Chi scrive è consapevole che sul punto vi sono pareri contrari, ivi compresa una risposta del Ministero dell'economia e finanze a interrogazione del mese di ottobre 2021 (risposta 5-06751) che deporrebbe in senso contrario, ma appare tuttavia poco contestualizzata, e cita documenti di prassi dell'Agenzia entrate (interpelli) errati. Ne segue che continuiamo a ritenere prudenzialmente valida l'interpretazione di sempre, cioè che l'eventuale impianto fotovoltaico non gode di un massimale aggiuntivo, ma deve rientrare nel medesimo massimale di 96.000 Euro del Sismabonus (con gli ulteriori sotto-limiti di 48.000 Euro per l'impianto e 48.000 per l'eventuale sistema di accumulo, nonché i costi "*congrui*" di 2.400 o 1.600 Euro/kW per l'impianto e di 1.000 Euro/kWh per l'accumulo), poiché si tratta di intervento riconducibile alla stessa norma di riferimento del Sismabonus, e cioè l'art. 16-*bis* del D.P.R. 917/1986. Del resto, riguardo a un caso analogo (cumulo di Sismabonus e ristrutturazione, entrambi interventi facenti capo all'art. 16-*bis*) del D.P.R. 917/1986, la Risoluzione 60/E/2020 dice: "*Con particolare riferimento all'intervento prospettato dall'Istante di riduzione del rischio sismico e di recupero del patrimonio edilizio, si fa presente che per effetto del rinvio, contenuto nel citato articolo 16 del decreto-legge n. 63 del 2013, all'articolo 16-bis, comma 1, lettera i), del testo unico delle imposte sui redditi (TUIR), di cui al decreto del Presidente della Repubblica 22 dicembre 1986, n. 917, gli interventi ammessi al Sismabonus sono quelli indicati nel medesimo articolo 16- bis, del TUIR che deve intendersi quale norma di riferimento generale. Inoltre, per effetto del predetto rinvio, gli interventi ammessi al Sismabonus non possono fruire di un autonomo limite di spesa in quanto non costituiscono una nuova categoria di interventi agevolabili*". Il concetto è ribadito in svariati interpelli. Non si vede come - fino almeno ad un espresso ed esplicito parere favorevole dell'Agenzia - per il fotovoltaico che anche riferisce all'art. 16-*bis* del D.P.R. 917/1986 (ma per lo stesso motivo anche alle barriere architettoniche), si possa adottare una diversa soluzione.

Esempio 1

Intervento di isolamento termico + sostituzione impianto climatizzazione + miglioramento sismico.
Massimale complessivo teorico massimo di spesa:

- 50.000 Euro per isolamento termico
- 30.000 Euro per sostituzione impianto climatizzazione
- 96.000 Euro per miglioramento sismico

Per un totale di 176.000 Euro di spesa e 193.600 Euro di detrazione.

Esempio 2

Intervento di isolamento termico + sostituzione impianto climatizzazione + miglioramento sismico + installazione di impianto fotovoltaico e sistema di accumulo.
Massimale complessivo teorico massimo di spesa:

- 50.000 Euro per isolamento termico
- 30.000 Euro per sostituzione impianto climatizzazione
- 96.000 Euro per miglioramento sismico + installazione di impianto fotovoltaico e sistema di accumulo

Per un totale di 176.000 Euro di spesa e 193.600 Euro di detrazione. In pratica, per i motivi sopra indicati, il massimale rimane lo stesso anche con l'installazione del fotovoltaico, data la presenza dell'intervento finalizzato al miglioramento sismico (Sismabonus).

1.2.4.4 Implementazione impianto preesistente, quota d'obbligo rinnovabili

Il comma 7 dell'art. 119 del D.L. 34/2020 dispone che la detrazione per impianti fotovoltaici non è cumulabile con altri incentivi pubblici e altre forme di agevolazione di qualsiasi natura previste dalla normativa europea, nazionale e regionale, compresi i fondi di garanzia e di rotazione e gli incentivi per lo scambio sul posto (vedi anche Circolare 08/08/2020, n. 24/E, punto 2.2.2).
Si ricorda poi che l'art. 11 del D. Leg.vo 03/03/2011, n. 28, ha introdotto - in combinato disposto con l'Allegato 3 del medesimo decreto - obblighi relativi alla produzione di energia da fonti rinnovabili per gli edifici di nuova costruzione e per quelli sottoposti ad interventi di ristrutturazione rilevante [25].
Detti obblighi si applicano:

- ai progetti di edifici di nuova costruzione;
- ai progetti di ristrutturazione rilevante (come tali intendendo - ai sensi della lettera *m)*, comma 1, dell'art. 2, del D. Leg.vo 28/2011 - gli edifici esistenti aventi superficie utile superiore a 1.000 m^2, soggetti a ristrutturazione integrale degli elementi edilizi costituenti l'involucro oppure soggetti a demolizione e ricostruzione, anche in manutenzione straordinaria).

[25] In proposito si segnala che l'art. 26 del D. Leg.vo 08/11/2021, n. 199, in combinato disposto con l'Allegato III, abroga e sostituisce l'art. 11 del D. Leg.vo 03/03/2011, n. 28 e il relativo Allegato III, a partire dal 13/06/2022. In particolare, l'art. 26 del D. Leg.vo 199/2021, prevede che i progetti di edifici di nuova costruzione ed i progetti di ristrutturazioni rilevanti degli edifici esistenti, per i quali la richiesta del titolo edilizio è presentata dal 13/06/2022, prevedono l'utilizzo di fonti rinnovabili per la copertura dei consumi di calore, di elettricità e per il raffrescamento secondo i principi minimi di integrazione di cui all'Allegato III al D. Leg.vo 199/2021 medesimo. Gli edifici devono essere progettati e realizzati in modo da garantire, tramite il ricorso ad impianti alimentati da fonti rinnovabili, il contemporaneo rispetto della copertura del 60% dei consumi previsti per la produzione di acqua calda sanitaria e del 60% della somma dei consumi previsti per la produzione di acqua calda sanitaria, la climatizzazione invernale e la climatizzazione estiva. L'Allegato III al D. Leg.vo 08/11/2021, n. 199 specifica gli obblighi di utilizzo di impianti a fonti rinnovabili, la formula con la quale calcolare la potenza elettrica di tali impianti misurata in kW, le caratteristiche e specifiche tecniche degli impianti, i casi di impossibilità tecnica di ottemperare all'obbligo e le modalità di verifica. L'inosservanza del suddetto obbligo di utilizzo di fonti rinnovabili comporta il diniego del rilascio del titolo edilizio.

Gli obblighi non si applicano invece agli edifici vincolati ai sensi della Parte II ed alle lettere *b)* e *c)*, del comma 1, dell'art. 136 del D. Leg.vo 22/01/2004, n. 42 (Codice dei beni culturali e del paesaggio), e a quelli specificamente individuati come tali negli strumenti urbanistici, qualora il progettista evidenzi che il rispetto delle prescrizioni implichi un'alterazione incompatibile con il loro carattere o aspetto, con particolare riferimento ai caratteri storici e artistici.
A tale proposito, con riferimento al Superbonus, secondo Interpello 20/07/2021, n. 488 è ammissibile all'incentivo l'intera quota di potenza dell'impianto fotovoltaico a prescindere dagli obblighi di integrazione delle fonti rinnovabili sopra indicati (in pratica, è ammissibile al Superbonus anche la c.d. "*quota d'obbligo*" di fonti rinnovabili) [26].

La Circolare 22/12/2020, n. 30/E, punto 4.1.3, ha chiarito che se in un edificio è già presente un impianto fotovoltaico, è possibile anche eseguire un intervento di potenziamento dell'impianto fotovoltaico esistente, anche se quest'ultimo fruisce di incentivi del *"conto energia"*, ferma restando ovviamente l'impossibilità per la quota parte di impianto potenziato di accedere a qualunque altro beneficio.
Viceversa, l'installazione di un sistema di accumulo collegato a impianti preesistenti non dà diritto alla detrazione del 110% (la norma di cui al comma 6, art. 119 del D.L. 34/2020, parla infatti di "*installazione contestuale o successiva di sistemi di accumulo integrati negli impianti solari fotovoltaici agevolati con la detrazione di cui al medesimo comma 5*", sembrando intendere che il sistema di accumulo non può essere installato su impianti non già agevolati con il Superbonus).

1.2.4.5 Cessione dell'energia non autoconsumata

Il comma 7 dell'art. 119 del D.L. 34/2020 dispone che l'agevolazione è subordinata alla cessione in favore del Gestore dei servizi energetici (GSE) dell'energia non autoconsumata in sito oppure non condivisa per l'autoconsumo ai sensi dell'art. 42-*bis* del D.L. 30/12/2019, n. 162.
Pertanto, condizione vincolante per l'agevolazione degli impianti fotovoltaici con il Superbonus è la cessione in favore del GSE dell'energia non autoconsumata in sito ovvero non condivisa per l'autoconsumo, in pratica il c.d. *"ritiro dedicato"*.
Ciò stante, sembra essere incompatibile con il fotovoltaico agevolato con Superbonus lo scambio sul posto (SSP).
Per poter attivare il servizio di ritiro dell'energia, il contribuente deve presentare una apposita istanza a seguito della quale il GSE effettua un'istruttoria per verificare se l'impianto di produzione possiede i requisiti necessari per poter essere ammesso al servizio di ritiro dedicato (tipo di energia prodotta, potenza, ecc.).
Secondo quanto indicato dall'Agenzia delle entrate nel corso dell'evento "*Telefisco*" di giugno 2021 (risposta 8), la fruizione del Superbonus è possibile dal momento di emis-

---

[26] Risulta in questo modo superata (per il solo Superbonus) l'interpretazione divulgata da l'ENEA (in riferimento all'Ecobonus e ad un intervento di installazione di pannelli solari temici, ma in un primo momento si era ritenuto di poter estendere il chiarimento anche al Superbonus e al fotovoltaico), in base alla quale si è ritenuta ammissibile al beneficio fiscale unicamente la parte di spesa sostenuta per l'impianto che produce la quota di energia termica eccedente il vincolo cogente (cfr. FAQ Ecobonus ENEA n. 4.C).

sione della comunicazione dell'accettazione dell'istanza da parte del GSE, senza dover attendere il perfezionamento del contratto, il quale potrebbe posticipare notevolmente il momento di fruizione dell'agevolazione.

1.2.5 Interventi *"trainati"* di efficientamento energetico

1.2.5.1 Effetto di "traino" da parte degli interventi al 110%

Il Super-Ecobonus si applica - ai sensi del comma 2 dell'art. 119 del D.L. 34/2020 - anche agli altri interventi di efficientamento energetico di cui all'art. 14 del D.L. 63/2013 (con alcune eccezioni per le quali si veda il paragrafo successivo), nei limiti di spesa previsti per ciascuno di questi, e a condizione che questi ultimi siano eseguiti *congiuntamente* ad uno degli interventi oggetto dell'aliquota maggiorata (interventi c.d. "*trainanti*").
Ciò significa in sostanza che i nuovi interventi oggetto dell'agevolazione al 110% sono in grado di *"attirare"* nell'ambito applicativo dell'aliquota maggiorata anche interventi già oggetto dell'ordinaria agevolazione c.d. *"Ecobonus"*, i quali ultimi pertanto, se eseguiti insieme ai nuovi, possono anch'essi usufruire dell'aliquota maggiorata al 110%.
L'effetto di *"traino"* si estende anche alla possibilità di detrarre le spese in 5 o 4 anni, invece che in 10 come di norma accade per gli interventi che usufruiscono dell'Ecobonus. Lo si evince dalla consultazione della Guida dell'Agenzia entrate, e in particolare dall'Esempio n. 1 nella sezione "*Casi pratici*", ma anche dal punto 2.1 della Circolare 08/08/2020, n. 24/E, che fa riferimento all'applicazione agli interventi trainati dell'intera disciplina concernente il Superbonus (primo alinea del punto).
Il medesimo chiarimento è stato reso anche dalla Circolare 22/12/2020, n. 30/E, punto 4.2.1.

1.2.5.2 Altri interventi che non possono essere trainati

Fra quelli facenti parte dell'Ecobonus, non rientrano fra gli interventi "*trainabili*":

- gli interventi di riqualificazione energetica globale di edifici esistenti, di cui al comma 344, art. 1 della L. 27/12/2006, n. 296 (Legge finanziaria 2007), come specificato dalla Circolare 22/12/2020, n. 30/E, punto 4.2.4;
- gli interventi di cui al comma 2-*quater*.1, art. 14 del D.L. 63/2013, su parti comuni di edifici condominiali ricadenti nelle zone sismiche 1, 2 e 3 finalizzati congiuntamente alla riduzione del rischio sismico e alla riqualificazione energetica, come specificato dalla Circolare 22/12/2020, n. 30/E, punto 4.2.3 (vedi in proposito anche Interpello 18/01/2021, n. 43).

Trattasi di conseguenza logica del fatto che occorre invece considerare i singoli interventi sull'involucro edilizio e/o impiantistici che rientrano già nelle varie altre fattispecie di interventi trainanti o trainati, e pertanto tale intervento, nell'impianto normativo delineato per il Superbonus, non ha senso.

Non risultano poi trainati nel Superbonus interventi afferenti altre categorie di incentivi, e in particolare:

a) il c.d. *"Bonus ristrutturazioni"* previsto dall'art. 16-*bis* del D.P.R. 917/1986 e dall'art. 16 del D.L. 63/2013 (fatta eccezione per il Sismabonus, vedi oltre), relativo alle spese sostenute per interventi di recupero edilizio, che restano agevolate al 50%;

b) il c.d. *"Bonus mobili"* di cui al comma 2, art. 16 del D.L. 63/2013, relativo alle spese sostenute per l'acquisto di mobili e di grandi elettrodomestici in connessione a interventi di recupero edilizio, che restano agevolate al 50%;
c) il c.d. *"Bonus verde"* di cui ai commi 12-15, art. 1 della L. 205/2017, relativo alle spese sostenute in relazione a interventi di sistemazione di giardini e aree verdi, che restano agevolate al 36%;
d) il c.d. *"Bonus facciate"* di cui ai commi 219-224, art. 1 della L. 27/12/2019, n. 160 (Legge di bilancio 2020), relativo alle spese sostenute in relazione a interventi edilizi finalizzati al recupero o restauro della facciata esterna (limitatamente alle strutture opache verticali) degli edifici esistenti ubicati nelle zone A o B, che restano agevolate al 90% in riferimento alle spese sostenute negli anni 2020 e 2021, e al 60% per le spese sostenute nel 2022.

1.2.5.3 Massimali per interventi trainati di efficientamento energetico

Si rinvia alla seguente tabella, nonché agli Allegati 1 e 2 del DAS. Quanto ai massimali maggiorati di spesa, si ottengono dividendo gli ordinari massimali di detrazione per 1,1 (vedi anche Interpello 04/11/2020, n. 523).
Può essere utile anche la consultazione della tabella di cui all'Allegato B al DRE, che si ripropone di riepilogare tutti gli incentivi vigenti per interventi di efficientamento energetico degli edifici. Ulteriori dettagli in merito al calcolo del massimale per gli interventi trainati saranno inoltre forniti nella parte dedicata alla spiegazione della modalità di redazione dell'asseverazione per gli interventi Superbonus da produrre sulla piattaforma ENEA.
Resta inteso che per poter fruire del Superbonus, ciascuno degli interventi di seguito elencati deve rispettare gli specifici requisiti tecnici previsti per ciascuno di essi. A tale proposito, si fa rinvio all'Allegato A al DRE nonché alle *"schede tecniche"* predisposte da ENEA per i vari interventi e reperibili online.

Riepilogo interventi trainati di efficientamento energetico degli edifici

Intervento	Massimale di spesa
Isolamento termico di superfici disperdenti verticali e orizzontali [27].	54.545 Euro
Sostituzione di finestre comprensive di infissi [28].	54.545 Euro
Acquisto e posa in opera di schermature solari	54.545 Euro

---

[27] Qualora l'intervento di isolamento termico sia attivato come intervento *"trainato"*, non si applica la possibilità di procedere alla coibentazione anche della copertura non disperdente, come previsto dalla lettera *a)*, comma 1, art. 119 del D.L. 34/2020, in riferimento tuttavia al solo intervento di isolamento termico trainante. Affinché si configuri l'intervento trainato, non è necessario rispettare il requisito di intervenire su almeno il 25% della superficie disperdente lorda.

[28] Si segnala che il massimale di detrazione di 60.000 Euro per gli interventi riguardanti strutture opache verticali (pareti, generalmente esterne), strutture opache orizzontali (coperture, solai e pavimenti), finestre comprensive di infissi, è unico (ovviamente se si tratta di uno stesso intervento sulla stessa unità immobiliare), poiché - pur essendo soggetti a percentuali di detrazione diverse - si tratta di interventi tutti rientranti nella fattispecie degli interventi sull'involucro edilizio di cui al comma 345, art. 1 della L. 296/2006. Si veda in proposito anche la nota ** riportata in calce alla tabella in Allegato B del DRE.

Sostituzione di impianti di climatizzazione invernale con impianti dotati di caldaie a condensazione	27.272 Euro
Sostituzione di impianti di climatizzazione invernale con pompe di calore ad alta efficienza, anche con sonda geotermica	27.272 Euro
Sostituzione di impianti di climatizzazione invernale con sistemi ibridi	27.272 Euro
Sostituzione di impianti di climatizzazione invernale con impianti dotati di generatori di calore alimentati da biomasse combustibili	27.272,72 Euro
Sostituzione di scaldacqua tradizionali con scaldacqua a pompa di calore dedicati alla produzione di acqua calda sanitaria	27.272,72 Euro
Installazione di collettori solari per la produzione di acqua calda sanitaria	54.545 Euro
Allaccio a sistemi di teleriscaldamento efficiente	27.272,72 Euro
Acquisto e posa in opera di micro-cogeneratori in sostituzione di impianti esistenti	90.909,09 Euro
Installazione di dispositivi multimediali per il controllo da remoto dell'impianto di riscaldamento o climatizzazione (*Building Automation*, o anche "*BACS*")	13.636,36 Euro [29]

Gli interventi "*trainati*", nel contesto di un edificio condominiale/plurifamiliare, possono essere condotti sia su parti comuni condominiali che su parti private, cioè di pertinenza dio singole unità immobiliari.
Ad esempio, è possibile condurre un intervento di isolamento termico dell'involucro opaco - in misura inferiore al 25% della superficie disperdente lorda totale dell'edificio - sulle parti comuni (facciate, copertura), così come è possibile condurre il medesimo intervento come isolamento termico dall'interno delle singole abitazioni. Analogamente, sarà possibile sostituire con le agevolazioni serramenti e infissi dei singoli appartamenti [30], ma anche di parti comuni come ad esempio il vano scala o altri locali condominiali, ovviamente a condizione che le porzioni edilizie in questione rispettino il requisito della legittima preesistenza di un impianto di riscaldamento funzionante.
È molto importante far notare che sulla base di quanto indicato dal D.M. 06/08/2020 (DAS), nota 2: "*nessuno degli interventi trainanti di cui al comma 1 dell'art. 119 del D.L. 34/2020 può essere inserito come intervento trainato*". Detto inciso va interpretato nel senso che su parti edilizie di pertinenza della stessa proprietà, non è possibile attivare il medesimo intervento sia come trainante che come trainato. Alcuni esempi chiariranno meglio il concetto:

- in condominio, su parti comuni condominiali (facciate, copertura) quindi di pertinenza del condominio, se è previsto l'intervento trainante di isolamento termico delle superfici disperdenti in misura superiore al 25% della SDL, non è possibile attivare anche il corrispondente intervento trainato;
- viceversa, in condominio, seppure sia se previsto l'intervento trainante di isolamento termico delle parti comuni in misura superiore al 25% della SDL, è comunque possibile attivare l'intervento trainato di isolamento termico nei singoli appar-

[29] La norma che ha istituito le agevolazioni per sistemi di *Building Automation* (art. 1 della L. 208/2015, comma 88) non prevede alcun massimale di spesa. L'indicazione del massimale di detrazione di 15.000 è stata tuttavia introdotta dalla tabella di cui all'Allegato B al DRE.

[30] La sostituzione degli infissi delle singole unità in condominio è intervento trainato su parti private, a dispetto di quanto affermato in un molto discutibile Interpello n. 901-1003/2021 della Direzione regionale Piemonte dell'Agenzia entrate, che per un caso simile ammetterebbe l'intervento trainante, introducendo il creativo concetto di "*parti private a fini civilistici ma comuni a fini fiscali*", da ritenere errato.

tamenti, poiché questi ultimi sono di pertinenza dei singoli proprietari e non del condominio;
- nel contesto di un edificio unifamiliare, o di una unità immobiliare funzionalmente indipendente e dotata di accesso autonomo dall'esterno, dal momento che tutte le parti edilizie sono di pertinenza del proprietario, i due interventi (l'intervento trainante di isolamento termico in misura superiore al 25% della SDL e il corrispondente intervento trainato di isolamento termico nei singoli appartamenti) non sono attivabili entrambi.

1.2.6 Cappotto termico dall'interno

Negli interventi agevolabili può rientrare anche l'installazione del cappotto termico dall'interno, inteso come intervento trainato, interessante l'involucro edilizio anche in misura inferiore al 25% della superficie disperdente lorda dell'intero edificio. Trattandosi infatti di intervento eseguito dall'interno, esso insiste su parti private, e per tale motivo non rientra nella fattispecie "*trainante*", che nel condominio o edificio plurifamiliare in genere deve insistere sulle parti comuni dell'edificio stesso.
Per gli edifici vincolati, il cappotto termico dall'interno sulla singola unità immobiliare, può essere eseguito anche in assenza di intervento trainante condominiale (vedi paragrafo dedicato 1.2.6, nonché il paragrafo 4.2.1.4).
Infine, il cappotto termico dall'interno può essere eseguito anche nell'ambito di intervento trainante (quindi con intervento in misura superiore al 25% della superficie disperdente lorda dell'intero edificio), unicamente nell'edificio unifamiliare oppure nell'unità immobiliare funzionalmente indipendente e dotata di accesso autonomo dall'esterno in edificio plurifamiliare.
Infatti, in questi casi non ci sono parti comuni o private, pertanto anche l'isolamento dall'interno può secondo noi contribuire al raggiungimento del 25% nell'ambito di intervento trainante.

1.2.7 Interventi per la rimozione di barriere architettoniche

A seguito delle innovazioni introdotte dalla L. 178/2020 (Legge di bilancio 2021, art. 1, comma 66), il comma 2, art. 119 del D.L. 34/2020 dispone che sono inclusi tra gli interventi *"trainati"* anche quelli di eliminazione delle barriere architettoniche (lettera *e)*, comma 1, art. 16-*bis* del D.P.R. 917/1986), anche ove effettuati in favore di persone di età superiore a 65 anni [31].
La detrazione spetta anche se l'intervento finalizzato all'eliminazione delle barriere architettoniche è effettuato in assenza di disabili nell'unità immobiliare o nel condominio oggetto di lavori.
Si tratta di opere che possono essere realizzate sia sulle parti comuni che sulle singole unità immobiliari, devono presentare le caratteristiche tecniche previste dal D.M. 14/06/1989, n. 236 (in assenza delle quali non possono essere qualificati come interven-

---

[31] L'Agenzia delle entrate, con la risposta all'Interpello 05/07/2021, n. 455, ha chiarito - confermando quanto già affermato nella risposta del Ministero dell'economia all'interrogazione in Commissione Finanze n. 5-05839 del 29/04/2021 - che è irrilevante la presenza di persone di età superiore a 65 anni o con disabilità nell'edificio oggetto degli interventi, ai fini dell'applicazione del Superbonus.

ti di abbattimento delle barriere architettoniche) e possono riferirsi a diverse categorie di lavori, quali ad esempio (cfr. Circolare 24/02/1998, n. 57/E, paragrafo 3.4):
- la sostituzione di finiture (pavimenti, porte, infissi esterni, terminali degli impianti);
- il rifacimento o l'adeguamento di impianti tecnologici (servizi igienici, impianti elettrici, citofonici, impianti di ascensori);
- il rifacimento di scale e ascensori;
- l'inserimento di rampe interne ed esterne agli edifici e di servoscala o di piattaforme elevatrici.

Il massimale di spesa ammesso alla detrazione, come chiarito anche dal Ministero dell'economia in risposta a interrogazione in Commissione Finanze n. 5-05839 del 29/04/2021, per gli interventi finalizzati alla eliminazione delle barriere architettoniche è pari a 96.000 Euro.

Qualora le opere siano compiute a servizio di un immobile condominiale (eseguite su parti comuni, come ad esempio l'installazione di un ascensore), il massimale va inteso moltiplicabile per il numero di unità immobiliari, in conformità ai principi generali ribaditi con la Circolare 24/E/2020 e Circolare 30/E/2020. Viceversa, in caso di intervento sulla singola unità immobiliare, esso va riferito complessivamente all'unità stessa ed eventuali pertinenze.

È importante ricordare che il massimale di spesa in questione è condiviso tra l'intervento di eliminazione di barriere architettoniche ed eventuale contestuale intervento di Sismabonus, impianto fotovoltaico e ristrutturazione generale, nel senso che questi interventi non sono cumulabili ma tutti insieme usufruiscono del massimale unico di 96.000 Euro.

In proposito, nella Risoluzione 60/E/2020 viene affermato che "*con particolare riferimento all'intervento [...] di riduzione del rischio sismico e di recupero del patrimonio edilizio, si fa presente che per effetto del rinvio, contenuto nell'art. 16 del D.L. 63/2013, all'art. 16-bis del D.P.R. 917/1986, comma 1, lettera i), gli interventi ammessi al Sismabonus sono quelli indicati nel medesimo art. 16-bis del D.P.R. 917/1986, che deve intendersi quale norma di riferimento generale. Inoltre, per effetto del predetto rinvio, gli interventi ammessi al Sismabonus non possono fruire di un autonomo limite di spesa in quanto non costituiscono una nuova categoria di interventi agevolabili*".

Non si vede come si possa giungere a diversa conclusione anche con riferimento al fotovoltaico e alle barriere architettoniche, tutti interventi per i quali le norme che ne prevedono l'attrazione nel regime del 110% fanno riferimento al succitato art. 16-*bis* del D.P.R. 917/1986, con la conseguenza che i vari interventi sono sì cumulabili, ma entro il limite unico di 96.000 Euro.

Ai fini dell'applicabilità del Superbonus, resta tuttavia necessario che gli interventi volti al superamento delle barriere architettoniche siano eseguiti congiuntamente ad uno degli interventi "*trainanti*" di risparmio energetico, come previsto dal comma 2 dell'art. 119 del D.L. 34/2020.

Un'importante novità è stata poi introdotta dall'art. 33 del D.L. 77/2021, comma 1, lettera *a)*, il quale ha aggiunto al comma 4 dell'art. 119 la possibilità che gli interventi fi-

nalizzati alla eliminazione delle barriere architettoniche vengano "*trainati*" anche da un intervento trainante di riduzione del rischio sismico.
In altri termini, l'intervento di eliminazione delle barriere architettoniche può essere trainato sia da un intervento trainante di Ecobonus (comma 2, art. 119 del D.L. 34/2020) che da un intervento trainante di Sismabonus (comma 4, art. 119 del D.L. 34/2020).

Quanto infine alla cessione del credito o sconto in fattura per gli interventi finalizzati alla rimozione di barriere architettoniche, tali interventi ne possono usufruire solo quando rientrano tra quelli trainati, coma da lettera *b)* del comma 2, art. 121 del D.L. 34/2020. In altri termini, la cessione del credito o lo sconto in fattura sono attivabili solo quando l'intervento rientra nel perimetro applicativo del Superbonus, e non quando viene eseguito come normale ristrutturazione al 50% (vedi in proposito Interpello 05/07/2021, n. 455) [32].

1.2.8 Interventi di installazione colonnine di ricarica veicoli elettrici

1.2.8.1 Generalità

L'art. 119 del D.L. 34/2020 dispone al comma 8 che sono detraibili nella misura del 110% le spese per l'installazione di infrastrutture di ricarica di veicoli elettrici negli edifici, di cui all'art. 16-*ter* del D.L. 63/2013.
Ai sensi della menzionata disposizione è riconosciuta una detrazione per le spese relative all'acquisto e alla posa in opera di infrastrutture di ricarica dei veicoli alimentati ad energia elettrica, ivi inclusi i costi iniziali per la richiesta di potenza addizionale fino ad un massimo di 7 kW, su un ammontare massimo di spesa pari a 3.000 Euro.
Tuttavia, a seguito delle innovazioni introdotte dalla L. 178/2020 (art. 1, comma 66), il comma 8, art. 119 del D.L. 34/2020, dispone che - fatti salvi gli interventi in corso di esecuzione per i quali continua a valere il limite di spesa sopra indicato - i massimali per tale tipologia di intervento sono diminuiti (quindi per gli interventi realizzati a partire dal 01/01/2021) a:

- 2.000 Euro per gli edifici unifamiliari o per le unità immobiliari funzionalmente indipendenti;
- 1.500 Euro per edifici plurifamiliari e condomini che installino fino a un massimo di 8 colonnine;
- 1.200 Euro per edifici plurifamiliari e condomini che installino più di 8 colonnine.

Quanto al limite di spesa si precisa che (Circolare 08/08/2020, n. 24/E, punto 2.2.3):

- detto limite è annuale ed è riferito a ciascun intervento di acquisto e posa in opera delle infrastrutture di ricarica (pertanto un intervento che si protrae a cavallo di due anni è agevolato sempre per gli importi indicati);

[32] Il chiarimento interpretativo di cui all'interpello citato (chiarimento peraltro già presente nella Guida Superbonus dell'Agenzia entrate, edizione di febbraio/marzo 2021) sana il fatto che il legislatore ha "*dimenticato*" di inserire l'intervento concernente l'eliminazione di barriere architettoniche fra quelli per i quali è ammessa la cessione del credito, che pertanto non è prevista specificamente per tale categoria di intervento (comma 2, art. 121 del D.L. 34/2020). In seguito, per poter esercitare l'opzione anche per questi interventi sono state adeguate la modulistica e le procedure online/software, che inizialmente non prevedevano tale opzione.

- il predetto limite è inoltre riferito a ciascun contribuente, e costituisce pertanto l'ammontare massimo di spesa ammesso alla detrazione anche nell'ipotesi in cui, nel medesimo anno, il contribuente abbia sostenuto spese per l'acquisto e la posa in opera di più infrastrutture di ricarica;
- nel caso in cui la spesa sia sostenuta da più contribuenti, la stessa, nel limite massimo previsto, va ripartita tra gli aventi diritto in base al costo sostenuto da ciascuno.

Di norma, come stabilito dal comma 3 dell'art. 16-*ter* del D.L. 63/2013 (a sua volta richiamato dal comma 8, art. 119 del DL 34/2020), la detrazione si applica "*anche*" alle spese documentate rimaste a carico del contribuente, per l'acquisto e la posa in opera di infrastrutture di ricarica sulle parti comuni degli edifici condominiali. Dato l'inciso "*anche*", ne segue che tali infrastrutture possono essere realizzate sia su parti private che su parti comuni.

L'ultimo periodo del comma 8, art. 119 del DL 34/2020 dispone che "*l'agevolazione si intende riferita a una sola colonnina di ricarica per unità immobiliare*".

Per fruire dell'agevolazione, gli interventi in questione devono essere eseguiti congiuntamente a uno degli interventi dell'Ecobonus 110%.

Le detrazioni in questione sono fruibili in cinque quote annuali di pari importo.

1.2.8.2 Calcolo dei massimali e riparto delle spese in condominio

Con riguardo agli interventi per l'installazione di infrastrutture di ricarica di veicoli elettrici, può essere particolarmente complesso il calcolo del massimale e soprattutto il riparto delle spese per gli interventi negli edifici condominiali.

La piattaforma ENEA:

A- consente l'inserimento dell'intervento sia come trainato sulle parti comuni che come trainato in riferimento alle unità immobiliari;

B- esegue il calcolo pari a 1.500 x il numero di centraline di ricarica installate fino a 8 colonnine, successivamente a 1.200 per le successive colonnine;

C- nel conteggiare il numero massimo di colonnine attivabili, chiarisce che il totale delle colonnine installate sulle parti comuni non può eccedere il numero delle unità immobiliari, nel caso in cui la somma delle superfici delle unità residenziali sia inferiore al 50%, tale conteggio contempla solo le unità residenziali (vedi immagine riferita a condominio con 42 unità);

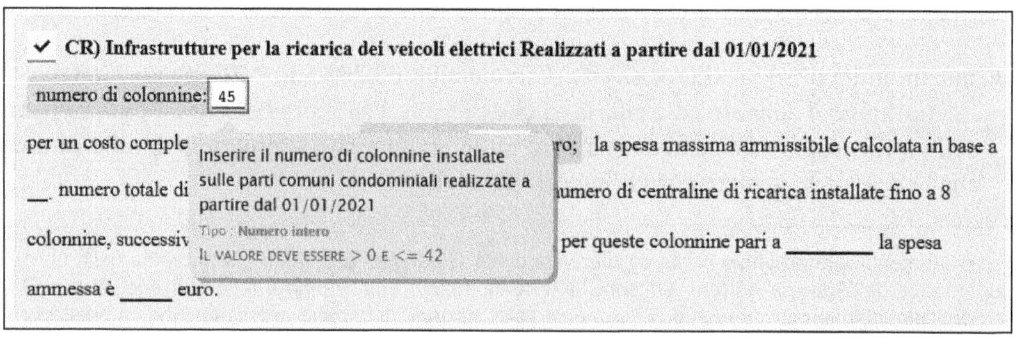
✔ **CR) Infrastrutture per la ricarica dei veicoli elettrici Realizzati a partire dal 01/01/2021**

numero di colonnine: 45

per un costo comple[...]ro; la spesa massima ammissibile (calcolata in base a ___ numero totale di [...]umero di centraline di ricarica installate fino a 8 colonnine, successiv[...] per queste colonnine pari a ________ la spesa ammessa è ____ euro.

Inserire il numero di colonnine installate sulle parti comuni condominiali realizzate a partire dal 01/01/2021

Tipo : Numero intero

IL VALORE DEVE ESSERE > 0 E <= 42

D- consente altresì di installare ulteriori colonnine anche sulle parti private;
E- nell'assegnare la somma complessivamente disponibile per l'intervento trainato sia su parti comuni che private, il sistema esegue il calcolo suddividendo l'importo totale per il numero di colonnine che si intendono installare complessivamente sia su parti comuni che private (vedi immagine riferita a condominio con 42 unità con 42 colonnine installate sulle parti comuni e 3 sulle parti private).

✔ **CR) Infrastrutture per la ricarica dei veicoli elettrici Realizzati a partire dal 01/01/2021**

numero di colonnine: 42

per un costo complessivo di progetto che ammonta a: 52640 euro; la spesa massima ammissibile (calcolata in base a 45, numero totale di colonnine installate, risulta pari a 1.500 x il numero di centraline di ricarica installate fino a 8 colonnine, successivamente a 1.200 per le successive colonnine), per queste colonnine pari a 52640 la spesa ammessa è 52640 euro.

Riassumendo e semplificando, si riporta di seguito un calcolo esemplificativo riferito a un condominio con 42 unità immobiliari residenziali.

Numero massimo di colonnine installabili tra parti comuni e private	42 + 42
Numero massimo di colonnine installabili sulle sole parti comuni	42
Importo massimo a colonnina nel caso in cui si installino 42 colonnine *(1)*	1.500 x 8 + 1.200 x 34 = 52.800 52.800 / 42 = 1.257,14
Importo massimo a colonnina nel caso in cui si installino 45 colonnine *(2)*	1.500 x 8 + 1.200 x 37 = 56.400 56.400 / 45 = 1.253,33
Importo massimo a colonnina nel caso in cui si installino **13** colonnine *(3)*	1.500 x 8 + 1.200 x 5 = 18.000 18.000 / 13 = 1.384,62
Importo massimo a colonnina nel caso in cui si installino **5** colonnine *(3)*	1.500

(1) Tutte su parti comuni oppure alcune su parti comuni e altre su parti private.
(2) Di cui da un minimo di 3 a un massimo di 42 su parti comuni (il budget massimo per le parti comuni è 1.253,33 x 42 = 52.640 Euro).
(3) Indifferentemente su parti comuni e/o private.

Le spese per le colonnine su parti comuni saranno suddivise per millesimi, quelle per le colonnine su parti private a carico dei singoli. Il calcolo si applica in tutti i casi.
Si precisa infine che la spesa da calcolare come indicato è da intendere comprensiva delle spese riferite al sistema di alimentazione dei punti di ricarica, nonché delle spese professionali.

1.2.9 Requisiti e adempimenti per la fruizione del Super-Ecobonus

1.2.9.1 Adempimenti edilizi e relazione tecnica di progetto

Tra la documentazione che il contribuente deve possedere e conservare per eventuali controlli vi è ovviamente - come per tutti gli altri bonus fiscali simili - la documentazione attestante le necessarie abilitazioni dal punto di vista edilizio.

Qualora la normativa edilizia applicabile non preveda alcun titolo abilitativo per la realizzazione degli interventi (edilizia libera), tale documentazione è di norma sostituita da una dichiarazione sostitutiva dell'atto di notorietà, resa ai sensi dell'art. 47 del D.P.R. 28/12/2000, n. 445, in cui sia indicata la data di inizio dei lavori ed attestata la circostanza che gli interventi posti in essere rientrano tra quelli agevolabili, pure se i medesimi non necessitano di alcun titolo abilitativo, ai sensi della normativa edilizia vigente.
Tuttavia - come si vedrà in maniera più approfondita nel paragrafo 2.4 - per gli interventi che rientrano nel perimetro applicativo del Superbonus (fatta eccezione per quelli che siano attuati tramite demolizione e ricostruzione integrale dell'edificio) è stato predisposto un procedimento edilizio ad hoc, che prevede la presentazione della c.d. *"CILA Superbonus"*, o anche *"CILAS"*, ai sensi del comma 13-*ter*, art. 119 del D.L. 34/2020.
Il successivo comma 13-*quinquies* prevede che quando le opere oggetto di Superbonus rientrino nel regime dell'edilizia libera, nella CILAS è richiesta la sola descrizione dell'intervento, senza la presentazione di alcun elaborato progettuale. Da ciò si evince pertanto che - contrariamente a quanto di norma previsto - la CILAS va presentata anche se le opere rientrano nell'edilizia libera (normalmente, come detto, ai fini dei bonus fiscali, se le opere sono in edilizia libera si redige una autocertificazione che attesti tale circostanza).

Inoltre, deve obbligatoriamente essere predisposta la relazione ai sensi dell'art. 28 della L. 09/01/1991, n. 10 (riferimento peraltro ora sostituito da quello all'art. 8 del D. Leg.vo 19/08/2005, n. 192), contestualmente alla dichiarazione di inizio dei lavori complessivi o degli specifici interventi proposti, o alla domanda di acquisizione del titolo abilitativo edilizio, così come dovranno essere regolarmente svolti i normali adempimenti di fine lavori (vedi anche art. 6 del DRE, comma 1, lettera *a*).
Si rinvia al paragrafo 2.5.1.3 concernente la documentazione da ottenere e conservare.
Ove possibile, gli interventi trainanti e trainati vanno inseriti nella medesima relazione tecnica di progetto attestante la rispondenza alle prescrizioni per il contenimento del consumo di energia degli edifici e dei relativi impianti termici di cui all'art. 8 del D. Leg.vo 192/2005 nonché al D.M. 26/06/2015, c.d. "*Decreto relazioni tecniche*" (cfr. art. 2 del DRE, comma 5).

1.2.9.2 Requisiti di prestazione energetica e CAM

Gli interventi devono rispettare i requisiti energetici minimi previsti dall'Allegato A al DRE, come attestato dall'asseverazione rilasciata da tecnico abilitato sulla base dei modelli definiti dal DAS (comma 3 dell'art. 119 del D.L. 34/2020) ed implementati nella piattaforma appositamente messa a disposizione da ENEA.
Detto decreto è stato emanato ai sensi del comma 3-*ter* dell'art. 14 del D.L. 63/2013, e reca i requisiti tecnici da rispettare per tutti gli interventi di efficientamento energetico del patrimonio edilizio esistente ammessi a fruire di detrazioni fiscali, siano quelle del Super-Ecobonus 110% qui trattato o quelle dell'Ecobonus *"normale"*, e anche degli interventi che rientrano nel c.d. *"Bonus facciate"*.
Quanto in particolare agli interventi *"trainanti"* si faccia riferimento a:
- *interventi di isolamento*: punto 2, Allegato A + Allegato E del DRE;
- *interventi impiantistici*: punti 4-7 e 10, Allegato A + Allegato F del DRE.

Per gli interventi di isolamento termico vanno usati isolanti conformi a quanto previsto dal decreto sui criteri ambientali minimi (CAM) per l'edilizia, D.M. 11/10/2017 (cfr. punto 2.4.2.9 del decreto in questione). Il requisito dei CAM è richiesto per i soli materiali isolanti. I materiali isolanti utilizzati per l'intervento di isolamento termico trainante, pertanto, devono essere conformi ai criteri indicati nei capitoli 2.4.1.3 e 2.4.2.9 del D.M. 11/10/2017 (*Criteri ambientali minimi per l'affidamento di servizi di progettazione e lavori per la nuova costruzione, ristrutturazione e manutenzione di edifici pubblici*).

Va tuttavia precisato che il citato DRE è stato pubblicato nella G.U. 05/10/2020, n. 246, ed è in vigore dal 06/10/2020). Come indicato dall'art. 12 del provvedimento:

- esso si applica agli interventi la cui data di inizio dei lavori sia successiva all'entrata in vigore del decreto medesimo;
- agli interventi la cui data di inizio dei lavori (da comprovarsi tramite apposita documentazione) sia antecedente la data in questione, si applicano invece i requisiti precedentemente in vigore, contenuti nel D.M. 19/02/2007 e successive modificazioni, nel D.M. 11/03/2008 come modificato dal D.M. 26/01/2010, nonché nel D.M. 26/06/2015.

Come chiarito dalla Circolare 08/08/2020, n. 24/E (punto 2.1.1), i parametri a cui fare riferimento sono quelli applicabili alla data di inizio dei lavori; pertanto, per tutti i lavori iniziati in data antecedente all'entrata in vigore del DRE (06/10/2020), si farà riferimento ai menzionati parametri pregressi.

Resta fermo che - anche per gli interventi iniziati precedentemente ma per i quali si richiede la fruizione del Superbonus - devono essere ottemperati gli altri adempimenti previsti, tra i quali in particolare il rilascio dell'asseverazione che comprenda la dichiarazione di congruità dei costi sostenuti per gli interventi.

1.2.9.3 *Attestato di prestazione energetica (APE) per gli interventi Superbonus e casi di esonero*

Per poter accedere all'incentivo, gli interventi devono assicurare il miglioramento di almeno due classi energetiche o comunque il conseguimento della classe energetica più alta [33], come attestato dall'APE convenzionale ante e post-intervento (comma 3 dell'art. 119 del D.L. 34/2020), in riferimento, a seconda dei casi, all'intero edificio [34] o

[33] Chiarimenti sono contenuti nel DRE (punto 12 dell'Allegato A) e nella Circolare 08/08/2020, n. 24/E (punto 3), ove si legge che qualora l'edificio si trovi in classe energetica A3 basterà salire alla classe successiva A4 (la più alta) per veder riconosciuta la detrazione. In una prima fase applicativa si è conseguentemente ritenuto che il Superbonus non fosse applicabile per gli edifici già in classe energetica A4. Tuttavia in seguito, con Interpello 20/07/2021, n. 488, è stato detto esplicitamente che anche nel caso in cui la classe energetica dell'edificio sia pari alla classe energetica A4 è sufficiente nella situazione post intervento il raggiungimento della classe energetica A4. Quindi in pratica l'Interpello ha afferma che anche l'immobile che si trovi già nella classe A4 può usufruire del Superbonus, senza sostanzialmente che sia necessario un salto di classe energetica, nella fattispecie non possibile.

[34] Chiarimenti sono contenuti nel DRE, ove si legge (punto 12 dell'Allegato A) che gli APE - qualora redatti per edifici con più unità immobiliari - sono detti *"convenzionali"* e sono appositamente predisposti ed utilizzabili esclusivamente allo scopo delle agevolazioni di cui al Superbonus.
L'APE convenzionale viene predisposto esaminando l'edificio nella sua interezza, considerando solo i

all'unità immobiliare autonoma (a tale proposito, la Circolare 22/12/2020, n. 30/E, punto 5.2.5, ha chiarito che nel caso di intervento trainante condominiale e intervento trainato nel singolo appartamento, ai fini del Superbonus è sufficiente che il miglioramento delle due classi energetiche sia raggiunto dal condominio).
Il requisito del miglioramento della classe energetica si applica anche quando l'intervento è effettuato tramite demolizione e ricostruzione; pertanto anche in questi casi occorre acquisire l'APE ante e post intervento (Circolare 22/12/2020, n. 30/E, punto 5.2.10).

Stante il fatto che (come indicato nel paragrafo 2.1.5, al quale si fa rinvio) il Superbonus è applicabile anche agli interventi che hanno avuto inizio prima del 01/07/2020, purché le relative spese siano state sostenute in un momento successivo, l'APE ante intervento può anche essere redatto in un secondo momento, purché in tempo per poter essere allegato all'asseverazione finale degli interventi. Si veda in proposito anche la Circolare 22/12/2020, n. 30/E, punto 5.2.7, dove si legge anche che per produrre l'APE ante intervento è necessario operare nel software un cambio delle stratigrafie delle strutture utilizzate e dei dati dell'impianto ante intervento, in modo da ottenere documenti ante e post effettivamente confrontabili (vedi anche Interpello 09/12/2020, n. 571 e FAQ Enea, risposta n. 7).

Il miglioramento della classe energetica non deve obbligatoriamente discendere unicamente dagli interventi principali *"trainanti"*, ma può essere conseguito considerando nel loro complesso anche gli eventuali interventi *"trainati"*, compresa l'installazione di impianti fotovoltaici e sistemi di accumulo, purché eseguiti congiuntamente.

Ai sensi del comma 1-*quater*, art. 119 del D.L. 34/2020 (introdotto dalla L. 178/2020, art. 1, comma 66), possono accedere al Superbonus anche gli edifici privi di APE perché sprovvisti di copertura, di uno o più muri perimetrali, o di entrambi.
Quanto sopra, a patto che al termine degli interventi - che devono comprendere pure quelli di isolamento termico e possono essere eseguiti anche in demolizione e ricostruzione o in ricostruzione su sedime esistente - raggiungano una classe energetica in fascia A.
Al riguardo, l'Agenzia delle entrate (Interpello 25/08/2021, n. 557) ha affermato che anche in caso di esonero dalla produzione dell'APE iniziale ai sensi del comma menzionato, è comunque necessario dimostrare - sulla base di una relazione tecnica - che nello stato iniziale l'edificio era dotato di un impianto idoneo a riscaldare gli ambienti di cui era costituito.
In conclusione, quanto all'applicazione del menzionato comma 1-*quater*, art. 119 del D.L. 34/2020, poiché resta fermo il requisito della preesistenza dell'impianto, ed è piut-

---

servizi presenti nella situazione ante intervento. Per la redazione dell'APE convenzionale, riferito come detto a edifici con più unità immobiliari, tutti gli indici di prestazione energetica dell'edificio considerato nella sua interezza si calcolano a partire dagli indici prestazione energetica delle singole unità immobiliari.
In particolare, ciascun indice di prestazione energetica dell'intero edificio è determinato calcolando la somma dei prodotti dei corrispondenti indici delle singole unità immobiliari per la loro superficie utile e dividendo il risultato per la superficie utile complessiva dell'intero edificio.

tosto raro o improbabile avere un edificio non completo (privo di copertura o pareti) ma provvisto di impianto funzionante, il riferimento è presumibilmente da intendere solo a un edificio soggetto a un evento che ne ha modificato lo stato (in pratica l'edificio collabente), ma aveva comunque in precedenza un impianto. Questo tipo di edificio (fermo restando la dimostrazione dell'impianto preesistente) non ha necessità dell'APE ante operam, ma l'importante è che si arrivi a mezzo degli interventi previsti al miglioramento energetico richiesto dalla norma.

L'APE c.d. "convenzionale"

Al fine di dimostrare il miglioramento energetico richiesto per il Superbonus è prevista la redazione dell'APE c.d. *"convenzionale"*, un attestato appositamente predisposto ed utilizzabile esclusivamente allo scopo delle agevolazioni di cui al Superbonus (punto 12.2 dell'Allegato A al DRE).

In pratica, l'APE convenzionale per il Superbonus ha la finalità di dimostrare il miglioramento di due classi energetiche ai fini della richiesta di incentivi, a differenza dell'APE tradizionale che ha invece la finalità di informare i proprietari e/o utilizzatori delle unità immobiliari nel caso di compravendita o locazione.

In base a quanto si legge nella Circolare 22/12/2020, n. 30/E, punto 5.2.6, nei casi previsti dall'art. 7 del DRE, comma 1 (interventi sull'involucro opaco dell'edificio che accede al Superbonus), è necessario acquisire e conservare a cura del beneficiario anche gli attestati per ogni singola unità immobiliare.

L'APE convenzionale viene predisposto considerando l'edificio nella sua interezza.

In particolare, ciascun indice di prestazione energetica dell'intero edificio è determinato calcolando la somma dei prodotti dei corrispondenti indici delle singole unità immobiliari per la loro superficie utile e dividendo il risultato per la superficie utile complessiva dell'intero edificio (punto 12.3 dell'Allegato A al DRE).

L'APE convenzionale va redatto considerando (anche nella situazione post) solo i servizi energetici presenti nella situazione ante intervento [35], in modo da poter effettuare un raffronto riferito ai soli interventi di efficientamento energetico soggetti ad agevola-

[35] Come si legge nel Vademecum ENEA, ciò non significa, tuttavia, che nell'input di calcolo per la modellizzazione della situazione post intervento debbano essere esclusi i servizi eventualmente aggiunti con i lavori. L'input e la modellizzazione dell'edificio o dell'unità immobiliare funzionalmente indipendente devono essere sempre completi (tutti i servizi e gli impianti presenti), mentre nella sommatoria per la determinazione dell'indice di prestazione energetica globale (EPgl) finalizzata alla dimostrazione del miglioramento di classe vengono considerati (sommati) solo gli EP relativi ai servizi presenti nella situazione ante intervento. Qualora infatti così non fosse, cioè venissero esclusi dalla modellizzazione post i servizi eventualmente aggiunti nel corso dei lavori, potrebbe crearsi una situazione irrealistica nella ripartizione dell'energia elettrica prodotta in situ (ad esempio da un impianto fotovoltaico) sui servizi presenti.

A titolo esemplificativo si immagini una situazione ante con solo i servizi di riscaldamento e produzione di acqua calda sanitaria soddisfatti da caldaia a gas e una situazione post con i servizi riscaldamento, acqua calda sanitaria e raffrescamento (nuova installazione) soddisfatti da pompa di calore con aggiunta, contestuale, di impianto fotovoltaico. Qualora venisse escluso il raffrescamento dalla modellizzazione post, l'intera produzione del fotovoltaico andrebbe, nel calcolo, a compensare solamente i servizi di riscaldamento e acqua calda sanitaria (e non raffrescamento). Si creerebbe quindi un beneficio non realistico relativamente al miglioramento della classe (che verrebbe valutato solo sui servizi riscaldamento e acqua calda sanitaria).

zione (punto 12.3 dell'Allegato A al DRE; Circolare 22/12/2020, n. 30/E, punto 5.2.6; Vademecum ENEA sull'APE convenzionale). Ne segue che - anche nel caso di edificio unifamiliare - APE convenzionale post intervento e APE tradizionale potrebbero avere un indice di prestazione energetica differente, date le diverse modalità di calcolo.
Per la redazione dell'APE convenzionale riferito all'edificio condominiale o plurifamiliare, tutti gli indici di prestazione energetica dell'edificio considerato nella sua interezza si calcolano a partire dagli indici prestazione energetica delle singole unità immobiliari (punto 12.3 dell'Allegato A al DRE).

Ulteriori indicazioni sulla predisposizione dell'APE convenzionale si traggono dall'apposito Vademecum messo a disposizione da ENEA. In particolare:

1) negli edifici plurifamiliari con incidenza del residenziale > 50% [36] riferita alla superficie catastale, si considerano nell'APE convenzionale tutte le unità immobiliari, di qualsiasi destinazione d'uso, dotate di impianto di climatizzazione invernale, e le unità immobiliari sprovviste di impianto di climatizzazione invernale nelle quali è legittimo installarlo (si ritiene pertanto il riferimento alle unità "*abitabili*"). Pertanto, nell'APE convenzionale si mette la spunta su "*Residenziale*", e se ci sono unità immobiliari non residenziali dotate di impianto di climatizzazione invernale o sulle quali è legittimo installarlo, si mette la spunta anche su "*Non residenziale*";

2) negli edifici plurifamiliari con incidenza del residenziale ≤ 50% riferita alla superficie catastale, la spunta va messa solo su "*Residenziale*", e le unità immobiliari da considerare nell'APE convenzionale sono solo quelle residenziali comprendenti anche le unità immobiliari sprovviste di impianto di climatizzazione invernale;

3) in entrambi i casi sopra riportati, le unità immobiliari sprovviste di impianti si prendono in considerazione secondo quanto previsto nel punto 2.1 dell'Allegato 1 del decreto 26/06/2015, recante "*Linee guida per la certificazione energetica*";

4) nell'APE convenzionale possono essere scorporate le unità immobiliari funzionalmente indipendenti e/o adibite ad attività commerciali, non direttamente interessate dagli interventi di efficienza energetica;

5) sia nel caso di intero edificio sia nel caso di unità immobiliari funzionalmente indipendenti, in presenza di impianti comuni a più unità immobiliari, nella redazione degli APE convenzionali devono essere inserite tutte le unità immobiliari che accedono alle detrazioni fiscali del 110% servite da impianti comuni, con l'eventuale esclusione delle unità immobiliari che secondo quanto riportato al punto *4)* è possibile scorporare. Per la gestione del calcolo nel caso di impianti comuni a più unità immobiliari si seguono le indicazioni della norma UNI/TS 11300-5.

---

[36] La distinzione tra edifici plurifamiliari con incidenza del residenziale > 50% e ≤ 50% ai fini della redazione dell'APE convenzionale è dovuta al fatto che - secondo quanto indicato dalla Circolare 08/08/2020, n. 24/E, punto 2 - nel primo caso il Superbonus (per i soli interventi trainanti quindi realizzati sulle parti comuni) spetta anche ai possessori di unità immobiliari non residenziali, mentre nel secondo caso possono fruire del Superbonus solo i possessori di unità residenziali (anche per interventi trainati realizzati sulle parti private delle proprie unità).

No DOCET
Ai fini del Superbonus, non sono ammessi attestati redatti tramite l'utilizzo di software basati su metodi di calcolo semplificati ai sensi del punto 4.2.2.2 dell'Allegato 1 al D.M. 26/06/2015 (c.d. "*Linee guida attestati di prestazione energetica*").
Ciò implica che l'APE post intervento va prodotto con un software che adotti il metodo completo secondo quanto previsto dal citato D.M. 26/06/2015.

Protocollo e deposito al catasto regionale o provinciale degli APE
In riferimento a quelli prodotti per gli interventi incentivati col Superbonus, gli APE da protocollare e depositare nel catasto regionale o provinciale degli attestati di prestazione energetica degli edifici sono solo quelli della singola unità immobiliare, relativi alla situazione post intervento, prendendo in considerazione tutti i servizi energetici presenti nello stato finale.
Quanto invece agli APE *"convenzionali"* - quelli come detto redatti sia pre che post ai soli fini della dimostrazione del doppio salto di classe energetica - non devono essere protocollati e depositati: vedi FAQ ENEA, risposta n. 5.d.

Dichiarazione e allegazione dell'APE
Le risultanze dell'APE pre e post intervento sfociano nella dichiarazione del tecnico abilitato - resa nell'ambito dell'asseverazione (vedi oltre) che l'intervento ha conseguito l'obiettivo del miglioramento della classificazione energetica.
Inoltre, gli APE sono allegati all'asseverazione (punto 12.1 dell'Allegato A al DRE).

Professionisti abilitati
Ai sensi del punto 12.1 dell'Allegato A al DRE, gli APE convenzionali possono essere rilasciati da tecnici abilitati, ma anche direttamente dal progettista o dal direttore dei lavori; in altri termini, per l'APE convenzionale non sono previsti requisiti di terzietà quali il non coinvolgimento nel processo di progettazione e realizzazione dell'intervento, purché il redattore sia un tecnico abilitato alla certificazione energetica degli edifici.
Ovviamente, il direttore dei lavori e il progettista possono firmare gli APE utilizzati solo ai fini delle detrazioni fiscali del 110%, che non necessitano di deposito nel catasto degli impianti termici: vedi FAQ ENEA, risposta n. 5, lettera *c*.

1.2.9.4 Congruità delle spese sostenute

I costi sostenuti per qualsiasi intervento agevolato al 110% devono risultare *congrui* in relazione ai lavori che sono stati eseguiti, come attestato dall'asseverazione rilasciata da tecnico abilitato sulla base dei modelli definiti dal DAS (comma 13 dell'art. 119 del D.L. 34/2020) e implementati per la compilazione online sulla piattaforma dell'ENEA.
Per asseverare la congruità della spesa, si fa riferimento ai criteri indicati al punto 13 dell'Allegato A al DRE. Detti criteri devono essere seguiti secondo uno schema ben preciso, che non può essere oggetto di deroga:

1) i costi per tipologia di intervento devono essere inferiori o uguali ai prezzi medi delle opere compiute riportati nei prezzari delle opere pubbliche predisposti dalle Regioni e dalle Province autonome territorialmente competenti in cui è sito l'edificio oggetto dell'intervento, o in alternativa nei prezzari Dei;

2) solo se questi prezzari non comprendono le lavorazioni da svolgere, vi sono le seguenti alternative:

a) i prezzi possono essere determinati in maniera analitica, con procedimento che tenga conto di tutte le variabili che intervengono nella definizione dell'importo stesso, e solo in questo caso facendo anche riferimento ad altri prezzari quali ad esempio prezzari di Regioni vicine, listini delle Camere di commercio, ecc.

b) si potrà anche fare riferimento ai valori indicati dall'Allegato I al DRE [37], che sono di norma riservati (vedi oltre) solo agli interventi per i quali l'asseverazione sul rispetto dei requisiti di prestazione energetica a cura del tecnico può essere sostituita da una dichiarazione del fornitore o dell'installatore.

Secondo alcune fonti, prima del (o in alternativa al) passaggio *2)*, possono usarsi anche i prezzari locali, o di Regioni limitrofe, o listini in vigore presso Camere di commercio, o altri prezzari commerciali.

Con la modifica introdotta al comma 13-*bis*, art. 119 del D.L. 34/2020 prima dal D.L. 11/11/2021, n. 157 (c.d. "*Decreto Antifrodi*", in vigore dal 12/11/2021), e poi dalla L. 30/12/2021, n. 234 (Legge di bilancio 2022, che ha recepito le norme del precedente D.L. 157/2021, abrogandolo), è stato previsto che per stabilire la congruità delle spese che devono essere asseverate dal tecnico abilitato, occorre fare riferimento non solo ai criteri e parametri sopra illustrati, ma anche ai valori massimi stabiliti per talune categorie di beni da un emanando decreto del Ministro della transizione ecologica (teoricamente da emanare entro il 09/02/2022). Come precisato dalla Circolare Agenzia entrate 29/11/2021, n. 16/E, nelle more dell'adozione del decreto del Ministero della transizione ecologica si continua a fare riferimento ai criteri e parametri sopra illustrati.

Per gli interventi per i quali l'asseverazione sul rispetto dei requisiti di prestazione energetica a cura del tecnico può essere sostituita da una dichiarazione del fornitore o dell'installatore, i limiti di costo sono individuati dall'Allegato I al medesimo DRE [38].

A proposito del possibile utilizzo dei valori indicati in Allegato I, per il Super-Ecobonus sono di norma eseguiti più interventi congiuntamente, e nella gran parte dei casi convivono interventi da asseverare ad opera del tecnico ed altri in cui si potrebbe fare riferimento alla dichiarazione del fornitore o installatore. Tuttavia l'asseverazione è sempre unica e i dati sono comunque sempre riportati dal tecnico asseveratore nella piattaforma ENEA (si pensi ad esempio a un intervento trainante di isolamento termico dell'involucro opaco eseguito congiuntamente a un intervento di sostituzione di infissi). Ne segue che per tutti gli interventi la congruità dei costi per il Super-Ecobonus deve essere valutata in prima battuta sempre tramite i prezzari, e solo in mancanza di voci

---

[37] Facciamo notare un problema non di poco conto, riguardo ai limiti di costo individuati dall'Allegato I. La didascalia della tabella recita "*Spesa specifica onnicomprensiva massima ammissibile della detrazione per tipologia di intervento*", mentre la nota finale recita "*I costi esposti in tabella si considerano al netto di IVA, prestazioni professionali e opere complementari*". Una delle due è evidentemente sbagliata, perché o i prezzi sono onnicomprensivi massimi, oppure sono al netto di altre voci. Non sono mai intervenuti sul punto chiarimenti ufficiali, in assenza dei quali riteniamo corretta la soluzione di considerare che gli importi indicati dall'Allegato I al DRE rappresentano solo il costo del materiale, cui vanno aggiunti quindi i costi della mano d'opera e quelli accessori quali trasporti, ecc., oltre che l'IVA.

[38] Si veda la nota 37.

coerenti potrà farsi ricorso all'Allegato I, anche per quegli interventi nei quali l'asseverazione potrebbe essere sostituita dalla dichiarazione del fornitore (vedi avanti). Più in dettaglio, la modalità migliore e più rispettosa del dettato normativo sembra essere la seguente:

- scegliere di partenza un prezzario "*principale*" (sia esso il regionale o Dei, dato che ENEA stessa ha chiarito che si può indifferentemente utilizzare i prezzari OO.PP. delle regioni o province autonome o i prezzari Dei);
- per i prezzi non contemplati dall'uno, riferirsi all'altro prezzario (quindi tra i due quello non scelto come principale) oppure andare con analisi o Allegato I quando possibile.

Secondo quanto si legge nel documento di chiarimenti sul computo metrico predisposto da ENEA, per ogni voce si deve indicare il prezzario di riferimento. Le indicazioni normative riportano tuttavia testualmente che i costi "*per tipologia di intervento*" devono essere inferiori o uguali a quelli determinati secondo i precisi riferimenti indicati dalla norma (paragrafo 13, Allegato A del DRE). Pertanto, sembrerebbe che la congruità debba sussistere sul totale di quel prezzo della categoria del lavoro complessivo (ad esempio, intervento di isolamento termico, intervento serramenti, ecc.), con la conseguenza che all'interno della categoria ci potrebbero essere anche voci di prezzo unitarie singolarmente più alte di quanto indicato dai prezzari di riferimento, purché la "*tipologia di intervento*" rientri e sia congrua nel totale (ipotizzando, ad esempio, che il committente decida di spendere di più per determinate soluzioni, di converso risparmiando su altre).
Un approccio estremamente prudenziale, viceversa, prevedrebbe di verificare la congruità su ciascun singolo prezzo oggetto di computo.

Quanto invece ai compensi professionali (che sono ammessi alla detrazione, sia quanto agli oneri per le prestazioni professionali connesse alla realizzazione degli interventi, che per la redazione dell'APE nonché per l'asseverazione), questi sono considerati "*congrui*" se contenuti entro i parametri di cui al D.M. Giustizia 17/06/2016 concernente i compensi per le attività tecniche nell'ambito dei lavori pubblici.

Il tecnico incaricato è tenuto ad allegare all'asseverazione il computo metrico nonché, in caso di ricorso a stima analitica, la relazione per la definizione dei nuovi prezzi.
Ai sensi del punto 13.3 dell'Allegato A al DRE, se le spese sostenute superano i costi massimi come sopra individuati, la detrazione si applica sui detti massimi, e pertanto le spese in eccesso rimarranno a carico del contribuente (vedi anche Circolare 22/12/2020, n. 30/E, punto 5.2.2).

1.2.9.5 Asseverazioni dei professionisti e comunicazioni

L'attestazione che assevera il rispetto dei requisiti energetici e della congruità delle spese è redatta - in uno per gli interventi trainanti e per quelli trainati - nella forma di dichiarazione sostitutiva di atto di notorietà (artt. 47, 75 e 76 del D.P.R. 445/2000), sulla base dei modelli allegati al DAS.

Asseverazione per stato di avanzamento lavori (SAL) e/o a fine lavori
Ai sensi del comma 13-*bis* dell'art. 119 del D.L. 34/2020, detta attestazione può essere rilasciata, in alternativa, al termine dei lavori o per ogni stato di avanzamento dei lavori (SAL). La prescrizione si ricollega alla possibilità di effettuare l'opzione per la trasformazione del beneficio fiscale in credito d'imposta anche per SAL, invece di attendere la fine dei lavori (vedi oltre). Andrà pertanto utilizzato il pertinente modello a seconda dei casi (comma 7, art. 2 del DAS), sempre da compilare online sulla piattaforma ENEA.
L'asseverazione va fatta sempre a fine lavori, ed è possibile farla in corso d'opera al (o meglio, almeno al) 30% e/o al 60% dei lavori realizzati.
Infatti, come riportano le istruzioni del portale ENEA:
- il primo SAL va fatto almeno al 30% dei lavori;
- nel caso ci si trovi già ad uno stato di avanzamento superiore al 60%, è possibile selezionare direttamente l'asseverazione al 60%.

L'Agenzia delle entrate ha chiarito che, per quanto riguarda la *modalità di determinazione del 30% dell'intervento agevolabile* - necessario, ai sensi del comma 1-*bis* dell'articolo 121 del D.L. 34/2020, per esercitare l'opzione per lo sconto sul corrispettivo dovuto all'impresa o per la cessione del credito corrispondente al Superbonus in relazione a ciascuno stato di avanzamento dei lavori (SAL) - occorre fare riferimento all'ammontare complessivo delle spese riferite all'intero intervento e non all'importo massimo di spesa ammesso alla detrazione (vedi Interpello 09/11/2020, n. 538).

Modalità di compilazione e contenuti dell'asseverazione
L'asseverazione (art. 3 del DAS):
- va redatta online attraverso il portale ENEA dedicato;
- va successivamente stampata, firmata in ogni pagina e timbrata sulla pagina finale con il timbro professionale;
- va infine scannerizzata ed inviata tramite il menzionato sito (in base al comma 2, art. 3 del DAS, l'invio deve avvenire entro 90 giorni dalla conclusione dei lavori, qualora si faccia riferimento a lavori conclusi; la norma non prevede un termine per l'asseverazione in SAL).

Si compila preventivamente una prima parte generale contenente i dati principali dell'immobile e dell'intervento da eseguire, e che poi non è più modificabile una volta salvata (può tuttavia essere eliminata in caso di errori, ricominciando il lavoro *ex novo*).
All'asseverazione devono essere allegati, a pena di invalidità:
- copia della polizza di assicurazione (comma 4, art. 2 del DAS);
- copia del documento di identità del professionista firmatario (comma 4, art. 2 del DAS);
- APE ante e post intervento;
- il computo metrico nonché, in caso di ricorso a stima dei costi analitica, la relazione per la definizione dei nuovi prezzi (si veda il paragrafo 3.1 dedicato alla congruità dei costi sostenuti).

Si rinvia alla parte concernente l'asseverazione per Ecobonus.

Invio all'ENEA di scheda descrittiva e scheda informativa

Ai sensi della lettera *g)*, comma 1, art. 6 del DRE, entro 90 giorni dalla conclusione dei lavori occorre trasmettere all'ENEA, per via telematica tramite l'apposito portale:

1) la sezione della scheda descrittiva contenente i dati di cui all'Allegato C al DRE;

2) la scheda informativa relativa agli interventi realizzati, contenente i dati del modello di cui all'Allegato D al DRE.

La compilazione dell'asseverazione tramite il portale ENEA comprende anche (a fine lavori) l'invio delle schede descrittive.

Infatti, durante la compilazione viene chiesto l'inserimento di alcuni dati obbligatori ai fini della compilazione della scheda descrittiva, che riguardano:

- i dati tecnici descrittivi dei singoli interventi;
- il valore del risparmio annuo di energia primaria non rinnovabile conseguito;
- i dati anagrafici dei beneficiari;
- i dati delle unità immobiliari interessate dagli interventi;
- i dati dell'impianto termico esistente;
- i "*dati da APE*".

Solo alcune di queste informazioni sono riportate nel file finale dell'asseverazione.

Accettazione da parte dell'ENEA, controlli formali e ricevuta

Ai sensi dell'art. 4 del DAS, alla ricezione dell'asseverazione tramite il portale, il sistema rilascia ricevuta di avvenuta trasmissione, corredata del relativo codice identificativo della domanda.

L'ENEA effettua in questa fase un controllo automatizzato, volto a verificare la completezza della documentazione fornita, all'esito del quale rilascia la ricevuta informatica (prevista dalla lettera *g)*, comma 1, art. 6 del DRE), comprensiva del codice univoco identificativo, con l'indicazione se si tratta di *"intervento realizzato"* oppure *"stato di avanzamento lavori"*.

Tale codice univoco identificativo (c.d. "*codice ASID*"), trascorsi cinque giorni lavorativi, è abilitante ai fini dell'accesso alle opzioni per lo sconto in fattura o la cessione del credito.

Qualora a un'asseverazione SAL non segua la relativa asseverazione di fine lavori entro due anni, l'ENEA comunica all'Agenzia delle entrate la mancata conclusione dei lavori, che comporta la decadenza dai benefici eventualmente fruiti.

Quanto ai controlli sostanziali sulla veridicità dei contenuti delle asseverazioni e alle eventuali sanzioni a carico dei professionisti, si veda il paragrafo dedicato 2.5.

1.2.9.6 Visto di conformità

Il visto di conformità non è redatto dal professionista tecnico bensì dal commercialista, consulente del lavoro o CAF, e - a seguito delle innovazioni introdotte dalla L. 234/2021 (Legge di bilancio 2022) - deve essere acquisito anche qualora il contribuente intenda fruire della detrazione direttamente in dichiarazione dei redditi, e non solo (come previsto in precedenza) nel caso in cui il contribuente desideri avvalersi della cessione del credito o dello sconto in fattura (comma 11, art. 119 del D.L. 34/2020) [39].

---

[39] Le norme introdotte dalla L. 234/2021 hanno fatto seguito alla pregressa introduzione del D.L.

Fanno eccezione all'obbligo di conseguire il visto di conformità anche in caso di detrazione in dichiarazione dei redditi:

- il caso di dichiarazione presentata direttamente dal contribuente all'Agenzia delle entrate, attraverso l'utilizzo della dichiarazione precompilata predisposta dall'Agenzia delle entrate (modello 730 o modello Redditi);
- il caso di dichiarazione presentata oppure tramite il sostituto d'imposta che presta l'assistenza fiscale (modello 730).

In questi casi quindi, il contribuente che intenda utilizzare la detrazione nella dichiarazione dei redditi, non è tenuto a richiedere il predetto visto di conformità.
Secondo quanto si legge nella Circolare Agenzia entrate 29/11/2021, n. 16/E [40], il visto di conformità riguarda solo i dati relativi alla documentazione che attesta la sussistenza dei presupposti che danno diritto alla detrazione, che il contribuente è tenuto a conservare, unitamente ai documenti giustificativi delle spese e alle attestazioni che danno diritto alla detrazione. Viceversa, il contribuente è tenuto a richiedere il visto di conformità sull'intera dichiarazione nei casi normativamente previsti (vedi punto 1.1.1 della citata Circolare 16/E/2021).
Quanto alla vigenza dell'obbligo in questione, la Circolare 16/E/2021 ha chiarito che l'obbligo di apposizione del visto di conformità per la fruizione del Superbonus direttamente nella dichiarazione dei redditi del contribuente trova applicazione con riferimento alle fatture emesse e ai relativi pagamenti intervenuti a decorrere dal 12/11/2021 (data di entrata in vigore del D.L. 157/2021, poi abrogato perché confluito nella L. 234/2021), poiché in applicazione del "*criterio di cassa*", il presupposto agevolativo si realizza nel momento del sostenimento della spesa che dà diritto alla detrazione [41]. La Circolare ha chiarito altresì che anche per le società e gli enti commerciali - cui normalmente si applica il criterio di competenza - il predetto obbligo di apposizione del visto di conformità si applica con riferimento alle fatture emesse a decorrere dal 12/11/2021, a prescindere dal periodo di imputazione della spesa.

Il professionista abilitato, ai sensi del comma 3, art. 3 del D.P.R. 322/1998 può apporre autonomamente il visto di conformità ai fini dell'opzione per la cessione o per lo sconto in fattura, dallo stesso esercitata in qualità di beneficiario della detrazione (Interpello 28/01/2021, n. 61).

11/11/2021, n. 157 (c.d. "*Decreto Antifrodi*", in vigore dal 12/11/2021), recante disposizioni analoghe. La Legge di bilancio 2021 ha sostanzialmente "*recepito*" le norme già introdotte dal D.L. 157/2021, contestualmente abrogandolo, con la conseguenza che le disposizioni in questione sono da considerarsi comunque vigenti a partire dal 12/11/2021, cioè dalla data di entrata in vigore del suddetto D.L. 157/2021.

[40] La Circolare in questione è stata emanata in riferimento al D.L. 157/2021, che con decorrenza dal 12/11/2021 ha introdotto le norme di cui trattasi. Poiché come detto tali norme sono state sostanzialmente riprodotte con la L. 234/2021 (Legge di bilancio 2022), i chiarimenti dettati dalla Circolare 16/E/2021 sono da ritenere comunque applicabili.

[41] Pertanto, si legge nella Circolare, non è richiesto il visto di conformità per le spese relative all'anno 2020 indicate nella dichiarazione dei redditi relativa al medesimo anno 2020 (modello 730/2021 o modello Redditi 2021), anche se presentata dal 12/11/2021. Tale obbligo non sussiste neanche in caso di successiva presentazione di una dichiarazione dei redditi integrativa relativa al periodo d'imposta 2020.

1.2.9.7 Polizza assicurativa professionale specifica per le asseverazioni

I professionisti che rilasciano le attestazioni devono essere in possesso di polizza di assicurazione per responsabilità civile - con massimale adeguato al numero delle attestazioni o asseverazioni rilasciate e agli importi dei relativi interventi, e comunque non inferiore a 500.000 Euro - al fine di garantire sia i propri clienti che il bilancio dello Stato degli eventuali danni provocati (comma 14, art. 119 del D.L. 34/2020; comma 6, art. 2 del DAS).

Inoltre, il DAS - che reca la modulistica per le asseverazioni di cui si è trattato in precedenza con riferimento agli interventi di efficientamento energetico rientranti nel perimetro del Superbonus - prevede, nella parte finale dei modelli, che il professionista dichiari che "*è stata stipulata a proprio nome ed esclusivamente per le finalità di cui al comma 14 dell'art. 119 del D.L. 34/2020*" una polizza assicurativa, della quale va indicato il massimale e di cui occorre allegare copia (si veda il punto 3.2.1 dell'Allegato 1 concernente l'asseverazione dello Stato finale, ma anche il medesimo punto dell'Allegato 2 concernente l'asseverazione a Stato di avanzamento lavori nonché i commi 4-6 dell'art. 2 del DAS).

Dalla lettura coordinata delle norme emerge che i professionisti tecnici - i quali ovviamente sono in possesso di polizza RC professionale come richiesto dalle norme generali - devono approntare delle coperture assicurative specifiche e ulteriori (si vedano in ogni caso le condizioni alle quali possono essere ritenute valide le normali polizze assicurative RC del professionista).

A seguito delle innovazioni apportate dalla L. 178/2020 (Legge di bilancio 2021, art. 1, comma 66), il comma 14, art. 119 del D.L. 34/2020, dispone che il professionista può anche utilizzare la stessa polizza già stipulata per l'ordinaria attività professionale (molte polizze sono infatti del tipo *"all risk"*, e pertanto coprono in teoria tutti gli eventi rischiosi che si possano manifestare, salvo esclusioni, quindi è sufficiente che non vi siano esclusioni specifiche relativamente al rischio asseverazioni).

Affinché sia valida l'ordinaria polizza RC professionale occorre che si verifichino le seguenti condizioni:

- deve esserci un massimale espressamente dedicato al rischio asseverazioni Superbonus;
- detto massimale deve essere sempre pari almeno all'importo dei lavori da asseverare e comunque maggiore di 500.000 Euro, da integrare ove necessario (cioè quando il massimale sia stato in tutto o in parte utilizzato per una asseverazione, e quindi la rimanenza a disposizione non sia sufficiente per coprire l'importo dei nuovi lavori da asseverare);
- se la polizza opera in regime di *"claims made"* sia garantita una ultrattività di almeno 5 anni in caso di cessazione di attività e una retroattività di almeno 5 anni a garanzia di asseverazioni effettuate negli anni precedenti [42].

---

[42] In linea generale, le polizze di RC professionale proposte dal mercato sono tutte in regime di *"claims made"*. Ciò significa che si considera *"sinistro"* la richiesta di risarcimento che sopraggiunge al professionista a causa del fatto accaduto, e non il fatto accaduto in sé. Da qui la necessità che la polizza garantisca una ultrattività di almeno 5 anni (ma è più che consigliabile arrivare a 10).

Come detto, quindi, la polizza deve avere un massimale pari ad almeno tutti gli importi asseverati, e comunque almeno pari a 500.000 euro. In altri termini, la disponibilità residua della copertura assicurativa deve sempre essere maggiore o uguale all'importo dell'intervento asseverato (art. 4, comma 1 lettera *h)* del DAS).

Allo stato attuale, le proposte sul mercato di polizze specifiche e diverse da quelle ordinariamente utilizzate si orientano verso le seguenti due soluzioni:

1) polizze per il singolo lavoro, cioè in pratica delle polizze *"one shot"* valide esclusivamente per uno specifico intervento, analogamente a quanto accade ad esempio per il rilascio delle garanzie finalizzate alla partecipazione a gare pubbliche; soluzione che appare anche economicamente conveniente perché impegna il professionista solo in relazione alle asseverazioni effettivamente rilasciate;

2) polizze di tipo *"a consumo"* che possono coprire più asseverazioni con un massimale variabile a richiesta, come espressamente previsto dal modello di asseverazione del MISE in cui è possibile indicare gli importi precedentemente asseverati con la stessa polizza, e univocamente individuati dal relativo codice ENEA; in questo secondo caso, resta fermo che la disponibilità residua della copertura assicurativa dovrà sempre essere maggiore o uguale all'importo dell'intervento asseverato (art. 4, comma 1 lettera *h)* del DAS).

Copia della polizza deve essere allegata all'asseverazione, a pena di invalidità della stessa (comma 4, art. 2 del DAS). Nella pratica, all'atto della registrazione dell'asseveratore sul portale ENEA è già richiesto di caricare la polizza, il cui importo del massimale viene progressivamente scalato a ogni nuova asseverazione che viene predisposta.
Si veda infine anche quanto indicato al comma 5, art. 2 del DAS riguardo alla validità della polizza assicurativa.

La responsabilità civile del professionista può essere esclusiva o in solido con il contribuente e con l'acquirente del credito, in caso di revoca delle detrazioni fiscali e dei relativi crediti, da parte dell'Agenzia delle entrate.

1.2.9.8 Controlli e sanzioni per asseverazione non veritiera

L'ENEA effettua controlli sostanziali su un campione di almeno il 5% delle asseverazioni presentate nonché su tutte le asseverazioni concernenti interventi avviati prima del 01/07/2020, ai sensi dell'art. 5 del DAS, comma 3.
I controlli possono essere di tipo documentale nonché *in situ* (questi ultimi devono riguardare almeno il 10% dei controlli complessivi), e sono svolti secondo un programma annuale, nonché in base alle modalità e procedure individuate dal D.M. 11/05/2018.
Le risultanze dei controlli sono trasmesse al Ministero dello sviluppo economico.
In caso di false dichiarazioni, viene attivato dal Ministero dello sviluppo economico un procedimento di *"contestazione e notificazione"* ai sensi dell'art. 14 della L. 24/11/1981, n. 689, all'esito del quale, in caso venga ritenuto fondato l'accertamento:

- viene attivato il procedimento di decadenza dai benefici e risarcimento di eventuali danni;

- viene resa comunicazione all'Ordine o Collegio professionale di appartenenza del tecnico.

In ogni caso, la non veridicità di asseverazioni e attestazioni comporta (comma 14, art. 119 del D.L. 34/2020):

- per il contribuente, la decadenza dal beneficio;
- per il professionista, l'applicazione di una sanzione amministrativa pecuniaria compresa tra 2.000 e 15.000 Euro per ciascuna attestazione o asseverazione infedele resa (oltre che, ovviamente, le eventuali conseguenze penali e disciplinari).

Si ricorda che in linea di massima le polizze assicurative non coprono le sanzioni amministrative, ma solo i danni di tipo civilistico.

Restano ferme eventuali conseguenze deontologiche e/o penali delle dichiarazioni mendaci fornite dal professionista, conseguenze penali che possono essere ricondotte al:

- reato di *"falsità ideologica in certificati"* (art. 481 del Codice penale); e/o
- reato di *"truffa aggravata per il conseguimento di erogazioni pubbliche"* (art. 640-*bis* del Codice penale).

Nel primo reato incorre chiunque attesta falsamente, in un certificato, fatti dei quali l'atto è destinato a provare la verità; punito con la reclusione fino a un anno o con la multa da 51 a 516 Euro. Queste pene si applicano congiuntamente se il fatto è commesso a scopo di lucro.

Nel secondo reato la pena è la reclusione da due a sette anni e si procede d'ufficio se il fatto riguarda contributi, finanziamenti, mutui agevolati ovvero altre erogazioni dello stesso tipo, comunque denominate, concessi o erogati da parte dello Stato, di altri enti pubblici o delle Comunità europee.

Soggetto preposto ai controlli è il Ministero dello sviluppo economico.

1.3 SUPER-SISMABONUS

1.3.1 Interventi compresi nel Super-Sismabonus

1.3.1.1 In generale

L'art. 119 del D.L. 34/2020 dispone al comma 4 che le detrazioni per interventi di adeguamento strutturale e antisismico - di cui ai commi da 1-*bis* a 1-*septies*, art. 16 del D.L. 63/2013 (c.d. *"Sismabonus"*, comprensivo anche del Sismabonus "*acquisti*") -, si applicano nella misura del 110% per le spese sostenute dal 01/07/2020 fino al 30/06/2022. I termini in questione sono stati oggetto di proroga per determinate casistiche. Per i termini aggiornati si rinvia al paragrafo 1.1.6.1.

Il Sismabonus prevede nella sua versione "*ordinaria*", disciplinata dai menzionati commi da 1-*bis* a 1-*septies* dell'art. 16 del D.L. 63/2013:

- un'aliquota di detrazione base del 50%, per gli interventi relativi all'adozione di misure antisismiche con particolare riguardo all'esecuzione di opere per la messa in sicurezza statica (interventi di cui alla lettera *i)*, comma 1, dell'art. 16-*bis* del D.P.R. 917/1986);
- aliquote maggiorate in misura variabile tra il 70% e l'85% della spesa sostenuta, in dipendenza del miglioramento conseguibile nella classificazione del rischio sismico

(certificato ai sensi del D.M. 28/02/2017, n. 58) con l'intervento che viene eseguito, e della tipologia di immobile interessato.

In pratica, la nuova maxi-aliquota prende il posto - nel periodo di vigenza del Superbonus - di tutte le aliquote previgenti, e si applica anche ai casi di acquisto di case antisismiche direttamente dall'impresa che abbia provveduto alla demolizione e ricostruzione e poi alla vendita entro 30 mesi dalla fine dell'intervento (comma 1-*septies*, art. 16 del D.L. 63/2013, c.d. *"Sismabonus acquisti"*).

Resta fisso anche per il Sismabonus nella versione *"super"* al 110% il massimale di spesa stabilito dalla norma, pari a 96.000 Euro per unità immobiliare, che porta pertanto in questo caso a una detrazione massima di 105.600 Euro.

Si applicano anche per il Sismabonus le regole per la determinazione dei massimali differenziate a seconda che si tratti di edificio plurifamiliare o di edificio unifamiliare, indicate nel paragrafo dedicato 2.1, cui si rinvia.

Si applica altresì la maggiorazione per interventi realizzati nei Comuni interessati da tutti gli eventi sismici verificatisi dopo l'anno 2008 dove sia stato dichiarato lo stato di emergenza (comma 4-*ter*, art. 119 del D.L. 34/2020 - c.d. Superbonus "*rafforzato*").

Si ricorda che anche il Sismabonus si inquadra nella tipologia di interventi di cui al comma 1, lettera *i)*, dell'art. 16-*bis* del D.P.R. 917/1986: *"relativi all'adozione di misure antisismiche con particolare riguardo all'esecuzione di opere per la messa in sicurezza statica, in particolare sulle parti strutturali"*. Ne consegue che questa tipologia di intervento non può usufruire di un massimale unico qualora coesista con altri interventi della spessa specie, come ad esempio quelli finalizzati all'installazione di impianti fotovoltaici (vedi anche l'Interpello 04/11/2020, n. 523).

Si vedano in proposito gli esempi formulati nel paragrafo dedicato agli impianti fotovoltaici 1.2.4 e in quello dedicato alle barriere architettoniche 1.2.7.

Infine, quando si esegue un intervento antisismico ammesso al Superbonus, rientrano nell'agevolazione anche le spese di manutenzione ordinaria o straordinaria, ad esempio, per il rifacimento delle pareti esterne e interne, dei pavimenti, dei soffitti, dell'impianto idraulico ed elettrico necessarie per completare l'intervento nel suo complesso.

Anche tali spese concorrono al limite massimo di spesa ammesso al Superbonus pari a 96.000 Euro, a condizione, tuttavia, che l'intervento a cui si riferiscono sia effettivamente realizzato (vedi l'Interpello 04/11/2020, n. 523).

1.3.1.2 Sismabonus con ampliamento volumetrico

La Commissione di monitoraggio sul Superbonus istituita presso il Consiglio superiore dei lavori pubblici - in risposta ad alcuni quesiti nel mese di febbraio 2021 - ha fornito rilevanti risposte in merito alla possibilità di applicare il Superbonus nel caso di interventi contemplanti ampliamenti volumetrici.

Si premette che - dopo le modifiche introdotte dal D.L. 76/2020 - la lettera *d)*, art. 3 del D.P.R. 380/2001 prevede che rientrino nel concetto di "*ristrutturazione edilizia*" gli interventi di demolizione e ricostruzione di edifici esistenti con diversa sagoma, prospetti, sedime e caratteristiche planivolumetriche e tipologiche, ma anche con aumento volumetrico, nel caso in cui la legislazione vigente o gli strumenti urbanistici comunali lo consentano e non ci si trovi in zona vincolata o in zona A.

Stante quanto sopra, relativamente alla fruibilità del Superbonus in caso di interventi di demolizione e ricostruzione con ampliamento la Commissione ha chiarito che:

- le spese relative all'incremento di volume a seguito di interventi di demolizione e ricostruzione sono ammissibili al Super-Sismabonus;
- quanto sopra, tuttavia, solo a partire dal 17/07/2020, data in cui il D.L. 76/2020 ha inserito l'aumento volumetrico, connesso agli interventi di cui sopra, non legato a "innovazioni necessarie per l'adeguamento alla normativa antisismica" all'interno della definizione della "ristrutturazione edilizia", visto che il provvedimento normativo emanato non prevede nessuna specifica retroattività;
- per l'applicazione di tale novità occorrerà richiedere, se necessario e possibile, all'ente territoriale competente la modifica del titolo abilitativo già rilasciato allineando l'intervento alla ristrutturazione edilizia;
- viceversa, il Super-Ecobonus non si applica alla parte eccedente il volume ante-operam, e tale diverso regime può essere eliminato solo con una modifica alla legislazione vigente (la Commissione si farà carico di segnalare tale disparità di trattamento agli uffici legislativi dei ministeri competenti).

Resta fermo che il bonus edilizio sull'ampliamento è applicabile (alle condizioni sopra indicate) solo se l'intervento prevede la demo-ricostruzione, e non invece in caso di ampliamento senza demolizione (si vedano in proposito: Interpello 30/08/2021, n. 567; Interpello 07/01/2021, n. 12 e altri). Ne segue che se non vi è demo-ricostruzione, i bonus edilizi potranno essere fruiti solo in relazione alla parte preesistente, e ovviamente a patto che l'intervento edilizio si qualifichi come "*ristrutturazione edilizia*" (occorre a tale proposito verificare l'indicazione presente nel procedimento abilitativo edilizio).
In tutti i casi, in base al comma 3, ultimo periodo, art. 119 del D.L. 34/2020, gli interventi di dimensionamento del cordolo sismico non concorrono al conteggio della distanza e dell'altezza, in deroga alle distanze minime riportate all'articolo 873 del Codice civile.

1.3.1.3 Acquisto direttamente dall'impresa di case antisismiche ("Sismabonus acquisti")

Come già indicato, l'aliquota maggiorata al 110% si estende anche alle spese sostenute dagli acquirenti di case *"antisismiche"*, vale a dire delle unità immobiliari facenti parte di edifici ubicati in zone classificate a rischio sismico 1, 2 e 3 oggetto di interventi per l'adozione di misure antisismiche effettuati mediante demolizione e ricostruzione dell'immobile da parte di imprese di costruzione o ristrutturazione immobiliare che - entro 30 mesi [43] dal termine dei lavori, e comunque entro il termine finale stabilito per l'agevolazione - provvedano alla successiva rivendita.
In questi casi, pertanto, si potrà usufruire del Superbonus 110% per le spese sostenute nel periodo di vigenza dell'agevolazione.

---

[43] Termine così esteso ad opera dell'art. 33-*bis* del D.L. 77/2021, comma 1, lettera *d)*, rispetto al termine originariamente previsto in 18 mesi. Si noti tuttavia che per l'applicazione del Sismabonus acquisti, affinché gli acquirenti delle unità immobiliari possano beneficiare della detrazione è necessario che l'atto di acquisto (o atto di assegnazione ai soci in caso di cooperativa) relativo agli immobili oggetto dei lavori sia stipulato (oltre che entro la scadenza del termine di 30 mesi dalla fine dei lavori) entro la data stabilita dalla norma per la fine della misura agevolativa. A tale data, gli immobili oggetto dei lavori devono avere tutte le caratteristiche idonee per essere commercializzati. In questo senso, Interpello 25/08/2021, n. 556 e molti altri.

Si vedano in proposito: Circolare 08/08/2020, n. 24/E, punto 2.1.4; Interpello 02/02/2021, n. 70 e Interpello 17/03/2021, n. 190, i quali chiariscono altresì che è possibile beneficiare della detrazione anche con riferimento ad eventuali importi versati in acconto (per il Super-Sismabonus, a partire dal 01/07/2020), a condizione, tuttavia, che il preliminare di vendita dell'immobile sia registrato entro la data di presentazione della dichiarazione dei redditi nella quale si intende fruire della detrazione e che si realizzi anche il presupposto costituito dell'ultimazione dei lavori riguardanti l'intero fabbricato.

1.3.1.4 Interventi congiunti per il risparmio energetico e il consolidamento sismico

Non essendo stata richiamata dall'art. 119 del D.L. 34/2020 la norma contenuta nel comma 2-*quater*.1 dell'art. 14 del D.L. 63/2013 - concernente gli interventi finalizzati congiuntamente alla riduzione del rischio sismico ed alla riqualificazione energetica - il Superbonus non prevede un incremento percentuale della detrazione per tali interventi, introdotta a partire dal 2018.
Peraltro, gli interventi agevolati in base al comma 2-*quater*.1 dell'art. 14 del D.L. 63/2013 sono compresi tra quelli *"trainanti"* (vedi anche FAQ ENEA, risposta n. 3), e non possono essere *"trainati"* (vedi Circolare 22/12/2020, n. 30/E, punto 4.2.3).

1.3.1.5 Interventi trainati dal Super-Sismabonus

Gli interventi per il Super-Sismabonus possono essere anche abbinati a interventi "*trainati*" per l'installazione di impianti fotovoltaici connessi alla rete elettrica, e relativi sistemi di accumulo o impianti di microcogenerazione, di cui al comma 5 dell'art. 119 del D.L. 34/2020 in commento.
Con la modifica apportata al comma 4, art. 119 del D.L. 34/2021, ad opera dell'art. 33, comma 1, del D.L. 77/2021, gli interventi per il Super-Sismabonus possono essere abbinati anche a interventi "*trainati*" per l'eliminazione di barriere architettoniche.
È da ritenere che i relativi importi per entrambe le sopra indicate categoria di interventi trainati debbano essere ricompresi nello stesso massimale, stante il richiamo che la normativa di riferimento opera per entrambi all'art. 16-*bis* del D.P.R. 917/1986 (vedi quanto indicato in proposito nel paragrafo dedicato al fotovoltaico 1.2.4 e alle barriere architettoniche 1.2.7, ai quali si rinvia anche per quanto riguarda i dettagli da conoscere sui suddetti interventi).
In pratica, il Sismabonus *"trainante"* solo nei confronti degli interventi di installazione di impianti fotovoltaici e di eliminazione di barriere architettoniche, e non invece per tutti gli interventi di efficientamento energetico.

1.3.1.6 Interventi di monitoraggio strutturale a fini antisismici

Il comma 4-*bis* dell'art. 119 del D.L. 34/2020 dispone che la detrazione maggiorata è applicabile anche alla realizzazione di sistemi di monitoraggio strutturale continuo a fini antisismici, a condizione che sia eseguita congiuntamente all'intervento di consolidamento.
Per l'interpretazione del termine *"congiuntamente"* si veda quanto detto al paragrafo 2.1.2.

1.3.1.7 Obbligatorietà del Super-Sismabonus

Contrariamente a quanto fatto per gli interventi finalizzati al risparmio energetico, in relazione al Sismabonus 110% non sono state previste nuove categorie di interventi, ma si è semplicemente provveduto ad innalzare le aliquote per determinate categorie di interventi già agevolabili.
Ne consegue che la maxi-aliquota del 110% è da ritenere applicabile anche agli interventi per il Sismabonus in corso. La scelta dell'aliquota applicabile deriverebbe dal momento di sostenimento della spesa.
Si aggiunga che secondo la Circolare Agenzia entrate 25/06/2021, n. 7/E (pag. 342), per le spese sostenute dal 01/07/2020, per gli interventi di riduzione del rischio sismico effettuati dalle persone fisiche, al di fuori dell'esercizio di attività di impresa, arte o professione, su edifici residenziali, o su edifici non residenziali che al termine dei lavori diventino a destinazione residenziale, trova applicazione la disciplina del Superbonus, non sussistendo la possibilità per il contribuente di scegliere quale agevolazione applicare (in conformità al parere in tal senso espresso dalla Commissione di monitoraggio a febbraio 2022).

1.3.2 Regole generali e ambito applicativo

Per tutti gli interventi del Sismabonus che possono usufruire della maxi-aliquota del 110%, restano valide le regole generali del Sismabonus, ivi compresa la non applicabilità a edifici ubicati in zona sismica 4, e fatto salvo quanto detto in merito alla non necessità di provvedere all'attestazione dell'incremento nella classe di rischio sismico.
Tuttavia, l'ambito di applicazione - quanto a edifici coinvolti e soggetti beneficiari - coincide con quello generale stabilito ai fini di tutti gli interventi che accedono al Superbonus 110% ad opera dei commi 9 e 10 dell'art. 119 del D.L. 34/2020 (infatti, detto comma 9 richiama *"le disposizioni contenute nei commi da 1 a 8"*, tra cui pertanto anche il comma 4 relativo al Sismabonus). Si rinvia pertanto ai paragrafi 1.4.1 e 1.4.2, precisando che anche per il Sismabonus tutti gli edifici che non possono usufruire della misura potenziata possono, in presenza delle condizioni, usufruire di quella *"ordinaria"*.
Bisogna però sottolineare il fatto che gli interventi antisismici, in quanto finalizzati alla messa in sicurezza statica o alla riduzione del rischio sismico degli edifici, devono necessariamente essere realizzati sulle parti strutturali dell'intero edificio. Ne segue che, nell'ipotesi in cui l'edificio sia composto da più unità immobiliari distintamente accatastate - anche se funzionalmente indipendenti e con uno o più accessi autonomi dall'esterno - l'intervento antisismico deve per forza di cose essere condotto sulle "*parti comuni*" alle predette unità immobiliari (si veda Interpello 28/01/2021, n. 63). Si veda però quanto più avanti chiarito, nel paragrafo 1.3.3.2 relativo agli interventi "*di riparazione o locali*").
Si segnala infine che non si applica al Sismabonus 110% il limite di due unità immobiliari disposto invece per gli interventi finalizzati al risparmio energetico dal comma 10, art. 119 del D.L. 34/2020 (si veda la Circolare 08/08/2020, n. 24/E, punto 2.1.4).

1.3.3 Asseverazione di efficacia degli interventi e congruità delle spese

1.3.3.1 Efficacia degli interventi per la riduzione del rischio sismico

L'incremento dell'aliquota di detrazione al 110% è previsto in maniera indistinta, senza cioè alcuna differenza in base ai fattori prima indicati, ivi compresa la necessità del miglioramento di classificazione sismica certificato.
Ne consegue che il vantaggio risulterà massimo per gli interventi che ordinariamente beneficerebbero dell'aliquota di detrazione al 50%, e per i quali peraltro non è richiesto il requisito del miglioramento asseverato della classe di rischio sismico dell'edificio.
Questo non significa che qualsiasi intervento possa rientrare nel perimetro delle agevolazioni. L'efficacia degli interventi ai fini della riduzione del rischio sismico - come indicato dalla lettera *b)*, comma 13 dell'art. 119 del D.L. 34/2020 - deve essere asseverata, unitamente alla congruità della spesa sostenuta in relazione agli interventi realizzati, secondo le modalità individuate dal D.M. 06/08/2020, n. 329 (che non a caso prevede la possibilità di spuntare il miglioramento di nessuna classe, 1 classe, 2 o più classi, come verificabile dalla modulistica).

Pur trattandosi di una generica attestazione di efficacia degli interventi, questa deve essere comunque redatta secondo i parametri indicati dalle Linee guida per la classificazione degli edifici ai fini del rischio sismico di cui al D.M. 58/2017 (richiamato dalla lettera *b)*, comma 13 dell'art. 119 del D.L. 34/2020), asseverando il livello di rischio ante intervento e il miglioramento ottenuto (anche se, come detto, tale miglioramento non corrisponde ad alcun salto nella classificazione sismica dell'edificio).
In particolare:

1) il direttore dei lavori è tenuto a rilasciare asseverazione in base ai modelli di cui all'Allegato B-1 al D.M. 329/2020 (in caso di lavori ultimati, asseverazione comprendente anche la congruità della spesa sostenuta in relazione al risultato conseguito) o in base all'Allegato 1 al medesimo D.M. 329/2020 (in caso di SAL);

2) il collaudatore statico a sua volta è tenuto a rilasciare asseverazione in base ai modelli di cui all'Allegato B-2 al D.M. 329/2020 (si veda il modello editabile sul nostro Formulario - *https://www.legislazionetecnica.it/node/3817235*).

Il tutto è riassunto dalla seguente tabella.

Riepilogo modulistica per il Sismabonus e soggetti compilatori

Modello	Asseveratore	Deposito
Allegato B	Progettista	Avvio iter edilizio
Allegato B-1 (fine lavori)	Direttore dei lavori	Fine lavori
Allegato 1 (SAL)	Direttore dei lavori	Stato avanzamento
Allegato B-2	Collaudatore	Fine lavori

In base al comma 3, art. 3 del D.M 58/2017, il progetto degli interventi per la riduzione del rischio sismico e l'asseverazione di cui all'Allegato B devono essere allegati alla SCIA o alla richiesta di permesso di costruire, al momento della presentazione allo sportello unico, tempestivamente e comunque prima dell'inizio dei lavori.

In precedenza era previsto che il deposito avvenisse contestualmente all'avvio del procedimento edilizio; la modifica normativa al citato comma 3, che consente ora (a differenza di prima) di presentare l'asseverazione anche non contestualmente all'avvio dell'iter, purché entro l'inizio dei lavori, si applica per i titoli edilizi presentati a partire dal 16/01/2020 (data di entrata in vigore del D.M. 24/2020 che ha introdotto la suddetta modifica, finalizzata anche a sistemare incongruenze quali la necessità di indicare il protocollo della pratica sismica, generalmente non noto al momento di avviare l'iter edilizio).
Si veda in proposito, tra le tante, la risposta 18/03/2021, n. 192.
Si voglia tener conto anche del fatto che la SCIA (salvo casi particolari, cfr. art. 23-bis del D.P.R. 380/2001) prevede la possibilità di iniziare i lavori dal giorno stesso della sua presentazione, e altresì non contempla una comunicazione esplicita dell'inizio dei lavori; pertanto nel caso di SCIA si ritiene che sia necessario presentare comunque l'Allegato B R contestualmente alla SCIA stessa.
Per gli altri Allegati non sono previste specifiche tempistiche vincolanti al fine di ottenere i benefici fiscali. A tal proposito, l'art. 3 del DM 58/2017, comma 4-*ter*, dispone che "*il deposito dei SAL avviene ... al completamento dell'intervento contestualmente all'attestazione relativa all'ultimazione dei lavori, redatta secondo i modelli di cui all'allegato B-1 e, ove previsto il collaudo statico, all'allegato B-2*".

Con riguardo alle modalità di compilazione dei modelli, la Commissione per il monitoraggio del Sismabonus presso il Consiglio superiore dei lavori pubblici - con risposta a quesito di aprile 2021 - ha enucleato alcuni casi in cui non è necessaria l'attribuzione di classe di rischio, in particolare:

- quando viene scelta l'opzione "*nessuna classe*" non è necessario asseverare né la classe di rischio "ex ante", né quella "ex post", e quindi, pur dovendosi compilare l'Allegato B, non è necessario compilare le sezioni relative agli aspetti suddetti;
- quando si utilizzano le prescrizioni dell'Allegato A al D.M. 58/2017 relative ad edifici in calcestruzzo armato con telai in due direzioni, le sezioni dei moduli relative all'attribuzione della classe di rischio "*ex ante*" ed "*ex post*" possono non essere compilate essendo automaticamente assegnata la riduzione di una classe di rischio;
- quando si utilizzano le prescrizioni dell'Allegato A al D.M. 58/2017 relative all'utilizzo del metodo semplificato per edifici in muratura, le sezioni dei moduli relative all'attribuzione della classe di rischio "*ex ante*" ed "*ex post*" vengono compilate solo per le parti relative alla classe di rischio della costruzione nonché per l'indicazione dell'adozione del metodo semplificato;
- nel caso di demolizione e ricostruzione di interi edifici o loro porzioni, per il nuovo organismo ricostruito sarà comunque obbligatorio il rispetto del capitolo 7 delle NTC 2018, che quindi condurrà ad una costruzione antisismica, si considera quindi conseguita la riduzione di due classi di rischio e non sarà necessario compilare la sezione dei moduli relativa all'attribuzione della classe di rischio "*ex ante*".

Quanto alla congruità della spesa, in un primo momento per il Super-Sismabonus erano previsti criteri differenti dal Super-Ecobonus, non potendosi applicare i parametri di riferimento dettati per quest'ultimo. In proposito, l'Agenzia delle entrate aveva chiarito (Interpello 09/11/2020, n. 538) che occorresse fare riferimento ai prezzi riportati nei prezzari predisposti dalle Regioni e dalle Province autonome, ai listini ufficiali o ai listini delle locali camere di commercio, industria, artigianato e agricoltura ovvero, in difetto, ai prezzi correnti di mercato in base al luogo di effettuazione degli interventi.
In seguito, con la modifica al comma 13-*bis*, art. 119 del D.L. 34/2020, introdotta dal comma 28, art. 1 della L. 234/2021, è stato invece stabilito che i prezzari individuati dal D.M. 06/08/2020 (DRE) devono intendersi applicabili anche ai fini del Super-Sismabonus. Ne segue che in pratica i criteri ed i parametri di riferimento per la verifica di congruità dei prezzi per il Super-Sismabonus sono gli stessi dettati per il Super-Ecobonus, ai quali pertanto si rinvia per maggiori dettagli.
Fa eccezione a quanto sopra il Sismabonus acquisti. acquisti, posto che l'agevolazione è commisurata al prezzo della singola unità immobiliare risultante nell'atto pubblico di compravendita e non alle spese sostenute dall'impresa in relazione agli interventi agevolati, non è necessario produrre l'attestazione di congruità della spesa. Ne segue che gli acquirenti delle case antisismiche, ferma restando la sussistenza degli ulteriori requisiti, possono beneficiare del Super-Sismabonus senza necessità di procedere all'attestazione di congruità della spesa sostenuta [44], ferma restando la necessità di presentare comunque la modulistica di asseverazione entro le tempistiche previste dalla normativa, soprattutto l'Allegato B alla cui presentazione tardiva, come detto, è legata la perdita delle agevolazioni fiscali.

1.3.3.2 Super-Sismabonus e interventi "di riparazione o locali"

Nel quadro normativo così delineato, è necessario dare chiarimenti in merito alla possibilità di accedere al Superbonus con l'esecuzione di *"interventi di riparazione o locali"*.
Questi ultimi sono definiti dal par. 8.4.1 delle NTC 2018 come *"interventi che interessino singoli elementi strutturali e che, comunque, non riducano le condizioni di sicurezza preesistenti"*, e tramite i quali si intende:

- ripristinare le caratteristiche iniziali di elementi o parti danneggiate rispetto alla configurazione precedente a un danno;
- migliorare le caratteristiche di resistenza e/o duttilità di elementi o parti (anche non danneggiate) o impedire meccanismi di collasso locale;
- modificare un elemento o una porzione limitata della struttura.

In merito ai criteri per l'applicabilità di interventi di riparazione o locali, utili indicazioni possono reperirsi anche nell'Allegato 5 alla O.P.C.M. 13/11/2010, n. 3907.
A tale proposito vanno evidenziati due aspetti:

---

44 Si vedano in proposito: Interpello 25/08/2021, n. 556, il quale altresì precisa che dal principio qui enunciato consegue la legittimità ai fini del Super-Sismabonus acquisti di un'asseverazione predisposta con il modello previgente all'emanazione del D.M. 329/2020 (decreto che ha provveduto all'adeguamento della modulistica in funzione del Super-Sismabonus); Interpello 24/05/2021, n. 366; Interpello 20/07/2021, n. 494, il quale precisa inoltre che di conseguenza non occorre redigere il computo metrico; Interpello 17/03/2021, n. 190.

1) gli interventi relativi all'adozione di misure antisismiche agevolabili con il Sismabonus devono in tutti i casi essere realizzati sulle parti strutturali degli edifici o complessi di edifici collegati strutturalmente, e comprendere interi edifici, nonché, ove riguardino i centri storici, devono essere eseguiti sulla base di progetti unitari e non su singole unità immobiliari (lettera *i)*, comma 1, art. 16-*bis* del D.P.R. 917/1986);

2) le NTC 2018 richiedono che gli interventi di riparazione o locali non producano, rispetto alla configurazione preesistente, sostanziali modifiche al comportamento delle restanti parti e comunque della struttura nel suo insieme.

Ne deriva che il Super-Sismabonus al 110% ammette sì alle agevolazioni anche gli interventi di riparazione o locali, ma - pur non richiedendo uno specifico incremento in termini di classe di rischio - necessita che il tecnico asseveri l'avvenuto miglioramento sismico dell'intera struttura.

Su questo delicato argomento, la Commissione per il monitoraggio del Sismabonus presso il Consiglio superiore dei lavori pubblici - con risposta a quesito di aprile 2021 - è giunta a conclusioni importanti, che innovano in alcuni casi rispetto a quanto finora era plausibile ritenere e che sono di seguito riassunte.
La Commissione ha in primis confermato che gli "*interventi di riparazione o locali*", di cui al punto 8.4 delle NTC 2018, rientrano a pieno titolo tra quelli disciplinati dall'art. 16-bis del D.P.R. 917/1986 e quindi sono agevolabili anche con il Super-Sismabonus.
Tuttavia, ciò solo quando detti interventi sono volti a conseguire una o più delle seguenti finalità:

- ripristinare, rispetto alla configurazione precedente al danno, le caratteristiche iniziali di elementi o parti danneggiate;
- migliorare le caratteristiche di resistenza e/o di duttilità di elementi o parti, anche non danneggiati;
- impedire meccanismi di collasso locale

Quando invece la finalità sia modificare un elemento o una porzione limitata della struttura non viene perseguita la riduzione del rischio, e quindi l'intervento non beneficia degli incentivi fiscali previsti dal Sismabonus (qualora si operi unicamente mediante interventi locali).
A titolo esemplificativo e non esaustivo, sono quindi certamente da ritenersi ammissibili ai benefici fiscali del Super-Sismabonus 110% lavori del tipo di quelli di seguito richiamati:

- interventi sulle coperture, e più in generale sugli orizzontamenti, o su loro porzioni finalizzati all'aumento della capacità portante, alla riduzione dei pesi, alla eliminazione delle spinte applicate alle strutture verticali, al miglioramento dell'azione di ritegno delle murature, alla riparazione-integrazione-sostituzione di elementi della copertura, ecc.;
- interventi di riparazione e ripristino della resistenza originaria di elementi strutturali in muratura e/o calcestruzzo armato e/o acciaio, ammalorati per forme di degrado provenienti da vari fattori (esposizione, umidità, invecchiamenti, disgregazione dei componenti ecc.);
- interventi volti a ridurre la possibilità di innesco di meccanismi locali, quali, ad esempio, l'inserimento di catene e tiranti contro il ribaltamento delle pareti negli

edifici in muratura, il rafforzamento dei nodi trave-colonna negli edifici in c.a. contro la loro rottura prematura, prima dello sviluppo di meccanismi duttili nelle travi, la cerchiatura, con qualunque tecnologia, di travi e colonne o loro porzioni, volta a migliorarne la duttilità, il collegamento degli elementi di tamponatura alla struttura di c.a. contro il loro ribaltamento, il rafforzamento di elementi non strutturali pesanti, come camini, parapetti, controsoffitti, ecc., o dei loro vincoli e ancoraggi alla struttura principale.

I concetti espressi sono stati ulteriormente dettagliati e chiariti con risposta a quesito di luglio 2021, nel quale la Commissione di monitoraggio ha espresso il proprio parere sul tema degli interventi strutturali per la fruizione del Sismabonus sugli aggregati edilizi, e più in generale su edifici o complessi di edifici collegati strutturalmente quali anche villette a schiera e case in linea, per definire una volta per tutte quale sia la scala di intervento minima da prendere in considerazione ai fini delle agevolazioni fiscali

Prima di esaminare i chiarimenti, risulta utile introdurre la differenza tra:

- aggregati edilizi, ovvero edifici aggregati che hanno una origine dilatata nel tempo, con addizioni progressive avvenute nel corso del tempo (anni, decenni o addirittura secoli), situazione tipica dei centri storici e degli insediamenti più risalenti e all'interno della quale potrebbero ragionevolmente trovarsi più Unità Strutturali nel senso definito dalle NTC;
- case a schiera e case in linea, casistiche che si differenziano dagli aggregati edilizi dal momento che la loro epoca di costruzione non è diluita nel tempo ma concentrata in un lasso temporale ristretto (seppure possa essere anche di qualche anno) e pertanto caratterizzati da un'unica struttura all'esito di un processo costruttivo unitario, e che quindi rappresentano generalmente un'unica Unità Strutturale nel senso definito dalle NTC.

A beneficio dell'analisi che segue, si riporta inoltre la definizione di Unità Strutturale individuabile secondo il D.M. 17/01/2018 (NTC 2018 punto 8.7.1) in quanto essa "*dovrà avere continuità da cielo a terra, per quanto riguarda il flusso dei carichi verticali e, di norma, sarà delimitata o da spazi aperti, o da giunti strutturali, o da edifici contigui strutturalmente ma, almeno tipologicamente, diversi*".

In altre parole, per poter individuare un'Unità Strutturale, occorre il verificarsi di una o più delle seguenti condizioni:

1) una discontinuità dovuta a spazi aperti (es. una strada che divide dall'edificio contiguo);

2) un giunto strutturale, tale da garantire un'adeguata distanza reciproca fra due edifici contigui e da impedire il fenomeno del martellamento strutturale;

3) che gli edifici contigui siano almeno tipologicamente diversi.

Il concetto è più estesamente esplicitato nella Circolare 21/01/2019, n. 7, punto C8.7.1.3.2, secondo la quale "*L'US è caratterizzata da comportamento strutturale unitario nei confronti dei carichi orizzontali e verticali per cui, nell'individuarla, si terrà conto della tipologia costruttiva e del permanere di elementi caratterizzanti, anche al fine di definire interventi coerenti con la configurazione strutturale. L'US deve comunque garantire con continuità il trasferimento dei carichi in fondazione e, generalmente, è delimitata o da spazi aperti, o da giunti strutturali, o da edifici contigui costruiti, ad esempio, con tipologie costruttive e strutturali diverse, o con materiali diversi, oppure in epoche diverse*".

La Commissione di monitoraggio muove dal presupposto che intervenire sugli aggregati edilizi in maniera organica, anche in considerazione del frazionamento delle proprietà che interessano tali realtà, pone seri limiti di applicazione del Sismabonus o Super-Sismabonus, ostacolando in pratica il raggiungimento dell'obiettivo di ottenere una diffusa prevenzione del rischio sismico, obiettivo che è il fine primario che le agevolazioni fiscali di cui trattasi.
Inoltre - come evidenziato in precedenza - l'esecuzione di interventi locali ben realizzati consente di raggiungere, senza dover espletare la verifica sismica complessiva dell'intero aggregato o delle singole Unità Strutturali (in cui occorrerebbe tener conto anche delle interazioni con le Unità Strutturali adiacenti), una riduzione del rischio sismico.
Ne segue che - secondo la Commissione di monitoraggio per il Sismabonus presso il Consiglio superiore dei lavori pubblici - il riferimento a "*progetti unitari*" contenuto nell'art. 16-*bis* del D.P.R. 917/1986 (art. 16-*bis* del D.P.R. 917/1986, lettera *i*: "*Gli interventi relativi all'adozione di misure antisismiche e all'esecuzione di opere per la messa in sicurezza statica devono essere realizzati sulle parti strutturali degli edifici o complessi di edifici collegati strutturalmente e comprendere interi edifici e, ove riguardino i centri storici, devono essere eseguiti sulla base di progetti unitari e non su singole unità immobiliari*") può essere inteso come limitato al concetto di singola Unità Strutturale, una volta individuata, e non necessariamente all'intero aggregato edilizio che tipicamente caratterizza i centri storici, con progetti, quindi, che possono essere redatti anche mettendo in atto interventi locali di cui al punto 8.4.1 delle NTC.
La Commissione di monitoraggio - a maggior chiarimento di quanto già espresso nel precedente parere di ottobre 2020 (cfr. Superbonus e interventi in ampliamento, chiarimento definitivo sull'ammissibilità) - specifica inoltre che rientrano tra gli interventi agevolabili anche gli "*interventi di riparazione o locali*" realizzati su una "*villetta a schiera*", inclusi nella elencazione esemplificativa riportata sopra.

Riguardo invece agli interventi di miglioramento e di adeguamento sismico, la Commissione di monitoraggio ritiene che per gli interventi di miglioramento (punto 8.4.2 delle NTC 2018) e adeguamento (punto 8.4.3 delle NTC 2018), le verifiche di sicurezza da effettuare dovranno essere riferite alla singola Unità Strutturale, individuata con le modalità sopra indicate dalle NTC 2018, anche nel caso in cui le parti soggette ad interventi non riguardassero l'intera Unità Strutturale.
Ciò si pone in coerenza con i punti 8.7.1 e 8.7.2 delle NTC 18 e Circolare 7: "*in presenza di edifici in aggregato, contigui, a contatto od interconnessi con edifici adiacenti ... occorre tenere conto delle possibili interazioni derivanti dalla contiguità strutturale con gli edifici adiacenti. A tal fine dovrà essere individuata l'unità strutturale (US) oggetto di studio, evidenziando le azioni che su di essa possono derivare dalle unità strutturali contigue*".
Infatti "*oltre a quanto normalmente previsto per gli edifici non disposti in aggregato, per gli edifici in aggregato dovranno essere valutati gli effetti di: spinte non contrastate sulle pareti in comune con le US adiacenti, causate da orizzontamenti sfalsati di quota, meccanismi locali derivanti da prospetti non allineati, sia verticalmente sia orizzontalmente, U.S. adiacenti di differente altezza*".

Nel caso di interventi di demolizione e ricostruzione di porzione di aggregato che prevedano l'introduzione di distacchi con la restante parte del medesimo, oltre al rispetto delle NTC 2018 e relativa Circolare 7/2019, la Commissione di monitoraggio richiama in particolare l'attenzione a quanto riportato, in merito, al paragrafo C8.7.4.1 punto 6 di quest'ultima.

1.3.4 Polizze assicurative

I professionisti che rilasciano le attestazioni (analogamente a quanto indicato per l'Ecobonus 110%) devono essere in possesso di polizza di assicurazione per responsabilità civile - con massimale adeguato al numero delle attestazioni o asseverazioni rilasciate e agli importi dei relativi interventi, e comunque non inferiore a 500.000 Euro - al fine di garantire sia i propri clienti che il bilancio dello Stato per gli eventuali danni provocati (comma 14, art. 119 del D.L. 34/2020; comma 6, art. 2 del D.M. Sviluppo Econ. 03/08/2020).

Ai sensi del comma 4, art. 119 del D.L. 34/2020, si prevede l'incremento dal 19% al 90% della percentuale di detraibilità del premio (di cui all'art. 15 del D.P.R. 917/1986, comma 1, lettera *f-bis*) qualora si proceda alla cessione del credito a un'impresa di assicurazione con contestuale stipula di una polizza a copertura del rischio di interventi calamitosi. Detta detrazione non può essere oggetto di cessione ai sensi dell'art. 121 del D.L. 34/2020 (Circolare 08/08/2020, n. 24/E, punto 2.1.4)
Resta da chiarire a tale proposito se la stipula dell'assicurazione a copertura di eventi calamitosi sia una mera facoltà del contribuente (da attuare in caso di cessione del credito a una compagnia di assicurazione, come sembrerebbe evincersi dal testo della legge) oppure se sia obbligatoria ai fini del godimento dell'aliquota maggiorata (come invece sembrerebbe indicare la lettura della relazione accompagnatoria al D.L. 34/2020).

Si rinvia a quanto indicato in riferimento all'Ecobonus 110% per ulteriori dettagli sugli obblighi assicurativi e per le sanzioni previste a carico dei professionisti che rilasciano le asseverazioni.

1.4 EDIFICI COINVOLTI E SOGGETTI BENEFICIARI

1.4.1 Immobili che possono essere oggetto di intervento

1.4.1.1 Tipologie edilizie

Quanto alle tipologie edilizie, i lavori possono svolgersi su:

- interi edifici condominiali/plurifamiliari;
- singole unità immobiliari situate all'interno di edifici plurifamiliari, purché funzionalmente autonome e dotate di uno o più accessi autonomi dall'esterno;
- edifici unifamiliari;
- singole unità immobiliari anche non funzionalmente autonome, ma solo per interventi *"trainati"* in presenza di interventi *"trainanti"* svolti sull'intero edificio [45],

[45] Come si approfondirà in altra parte del volume tale possibilità è ammessa anche non in presenza di

oppure anche - a determinate, particolari e stringenti condizioni - per l'intervento trainante di isolamento termico sulle parti comuni dell'edificio.
Gli edifici devono trovarsi nel territorio dello Stato italiano.

Ai sensi del comma 15-*bis* dell'art. 119 del D.L. 34/2020, gli sconti fiscali non si applicano a unità immobiliari appartenenti alle categorie catastali A/1 (*Abitazioni di tipo signorile*), A/8 (*Abitazioni in ville*) e A/9 (*Castelli, palazzi di eminenti pregi artistici o storici*), queste ultime se non aperte al pubblico [46]. Tuttavia, i possessori o detentori delle unità immobiliari in questione (c.d. "*di lusso*") possono fruire della detrazione per le spese per interventi trainanti realizzati sulle parti comuni ma non possono fruire del Superbonus per interventi trainati realizzati sulle proprie unità (Circolare 22/12/2020, n. 30/E, punto 2.1.6).

1.4.1.2 Destinazioni catastali

Relativamente poi a quali destinazioni possano essere oggetto di intervento, la norma nulla specifica indicando solo i soggetti (comma 9 dell'art. 119 del D.L. 34/2020) che possono essere ammessi alle agevolazioni.
Tuttavia, la Circolare 08/08/2020, n. 24/E, punto 2 opera una limitazione alle sole destinazioni residenziali, per tutti gli interventi (interventi sulle parti comuni di edifici; interventi su singole unità immobiliari autonome; interventi su edifici unifamiliari; interventi *"trainati"* su unità immobiliari in condominio).

Inoltre, la stessa circolare, sempre al punto 2, aggiunge che:

1) in caso di interventi realizzati sulle parti comuni di un edificio, le relative spese possono essere considerate, ai fini della fruizione della detrazione, soltanto se riguardano un edificio residenziale considerato *"nella sua interezza"* (non sono forniti dettagli su cosa ciò voglia significare);

2) qualora la superficie complessiva delle unità immobiliari destinate a residenza ricomprese nell'edificio sia superiore al 50% (c.d. edificio "*residenziale nel suo complesso*") [47], è possibile ammettere alla detrazione anche il proprietario e il detentore di unità immobiliari non residenziali che sostengano le spese per le parti comuni [48];

3) se tale percentuale risulta inferiore, è comunque ammessa la detrazione per le

---

interventi trainati, per le unità immobiliari in edifici sottoposti a vincoli.

[46] Il comma 15-*bis*, art. 119 del D.L. 34/2020, è stato modificato dall'art. 80 del D.L. 104/2020, comma 6, il quale ha precisato che, per quanto riguarda le unità immobiliari appartenenti alla categoria catastale A/9, l'esclusione riguarda solo le unità immobiliari non aperte al pubblico.

[47] Quanto al calcolo della superficie residenziale prevalente, sulla scorta dell'indicazione contenuta nel vademecum di ENEA sull'APE convenzionale (cfr. punto 2.1) si ritiene doversi fare riferimento alla superficie catastale complessiva, come definita dall'allegato C del D.P.R.23/03/1998, n. 138 (*Regolamento recante norme per la revisione generale delle zone censuarie, delle tariffe d'estimo delle unità immobiliari e dei relativi criteri nonché delle commissioni censuarie in esecuzione dell'art. 3, commi 154 e 155, della Legge 23 dicembre 1996, n. 662*). Pertanto, box, cantine e pertinenze varie, così come balconi, terrazzi, ecc., andranno conteggiate come ivi indicato e riportato in visura nella parte della superficie catastale complessiva.

[48] Viene ripresa l'interpretazione a suo tempo data dall'Amministrazione finanziaria in relazione alle agevolazioni per gli interventi di ristrutturazione, al paragrafo 3.2 della Circolare 24/02/1998, n. 57/E.

spese realizzate sulle parti comuni da parte dei possessori o detentori di unità immobiliari destinate ad abitazione comprese nel medesimo edificio [49].

Si veda in proposito anche la Circolare 22/12/2020, n. 30/E, che al punto 4.4.2 - nel ribadire quanto detto a proposito dell'edificio *"residenziale nel suo complesso"* - chiarisce che ai fini del calcolo della superficie complessiva delle unità immobiliari destinate a residenza vanno conteggiate tutte le unità immobiliari residenziali facenti parte dell'edificio, comprese quelle rientranti nelle predette categorie catastali escluse dal Superbonus.

Dette limitazioni sono finalizzate solo ad escludere per le persone fisiche la possibilità di applicare il Superbonus agli immobili destinati all'esercizio dell'attività di impresa o professionale, e pertanto non si applicano agli altri soggetti beneficiari del Superbonus, come ad esempio le ONLUS (Circolare 22/12/2020, n. 30/E, punto 2.1.1). In particolare, per le Organizzazioni non lucrative di utilità sociale (ONLUS), le Associazioni di promozione sociale (APS) e le Organizzazioni di volontariato (ODV), il comma 9, lettera *d-bis)*, art. 119 del D.L. 34/2020 non prevede alcuna limitazione espressa relativamente alla tipologia di immobili, e pertanto a tali soggetti il beneficio fiscale spetta per tutti gli interventi agevolabili, indipendentemente dalla categoria catastale e dalla destinazione dell'immobile oggetto degli interventi medesimi (ma sempre ferma restando la necessità che gli interventi ammessi al Superbonus siano effettuati sull'intero edificio o sulle unità immobiliari).

Viceversa, per espressa previsione normativa contenuta nella lettera *e)*, art. 119 del D.L. 34/2020, per le Associazioni e Società sportive dilettantistiche, il Superbonus è limitato ai lavori destinati ai soli immobili o parti di immobili adibiti a spogliatoi.

È utile precisare che, ai sensi del regolamento edilizio comunale *"tipo"* approvato dalla Conferenza unificata con Intesa 20/10/2016, n. 125/CU, per *"edificio"* (definizione n. 32) si intende una costruzione stabile, dotata di copertura e comunque appoggiata o infissa al suolo, isolata da strade o da aree libere, oppure separata da altre costruzioni mediante strutture verticali che si elevano senza soluzione di continuità dalle fondamenta al tetto, funzionalmente indipendente, accessibile alle persone e destinata alla soddisfazione di esigenze perduranti nel tempo.

Definizione analoga anche se leggermente diversa e più ampia è quella recata dall'art. 2 del D. Leg.vo 192/2005,, secondo il quale *"edificio"* è un sistema costituito dalle strutture edilizie esterne che delimitano uno spazio di volume definito, dalle strutture interne che ripartiscono detto volume e da tutti gli impianti e dispositivi tecnologici che si trovano stabilmente al suo interno; la superficie esterna che delimita un edificio può confinare con tutti o alcuni di questi elementi: l'ambiente esterno, il terreno, altri edifici; il

---

[49] Cosa che può dar luogo a situazioni inique, posto che - come la stessa Agenzia delle entrate ricorda nella Circolare 08/08/2020, n. 24/E, punto 1.1 - il condomino non può, rinunciando al diritto sulle cose comuni, sottrarsi al sostenimento delle spese per la loro conservazione e sarà comunque tenuto a parteciparvi in proporzione ai millesimi di proprietà. Pertanto, in questi casi alcuni soggetti potrebbero trovarsi nella condizione di pagare le spese senza usufruire delle detrazioni corrispondenti, come gli altri condòmini. Tuttavia, è sempre fatta salva la possibilità di accordarsi affinché gli interventi siano eseguiti "*con benefici e oneri*" solo a carico di alcuni soggetti.

termine può riferirsi a un intero edificio ovvero a parti di edificio progettate o ristrutturate per essere utilizzate come unità immobiliari a sé stanti.

1.4.1.3 Esistenza dell'edificio e preesistenza dell'impianto di riscaldamento

Il Superbonus è ammesso per interventi realizzati su edifici esistenti situati nel territorio dello Stato, censiti al catasto o per i quali sia stato chiesto l'accatastamento.
La prova dell'esistenza dell'edificio è fornita dall'iscrizione dello stesso in catasto, oppure dalla richiesta di accatastamento, nonché dal pagamento dell'IMU ove dovuta (Circolare 31/05/2007, n. 36/E, paragrafo 2).
Si veda anche quanto si dirà a proposito delle unità classificate nella categoria catastale F/2 ("*unità collabenti*") e più in generale nelle categorie "*fittizie*", che includono anche la F/3 e la F/4.
Sono esclusi dal beneficio gli interventi, pur agevolabili per tipologia, che vengono effettuati in fase di costruzione dell'immobile, in quanto già assoggettati alle prescrizioni minime della prestazione energetica in funzione delle locali condizioni climatiche e della tipologia.

Gli edifici interessati dall'agevolazione devono avere determinate caratteristiche tecniche e, in particolare, devono essere dotati di impianto di riscaldamento funzionante, presente negli ambienti in cui si realizza l'intervento agevolabile.
Questa condizione è richiesta per tutte le tipologie di interventi agevolabili con il Super-Ecobonus, anche per quelli di semplice isolamento termico, con dell'installazione dei collettori solari per produzione di acqua calda, dei generatori alimentati a biomassa e delle schermature solari.
Al fine di identificare cosa si intenda per *"impianto termico"* si deve fare riferimento alla definizione di cui al punto *l-tricies*, comma 1, art. 2 del D. Leg.vo 192/2005, oggetto di modifica ad opera del D. Leg.vo 10/06/2020, n. 48, entrato in vigore dall'11/06/2020. Nella nuova definizione normativa di impianto termico rientrano teoricamente anche stufe a legna o a pellet, nonché caminetti e termocamini, purché "*fissi*" (Circolare 22/12/2020, n. 30/E, punto 4.5.1) [50].
Ovviamente, bisognerà che vi sia il conseguimento di un risparmio energetico e che vi sia il miglioramento di due classi energetiche dell'edificio, ma anche che il tecnico sia in grado di giustificare e dimostrare come il caminetto serva gli ambienti oggetto di intervento.
Viceversa, per gli interventi avviati prima dell'11/06/2020 (data di entrata in vigore della nuova definizione), in base alla previgente disposizione opera l'assimilazione agli impianti termici delle stufe, caminetti, apparecchi per il riscaldamento localizzato ad energia radiante, scaldacqua unifamiliari, se fissi e quando la somma delle potenze nominali del focolare degli apparecchi al servizio della singola unità immobiliare è mag-

---

[50] In pratica, per rispondere al requisito legislativo, il preesistente impianto di riscaldamento, sulla base della definizione di "*impianto termico*" introdotta con il D. Leg.vo 48/2020 e a prescindere dal vettore energetico, deve essere "*fisso*". In mancanza di una ulteriore definizione legislativa, riteniamo che come tale debba intendersi una installazione che non consenta con operazioni semplici a eseguirsi la sua rimozione e riposizionamento in luogo diverso (requisito da valutarsi in base al discrezionale avviso del tecnico incaricato).

giore o uguale a 15 kW (vedi: Risoluzione 12/08/2009 n. 215/E; Circolare 22/12/2020, n. 30/E, punto 4.5.1).

Se l'intervento prevede l'installazione di un impianto di riscaldamento centralizzato in un edificio in cui solo alcuni appartamenti sono già dotati di impianto di riscaldamento, la detrazione non può essere riconosciuta sull'intera spesa sostenuta ma deve essere limitata alla spesa riferibile alle unità immobiliari nelle quali l'impianto era già presente; per individuare la quota della spesa detraibile, deve essere utilizzato un criterio di ripartizione proporzionale basato sulle quote millesimali riferite a ciascun appartamento (vedi in proposito Circolare 23/04/2010, n. 21/E, risposta 3.4).

1.4.1.4 Edifici unifamiliari

Ai sensi del regolamento edilizio comunale *"tipo"* approvato dalla Conferenza unificata con Intesa 20/10/2016, n. 125/CU, per *"edificio unifamiliare"* (definizione n. 33) si intende quello riferito a un'unica unità immobiliare urbana di proprietà esclusiva, funzionalmente indipendente, che disponga di uno o più accessi autonomi dall'esterno e destinato all'abitazione di un singolo nucleo familiare.
Pertanto, affinché si configuri un edificio unifamiliare, è richiesto:

1) che l'edificio (o meglio l'unica unità immobiliare costituente l'edificio) abbia destinazione residenziale;

2) che vi sia proprietà esclusiva, cioè l'intero edificio deve essere di proprietà esclusiva di un nucleo familiare.

Detta definizione è ripresa anche dalla Circolare 08/08/2020, n. 24/E, punto 2, nonché dall'art. 1 del DRE, lettera *i)* del comma 3.

1.4.1.5 Singole unità immobiliari autonome in edifici plurifamiliari

Quanto agli edifici coinvolti, la norma come visto si rivolge anche alle singole unità immobiliari situate all'interno di edifici plurifamiliari, purché:

1) "*funzionalmente indipendenti*";

2) dotate di uno o più accessi autonomi dall'esterno.

Entrambi i requisiti devono sussistere contemporaneamente, e prescindono dal fatto che l'edificio plurifamiliare di cui tali unità immobiliari fanno parte sia costituito o meno in condominio (vedi anche Interpello 09/09/2020, n. 328).
Rispondono certamente ai requisiti, ad esempio, le singole unità immobiliari in villette a schiera o tipologie *"bifamiliari"* o simili. Possono altresì considerarsi funzionalmente indipendenti, in presenza dei requisiti richiesti, anche due unità immobiliari abitative sovrapposte verticalmente (vedi Interpello 05/01/2021, n. 10).
Anche in questi casi opera ovviamente l'esclusione delle categorie catastali A/1, A/8 e A/9 (queste ultime se non aperte al pubblico), oltre alle limitazioni indicate relativamente alle persone fisiche (massimo 2 unità immobiliari, comma 10 dell'art. 119 del D.L. 34/2020) e per le associazioni sportive dilettantistiche (solo immobili o parti di essi adibite a spogliatoi).

Autonomia degli impianti

Quanto al primo requisito, una unità immobiliare può dirsi *"funzionalmente indipendente"* quando sia dotata di installazioni o manufatti di qualunque genere, quali impianti per l'acqua, il gas, l'energia elettrica, il riscaldamento, ecc., di proprietà esclusiva (si vedano: Circolare 08/08/2020, n. 24/E, punto 2; art. 1 del DRE, lettera *i*, del comma 3).

Più in particolare, un'unità immobiliare può ritenersi *"funzionalmente indipendente"* qualora sia dotata di almeno tre delle seguenti installazioni o manufatti di proprietà esclusiva (comma 1-*bis*, art. 119 del D.L. 34/2020):

- impianti per l'approvvigionamento idrico;
- impianti per il gas;
- impianti per l'energia elettrica;
- impianto di climatizzazione invernale.

Quest'ultima disposizione - aggiunta dalla L. 178/2020, art. 1, comma 66 - include nella possibilità di accedere al Superbonus tutte le situazioni dove unità immobiliari di fatto *"funzionalmente indipendenti"* non potrebbero essere considerate tali per la presenza, ad esempio, del contatore idrico in comune (o comunque di uno solo dei quattro tipi di impianti menzionati) [51].

Va ricordato poi che la Circolare 22/12/2020, n. 30/E (risposta 3.1.2) ha ulteriormente chiarito che impianti diversi da quelli espressamente menzionati, come le fognature e i sistemi di depurazione, non rilevano ai fini della verifica dell'autonomia funzionale dell'immobile.

Infine, si può ritenere *"funzionalmente indipendente"* anche una unità immobiliare allacciata ad un sistema di teleriscaldamento (Circolare 22/12/2020, n. 30/E, risposta 3.1.3).

Accesso autonomo dall'esterno

Quanto al secondo requisito, occorre che l'unità immobiliare disponga di un accesso indipendente, non comune ad altre unità immobiliari, chiuso da cancello o portone d'ingresso che consenta l'accesso dalla strada o da cortile o giardino di proprietà esclusiva (si vedano: Circolare 08/08/2020, n. 24/E, punto 2; art. 1 del DRE, lettera *i)* del comma 3).

Quanto all'accesso autonomo, sono classificabili come tali le seguenti situazioni:

- l'accesso da una strada privata, in multiproprietà o tramite un terreno di utilizzo comune, ma non esclusivo, come un pascolo;
- l'accesso attraverso una corte di proprietà comune, usata anche per il posto auto, nel comprensorio di villette a schiera;
- l'accesso dall'ingresso dell'unità che affaccia direttamente su un cortile o giardino

[51] Si aggiunga che nel caso di edifici che - seppure fisicamente separati - presentino allacci a utenze condominiali e contatori di ripartizione per ciascuna unità, le unità immobiliari non possono qualificarsi come funzionalmente indipendenti. Infatti, gli impianti (acqua, energia elettrica e gas) sono di proprietà delle singole abitazioni dall'interno delle stesse fino al punto di installazione dei contatori, mentre sono di proprietà condivisa con il complesso condominiale per le tratte che vanno dai contatori fino all'allaccio condominiale con gli enti gestori. Dunque, riprendendo la previsione di cui al comma 1-bis dell'art. 119 del D.L. 34/2020, la condizione che un'unità immobiliare possa ritenersi funzionalmente indipendente qualora sia dotata di almeno tre impianti di proprietà esclusiva implica che gli stessi non siano serviti da una utenza comune. In tal senso: Interpello 15/12/2021, n. 810.

di proprietà esclusiva, anche se indivisa, dei proprietari delle singole unità immobiliari dell'edificio plurifamiliare;
- l'accesso singolo su strada pubblica o attraverso un cortile/passaggio comune che affaccia su strada pubblica;
- l'accesso di entrambe le unità immobiliari della villetta bifamiliare dal giardino comune che affaccia sulla strada;
- l'accesso di una unità immobiliare dal cortile comune in una villetta bifamiliare;
- l'accesso da strada privata gravata da servitù di passaggio, a servizio dell'immobile oggetto del Superbonus 110%.

Vedi anche: Circolare 22/12/2020, n. 30/E (risposta 3.1.1); Interpello 05/01/2021, n. 9.

Cosa può considerarsi come "unità immobiliare"

È utile ai fini precisare che, secondo la definizione di cui all'art. 2 del D.M. 02/01/1998, n. 28, si considera "*unità immobiliare*":

1) una porzione di fabbricato, o un fabbricato, o un insieme di fabbricati oppure un'area, che, nello stato in cui si trova e secondo l'uso locale, presenta potenzialità di autonomia funzionale e reddituale;

2) costruzioni ovvero porzioni di esse, ancorate o fisse al suolo, di qualunque materiale costituite, nonché gli edifici sospesi o galleggianti, stabilmente assicurati al suolo, purché risultino verificate le condizioni funzionali e reddituali;

3) i manufatti prefabbricati ancorché semplicemente appoggiati al suolo, quando siano stabili nel tempo e presentino autonomia funzionale e reddituale.

Ai fini fiscali, la nozione di "*pertinenza*" - mancando una sua autonoma definizione nella normativa tributaria - è ancorata a quella civilistica di cui al citato art. 817 del Codice civile con l'ulteriore precisazione che la prova dell'autonomia funzionale deve essere valutata con maggior rigore rispetto alla prova richiesta nei rapporti di tipo privatistico, onde evitare indebiti risparmi d'imposta.

In conclusione, l'indagine sul nesso pertinenziale o sull'autonomia dovrà essere condotta esclusivamente sulla base dei suddetti principi civilistici e fiscali, a nulla rilevando la disciplina urbanistica.

1.4.1.6 Singole unità immobiliari non autonome in edificio condominiale/plurifamiliare

Come si è chiaramente visto, risulta sostanzialmente esclusa la possibilità di intervenire sulla singola unità immobiliare situata in edificio condominiale/plurifamiliare, tranne che nell'ipotesi di intervento *"trainato"*, realizzabile quando sia stato effettuato un intervento *"trainante"* sull'intero edificio, o anche in assenza di intervento trainante qualora si tratti di immobile vincolato, o vi sia impossibilità di eseguire gli interventi trainanti, perché vietati da regolamenti edilizi, urbanistici o ambientali.

Si consideri tuttavia le seguenti disposizioni:

- l'art. 10 del D.L. 76/2020, comma 3, secondo il quale ciascun partecipante alla comunione o al condominio può realizzare a proprie spese ogni opera di cui agli artt. 2 della L. 09/01/1989, n. 13 (eliminazione di barriere architettoniche), e 119 del D.L. 19/05/2020, n. 34 (Superbonus), anche servendosi della cosa comune nel rispetto dei limiti di cui all'art. 1102 del Codice civile [52];

- comma 9-*bis*, art. 119 del D.L. 34/2020, secondo il quale le deliberazioni dell'assemblea del condominio, aventi per oggetto l'imputazione a uno o più condomini dell'intera spesa riferita all'intervento deliberato, sono valide se approvate con le stesse modalità di cui al periodo precedente (maggioranza intervenuti e almeno 334 millesimi, anche in prima convocazione) e a condizione che i condomini ai quali sono imputate le spese esprimano parere favorevole.

Sulla base di tali principi, è possibile che solo i proprietari di alcune unità, al limite anche di una sola unità, in condominio, possano procedere all'esecuzione dell'intervento trainante che sblocca l'accesso alle agevolazioni, sopportandone interamente i costi ed usufruendo dei correlativi benefici. Chiaro è che anche in questo caso, comunque, i requisiti di carattere tecnico-prestazionale cui la norma ricollega l'erogazione del bonus fiscale (ad esempio per la parte energetica il miglioramento di due classi sismiche nonché la riqualificazione di almeno il 25% della superficie disperdente lorda se si procede all'isolamento termico, e invece la riduzione del rischio sismico per la parte del Sismabonus) vanno rispettati con riferimento all'intero edificio.

Pertanto ad esempio, con riguardo all'intervento di isolamento termico dell'involucro edilizio sarà possibile effettuare l'intervento di isolamento termico dell'involucro edilizio anche sulla singola unità immobiliare in condominio non funzionalmente indipendente, agendo quindi sulle sole parti comuni perimetrali riferite alla singola unità immobiliare, a condizione che (si vedano: Interpello 24/09/2020, n. 408; Interpello 27/10/2020, n. 499):

1) l'intervento risulti effettuato comunque su almeno il 25% della superficie disperdente lorda dell'intero edificio;

2) l'intervento consenta comunque il salto in avanti di almeno due classi energetiche, o il conseguimento della classe energetica più alta, con riferimento all'intero edificio;

3) l'intervento, dovendo essere effettuato su parti comuni condominiali (seppure riferite alla singola unità immobiliare) sia autorizzato dall'assemblea di condominio.

Si tratta quindi di una possibilità importante, seppure il rispetto delle condizioni che consentono l'intervento risulti chiaramente impossibile per gli edifici con molte unità immobiliari e comunque molto complesso per gli edifici con più di 2/3 unità immobiliari.

Con il menzionato Interpello 408/2020, sempre nel caso di singola unità immobiliare situata in edificio condominiale/plurifamiliare, l'Agenzia delle entrate ha escluso la possibilità di intervenire solo con l'isolamento termico dall'interno (ad esempio in caso di mancata approvazione a intervenire sulle parti comuni da parte dell'assemblea di condominio o da parte degli enti preposti), poiché non si tratterebbe di intervento sulle parti comuni.

In questi casi (vedi Interpello 27/10/2020, n. 499):

- il massimale di intervento si calcola con riferimento al numero di unità immobiliari presenti nell'edificio;

---

[52] A sua volta, l'art. 1102 del Codice civile dispone che "*ciascun partecipante può servirsi della cosa comune, purché non ne alteri la destinazione e non impedisca agli altri partecipanti di farne parimenti uso secondo il loro diritto. A tal fine può apportare a proprie spese le modificazioni necessarie per il miglior godimento della cosa*".

- l'intervento *"trainante"* così realizzato sulle parti comuni (ancorché riferite alla singola unità immobiliare) potrà poi *"trainare"* altri interventi come previsto dal comma 2, art. 119 del D.L. 34/2020, quali ad esempio l'installazione di impianti fotovoltaici abbinati o meno a sistemi di accumulo, la posa in opera di finestre comprensive di infissi, ecc. Tale possibilità sarà contemplata per tutti i condòmini, compresi quelli delle altre unità immobiliari, anche nel caso in cui questi non abbiano contribuito alla spesa per l'intervento principale, sostenuta per intero dal singolo condomino come nel caso in questione.

Inoltre in questo caso, per quanto riguarda pagamenti e fatture, trattandosi di intervento sulle parti comuni di un edificio in condominio, dovrebbero essere intestati al condominio sia i documenti di spesa sia i relativi bonifici, con la possibilità tuttavia che - ai fini del Superbonus - gli adempimenti necessari siano effettuati da uno dei condomini a ciò delegato (pertanto, nel caso esaminato, il proprietario dell'unità immobiliare interessata) o dall'amministratore del condominio.
Quest'ultimo peraltro, nella generalità dei casi, provvede a ogni altro adempimento richiesto ai fini delle detrazioni spettanti in caso di interventi realizzati sulle parti comuni di un edificio in condominio.
In questo caso, anche ai fini del Superbonus, l'amministratore rilascia una certificazione delle somme effettivamente corrisposte dai condomini, attestando altresì di aver adempiuto a tutti gli obblighi previsti dalla legge.
Si rinvia anche alla parte dedicata agli immobili vincolati.

1.4.1.7 Lastrico solare e terrazza a livello

Con la risposta a Interpello 499/2020, l'Agenzia delle entrate ha chiarito che nell'ambito dell'intervento *"trainante"* di isolamento dell'involucro edilizio opaco delle parti comuni di edifici condominiali rientra anche l'isolamento del lastrico solare, ancorché detto lastrico solare sia di proprietà esclusiva del titolare dell'appartamento sottostante, dal momento che anche in questo caso trattasi di parti comuni dell'edificio condominiale, ai sensi dell'art. 1117 del Codice civile.
Affinché l'intervento di isolamento del lastrico solare di proprietà esclusiva sia ammesso a fruire del Superbonus 110%, ovviamente devono essere rispettate tutte le condizioni previste dalla normativa in proposito, e soprattutto (analogamente a quanto visto per l'intervento in singole unità immobiliari non autonome in edificio condominiale/plurifamiliare):

- che il lastrico delimiti il volume riscaldato verso l'esterno;
- che l'intervento sia realizzato con riferimento almeno al 25% della superficie disperdente lorda dell'intero edificio condominiale (e non del singolo appartamento sottostante il lastrico);
- che l'intervento consenta di conseguire il miglioramento di almeno due classi energetiche dell'intero edificio;
- trattandosi di intervento sulle parti comuni dell'edificio, che questo (seppure effettuato dal singolo proprietario) sia debitamente autorizzato dall'assemblea condominiale.

Anche in questo caso, come per l'intervento sulla singola unità immobiliare non autonoma, il massimale si calcola su tutto l'edificio e l'intervento è trainante anche per i condòmini che non abbiano partecipato alla spesa (vedi Interpello 499/2020).

Quanto alla ripartizione delle spese, si adottano i criteri indicati dal Codice civile.
In particolare, con riferimento al lastrico solare di proprietà esclusiva, si adotta il criterio di ripartizione delle spese indicato dall'art. 1126 del Codice civile, che prevede il contributo alla spesa di 1/3 da parte del proprietario esclusivo del lastrico e di 2/3 da parte del condominio (o della parte del condominio servita dal lastrico stesso).
Tuttavia, nulla vieta che il singolo condomino interessato (nella fattispecie il proprietario esclusivo del lastrico solare) possa accollarsi, con il consenso all'unanimità dell'assemblea ai sensi dell'art. 1123 del Codice civile, tutte le spese a proprio carico, in deroga ai criteri di cui agli artt. 1123 e 1126 del Codice civile, in questo caso usufruendo per intero della detrazione spettante.

Simile alla questione del lastrico solare, ma con alcune differenze, è quella del "*terrazzo a livello*". Il terrazzo a livello ha analogie con il lastrico solare sotto il punto di vista della ripartizione delle spese, che segue l'art. 1126 del Codice civile dal momento che essa ha funzione di copertura per tutti gli appartamenti sottostanti (salvo diversa indicazione in regolamento di condominio contrattuale). Tuttavia, ritenuta preponderante la funzione di "*proiezione*" verso l'esterno dell'appartamento cui accede, cui fornisce utilità, non è certo che tale elemento possa essere considerato "*parte comune*" ai sensi dell'art. 1117 del Codice civile, soprattutto nella giurisprudenza più datata [53].
La giurisprudenza prevalente e più recente [54] ritiene tuttavia che, qualora non intervenga una volontà derogatoria degli interessati sul regime di appartenenza, i beni e i servizi elencati dall'art. 1117, in virtù della relazione di accessorietà o di collegamento strumentale con le singole unità immobiliari, sono attribuiti "*ex lege*" in proprietà comune per effetto dell'acquisto della proprietà dei piani o porzioni di piano.
Pertanto, il terrazzo a livello è oggetto di proprietà comune se il contrario non risulta dal titolo, per tale intendendosi gli atti di acquisto delle altre unità immobiliari, nonché il regolamento di condominio espressamente accettato dai singoli condomini in occasione del loro acquisto, non essendo sufficiente che la proprietà individuale risulti dal titolo di acquisto della parte che si rivendica proprietaria esclusiva del terrazzo, sicché, in difetto di tale prova, la presunzione di condominialità spiega piena efficacia.
Pertanto, in questi casi, è da ritenere corretto considerare l'intervento sul terrazzo a livello nell'ambito dell'intervento trainante, per concorrere al raggiungimento del 25% della superficie totale disperdente.
La ripartizione delle spese seguirà come detto il criterio, analogo a quello per i lastrici solari, di cui all'art. 1126 del Codice civile.

1.4.1.8 Immobili soggetti a vincoli o impossibilità di eseguire gli interventi "trainanti"

Il comma 2 dell'art. 119 del D.L. 34/2020 dispone che gli interventi di efficientamento energetico di cui all'art. 14 del D.L. 63/2013, nonché gli interventi di eliminazione di barriere architettoniche di cui alla lettera *e*, comma 1, art. 16-*bis* del D.P.R. 917/1986 - di norma soggetti ad aliquote di detrazione inferiori - possono usufruire della maggiora-

---

[53] Si vedano ad esempio: Cass. 16/09/1991, n. 9629; Cass. 21/12/2000, n. 16067.

[54] Si vedano ad esempio: Cass. 08/10/2021, n. 27363; Cass. 14/09/2017, n. 21340 del; Cass. 16/07/2004, n. 13279.

zione al 110% anche se non eseguiti *congiuntamente* ad uno degli interventi oggetto dell'aliquota maggiorata, nei seguenti casi:

1) l'edificio sia sottoposto ad almeno un vincolo ai sensi del D. Leg.vo 22/01/2004, n. 42 ("*Codice dei beni culturali e del paesaggio*"); oppure

2) gli interventi ad aliquota maggiorata non possano essere eseguiti perché vietati da regolamenti edilizi, urbanistici o ambientali.

Tale possibilità è ammessa anche per le singole unità immobiliari non *"funzionalmente autonome"* site in edifici condominiali o plurifamiliari sottoposti a vincoli (vedi la Guida dell'Agenzia entrate, all'Esempio n. 7), e contempla anche la possibilità di eseguire un intervento di isolamento termico dall'interno (vedi Circolare 22/12/2020, n. 30/E, risposta 3.1.5).
In altri termini, se l'edificio - anche se condominiale - è sottoposto ai vincoli previsti dal D. Leg.vo 42/2004 (Codice dei beni culturali e del paesaggio) o l'esecuzione di interventi trainanti di isolamento termico è vietata da regolamenti edilizi, urbanistici o ambientali, il Superbonus sia applica, comunque, ai singoli interventi ammessi all'Ecobonus (ad esempio, sostituzione degli infissi), fermo restando il rispetto della condizione che tali interventi portino a un miglioramento minimo di due classi energetiche oppure, ove non possibile, il conseguimento della classe energetica più alta, da verificarsi per l'intero edificio.
Si vedano anche: Circolare 08/08/2020, n. 24/E, punto 2.2; art. 2 del DRE, comma 5.

Resta pertanto ferma in questi casi la necessità di rispettare gli altri requisiti per l'esecuzione degli interventi, previsti dal comma 3 dell'art. 119 del D.L. 34/2020, con particolare riguardo al miglioramento della classe energetica per tutto l'edificio (si precisa che trattasi di nostra interpretazione, dal momento che l'Agenzia delle entrate, sul punto, risponde in maniera evasiva [55] (cfr. Circolare 22/12/2020, n. 30/E, risposta 3.1.6; Interpello 16/12/2020, n. 595).
La sussistenza di una delle sopra menzionate condizioni - che consentono di agevolare al 110% l'intervento altrimenti soggetto ad aliquota inferiore anche senza l'esecuzione di uno degli interventi trainanti - è inserita nell'ambito delle attestazioni da rendere ad opera del professionista incaricato nella dichiarazione asseverata in base ai modelli di cui al DAS.
Si ritiene altresì che il vincolo debba essere "*specifico*", cioè che vale a consentire l'applicazione di questa fattispecie non semplicemente l'esistenza di un vincolo ai sensi

---

[55] A tale proposito si vuole chiarire quello che potrebbe sembrare un trattamento peggiorativo per gli edifici vincolati. Il Superbonus è essenzialmente rivolto a due categorie di edifici:

1) interi edifici condominiali oggetto di interventi complessivi sulle parti comuni;

2) edifici unifamiliari o singole unità immobiliari funzionalmente autonome site in edifici plurifamiliari.

In entrambi i casi, la normativa associa all'esecuzione di un intervento principale - che deve necessariamente comportare il doppio salto di classe energetica - la possibilità di agganciare altri interventi *"trainati"*, che solo in questo limitato caso possono essere effettuati su singole unità immobiliari anche non funzionalmente autonome site in edifici plurifamiliari.
Nel caso degli edifici vincolati, il *"traino"* può avvenire anche in assenza di intervento principale, ma deve comunque essere rispettato il requisito del doppio salto di classe energetica per l'intero edificio, altrimenti sarebbe creata una situazione di disparità verso gli edifici non vincolati. Infatti, un appartamento in condominio non può effettuare autonomamente un intervento, in assenza del miglioramento di classe dell'intero edificio generato da un intervento trainante, e la stessa situazione è replicata sui vincolati.

del Codice dei beni culturali e del paesaggio, ma che detto vincolo comporti, previo giudizio dell'autorità competente al rilascio della relativa autorizzazione, che l'esecuzione degli interventi trainanti per il Superbonus non sia consentita con particolare riferimento ai profili storici, artistici e paesaggistici.

1.4.1.9 Intervento con cambio di destinazione d'uso a residenziale

È ammissibile alle agevolazioni un intervento che preveda il cambio di destinazione da non residenziale a residenziale al termine dei lavori, a condizione che dal titolo abilitativo che autorizza i lavori si evinca chiaramente che l'immobile oggetto degli interventi diverrà abitativo e che l'opera consiste in un intervento di conservazione del patrimonio edilizio esistente e non in un intervento di nuova costruzione.
Tale possibilità - già consentita ai fini dell'Ecobonus nonché del Sismabonus disciplinati dagli artt. 14 e 16 del D.L. 63/2013 - riguarda anche gli interventi ammessi al Superbonus, che non costituisce una *"nuova"* agevolazione ma si riconnette alle due categorie di agevolazioni sopra menzionate.
In particolare, per effetto del richiamo contenuto nell'art. 119 del D.L. 34/2020 ai citati artt. 14 e 16 del D.L. 63/2013, è possibile fruire del Superbonus - nel rispetto delle altre condizioni e adempimenti previsti dalla norma agevolativa - anche relativamente alle spese sostenute per interventi che comportino il cambio di destinazione d'uso del fabbricato originario in abitativo purché, come detto, tale variazione sia indicata chiaramente nel provvedimento amministrativo che autorizza i lavori. Vedi in proposito innumerevoli interpelli, tra i quali ad esempio: Interpello 15/10/2021, n. 709; Interpello 10/05/2021, n. 318.

1.4.1.10 Accorpamento o frazionamento

Nel caso in cui gli interventi comportino l'accorpamento di più unità abitative o la suddivisione in più immobili di un'unica unità abitativa, per l'individuazione del limite di spesa, vanno considerate le unità immobiliari censite in catasto all'inizio degli interventi edilizi e non quelle risultanti alla fine dei lavori (vedi: Interpello 04/11/2020, n. 523; Circolare 22/12/2020, n. 30/E, punto 4.4.6).
Ciò implica, in sostanza, che in questi casi va valorizzata la situazione esistente all'inizio dei lavori e non quella risultante dagli stessi ai fini dell'applicazione delle predette detrazioni.
Vedi in proposito innumerevoli interpelli, tra i quali ad esempio: Interpello 24/11/2021, n. 791; Interpello 15/10/2021, n. 709; Interpello 17/09/2021, n. 608.

1.4.1.11 Edifici collabenti, in corso di costruzione, in corso di definizione

In applicazione dei principi già consolidati relativamente alle agevolazioni dell'Ecobonus, le detrazioni spettano anche per le spese sostenute per interventi realizzati su immobili classificati nella categoria catastale F/2 (*"unità collabenti"*), a condizione che al termine dei lavori l'immobile rientri in una delle categorie catastali ammesse al beneficio (immobili residenziali diversi da A/1, A/8, A/9 e relative pertinenze). Si veda in proposito anche l'Interpello 09/09/2020, n. 326.
Le unità collabenti - pur essendo la categoria catastale riferita a fabbricati totalmente o parzialmente inagibili e non produttivi di reddito - possono infatti essere considerate

come edifici *esistenti*, trattandosi di manufatti già costruiti e individuati catastalmente. Poiché l'intervento su una unità immobiliare collabente ne presuppone l'integrale ricostruzione, occorre tuttavia dal punto di vista edilizio che l'intervento si possa qualificare come *"ristrutturazione edilizia"*, dato che invece l'intervento di nuova costruzione non sarebbe ammesso a nessuna delle agevolazioni in questione.
La ricostruzione di un rudere non può essere tecnicamente considerata un intervento di *"demolizione e ricostruzione"* (che a sua volta rientra nella categoria degli interventi di *"ristrutturazione edilizia")*, ma può ugualmente rientrare nel concetto di *"ristrutturazione edilizia"* poiché la stessa comprende anche interventi volti al ripristino di edifici, o parti di essi, eventualmente crollati o demoliti, attraverso la loro ricostruzione, purché sia possibile accertarne la preesistente consistenza.
A tali fini, per quanto riguarda gli interventi per l'Ecobonus, deve inoltre essere dimostrabile che l'edificio è (o meglio: era) dotato di impianto di riscaldamento rispondente alle caratteristiche tecniche previste dal D. Leg.vo 29/12/2006, n. 311, e che tale impianto è/era situato negli ambienti nei quali sono effettuati gli interventi di riqualificazione energetica [56].
Si vedano in proposito: interpelli vari, tra i quali Interpello 16/09/2021, n. 599, Interpello 16/09/2021, n. 593 e Interpello 16/09/2021, n. 593, il quale rammenta l'applicabilità agli edifici collabenti del comma 1-*quater*, art. 119 del D.L. 34/2020, che esonera dalla produzione dell'Attestato di prestazione energetica ante intervento gli edifici sprovvisti di copertura, di uno o più muri perimetrali, o di entrambi, purché al termine degli interventi raggiungano una classe energetica in fascia A.; Circolare 22/12/2020, n. 30/E, risposta 3.1.4.

La situazione è da considerare pressoché analoga anche per le unità immobiliari accatastate in categoria F/4 ("*unità in corso di definizione*"), che possono concorrere al Superbonus trattandosi di immobili per lo più terminati, la cui destinazione d'uso e la consistenza non sono state ancora definite.
Con Interpello 16/09/2021, n. 599, analizzando una fattispecie concreta, è stato in proposito chiarito che sono agevolabili al 110% gli interventi eseguiti su un fabbricato accatastato in categoria F/4, potendosi esso ritenere esistente. Quanto sopra, tuttavia, a condizione di poter dimostrare l'idoneità dell'immobile al suo utilizzo, o il suo effettivo utilizzo secondo natura e destinazione, tramite documentazione precedente l'avvio dei lavori, idonea ad attestare lo stato dei luoghi, la funzionalità degli impianti e l'utilizzabilità degli spazi (documentazione fotografica, perizie, certificato di residenza, utenze, ecc.).
Inoltre la detrazione spetta nella misura del 110% a condizione che nel titolo edilizio venga previsto il cambio di destinazione d'uso dello stesso in abitativo.

Differente invece la situazione delle unità immobiliari accatastate in categoria F/3 ("*unità in corso di costruzione*"). La fattispecie delle unità immobiliari censite nella ca-

---

[56] Secondo Interpello 08/03/2021, n. 161, la dimostrazione che nello stato iniziale l'edificio era dotato di un impianto idoneo a riscaldare gli ambienti di cui era costituito deve essere fornita tramite una relazione tecnica, e, in questi casi, non è necessario produrre l'APE ante intervento.

tegoria F/3 è stata costantemente interpretata dall'Agenzia delle entrate come unità immobiliare non ancora venuta a esistenza e quindi non agevolabile, dal momento che ai fini della fruizione dei benefici fiscali è condizione indispensabile che gli interventi siano eseguiti su unità immobiliari e su edifici "*esistenti*".
Anche nell'Interpello 17/09/2021, n. 609 è stato confermato tale orientamento, ribadendo che le unità immobiliari accatastate in categoria F/3 non possono concorrere alla formazione della spesa massima ammissibile al fine di fruire delle agevolazioni previste per gli interventi trainanti, poiché occorre tener conto del numero di unità immobiliari esistenti all'inizio dei lavori.
La presenza in condominio di unità immobiliari accatastate nella categoria F/3 non preclude, tuttavia, la possibilità al condominio di accedere al Superbonus, se le restanti unità immobiliari sono diversamente accatastate ed hanno natura residenziale, sempre che venga rispettata per gli interventi trainanti di isolamento termico delle superfici opache verticali, orizzontali e inclinate che interessano l'involucro, l'incidenza superiore al 25% della superficie disperdente lorda dell'edificio esistente, calcolata senza considerare le unità in corso di costruzione. Tuttavia, le unità accatastate nella categoria F/3 non concorrono alla formazione della spesa massima ammissibile e non possono essere oggetto di interventi trainati.
Si vedano in proposito: Interpello 16/03/2021, n. 174; Interpello 17/09/2021, n. 609.

1.4.2 Soggetti che possono usufruire del Superbonus (committenti)

1.4.2.1 In generale

Ai sensi dei commi 9 e 10 dell'art. 119 del D.L. 34/2020, gli sconti fiscali possono essere fruiti dai seguenti soggetti (le lettere seguono l'ordine indicato dal comma 9 dell'art. 119 del D.L. 34/2020; vedi anche art. 4, comma 2 del DRE):

a) condomìni;

b) persone fisiche - al di fuori dell'esercizio di attività di impresa, arti e professioni - per un numero massimo di due interventi (fermo restando il riconoscimento delle detrazioni per gli interventi effettuati sulle parti comuni dell'edificio e che tale limitazione non si applica per gli interventi finalizzati alla riduzione del rischio sismico: vedi Circolare 08/08/2020, n. 24/E, punto 2.1.4) realizzati:
- su edifici composti da due a quattro unità immobiliari distintamente accatastate, anche se posseduti da un unico proprietario o in comproprietà tra le medesime persone fisiche;
- su edifici unifamiliari, singole unità immobiliari funzionalmente indipendenti o anche (ma solo interventi trainati) non funzionalmente indipendenti site in edifici plurifamiliari;

c) istituti autonomi case popolari (IACP) comunque denominati ed altri enti aventi le stesse finalità sociali dei predetti istituti, costituiti nella forma di società che rispondono ai requisiti della legislazione europea in materia di *"in house providing"* per interventi realizzati su immobili, di loro proprietà ovvero gestiti per conto dei Comuni, adibiti a edilizia residenziale pubblica;

d) cooperative di abitazione a proprietà indivisa, per interventi realizzati su immobili dalle stesse posseduti e assegnati in godimento ai propri soci;

d-bis) organizzazioni non lucrative di utilità sociale (ONLUS), organizzazioni di volontariato (ODV) e associazioni di promozione sociale (APS);
e) associazioni e società sportive dilettantistiche (ASD, SSD), limitatamente ai lavori destinati a immobili o parti di immobili adibiti a spogliatoi.

Il Superbonus spetta anche alle "*comunità energetiche rinnovabili*" [57] costituite in forma di enti non commerciali, o da parte di condomìni che aderiscono alle "*configurazioni*" di cui all'art. 42-*bis* del D.L. 162/2019, limitatamente alle spese sostenute per impianti a fonte rinnovabile gestiti dai predetti soggetti (cfr. commi 5 e 6, art. 119 del D.L. 34/2020).
Per ulteriori dettagli, si rinvia alla Circolare 08/08/2020, n. 24/E, punto 1.3

1.4.2.2 Titoli validi di possesso o detenzione

Tali soggetti, oltre a sostenere materialmente le spese, devono possedere o detenere l'immobile in base ad un titolo idoneo (vedi Circolare 08/08/2020, n. 24/E, punto 1.2):
- proprietario o nudo proprietario;
- titolare di un diritto reale di godimento quale usufrutto, uso, abitazione o superficie;
- socio di cooperative a proprietà divisa e indivisa;
- detentore (locatario, comodatario);
- familiare convivente;
- coniuge separato assegnatario dell'immobile intestato all'altro coniuge;
- convivente di fatto di cui all'art. 1 della L. 20/05/2016, n. 76, commi 36 e 37;
- promissario acquirente.

I soggetti di cui sopra devono tenere a disposizione l'atto in base al quale sono possessori o detentori dell'immobile (atto di acquisto o certificato rilasciato dai pubblici registri immobiliari, contratto di locazione o comodato registrato, contratto preliminare immobiliare registrato, documentazione attestante l'assegnazione dell'immobile, certificato anagrafico attestante la convivenza o dichiarazione sostitutiva). Il contratto, ad esempio di locazione o comodato, per essere considerato un titolo valido, deve essere regolarmente registrato in data antecedente all'avvio del procedimento edilizio, o al sostenimento delle prime spese in acconto, se precedenti.
Al fine di garantire la necessaria certezza ai rapporti tributari, la mancanza di un titolo di detenzione dell'immobile risultante da un atto registrato, al momento dell'inizio dei lavori o al momento del sostenimento delle spese se antecedente, preclude il diritto alla detrazione anche se si provvede alla successiva regolarizzazione (vedi anche Interpello 09/09/2020, n. 327).
Se i lavori sono effettuati dal detentore dell'immobile (locatario, comodatario, familiare convivente, coniuge separato assegnatario, convivente di fatto, promissario acquirente),

---

[57] Ai sensi dell'art. 42-*bis* del D.L. 162/2019, le *"comunità energetiche rinnovabili"* sono in sostanza associazioni tra cittadini e/o imprese che decidono di unire le forze per dotarsi di impianti per la produzione e la condivisione di energia da fonti rinnovabili. Tali soggetti, operanti o abitanti nello stesso stabile, possono dotarsi di un impianto condiviso, con una potenza complessiva inferiore a 200 kW, e condividere l'energia prodotta o per il consumo immediato oppure per stoccarla in sistemi di accumulo (per essere utilizzata quando necessario).

va acquisita anche la dichiarazione del proprietario recante il consenso all'esecuzione dei lavori (art. 6 del DRE, comma 1, lettera *f)*; Circolare 08/08/2020, n. 24/E, punto 8.3; Circolare 22/12/2020, n. 30/E, punto 6.8).

Quanto invece al familiare convivente, non serve che questi abbia sottoscritto un contratto di comodato, essendo sufficiente che attesti, mediante una dichiarazione sostitutiva di atto notorio, la condizione di convivenza. È necessario inoltre:

- che tali soggetti siano conviventi con il possessore o detentore dell'immobile oggetto dell'intervento alla data di inizio dei lavori o al momento del sostenimento delle spese ammesse alla detrazione se antecedente all'avvio dei lavori;
- che le spese sostenute riguardino interventi eseguiti su un immobile, anche diverso da quello destinato ad abitazione principale, nel quale può esplicarsi la convivenza. La detrazione, pertanto, non spetta al familiare del possessore o del detentore dell'immobile nel caso di interventi effettuati su immobili che non sono a disposizione, in quanto locati o concessi in comodato (vedi Circolare 08/08/2020, n. 24/E, punto 1.2).

Come indicato dal comma 3, art. 4 del DRE, nel caso in cui gli interventi siano eseguiti mediante contratti di locazione finanziaria (*leasing*), la detrazione compete all'utilizzatore, ed è determinata in base al costo sostenuto dalla società concedente, a prescindere dai canoni di leasing addebitati all'utilizzatore.

1.4.2.3 Italiani residenti all'estero, stranieri, soggetti senza reddito

Il Superbonus spetta indistintamente a soggetti residenti e non residenti nel territorio dello Stato, quindi anche stranieri, che sostengono le spese per l'esecuzione degli interventi agevolati (il comma 9, lettera *b)*, art. 119 del D.L. 34/2020 individua tra i destinatari *"le persone fisiche, al di fuori dell'esercizio di attività d'impresa, arti e professioni"*, senza ulteriori distinzioni).
Con diverse risposte (vedi: Interpello 08/02/2021, n. 91; Interpello 17/12/2020, n. 602; Interpello 27/10/2020, n. 500, l'Agenzia delle Entrate ha ulteriormente chiarito che anche i soggetti residenti all'estero possono usufruirne, purché iscritti all'Anagrafe italiani residenti all'estero (AIRE).

Restano esclusi dalla fruizione del Superbonus nella forma della detrazione fiscale (vedi Circolare 08/08/2020, n. 24/E, punto 1.2):

- i soggetti che possiedono esclusivamente redditi assoggettati a tassazione separata o ad imposta sostitutiva (ad esempio i contribuenti *"minimi"* soggetti al regime c.d. "*forfetario*");
- i soggetti che non potrebbero fruire della corrispondente detrazione in quanto l'imposta lorda è assorbita dalle altre detrazioni o non è dovuta (ad esempio coloro che rientrano nella c.d. "*no tax area*").

In entrambi i casi sopra citati sarà tuttavia possibile usufruire della cessione del credito o dello sconto in fattura.

Sono invece del tutto esclusi i soggetti che non possiedono redditi imponibili (ad esempio persone fisiche non fiscalmente residenti in Italia che detengono l'immobile in base ad un contratto di locazione o di comodato e non invece in proprietà) che non potrebbero nemmeno esercitare l'opzione per lo sconto in fattura o per la cessione del credito. Se infatti, ad esempio, l'acquirente immobiliare cittadino straniero deve per acquistare un immobile necessariamente richiedere un codice fiscale, acquisendo quindi lo status di *"contribuente"* (Interpello 19/10/2020, n. 486; Interpello 28/01/2021, n. 60), tale obbligo non si applica alla semplice locazione.

1.4.2.4 Condomìni

Gli interventi *"trainanti"* attuabili nell'ambito di un edificio condominiale sono quelli sia di isolamento termico che di sostituzione dell'impianto di riscaldamento centralizzato preesistente.

L'edificio oggetto degli interventi deve essere costituito in condominio secondo la disciplina prevista dagli artt. 1117-1139 del Codice civile.
A tale proposito si ricorda che la nascita del condominio si determina automaticamente, senza che sia necessaria alcuna deliberazione, nel momento in cui più soggetti costruiscono su un suolo comune ovvero quando l'unico proprietario di un edificio ne cede a terzi piani o porzioni di piano in proprietà esclusiva, realizzando l'oggettiva condizione del frazionamento ed il conseguente diritto sulle cose comuni.
Il *"condominio"* costituisce una particolare forma di comunione, in cui coesiste la proprietà individuale dei singoli condòmini, costituita dall'appartamento o altre unità immobiliari accatastate separatamente (box, cantine, ecc.), e una comproprietà sulle parti comuni dell'immobile. Il condominio può svilupparsi sia in senso verticale che in senso orizzontale.
In altre parole, un fabbricato può essere considerato un *"condominio"* se presenta parti comuni, ai sensi dell'art. 1117 del Codice civile (quindi ad esempio le fondazioni, i muri maestri, i pilastri e le travi portanti, i tetti e i lastrici solari, ecc.).
Sotto il profilo degli interventi sull'involucro edilizio, è possibile affermare che si è in presenza di un mini-condominio se l'edificio presenta *"parti comuni"* ai sensi dell'art. 1117, pertanto se vi è sviluppo in orizzontale/verticale con unitarietà tra i vari scomparti sia nell'altezza che nella copertura del tetto, priva di soluzioni di continuità, cioè in altri termini se la copertura è unica e i muri non di confine hanno una loro continuità.
Sotto il profilo invece degli interventi strutturali, se non è possibile intervenire sulle strutture di ciascuna singola porzione dell'edificio senza che qualsiasi intervento vada ad impattare sulla statica dell'Unità strutturale definita dal D.M. 17/01/2018, l'edificio si configura anche come *"condominio strutturale"* (si veda in proposito l'Interpello 16/11/2021, n. 780 e il paragrafo del presente volume 1.3.3.2).
Nei casi incerti, si valuterà in base a tali parametri la possibilità di considerare un fabbricato unitariamente, come *"condominio"* anche se non formalmente costituito con un codice fiscale e un amministratore, ai fini dei possibili interventi edilizi agevolati, tenendo inoltre conto che la valutazione potrebbe a nostro parere anche portare a esiti differenti ai fini delle due agevolazioni Eco e Sisma.

Si ricorda poi che il singolo condomino usufruisce della detrazione per i lavori effettuati sulle parti comuni degli edifici, in ragione dei millesimi di proprietà o dei diversi criteri applicabili ai sensi dell'art. 1123 del Codice civile e seguenti.
In caso di interventi realizzati sulle parti comuni, inoltre, la detrazione spetta anche ai possessori (o detentori) di sole pertinenze (come ad esempio box o cantine) che abbiano sostenuto le spese relative a tali interventi (Circolare 08/08/2020, n. 24/E, punto 2).
In caso di intervento sulle parti comuni [58] di edificio condominiale, non vi sono requisiti particolari per i condòmini stessi, i quali potranno pertanto essere in questo specifico caso sia persone fisiche che professionisti che imprese, o comunque anche soggetti non facenti parte dell'elenco dei soggetti beneficiari indicati dal comma 9 dell'art. 119 del D.L. 34/2020 (Circolare 22/12/2020, n. 30/E, punto 2.1.6), salvo quanto detto in precedenza in merito alla prevalenza delle destinazioni residenziali.
Non rileva in nessun caso che la singola unità immobiliare sia o meno adibita ad abitazione principale del titolare.
Quanto invece alle destinazioni non residenziali, possono rientrare nelle agevolazioni (sempre in caso di intervento sulle parti comuni di edificio condominiale) anche unità immobiliari facenti parte del condominio o site nell'edificio, ma a destinazione non residenziale - quali uffici, studi professionali, negozi - sia se utilizzati direttamente da parte del titolare per lo svolgimento dell'attività professionale o d'impresa, sia se dati in locazione o sfitti. Questo sempre che, come detto al paragrafo 1.4.1.2 (cui si rinvia anche per indicazioni sul calcolo della superficie residenziale prevalente), la superficie complessiva delle unità immobiliari destinate a residenza ricomprese nell'edificio sia superiore al 50%

1.4.2.5 Condomìni minimi (senza amministratore)

La Circolare 08/08/2020, n. 24/E, al punto 1.1, ha precisato che non è necessario che il condominio abbia nominato un amministratore.
In presenza di un *"condominio minimo"*, cioè di edificio composto da un numero non superiore a otto condòmini (art. 1129 del Codice civile) [59], risultano comunque applicabili le norme civilistiche sul condominio, tranne quelle relative all'amministratore e al regolamento di condominio.

Ne consegue che al fine di beneficiare del Superbonus per i lavori realizzati sulle parti comuni, i condomini che - non avendone l'obbligo ai sensi del citato art. 1129 del Codice civile - non abbiano nominato un amministratore, non sono tenuti a richiedere il codice fiscale. In tali casi, ai fini della fruizione del beneficio, può essere utilizzato il codice fiscale del condomino che ha effettuato i connessi adempimenti.

---

[58] Per il dettaglio di cosa si intenda per *"parti comuni degli edifici"* bisogna fare riferimento all'art. 1117 del Codice civile.

[59] Poiché ai sensi dell'art. 1129 del Codice civile, è obbligatorio nominare un amministratore quando i condomini sono in numero maggiore di otto (9 o più), bisogna chiarire i criteri per il computo:
- uno stesso soggetto proprietario (o comproprietario) di più unità immobiliari vale sempre come un solo condòmino, a prescindere da quante unità immobiliari possieda;
- altrettanto, più soggetti che siano comproprietari della stessa unità immobiliare, valgono sempre e solo come un solo condòmino.

Il contribuente sarà comunque tenuto a dimostrare che gli interventi sono stati effettuati su parti comuni dell'edificio (da individuarsi ai sensi dell'art. 1117 del Codice civile e della connessa giurisprudenza).
Ciò comporta che anche in questi casi possono ritenersi operanti gli stessi principi menzionati ai precedenti paragrafi, che consentono di ritenere l'ambito applicativo delle agevolazioni *"allargato"* anche a soggetti non facenti parte dell'elenco di cui al comma 9 dell'art. 119 del D.L. 34/2020, salvo quanto detto a proposito della prevalenza delle destinazioni residenziali nell'edificio oggetto di intervento.

Sempre a proposito delle parti comuni degli edifici, l'Amministrazione finanziaria ha più volte precisato che il concetto di *"parti comuni"* richiede comunque la presenza di più unità immobiliari che abbiano una propria autonomia funzionale e reddituale [60].
Pertanto, se l'edificio è costituito esclusivamente da una unità immobiliare e dalle relative pertinenze, non sono ravvisabili elementi dell'edificio qualificabili come *"parti comuni"* e, pertanto, non è possibile considerare un autonomo limite di spesa per ciascuna unità (Interpello 31/10/2018, n. 56; Risoluzione 12/07/2007 n. 167/E).
In questi casi, si potrà tuttavia usufruire delle agevolazioni per interventi su edificio unifamiliare o comunque singola unità immobiliare autonoma.

1.4.2.6 Singolo proprietario di tutte le unità immobiliari costituenti l'edificio

Riguardo al particolare caso dell'unico proprietario di più unità immobiliari che costituiscano l'interezza dell'edificio, l'Agenzia delle entrate (Circolare 08/08/2020, n. 24/E, punto 1.1; Circolare 22/12/2020, n. 30/E, punto 2.1.4) ha inizialmente affermato che il Superbonus non si applica agli interventi realizzati sulle parti comuni di un edificio interamente posseduto da un unico proprietario (o in comproprietà fra gli stessi soggetti). Si veda anche in proposito l'Interpello 10/09/2020, n. 329.
A tale conclusione, l'Amministrazione finanziaria è pervenuta basandosi sul fatto che nell'ambito dei soggetti ammessi alle agevolazioni, la normativa (comma 9 dell'art. 119 del D.L. 34/2020) fa espresso riferimento ai *"condomìni"*, mentre per quanto riguarda le *"persone fisiche"* si fa riferimento testuale alle *"singole unità immobiliari"*, in pratica escludendo la possibilità di intervenire su parti comuni di edifici.
Affinché possa configurarsi l'esistenza di un *"condominio"*, e che si possa quindi accedere alle agevolazioni, è necessario pertanto che l'unico proprietario di un edificio ne ceda a terzi piani o porzioni di piano in proprietà esclusiva, realizzando l'oggettiva condizione del frazionamento (si veda la Risoluzione 14/02/2008, n. 45/E). In altri ter-

[60] Ne deriva che in presenza di un edificio composto da abitazione e pertinenza non è sufficiente suddividere la proprietà delle due unità (ad esempio donando o vendendo la pertinenza al coniuge o a un figlio) per dare vita a un condominio, ma occorre che venga dimostrata la natura non pertinenziale della seconda unità. La natura non pertinenziale di una unità immobiliare presuppone che l'unità stessa abbia una propria autonomia funzionale e reddituale, e non sia effettivamente e di fatto asservito all'abitazione (cosa a favore della quale deporrebbe ovviamente la diversa proprietà), ma dovrebbe anche essere accompagnata da un relativo pagamento IMU coerente e da eventuali altri elementi che consentano di dimostrare che l'unità non è effettivamente e di fatto asservita all'abitazione. Il tutto, onde evitare che possa essere contestato un "*uso distorto dell'agevolazione*", cioè una operazione priva di una reale motivazione sottostante ed eseguita al solo fine di conseguire un vantaggio fiscale altrimenti non spettante.

mini, è necessario che l'edificio si configuri *"a proprietà mista"*, nel senso che almeno una unità immobiliare abbia una proprietà diversa da tutte le altre, cosa che configura la nascita di un condominio.

A questa regola è stata tuttavia aggiunta una eccezione, ad opera della L. 178/2020 (art. 1, comma 66) in base alla quale tra i soggetti beneficiari del Superbonus vengono incluse anche le persone fisiche (sempre purché al di fuori dell'esercizio di attività di impresa, arte o professione) con riferimento agli interventi su edifici composti da due a quattro unità immobiliari distintamente accatastate, anche se posseduti da un unico proprietario o in comproprietà tra le stesse persone fisiche (commi 9 e 10, art. 119 del D.L. 34/2020).
Viene in pratica prevista una eccezione alla regola sopra illustrata - che resta valida in tutti gli altri casi - del divieto di accesso al Superbonus in relazione a interventi su edifici di unico proprietario, per edifici fino a quattro unità immobiliari.
Restano chiaramente esclusi i casi in cui l'unico proprietario sia soggetto diverso da persona fisica (ad esempio, le società).
A proposito della modalità con cui computare le unità immobiliari ai fini dell'applicazione del suddetto limite, il conteggio delle unità ai fini della verifica del limite di 4 deve avvenire senza considerare le pertinenze, anche se distintamente accatastate; pertanto, potrebbe fruire del bonus anche l'unico proprietario, ad esempio, di un edificio con 4 abitazioni e 2, 3, 4 o N pertinenze (vedi: Interpello 07/07/2021, n. 464; Interpello 07/07/2021, n. 461, dal quale si evince anche che l'unico proprietario dell'edificio potrà eseguire anche interventi trainati, su un massimo di due delle unità abitative presenti nell'edificio [61]). Viceversa, rimane ferma la regola in base alla quale il calcolo dei massimali va fatto includendo le suddette pertinenze distintamente accatastate, così come accade nei condomini (vedi in altra parte del volume) [62].

Si vedano gli esempi seguenti, riferiti ad un possibile intervento su un intero edificio con cinque o più unità immobiliari.

Accesso o meno al Superbonus per edificio di 5 o più UI

Tutte le unità immobiliari di proprietà della stessa persona fisica	NO Superbonus
Tutte le unità immobiliari in comproprietà tra le stesse persone fisiche	NO Superbonus
Almeno una unità immobiliare di proprietà di una persona fisica diversa dal proprietario di tutte le altre	SÌ Superbonus
Unità immobiliari in comproprietà tra diverse persone fisiche	SÌ Superbonus
Unità immobiliari di proprietà della stessa persona fisica, di cui una in locazione	NO Superbonus
Unità immobiliari di proprietà della stessa persona fisica, di cui una in comodato	NO Superbonus
Unità immobiliari di proprietà della stessa persona fisica, di cui una in usufrutto	NO Superbonus

[61] Si noti che l'eventuale intervento trainato effettuato in questi casi contribuisce a *"consumare"* una delle due possibilità di intervento che sono riconosciute alle persone fisiche.

[62] Le conclusioni fatte proprie dall'Amministrazione finanziaria derivano dalla risposta resa dal Ministero dell'economia all'interrogazione in Commissione Finanze n. 5-05839 del 29/04/2021, i chiarimenti di prassi forniti relativamente agli edifici in condominio si applicano, in generale, anche agli edifici posseduti da un unico proprietario o da più comproprietari. Si veda anche Interpello 07/01/2022, n. 5.

A parere di chi scrive, le limitazioni alla fruibilità del Superbonus su edifici con più di quattro unità tutte di unico proprietario sono applicabili solo al caso in cui l'unico proprietario (o gli unici comproprietari) sia una persona fisica, e non anche invece quando si tratti di uno degli altri soggetti ammessi alle agevolazioni ai sensi del comma 9, art. 119 del D.L. 34/2020 (ad esempio: istituti autonomi case popolari o cooperative di abitazione a proprietà indivisa) L'Agenzia delle entrate lo ha peraltro specificato, seppure solo a proposito degli IACP (Circolare 22/12/2020, n. 30/E, punto 2.1.2).

Per gli edifici posseduti da un unico proprietario o in comproprietà da più persone fisiche, si applicano, in generale, i chiarimenti di prassi forniti relativamente agli edifici in condominio (vedi da ultimo Interpello 07/01/2022, n. 5). Ciò comporta che, nel caso di edifici di un unico proprietario, laddove sussistano tutti i requisiti richiesti dalla norma, la detrazione è calcolata su un ammontare complessivo delle spese di importo variabile in funzione del numero delle unità immobiliari di cui l'edificio è costituito comprese le pertinenze.
Pertanto, qualora l'edificio presentasse anche unità non residenziali, andrebbe teoricamente effettuata la verifica della superficie residenziale, assumendo che anche gli edifici a prevalente destinazione non abitativa di unico proprietario dovrebbero poter essere eleggibili per il Superbonus.
In questo caso, per i lavori sulle parti comuni, secondo la più razionale interpretazione, la detrazione spetterebbe, sulla base di un calcolo proporzionale, alla sola parte residenziale, fermo restando che i lavori trainati sarebbero agevolabili al 110% sono nelle unità residenziali e con il consueto limite di due unità per persona fisica.
Si segnala tuttavia, che secondo l'Interpello 07/01/2022, n. 5, laddove non sussista la condizione della prevalenza della residenzialità, l'unico proprietario dell'edificio non può fruire delle agevolazioni.

1.4.2.7 Persone fisiche, limitazione a due unità immobiliari

Gli interventi attuabili direttamente da parte delle persone fisiche:

- per gli interventi *"trainanti"* possono essere realizzati su unità immobiliari funzionalmente autonome e con accesso indipendente dall'esterno, site in edifici plurifamiliari oppure su edifici unifamiliari;
- possono essere realizzati anche su unità immobiliari non funzionalmente autonome site in edifici plurifamiliari, ma solo per interventi *"trainati"*, pertanto in presenza di interventi *"trainanti"* svolti sull'intero edificio (con la rilevante eccezione degli immobili vincolati);
- non devono esplicarsi nell'ambito di attività d'impresa o professionale.

Quanto all'ultimo punto, ne consegue che anche la persona fisica imprenditore o professionista può usufruire del Superbonus se gli interventi sono realizzati su immobili appartenenti alla *"sfera privatistica"*, e che pertanto non siano strumentali all'attività imprenditoriale o professionale né siano beni patrimoniali appartenenti all'impresa.
Si vedano gli esempi seguenti, riferiti ad un libero professionista direttamente committente degli interventi, ricordando che per l'abitazione adibita promiscuamente a esercizio professionale, la detrazione è ridotta al 50% (Interpello 09/12/2020, n. 570).

Intervento su unità immobiliare strumentale adibita a proprio studio professionale	NO Superbonus
Intervento su unità immobiliare nel patrimonio professionale e locata a terzi	NO Superbonus
Intervento su unità immobiliare residenziale adibita a propria abitazione	SÌ Superbonus
Intervento su unità immobiliare residenziale di proprietà personale e locata a terzi	SÌ Superbonus
Intervento su unità immobiliare strumentale di proprietà personale e locata a terzi	NO Superbonus

Come indicato dal comma 10, art. 119 del D.L. 34/2020, le persone fisiche possono usufruire del Superbonus per gli interventi realizzati sul numero massimo di due unità immobiliari (oppure, stante l'eccezione introdotta alla regola dell'unico proprietario, di due edifici fino a un massimo di quattro unità immobiliari interamente posseduti), fermo restando il riconoscimento delle detrazioni per gli interventi sulle parti comuni. Tale limitazione non si applica al Super-Sismabonus.
Quindi, le persone fisiche possono intervenire direttamente su un massimo di due unità immobiliari, ma in aggiunta potranno usufruire del Superbonus senza limitazioni, in tutti i casi in cui a intervenire sia invece il condominio. Detto in altre parole, ciascuna persona fisica ha a disposizione due possibilità di accesso al Superbonus su singole unità immobiliari, mentre non c'è limite per quanto riguarda il Superbonus su parti comuni condominiali (o parti comuni di edifici di unico proprietario da due a quattro unità).
Ai fini del limite in questione:
- non contano i trainanti su parti comuni, anche se di edificio di unico proprietario;
- contano i trainati su parti private in condominio;
- contano i trainanti e trainati su unifamiliare o unità autonoma.

La limitazione in questione riguarda solo le persone fisiche, e pertanto non si applica agli altri soggetti beneficiari del Superbonus, come ad esempio le ONLUS (Circolare 22/12/2020, n. 30/E, punto 2.1.1; vedi anche Interpello 13/04/2021, n. 239)

1.4.3 Tabelle e schemi riepilogativi

Riassumendo e semplificando quanto dettagliatamente illustrato in precedenza:

1) l'intervento trainante in edificio condominiale/plurifamiliare è realizzabile per isolamento termico e sostituzione impianto di climatizzazione invernale, salvo il caso dell'unico proprietario, come indicato in precedenza;

2) l'intervento trainante in edificio plurifamiliare è realizzabile anche da parte della persona fisica unica proprietaria dell'intero edificio, purché quest'ultimo presenti un numero massimo di quattro unità immobiliari;

3) l'intervento trainante del singolo proprietario su singola unità immobiliare funzionalmente autonoma oppure su edificio unifamiliare è ammissibile se la medesima u.i. è *"funzionalmente autonoma"* nel senso indicato dalla norma, per isolamento termico e sostituzione impianto di climatizzazione invernale, a condizione inoltre che il titolare dell'intervento sia uno dei soggetti elencati dal comma 9 dell'art. 119 del D.L. 34/2020, che l'unità immobiliare abbia destinazione residenziale e non sia accatastata in una delle categorie escluse;

4) l'intervento trainato è realizzabile in entrambi i due casi precedenti, ove sia realizzato un intervento trainante, e anche del singolo proprietario su singola unità immobiliare residenziale non *"funzionalmente autonoma"* in edificio condominiale/plurifamiliare, in tutti i casi in cui venga realizzato un intervento trainante di cui ai precedenti punti *1)* e *2*, con la rilevante eccezione degli immobili vincolati.

Ovviamente, tutti gli edifici e le unità immobiliari che non possono usufruire della misura *"potenziata"* possono, in presenza delle condizioni, usufruire di quella *"ordinaria"*.
Si riportano di seguito due tabelle che riepilogano i casi di applicabilità in base alle tipologie di interventi ed ai soggetti potenzialmente beneficiari.

Accesso o meno al Superbonus per tipologia di interventi

Intervento da eseguire	**IMMOBILE OGGETTO DELL'INTERVENTO**		
	Intero edificio condominiale o plurifamiliare	**Singola unità immobiliare autonoma o edificio unifamiliare**	**Singola unità immobiliare (non autonoma) in edificio condominiale o plurifamiliare**
1 - Isolamento termico	SÌ	SÌ	NO *
2 - Sostituzione impianto di climatizzazione invernale su parti comuni	SÌ	*Non applicabile*	*Non applicabile*
3 - Sostituzione impianto di climatizzazione invernale su unità immobiliare autonoma o edificio unifamiliare	*Non applicabile*	SÌ	*Non applicabile*
Intervento trainato	SÌ	SÌ	SÌ, in presenza di intervento trainante condominiale

* A meno che: *1)* l'intervento non sia autorizzato dall'assemblea condominiale, *2)* possa essere effettuato su almeno il 25% della superficie disperdente lorda dell'intero edificio e *3)* consenta il doppio salto di classe energetica (o il conseguimento della classe energetica più alta) per l'intero edificio (Interpello 408/2020; Interpello 499/2020).

Accesso o meno al Superbonus per soggetti beneficiari

Intervento da eseguire	**SOGGETTO CHE VUOLE ESEGUIRE L'INTERVENTO**		
	Condominio o tutti i proprietari dell'edificio	**Singolo proprietario dell'unità immobiliare autonoma o edificio unifamiliare**	**Singolo proprietario dell'unità immobiliare (non autonoma) in edificio condominiale o plurifamiliare**
1 - Isolamento termico	SÌ	SÌ	NO *
2 - Sostituzione impianto di climatizzazione invernale su parti comuni	SÌ	*Non applicabile*	*Non applicabile*
3 - Sostituzione impianto di climatizzazione invernale su unità immobiliare autonoma o edificio unifamiliare	*Non applicabile*	SÌ	*Non applicabile*
Intervento trainato	SÌ	SÌ	SÌ, in presenza di intervento trainante condominiale

* A meno che: *1)* l'intervento non sia autorizzato dall'assemblea condominiale, *2)* possa essere effettuato su almeno il 25% della superficie disperdente lorda dell'intero edificio e *3)* consenta il doppio salto di classe energetica (o il conseguimento della classe energetica più alta) per l'intero edificio (Interpello 408/2020; Interpello 499/2020).

A seguire si riportano ulteriori schemi riepilogativi delle possibilità di intervento.

SCHEMA 1 - Intervento trainante su intero edificio condominiale/plurifamiliare

INTERVENTO TRAINANTE SU INTERO EDIFICIO CONDOMINIALE O PLURIFAMILIARE

↓

INTERVENTO CONDOMINIALE O DI TUTTI I PROPRIETARI

↓

- **SOGGETTI** - Agevolazioni fruibili pro-quota dai singoli proprietari anche se trattasi di soggetti non rientranti nell'elenco di quelli ammessi (ad esempio, società).

- **PROPRIETARI** - Le agevolazioni non sono fruibili qualora l'intero edificio presenti più di quattro unità abitazioni oltre eventuali pertinenze e sia interamente posseduto da un unico proprietario (oppure in comproprietà fra gli stessi soggetti).

- **DESTINAZIONI** - Agevolazioni fruibili da tutti i proprietari solo per edifici che presentano la superficie complessiva delle unità immobiliari destinate a residenza ricomprese nell'edificio superiore al 50%. Viceversa, agevolazioni fruibili solo per le unità immobiliari residenziali.

SCHEMA 2 - Intervento trainante su singola unità immobiliare autonoma sita in edificio condominiale o plurifamiliare

INTERVENTO TRAINANTE SU SINGOLA UNITÀ IMMOBILIARE AUTONOMA SITA IN EDIFICIO CONDOMINIALE O PLURIFAMILIARE

↓

INTERVENTO DA PARTE DEL SINGOLO/I PROPRIETARIO/I

↓

- **SOGGETTI** - Agevolazioni fruibili solamente dai singoli proprietari che rientrano nell'elenco di quelli ammessi (con esclusione pertanto, ad esempio, di società e professionisti nell'esercizio della propria attività).

- **NUMERO** - Sono ammessi massimo due interventi su singole unità immobiliari da parte delle persone fisiche.

- **DESTINAZIONI** - Per le persone fisiche, agevolazioni fruibili con riguardo alle sole destinazioni residenziali, fatta eccezione per le categorie catastali escluse.

SCHEMA 3 - Intervento trainante su edificio unifamiliare

INTERVENTO TRAINANTE SU EDIFICIO UNIFAMILIARE

↓

INTERVENTO DA PARTE DEL SINGOLO/I PROPRIETARIO/I

↓

- **SOGGETTI** - Agevolazioni fruibili solamente dai singoli proprietari che rientrano nell'elenco di quelli ammessi (con esclusione pertanto, ad esempio, di società e professionisti nell'esercizio della propria attività).

- **NUMERO** - Sono ammessi massimo due interventi su edifici unifamiliari da parte delle persone fisiche.

- **DESTINAZIONI** - Agevolazioni fruibili con riguardo alle sole destinazioni residenziali, fatta eccezione per le categorie catastali escluse.

SCHEMA 4 - Intervento trainato su singola unità immobiliare anche non autonoma

INTERVENTO TRAINATO SU SINGOLA UNITÀ IMMOBILIARE ANCHE NON AUTONOMA SITA IN EDIFICIO CONDOMINIALE O PLURIFAMILIARE

↓

INTERVENTO DA PARTE DEL SINGOLO/I PROPRIETARIO/I

↓

- **SOGGETTI** - Agevolazioni fruibili solamente dai singoli proprietari che rientrano nell'elenco di quelli ammessi (con esclusione pertanto, ad esempio, di società e professionisti nell'esercizio della propria attività).

- **NUMERO** – Si applica anche in questo caso la limitazione che ammette massimo due interventi su singole unità immobiliari da parte delle persone fisiche.

- **DESTINAZIONI** - Agevolazioni fruibili con riguardo alle sole destinazioni residenziali, fatta eccezione per le categorie catastali escluse.

- **EDIFICI VINCOLATI** – La possibilità è ammissibile per le unità immobiliari in edifici vincolati o in presenza di limitazioni urbanistiche o ambientali, anche non in presenza di interventi trainanti.

SCHEMA 5 - Intervento trainante su singola unità immobiliare anche non autonoma

INTERVENTO TRAINANTE SU SINGOLA UNITÀ IMMOBILIARE ANCHE NON AUTONOMA SITA IN EDIFICIO CONDOMINIALE O PLURIFAMILIARE

↓

INTERVENTO DA PARTE DEL SINGOLO/I PROPRIETARIO/I

↓ *Solo isolamento termico*

- **SOGGETTI** - Agevolazioni fruibili solamente dai singoli proprietari che rientrano nell'elenco di quelli ammessi (con esclusione pertanto, ad esempio, di società e professionisti nell'esercizio della propria attività).
- **DESTINAZIONI** - Agevolazioni fruibili con riguardo alle sole destinazioni residenziali, fatta eccezione per le categorie catastali.
- **CONDIZIONI** - L'intervento deve essere autorizzato dall'assemblea condominiale, deve essere effettuato su almeno il 25% della superficie disperdente lorda dell'intero edificio e deve consentire il doppio salto di classe energetica (o il conseguimento della classe energetica più alta) per l'intero edificio. Non possibile isolamento dall'interno.

1.5 ALTERNATIVE ALLA FRUIZIONE DIRETTA DELLA DETRAZIONE

1.5.1 Sconto in fattura o cessione del credito d'imposta

1.5.1.1 Opzioni possibili

Ai sensi dell'art. 121 del D.L. 34/2020, gli aventi diritto alle detrazioni possono scegliere, in aggiunta alla normale fruizione delle detrazioni nel periodo previsto, tra una delle seguenti opzioni: *1)* cessione del credito; *2)* sconto in fattura.

1) Cessione del credito
La cessione del beneficio fiscale maturato ad altri soggetti, compresi istituti di credito e altri intermediari finanziari.
La cessione del credito avviene *pro soluto*, cioè il committente non risponde dell'eventuale inadempimento del debitore (cioè lo Stato), ma solo dell'eventuale inesistenza del credito per mancanza dei requisiti.

2) Sconto in fattura
Un contributo sotto forma di sconto sul corrispettivo dovuto (e fino a un massimo pari al corrispettivo dovuto stesso), anticipato dal fornitore di beni e/o servizi relativi agli interventi (compresi i professionisti, che a loro volta possono offrire questa opportunità ai propri committenti) e da quest'ultimo recuperato sotto forma di credito d'imposta, con facoltà di successiva cessione del credito ad altri soggetti, compresi istituti di credito e altri intermediari finanziari.
La possibilità di usufruire dello sconto in fattura va ovviamente negoziata in fase preventiva con le imprese e i fornitori, nonché prevista e dettagliata nella documentazione contrattuale, rientrando nelle ordinarie dinamiche dei rapporti contrattuali e delle pratiche commerciali (si veda in proposito il Provvedimento Agenzia entrate 283847/2020, punto 1, ove si chiarisce che l'opzione in questione è esercitata "*d'intesa con il fornitore*").
Questa opzione sarà tanto più applicabile quanto più le imprese e i fornitori saranno in grado di anticipare la liquidità necessaria per lo svolgimento dei lavori, fatto salvo il possibile intervento di un istituto di credito a supporto di tale aspetto (vedi schemi riepilogativi sul funzionamento del meccanismo).

In caso di mancata ultimazione dei lavori, e conseguente mancata maturazione del credito, l'impresa riacquista il diritto al pagamento dei corrispettivi fatturati e in precedenza scontati.
Al fine di agevolare la liquidità per le imprese coinvolte nel meccanismo dello sconto in fattura, o comunque del soggetto cessionario del credito, il comma 1-*bis* dell'art. 121 del D.L. 34/2020 dispone che l'opzione può essere esercitata con riferimento a ciascuno stato di avanzamento dei lavori.
A tali fini, per i soli interventi di cui al Superbonus (e non per gli altri interventi ammessi alla cessione del credito elencati al comma 2, art. 121 del D.L. 34/2020 - cfr. Circolare 22/12/2020, n. 30/E, punto 5.1.6), i SAL non possono essere più di due per ciascun intervento complessivo, e ciascun SAL deve riferirsi ad almeno il 30% della spesa (primo SAL almeno 30% dell'importo complessivo, secondo SAL almeno 60% dell'importo

complessivo, e singolarmente a sua volta almeno 30% dell'importo complessivo)[63]. Cessionari e fornitori sono tenuti preventivamente a confermare l'esercizio dell'opzione, esclusivamente con le funzionalità rese disponibili nell'area riservata del sito internet dell'Agenzia delle entrate (Provvedimento Agenzia entrate 283847/2020, punto 5.5).
Si riportano di seguito uno schema riepilogativo nonché una tabella che evidenzia le differenze concettuali tra sconto in fattura e cessione del credito.

Riepilogo alternative a disposizione per la fruizione dello sconto fiscale

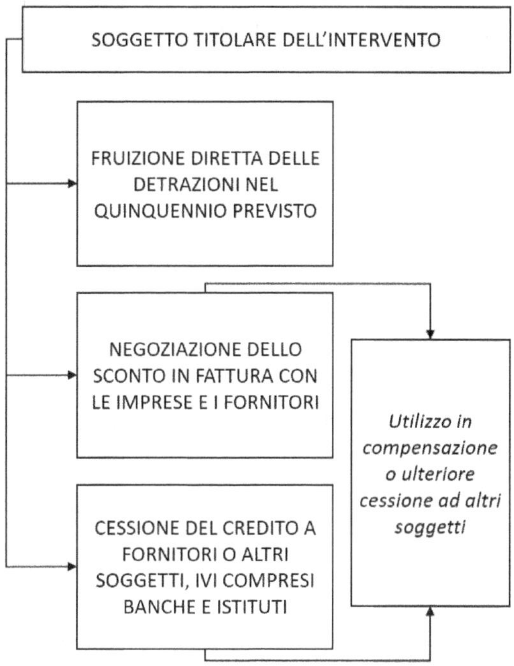

Differenze tra cessione del credito e sconto in fattura

CESSIONE DEL CREDITO	SCONTO IN FATTURA
Il committente paga regolarmente le spese, con mezzi propri o in prestito	Il committente non paga in tutto o in parte le spese
Le fatture dell'impresa vengono regolarmente saldate	L'impresa emette le fatture, che non vengono saldate ma riportano una apposita dicitura
Una volta maturato il credito con la fine lavori o il SAL, il committente cederà il credito ad altro soggetto, incassando il corrispettivo	Una volta maturato il credito con la fine lavori o il SAL, l'impresa troverà l'importo nel proprio "*cassetto fiscale*" e potrà compensarlo con altre imposte dovute
La cessione del credito può essere solo totale, oppure riguardare tutte le eventuali rate di detrazione non fruite da parte del contribuente originario	Lo sconto in fattura può essere totale o parziale e può riguardare anche i diversi fornitori, compresi i professionisti

[63] Chiaramente nulla vieta di passare direttamente dal primo stato di avanzamento alla fine lavori, oppure di saltare i SAL e procedere direttamente a fine lavori.

Il cessionario (acquirente del credito) potrà a sua volta farne ulteriore cessione, invece di sfruttarlo direttamente in compensazione	Il soggetto che applica lo sconto in fattura maturando pertanto il credito d'imposta potrà a sua volta farne ulteriore cessione, invece di sfruttarlo direttamente in compensazione

Si vedano anche gli ulteriori schemi riepilogativi riportati più avanti.

1.5.1.2 Campo di applicazione

Ai sensi del comma 2 dell'art. 121 del D.L. 34/2020, le possibilità sopra indicate sono attuabili non solo in relazione agli interventi del Super-Ecobonus e del Super-Sismabonus, ma - per le spese sostenute negli anni 2020 [64], 2021, 2022, 2023 e 2024 [65] - in relazione a tutte le agevolazioni ivi dettagliatamente indicate, e cioè quelle per:

a) interventi di recupero del patrimonio edilizio (art. 16-*bis* del D.P.R. 917/1986, comma 1, lettere *a), b)* e *d)* [66]; art. 16 del D.L. 63/2013);

b) interventi finalizzati al risparmio e all'efficientamento energetico (art. 14 del D.L. 63/2013; art. 119 del D.L. 34/2020, commi 1 e 2);

c) interventi di adeguamento antisismico (art. 16 del D.L. 63/2013, commi da 1-*bis* a 1-*septies*; art. 119 del D.L. 34/2020, comma 4), ivi compreso il *"Sismabonus acquisti"* (vedi Interpello 09/09/2020, n. 325);

d) interventi di recupero o restauro delle facciate (art. 1 della L. 160/2019, comma 219);

e) interventi di installazione di impianti fotovoltaici (art. 16-*bis* del D.P.R. 917/1986, comma 1, lettera *h)*; art. 119 del D.L. 34/2020, commi 5 e 6);

f) interventi per l'acquisto e la posa in opera di infrastrutture di ricarica dei veicoli elettrici (art. 16-*ter* del D.L. 63/2013; art. 119 del D.L. 34/2020, comma 8) [67];

f-bis) interventi per il superamento e l'eliminazione di barriere architettoniche (art. 119-*ter* del D.L. 34/2020).

---

[64] A partire dal 01/01/2020 e quindi anche per le spese sostenute nel periodo antecedente al 01/07/2020 (data di entrata in vigore del Superbonus), come precisato dalla Circolare 22/12/2020, n. 30/E, punto 5.1.4.

[65] Termine esteso al 2025 per gli interventi rientranti dal Superbonus, come da comma 7-*bis*, art. 121 del D.L. 34/2020, in tal senso modificato dal comma 29, art. 1 della L. 234/2021. Il termine finale del 2024 per tutti gli altri bonus edilizi è invece stabilito dal comma 1, art. 121 del D.L. 34/2020 (anch'esso modificato dal citato comma 29, art. 1 della L. 234/2021), coerentemente alla scadenza degli altri bonus che è stata fissata al 2024. Si veda in proposito il capitolo 1.

[66] La possibilità di fruire delle opzioni per lo sconto in fattura o la cessione del credito anche per l'agevolazione di cui alla lettera *d)*, comma 1, art. 16-*bis* del D.P.R. 917/1986, è stata introdotta dalla L. 234/2021 con decorrenza dal 01/01/2022, e pertanto è applicabile solo alle spese sostenute a partire da detto termine. L'agevolazione consiste nella possibilità per le persone fisiche di detrarre un importo pari al 50% delle spese documentate, fino ad un ammontare complessivo delle stesse non superiore a 96.000 Euro per unità immobiliare, sostenute ed effettivamente rimaste a carico dei contribuenti che possiedono o detengono, sulla base di un titolo idoneo, l'immobile sul quale sono effettuati gli interventi relativi alla realizzazione di autorimesse o posti auto pertinenziali ad immobili residenziali, anche a proprietà comune.

[67] Per gli interventi di installazione di colonnine di ricarica per veicoli elettrici di cui all'art. 16-*ter* del D.L. 63/2013 l'agevolazione vale per le spese sostenute fino al 31/12/2021, in quanto il termine di cui sopra non ci risulta essere stato oggetto di ulteriore proroga; pertanto, allo stato attuale l'agevolazione in questione è da ritenersi cessata (salvo possibilità di eseguire l'intervento come trainato nel Superbonus 110%).

Si fa notare che dall'elenco di cui sopra mancano gli interventi concernenti l'eliminazione di barriere architettoniche, come previsti dalla lettera *e)*, comma 1, art. 16-*bis* del D.P.R: 917/1986, che, si può dire, il legislatore ha "*dimenticato*" di inserire tra quelli per i quali è ammessa la cessione del credito (comma 2, art. 121 del D.L. 34/2020).
Considerando che tale intervento può essere "*trainato*" nel regime del Superbonus, a tale dimenticanza è stato posto rimedio in via interpretativa (vedi la Guida al Superbonus dell'Agenzia entrate) chiarendo che gli interventi relativi alle barriere architettoniche possono usufruire della cessione del credito, ma questo solo quando rientrano tra quelli "*trainati*" nel Superbonus, considerandoli implicitamente ricompresi nell'elencazione degli interventi afferenti al Superbonus. Se invece gli interventi in questione sono eseguiti da soli, non è possibile accedere alla cessione del credito o allo sconto in fattura [68].
In altri termini, la cessione del credito (o sconto in fattura) è attivabile solo quando l'intervento rientra nel perimetro applicativo del Superbonus, e non quando viene eseguito come normale ristrutturazione al 50%.
Ai sensi del combinato disposto dei commi 2, lettera *b)* e 7-*bis*, art. 121 del D.L. 34/2020, in riferimento agli interventi di eliminazione delle barriere architettoniche è possibile avvalersi della cessione del credito o dello sconto in fattura soltanto per le spese sostenute a partire dal 2022.

1.5.1.3 Casistica ed esempi

In base alla Circolare 08/08/2020, n. 24/E, punto 7, nonché in base al Provvedimento 283847/2020, punto 1:

- l'opzione può essere esercitata anche in relazione a ciascuno stato di avanzamento lavori;
- nel caso in cui più soggetti sostengano spese per interventi realizzati sul medesimo immobile, ciascuno può decidere se fruire direttamente della detrazione o esercitare le opzioni previste, indipendentemente dalla scelta operata dagli altri;
- in particolare, per interventi sulle parti comuni degli edifici, non è necessario che il condominio nel suo insieme opti per lo sconto in fattura o per la cessione del credito, poiché alcuni condomini possono scegliere di sostenere le spese relative agli interventi e beneficiare pertanto della detrazione, mentre altri possono optare per lo sconto in fattura o per la cessione del credito;
- lo sconto in fattura può essere totale o parziale;
- il contribuente può scegliere di fruire in parte della detrazione spettante (ad esempio, solo per la prima annualità), cedendo il credito corrispondente alla rimanente parte (quindi per le annualità non fruite, considerando che in questo caso, l'opzione esercitata per le rate residue della detrazione non fruite è irrevocabile).

---

[68] Almeno per il 2022, peraltro, difficilmente la fattispecie sarà utilizzata, essendo stata prevista la nuova agevolazione per le barriere architettoniche di cui all'art. 119-*ter* del D.L. 34/2020, che presenta una percentuale di detrazione più alta /75%, seppure da applicarsi a massimali di spesa più ridotti) nonché un campo applicativo più ampio, esteso a tutti i contribuenti residenti e non residenti nel territorio dello Stato, che sostengono le spese per l'esecuzione degli interventi agevolati, a prescindere dalla tipologia di reddito di cui essi siano titolari.

Pertanto, si evince dalla lettura della Circolare 24/E/2020 (vedi punto 7) e del Provvedimento 283847/2020 (vedi punto 1) che, mentre lo sconto in fattura può anche essere parziale, la cessione del credito debba invece riguardare la totalità del credito maturato, sia esso a fine lavori o a SAL di almeno il 30%.
Quanto sopra sembra confermato anche dalle istruzioni al modello per la comunicazione per l'opzione della cessione del credito, ove si legge che *"per gli stati di avanzamento lavori successivi al primo devono essere, inoltre, indicati il protocollo telematico e l'anno di sostenimento della spesa riportati nella prima comunicazione (ossia quella relativa al primo SAL)"*. Si veda anche, nello stesso senso, Interpello Agenzia delle entrate, Direzione Regionale Marche, n. 910-284/2020.
Si formula pertanto qui di seguito esempio.

ESEMPIO DI CESSIONE DEL CREDITO E/O SCONTO IN FATTURA

Un contribuente esegue lavori agevolati per 30.000 Euro IVA compresa (detrazione 33.000 Euro), affidandosi a due imprese, ciascuna delle quali fatturerà 15.000 Euro.
Le ipotesi possibili sono le seguenti.

1 - Il cliente paga per intero i 30.000 Euro
In questo caso il contribuente ha maturato una detrazione di 33.000 e potrà alternativamente:
- *a)* portare in detrazione per intero i 33.000 Euro (6.600/anno per 5 anni);
- *b)* cedere l'intero credito di 33.000 Euro a un altro soggetto fin da subito;
- *c)* cedere l'intero credito residuo a un altro soggetto dopo aver usufruito della detrazione per uno o più anni (es. cessione intero credito residuo di 26.400 Euro dopo aver usufruito della detrazione 6.600 per il primo anno).

2 - Il cliente si fa scontare per intero i 30.000 Euro dalle imprese
In questo caso il credito (pari a 33.000 Euro, 16.500 Euro per ciascuna impresa in relazione ai 15.000 da ciascuna fatturati) sarà recuperato per intero direttamente dalle imprese stesse, o potrà essere oggetto di ulteriore cessione.

3 - Il cliente paga solo parzialmente i 30.000 Euro
Mettiamo ad esempio che il contribuente si sia accordato con le imprese per pagare 10.000 Euro (dei 15.000 fatturati) alla prima impresa e 5.000 (dei 15.000 fatturati) alla seconda impresa, usufruendo per la parte rimanente dello sconto in fattura.
In questo caso il contribuente ha maturato una detrazione di 16.500 e potrà alternativamente:
- *a)* portare in detrazione per intero i 16.500 Euro residui (3.300/anno per 5 anni);
- *b)* cedere l'intero credito di 16.500 Euro a un altro soggetto fin da subito;
- *c)* cedere l'intero credito residuo a un altro soggetto dopo aver usufruito della detrazione per uno o più anni (es. cessione intero credito residuo di 13.200 Euro dopo aver usufruito della detrazione 3.300 per il primo anno).

A loro volta, le imprese avranno maturato un credito (pari a 11.000 Euro per la prima impresa in relazione ai 10.000 fatturati e a 5.500 Euro per la seconda impresa in relazione ai 5.000 fatturati) che potrà da loro essere recuperato direttamente o potrà essere oggetto di ulteriore cessione.

1.5.1.4 Determinazione dell'importo del credito d'imposta o dello sconto in fattura

Il credito d'imposta, in entrambe le ipotesi sopra indicate, sarà pari all'importo della detrazione spettante al contribuente originale, anche nel caso di sconto in fattura da parte dell'impresa (si veda il calcolo seguente).

$$\text{Credito} = \text{Spesa agevolabile} \times 1{,}1$$

Quanto al contributo sotto forma di sconto - come chiarito dal Provvedimento Agenzia entrate 283847/2020, punto 3 -, esso è pari alla detrazione spettante [69], determinata tenendo conto delle spese complessivamente sostenute nel periodo d'imposta, comprensive dell'importo non corrisposto al fornitore per effetto dello sconto praticato, e non può in ogni caso essere superiore al corrispettivo dovuto (si veda anche Interpello 09/09/2020, n. 325).
Se ad esempio il contribuente sostiene una spesa di 50.000 Euro con conseguente diritto ad una detrazione di 55.000 Euro, il fornitore potrà applicare uno sconto massimo di 50.000 Euro, ma avrà diritto a sua volta ad un credito d'imposta pari a 55.000 Euro, dunque più alto della somma anticipata.
Nel caso in cui, invece, il fornitore applichi uno sconto parziale, il credito d'imposta è calcolato sull'importo dello sconto applicato. Ciò comporta, in sostanza, che se a fronte di una spesa di 30.000 Euro, il fornitore applica uno sconto pari a 10.000 Euro, lo stesso maturerà un credito d'imposta pari a 11.000 Euro. Il contribuente potrà far valere in dichiarazione una detrazione pari a 22.000 Euro (110% di 20.000 Euro rimasti a carico), in alternativa optare in relazione a tale importo per la cessione del credito ad altri soggetti (Circolare 08/08/2020, n. 24/E, punto 7).

$$\text{Credito} = \text{Sconto praticato} \times 1{,}1$$

In tutti i casi, l'importo dello sconto praticato è espressamente indicato nella fattura emessa a fronte degli interventi effettuati, quale "*Sconto in fattura ai sensi dell'art. 121 del D.L. 34/2020*", per la parte convenuta (Provvedimento Agenzia entrate 283847/2020, punto 3.1).
Se si applica lo sconto in fattura, la parte del corrispettivo residuo, per il quale non è riconosciuto lo sconto, deve essere pagato alla ditta o al professionista interessato, tenendo conto però che lo sconto in fattura potrebbe essere integrale o parziale.
Anche in questo caso, un esempio chiarirà meglio il tutto.

ESEMPIO DI SCONTO IN FATTURA PARZIALE

Intervento assoggettato al Superbonus per un importo di 100.000 Euro + Iva 10%
Totale 110.000 Euro.
Si esemplifica quanto segue:

- la ditta può concedere uno sconto in fattura per un importo massimo di 110.000 Euro (teoricamente la detrazione è pari a 121.000 Euro, ma ovviamente lo sconto non può mai essere superiore all'importo della fattura)
- si conviene che la ditta faccia lo sconto solo per un importo di 55.000 Euro
- il contribuente, per effetto dello sconto in fattura parziale, fruisce di un beneficio immediato equivalente alla spesa che avrebbe sostenuto, sotto forma di mancato pagamento alla ditta del 50% della fattura
- a sua volta, la ditta matura un credito fiscale pari al 110% dello sconto erogato, quindi pari a

[69] Da tale indicazione normativa sembra derivare la conseguenza che, in caso di scelta per lo sconto in fattura, il fornitore che lo pratica non possa richiedere un *"compenso"* a fronte di tale opzione, o che comunque tale compenso non possa sostanziarsi in una riduzione dello sconto praticato rispetto alle spese oggetto di detrazione. Più in generale, eventuali ricarichi, sovrapprezzi o commissioni comunque denominate, corrisposte al soggetto cessionario come corrispettivo per il servizio di cessione del credito o dello sconto in fattura non sono detraibili ai fini del bonus fiscale.

60.500 Euro, fruibile secondo la medesima scansione annuale con la quale sarebbe stata fruibile per il contribuente la relativa detrazione
- il rimanente corrispettivo pari a 55.00 Euro deve invece essere pagato alla ditta;
- su tale corrispettivo, il contribuente matura un credito fiscale pari al 110% dello sconto erogato, quindi pari a 60.500 Euro, da sfruttare in dichiarazione dei redditi.

1.5.1.5 Recupero delle somme da parte del cessionario o del fornitore

I crediti d'imposta in questione sono sempre recuperati con la stessa ripartizione in quote annuali con la quale sarebbe stata utilizzata la detrazione (quindi 5 quote annuali per le spese sostenute fino al 2021 compreso, e 4 quote annuali per le spese sostenute a partire dal 2022). La quota di credito d'imposta non utilizzata nell'anno di riferimento non può tuttavia essere utilizzata negli anni successivi, né richiesta a rimborso (analogamente a quanto avviene anche con la detrazione).
Ai sensi del comma 3 dell'art. 121 del D.L. 34/2020, il credito d'imposta è utilizzabile (dal fornitore o cessionario, non direttamente dal contribuente) anche in compensazione, ed anche in questo caso con la stessa ripartizione in quote annuali con la quale sarebbe stata utilizzata la detrazione.
Non si applicano inoltre i limiti massimi all'importo annuale dei crediti d'imposta compensabili, ordinariamente previsti.

1.5.2 Modalità pratiche applicative

Le modalità per l'esercizio dell'opzione, e per la sua comunicazione, sono definite dal Provvedimento dell'Agenzia delle entrate 08/08/2020, n. 283847, punto 4). In particolare:
- si utilizza il modello allegato al Provvedimento 283847/2020 (e successive modificazioni [70]);
- il modello è inviato telematicamente all'Agenzia delle entrate, mediante il servizio *web* o gli altri canali telematici dell'Agenzia medesima, attivi dal 15/10/2020;
- la comunicazione è inviata dal beneficiario della detrazione direttamente o tramite un intermediario, che può essere il medesimo incaricato di rilasciare il visto di conformità (vedi più avanti);
- in caso di intervento su edificio condominiale o plurifamiliare la comunicazione è inviata dall'amministratore di condominio oppure (in assenza di amministratore) da uno dei condòmini incaricato allo scopo (anche in questo caso direttamente o avvalendosi di intermediario);
- la comunicazione può essere inviata a partire dal quinto giorno lavorativo successivo al rilascio da parte dell'ENEA della ricevuta di avvenuta trasmissione dell'asseverazione;
- la comunicazione può essere annullata entro il quinto giorno del mese successivo a quello di invio della comunicazione;
- in caso di intervento su edificio condominiale o plurifamiliare, il singolo condomino (se non già indicato in delibera assembleare) comunica all'amministratore l'avvenuta cessione con i relativi dati, e l'accettazione da parte del cessionario;

[70] All'atto pratico, la comunicazione può essere effettuata in due modi: *1)* tramite il canale online, utilizzando i servizi "*Entratel*" dell'Agenzia delle entrate; *2)* tramite il software desktop appositamente messo a disposizione e scaricabile online dal sito dell'Agenzia entrate.

- il termine finale è il 16 marzo dell'anno successivo alle spese o dell'anno di presentazione della dichiarazione dei redditi in relazione alla prima rata ceduta;
- il mancato invio della comunicazione nei termini rende l'opzione inefficace nei confronti dell'Agenzia delle entrate.

Non assume rilevanza la forma che viene utilizzata per procedere alla cessione del credito. Ne consegue che l'atto di cessione del credito non è soggetto all'obbligo di registrazione, neanche laddove lo stesso dovesse rivestire la forma dell'atto pubblico o della scrittura privata autenticata (si vedano: Risoluzione 05/12/2018, n. 84/E; Interpello 08/01/2021, n. 19).

Con la risposta a Interpello 18/11/2021, n. 784, l'Agenzia delle entrate ha chiarito che per fruire del Superbonus mediante l'opzione dello sconto in fattura o della cessione del credito, è necessario inviare un modulo diverso di comunicazione dell'opzione per ogni intervento agevolabile che verrà eseguito.

Tale conclusione trova riscontro anche nel documento relativo alle istruzioni alla compilazione del modulo, le quali prevedono espressamente che nel campo "*Tipologia intervento*", il contribuente indichi il codice identificativo dell'intervento per il quale si effettua la comunicazione. Il modulo prevede una distinzione generale tra interventi su parti comuni e su singole unità immobiliari ed una specifica tra:

- interventi di efficienza energetica;
- interventi antisismici in zona sismica 1, 2 e 3;
- altri interventi.

1.5.3 Visto di conformità

Al fine di poter optare per lo sconto o per la trasformazione in credito d'imposta, il contribuente è tenuto ad acquisire il visto di conformità che attesti la sussistenza dei presupposti di fatto e documentali (comma 11 dell'art. 119 del D.L. 34/2020).

Con decorrenza dal 12/11/2021, il suddetto obbligo è stato esteso anche ai casi in cui il Superbonus è utilizzato dal beneficiario direttamente in detrazione nella propria dichiarazione dei redditi, tranne che nei casi in cui dichiarazione è presentata direttamente dal contribuente tramite la precompilata oppure tramite il sostituto d'imposta che presta l'assistenza fiscale (art. 1 del D.L. 157/2021, in seguito abrogato e confluito nel comma 28, art. 1 della L. 234/2021).

A tale proposito la Circolare 29/11/2021, n. 16/E, ha precisato quanto segue:

- il visto di conformità riguarda solo i dati relativi alla documentazione che attesta la sussistenza dei presupposti che danno diritto alla detrazione (il contribuente è tenuto a conservare la documentazione attestante il rilascio del visto, i documenti giustificativi delle spese e le attestazioni);
- il contribuente è tenuto a richiedere il visto di conformità sull'intera dichiarazione nei casi normativamente previsti (vedi per dettagli il punto 1.1.1 della Circolare 16/E/2021);
- sono detraibili le spese sostenute per l'apposizione del visto anche nel caso in cui il contribuente fruisca del Superbonus direttamente nella propria dichiarazione dei redditi.

Quanto all'ambito temporale di applicazione, l'obbligo di apposizione del visto di conformità, introdotto per la fruizione del Superbonus direttamente nella dichiarazione dei redditi del contribuente:

- per le persone fisiche, compresi gli esercenti arti e professioni e gli enti non commerciali, si applica alle fatture emesse e ai relativi pagamenti intervenuti a decorrere dal 12/11/2021 (non è pertanto richiesto il visto di conformità per le spese relative all'anno 2020 indicate nella dichiarazione dei redditi 2020, anche se presentata dopo l'11/11/2021);
- anche per le imprese individuali, le società e gli enti commerciali (soggetti che applicano il criterio di competenza), si applica con riferimento alle fatture emesse a decorrere dal 12/11/2021, a prescindere dal periodo di imputazione della spesa.

Poiché l'obbligo del rilascio dell'asseverazione, così come del visto di conformità, era previsto fin dall'inizio in caso di cessione del credito o sconto in fattura, la Circolare 16/E/2021 ha precisato che resta invariata la disciplina relativa alle comunicazioni di cessione del credito concernenti le rate residue non fruite delle detrazioni riferite alle spese sostenute nell'anno 2020 per gli interventi ammessi al Superbonus.

In pratica, il contribuente che ha utilizzato direttamente in detrazione nella propria dichiarazione dei redditi relativa all'anno 2020 la prima rata di spese relativa ad interventi ammessi al Superbonus, e intenda cedere le rate residue non fruite, deve necessariamente essere in possesso - oltre che dell'asseverazione già acquisita per la fruizione diretta della detrazione per la prima rata - anche del visto di conformità.

La disciplina in proposito introdotta dal D.L. 157/2021 (c.d. "*Decreto Antifrodi*") è in seguito confluita, senza modificazioni, nella L. 234/2021 (Legge di bilancio 2021). Ne consegue che possono considerarsi perfettamente applicabili i chiarimenti resi dalla Circolare 16/E/2021, sopra illustrati.

Si riporta pertanto, di seguito, la tabella riepilogativa riportata al punto 1.3 della Circolare 16/E/2021.

VISTO DI CONFORMITÀ	
PRIMA DEL 12/11/2021	*DOPO IL 12/11/2021*
-	Utilizzo in dichiarazione dei redditi
Cessione del credito o Sconto in fattura	Cessione del credito o Sconto in fattura

Il visto di conformità è rilasciato ai sensi dell'art. 35 del D. Leg.vo 09/07/1997, n. 241, dai soggetti di cui al comma 3, lettere *a)* e *b)*, dell'art. 3 del D.P.R. 22/07/1998, n. 322 (iscritti negli albi dei dottori commercialisti, dei ragionieri e dei periti commerciali e dei consulenti del lavoro, nonché soggetti iscritti nei ruoli di periti ed esperti tenuti dalle CCIAA, in possesso di laurea in giurisprudenza o in economia e commercio o equipollenti, o diploma di ragioneria), nonché dai CAF (Centri di assistenza fiscale) costituiti ai sensi dell'art. 32 del D. Leg.vo 241/1997 medesimo.

Gli stessi soggetti possono fungere da intermediari per l'invio della comunicazione concernente l'opzione per la cessione del credito o lo sconto in fattura.

Vedi anche Circolare 22/12/2020, n. 30/E, punto 6.1.1, punto 6.2.1 e punto 6.3.1.

Il soggetto che rilascia il visto di conformità verifica la presenza delle asseverazioni e delle attestazioni rilasciate dai professionisti incaricati (Circolare 08/08/2020, n. 24/E, punto 8.2).
Inoltre, il comma 13 dell'art. 119 del D.L. 34/2020 dispone - come appare peraltro scontato - che per poter procedere alla cessione, o per usufruire dello sconto in fattura, occorre che siano state rilasciate le previste asseverazioni da parte dei tecnici incaricati. Si prevede a tal proposito che il soggetto incaricato di rilasciare il visto di conformità verifichi la presenza delle attestazioni e asseverazioni rilasciate dai professionisti incaricati. Inoltre, ai sensi del punto 2.2 del Provvedimento 283847/2020, il soggetto che rilascia il visto di conformità verifica che i professionisti incaricati delle asseverazioni siano in possesso dell'apposita polizza di assicurazione della responsabilità civile, come previsto dal comma 14, art. 119 del D.L. 34/2020.

Il comma 15 dell'art. 119 del D.L. 34/2020 dispone che le spese per il rilascio del visto di conformità ai fini della cessione del credito (al pari delle spese per il rilascio delle asseverazioni e attestazioni previste) rientrano fra quelle detraibili.

Si ritiene utile in proposito rinviare alle check-list - elaborate dal Consiglio nazionale dei dottori commercialisti - rispettivamente per gli interventi di efficientamento energetico e per quelli di riduzione del rischio sismico, che riepilogano in maniera molto completa ed efficace tutti gli adempimenti da effettuare, i documenti da produrre e le verifiche da attuare.

1.5.4 Controlli sulle cessioni del credito

Ai sensi dei commi 4-6 dell'art. 121 del D.L. 34/2020:

- nel caso i controlli svolti evidenzino l'assenza anche parziale dei requisiti che danno diritto alla detrazione, l'Agenzia delle entrate provvede al recupero dell'importo corrispondente alla detrazione non spettante, maggiorato degli interessi, nei confronti del soggetto titolare degli interventi;
- il fornitore o soggetto cessionario del credito risponde, solidalmente col titolare degli interventi, solamente nel caso in cui venga provata una sua responsabilità in concorso nella violazione [71];
- il fornitore o soggetto cessionario del credito risponde altresì per l'eventuale utilizzo del credito d'imposta in modo irregolare o in misura maggiore rispetto allo sconto praticato o al credito ricevuto.

Ad ogni modo, se un soggetto acquisisce un credito d'imposta, ma durante i controlli dell'ENEA o dell'Agenzia delle entrate viene rilevato che il contribuente non aveva diritto alla detrazione, il cessionario che ha acquistato il credito in *"buona fede"* non perde il diritto ad utilizzare il credito d'imposta (Circolare 22/12/2020, n. 30/E, punto 5.1.8).
Va considerato poi l'art. 122-*bis* del D.L. 34/2020 - introdotto dall'art. 2 del D.L. 157/2021 e riprodotto, con contestuale abrogazione del citato D.L. 157/2021, dal com-

[71] Per chiarimenti sul significato di *"concorso in violazione"* si rinvia alla Circolare 22/12/2020, n. 30/E, punto 5.1.9.

ma 30, art. 1 della L. 234/2021 - il quale si propone di istituire un presidio preventivo finalizzato a contrastare il fenomeno delle frodi in materia di cessioni dei crediti.
Si prevede che l'Agenzia delle entrate possa sospendere, fino a 30 giorni, l'efficacia delle cessioni del credito e delle relative comunicazioni all'Agenzia - anche successive alla prima - nel caso in cui vengano individuati determinati "*profili di rischio*" concernenti:

- la coerenza e la regolarità dei dati indicati;
- correlazione tra i dati dei crediti ceduti e i soggetti che intervengono nelle operazioni;
- analoghe cessioni effettuate in precedenza tra gli stessi soggetti.

La misura riguarda anche le comunicazioni successive alla prima, e le opzioni che presentano profili di rischio, ai fini del controllo preventivo della correttezza delle operazioni.
Le cessioni e relative comunicazioni riacquistano efficacia in caso di esito negativo dei controlli oppure decorsi 30 giorni.
Con il Provv. Ag. Entrate 01/12/2021, n. 340450 sono stati stabiliti i criteri, le modalità e i termini per l'attuazione delle disposizioni di cui all'art. 122-bis del D.L. 34/2020, adottato al fine di contrastare le frodi in materia di cessione dei crediti.
La sospensione - ai fini del controllo preventivo delle comunicazioni - avviene sulla base dei criteri previsti dal citato art. 122-*bis* del D.L. 34/2020, comma 1, secondo periodo, i quali come detto fanno riferimento:

- alla coerenza e alla regolarità dei dati indicati nelle comunicazioni e nelle opzioni con i dati presenti nell'Anagrafe tributaria o comunque in possesso dell'Amministrazione finanziaria;
- ai dati afferenti ai crediti oggetto di cessione e ai soggetti che intervengono nelle operazioni cui detti crediti sono correlati, sulla base delle informazioni presenti nell'Anagrafe tributaria o comunque in possesso dell'Amministrazione finanziaria;
- ad analoghe cessioni effettuate in precedenza dai soggetti indicati nelle comunicazioni e nelle opzioni.

Con riferimento alle comunicazioni, entro 5 giorni lavorativi dalla regolare ricezione, l'Agenzia delle entrate rende noto al soggetto che ha trasmesso la comunicazione se la medesima è stata sospesa. Il periodo di sospensione non può essere maggiore di 30 giorni rispetto alla data nella quale l'Agenzia delle entrate rende nota la sospensione stessa.
Relativamente alla comunicazione di sospensione, la procedura prevede che la sospensione delle comunicazioni di cui all'art. 121 del D.L. 34/2020 è comunicata con ricevuta, resa disponibile tramite i servizi telematici dell'Agenzia delle entrate.
Nel caso in cui la comunicazione sia stata inviata tramite un intermediario di cui all'art. 3 del D.P.R. 322/1998, comma 3, tale soggetto è tenuto a informare dell'annullamento degli effetti della comunicazione il titolare della detrazione o del credito ceduto, avendo cura di inoltrargli quanto ricevuto dall'Agenzia.
Con il Provv. Ag. Entrate 01/12/2021, n. 340450 sono disciplinate altresì le modalità di sospensione e di annullamento delle comunicazioni stesse.
La verifica in commento può condurre a diversi esiti:

- se all'esito del controllo risultano confermati i rischi, sono annullati gli effetti della comunicazione e l'esito del controllo è comunicato al soggetto che l'ha trasmessa con la relativa motivazione. In tal caso, la comunicazione si considera non effettuata;

- se, invece, i rischi non risultano confermati, oppure è decorso il periodo di sospensione, la comunicazione produce gli effetti previsti dalle disposizioni di riferimento.

La sospensione - ai fini del controllo preventivo delle comunicazioni - avviene quindi sulla base dei criteri previsti dall'art. 122-*bis* del D.L. 34/2020, comma 1, secondo periodo e riguarda l'intero contenuto della comunicazione.

1.5.5 Schemi riepilogativi

Si riportano qui di seguito due schemi riepilogativi delle modalità di funzionamento rispettivamente della cessione del credito e dello sconto in fattura.

Come si può verificare a colpo d'occhio guardando i due schemi, emerge la differenza fondamentale tra le due fattispecie, che consiste nella differenza tra gli "*attori*" principali:

- nello schema della cessione del credito i soggetti coinvolti sono essenzialmente il cedente (cioè il contribuente beneficiario delle agevolazioni fiscali) e il soggetto cessionario (acquirente del credito, tipicamente una banca ma anche altri soggetti), mentre le imprese e i professionisti hanno un ruolo marginale;
- viceversa, nello schema dello sconto in fattura i soggetti coinvolti sono sempre il contribuente, beneficiario delle agevolazioni fiscali, e le imprese e/o i professionisti che accordano lo sconto, mentre l'intervento della banca è solo eventuale, sotto forma di possibile provvista di liquidità a favore degli stessi professionisti e imprese, con possibile (anch'essa eventuale) successiva acquisizione del credito da questi ultimi maturato.

Ad ulteriore migliore comprensione degli schemi si segnala che le linee tratteggiate rappresentano delle fasi la cui realizzazione non è indispensabile al funzionamento del meccanismo, e in particolare:

- nello schema della cessione del credito, la possibile provvista fornita al committente per pagare i lavori, eventualmente in conto futura cessione del credito;
- nello schema dello sconto in fattura, la possibile apertura alle imprese, anche qui eventualmente in conto futura cessione del credito.

Schema cessione del credito

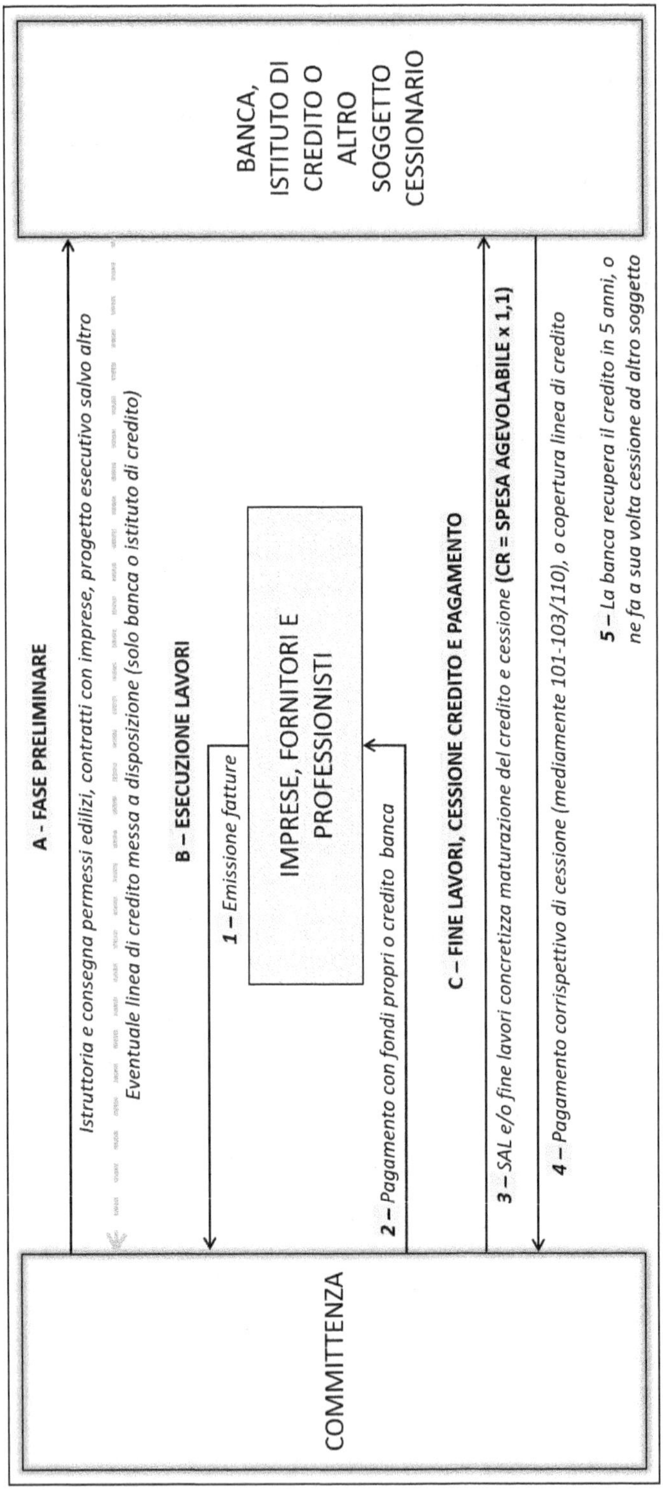

Schema sconto in fattura

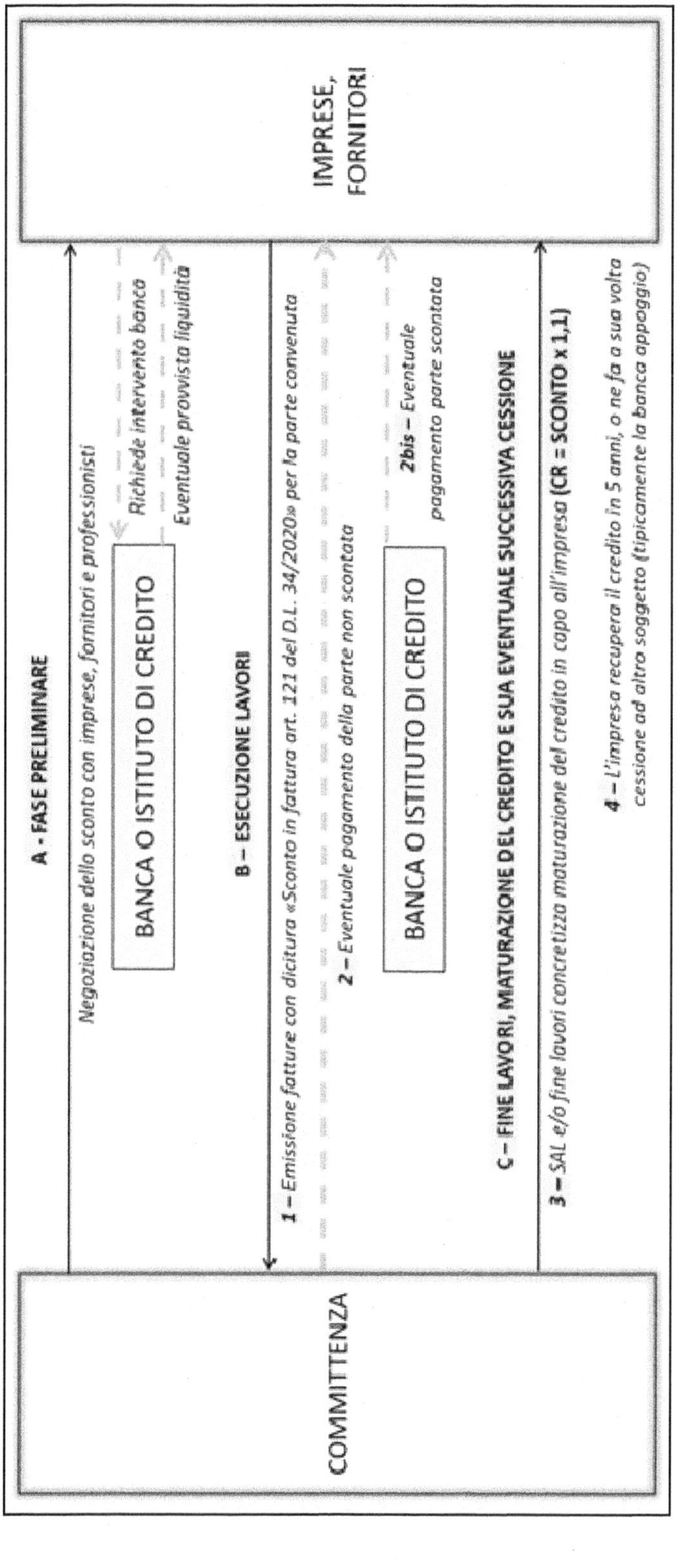

CAP. 2
PIANIFICAZIONE E ATTUAZIONE DEGLI INTERVENTI

2.1 CALCOLO DI MASSIMALI E DETRAZIONI

2.1.1 Modalità di calcolo della detrazione spettante

2.1.1.1 Calcolo del massimale e sua cumulabilità in caso di più interventi

Per definire i massimali di spesa a disposizione per l'esecuzione degli interventi, si tenga conto dei seguenti principi:

- nel caso in cui sul medesimo immobile siano effettuati più interventi agevolabili, il limite massimo sarà costituito dalla somma degli importi previsti per ciascuno degli interventi realizzati [1];
- il limite massimo va suddiviso tra i soggetti detentori o possessori dell'immobile che partecipano alla spesa, in ragione dell'onere da ciascuno effettivamente sostenuto e documentato [2];
- invece, nel caso di interventi realizzati su parti comuni di edifici in condominio (per i quali il limite di spesa è calcolato in funzione del numero delle unità immobiliari di cui l'edificio è composto), l'ammontare di spesa così determinato costituisce il limite massimo di spesa agevolabile riferito all'intero edificio, mentre il limite riferito alle singole unità che lo compongono potrà essere anche maggiore in virtù del criterio di ripartizione per millesimi o altro criterio ammissibile ai sensi dell'art. 1123 del Codice civile [3].

In riferimento a ciascuna tipologia di intervento, in caso di esecuzione di più interventi

---

[1] Ad esempio, qualora siano realizzati sul medesimo edificio (anche unifamiliare, o sulla medesima unità immobiliare funzionalmente autonoma e con accesso indipendente) la posa in opera del cappotto termico sull'involucro dell'edificio e interventi di riduzione del rischio sismico - come interventi trainanti - nonché la sostituzione degli infissi e l'installazione di pannelli solari per la produzione di acqua calda, di pannelli fotovoltaici per la produzione di energia elettrica e relativi sistemi di accumulo e di infrastrutture di ricarica dei veicoli elettrici - coma interventi trainati - il limite massimo di spesa ammesso al Superbonus sarà costituito dalla somma degli importi previsti per ciascuno di tali interventi (Circolare 30/E/2020, punto 4.4.3).

[2] Quando ci sono comproprietari, ciascun comproprietario ha diritto alla detrazione per la spesa da lui effettivamente sostenuta e rimasta a carico, o in altri termini per usufruire del bonus bisogna effettivamente aver pagato per i lavori, con indicazione specifica in fattura. Se la fattura e il bonifico sono intestati a uno solo dei comproprietari, ma le spese sono state sostenute anche da altri, la detrazione spetta anche al soggetto che non è stato indicato nei predetti documenti, a condizione che nella fattura sia annotata la percentuale di spesa da quest'ultimo sostenuta.

[3] La Circolare 24/E/2020, al punto 4, chiarisce che la detrazione per gli interventi trainanti "*condominiali*" (sulle parti comuni) spetta a ciascun condomino in funzione della spesa a lui imputata in base ai millesimi di proprietà o ai diversi criteri applicabili, ai sensi degli artt. 1123 e seguenti del Codice civile ed effettivamente rimborsata al condominio, anche in misura superiore all'ammontare commisurato alla singola unità immobiliare. Quanto sopra vale per tutti gli interventi su parti comuni, mentre chiaramente il principio non si applica per gli interventi trainati sulle singole unità immobiliari, per i quali il massimale è riferito a ciascuna unità, a prescindere dalle dimensioni.

agevolabili contemporaneamente, bisogna scorporare i vari autonomi e distinti interventi - ciascuno con la propria ben precisa connotazione, tenendoli accuratamente separati con distinti computo metrico, spese tecniche, contabilità, fatturazione e pagamenti, in modo da realizzare le condizioni per poter cumulare gli importi.
Ne segue che per ciascun intervento si devono rigorosamente rispettare gli specifici requisiti tecnico-prestazionali, nonché eseguire gli adempimenti amministrativi e burocratici disposti.
Il contribuente è tenuto altresì a fornire adeguata dimostrazione in merito all'autonomia dei distinti interventi (vedi in proposito Interpello 09/11/2020, n. 538), tenendo conto anche del fatto che, come chiarito dall'Agenzia delle entrate in più occasioni, per le spese sostenute che eccedono il costo massimo unitario e/o la spesa massima ammissibile al Superbonus non è possibile fruire di altra agevolazione (vedi Circolare 22/12/2020, n. 30/E, risposta 4.4.7 - a rafforzare il concetto della necessaria autonomia degli interventi, e che la loro suddivisione non sia solo un artificio per far rientrare in altre agevolazioni le spese afferenti un certo intervento che ad esempio eccedono il massimale o non rientrerebbero per altri motivi).
Se necessario, l'autonomo intervento dovrà anche essere assentito con autonomo procedimento edilizio, dato anche il fatto se i lavori prevedono anche opere al di fuori del 110% si dovrà presentare un titolo edilizio complessivo per tutte le opere (vedi parte dedicata alla CILAS).
Si rinvia per dettagli alla Circolare 08/08/2020, n. 24/E, punto 4, nonché alle successive considerazioni sulla cumulabilità degli interventi e agli esempi ivi formulati.

Per stabilire se si tratti di più interventi agevolabili o meno occorre anche fare attenzione ai relativi riferimenti normativi. Ad esempio, tutti gli interventi per i quali il riferimento normativo sia l'art. 16-*bis* del D.P.R. 917/1986 (e quindi Sismabonus, installazione di impianti fotovoltaici, eliminazione di barriere architettoniche, eventuale ristrutturazione dell'immobile), non potranno godere di un massimale dedicato ciascuno, dal momento che rientrano comunque in una singola fattispecie di intervento.
Lo stesso dicasi anche per gli interventi trainati di isolamento termico dell'involucro e di sostituzione delle finestre comprensive di infissi, che rientrano entrambi nella fattispecie di cui al comma 345, art. 1 della L. 296/2006.
Si vedano in tal senso: Risoluzione 30/09/2020, n. 60/E; Circolare 22/12/2020, n. 30/E, punto 4.4.3.

Inoltre, si applicano le regole generali in base alle quali (vedi Circolare 31/05/2007, n. 36/E, paragrafo 3.1) in presenza di lavorazioni astrattamente riconducibili a due diverse fattispecie agevolabili, il contribuente è tenuto a scegliere quale agevolazione applicare, potendo, sulle stesse spese, usufruire di una sola tipologia di agevolazione (si pensi ad esempio ad alcune categorie di spese tecniche, agli apprestamenti di cantiere, ecc.), per le quali occorre scegliere quale agevolazione applicare.
In linea di principio, le spese andrebbero ripartite tra le varie voci di agevolazione seguendo un criterio il più possibile oggettivo - che in assenza di criteri migliori (l'ideale è la ripartizione analitica) può anche essere la ripartizione in proporzione ai costi complessivi di ciascun intervento. Tuttavia, in applicazione del principio sopra enunciato, si può anche avere

un minimo margine di manovra per spostare le spese nelle voci dove si ha a disposizione più importo nei massimali, operando con buonsenso e rimanendo quindi entro limiti di ampia giustificabilità (certamente non si potranno avere alte spese di progettazione e direzione dei lavori per, ad esempio, la voce relativa alla sostituzione di finestre e infissi).
Si rinvia anche alla Circolare 08/08/2020, n. 24/E, punti 4 e 6.

Si riporta di seguito una tabella di riepilogo sulle condizioni per la cumulabilità, e valide sia per il cumulo tra interventi principali che per cumulo interventi trainanti/trainati, nonché eventualmente anche con altri interventi rientranti in differenti tipologie di agevolazioni (Ecobonus, Bonus ristrutturazioni, ecc.).

Riepilogo condizioni per la cumulabilità degli interventi

CASO A **Più interventi distintamente agevolabili**	**CASO B** **Stesse spese rientrano in più fattispecie**
Le agevolazioni sono CUMULABILI	Le agevolazioni NON sono CUMULABILI
Il limite è pari alla somma degli importi previsti per ciascuno degli interventi	Il contribuente sceglie di quale agevolazione preferisce avvalersi
Necessario il rispetto dei requisiti per ciascun intervento Le spese vanno distintamente contabilizzate, fatturate e pagate	Principio generale: ciascun Euro speso può essere agevolato una sola volta

Infine, chi ha usufruito della detrazione fiscale per un intervento precedente può in seguito fare domanda per un altro bonus, se intraprende dei nuovi lavori (non invece se si tratta della prosecuzione di interventi precedenti non completati), come indicato dalla Circolare 22/12/2020, n. 30/E, punto 4.5.3.
Quanto sopra, anche se le detrazioni riferite all'intervento precedente fossero ancora in corso (in tal senso, si veda la Circolare 24/04/2015, n. 17/E, punto 3.2, riferito al Bonus ristrutturazioni ma applicabile in generale a tali tipologie di agevolazioni).

2.1.1.2 Spese accessorie e di contorno

In applicazione dei principi generali validi anche per le altre agevolazioni simili, e come confermato anche dalla Circolare 08/08/2020, n. 24/E, punto 5, rientrano fra le spese ammissibili:

a) le spese sostenute per l'acquisto dei materiali, la progettazione e le altre prestazioni professionali connesse, comunque richieste dal tipo di lavori (ad esempio, l'effettuazione di perizie e sopralluoghi, il rilascio dell'attestato di prestazione energetica e delle previste asseverazioni) [4];

b) le spese relative all'installazione di ponteggi, allo smaltimento dei materiali rimossi per eseguire i lavori, l'IVA qualora non ricorrano le condizioni per la detrazione, l'imposta di bollo e i diritti pagati per la richiesta dei titoli abilitativi edilizi, le spese per oneri di urbanizzazione (Risoluzione 04/01/2011, n. 3/E), la tassa per l'occupazione del suolo pubblico pagata dal contribuente per poter disporre dello spazio insistente sull'area pubblica necessario all'esecuzione dei lavori, e simili.

[4] Si veda anche Circolare 22/12/2020, n. 30/E, punto 5.2.3.

Entrando nello specifico, per ciascuna agevolazione sono individuabili con sufficiente precisione le spese che possono rientrare nel bonus fiscale. Ad esempio, se si parla di Sismabonus vengono agevolate le opere eseguite su parti strutturali e finalizzate alla riduzione del rischio sismico.
Quanto invece ad un intervento di isolamento termico di facciate e coperture, secondo quanto si legge all'art. 5 del DRE, le detrazioni spettano per le seguenti spese:

i. fornitura e messa in opera di materiale coibente per il miglioramento delle caratteristiche termiche delle strutture esistenti;

ii. fornitura e messa in opera di materiali ordinari, anche necessari alla realizzazione di ulteriori strutture murarie a ridosso di quelle preesistenti, per il miglioramento delle caratteristiche termiche delle strutture esistenti;

iii. demolizione e ricostruzione dell'elemento costruttivo;

iv. demolizione, ricostruzione o spostamento, anche sotto traccia, degli impianti tecnici insistenti sulle superfici oggetto degli interventi.

Le lavorazioni agevolabili portano ovviamente con sé ulteriori opere "*accessorie*", per le quali bisogna fare ricorso al consolidato principio secondo il quale l'intervento di categoria superiore assorbe quelli di categoria inferiore ad esso collegati necessari al completamento dell'opera (vedi Risoluzione 29/11/2017, n. 147/E). Quindi, gli eventuali interventi di contorno (ad esempio, tinteggiatura e intonacatura; rifacimento di pavimenti, massetti e sottofondi, rivestimenti; rimozione e/o rifacimento di impianti tecnici insistenti sulle parti oggetto di intervento; opere necessarie al ripristino della funzionalità di parti demolite o rimosse; rifacimento di tramezzature e rifiniture) possono rientrare nelle spese agevolabili, purché si tratti di spese necessarie e funzionali all'intervento da realizzare. Su queste fattispecie l'Agenzia delle entrate non risponde mai nello specifico, ma demanda al tecnico la responsabilità di valutare, richiamando quanto sopra che sostanzialmente rappresenta l'indirizzo generale.
Anche la Circolare 22/12/2020, n. 30/E, al punto 4.4.3, ha spiegato che quando si esegue un intervento antisismico ammesso al Superbonus sono agevolabili anche le spese di manutenzione ordinaria o straordinaria, ad esempio, per il rifacimento delle pareti esterne e interne, dei pavimenti, dei soffitti, dell'impianto idraulico ed elettrico necessarie per completare l'intervento nel suo complesso. Anche tali spese concorrono al limite massimo di spesa ammesso al Superbonus.

Volendo riassumere il principio, il Superbonus spetta anche per altri eventuali costi collegati all'intervento principale, a condizione che:

- questi siano strettamente funzionali e necessari alla realizzazione degli interventi agevolabili;
- l'intervento a cui si riferiscono sia effettivamente realizzato;
- l'individuazione delle spese connesse sia compiuta da un tecnico abilitato, che ne attesti la rispondenza ai pertinenti requisiti richiesti, nonché la congruità delle spese sostenute in relazione agli interventi agevolati.

Sono, pertanto, escluse dal beneficio fiscale le spese prive di immediata correlazione con i lavori eseguiti. (si veda in proposito Interpello 07/10/2021, n. 685).

Si ritiene in conclusone che le lavorazioni accessorie che possono rientrare nel bonus siano solo quelle strumentali e necessarie all'intervento agevolato, e la cui individuazione è di esclusiva e discrezionale competenza del tecnico incaricato (Circolare 22/12/2020, n. 30/E, punto 4.5.6).

Esempi
A titolo di esempio, l'Agenzia delle entrate ha ritenuto che non rientrino tra le opere accessorie - in caso di intervento di sostituzione di impianto sulle parti comuni - le spese di tinteggiatura delle facciate esterne (Interpello 09/09/2020, n. 327).
La Risoluzione 28/09/2020, n. 60/E ha invece chiarito che, per gli interventi di isolamento termico degli edifici (c.d. "*cappotto termico*"), nell'ambito delle spese accessorie ammissibili al Superbonus sono ricomprese quelle sostenute per la sostituzione delle soglie alle finestre e il riposizionamento in facciata delle cerniere e della ferramenta delle persiane, necessarie a seguito della posa del cappotto termico.

2.1.1.3 Calcolo del massimale a seconda della tipologia edilizia

Il calcolo del massimale teorico di spesa a disposizione va eseguito in maniera differente a seconda della tipologia edilizia sulla quale si interviene.

A) Edifici unifamiliari o singole unità immobiliari autonome
In caso di interventi su edifici unifamiliari o singole unità immobiliari funzionalmente indipendenti e autonome, l'ammontare massimo di spesa ammessa alla detrazione va riferito all'unità abitativa e alle sue pertinenze unitariamente considerate, anche se accatastate separatamente e anche se più di una (si vedano anche: Interpello 09/11/2021, n. 765; Interpello 10/03/2021, n. 167; Interpello 05/01/2021, n. 10).
Ad esempio, in caso di intervento di isolamento termico su edificio unifamiliare con box auto separatamente accatastato, il massimale di spesa sarà complessivamente pari a 50.000 Euro.

B) Interi edifici condominiali o plurifamiliari
Per interventi su intero edificio condominiale/plurifamiliare, anche se di unico proprietario fino a 4 abitazioni, l'ammontare massimo delle spese ammesse alla detrazione per gli interventi trainanti sulle parti comuni va calcolato tenendo conto di tutte le unità immobiliari distintamente accatastate presenti nell'edificio, quindi anche delle eventuali pertinenze alle unità immobiliari, anche se non riscaldate, purché non fisicamente staccate dall'edificio (vedi Circolare 22/12/2020, n. 30/E, punti 4.4.4 e 4.4.5; Circolare 25/06/2021, n. 7/E, pag. 412).
Ad esempio, nel caso in cui l'edificio sia composto da 5 unità immobiliari e 3 pertinenze autonomamente accatastate, la detrazione è calcolata su un importo massimo di spesa parametrato a **8** unità immobiliari.
In tutti i casi, come detto, ai fini del calcolo dei massimali non devono essere considerate le pertinenze collocate in un edificio diverso da quello oggetto degli interventi, come indicato dalla Circolare 22/12/2020, n. 30/E, punto 4.4.4.

Si vedano a ulteriore chiarimento le figure riportate di seguito.

Massimale di spesa e di detrazione per unifamiliare o unità funzionalmente indipendente e dotata di accesso autonomo dall'esterno

UNIFAMILIARE / VILLETTA

Si conta solo l'unità residenziale principale, senza tenere conto di eventuali pertinenze anche autonomamente accatastate.

ESEMPIO

Intervento di isolamento termico

Edificio unifamiliare composto da

- 1 unità abitativa A/7
- 1 autorimessa C/6
- 1 deposito C/2

MASSIMALE SPESA € 50.000

MASSIMALE DETRAZIONE € 55.000

Massimale di spesa e di detrazione per edificio condominiale/plurifamiliare (applicabile anche per uniproprietario fino a 4 abitazioni oltre eventuali pertinenze.

CONDOMINIO O UNIPROPRIETARIO FINO A 4 UNITÀ

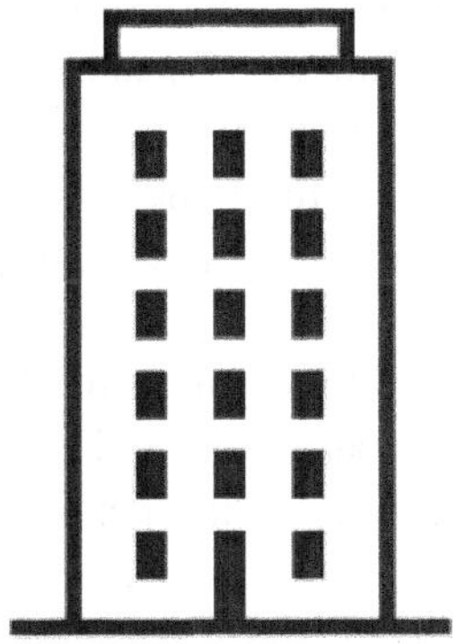

Si contano anche le pertinenze alle unità immobiliari autonomamente accatastate. Non vanno però calcolate le pertinenze staccate dall'edificio principale.

ESEMPIO

Intervento di isolamento termico

Palazzina composta da
- 5 unità abitative A/3
- 3 box auto C/6
- 3 cantine C/2

MASSIMALE SPESA € 410.000

11 unità immobiliari:

(40.000 x 8) + (30.000 x 3) = € 410.000

MASSIMALE DETRAZIONE € 451.000

Occorre poi tenere conto del principio da ultimo affermato dalla Circolare 7/E del 25/06/2021 (cfr. pag. 312), che a sua volta richiama quanto già detto nella Risoluzione n. 206/E del 03/08/2007.
In questi documenti (in riferimento a Bonus ristrutturazioni e Sismabonus, che si rifanno alla stessa normativa) si legge che le spese relative ai lavori sulle parti comuni dell'edificio, essendo oggetto di un'autonoma previsione agevolativa ma soprattutto di proprietà di soggetti giuridici diversi (condominio e singoli proprietari), devono essere considerate, dal condòmino o dall'unico proprietario dell'intero edificio, in modo autonomo ai fini dell'individuazione del limite di spesa detraibile.
Pertanto, nel caso in cui vengano effettuati dal medesimo contribuente, anche nello stesso edificio, sia lavori sulle parti comuni che lavori sul proprio appartamento, la detrazione spetta nel limite di spesa stabilito, applicabile disgiuntamente per ciascun intervento.
Quindi in pratica al plafond per il Sismabonus sulle parti comuni (96.000 x N per Super-Sismabonus), in base a questi chiarimenti dell'Agenzia si possono avere a disposizione ulteriori 96.000 Euro per ciascuna unità, per le opere afferenti la singola proprietà, eventualmente assoggettabili al Bonus casa 50%.

2.1.1.4 Incremento massimali per zone colpite da eventi sismici

Secondo quanto disposto dai commi 4-*ter* e 4-*quater*, art. 119 del D.L. 34/2020, i limiti delle spese ammesse alla fruizione degli incentivi fiscali sono aumentati del 50% per gli interventi di ricostruzione di fabbricati danneggiati in tutti i Comuni interessati dagli eventi sismici verificatisi a partire dal 01/01/2009 dove sia stato dichiarato lo stato di emergenza.
Il tema è diffusamente trattato al paragrafo 2.2.2.

2.1.1.5 Come determinare il momento di sostenimento delle spese

Poiché la norma fa riferimento alle spese sostenute in un ben definito arco temporale:

a) per le persone fisiche, compresi i professionisti, nonché per gli enti non commerciali, si fa riferimento al criterio di cassa, e quindi alla data dell'effettivo pagamento, indipendentemente dalla data di avvio degli interventi cui i pagamenti si riferiscono. Ne segue che, un intervento ammissibile iniziato a gennaio 2020, con pagamenti effettuati nel corso di tutto il 2020, consentirà la fruizione del Superbonus solo con riferimento ai pagamenti effettuati a partire dal 01/07/2020;

b) per le spese relative ad interventi sulle parti comuni degli edifici rileva la data del bonifico effettuato dal condominio, indipendentemente dalla data di versamento della rata condominiale da parte del singolo condomino; ad esempio, nel caso di bonifico eseguito dal condominio a gennaio 2020, le rate versate dal condomino a settembre 2020 non danno diritto al bonus; diversamente, nel caso di bonifico effettuato dal condominio a gennaio 2021, le rate versate dal condomino prima del 01/07/2020 e dopo il 31/12/2021 (purché prima della presentazione della dichiarazione dei redditi relativa al 2021) danno diritto al bonus.

c) per le imprese individuali, per le società e per gli enti commerciali, si fa riferimento al criterio di competenza, e quindi alle spese da imputare al periodo di vigenza dell'agevolazione, indipendentemente dalla data di avvio degli interventi cui le spese si riferiscono e indipendentemente dalla data dei pagamenti [5];

Si veda per dettagli il punto 4 della Circolare 08/08/2020, n. 24/E, nonché il paragrafo 2.1.5 relativo ai lavori in corso al 01/07/2020.

Anche con riguardo ai casi in cui non vi sia materialmente una spesa - dal momento che si applica il meccanismo dello "*sconto in fattura*" - il momento del pagamento si individua con le regole generali sopra indicate (Circolare 22/12/2020, n. 30/E, punto 5.1.1). Pertanto, in caso di sconto in fattura, per le società si guarda sempre la regola della competenza, per le persone fisiche vale la data della fattura, poiché in questi casi il pagamento non c'è [6].

2.1.1.6 Non cumulabilità con eventuali altri contributi ricevuti

Come per tutte le altre agevolazioni simili, anche per il Superbonus la detrazione spetta sulle spese effettivamente sostenute nonché rimaste a carico.

Pertanto, eventuali contributi di qualsivoglia natura ricevuti dal contribuente per le medesime spese devono essere sottratti dall'ammontare su cui applicare la detrazione (Circolare 08/08/2020, n. 24/E, punto 4), in ossequio al principio generale già enunciato in base al quale ciascun Euro speso può essere agevolato una sola volta.

Quanto sopra vale anche per i contributi finalizzati alla ricostruzione di edifici danneggiati da eventi sismici, come indicato espressamente ai commi 4-*ter* e 4-*quater*, art. 119 del D.L. 34/2020. Si veda per maggiori dettagli il paragrafo dedicato 2.2.

2.1.1.7 IVA

La detrazione si applica sul valore totale della fattura, al lordo del pagamento dell'IVA (Circolare 08/08/2020, n. 24/E, punto 4), qualora non ricorrano le condizioni affinché l'IVA venga *"scaricata"*.

Detto in altri termini, possono presentarsi questi due casi:

1) se il committente è privato (per il quale quindi l'IVA è un costo), l'IVA deve essere ricompresa nel conteggio;

2) se il committente è una società (per le quali invece l'IVA sui costi viene già portata in detrazione da quella sui ricavi), l'IVA deve essere scorporata e non può essere portata a detrazione.

Facciamo il seguente esempio numerico. Nel caso di una fattura con imponibile da 10.000 Euro + IVA 10%, totale 11.000 Euro:

---

5 Per le società l'imputazione degli interventi ammissibili al periodo di imposta avviene secondo le regole generali di competenza fiscale (art. 109 del D.P.R. 917/1986), e quindi, alle spese da imputare al periodo di imposta in corso, indipendentemente dalla data di avvio degli interventi cui le spese si riferiscono e indipendentemente dalla data dei pagamenti (Circolare 24/E/2020, punto 4). Ai sensi del citato art. 109 del D.P.R: 917/1986, comma 2, il momento di imputazione dei costi si verifica, per i servizi, alla data in cui sono ultimate le prestazioni, e da ciò segue che per i titolari di reddito d'impresa la detrazione spetta nel periodo d'imposta in cui vengono ultimati i lavori.

6 A meno che non ci sia uno sconto in fattura parziale, e quindi anche un pagamento parziale, nel qual caso varrà comunque la data del bonifico.

1) il privato potrà detrarre l'intera spesa di 11.000 Euro, e usufruirà pertanto di una detrazione pari a 12.100 Euro (11.000 x 1,1);

2) il soggetto IVA potrà detrarre l'imponibile di 10.000 Euro, e usufruirà pertanto di una detrazione pari a 11.000 Euro (10.000 x 1,1), mentre porterà 1.000 Euro nel conteggio dell'IVA a credito.

In entrambi i casi l'agevolazione fiscale corrisponde al 110% dell'importo rimasto a carico del contribuente. Riguardo all'applicazione dell'IVA per i casi in cui beneficiario delle detrazioni sia una società si veda anche Circolare 22/12/2020, n. 30/E, punto 5.3.2.

2.1.1.8 Riepilogo generale sulle voci da inserire nei massimali

Anche alla luce delle analisi svolte in precedenza, si fornisce di seguito un riepilogo, accompagnato da uno schema esemplificativo finale, di cosa può e non può rientrare nei massimali di spesa per i vari interventi in Superbonus.

Per quanto riguarda le opere e lavorazioni accessorie, certamente rientrano:

- ponteggi e apprestamenti di cantiere;
- demolizioni e smaltimento dei materiali rimossi per eseguire i lavori;
- spese per la richiesta dei titoli abilitativi edilizi, spese per oneri di urbanizzazione, tassa per l'occupazione del suolo pubblico.

Viceversa, possono rientrare, alle condizioni indicate al paragrafo 2.1.1.2, quindi con valutazione caso per caso e riferita allo specifico tipo di intervento, lavorazioni opere e lavorazioni accessorie quali, a titolo esemplificativo:

- tinteggiatura e intonacatura;
- rifacimento di pavimenti, massetti e sottofondi, rivestimenti;
- rimozione e/o rifacimento di impianti tecnici insistenti sulle parti oggetto di intervento;
- opere necessarie al ripristino della funzionalità di parti demolite o rimosse;
- rifacimento di tramezzature e rifiniture.

Si ricorda che in tutti i casi non sono agevolabili i lavori di completamento di immobile non completato, o al rustico, in particolare se accatastato in categoria F/3.

Per quanto riguarda le spese tecniche, in linea generale rientrano tutte quelle connesse alla progettazione, esecuzione e rendicontazione degli interventi, quali, a titolo esemplificativo:

- attività preliminari (sopralluoghi, rilievi e misurazioni, raccolta documentale, partecipazione alle assemblee condominiali, ecc.):
  - verifica di conformità urbanistica;
  - diagnosi strumentale, APE edificio ante opera, studio di fattibilità, valutazione tecnico-economica di massima;
  - pratiche urbanistico-edilizie iniziali e finali;
  - progetto energetico e relazione L. 10/1991;
  - redazione di computi, capitolati e contrattualistica;
  - direzione e contabilità dei lavori;
  - coordinamento della sicurezza in fase di progettazione e di esecuzione;

  Asseverazioni iniziali (ad esempio per il Sismabonus) e finali, eventuale collaudo statico, APE a fine lavori.

In questa voce rientrano anche le spese per il rilascio del visto di conformità (comma 15, art. 119 del D.L. 34/2020; Interpello 15/07/2021, n. 480).

Non concorrono invece al calcolo del raggiungimento dei massimali di spesa, e non sono in generale detraibili, tutte le spese che non abbiano una connessione diretta con i lavori agevolati, quali a titolo esemplificativo gli oneri bancari, i compensi corrisposti in riferimento ad attività di mero coordinamento e supporto. Si veda in proposito Interpello 07/10/2021, n. 685.
In proposito, con la Circolare 22/12/2020, n. 30/E, al punto 4.4.1, è stato chiarito che l'eventuale compenso aggiuntivo corrisposto all'amministratore condominiale per tutti gli adempimenti connessi al Superbonus non può essere portato in detrazione, trattandosi di spesa non caratterizzata da un'immediata correlazione con gli interventi che danno diritto alla detrazione, in quanto gli adempimenti amministrativi rientrano tra gli ordinari obblighi posti a carico dell'amministratore da imputare alle spese generali di condominio. Diverso il discorso quando all'amministratore vengano attribuiti anche altri compiti aggiuntivi, come ad esempio un compenso per lo svolgimento delle mansioni di responsabile dei lavori. Il tema è approfondito anche nel paragrafo 2.3.1.7.

Si riporta a seguire uno schema grafico esemplificativo che riassume le varie voci che concorrono al calcolo del massimale di spesa agevolabile.

Schema riepilogativo voci da inserire nei massimali

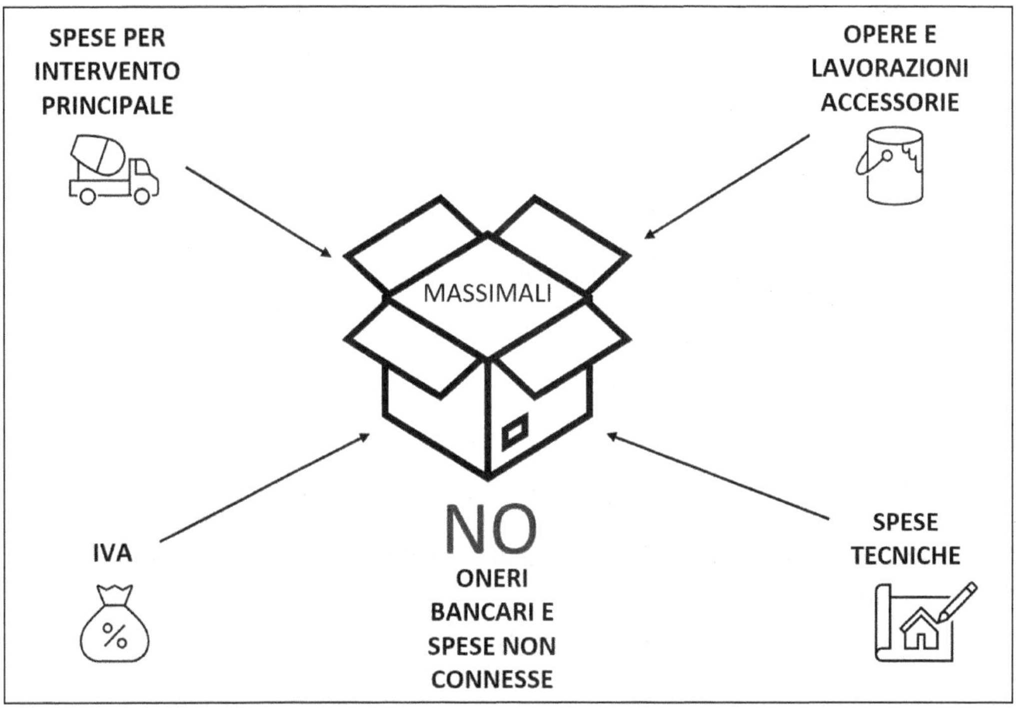

2.1.1.9 Calcolo dei massimali per Onlus e terzo settore

Sono state previste - con l'introduzione del comma 10-*bis*, art. 119 del D.L. 34/2020, ad opera dell'art. 33 del D.L. 77/2021 - specifiche modalità per determinare il limite di spesa in relazione agli interventi realizzati dai soggetti di cui alla lettera d-*bis)*, art. 119 del D.L. 34/2020 (quindi ONLUS, ODV e APS) da organizzazioni non lucrative di utilità sociale su immobili rientranti nelle categorie catastali B/1, B/2 e D/4 (come ad esempio: caserme, ospedali, case di cura e conventi).

La norma è stata introdotta per correggere uno dei problemi emersi nella prima fase applicativa del Superbonus, relativamente agli immobili gestiti da Onlus, e cioè il fatto che a fronte di ampie superfici, detti immobili sono generalmente accatastati con un solo subalterno. Poiché l'Agenzia delle entrate aveva in questi casi confermato la modalità di calcolo ordinaria dei massimali, e cioè in base al numero delle unità immobiliari (Circolare 30/E/2020, punto 2.1.1), ecco che i suddetti massimali risultavano nella pratica estremamente bassi, e tali da non rendere conveniente gli interventi agevolabili.

Pertanto, si è scelto di consentire di rapportare gli incentivi alla superficie media di una unità immobiliare. In pratica il limite di spesa ammesso alle detrazioni del Superbonus previsto per le singole unità immobiliari è moltiplicato per il rapporto tra la superficie complessiva dell'immobile oggetto degli interventi e la superficie media di una unità abitativa immobiliare in base ai dati OMI.

Occorre, al fine di poter applicare tale norma, il possesso dei seguenti requisiti:

a) Onlus che svolgano attività di prestazione di servizi socio-sanitari e assistenziali, e i cui membri del Consiglio di Amministrazione non percepiscano alcun compenso o indennità di carica;

b) siano in possesso di immobili rientranti nelle categorie catastali B/1, B/2 e D/4, a titolo di proprietà, nuda proprietà, usufrutto o comodato d'uso gratuito. Il titolo di comodato d'uso gratuito è idoneo all'accesso alle detrazioni di cui al presente articolo, a condizione che il contratto sia regolarmente registrato in data certa anteriore alla data di entrata in vigore della presente disposizione.

Esempio (per intervento di Sismabonus):

- immobile accatastato in B/1, superficie 1.000 mq, situato in Piemonte
- intervento di riduzione del rischio sismico, agevolabile nella misura di 96.000 Euro per unità immobiliare
- superficie media unità immobiliare come da Rapporto immobiliare OMI zona nord-ovest 103,0 mq
- rapporto 1.000 / 103 = 9,71
- massimale di spesa corretto per Sismabonus = 96.000 x 9,71 = 932.160 Euro

2.1.2 Esecuzione *"congiunta"* di interventi trainanti e interventi trainati

La condizione che gli interventi trainati siano eseguiti *"congiuntamente"* a quelli trainanti si considera soddisfatta se le date delle spese sostenute per gli interventi trainati sono ricomprese nell'intervallo di tempo tra la data di inizio e la data di fine dei lavori per la realizzazione degli interventi trainanti (si vedano: Circolare 08/08/2020, n. 24/E, punto 2.2; art. 2 del DRE, comma 5; Circolare 22/12/2020, n. 30/E, punto 4.2.2).

Ciò implica che, ai fini dell'applicazione del Superbonus ad interventi trainati, occorre che:

- le spese sostenute per gli interventi trainanti siano effettuate nell'arco temporale di vigenza dell'agevolazione;
- le spese per gli interventi trainati siano effettuate nel periodo di vigenza dell'agevolazione e inoltre nell'intervallo di tempo tra la data di inizio e la data di fine dei lavori per la realizzazione degli interventi trainanti.

Si ha riguardo a quanto detto al paragrafo 2.1.1.5 a proposito di come determinare il momento di sostenimento delle spese.
La Circolare 22/12/2020, n. 30/E, punto 4.2.6, ha anche chiarito che per dimostrare che il lavoro trainato è stato svolto tra l'inizio e la fine lavori dell'intervento trainante - se il complesso dei lavori è affidato ad una unica impresa che fattura l'intero intervento con acconti e saldi - è sufficiente un'attestazione da parte dell'impresa stessa. In tutti i casi, a nostro parere, Oltre alla corretta successione delle date delle fatture e dei pagamenti, risulta comunque utile cautelarsi con una dichiarazione dell'impresa o della direzione lavori in merito alla successione dei lavori, da allegare al resto della documentazione.

Si riporta di seguito, a ulteriore chiarimento, uno schema grafico esemplificativo.
Lo schema evidenzia la linea della vigenza del Superbonus e quella dello svolgimento dei lavori (le due linee in alto più spesse).
In conseguenza della scansione temporale così delineata, e del dettato normativo, vengono individuate le due finestre temporali utili per il sostenimento delle spese per gli interventi trainanti e trainati, al fine di poter usufruire del Superbonus (le due "*graffe stilizzate*" presenti nella parte bassa dello schema).
Nello schema, la data di inizio dei lavori per l'intervento trainante è stata volutamente inserita come antecedente al momento di inizio della vigenza del Superbonus (01/07/2020). Questo per rimarcare, come diffusamente chiarito in altri punti, che tale agevolazione si applica - in presenza ovviamente di tutti i requisiti tecnici, soggettivi e oggettivi richiesti - anche agli interventi già in corso a tale data, per le spese sostenute nel periodo di vigenza.

Schema periodi validi per il sostenimento delle spese per interventi trainanti e trainati

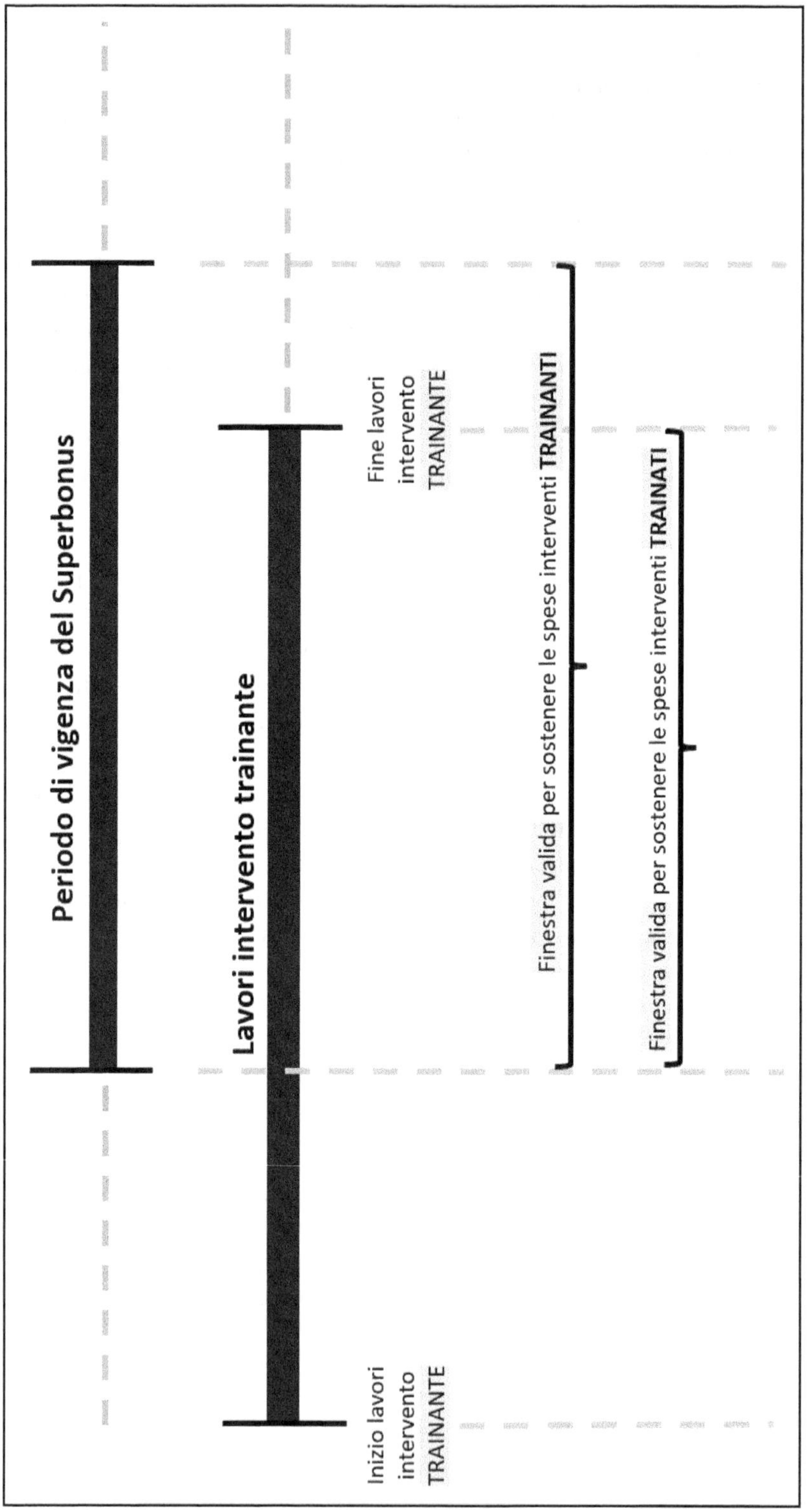

Ove possibile gli interventi vanno inseriti nella medesima relazione tecnica di progetto attestante la rispondenza alle prescrizioni per il contenimento del consumo di energia degli edifici e dei relativi impianti termici di cui all'art. 8 del D. Leg.vo 192/2005 nonché al c.d. "*Decreto relazioni tecniche*", D.M. 26/06/2015 (cfr. art. 2 del DRE, comma 5).

È inoltre importante sottolineare che possono essere *"trainati"* gli interventi svolti dal singolo proprietario di unità immobiliare anche non autonoma sita in edificio plurifamiliare (ad esempio un intervento di sostituzione delle finestre comprensive di infissi), solo in presenza di interventi *"trainanti"* svolti invece dal condominio (si veda la guida dell'Agenzia delle entrate, FAQ nn. 12 e 18).

2.1.3 Esempi di calcolo della detrazione

Si formulano di seguito alcuni esempi di sviluppo dei massimali teorici.

Si noti che negli esempi che seguono, ove riferiti ad intervento in ambito condominiale, si assume per semplicità una ripartizione dell'incentivo in parti uguali per ciascun condomino. Nella realtà, invece, l'importo massimo della detrazione fruibile nel complesso deve in questi casi essere suddiviso in base ai millesimi di proprietà. Infatti, si tenga conto che nei condominii - al fine di stabilire la quota di spesa, e conseguentemente di detrazione spettante a ciascun proprietario - si applica il criterio di ripartizione millesimale in base alla misura proporzionale al valore della proprietà di ciascuno, ai sensi dell'art. 1123 del Codice civile. Ne consegue che un singolo condomino potrebbe usufruire di somme maggiori dell'importo previsto come massimale dalla norma per ciascuna singola unità immobiliare.

Si rinvia anche al paragrafo 2.1.1.3 per le regole generali e i criteri su come considerare le pertinenze (garage, cantine, ecc.).

Quanto sopra vale per tutti gli interventi su parti comuni, mentre chiaramente il principio non si applica per gli interventi trainati sulle singole unità immobiliari, per i quali il massimale di spesa va riferito a ciascuna unità, a prescindere dalle dimensioni.

Esempio 1 - Villetta unifamiliare

Interventi previsti:

- Sismabonus
- Isolamento termico trainante
- Rifacimento impianto termico trainante
- Sostituzione infissi
- Impianto fotovoltaico e sistema di accumulo

INTERVENTO	MASSIMALE	U.I.	TOTALE	MAX DETRAZIONE
Sismabonus	€ 96.000	1	€ 96.000	€ 105.600
Isolamento termico trainante	€ 50.000	1	€ 50.000	€ 55.000
Impianto termico trainante	€ 30.000	1	€ 30.000	€ 33.000
Sostituzione infissi	€ 54.545	1	€ 54.545	€ 60.000
Fotovoltaico (*)	€ 48.000	1	€ 48.000	€ 52.800
Accumulo (**)	€ 48.000	1	€ 48.000	€ 52.800
(*) Max 2.400 x kW	Deve rientrare nella voce sisma totale			
(**) Max 1.000 x kW	Deve rientrare nella voce sisma totale			

Per l'impianto fotovoltaico si è indicato il costo "*congruo*" di 2.400 Euro/kW dal momento che l'intervento non è attuato tramite demo-ricostruzione e potrà pertanto essere assentito tramite CILAS qualificandosi come intervento di manutenzione straordinaria, con conseguente applicazione del suddetto limite, invece del limite ridotto di 1.600 Euro/kW previsto per gli interventi di restauro e ristrutturazione.

Esempio 2 - Unità funzionalmente autonoma in edificio plurifamiliare
Interventi previsti:
- Rifacimento impianto termico trainante
- Sostituzione scaldacqua tradizionale con pompa di calore
- Schermature solari
- Collettori solari
- Building automation

INTERVENTO	MASSIMALE		U.I.	TOTALE		MAX DETRAZIONE	
Impianto termico trainante	€	30.000	1	€	30.000	€	33.000
Scaldacqua in pompa di calore	€	27.272	1	€	27.272	€	30.000
Schermature solari	€	54.545	1	€	54.545	€	60.000
Collettori solari	€	54.545	1	€	54.545	€	60.000
Building automation	€	13.636	1	€	13.636	€	15.000

Esempio 3 - Condominio a prevalenza residenziale
Il condominio è composto da 16 unità immobiliari distintamente accatastate, tutte ricomprese nel corpo di fabbrica principale, di cui:
- 10 unità residenziali
- 4 cantine
- 2 negozi

Il condominio è altresì dotato di impianto centralizzato a servizio di tutte le residenze tranne una, dotata di impianto termoautonomo, al pari del negozio, anch'esso dotato di un proprio impianto autonomo.
Interventi previsti:
- Sismabonus
- Rifacimento impianto termico centralizzato trainante
- Impianto fotovoltaico condominiale
- Sostituzione infissi appartamenti

INTERVENTO	MASSIMALE		U.I.	TOTALE		MAX DETRAZIONE	
Sismabonus	€	96.000	16	€	1.536.000	€	1.689.600
Impianto termico trainante	€	20.000	8	€	160.000	€	176.000
Impianto termico trainante	€	15.000	8	€	120.000	€	132.000
Sostituzione infissi appartamenti	€	54.545	1	€	54.545	€	60.000
Fotovoltaico (*)	€	48.000	16	€	768.000	€	844.800
Accumulo (**)	€	48.000	16	€	768.000	€	844.800
(*) Max 2.400 x kW			Deve rientrare nella voce sisma totale				
(**) Max 1.000 x kW			Deve rientrare nella voce sisma totale				

Anche in questo caso, per l'impianto fotovoltaico si è indicato il costo "*congruo*" di 2.400 Euro/kW dal momento che l'intervento non è attuato tramite demo-ricostruzione e potrà pertanto essere assentito tramite CILAS qualificandosi come intervento di manutenzione straordinaria.
Si ricorda in proposito che ai sensi del comma 16-*ter*, art. 119 del D.L. 34/2020, l'aliquota di detrazione d'imposta del 110% si applica alla quota di spesa corrispondente alla potenza massima di 20 kW, mentre e per la quota di spesa corrispondente alla potenza eccedente 20 kW spetta la detrazione ordinaria stabilita dall'art. 16-*bis*, comma 1, lettera *h)*, del D.P.R. 917/1986, sempre nel limite massimo di spesa riferito all'intero impianto.
Quanto al caso in questione si noti anche che:

- l'importo per la sostituzione infissi è stato riferito a un'unica unità immobiliare, dal momento che si tratta di intervento trainato su parti private, e quindi l'importo a disposizione sarà pari a quello indicato, per ciascuna abitazione che opterà per eseguire l'intervento, senza che sia possibile la ripartizione per millesimi, come invece accade per gli interventi trainanti su parti comuni condominiali. L'intervento trainante non può comunque essere condotto nelle pertinenze e nel negozio;
- per l'intervento trainante di sostituzione dell'impianto termico centralizzato sono state calcolate tutte le unità, comprese quelle non servite, con gli importi differenziati previsti dalla norma per le prime 8 unità e per le successive;
- l'intervento trainante di sostituzione dell'impianto termico centralizzato è trainante anche per l'unità abitativa non servita dallo stesso (Circolare 30/E/2020, punto 4.1.2), la quale pertanto potrà provvedere anche alla sostituzione del proprio impianto autonomo come intervento trainato, con massimale di 27.272 Euro di spesa.

Esempio 4 - Condominio a prevalenza residenziale
Il condominio è composto da 8 unità immobiliari distintamente accatastate, tutte ricomprese nel corpo di fabbrica principale, di cui:

- 4 unità residenziali
- 4 box auto

Tutte le unità sono dotate di impianti di riscaldamento autonomi, e nel palazzo il vano scala comune è riscaldato (legittimamente), pertanto il condominio intende provvedere alla sostituzione degli infissi anche nel vano scala.
Interventi previsti:

- Isolamento termico trainante
- Rifacimento impianti termici trainato
- Sostituzione infissi vano scala comune (trainato su parti comuni)
- Sostituzione infissi appartamenti

INTERVENTO	MASSIMALE	U.I.	TOTALE	MAX DETRAZIONE
Isolamento termico trainante	€ 40.000	8	€ 320.000	€ 352.000
Impianto termico trainato	€ 27.272	1	€ 27.272	€ 29.999
Sostituzione infissi vano scala	€ 54.545	8	€ 436.360	€ 479.996
Sostituzione infissi appartamenti	€ 54.545	1	€ 54.545	€ 60.000

Gli importi per gli interventi trainati su parti private sono stati riferiti a un'unica unità immobiliare, dal momento che si tratta di interventi trainati su parti private, e quindi l'importo a disposizione sarà pari a quello indicato, per ciascuna abitazione che opterà per eseguire l'intervento, senza che sia possibile la ripartizione per millesimi, come invece accade per gli interventi trainanti su parti comuni condominiali.

Esempio 5 - Condominio a prevalenza non residenziale

Il condominio è composto da 16 unità immobiliari distintamente accatastate, tutte ricomprese nel corpo di fabbrica principale, di cui:

- 6 unità residenziali
- 4 cantine
- 6 negozi

Il condominio non è dotato di impianto centralizzato.

Interventi previsti:

- Isolamento termico trainante
- Impianto fotovoltaico trainato a servizio degli appartamenti
- Sostituzione infissi appartamenti

INTERVENTO	MASSIMALE		U.I.	TOTALE		MAX DETRAZIONE	
Isolamento termico trainante	€	40.000	8	€	320.000	€	352.000
Isolamento termico trainante	€	30.000	8	€	240.000	€	264.000
Sostituzione infissi appartamenti	€	54.545	1	€	54.545	€	60.000
Fotovoltaico	€	48.000	1	€	48.000	€	52.800
Accumulo	€	48.000	1	€	48.000	€	52.800

L'intervento presenta alcune specificità che devono essere esaminate. Infatti, il condominio ha prevalenza non residenziale, in quanto la superficie complessiva delle unità immobiliari destinate a residenza si assume minore del 50%, pertanto il Superbonus per gli interventi trainanti realizzati sulle parti comuni spetta solo ai possessori di unità immobiliari residenziali (come al solito, invece, i trainati spetterebbero comunque ai soli possessori di unità abitative, per lavori eseguiti sulle stesse).

Tuttavia, trattandosi di interventi da condurre sulle parti comuni, il calcolo del massimale di spesa teorico è a nostro parere (pur in assenza di posizioni ufficiali dell'Agenzia entrate) eseguito allo stesso modo, quindi nell'esempio, per l'intervento trainante di isolamento termico sono state calcolate tutte le unità, comprese quelle non servite (con gli importi differenziati previsti dalla norma per le prime 8 unità e per le successive). Teoricamente i possessori di unità non residenziali sarebbero comunque tenuti a contribuire con la propria quota di spettanza agli interventi condominiali; tuttavia si farà in questo caso ricorso alla possibilità di accordarsi affinché l'intervento sia eseguito con benefici e oneri solo a carico dei possessori di unità residenziali.

Ciò è consentito dal comma 9-*bis*, art. 119 del DL 34/2020, il quale dispone che le deliberazioni dell'assemblea del condominio, aventi per oggetto l'imputazione a uno o più condomini dell'intera spesa riferita all'intervento deliberato, sono valide se approvate con le stesse modalità di cui al periodo precedente (maggioranza intervenuti e almeno 334 millesimi, anche in prima convocazione) e a condizione che i condomini ai quali sono imputate le spese esprimano parere favorevole.

Esempio 6 - Edificio di unico proprietario a prevalenza residenziale [7]

Edificio di unico proprietario composto da 4 unità immobiliari distintamente accatastate, tutte ricomprese nel corpo di fabbrica principale, di cui:

- 2 unità residenziali
- 2 box auto

Le unità residenziali sono dotate di impianto centralizzato.

Interventi previsti:

- Isolamento termico trainante
- Rifacimento impianto termico trainante
- Sostituzione infissi appartamenti

INTERVENTO	MASSIMALE		U.I.	TOTALE		MAX DETRAZIONE	
Isolamento termico trainante	€	40.000	4	€	160.000	€	176.000
Impianto termico trainante	€	20.000	4	€	80.000	€	88.000
Sostituzione infissi appartamenti	€	54.545	1	€	54.545	€	60.000

Si rammenta che per gli edifici posseduti da un unico proprietario o in comproprietà da più persone fisiche, si applicano, in generale, i chiarimenti di prassi forniti relativamente agli edifici in condominio (vedi da ultimo Interpello 07/01/2022, n. 5). Ciò comporta che, nel caso di edifici di un unico proprietario, laddove sussistano tutti i requisiti richiesti dalla norma, la detrazione è calcolata su un ammontare complessivo delle spese di importo variabile in funzione del numero delle unità immobiliari di cui l'edificio è costituito comprese le pertinenze.

Esempio 7 - Condominio a prevalenza residenziale con lavori di manutenzione straordinaria anche nei singoli appartamenti

Il condominio è composto da 8 unità immobiliari distintamente accatastate, tutte ricomprese nel corpo di fabbrica principale, di cui:

- 4 unità residenziali
- 4 box auto

Interventi previsti:

- Sismabonus
- Fotovoltaico trainato nei singoli appartamenti
- Lavori di manutenzione straordinaria nei singoli appartamenti

INTERVENTO	MASSIMALE		U.I.	TOTALE		MAX DETRAZIONE	
Sismabonus	€	96.000	8	€	768.000	€	844.800
Manutenzione singoli appartamenti	€	96.000	1	€	96.000	€	48.000
Fotovoltaico (*)	€	48.000	1	€	48.000	€	52.800
Accumulo (**)	€	48.000	1	€	48.000	€	52.800
(*) Max 2.400 x kW	Deve rientrare nella voce manutenzione singoli appartamenti						
(**) Max 1.000 x kW	Deve rientrare nella voce manutenzione singoli appartamenti						

[7] Si segnala che secondo l'Interpello 07/01/2022, n. 5, laddove non sussista la condizione della prevalenza della residenzialità, l'unico proprietario dell'edificio non può fruire delle agevolazioni.

Come affermato dalla Circolare 7/E del 25/06/2021 (cfr. pag. 312), nel caso in cui vengano effettuati dal medesimo contribuente, anche nello stesso edificio, sia lavori sulle parti comuni che lavori sul proprio appartamento, la detrazione spetta nel limite di spesa stabilito, applicabile disgiuntamente per ciascun intervento.
Quindi in pratica al plafond per il Sismabonus sulle parti comuni, i condomini potrebbero fruire di massimali autonomi disgiunti per le opere sulle singole proprietà. Pertanto, poiché gli impianti fotovoltaici nell'esempio qui sviluppato vengono previsti a servizio delle singole unità, essi non devono per forza rientrare nella voce Sismabonus complessiva, come invece nell'Esempio 1 esposto in precedenza. Detti importi devono invece rientrare a nostro parere nei 96.000 per ciascuna singola unità, nei quali possono rientrare anche eventuali lavori di manutenzione straordinaria assoggettabili al Bonus casa 50%.

Esempio 8 - Villetta unifamiliare con demo-ricostruzione e frazionamento
Interventi previsti con demo-ricostruzione:
- Sismabonus
- Isolamento termico trainante
- Rifacimento impianto termico trainante
- Sostituzione infissi
- Impianto fotovoltaico e sistema di accumulo

INTERVENTO	MASSIMALE		U.I.	TOTALE		MAX DETRAZIONE	
Sismabonus	€	96.000	1	€	96.000	€	105.600
Isolamento termico trainante	€	50.000	1	€	50.000	€	55.000
Impianto termico trainante	€	30.000	1	€	30.000	€	33.000
Sostituzione infissi	€	54.545	1	€	54.545	€	60.000
Fotovoltaico (*)	€	48.000	1	€	48.000	€	52.800
Accumulo (**)	€	48.000	1	€	48.000	€	52.800
(*) Max 1.600 x kW	Deve rientrare nella voce sisma totale						
(**) Max 1.000 x kW	Deve rientrare nella voce sisma totale						

Poiché quando gli interventi comportano il frazionamento di un'unica unità abitativa, per l'individuazione del limite di spesa vanno considerate le unità censite in Catasto all'inizio degli interventi, il caso non differisce da quello di una normale villetta unifamiliare, e anche gli interventi trainati potranno essere valorizzati una sola volta.
Per il fotovoltaico si è indicato il costo "*congruo*" di 1.600 Euro/kW dal momento che l'intervento è attuato tramite demo-ricostruzione e si qualificherà come ristrutturazione edilizia, con applicazione del limite di 1.600 Euro/kW previsto per tali casistiche.

2.1.4 Pagamenti

I contribuenti persone fisiche soggetti all'IRPEF sono tenuti a disporre il pagamento delle spese mediante bonifico bancario o postale dal quale risulti la causale del versamento, il codice fiscale del beneficiario della detrazione ed il numero di partita IVA ovvero il codice fiscale del soggetto a favore del quale il bonifico è effettuato (lettera *e)*, comma 1, art. 6 del DRE; punto 8 della Circolare 08/08/2020, n. 24/E).

Su tali bonifici gli istituti di pagamento applicano, all'atto dell'accredito dei relativi pagamenti, la ritenuta d'acconto di cui all'art. 25 del D.L. 78/2010.
Per consentire l'applicazione della predetta ritenuta, in relazione al Superbonus possono essere utilizzati i bonifici predisposti dagli istituti di pagamento ai fini del predetto Bonus ristrutturazioni o anche del c.d. *"Ecobonus"* di cui all'art. 14 del D.L. 63/2013 (punto 8 della Circolare 08/08/2020, n. 24/E).

Secondo il punto 5.3.3 della Circolare 22/12/2020, n. 30/E, in merito alle conseguenze della possibile non completa compilazione del bonifico bancario/postale, la non completa compilazione del bonifico bancario/postale, che pregiudichi in maniera definitiva il rispetto da parte dell'istituto di pagamento dell'obbligo di operare la ritenuta, non consente il riconoscimento della detrazione, salva l'ipotesi della ripetizione del pagamento mediante bonifico, in modo corretto. In sostanza, il Superbonus non potrà essere disconosciuto nell'ipotesi in cui si proceda alla ripetizione del pagamento mediante un nuovo bonifico bancario/postale nel quale siano riportati, in maniera corretta, i dati richiesti necessari ad operare la ritenuta.
La ripetizione del bonifico non si rende, invece, necessaria qualora nel documento di spesa non sia indicato il numero della fattura, poiché tale omissione non pregiudica l'effettuazione della ritenuta.

2.1.5 Interventi in corso alla data del 01/07/2020

La normativa ha individuato, per l'applicazione dell'aliquota maggiorata al 110% in relazione agli interventi finalizzati al risparmio energetico, tipologie di interventi nuovi e differenti, solo in parte sovrapponibili con quelli già precedentemente agevolabili nell'ambito dell'Ecobonus *"ordinario"*.
Altresì, ha previsto che tali nuovi interventi possano fare da *"traino"*, attraendo - come visto nel campo di applicazione della maxi-aliquota - gli interventi normalmente soggetti alle aliquote più basse.
Risulta in proposito particolarmente importante quanto chiarito dalla Circolare 08/08/2020, n. 24/E, punto 4, ove si legge che la detrazione del 110% si applica alle spese sostenute, per interventi *"trainanti"* e *"trainati"*, nel periodo di vigenza del Superbonus, indipendentemente dalla data di effettuazione degli interventi (ferma restando, ovviamente, la condizione della esecuzione "congiunta" degli interventi trainanti e trainati.

Sulla base di tale chiarimento, nonché di quanto indicato anche al paragrafo sugli interventi trainati 1.2.5, si fornisce di seguito uno schema che esemplifica la possibilità di applicare la maxi-aliquota del 110% agli interventi in corso alla data del 01/07/2020.
Si vedano in aggiunta i paragrafi sul momento di sostenimento delle spese 2.1.1.5 e sugli interventi trainanti 1.2.3 e 1.3.1.

Schema applicazione aliquota del 110% agli interventi in corso alla data del 01/07/2020

INTERVENTO IN CORSO ALLA DATA DEL 01/07/2020

RIENTRA FRA GLI INTERVENTI TRAINANTI

- Le spese sostenute a far data dal 01/07/2020 (data di effettuazione dei pagamenti) possono usufruire della maxi-aliquota al 110%.
- Eventuali altre spese per successivi interventi trainati sono «*attratte*» se sostenute nel periodo di esecuzione dei lavori per interventi trainanti.

RIENTRA FRA GLI INTERVENTI TRAINATI

- Le spese sostenute a far data dal 01/07/2020 (data di effettuazione dei pagamenti) continuano a usufruire delle aliquote ordinariamente previste per gli interventi.
- Tuttavia, eventuali altri successivi interventi trainanti comportano che le spese sono «*attratte*» nella maxi-aliquota, se sostenute nel periodo di esecuzione dei lavori per interventi trainanti.

2.2 SUPERBONUS NELLE ZONE COLPITE DA SISMA

2.2.1 Superbonus e contributi per la ricostruzione

Nel caso di interventi di riparazione o ricostruzione degli edifici danneggiati da eventi sismici già effettuati e finanziati con contributi pubblici eventuali spese sostenute per le opere di ulteriore consolidamento dei medesimi edifici possono usufruire del Superbonus (Risoluzione Agenzia entrate 23/04/2021, n. 28/E).

Quanto affermato deriva dal principio che il contributo pubblico è riconosciuto per finanziare interventi indispensabili per il ripristino dell'edificio danneggiato o distrutto dall'evento sismico, mentre il Sismabonus, è connesso alla realizzazione di ulteriori opere utili al consolidamento statico e alla riduzione del rischio sismico dell'edificio.

Viene quindi affermato un generale principio di compatibilità tra i contributi per la ricostruzione e le agevolazioni fiscali del Sismabonus, che era già stato espresso:

- con riferimento al sisma in Abruzzo nel 2009, dall'Interpello 19/02/2019, n. 61;
- con riferimento agli eventi sismici in centro Italia del 2016-2017, dall'art. 2 dell'Ordinanza 31/07/2018, n. 60 (con riferimento al Sismabonus), nonché dall'art. 7 dell'Ordinanza 10/10/2020, n. 108 (con riferimento al Super-Sismabonus).

Quanto sopra può ora ritenersi pacificamente esteso anche al caso di interventi su immobili oggetto nel passato di contributi pubblici per la ricostruzione successiva ad altri eventi sismici, quale ad esempio quello in Irpinia del 1980.

La Risoluzione 23/04/2021, n. 28/E, reca poi ulteriori importanti chiarimenti:

- coerentemente a quanto indicato dal comma 3, art. 1 della L. 232/2016, nonché dall'art. 6 dell'Ordinanza 111/2020) a fronte dello stesso intervento il Sismabonus spetta solo con riguardo alle eventuali spese agevolabili eccedenti il contributo concesso;
- secondo quanto indicato dal citato art. 6 dell'Ordinanza 111/2020, il Superbonus spetta per le spese sostenute per tutti gli interventi edilizi ammessi alla predetta detrazione, di riparazione o di ricostruzione in sito disciplinati dalle ordinanze commissariali, nonché per gli interventi di ricostruzione degli edifici danneggiati per i quali si sia resa obbligatoria la ricostruzione in altro sito;
- sempre in base all'art. 6 dell'Ordinanza 111/2020, per il Superbonus è possibile redigere un progetto unitario dell'intervento e un unico computo metrico estimativo.

La Risoluzione 23/04/2021, n. 28/E, ha aggiunto che, in continuità con quanto sempre espresso dall'Agenzia delle entrate in molti precedenti documenti, il Sismabonus (o il Super-Sismabonus), si applica anche alle spese sostenute per le opere di "*completamento*" dell'intervento "*complessivamente*" considerato, che in assenza della predetta correlazione non sarebbero di norma agevolabili.

Importante a tal fine notare che secondo l'Agenzia entrate è irrilevante l'eventuale circostanza che il contributo sia erogato con riferimento alle spese sostenute per l'intervento "*principale*", mentre restano a carico del contribuente solo le spese per le opere di completamento.

L'importante, in altri termini, è che le spese sostenute siano effettivamente riconducibili a un intervento nel complesso ammesso all'agevolazione fiscale, e che ciò risulti da idonea documentazione.

Pertanto, ad esempio, se sono erogati contributi per un intervento di consolidamento statico dell'edificio, mentre restano a carico le spese per opere di completamento di tale intervento, è possibile fruire della detrazione anche se le spese agevolate si riferiscono a opere di finitura (ad esempio tinteggiatura) che, se non correlate all'intervento principale agevolabile, non godrebbero di alcun beneficio fiscale.

2.2.2 Superbonus "*rafforzato*" per le zone colpite da terremoto

Secondo il disposto dei commi 4-*ter* e 4-*quater*, art. 119 del D.L. 34/2020, i limiti delle spese ammesse alla fruizione degli incentivi fiscali Superbonus (Eco e Sisma) - per tutti gli interventi da questo previsti - sono aumentati del 50% per gli interventi di ricostruzione di fabbricati danneggiati in tutti i comuni interessati da tutti gli eventi sismici verificatisi a partire dal 01/01/2009 dove sia stato dichiarato lo stato di emergenza.

Esempi massimali incrementati:

- isolamento termico spesa 75.000 Euro (detrazione 82.500);
- impianto termico trainante spesa 45.000 Euro (detrazione 49.500);
- Sismabonus spesa 144.000 Euro (detrazione 158.400);
- infissi trainato spesa 90.000 Euro (detrazione 99.000).

In tal caso, gli incentivi sono alternativi al contributo per la ricostruzione e sono fruibili per tutte le spese necessarie al ripristino dei fabbricati danneggiati, comprese le case diverse dalla prima abitazione, con esclusione degli immobili destinati alle attività produttive.

La norma di cui sopra si interpreta come segue (vedi anche oltre per ulteriori chiarimenti):

- l'aumento non si applica indistintamente, ma solo agli immobili per i quali il danno sia stato riconosciuto secondo le procedure previste dalla legislazione speciale;
- la maggiorazione del 50% non si applica in presenza di un contributo pubblico, in quanto le due agevolazioni sono incompatibili.

Ne segue che:

- in caso di finanziamenti erogati si usufruisce del Superbonus 110% sulla quota delle spese eccedenti il contributo pubblico senza maggiorazione del 50%;
- solo in assenza di finanziamenti erogati si potrà usufruire delle maggiorazioni.

Si vedano anche, in proposito: Interpello 26/08/2021, n. 563; Interpello 05/10/2021, n. 662.

L'Agenzia delle entrate ha pubblicato (luglio 2021) un documento - redatto congiuntamente con la struttura commissariale per l'emergenza terremoto nel centro Italia - nel quale sono approfonditi, sotto forma di domande e risposte, diversi aspetti relativi alla fruizione del Superbonus relativamente agli edifici danneggiati da eventi sismici.
Di seguito una sintesi degli aspetti più interessanti.

2.2.3 Chiarimenti vari Agenzia entrate e struttura commissariale

Superbonus rafforzato, funzionamento (risposte 1, 4 e 19)

Il c.d. "*Superbonus rafforzato*" (comma 4-*ter*, art. 119 del D.L. 34/2020) compensa la rinuncia al contributo per la ricostruzione qualora il contribuente manifesti la volontà di fruire delle agevolazioni fiscali in alternativa al contributo, vedendosi così riconoscere un incremento degli importi massimi detraibili nella misura del 50% (come chiarito anche dalla Risoluzione Agenzia entrate 23/04/2021, n. 28/E). Viene quindi aumentato il limite di spesa e non l'aliquota di detrazione.

Viceversa, in relazione ad un intervento per il quale si ricorre al beneficio fiscale pari al 110%, attuato su un immobile già assistito per le stesse opere, o comunque per una parte di queste, dal contributo per la ricostruzione, secondo i massimali previsti e nel rispetto delle procedure previste, non è possibile portare in detrazione l'intera spesa ma solo l'eccedenza rispetto al contributo per la ricostruzione.

Qualora il contribuente intenda eseguire nuove ulteriori lavorazioni, ma questi abbia già percepito il contributo per la ricostruzione e alla data del 01/07/2020 i lavori di rimessa in pristino del fabbricato siano stati conclusi nonché le relative spese siano già state sostenute, la fruizione delle agevolazioni fiscali maggiorate è esclusa.

Superbonus rafforzato, rinuncia al contributo (risposte 2, 20, 21, 22 e 23)
Nell'ipotesi in cui si intenda fruire del Superbonus "*rafforzato*", il professionista è obbligato a trasmettere con le modalità stabilite da ciascuna struttura impegnata nei processi di ricostruzione la dichiarazione del proprietario dell'edificio resa ai sensi dell'art. 47 del D.P.R. 445/2000 di rinuncia al contributo per la ricostruzione. Questa dichiarazione costituisce condizione essenziale per usufruire delle agevolazioni fiscali.
Se è stata presentata domanda di contributo ma non ancora emanato il provvedimento, è possibile rinunciare al contributo tramite la suddetta dichiarazione.
Nell'ipotesi in cui il contributo per la ricostruzione sia stato riconosciuto ed erogato al soggetto rinunziante, anche solo parzialmente, questi è tenuto al rimborso delle somme già riscosse, maggiorate degli interessi legali, secondo le modalità stabilite da ciascuna struttura impegnata nei processi di ricostruzione.
In caso di rigetto della domanda di contributo per la ricostruzione, non è possibile beneficiare degli incentivi fiscali in misura maggiorata.
La rinuncia può essere revocata entro i termini di presentazione della domanda di ammissione a contributo per la ricostruzione, a condizione che per effetto della rinuncia non si sia già usufruito delle detrazioni fiscali alternative.

Superbonus rafforzato, condizioni e documentazione (risposte 8, 9, 10, 11 e 17)
Per poter usufruire del Superbonus rafforzato occorre che:
- il danno sia conseguente all'evento sismico in seguito al quale è stato dichiarato lo stato di emergenza (nesso di causalità diretta);
- il livello del danno sia tale da determinare l'espressione del giudizio di inagibilità del fabbricato, ovvero scheda AeDES con esito di inagibilità corrispondente a B, C o E. Le agevolazioni fiscali maggiorate non competono per gli edifici con scheda AeDES esito A, D o F.

La dichiarazione di rinuncia al contributo per la ricostruzione ai sensi dell'art. 47 del D.P.R. 445/2000 e la scheda AeDES con esito di inagibilità corrispondente a B, C o E, devono essere conservate dal contribuente ed esibite in caso di controlli fiscali.

Interventi di completamento (risposta 6)
Ai fini dell'applicazione del Superbonus, la detrazione si applica, nei limiti previsti per ciascun intervento, anche alle spese sostenute per gli interventi di "*completamento*" dell'intervento "*complessivamente*" considerato che, in assenza della predetta correlazione, non sarebbero, invece, agevolabili.
A tal fine, si ritiene non rilevante l'eventuale circostanza che il contributo sia erogato con riferimento alle spese sostenute per l'intervento "*principale*", in quanto le spese di completamento, eventualmente rimaste fuori dal contributo, possono trovare copertura nelle agevolazioni fiscali essendo rimaste effettivamente a carico del contribuente.

Progetto unitario, computo metrico, fatturazione (risposte 7, 12, 13 e 27)
Se occorre modificare il progetto per adeguarlo agli interventi rientranti nel Sismabonus o nell'Ecobonus, non è necessaria la ripresentazione del progetto così adeguato alle strutture impegnate nei processi di ricostruzione, a condizione che il tecnico incaricato attesti la mancata introduzione di modifiche sostanziali dal punto di vista della sicurezza strutturale al progetto già approvato.

Ai fini del Superbonus, il professionista incaricato alla presentazione dell'istanza relativa al contributo per la ricostruzione dell'edificio danneggiato dal sisma deposita, secondo le modalità stabilite da ogni struttura impegnata nei processi di ricostruzione, un unico progetto presso gli enti preposti (uffici commissariali o comuni territorialmente competenti) corredandolo di tutta la documentazione richiesta dalle rispettive norme di riferimento e dichiarando di voler fruire del Superbonus per la parte eccedente il contributo per la ricostruzione concesso.
È possibile redigere un progetto unitario dell'intervento e un unico computo metrico estimativo per accedere al Superbonus, nonché al contributo per la ricostruzione, ferma restando la chiara riferibilità, nell'ambito del computo metrico, delle spese finanziate con il contributo per la ricostruzione e quelle eccedenti ammesse al Superbonus.
Per i lavori energetici, sebbene sia auspicabile la predisposizione di uno specifico computo metrico, può parimenti essere utilizzato il computo metrico generale, a condizione che contenga chiaramente esplicitati i costi onnicomprensivi degli interventi al fine di consentire la verifica sia del rispetto dei costi massimi ammissibili che la verifica della congruità dei costi specifici unitari.
Non è necessario che siano emesse distinte fatture riferite agli importi relativi al contributo e alle spese rimaste a carico del richiedente per le quali spetta la detrazione, purché dalla fattura risulti distintamente la spesa riferibile al contributo per la ricostruzione e quella riferibile al Superbonus.

Stato avanzamento lavori (risposte 15 e 37)
Il raggiungimento della quota minima del 30% per il SAL avviene solo tramite le spese oggetto di detrazione fiscale.
Quanto sopra tuttavia appare in contrasto con la risposta 37, ove si legge che gli importi delle opere da indicare nelle asseverazioni per l'applicabilità del Superbonus, ai fini dell'attestazione della congruità delle spese, sono quelli riferiti all'intervento nel suo complesso, tenendo conto sia della quota assistita dal contributo per la ricostruzione che della parte di spesa eccedente rimasta a carico del contribuente.
Anche l'Interpello 538/2020 afferma che ai fini dei SAL occorre fare riferimento all'ammontare complessivo delle spese riferite all'intero intervento e non all'importo massimo di spesa ammesso alla detrazione.

Interventi trainati (risposta 16)
Qualora il contributo per la ricostruzione assista i soli interventi "*trainanti*", non sarà possibile accedere al Superbonus per i soli interventi "*trainati*".

Visto di conformità (risposta 26)
Il soggetto che appone il visto di conformità per il Superbonus - essendo il progetto unitario - deve tener conto di tutte le parti dando comunque evidenza della copertura attraverso il contributo per la ricostruzione.

Aggregati edilizi (risposte 28 e 29)
Ai fini dell'applicazione del Superbonus, limitatamente agli interventi antisismici, all'aggregato edilizio è possibile applicare le medesime disposizioni previste per i con-

domìni in relazione al trattamento delle parti comuni, anche qualora i proprietari delle unità immobiliari che compongono l'aggregato edilizio si costituiscano in consorzio, coerentemente con le previsioni normative specifiche per ciascuno dei territori interessati dai processi di ricostruzione.
Tuttavia è necessario presentare la richiesta di emissione del codice fiscale identificativo dell'aggregato edilizio e adempiere agli obblighi previsti ai sensi dell'art. 23 del D.P.R. 600/1973 e seguenti, inerenti alla disciplina fiscale del sostituto di imposta.

Conformità urbanistica (risposta 32)
Fermo restando il comma 13-*ter*, art. 119 del D.L. 34/2020, ai sensi del quale è venuto meno in determinati casi e a determinate condizioni l'onere di accertare la conformità urbanistico-edilizia dell'immobile (vedi paragrafo dedicato 2.4.1):
- con la presentazione della CILAS, titolo abilitativo richiesto ai fini dell'esecuzione dei lavori rientranti nella disciplina del Superbonus (anche strutturali), il tecnico è tenuto a rappresentare fedelmente lo stato dei luoghi;
- la fruizione dei benefici fiscali è comunque esclusa in relazione all'esecuzione delle opere finalizzate alla rimozione della difformità edilizia.

Ecobonus e impianti termici (risposta 33)
Ai fini della fruizione dell'Ecobonus, se l'impianto termico esistente non è funzionante per via dell'evento sismico, è ammessa comunque la fruizione dei benefici fiscali.

2.3 GESTIONE DEGLI INTERVENTI IN CONDOMINIO

2.3.1 Interventi in condominio: cautele e consigli pratici

2.3.1.1 Natura del problema

Quando si programmano in ambito condominiale interventi di risparmio energetico finalizzati alla fruizione del Super-Ecobonus al 110%, è possibile agganciare all'esecuzione di uno o entrambi gli interventi principali previsti dalla norma (o interventi *"trainanti":* isolamento termico dell'intero edificio e/o sostituzione dell'impianto di riscaldamento centralizzato) anche l'esecuzione di interventi *"trainati"*.
Mentre i primi riguardano l'intero edificio, e sono eseguiti a livello *"condominiale"*, i secondi invece riguardano le proprietà private, e sono pertanto eseguiti a livello delle singole unità immobiliari abitative.
Questo duplice binario di conduzione comporta la necessità da un lato di coordinare gli interventi da un punto di vista tecnico - perché la norma richiede di valutarne e asseverarne gli effetti cumulati ai fini del rispetto dei requisiti -, ma dall'altro di tenere accuratamente separati gli aspetti giuridici e fiscali, in virtù della diversità dei soggetti committenti e fruitori delle agevolazioni.
Analizziamo di seguito i dettagli, per fornire consigli pratici per il tecnico e per l'amministratore di condominio.

2.3.1.2 Coordinamento tecnico degli interventi nel condominio

Al fine di sfruttare al massimo le agevolazioni, la norma richiede uno stretto coordinamento tra questi due livelli di intervento.
1) Gli interventi trainati devono essere eseguiti *"congiuntamente"* a quelli principali trainanti, per poter essere attratti nella disciplina del 110% (si veda il paragrafo dedicato 2.1.2, per capire cosa si intende per esecuzione *"congiunta").*

2) Gli interventi trainanti e trainati devono inoltre essere valutati nel loro insieme al fine di verificare il rispetto dei requisiti energetici e di conseguire il doppio salto di classe energetica per l'intero edificio, indispensabile per la fruizione del bonus e attestato dall'APE convenzionale che il tecnico incaricato redigerà all'inizio e alla fine degli interventi.

3) L'asseverazione del tecnico da trasmettere all'ENEA e con la quale si attesta il rispetto dei requisiti energetici e la congruità dei costi sostenuti per l'intervento contempla sia gli interventi compiuti sull'edificio condominiale che quelli compiuti nei singoli appartamenti (ed alla stessa deve essere allegato il computo metrico dei costi sostenuti, che dovrà pertanto anch'esso essere unitario per tutti gli interventi dedotti nell'asseverazione).

4) Infine, la norma suggerisce anche - *"ove possibile"* (cfr. art. 2 del DRE) - il deposito presso lo Sportello unico dell'edilizia di una relazione tecnica unitaria per tutti gli interventi (si tratta della relazione c.d. *"Legge 10"* sul rispetto dei requisiti energetici).

2.3.1.3 Differenze giuridico-fiscali tra interventi condominiali e nei singoli appartamenti

Gli interventi effettuati in ambito condominiale (o, se si preferisce, sulle *"parti comuni")* si differenziano tuttavia da quelli relativi alle singole proprietà per alcuni aspetti molto rilevanti.

1) Dal punto di vista giuridico, gli interventi nei singoli appartamenti (si pensi ad esempio all'intervento di sostituzione di serramenti e finestre oppure alla sostituzione dell'impianto di riscaldamento autonomo, se presente) non possono essere deliberati a livello condominiale, dal momento che non riguardano *"parti comuni"* ma elementi di proprietà privata di ciascun condòmino. Peraltro, la delibera assembleare che dispone lavori su parti di competenza dei singoli proprietari è nulla (tra le tante sentenze: Cass. 12/03/2020, n. 7042).

2) Dal punto di vista fiscale, il committente e beneficiario degli interventi è da un lato il condominio (seppure questo ribalterà poi la detrazione fiscale sui singoli proprietari in base alle quote millesimali) e dall'altro è invece il singolo proprietario.

3) Ancora dal punto di vista fiscale, ai fini della cessione del credito, ciascun condomino ha la possibilità di scegliere come utilizzare il credito d'imposta maturato *pro quota*,

con riferimento agli interventi *"trainanti"*, e verrà fatta una unica comunicazione dell'opzione all'Agenzia delle entrate, ad opera dell'amministratore o del professionista che rilascia il visto di conformità.
Nell'ambito invece dell'intervento trainato, il singolo condomino che intenda avvalersi della cessione del credito e/o dello sconto in fattura con riguardo al beneficio derivante da tale intervento, deve provvedere personalmente agli adempimenti con l'Agenzia delle entrate.

2.3.1.4 Aspetti pratici e cautele per il tecnico e per l'amministratore

Da quanto sopra illustrato deriva la necessità di seguire alcuni accorgimenti pratici.

Fatture e bonifici degli interventi trainanti

Per gli interventi *"trainanti"*, effettuati dal condominio in veste di committente, le fatture vanno intestate al condominio e i pagamenti devono avvenire dal conto corrente condominiale (facendo fede quanto alle date di pagamento, senza considerare il momento esatto in cui il singolo condomino abbia versato la propria quota di spettanza).

Fatture e bonifici degli interventi trainati

Viceversa, per gli interventi *"trainati"*, effettuati dal singolo proprietario in veste di committente, le fatture vanno intestate al singolo condomino ed è quest'ultimo a eseguire direttamente i bonifici.

Rapporto del tecnico con la committenza

È molto probabile (ed è certamente opportuno che avvenga così) che per il complesso degli interventi venga incaricato un unico tecnico (o un unico team di tecnici), anche se in astratto ciascun condomino avrebbe facoltà di sceglierne uno diverso per gli interventi da eseguire nella sua proprietà.
È chiaro quindi che il tecnico deve anche predisporre preventivi diversi, stipulare contratti d'opera diversi, tenere computi e contabilità separate (nonostante, come detto in precedenza, serva un computo metrico unico da allegare all'asseverazione), nonché emettere fatture e ricevere pagamenti separati per ciascuno degli interventi e per ciascun committente:

- il condominio per gli interventi sulle parti comuni;
- ciascun singolo proprietario per gli interventi nei singoli appartamenti;
- nell'ambito di ciascuna singola proprietà, gli eventuali diversi interventi trainati (si pensi a un condomino che voglia eseguire la sostituzione di serramenti e infissi ma anche, ad esempio, l'installazione di sistemi BACS - *Building & Automation Control System*), che dovranno a loro volta essere mantenuti separati ai fini del cumulo delle relative agevolazioni.

Ruolo dell'amministratore e coordinamento con il tecnico

È molto importante per il tecnico e l'amministratore operare in stretta sinergia e coordinamento nelle riunioni condominiali, in fase iniziale per illustrare le possibilità di intervento, poi per consentire che venga deliberato l'intervento principale e anche per racco-

gliere le intenzioni di quei condomini che intendano eseguire interventi trainanti, in modo che il tecnico possa con ciascuno avviare un rapporto dedicato.
Potrebbe ad esempio essere utile che il tecnico predisponga un'offerta di base uniforme per ciascun condomino, accompagnata da un *"foglio illustrativo"* che l'amministratore potrebbe distribuire ai condomini per dare indicazioni più complete al fine di consentire a ciascuno di valutare se intervenire nel proprio appartamento.
L'amministratore dovrà poi adoperarsi affinché tutti i bonifici, sia quelli effettuati dal condominio che quelli effettuati dai singoli, avvengano nella finestra temporale valida per la fruizione delle detrazioni (si veda il paragrafo dedicato 2.3.1 per dettagli).
Ai fini dell'eventuale opzione per la cessione del credito e/o lo sconto in fattura relativamente all'intervento trainante, l'amministratore deve raccogliere da ciascun condomino, in sede di assemblea o comunque prima dell'invio della comunicazione della scelta all'Agenzia delle entrate, l'avvenuta cessione con i relativi dati (tramite la piattaforma dell'Agenzia), e l'accettazione da parte del cessionario.
In tal modo l'amministratore (o il professionista che abbia rilasciato il visto di conformità) provvederà ad effettuare la comunicazione all'Agenzia delle entrate senza omissioni (si ricorda, come già detto, che nell'ambito invece degli interventi trainati, il singolo condomino, che intenda avvalersi della cessione del credito e/o dello sconto in fattura, provvederà personalmente anche alla comunicazione dell'opzione all'Agenzia delle entrate).

Si precisa infine che dal calcolo dei massimali per gli interventi resta escluso l'eventuale onorario aggiuntivo riconosciuto all'amministratore del condominio, che peraltro non avrebbe diritto in questi casi a compensi ulteriori in quanto svolge mansioni ordinariamente a lui attribuite, salvo il caso in cui assuma ruoli ulteriori, come ad esempio il compito di direttore dei lavori (caso che peraltro presenta profili di possibile conflitto di interessi, poiché il professionista sarebbe incaricato dal condominio, da lui stesso rappresentato).

Impostazione del procedimento edilizio

Come già accennato, nel Superbonus per gli edifici condominiali possono convivere interventi sulle parti comuni condominiali e interventi sulle parti private.
Trattandosi di parti edilizie diverse, di proprietà di soggetti diversi, questi interventi dovrebbero teoricamente essere oggetto di procedimenti edilizi diversi e distinti, quindi uno per le parti comuni condominiali e uno per ciascun appartamento sul quale si interviene, cosa che ha rappresentato nelle prime fasi applicative una oggettiva complessità per i tecnici chiamati a gestire pratiche di Superbonus in condominio.
Su questo, con l'avvento della CILAS (della quale si darà ampiamente conto nel paragrafo dedicato 2.4.3), è stata introdotta una importante semplificazione, poiché il modello, nella sezione in commento, reca tra le varie opzioni possibili quella nella quale si dichiara che le opere oggetto della CILA riguardano sia parti comuni di un fabbricato condominiale sia parti dell'immobile di proprietà di singoli condomini (punto b.3 - vedi figura).

b) Opere su parti comuni o modifiche esterne

che le opere oggetto della comunicazione di inizio lavori

b.1 ☐ **non riguardano parti comuni**

b.2 ☐ riguardano le **parti comuni di un fabbricato condominiale**[1]

b.3 ☐ riguardano sia parti comuni di un fabbricato condominiale sia **parti dell'immobile di proprietà di singoli condomini**, come risulta dall'allegato "soggetti coinvolti"

b.4 ☐ riguardano parti comuni di un **fabbricato con più proprietà, non costituito in condominio**, come risulta dall'allegato "soggetti coinvolti"

b.5 ☐ riguardano **parti dell'edificio di proprietà comune** ma **non necessitano di assenso** perché, secondo l'art. 1102 c.c., apportano, a spese del titolare, le modificazioni necessarie per il miglior godimento delle parti comuni non alterandone la destinazione e senza impedire agli altri partecipanti di usufruirne secondo il loro diritto

In pratica, con la CILA Superbonus, in caso di interventi in condominio, si potrà predisporre una pratica edilizia che conterrà sia gli interventi trainanti sulle parti comuni che gli interventi trainati sulle parti private.
Correlativamente, nella parte dell'allegato concernente i "*Soggetti coinvolti*", al punto 2, vi è la parte da compilare nel caso in cui siano previsti anche interventi trainati su parti private di unità immobiliari facenti parte dell'edificio condominiale beneficiario del Superbonus, sezione ripetibile per ogni unità immobiliare interessata (vedi figura).

2. DATI DELLE UNITA' IMMOBILIARI
(compilare solo nel caso in cui siano previsti anche interventi trainati su parti private di unità immobiliari facenti parte dell'edificio condominiale beneficiario del Superbonus – sezione ripetibile per ogni unità immobiliare interessata)

1. ☐ **Unità immobiliare**:

Foglio: ________; particella: ________; sub: ________

Cognome e nome beneficiario/a: ____________________ C.F.: |_|_|_|_|_|_|_|_|_|_|_|_|_|_|_|_|
(da ripetere nel caso di più beneficiari per unità immobiliare)

2.3.1.5 Maggioranze condominiali

L'art. 63 del D.L. 104/2020 (c.d. "*Decreto Rilancio 2*", o meglio "*Decreto Agosto*") prevede che le deliberazioni condominiali aventi per oggetto l'approvazione degli interventi di efficienza energetica e delle misure antisismiche sugli edifici, per i quali si richiede di usufruire del c.d. *"Superbonus 110%"*, sono valide se approvate con un numero di voti che rappresenti la maggioranza degli intervenuti e almeno un terzo del valore dell'edificio.
A tale scopo, la disposizione ha introdotto un ulteriore comma 9-*bis* nell'art. 119 del D.L. 34/2020 (articolo che disciplina il Superbonus 110%). Con detto comma si prevede che *"le deliberazioni dell'assemblea del condominio aventi per oggetto l'approvazione degli interventi di cui al presente articolo sono valide se approvate con un numero di voti che rappresenti la maggioranza degli intervenuti e almeno un terzo del valore dell'edificio"*.
Si ricorda che già l'art. 26 della L. 10/1991 prevedeva (al comma 2) che per gli interventi su edifici e su impianti finalizzati al risparmio energetico, individuati tramite un attestato di prestazione energetica o una diagnosi redatta da un tecnico abilitato, le delibere sono valide sia in prima che in seconda convocazione con la maggioranza degli intervenuti e almeno un terzo del valore per millesimi.

L'innovazione normativa ha invece particolare impatto con riguardo agli interventi per la messa in sicurezza antisismica e statica, che invece sarebbero di norma soggetti all'approvazione sia in prima che in seconda convocazione con la maggioranza degli intervenuti e almeno la metà del valore per millesimi (art. 1120 del Codice civile).

Inoltre, a seguito delle modifiche introdotte dalla L. 178/2020 (art. 1, comma 66), il menzionato comma 9-*bis*, art. 119 del D.L. 34/2020, dispone ora che le deliberazioni dell'assemblea del condominio - se aventi per oggetto l'imputazione solo a uno o più condomini (e non a tutti) dell'intera spesa riferita all'intervento deliberato - sono valide a condizione che i condomini ai quali sono imputate le spese esprimano parere favorevole [8].
Anche in questi casi si applicano le maggioranze previste per gli interventi *"Superbonus"* (numero di voti che rappresenti la maggioranza degli intervenuti e almeno un 1/3 del valore dell'edificio).

Si ricorda che gli infissi di ciascun singolo appartamento non sono parti comuni; pertanto, il condominio non ha competenza in merito e non può deliberare un intervento di sostituzione in tutte le unità immobiliari. Tale intervento è pertanto nella piena competenza e discrezionalità di ciascun singolo proprietario.

2.3.1.6 Condominio minimo

Due o più unità che costituiscono un unico edificio possono essere considerate un "*condominio*" quando presentino parti comuni, ai sensi dell'art. 1117 del Codice civile (quindi ad esempio le fondazioni, i muri maestri, i pilastri e le travi portanti, i tetti e i lastrici solari, ecc.), e altresì se sussiste in esso la "*proprietà* mista", cioè se vi sono almeno due proprietari diversi (ad esempio anche un edificio con due unità, di cui una di proprietà di A l'altra in comproprietà tra lo stesso A e B, costituisce un condominio).
Secondo la giurisprudenza (vedi ad esempio Cass. 04/06/2008, n. 14813), il condominio esiste per la sola presenza delle due condizioni sopra menzionate, senza necessità "*costituirlo*" formalmente.
Detto condominio si definirà "*minimo*" nel caso in cui il numero di condòmini sia ridotto al minimo, cioè a due.
Ai sensi dell'art. 1129 del Codice civile, è obbligatorio nominare un amministratore quando i condòmini sono in numero maggiore di 8 (9 o più).
A maggior chiarimento di tale disposizione, si rappresenta quanto segue con riferimento ai criteri per il computo:

- uno stesso soggetto proprietario (o comproprietario) di più unità immobiliari vale sempre come un solo condòmino, a prescindere da quante unità immobiliari possieda;
- altrettanto, più soggetti che siano comproprietari della stessa unità immobiliare, valgono sempre e solo come un solo condòmino.

---

[8] Si rammenta che sono sempre agevolabili - in edifici plurifamiliari - interventi eseguiti solo sulle parti comuni riferite ad alcune delle unità immobiliari, da approvarsi in assemblea *"con benefici ed oneri a carico dei soli appartamenti"*, e purché ovviamente nel rispetto dei requisiti tecnico-prestazionali previsti (ad esempio, per l'isolamento termico, almeno il 25% della SDL coinvolta).

Di conseguenza, nel caso in cui il numero dei condòmini sia inferiore alla soglia prevista dalla legge, non sorge l'obbligo di nomina dell'amministratore, seppure essa possa essere certamente opportuna per una migliore e più ordinata gestione della cosa comune. Ad ogni modo, lo stesso art. 1129 del Codice civile, comma 6, in mancanza di nomina dell'amministratore, riconosce la possibilità di avvalersi di una "*persona che svolge funzioni analoghe a quelle dell'amministratore*", stabilendo che "*in mancanza dell'amministratore, sul luogo di accesso al condominio o di maggior uso comune, accessibile anche ai terzi, è affissa l'indicazione delle generalità e dei recapiti, anche telefonici, della persona che svolge funzioni analoghe a quelle dell'amministratore*".
Per altro verso l'art. 1138 del Codice civile, al comma 1, prevede che quando in un edificio il numero dei condòmini è superiore a 10 (si farà riferimento ai medesimi criteri di computo sopra illustrati) deve essere formato un regolamento, il quale contenga le norme circa l'uso delle cose comuni e la ripartizione delle spese, nonché le norme per la tutela del decoro dell'edificio e quelle relative all'amministrazione.

Per i casi in cui non sia obbligatorio nominare un amministratore, la Circolare 08/08/2020, n. 24/E, punto 1.1 ha chiarito che al fine di beneficiare del Superbonus per i lavori realizzati sulle parti comuni, i condomìni che, non avendone l'obbligo, non abbiano nominato un amministratore non sono tenuti a richiedere il codice fiscale (di converso, quando i condòmini siano più di 8 e quindi la nomina dell'amministratore è obbligatoria, se si verifica tale condizione ma le strutture oggetto degli interventi non risultano costituite in condominio secondo la disciplina civilistica prevista, si ritiene che non si possa fruire della detrazione Superbonus - vedi Interpello 03/02/2021, n. 83).
Il principio è ribadito anche in vari interpelli, vedi ad esempio: Interpello 18/03/2021, n. 196; Interpello 14/12/2021, n. 809 (per approfondimenti vedi Superbonus 110%: Massimario interpelli Agenzia delle entrate).
In tali casi (vedi Circolare 25/06/2021, n. 7/E, pag. 441), ai fini della fruizione del beneficio, può essere utilizzato il codice fiscale del condòmino che ha effettuato i connessi adempimenti. Il contribuente è comunque tenuto a dimostrare che gli interventi sono stati effettuati su parti comuni dell'edificio (a tale proposito, si ricorda che, in mancanza del codice fiscale del condominio minimo, è necessario produrre un'autocertificazione che attesti la natura dei lavori effettuati e indichi i dati catastali delle unità immobiliari facenti parte del condominio).
Ci si chiede, nei casi di condominio senza amministratore e codice fiscale, se:

1) i pagamenti possano essere effettuati da ciascun condòmino direttamente al fornitore per la propria quota, quindi con fatture intestate al singolo condòmino;
oppure

2) i pagamenti debbano obbligatoriamente essere effettuati da un condòmino incaricato, a cui saranno intestatele fatture dei fornitori e ciò anche nel caso di cessione del credito o sconto in fattura.

Il dubbio è legittimo in quanto nella citata Circolare 7/E/2021 si legge a pag. 300 che "*in assenza del codice fiscale del condominio, i contribuenti, per beneficiare della detrazione per gli interventi edilizi realizzati su parti comuni di un condominio minimo per la quota di spettanza, possono inserire nei modelli di dichiarazione le spese sostenute utilizzando il codice fiscale del condòmino che ha effettuato il relativo bonifico.*

Ogni condòmino che ha eseguito il bonifico per la propria quota di competenza deve riportare in dichiarazione il proprio codice fiscale".
È evidente che non si capisce quale sia il corretto modo di operare, tra i due sopra indicati.
Qualche ulteriore dettaglio è presente nella risposta all'Interpello 14/12/2021, n. 809.
Nel caso in cui non venga richiesto il codice fiscale del condominio minimo - afferma l'Agenza delle entrate nella risposta all'Interpello 809/2021 - le fatture devono essere emesse nei confronti del condòmino, o di entrambi i condòmini (nel caso esaminato dall'Interpello c'erano due condòmini), che effettua, oppure effettuano anche i correlati adempimenti.
Inoltre, come ribadito, da ultimo, nella Circolare 25/06/2021, n. 7/E, con riferimento alle detrazioni attualmente disciplinate dall'art. 14 del D.L. 63/2013 e dall'art. 16 del D.L. 63/2013, tali detrazioni spettano anche a colui che non risulti intestatario del bonifico e/o della fattura nella misura in cui abbia effettivamente sostenuto le spese, a prescindere dalla circostanza che il bonifico sia stato o meno ordinato da un conto corrente cointestato con il soggetto che risulti, invece, intestatario dei predetti documenti.
Ai fini della detrazione è tuttavia necessario che i documenti di spesa siano appositamente integrati con il nominativo del soggetto che ha sostenuto la spesa e con l'indicazione della relativa percentuale. Tali integrazioni devono essere effettuate sin dal primo anno di fruizione del beneficio, essendo esclusa la possibilità di modificare nei periodi d'imposta successivi la ripartizione della spesa sostenuta.
Nonostante il riferimento della Circolare 25/06/2021, n. 7/E sia al D.L. 63/2013, nel citato Interpello è stato affermato che "*i medesimi principi si rendono applicabili anche ai fini del Superbonus*" (vedi Circolare 7/E/2021, pag. 308).
In pratica, sembra evincersi dal "*chiarimento*" dell'Agenzia entrate, si può operare in entrambi i modi:

1) fatture e pagamenti intestati al condòmino delegato, ma in questo caso con indicazione in fattura del codice fiscale anche degli altri condòmini, ciascuno con la propria quota di spettanza;
2) fatture e pagamenti intestati direttamente ai singoli condòmini.

Per quel che riguarda la CILAS, la sezione "*Dati del titolare*" riporta i dati della persona fisica committente dell'intervento, oppure della persona fisica che presenta il modello in quanto rappresenta il soggetto committente dell'intervento, e va quindi sempre compilata.
In caso di interventi condominiali, il titolare dell'intervento è il condominio, quindi nella sezione in questione andranno riportati i dati dell'amministratore, contestualmente compilando la sezione "*Dati del condominio*" inserendo nel campo di tale sezione denominato "*In qualità di*" la dicitura "*Amministratore*". Ovviamente si dà per scontato che l'amministratore sia in possesso dell'opportuna delibera assembleare per procedere a presentare la pratica.
Qualora si tratti di condominio senza amministratore e codice fiscale, nella sezione in questione andranno riportati i dati del soggetto delegato dagli altri condòmini alla gestione della pratica. In questo caso si ritiene che vada compilata anche la sezione "*Dati del condominio*" inserendo nel campo di tale sezione denominato "In qualità di" la dici-

tura "*Delegato*", e senza compilare invece i dati del codice fiscale o partita IVA del condominio, che non sono disponibili.
Si ritiene che il delegato per i condòmini minimi senza amministratore debba essere in possesso di idonea procura, e questa dovrà essere allegata alla CILAS. A tale scopo a nostro giudizio è opportuna una procura speciale autenticata (seppure non richiesta da alcuna norma).
Inoltre, la sezione "*Dati del procuratore/delegato*" va compilata solo quando a presentare la CILAS è un soggetto diverso dal titolare reale del potere di presentare la pratica, a ciò appositamente delegato. Rientra in questa casistica anche l'ipotesi di condominio "*minimo*" (per il quale non vi è obbligo di nominare l'amministratore), nel qual caso come detto il soggetto appositamente delegato dai diversi proprietari deve come detto essere in possesso di una procura alla presentazione della pratica.

2.3.1.7 Ruolo e compensi dell'amministratore di condominio

Nell'ambito di interventi effettuati in condominio e che danno diritto al Superbonus, l'amministratore di condominio è chiamato ad occuparsi di molti aspetti importanti relativi al godimento del beneficio fiscale, come ad esempio:

- presentazione delle pratiche edilizie;
- assistenza e supporto al tecnico incaricato;
- cura degli adempimenti fiscali, tra cui la comunicazione dell'opzione per la cessione o per lo sconto in luogo delle detrazioni fiscali;
- attività di coordinamento tra tecnici e impresa esecutrice.

Inoltre, l'amministratore, considerata la delicatezza e la complessità del lavoro che è chiamato a svolgere, potrebbe avvertire la necessità di farsi assistere da un tecnico. In tale situazione ci si chiede se l'amministratore possa farsi supportare da un professionista terzo, e se il compenso di tale professionista terzo sarà poi detraibile.
L'art. 1129 del Codice civile, comma 14, prevede che all'atto dell'accettazione della nomina e dell'eventuale rinnovo dell'incarico, l'amministratore debba specificare analiticamente, a pena di nullità della nomina stessa, l'importo dovuto a titolo di compenso per l'attività svolta. Il compenso, specificato dall'amministratore, è considerato in linea di massima comprensivo di tutte le attività svolte dal professionista (per maggiori approfondimenti vedi anche L'amministratore di condominio).
A tal riguardo Cass. 02/03/2018, n. 5014, ha affermato che rientra nelle competenze dell'assemblea quella di riconoscere all'amministratore, con una specifica delibera, un compenso aggiuntivo al fine di remunerare un'attività straordinaria, qualora non si ravvisi sufficiente il compenso forfettario in precedenza accordato [9].
Diverso invece è il caso del compenso riconosciuto all'amministratore dalle altre parti contrattuali che, ponendosi come potenziale conflitto d'interessi, potrebbe causare l'annullamento del contratto. Con riferimento all'istituto del conflitto d'interessi la giu-

[9] Tale interpretazione appare preferibile rispetto al differente e più datato orientamento (vedi: Cass. civ. 28/04/2010, n. 10204; Cass. civ. 12/03/2003, n. 3596), secondo cui l'attività dell'amministratore - connessa ed indispensabile allo svolgimento dei suoi compiti istituzionali e non esorbitante dal mandato con rappresentanza - deve ritenersi compresa nel corrispettivo stabilito al momento del conferimento dell'incarico per tutta l'attività amministrativa di durata annuale, e non può pertanto stabilirsi una ulteriore retribuzione a parte.

risprudenza (Cass. civ. 31/01/2017, n. 2529) ha specificato che quest'ultimo, per risultare idoneo a produrre l'annullabilità del contratto, richiede l'accertamento dell'esistenza di un rapporto d'incompatibilità tra gli interessi del rappresentato e quelli del rappresentante, da dimostrare non in modo astratto od ipotetico.
Dunque, secondo la Corte di Cassazione tali situazioni sono da valutare caso per caso, attraverso un giudizio concreto che sfugga a generalizzazioni di sorta.
Ad ogni modo, nonostante tali situazioni in astratto non arrechino alcun danno al condominio, una semplice valutazione di opportunità imporrebbe di evitare questo genere di commistioni, che potrebbero in concreto minare l'indipendenza del legale rappresentante, nonché la sua credibilità verso il mandante.
Con la Circolare 22/12/2020, n. 30/E, al punto 4.4.1, l'Agenzia delle entrate ha chiarito che l'eventuale compenso dell'amministratore condominiale per tutti gli adempimenti connessi al Superbonus non può essere portato in detrazione.
Ciò in base al principio secondo cui la detrazione spetta per gli altri eventuali costi strettamente collegati alla realizzazione degli interventi, mentre tale spesa sostenuta dal condominio non è caratterizzata da un'immediata correlazione con gli interventi che danno diritto alla detrazione, in quanto gli adempimenti amministrativi rientrano tra gli ordinari obblighi posti a carico dell'amministratore da imputare alle spese generali di condominio.

L'amministratore svolge le proprie funzioni in conformità al mandato conferitogli dal condominio ed eventuali compensi, anche extra, riconosciuti dal condominio - ancorché riconducibili alla gestione (straordinaria) dei lavori - non possono come detto rientrare tra le spese che danno diritto al Superbonus.
Tuttavia, si ritiene che il compenso dell'amministratore di condominio possa diventare detraibile se corrisposto per lo svolgimento del compito di responsabile dei lavori [10]. In tal caso, la spesa sarebbe infatti da ritenersi come riferibile ad una prestazione professionale strettamente correlata all'esecuzione delle opere agevolabili, e quindi detraibile.
L'acquisizione della qualifica di "*responsabile dei lavori*", così come definito e regolato dal D. Leg.vo 81/2008, comporta delle responsabilità ulteriori per l'amministratore, di tipo sia civile che penale. Il responsabile dei lavori deve assolvere molti obblighi, facendo sempre gli interessi esclusivi del committente, cioè della totalità dei condomini attraverso l'organo decisionale dell'assemblea.
Peraltro, si ricorda che qualora non si adotti delibera assembleare per la nomina di un diverso responsabile dei lavori e la relativa quantificazione del compenso, l'amministratore, in quanto mandatario dell'assemblea e rappresentante del condominio, assume il ruolo di responsabile dei lavori e tutti gli obblighi e le responsabilità ad esso collegate.
Il responsabile dei lavori, regolato dall'art. 89 del D. Leg.vo 81/2008, comma 1, lettera *c)*, è il soggetto che può essere incaricato dal committente per svolgere i compiti ad esso attribuiti dallo stesso decreto (vedi anche Sicurezza in cantiere e obblighi di committente, responsabile lavori, coordinatore sicurezza, imprese affidatarie ed esecutrici).

---

[10] In tal caso il compenso in questione, oggetto di specifico accordo contrattuale al di fuori di quello relativo alla normale gestione condominiale, andrà fatturato separatamente e corrisposto con "*bonifico parlante*".

Ai sensi del DRE, anche la misura del compenso di tale professionista, ai fini della detraibilità, deve certamente rientrare nei valori massimi di cui al D.M. 17/06/2016.
Tuttavia - dato che nel D.M. 17/06/2016 non si rinviene un riferimento alle prestazioni del responsabile dei lavori - la Rete delle professioni tecniche (RPT), nel documento contenente "*Linee guida per la determinazione dei compensi per il Superbonus*" (ultimo aggiornamento marzo 2021), ha proposto di prendere come riferimento la tabella B2 del vecchio e ormai abrogato D.M. 04/04/2001, ipotizzando un'aliquota dello 0,05% da applicarsi al valore delle opere di progetto.
Tale soluzione è tuttavia secondo noi dubbia, dato che il citato DRE impone di fare riferimento al D.M. 17/06/2016, e quindi parametri diversi potrebbero non essere ritenuti idonei. Una possibile alternativa è quella di fare comunque riferimento al D.M. 17/06/2016, optando per un onorario a vacazione (compenso orario per le attività non previste, art. 6 del Decreto).

Gli amministratori di condominio, al fine di rispettare le specifiche ed articolate norme di tipo sia tecnico che fiscale che riguardano il Superbonus, sono come visto chiamati a svolgere attività straordinariamente complesse, per le quali potrebbero avvertire la necessità di farsi assistere da professionisti terzi (come, ad esempio, un tecnico). Ai fini della nomina del professionista a supporto, risulta necessario che la spesa sia specificatamente autorizzata dall'assemblea di condominio.
In proposito, in base a quanto affermato dall'Agenzia delle entrate, con l'Interpello 254/2021, non sembra possibile la detraibilità del compenso del tecnico che abbia prestato supporto all'amministratore di condominio nelle attività e negli adempimenti connessi alla fruibilità del Superbonus, per il quale non si ravvisa quella specifica correlazione con i lavori agevolabili che si è visto essere un requisito indispensabile.
Tali conclusioni sono in linea con la Circolare 22/12/2020, n. 30/E, punto 4.4.1, nel quale come visto si afferma l'indetraibilità dei compensi ordinariamente corrisposti all'amministratore di condominio.

2.3.1.8 Condomino moroso

Il principio generale è che il diritto a detrarre le spese per interventi su parti comuni di edifici residenziali spetta soltanto ai condòmini in regola con i versamenti (Circolare 24/02/1998, n. 57/E; Circolare 11/05/1998, n. 121).
Tuttavia, il beneficio compete anche ai condomini morosi, qualora il pagamento della quota di spettanza venga in ogni caso effettuato entro il termine ultimo per la presentazione della dichiarazione dei redditi. Pertanto, nella diversa ipotesi in cui non vi si ottemperi entro quella scadenza, non sarà possibile usufruire dell'agevolazione.

Ad esempio, se il pagamento delle spese da parte dell'amministratore è avvenuto nel corso del 2022, ciascun condomino, con riferimento al periodo d'imposta relativo a detto anno, può calcolare la detrazione sulla parte di spese del medesimo versate a tale titolo, in base alla ripartizione millesimale e alla delibera assembleare.
In tal modo rilevano i versamenti eventualmente anticipati nel 2022 per consentire all'amministratore di procedere nel 2021 al pagamento delle spese per gli interventi effettuati, mentre restano escluse le quote non versate dal condomino entro il 31/12/2022 anche se l'amministratore ha provveduto al pagamento.

La Circolare 22/12/2020, n. 30/E, punto 5.1.2, ricorda che nel caso di condomino moroso l'amministratore del condominio - nell'ambito della comunicazione all'Agenzia delle entrate per l'opzione cessione del credito o sconto in fattura - non deve comunicare nessun dato riferito allo stesso in quanto il condomino, non avendo versato le quote di spettanza, non ha diritto alla detrazione.
Poiché la detta comunicazione va effettuata entro il 16 marzo dell'anno successivo alle spese o dell'anno di presentazione della dichiarazione dei redditi in relazione alla prima rata ceduta, si ritiene che se il condomino non abbia ottemperato al versamento entro tale data perderà il diritto alla cessione del credito o allo sconto in fattura (ma potrebbe ancora fruire direttamente della detrazione se versasse entro il successivo termine per la presentazione della dichiarazione dei redditi).

2.4 PROCEDIMENTO EDILIZIO PER IL SUPERBONUS

I contenuti del presente paragrafo prendono in parte spunto dal volume "*CILA Superbonus*" - Dino de Paolis, Roberto Gallia - Legislazione Tecnica Dicembre 2021, al quale si rinvia per una più approfondita e molto dettagliata analisi su come compilare senza errori e incertezze la CILAS, con riferimento alle varie casistiche del Superbonus e con particolare attenzione alle parti innovative e peculiari.

2.4.1 Bonus fiscali edilizi e irregolarità edilizia dell'immobile

L'attuazione pratica degli interventi potenzialmente suscettibili di essere agevolati con il c.d. "*Superbonus 110%*" ha posto fin dalla fase iniziale delicati interrogativi in ordine alla possibilità di realizzare lavori per i quali si richiedono agevolazioni fiscali in presenza di pregresse non conformità dell'edificio dal punto di vista urbanistico-edilizio.
Si tratta di un tema estremamente complesso, sul quale è difficile fornire risposte univoche e definitive, e che vale ovviamente non solo per il c.d. "*Superbonus*" ma si estende anche alle altre agevolazioni che possano essere fruite in relazione a interventi sull'intero condominio o sulle altre tipologie edilizie interessate (ad esempio: riqualificazione energetica, adozione di misure per il consolidamento antisismico, sostituzione impiantistica, ecc.).
In altri termini, il problema non è specifico per il Superbonus, ma si è ripresentato in maniera particolarmente importante con il suddetto incentivo, dal momento che l'elevata percentuale delle agevolazioni concesse con il Superbonus ha indotto il legislatore a introdurre maggiori adempimenti e controlli rinforzati, che lasciano presagire un livello di attenzione particolarmente alto in ordine alla sussistenza dei requisiti per fruire delle agevolazioni. Proprio per il solo Superbonus, il legislatore ha individuato una soluzione di compromesso con l'introduzione della "*CILA Superbonus*".
Trattandosi di materia non di sua competenza, peraltro, l'Agenzia delle entrate non fornisce risposta su tali tematiche (Circolare 22/12/2020, n. 30/E, punto 5.3.1).
L'analisi che segue prescinde dalla normativa sulla CILA Superbonus, che verrà analizzata in seguito; pertanto, va considerata applicabile a qualsiasi intervento per il quale si intenda fruire di bonus fiscali edilizi (Sismabonus, Ecobonus, Bonus ristrutturazioni, ecc.), ma anche per i casi in cui gli interventi agevolabili con il Superbonus si accompagnino ad altri interventi al di fuori del perimetro agevolativo.

2.4.1.1 Richiesta di agevolazioni fiscali per interventi edilizi in sé non regolari

La norma di riferimento è l'art. 49 del D.P.R. 380/2001, già art. 41-*ter* della L. 17/08/1942, n. 1150, norma introdotta nel 1967 per regolare l'erogazione di contributi pubblici e agevolazioni in fase di realizzazione di iniziative, piani e programmi di edilizia pubblica e privata finalizzati a nuovi insediamenti abitativi e produttivi, molto frequenti negli anni dal 1950 al 1970, quelli del *"boom"* edilizio italiano.
Detto articolo dispone che gli interventi edilizi realizzati:

- in assenza di titolo abilitativo edilizio;
- in contrasto con il titolo abilitativo edilizio;
- sulla base di un titolo successivamente annullato;

non beneficiano delle agevolazioni fiscali previste dalle norme vigenti, né di contributi o altre provvidenze dello Stato o di enti pubblici.
Sempre in base all'art. 49 del D.P.R. 380/2001, affinché si applichi la non fruibilità delle agevolazioni, il contrasto deve riguardare:

- violazioni di altezza, distacchi, cubatura o superficie coperta che eccedano per singola unità immobiliare il 2% delle misure prescritte [11];
- il mancato rispetto delle destinazioni d'uso e degli allineamenti indicati nel Programma di fabbricazione [12], nel Piano regolatore generale e nei Piani particolareggiati di esecuzione.

Di conseguenza, nel caso in cui le opere stesse, che dovrebbero essere oggetto di agevolazione per le spese sostenute, non siano correttamente assentite, si possono distinguere, in relazione all'eventuale decadenza dal beneficio, quattro situazioni.

1) Opere non correttamente assentite e inoltre non sanabili

Il caso riguarda la realizzazione di opere eseguite in assenza di titolo abilitativo edilizio o difformi dallo stesso nel senso indicato dall'art. 49 del D.P.R. 380/2001, nonché in contrasto con gli strumenti urbanistici ed i regolamenti edilizi.
Questo caso comporta non fruibilità o comunque la decadenza dai benefici fiscali, in quanto si tratta di opere non regolarmente assentite ai sensi della vigente normativa (si veda in proposito la Circ. Ministero delle finanze 24/02/1998, n. 57, paragrafo 7) e che inoltre, dato il contrasto con gli strumenti urbanistici ed i regolamenti edilizi, non sono sanabili.

---

[11] La norma richiama la c.d. soglia di "*tolleranza*" prevista dall'art. 34-*bis*, comma 1, del D.P.R. 380/2001, ove è stabilito che il mancato rispetto dell'altezza, dei distacchi, della cubatura, della superficie coperta e di ogni altro parametro delle singole unità immobiliari non costituisce violazione edilizia se contenuto entro il limite del 2% delle misure previste nel titolo abilitativo. In tali casi, secondo la norma, viene quindi neutralizzato il carattere abusivo dell'intervento ed escluso il potere sanzionatorio dell'amministrazione (c.d. "*sanatoria ex lege*").

[12] Il "*Programma di fabbricazione*" è il primo strumento di pianificazione urbanistica e territoriale introdotto dalla Legge urbanistica nazionale (art. 34 della L. 1150/1942), allegato al Regolamento edilizio comunale. Il Programma, nato per disciplinare l'attività costruttiva con la definizione di specifiche norme edilizie e l'eventuale indicazione delle direttrici di espansione dell'abitato, nella successiva prassi (avallata dalla giurisprudenza e da alcuni provvedimenti legislativi particolari) è stato equiparato ad uno strumento urbanistico con finalità pianificatoria.

2) Opere non correttamente assentite ma sanabili

Il caso riguarda la realizzazione di opere eseguite in assenza di titolo abilitativo edilizio o difformi dallo stesso nel senso indicato dall'art. 49 del D.P.R. 380/2001, ma tuttavia comunque conformi agli strumenti urbanistici ed ai regolamenti edilizi, e dunque teoricamente sanabili, sulla base del procedimento delineato dall'art. 36 del D.P.R. 380/2001.

Questo caso non va considerato in assoluto come motivo di decadenza dai benefici fiscali, purché il richiedente metta in atto il procedimento di sanatoria previsto dalle normative vigenti.

In proposito la Circ. Ministero delle finanze 24/02/1998, n. 57, paragrafo 7, prevede, al fine di evitare la decadenza dal bonus fiscale, l'onere a carico del contribuente di trasmettere il corretto titolo edilizio rilasciato in sanatoria. L'art. 50 del D.P.R. 380/2001, a sua volta, dispone sul punto che:

- per conseguire in via provvisoria le agevolazioni deve essere prodotta copia della domanda di permesso in sanatoria presentata al Comune, con la relativa ricevuta rilasciata dal Comune stesso. L'interessato, a pena di decadenza dai benefici, deve presentare al competente ufficio dell'Amministrazione finanziaria copia del provvedimento definitivo di sanatoria entro sei mesi dalla sua notifica o, nel caso che questo non sia intervenuto, a richiesta dell'ufficio, dichiarazione del Comune che attesti che la domanda non ha ancora ottenuto definizione (comma 1) [13];
- il rilascio del permesso in sanatoria, per le opere o le parti di opere abusivamente realizzate, produce automaticamente, qualora ricorrano tutti i requisiti previsti dalle vigenti disposizioni agevolative, la cessazione degli effetti dei provvedimenti di revoca o di decadenza previsti dall'articolo 49 (comma 4);
- in attesa del provvedimento definitivo di sanatoria, per il conseguimento in via provvisoria degli effetti previsti dal comma 4 (punto precedente, cessazione degli effetti dei provvedimenti di revoca o di decadenza delle agevolazioni), deve essere prodotta da parte dell'interessato alle amministrazioni finanziarie competenti copia autenticata della domanda di permesso in sanatoria, corredata della prova del pagamento delle somme dovute fino al momento della presentazione dell'istanza (comma 5).

È utile ricordare che in base al quadro normativo vigente, la sanatoria ai sensi dell'art. 36 del D.P.R. 380/2001 può essere richiesta:

a) fino alla scadenza del novantesimo giorno seguente all'ordine di demolizione o rimozione, per l'ipotesi di interventi eseguiti in assenza di permesso di costruire in totale difformità o con variazioni essenziali (art. 31, comma 3, del D.P.R. 380/2001);

b) fino alla scadenza del "*congruo termine*" assegnato nell'ordine di demolizione o rimozione, per l'ipotesi di interventi di ristrutturazione edilizia in assenza di permesso di costruire o in totale difformità (art. 33, comma 1, del D.P.R. 380/2001);

c) entro il "*congruo termine*" fissato dall'ordinanza di demolizione o rimozione, per l'ipotesi di interventi eseguiti in parziale difformità dal permesso di costruire.

---

[13] La norma è evidentemente riferita agli atti di compravendita (la copia della sanatoria deve essere prodotta "*al momento della registrazione dell'atto*") - poiché come si è indicato l'art. 49 del D.P.R. 380/2001 deriva dal precedente art. 41-*ter* della L. 1150/1942, concernente l'erogazione di contributi pubblici per piani e programmi di edilizia pubblica e privata finalizzati a nuovi insediamenti abitativi e produttivi - ma si ritiene applicabile anche al caso qui in esame.

3) Opere teoricamente legittime ma non assentite tramite il corretto procedimento
Il caso riguarda la realizzazione di opere edilizie teoricamente legittime ma non assentite tramite il corretto procedimento edilizio, cioè per le quali sarebbe stato necessario un titolo abilitativo edilizio diverso da quello utilizzato (ad esempio opere soggette al regime della SCIA per le quali si sia presentata una CILA), ma tuttavia conformi agli strumenti urbanistici ed ai regolamenti edilizi.
Anche questo caso non può essere considerato motivo di decadenza dai benefici fiscali, purché il richiedente metta in atto il procedimento di sanatoria previsto dalle normative vigenti.
In proposito la Circ. Ministero delle finanze 24/02/1998, n. 57, paragrafo 7, prevede, al fine di evitare la decadenza dal bonus fiscale, l'onere a carico del contribuente di trasmettere il corretto titolo edilizio rilasciato in sanatoria.
Si richiamano altresì le norme dettate dall'art. 50 del D.P.R. 380/2001, illustrate al precedente punto *2)*, e che sono da ritenersi applicabili anche a questo caso.

4) Opere che non costituiscono violazione edilizia o che non eccedono le tolleranze
Il caso riguarda la realizzazione di opere edilizie:

- realizzabili liberamente previa comunicazione al Comune (Comunicazione di inizio lavori asseverata - CILA), quali ad esempio diversa distribuzione di spazi interni, abbattimento di una tramezza non strutturale, ecc., per le quali non serve una sanatoria ma è sufficiente regolarizzare la mancata comunicazione, con il pagamento della sanzione di 1.000 Euro ai sensi dell'art. 6-*bis*, comma 5, del D.P.R. 380/2001;
- che costituiscono violazione edilizia ma non eccedono la soglia di tolleranza delle variazioni di altezza, distacchi, cubatura o superficie coperta del 2% delle misure progettuali per singola unità immobiliare rispetto al progetto assentito (art. 34-*bis* del D.P.R. 380/2001).

Per queste opere non è necessario procedere a sanatoria, ma la tolleranza va dichiarata nell'ambito del procedimento edilizio relativo ad un eventuale successivo intervento (si segnala a tal proposito che sarebbe opportuno un adeguamento della relativa modulistica) o nell'ambito della "*attestazione di stato legittimo*" di cui all'art. 9-*bis* del D.P.R. 380/2001.

2.4.1.2 *Richiesta di agevolazioni fiscali per interventi su immobili in tutto o in parte irregolari*

Dall'analisi del quadro normativa sopra proposta, possiamo evincere alcuni principi di base in ordine alla possibilità di intervento su immobili in tutto o in parte irregolari:

1) non è consentito di intervenire in alcun modo e con qualsiasi tipo di intervento su un immobile del tutto abusivo, o comunque realizzato in difformità nel senso indicato dagli artt. 49 e 34-*bis* del D.P.R. 380/2001;

2) in presenza di una difformità parziale ma comunque rilevante nel senso indicato dagli artt. 49 e 34-*bis* del D.P.R. 380/2001, e non suscettibile di essere regolarizzata, per poter intervenire occorrerà ritornare alla precedente situazione legittima, tramite parziale demolizione (oppure tramite "*fiscalizzazione*" dell'illecito ai sensi degli artt. 33 e 34 del D.P.R. 380/2001, anche se come visto tale soluzione potrebbe non essere considerata "*risolutiva*");

3) in presenza di una difformità parziale ma comunque rilevante nel senso indicato dagli artt. 49 e 34-*bis* del D.P.R. 380/2001, ove sia viceversa possibile percorrere la strada dell'accertamento di conformità ai sensi dell'art. 36 del D.P.R. 380/2001 o della SCIA in sanatoria ai sensi dell'art. 37 del D.P.R. 380/2001, è possibile regolarizzare preventivamente la situazione e poi intervenire (con richiamo alle norme dettate dall'art. 50 del D.P.R. 380/2001, illustrate in precedenza);

4) in presenza viceversa di una difformità *"minore"* nel senso sopra chiarito, sarà possibile legittimamente effettuare anche interventi più estesi, anche di ristrutturazione edilizia, ove necessario con la preventiva presentazione di una CILA in sanatoria o *"postuma"* (art. 6-*bis* del D.P.R. 380/2001) e/o (se applicabile) rilascio della dichiarazione di *"stato legittimo dell'immobile"* da parte di un tecnico abilitato ai sensi degli artt. 34-*bis* e 9-*bis* del D.P.R. 380/2001;

5) le opere oggetto di condono edilizio o accertamento di conformità sono assimilabili ad opere fin dall'origine legittimamente assentite e realizzate ai fini delle possibilità di intervento.

2.4.1.3 Applicazione pratica dai bonus fiscali edilizi

Gli interventi edilizi per i quali sono previsti bonus fiscali edilizi possono prevalentemente ricondursi, ai fini dell'analisi che qui interessa, a due categorie:

1) interventi che coinvolgono le parti comuni interi edifici *"condominiali"* o comunque plurifamiliari;

2) interventi che coinvolgono singole unità immobiliari di proprietà privata, siano tali unità edifici unifamiliari o unità funzionalmente autonome seppure inserite in un contesto di edificio condominiale o plurifamiliare o infine appartamenti non autonomi in edificio condominiale o plurifamiliare.

1) Interventi su parti comuni di edifici condominiali

Uno dei casi più particolari e frequenti è quello dell'intervento in ambito condominiale, in presenza di piccole o medie difformità edilizie realizzate ad opera del singolo proprietario/condomino, quali ad esempio:

- realizzazione di veranda a parziale chiusura di un balcone con conseguente aumento della superficie sfruttabile dell'appartamento;
- spostamento di tramezzature interne con conseguente diversa distribuzione interna degli ambienti rispetto al progetto originariamente assentito;
- realizzazione di piccoli manufatti e corpi di fabbrica sul lastrico solare;
- annessione della soffitta con conseguente aumento della superficie sfruttabile dell'appartamento.

Ci si chiede se la presenza - come detto molto frequente - di tali piccole e medie difformità all'interno di una o più unità immobiliari dell'edificio condominiale, comprometta la possibilità per l'intero condominio di effettuare l'interventi e di richiedere benefici fiscali.

In questi casi sussistono in linea di massima le condizioni per poter intervenire, dando ovviamente per scontato che l'edificio condominiale sia stato a suo tempo legittimamente realizzato e che i lavori oggetto dell'intervento e per i quali si richiede l'agevolazione siano regolarmente assentiti.

La soluzione appare logica, anche perché:

- il soggetto che svolge l'intervento, cioè il condominio, è diverso da quelli che poi materialmente fruirebbero del beneficio fiscale, cioè i singoli condòmini, molti dei quali peraltro proprietari di unità immobiliari perfettamente regolari e corrispondenti alle risultanze urbanistiche e catastali;
- l'immobile su cui si andrebbe a eseguire l'intervento, cioè l'intero edificio, è diverso da quello su cui è stato materialmente commesso l'abuso edilizio (la singola unità immobiliare).

In questi casi, quindi, il tecnico incaricato di assistere il condominio, redigere il progetto e rilasciare le necessarie asseverazioni, non deve farsi carico di verificare la regolarità urbanistico-edilizia di ciascuna singola unità immobiliare, salvo il caso in cui l'abuso commesso dal singolo condomino intervenga e insista anche su parti comuni condominiali [14].

Secondo l'avviso di chi scrive, il singolo condomino responsabile dell'abuso sulla propria porzione accederà comunque, in questi casi, alla propria porzione di beneficio fiscale, seppure a suo rischio, dato il possibile recupero delle somme da parte dell'Amministrazione finanziaria nei suoi confronti, qualora l'abuso edilizio risulti rilevante ai sensi dell'art. 49 del D.P.R. 380/2001, soprattutto nel caso in cui l'abuso ecceda le *"tolleranze"* che lo rendono non suscettibile di essere regolarizzato.

Va infatti ricordato che in ultima analisi è proprio il singolo proprietario/condomino il fruitore finale del beneficio fiscale [15], e pertanto il soggetto nei cui confronti potrà, se del caso, agire l'Amministrazione finanziaria stessa.

Vanno poi valutate con particolare attenzione determinate casistiche, come ad esempio la realizzazione di veranda a parziale chiusura di un balcone. Infatti (in linea di massima):

- se il balcone è aggettante, non rientra nel concetto di "*parte comune*";
- se il balcone è incassato, è parte comune sia il solaio che le pareti a risega, e quindi l'abuso insiste sulle parti comuni; pertanto, intervenendo sull'intero edificio (anche se non sulle parti in questione) si sta operando in maniera illegittima.

Occorre una valutazione accurata caso per caso, ad esempio anche per verificare se - pur non essendo interessate dall'abuso le parti condominiali - la presenza della veranda possa compromettere la possibilità di intervento dal punto di vista tecnico.

---

[14] È utile in proposito segnalare che il comma 3-*quinquies* dell'art. 51 del D.L. 104/2020 aveva introdotto - solo ai fini del Superbonus - una semplificazione per la presentazione dei titoli abilitativi relativi agli interventi sulle parti comuni, prevedendo che le asseverazioni dei tecnici abilitati in merito allo stato legittimo degli immobili fossero da riferire esclusivamente alle parti comuni degli edifici interessati dagli interventi (inserita come comma 13-*ter*, art. 119 del D.L. 34/2020). In altri termini, si formalizzava la soluzione da noi proposta nel testo, prevedendo che non fossero *"bloccanti"* ai fini del Superbonus tutte quelle piccole irregolarità non concernenti parti comuni condominiali, molto frequenti, quali ad esempio diversa distribuzione di spazi interni, creazione di un bagno aggiuntivo non previsto, annessione della soffitta con creazione di volumetria aggiuntiva, ecc. Il comma è stato poi abrogato e sostituito dalla nuova disciplina specifica della c.d. "*CILA Superbonus*".

[15] Dal momento che, anche se il committente dell'intervento sulle parti comuni condominiali è il condominio stesso, il beneficio fiscale viene poi ripartito per millesimi in capo ai vari proprietari, che sono i materiali fruitori delle agevolazioni fiscali.

Discorso ancora diverso invece ove l'abuso sia stato realizzato dal singolo condomino, ma interessi parti comuni dell'edificio (si pensi ad esempio al caso del condomino che ha annesso alla propria abitazione una porzione del terrazzo condominiale, del locale *"lavatoio"* o casi simili) e/o tali opere compromettano le possibilità di intervento da parte del condominio anche solo ponendo difficoltà tecniche realizzative dovute alla presenza delle opere irregolari.
In questi casi sarà pieno diritto del condominio di richiedere al condomino di rimuovere a proprie spese le irregolarità, o di procedere direttamente in caso di rifiuto o inerzia con addebito al condomino stesso (vedi anche art. 1117-*quater* del Codice civile).

2) Interventi su singole unità immobiliari
Anche per queste tipologie possono non di rado presentarsi piccole o medie difformità edilizie realizzate ad opera del proprietario, quali ad esempio:
- realizzazione di tettoia coperta o patio con conseguente aumento della superficie sfruttabile (non risulta invece un abuso edilizio la realizzazione di una semplice *"pensilina"* con funzioni semplicemente ornamentali;
- realizzazione di veranda a parziale chiusura di un balcone con conseguente aumento della superficie sfruttabile dell'appartamento;
- spostamento di tramezzature interne con conseguente diversa distribuzione interna degli ambienti rispetto al progetto originariamente assentito;
- realizzazione di piccoli manufatti e corpi di fabbrica adibiti a ricovero attrezzi o simili, o realizzati su terrazze a livello o lastrici solari;
- sfruttamento a fini abitativi di piani interrati originariamente assentiti solo come *"vani tecnici"*.

Questa situazione si presenta diversa rispetto a quella del condominio, in quanto il soggetto che fruisce delle agevolazioni è anche il titolare dell'intervento, che opera sul proprio immobile o sulla porzione immobiliare di sua proprietà. Molto più facilmente, inoltre, la realizzazione ad esempio di una tettoia o di un corpo di fabbrica aggiuntivo, oppure la chiusura di una veranda potrebbe integrare fattispecie rilevanti ai sensi degli artt. 34-*bis* e 49 del D.P.R. 380/2001.
In questi casi occorre pertanto valutare attentamente, caso per caso, la situazione, escludendo la possibilità di procedere con gli interventi ove l'abuso ricada nell'ambito applicativo dell'art. 49 del D.P.R. 380/2001, salva la possibilità di una regolarizzazione preventiva come detto in precedenza.

2.4.2 Inquadramento edilizio degli interventi per il Superbonus

Gli interventi edilizi che possono usufruire degli incentivi Superbonus devono essere avviati a realizzazione a seguito della presentazione della specifica "*CILA Superbonus*", prevista dal comma 13-*ter* dell'art. 119 del D.L. 34/2020, e che verrà approfondita più avanti.
Solo per gli interventi di demolizione e ricostruzione, meglio definibili come interventi di "*sostituzione edilizia*", o anche di "*ristrutturazione ricostruttiva*", non opera la CILA Superbonus. Sinteticamente si ricorda che la disciplina edilizia e urbanistica vigente prevede che questi interventi:
- fuori delle zone A ed assimilate, sono sempre consentiti con intervento diretto "*nei limiti delle distanze legittimamente preesistenti*";

- gli ampliamenti, le sopraelevazioni, le modifiche di sagoma e di sedime, possono essere eseguiti con intervento diretto solo quando sia possibile rispettare "*le distanze minime tra gli edifici e dai confini*", mentre negli altri casi sono disciplinati dalle prescrizioni degli strumenti urbanistici;
- nelle zone A ed assimilate risulta sempre necessario uno specifico strumento urbanistico.

Il D.P.R. 380/2001, non disciplina in maniera specifica il procedimento di autorizzazione degli interventi di sostituzione edilizia, che possono rientrare fra gli interventi subordinati al permesso di costruire (art. 10 del D.P.R. 380/2001); cioè:

a) gli interventi di nuova costruzione;

b) gli interventi di ristrutturazione urbanistica;

c) gli interventi di ristrutturazione edilizia che portino ad un organismo edilizio in tutto o in parte diverso dal precedente e che comportino modifiche della volumetria complessiva degli edifici o dei prospetti, ovvero che, limitatamente agli immobili compresi nelle zone omogenee A, comportino mutamenti della destinazione d'uso, nonché gli interventi che comportino modificazioni della sagoma di immobili sottoposti a vincoli ai sensi del D. Leg.vo 42/2004.

La realizzazione di questi interventi è soggetta al rilascio del permesso di costruire, oppure alla presentazione di una SCIA alternativa al permesso di costruire (art. 23, comma 1) quando riguardino:

a) gli interventi di ristrutturazione di cui all'art. 10, comma 1, lettera *c)*;

b) gli interventi di nuova costruzione o di ristrutturazione urbanistica qualora siano disciplinati da piani attuativi comunque denominati,

c) gli interventi di nuova costruzione qualora siano in diretta esecuzione di strumenti urbanistici generali recanti precise disposizioni plano-volumetriche.

In casi particolari, per interventi con connotazioni di natura urbanistica, è possibile ricorrere al permesso di costruire convenzionato (art. 28-*bis* del D.P.R. 380/2001), che rappresenta - di fatto - l'inserimento in un provvedimento nazionale della formula di perequazione urbanistica già variamente declinata nelle legislazioni regionali. La norma prevede che, "*qualora le esigenze di urbanizzazione possano essere soddisfatte con una modalità semplificata*", il Consiglio comunale deve approvare il testo della convenzione, quale "*fonte di regolamento degli interessi*", che il soggetto attuatore deve sottoscrivere per ottenere il rilascio del permesso di costruire convenzionato, impegnandosi al soddisfacimento di un interesse pubblico, riferito - in particolare - alla cessione di aree "*anche al fine dell'utilizzo di diritti edificatori*", alla esecuzione delle opere di urbanizzazione e alla realizzazione di interventi di edilizia residenziale sociale.

2.4.3 La CILA Superbonus

2.4.3.1 Inquadramento sulla CILA Superbonus e aspetti generali

Si riporta di seguito il testo coordinato vigente dei commi 13-*ter*, 13-*quater* a 13-*quinquies*, art. 119 del D.L. 34/2020, che hanno introdotto l'istituto della "*CILA Superbonus*" (c.d. "*CILAS*") e ne regolano il funzionamento, in una tabella di commento generale alle varie disposizioni, che saranno poi oggetto di approfondimento nei paragrafi successivi.

CLASSIFICAZIONE DEGLI INTERVENTI La norma dispone che tutti gli interventi di cui all'art. 119 del D.L. 34/2020 (quindi gli interventi rientranti nel perimetro applicativo del Superbonus) sono da qualificare come "*manutenzione straordinaria*", anche qualora: - riguardino le parti strutturali degli edifici; - riguardino i prospetti degli edifici. Fanno eccezione unicamente gli interventi comportanti la demolizione e la ricostruzione degli edifici. I suddetti interventi possono altresì essere realizzati tramite la presentazione di una Comunicazione di inizio lavori asseverata (CILA). In pratica in questi casi non hanno rilevanza: - l'inquadramento dell'intervento nelle classificazioni previste dall'art. 3 del D.P.R. 380/2001; - il procedimento edilizio da attivarsi per l'intervento previsto dal D.P.R. 380/2001 e/o dalle normative regionali. **Costo congruo ai fini del fotovoltaico** La norma qui commentata ha un diretto impatto applicativo sugli interventi relativi agli impianti fotovoltaici che fruiscono del Superbonus. Per detti interventi è infatti previsto un limite di 2.400 Euro per ogni kW di potenza nominale dell'impianto, ridotto a 1.600 Euro per ogni kW se l'installazione è effettuata nell'ambito di interventi di ristrutturazione edilizia, nuova costruzione o ristrutturazione urbanistica (art. 3 del D.P.R. 380/2001, comma 1, lettere *d), e)* ed *f)*. Poiché il comma 13-*ter*, art. 119 del D.L. 34/2020, "*declassa*" a manutenzione straordinaria tutti gli interventi in Superbonus non attuati tramite demolizione e ricostruzione, si ritiene che in tutti questi casi il limite corretto per ciascun kW di potenza dell'impianto fotovoltaico rimanga fissato a 2.400 Euro.	**COMMA 13-*TER*,** **PRIMO PERIODO** *Gli interventi di cui al presente articolo, anche qualora riguardino le parti strutturali degli edifici o i prospetti, con esclusione di quelli comportanti la demolizione e la ricostruzione degli edifici, costituiscono manutenzione straordinaria, e sono realizzabili mediante comunicazione di inizio lavori asseverata (CILA).*
DICHIARAZIONI CONCERNENTI LA PREESISTENZA La norma dispone che la presentazione della CILA Superbonus non richiede l'attestazione dello stato legittimo di cui all'art. 9-*bis*, comma 1-*bis*, del D.P.R. 380/2001, ma che occorre unicamente dichiarare, in alternativa: - la legittimità della prima edificazione dell'immobile, tramite la menzione della licenza edilizia comunque denominata o dell'atto che abbia legittimato la costruzione (condono edilizio o accertamento di conformità), senza dover seguire la storia completa degli eventuali interventi edilizi parziali successivi; *oppure* - che l'immobile è stato ultimato in data antecedente al 01/09/1967. In altri termini, la norma consente - derogando alle ordinarie regole che sono di norma applicabili - di procedere con l'intervento edilizio anche in caso di non conformità della preesistenza, che peraltro non deve nemmeno essere dichiarata. Dal momento che il Legislatore qui precisa che - evidentemente in via derogatoria ed eccezionale - non va attestato lo stato legittimo, da ciò sembra doversi evincere che in via ordinaria tale attestazione dovrebbe essere resa nell'ambito dei procedimenti con CILA. Si ricorda tuttavia in proposito che in linea generale la modulistica per la CILA ordinaria non prevede l'attestazione della conformità della preesistenza (o stato legittimo che lo si voglia chiamare), con alcune eccezioni (ad esempio Umbria).	**COMMA 13-*TER*,** **SECONDO E TERZO PERIODO** *Nella CILA sono attestati gli estremi del titolo abilitativo che ha previsto la costruzione dell'immobile oggetto d'intervento o del provvedimento che ne ha consentito la legittimazione ovvero è attestato che la costruzione è stata completata in data antecedente al 1° settembre 1967.* *La presentazione della CILA non richiede l'attestazione dello stato legittimo di cui all'articolo 9-bis, comma 1-bis, del decreto del Presidente della Repubblica 6 giugno 2001, n. 380.*
CAUSE DI DECADENZA DAL BENEFICIO FISCALE La norma reca sostanzialmente delle eccezioni alle regole generali	**COMMA 13-*TER*,** **QUARTO PERIODO**

stabilite dall'art. 49 del D.P.R. 380/2001, ove sono previste in via ordinaria le casistiche che comportano la decadenza dai benefici fiscali per gli interventi edilizi illegittimi. In pratica la suddetta decadenza ai sensi dell'art. 49 si applica per gli interventi in Superbonus unicamente nei casi indicati dal quarto periodo, comma 13-*ter*, art. 119 del D.L. 34/2020, e che attengono essenzialmente: - a vizi della CILA Superbonus (mancata presentazione, interventi eseguiti difformi dalla stessa, mancanza della dichiarazione prevista in precedenza e afferente la legittimità della prima edificazione); *oppure* - alla non veridicità delle attestazioni rese dai professionisti ai sensi del comma 14 del medesimo art. 119, e relative al rispetto dei requisiti tecnico-prestazionali degli interventi e alla congruità della spesa sostenuta dal contribuente.	*La presentazione della CILA non richiede l'attestazione dello stato legittimo di cui all'articolo 9-bis, comma 1-bis, del decreto del Presidente della Repubblica 6 giugno 2001, n. 380. Per gli interventi di cui al presente comma, la decadenza del beneficio fiscale previsto dall'articolo 49 del decreto del Presidente della Repubblica n. 380 del 2001 opera esclusivamente nei seguenti casi:* *a) mancata presentazione della CILA;* *b) interventi realizzati in difformità dalla CILA;* *c) assenza dell'attestazione dei dati di cui al secondo periodo;* *d) non corrispondenza al vero delle attestazioni ai sensi del comma 14.*
LA CILAS NON COMPORTA SANATORIA La norma chiarisce, ove ce ne fosse bisogno, che la presentazione della CILAS non comporta alcuna compressione del diritto dell'amministrazione a perseguire eventuali abusi edilizi preesistenti, pur non potendo tale aspetto incidere sulle cause che comportano la decadenza dai benefici fiscali per gli interventi edilizi illegittimi ai sensi dell'art. 49 del D.P.R. 380/2001, che sono solo quelle tipizzate dal quarto periodo del precedente comma 13-*ter*.	**COMMA 13-*QUATER*** *Fermo restando quanto previsto al comma 13-ter, resta impregiudicata ogni valutazione circa la legittimità dell'immobile oggetto di intervento.*
INTERVENTI IN EDILIZIA LIBERA E SUPERBONUS La norma reca un chiarimento operativo concernente la compilazione del modello, ove dispone che per le opere che rientrano nel perimetro dell'edilizia libera (e che quindi normalmente potrebbero essere realizzate in assenza di alcuna comunicazione all'amministrazione) la CILAS può contenere solo una descrizione dell'intervento. Da ciò si evince che - contrariamente a quanto di norma accade - se per le opere che rientrano nel perimetro dell'edilizia libera si richiede l'applicazione del Superbonus, occorre comunque presentare la CILA Superbonus.	**COMMA 13-*QUINQUIES*, PRIMO PERIODO** *In caso di opere già classificate come attività di edilizia libera ai sensi dell'articolo 6 del testo unico delle disposizioni legislative e regolamentari in materia edilizia, di cui al decreto del Presidente della Repubblica 6 giugno 2001, n. 380, del decreto del Ministro delle infrastrutture e dei trasporti 2 marzo 2018, pubblicato nella Gazzetta Ufficiale n. 81 del 7 aprile 2018, o della normativa regionale, nella CILA è richiesta la sola descrizione dell'intervento.*
VARIANTI IN CORSO D'OPERA La norma reca un chiarimento operativo concernente la gestione delle varianti in corso d'opera per gli interventi indicati nella CILA Superbonus, che possono essere presentate direttamente a fine lavori tramite una CILAS "*in variante*". Come si vedrà in altra parte di questo lavoro, la norma crea rilevanti problemi pratici per la corretta gestione delle varianti in corso d'opera.	**COMMA 13-*QUINQUIES*, SECONDO PERIODO** *In caso di varianti in corso d'opera, queste sono comunicate alla fine dei lavori e costituiscono integrazione della CILA presentata.*
AGIBILITÀ A FINE LAVORI La norma (pur con un evidente refuso dal momento che parla di "*segnalazione certificata di inizio attività*") dispone che per gli interventi indicati nella CILA Superbonus non è necessario presentare la segnalazione certificata di agibilità a fine lavori ai sensi dell'art. 24 del	**COMMA 13-*QUINQUIES*, TERZO PERIODO** *Non è richiesta, alla conclusione dei lavori, la segnalazione certificata di inizio attività di cui all'articolo 24 del*

D.P.R. 380/2001. Si ricorda che secondo il citato art. 24 del D.P.R. 380/2001, si devono ritenere soggetti all'obbligo di segnalazione certificata di agibilità tutti gli interventi edilizi che incidono sulle condizioni di sicurezza, igiene, salubrità, risparmio energetico degli edifici e degli impianti negli stessi installati (ad esempio una ristrutturazione che modifica le altezze o le dimensioni del rapporto tra finestratura e superficie, come anche interventi sull'involucro edilizio che agiscono sull'isolamento, sui ponti termici, ecc.). Quanto sopra non si applica quindi per gli interventi in Superbonus autorizzati tramite la CILAS, seppure resti la facoltà di presentare comunque la segnalazione.	*testo unico di cui al decreto del Presidente della Repubblica 6 giugno 2001, n. 380.*

2.4.3.2 Vigenza della CILA Superbonus

L'Accordo tra il Governo, le Regioni e gli Enti locali concernente l'adozione della modulistica unificata e standardizzata per la presentazione della CILA Superbonus, raggiunto in sede di Conferenza Unificata in data 04/08/2021, è stato pubblicato nella Gazzetta Ufficiale del 23/08/2021.

Vista l'urgenza dell'adozione della modulistica unificata, la stessa era tuttavia già efficace dal giorno successivo alla data di pubblicazione dell'Accordo sul sito istituzionale della Presidenza del Consiglio - Dipartimento della funzione pubblica, avvenuta il 04/08/2021, quindi il nuovo modello è operativo dal 05/08/2021.

Dal punto di vista pratico:

- per tutti i procedimenti edilizi avviati dal 05/08/2021, purché non eseguiti tramite demo-ricostruzione, è obbligatoria la CILAS (salvo che per gli interventi attuati tramite demolizione e ricostruzione, per i quali non può essere utilizzata);
- viceversa, per i procedimenti edilizi avviati in data antecedente al 05/08/2021, si ritengono valide le pratiche suddette già avviate, senza necessità di presentare anche la CILAS [16]. Resta tuttavia ferma la facoltà di presentarla, soprattutto qualora se ne intenda sfruttare le caratteristiche di "*copertura*" di eventuali irregolarità edilizie che il modello presenta;

- quando l'intervento presenti una compresenza di interventi agevolabili con il 110% e altri interventi, va attivato un duplice iter edilizio, per l'intero intervento nel suo complesso e per le sole opere al 110%.

2.4.3.3 CILA Superbonus e deroghe al quadro normativo edilizio

Come sinteticamente già emerso nell'analisi preliminare svolta, l'introduzione del procedimento edilizio speciale della CILA Superbonus pone una serie di disposizioni in deroga alle norme che disciplinano l'attività edilizia privata, che vengono di seguito esaminate in dettaglio.

Molto importante è notare che tali deroghe valgono esclusivamente e solo per gli interventi in relazione ai quali si richiedono le agevolazioni del Superbonus. Le suddette deroghe non valgono e non sono quindi applicabili nei seguenti casi:

---

[16] In una prima fase si era ritenuto necessario presentare comunque una CILAS anche per i procedimenti edilizi avviati prima del 05/08/2021, ma dopo il 01/06/2021, data di entrata in vigore della norma che ne ha previsto l'adozione. Tale interpretazione è stata in seguito superata.

1) interventi che fruiscono di altri bonus fiscali edilizi (ad esempio l'Ecobonus e il Sismabonus "*ordinari*", il Bonus ristrutturazioni al 50%, il Bonus facciate);
2) interventi "*misti*", cioè tutti i casi in cui gli interventi in Superbonus sono eseguiti congiuntamente ad altri interventi che fruiscono di altri bonus fiscali edilizi o anche altri normali interventi al di fuori del perimetro di qualsiasi agevolazione.

Il punto *2)* è di particolare importanza, e si riconnette al fatto che per gli interventi che prevedono contemporaneamente opere soggette al Superbonus e altre opere non rientranti in tali benefici, occorre comunque presentare sia la CILA Superbonus, per l'intero intervento occorrerà fare riferimento al regime amministrativo ordinario, per cui secondo i casi occorrerà una SCIA o un Permesso di Costruire.

Ne segue come detto che tutte le deroghe al quadro normativo che di seguito verranno esaminate valgono solo per casi in cui l'intervento da realizzare riguardi solo opere soggette al Superbonus, mentre in tutti gli altri casi occorrerà fare riferimento - per l'intero intervento - al quadro normativo ordinario.

1) Deroga all'ordinario regime degli interventi edilizi

Per la classificazione degli interventi dal punto di vista urbanistico-edilizio, la norma di riferimento è l'art. 3 del D.P.R. 380/2001, nell'ambito del quale il Legislatore individua sei macrocategorie di interventi edilizi, per i quali gli altri articoli del Testo unico dell'edilizia, in combinato disposto con le norme regionali e locali, definiscono il corretto procedimento edilizio da attivare.

Tuttavia, come già indicato, ai fini del Superbonus è previsto che tutti gli interventi di cui all'art. 119 del D.L. 34/2020 sono da qualificare come "*manutenzione straordinaria*", anche qualora riguardino le parti strutturali degli edifici e/o riguardino i prospetti degli edifici, e con l'unica eccezione degli interventi comportanti la demolizione e la ricostruzione degli edifici, e che detti interventi possono essere realizzati tramite la presentazione di una Comunicazione di inizio lavori asseverata (CILA), senza avere riguardo all'inquadramento dell'intervento nelle classificazioni previste dall'art. 3 del D.P.R. 380/2001 e al procedimento edilizio da attivarsi per l'intervento previsto dal D.P.R. 380/2001 e/o dalle normative regionali.

Come già detto, questo aspetto comporta conseguenze pratiche anche a livello del costo massimo considerato "*congruo*" per gli interventi in Superbonus relativi all'installazione di impianti fotovoltaici, che sarà in questi casi sempre pari a 2.400 Euro.

L'opera edilizia deve essere considerata unitariamente nel suo complesso, senza che sia consentito scindere e apprezzare separatamente i suoi singoli componenti e ciò ancor più nel caso di interventi su preesistente opera abusiva.

Altra rilevante deroga alla regole che ordinariamente presiedono all'esecuzione degli interventi edilizi riguarda i c.d. interventi di "*edilizia libera*", la cui fonte normativa di riferimento è l'art. 6 del D.P.R. 380/2001, unitamente al D. Min. Infrastrutture e Trasp. 02/03/2018 (c.d. "*Glossario dell'edilizia libera*"), che individua le principali opere che possono essere eseguite senza alcun titolo abilitativo, nel rispetto delle prescrizioni degli strumenti urbanistici comunali e di tutte le normative di settore aventi incidenza sulla disciplina dell'attività edilizia.

Questi interventi possono di norma essere condotti senza necessità di effettuare alcuna comunicazione all'amministrazione comunale. Tuttavia, quando per i suddetti interventi si richiede il Superbonus 110%, anche per questi deve essere presentata la CILA Superbonus, nella quale per semplicità è possibile limitarsi ad una mera "*descrizione sintetica*" dell'intervento da inserire direttamente nel modello stesso, senza necessità quindi di allegare elaborati.
Scopo della misura è evidentemente mantenere una completa tracciabilità di tutti gli interventi che usufruiscono del bonus fiscale, agevolando nel contempo i controlli delle amministrazioni preposte.

2) Deroga alla necessità di attestare irregolarità pregresse
La regolarità urbanistica della preesistenza costituisce il presupposto necessario per la realizzazione di interventi edilizi, e la giurisprudenza afferma con costanza l'impossibilità di intervenire con nuove opere in presenza di un abuso edilizio preesistente; da questo segue la necessità di dichiarare lo stato legittimo dell'immobile in occasione di nuovi interventi edilizi.
Con l'introduzione del procedimento CILA Superbonus, si consente di omettere la dichiarazione sullo stato legittimo, sostanzialmente "*sottacendo*" la presenza di possibili irregolarità pregresse. Si è scelto di utilizzare il verbo "*sottacere*" in quanto si tratta in pratica di fare finta di nulla riguardo tale aspetto, che non viene nella maniera più assoluta cancellato; pertanto gli abusi edilizi pregressi potranno continuare a essere perseguiti secondo le ordinarie norme ma che può essere semplicemente trascurato. Scopo della misura è quindi quello di evitare che la presenza di abusi edilizi pregressi possa bloccare l'avvio dei cantieri per il Superbonus (nella evidente volontà di privilegiare gli effetti espansivi e di ripresa economica del bonus fiscale), pur senza cancellare il problema.
Il tecnico si può limitare a verificare la legittimità della sua iniziale realizzazione, ma senza poi ricostruire gli eventuali successivi interventi edilizi parziali. La legittimità della prima realizzazione può derivare, alternativamente:

- dall'esistenza di un titolo iniziale di legittimazione (licenza edilizia, concessione o autorizzazione edilizia, permesso di costruire, ecc.);

oppure

- dall'esistenza di un atto che abbia legittimato una costruzione realizzata abusivamente (condono edilizio o accertamento di conformità);

oppure

- dal fatto che la costruzione è stata realizzata in un'epoca nella quale non era necessario conseguire una forma di autorizzazione all'edificazione.

In merito a tale aspetto si sottolinea che, seppure la norma faccia riferimento al fatto che "*la costruzione è stata completata in data antecedente al 1° settembre 1967*", detto inciso debba essere più correttamente inteso come "*la costruzione è stata completata in data antecedente all'introduzione, in riferimento alla sua ubicazione, dell'obbligo di conseguire autorizzazione all'edificazione*".
Infatti, l'obbligo di preventivo titolo edilizio è stato introdotto già nel 1942 dalla Legge urbanistica (art. 31, L. 17/08/1942, n. 1150, entrata in vigore il 31/10/1942), seppure limitatamente agli immobili ricadenti nei centri abitati. Solo con l'art. 10, L.

06/08/1967, n. 765 (che ha sostituito il suddetto art. 31 a decorrere dal 01/09/1967) tale limitazione è stata soppressa e l'obbligo di premunirsi della licenza edilizia è stato esteso a tutto il territorio comunale e quindi anche alle zone fuori del centro abitato.
Pertanto, anteriormente all'entrata in vigore della L. 765/1967 (avvenuta il 01/09/1967) non vi era necessità di licenza edilizia solo per le costruzioni ubicate al di fuori del centro abitato, mentre anteriormente all'entrata in vigore della L. 1150/1942 (avvenuta il 31/10/1942) l'obbligo era assente anche all'interno del centro abitato (salva, secondo un orientamento giurisprudenziale, la possibile esistenza di fonti regolamentari anche pregresse alle disposizioni suddette, che avessero già previsto l'indefettibile rilascio della licenza - vedi dopo).
In pratica, ove la prima realizzazione dell'immobile sia legittimamente avvenuta, e di converso siano stati realizzati successivi interventi parziali non correttamente assentiti, si consente di procedere comunque con l'esecuzione degli interventi agevolati con il Superbonus.
Essenziale quindi, ai sensi del comma 13-*ter*, art. 119 del DL 34/2020, è che si sia in grado di verificare che l'edificio è stato legittimamente edificato, senza riguardo alle vicende successive.
La norma nulla dice a proposito di tutti quei casi in cui:
- l'edificio, pur essendo stato realizzato in forza di una licenza o autorizzazione, sia stato edificato in difformità dalla stessa;
- i successivi interventi seppur parziali abbiano comportato significative mutazioni dell'organismo edilizio.

Occorre pertanto procedere in via interpretativa, a nostro parere facendo riferimento al Testo unico dell'edilizia, che distingue due diverse fattispecie di varianti:

1) le varianti *in senso proprio*, ovvero le modificazioni qualitative o quantitative di non rilevante consistenza rispetto al progetto approvato, tali da non comportare un sostanziale e radicale mutamento del nuovo elaborato rispetto a quello oggetto di approvazione;

2) le varianti che costituiscono variazioni *essenziali*, ovvero quelle caratterizzate da incompatibilità qualitativa e quantitativa con il progetto edificatorio originario rispetto ai parametri indicati dall'art. 32 del D.P.R. 380/2001, che sono soggette al rilascio di un permesso a costruire del tutto nuovo ed autonomo rispetto a quello originario, e per il quale valgono le disposizioni vigenti al momento di realizzazione della variante.

Le variazioni essenziali sono quindi quelle che:
- abbiano inciso sui parametri urbanistici;
- abbiano inciso sulle volumetrie;
- abbiano comportato mutamento urbanisticamente rilevante della destinazione d'uso modificando la categoria edilizia;
- abbiano alterato i parametri indicati all'art. 3, comma 1, lettera *d)*, del D.P.R. 380/2001, in riferimento a un edificio sottoposto a vincolo ai sensi del D. Leg.vo 42/2004;
- abbiano violato le eventuali prescrizioni contenute nell'originaria licenza edilizia.

Pertanto, in questi casi il problema si concentra nella necessità o meno di nuovo titolo, che deve considerare l'eventuale diversa normativa sopravvenuta, mentre la variante in senso proprio invece si riferisce al titolo originario, senza necessità di esperire una nuova valutazione basata sulla normativa vigente. Detto in altri termini:

- la variante in senso proprio può essere assentita in base alla normativa vigente al momento dell'originaria richiesta del permesso di costruire, dal momento che l'originario permesso di costruire rimane valido;
- la variante essenziale necessita invece in buona sostanza del rilascio di un nuovo, diverso ed autonomo permesso di costruire, da valutarsi pertanto sulla base della norma vigente al momento della richiesta (o dell'effettuazione delle opere in caso di mancata richiesta).

Dal quadro normativo sopra illustrato si può a nostro parere dedurre che devono essere equiparati agli edifici realizzati senza permesso quelli che presentino delle variazioni quali-quantitative tali da risultare incompatibili con il suddetto permesso, avendo comportato la nascita di un organismo edilizio completamente diverso dal precedente, tali pertanto da potersi qualificare come nuove costruzioni del tutto abusive.

A tali casistiche si dovrebbero equiparare inoltre quei casi in cui l'originaria edificazione, seppure regolarmente autorizzata e realizzata conformemente all'autorizzazione (o con mere varianti non essenziali) sia poi stata nel tempo oggetto di ulteriori successivi interventi che ne abbiano alterato sensibilmente i parametri sopra indicati.

Al fine di valutare la legittimità dell'iniziale costruzione bisogna a nostro parere considerare che la deroga qui in commento incide solo sull'aspetto urbanistico-edilizio, e non invece su aspetti relativi al conseguimento di autorizzazioni di carattere "*non edilizio*" (ad esempio paesaggistica, sismica, ecc.).

Il caso è in pratica quello dell'edificio edificato in forma di regolare titolo edilizio, ma in mancanza di eventuali altre necessarie ma senza autorizzazioni "*non edilizie*". Ci si riferisce in questo caso, ad esempio, a fattispecie di:

- mancanza della pratica strutturale e/o del collaudo statico [17];
- rilevabile non conformità essenziale rispetto al progetto strutturale;
- mancanza del nulla osta paesaggistico o idrogeologico per immobile sottoposto a tali vincoli;

---

[17] L'assenza del certificato di collaudo statico può essere giustificata se riconducibile ad uno dei seguenti casi: *i)* edificio iniziato a costruire in data antecedente al 19/04/1940 (data di entrata in vigore del R..D. 16/11/1939 n. 2229), e quindi per il quale non era previsto alcun tipo di collaudo; *ii)* edificio iniziato a costruire a partire dal 19/04/1940 e prima del 05/01/1972 (data di entrata in vigore della L. 1086/1971), e non costituito da struttura in "*conglomerato cementizio armato*", e quindi per il quale non era previsto alcun tipo di collaudo; *iii)* edificio iniziato a costruire a partire dal 05/01/1972 e prima del 01/07/2009 (data di entrata in vigore definitiva delle NTC 2008), e non costituito da struttura in "*conglomerato cementizio armato normale o precompresso o a struttura metallica*", per il quale non era previsto il collaudo ai sensi dell'art. 67 del D.P.R. 380/2001, e cioè non compreso nell'elenco delle opere costitutive cui all'art. 53 del D.P.R. stesso.
Nei casi sopra elencati, non è quindi necessaria alcuna documentazione che attesti l'idoneità statica della struttura, in quanto trattasi di costruzioni realizzate con opere strutturali non soggette in origine all'obbligo di collaudo. Negli altri casi, la mancanza del certificato di collaudo non è formalmente giustificabile, pertanto dovrebbe essere preventivamente esperita una denuncia delle opere strutturali a posteriori, con il successivo collaudo statico, prima dell'esecuzione di altre opere edilizie, a maggior ragione se con richiesta di agevolazioni.

- probabilmente anche alla mancanza della pratica energetica (relazione "*Legge 10*", dichiarazioni del direttore dei lavori al termine delle opere [18]).

A tale proposito, va ricordata l'importante sentenza Corte Cost. 29/05/2013, n. 101, secondo la quale, in sintesi, non possono conseguire il permesso di costruire in sanatoria ai sensi dell'art. 36 del D.P.R. 380/2001 le costruzioni, o loro parti, che - costruite senza titolo in zona diventata sismica solo successivamente alla loro realizzazione - non risultino conformi alla normativa tecnica vigente sia al momento della realizzazione che della richiesta di sanatoria (c.d. "*doppia conformità strutturale*").

Si ritiene di dedurre da quanto sopra che l'edificio pur edificato inforza di titolo edilizio, ma privo dei necessari adempimenti e della conseguente regolarità alle norme sulle opere strutturali e sulle costruzioni in zone sismiche non può essere considerato legittimamente edificato, con le ovvie conseguenze per la presentazione della CILAS, nella quale non si potrà a cuor leggero barrare le relative "*caselle*".

Non si vede per quale motivo si dovrebbe giungere a diverse conclusioni per la mancanza di altri atti, quali ad esempio l'autorizzazione paesaggistica, correntemente ritenuta "*atto presupposto*" della licenza edilizia, in mancanza del quale la licenza stessa non può considerarsi regolarmente rilasciata [19].

È pur vero che nella CILAS le "*caselle*" in questione si trovano nella parte delle comunicazioni riservate al titolare, quindi al committente, ma è altrettanto vero che il committente si affida al tecnico per le verifiche del caso, e che dunque sarà bene che il tecnico stesso prenda tutte le opportune precauzioni rappresentando fedelmente alla committenza la situazione, o addirittura in casi estremi rifiutando l'incarico.

Infine, si deve a nostro parere affermare che - anche in caso di edifici legittimamente edificati nel senso sopra illustrato e quindi per i quali si potrà procedere con gli interventi in Superbonus - gli interventi edilizi agevolabili con il Superbonus non possono essere condotti su parti irregolarmente realizzate [20].

Si pensi a questi due semplici esempi:

1) edificio unifamiliare sul quale sono stati eseguiti interventi che abbiano comportato l'illegittimo recupero a fini abitativi di locali non abitabili quali sottotetti cantine, locali di sgombero, ecc. In relazione alle suddette superfici non potranno a nostro giudizio essere condotti interventi agevolabili;

---

[18] A tale proposito si ricorda che ai sensi dell'art. 8 del D. Leg.vo 192/2005, comma 2, il direttore dei lavori assevera la conformità delle opere realizzate rispetto al progetto e alle sue eventuali varianti ed alla relazione tecnica (di cui al comma 1 dell'art. 8 del D. Leg.vo 192/2005, c.d. "*Relazione Legge 10*"), redige ed assevera l'Attestato di qualificazione energetica dell'edificio come realizzato e presenta tale documentazione al Comune di competenza contestualmente alla dichiarazione di fine lavori senza alcun onere aggiuntivo per il committente. La dichiarazione di fine lavori è inefficace a qualsiasi titolo se la stessa non è accompagnata da tale documentazione asseverata, da ciò potendo quindi ricavarsi la non legittimità complessiva del procedimento edilizio e quindi l'abusività dello stesso. Disposizioni di analogo effetto sono rinvenibili nella normativa precedente, vedi ora abrogato art. 28 della L. 09/01/1991, n. 10.

[19] Tra le diverse pronunce, ad esempio: Cass. pen. 04/06/2018, n. 24872; C. Stato 13/05/2016, n. 1935.

[20] In alcuni casi, le irregolarità possono tuttavia essere estremamente integrate nell'edificio, in maniera tale da rendere difficile operare una distinzione che consenta di non coinvolgerle nell'intervento. Si pensi ad esempio alla realizzazione di piccolo balcone aggettante lungo il prospetto laterale dell'immobile, alla modifica dimensionale di un vano finestra, alla chiusura di un vano finestra, o altre ipotesi del genere.

2) appartamento in condominio nel quale sia stata aumentata la volumetria tramite l'abusiva chiusura di un balcone. La nuova superficie annessa non potrà essere oggetto di interventi agevolati, come ad esempio la sostituzione delle finestre della veranda abusiva.

L'aspetto forse più rilevante da sottolineare a proposito della deroga illustrata in questo paragrafo, è che essa trova applicazione unicamente per gli interventi agevolabili con il Superbonus, come si evince chiaramente dalla lettura della norma.

Ciò vuol dire che quando l'intervento edilizio comprenda anche altre opere al di fuori del perimetro del Superbonus (il fatto che tali opere aggiuntive siano agevolabili con altri bonus edilizi o meno è indifferente ai fini dell'analisi di cui si tratta), la deroga non è applicabile, e torna invece pienamente vigente l'ordinario regime delle opere eseguite su edifici in tutto o in parte abusivi.

Ciò anche e soprattutto alla luce del fatto che, secondo le più accreditate interpretazioni, l'opera edilizia deve essere considerata unitariamente nel suo complesso, senza che sia consentito scindere e apprezzare separatamente i suoi singoli componenti e ciò ancor più nel caso di interventi su preesistente opera abusiva.

Ne segue che quando l'intervento edilizio comprenda anche altre opere al di fuori del perimetro del Superbonus torna vigente l'obbligo di attestare lo stato legittimo dell'immobile, nell'ambito del procedimento edilizio che verrà attivato per l'intervento nel suo complesso. Stesso discorso, si ritiene, per:

- gli interventi condotti tramite demolizione e ricostruzione, per i quali non è possibile procedere con la CILAS ma occorre attivare il pertinente procedimento edilizio di norma previsto;
- gli interventi i cui procedimenti edilizi siano stati attivati prima del 05/08/2021, quindi senza CILAS, e per i quali non si sia sfruttata la possibilità di presentare comunque la CILAS per sfruttare le deroghe qui illustrate.

Non è però possibile evincere se in questi casi, comunque, la presentazione della CILAS tenga al riparo le agevolazioni del 110% dalla possibile decadenza.

3) Deroga presentazione Segnalazione certificata di agibilità

Sulla base del vigente quadro normativo, l'agibilità è obbligatoria per i seguenti interventi:

a) nuove costruzioni;

b) ricostruzioni o sopraelevazioni, totali o parziali;

c) interventi sugli edifici esistenti che possano influire sulle condizioni di sicurezza, igiene, salubrità, risparmio energetico degli edifici e degli impianti negli stessi installati, ad esempio una ristrutturazione che modifica le altezze o le dimensioni del rapporto tra finestratura e superficie (art. 24, D.P.R. 380/2001) [21].

L'art. 3 del D. Leg.vo 25/11/2016, n. 222 ha istituito la *Segnalazione certificata di agibilità* e ha disposto la sostituzione con tale istituto del certificato di agibilità, che pertanto deve ritenersi abolito a decorrere dall'entrata in vigore della disciplina dettata del predetto decreto.

---

[21] Poiché tali condizioni sono peraltro valutate "*secondo quanto dispone la normativa vigente*" è da ritenere che il rinnovo dell'agibilità non sia necessario quando non siano alterati i valori che secondo la normativa vigente identificano le condizioni di sicurezza, igiene, salubrità e risparmio energetico

Ai fini dell'agibilità, entro 15 giorni dall'ultimazione dei lavori di finitura dell'intervento va dunque presentata allo Sportello unico per l'edilizia una *segnalazione certificata* che attesti:

- la sussistenza delle condizioni di sicurezza, igiene, salubrità, risparmio energetico degli edifici e degli impianti negli stessi installati, valutate secondo quanto dispone la normativa vigente;
- la conformità dell'opera al progetto presentato;
- la sua agibilità.

La segnalazione certificata (c.d. *Segnalazione certificata di agibilità*) è corredata dalla seguente documentazione (art. 24 del D.P.R. 380/2001):

a) attestazione del direttore dei lavori o, qualora non nominato, di un professionista abilitato che assevera la sussistenza delle condizioni di cui sopra;

b) certificato di collaudo statico o, nei casi in cui esso previsto, dichiarazione di regolare esecuzione di lavori resa dal direttore dei lavori;

c) dichiarazione di conformità delle opere realizzate alla normativa vigente in materia di accessibilità e superamento delle barriere architettoniche;

d) gli estremi dell'avvenuta dichiarazione di aggiornamento catastale;

e) dichiarazione dell'impresa installatrice, che attesta la conformità degli impianti installati negli edifici alle condizioni di sicurezza, igiene, salubrità, risparmio energetico prescritte dalla disciplina vigente ovvero, ove previsto, certificato di collaudo degli stessi.

La norma sopra illustrata non richiama le definizioni dettate dall'art. 3 del D.P.R. 380/2001, se non quella di "*nuova costruzione*" (art. 3 del D.P.R. 380/2001, lettera e), oppure specifici titoli o procedimenti edilizi.

Si devono pertanto ritenere sottoposti all'obbligo di segnalazione certificata di agibilità anche i casi non soggetti a permesso di costruire ma che incidono sulle condizioni di sicurezza, igiene, salubrità, risparmio energetico degli edifici e degli impianti negli stessi installati (ad esempio una ristrutturazione che modifica le altezze o le dimensioni del rapporto tra finestratura e superficie).

Con l'introduzione del procedimento CILA Superbonus - in maniera speculare e analoga a quanto previsto per la dichiarazione di stato legittimo e quindi per la regolarità della preesistenza - si consente di omettere l'adempimento di presentare la Segnalazione certificata di agibilità [22], anche in questo caso sostanzialmente "*sottacendo*" l'assenza dei requisiti necessari per l'agibilità dell'edificio e/o dell'unità immobiliare.

Si è scelto anche qui di utilizzare il verbo "*sottacere*" in quanto si tratta in pratica di fare finta di nulla riguardo tale aspetto, che non viene nella maniera più assoluta cancellato; pertanto, la mancanza di agibilità di edifici e/o unità immobiliari continuerà anche in questi casi a essere un fattore limitante sia per la regolarità urbanistica che per la commerciabilità degli immobili. Anche per l'agibilità, scopo della misura è quello di evitare che la mancanza dei requisiti sull'immobile oggetto di intervento possa bloccare l'avvio degli interventi, pur senza cancellare il problema.

---

[22] Si segnala in proposito che il comma 13-*quinquies*, art. 119 del D.L. 34/2020 contiene un evidente refuso, dal momento che dispone testualmente "*Non è richiesta, alla conclusione dei lavori, la segnalazione certificata di inizio attività di cui all'articolo 24 del testo unico di cui al decreto del Presidente della Repubblica 6 giugno 2001, n. 380*".

La deroga (non ai requisiti di agibilità, si sottolinea ancora una volta, ma alla necessità di attestarli) va a braccetto con il tema della regolarità urbanistica, dal momento che si va consolidando in giurisprudenza l'orientamento per il quale non si può considerare agibile un immobile che sia in contrasto con gli strumenti urbanistici o con il titolo edilizio (si veda ad esempio TAR Campania Salerno 03/12/2019, n. 2138) [23].
Anche in questo caso va sottolineato con forza come è da ritenersi che la deroga illustrata in questo paragrafo trova applicazione unicamente per gli interventi agevolabili con il Superbonus autorizzati con la presentazione della CILAS, e che quindi quando l'intervento edilizio comprenda anche altre opere al di fuori del perimetro del Superbonus torna vigente l'obbligo di presentare la Segnalazione certificata di agibilità a fine lavori. Stesso discorso, come già indicato per la deroga all'attestazione dello stato legittimo degli immobili, per gli interventi condotti tramite demolizione e ricostruzione e per quelli antecedenti al 05/08/2021 e per i quali non si sia sfruttata la possibilità di presentare comunque la CILAS per sfruttarne le caratteristiche in deroga.

4) Deroga alle fattispecie di decadenza dai benefici fiscali
Dal momento che in base all'art. 49 del D.P.R. 380/2001, gli interventi edilizi realizzati in assenza di titolo abilitativo edilizio o in contrasto con il titolo abilitativo edilizio non beneficiano delle agevolazioni fiscali previste dalle norme vigenti, né di contributi o altre provvidenze dello Stato o di enti pubblici - e considerando che in base a tutto quanto fin qui detto un intervento su un immobile già irregolare o privo dei requisiti di agibilità è da equipararsi a un intervento abusivo, la CILA Superbonus comporta la sostanziale disapplicazione dell'art. 49 citato agli interventi che rientrano nel Superbonus.
A tale proposito infatti, il comma 13-*ter*, art. 119 del D.L. 34/2020, dispone che la decadenza del beneficio fiscale ai sensi dell'art. 49 del D.P.R. 380/2001 è circoscritta, per gli interventi con Superbonus, ai soli casi di seguito elencati:

- mancata presentazione della CILAS [24];
- interventi realizzati in difformità dalla stessa;
- assenza o non veridicità delle attestazioni rese dai professionisti in relazione alla sussistenza dei requisiti per l'applicazione del bonus fiscale (per il Superbonus, essenzialmente, rispetto dei requisiti tecnici e congruità dei costi sostenuti).

---

[23] Secondo tale orientamento, l'agibilità può essere negata non solo in caso di mancanza delle condizioni igieniche, ma anche in caso di contrasto con gli strumenti urbanistici o con il titolo edilizio. Tale interpretazione è in linea con la prevalente giurisprudenza (si veda ad esempio TAR Lombardia 10/02/2010, n. 332), basata in particolare sull'art. 25 del D.P.R. 380/2001, comma 1 (ora abrogato, ma la formulazione sopra indicata è riportata in modo pressoché identico nell'art. 24 del D.P.R. 380/2001 medesimo), secondo il quale la domanda di agibilità deve essere corredata, fra l'altro, da una dichiarazione del richiedente di conformità dell'opera rispetto al progetto approvato. Del resto appare assurdo, si legge nella sentenza, che il Comune rilasci l'agibilità a fronte di un'opera magari palesemente abusiva e destinata quindi con certezza alla demolizione, apparendo tale comportamento dell'amministrazione contraddittorio rispetto al perseguimento del pubblico interesse. Quanto sopra si può affermare - come nella fattispecie esaminata dalla sentenza - anche ove fosse pendente un procedimento di sanatoria edilizia.

[24] È appena il caso di segnalare che non è il ricorso alla c.d. "*CILA in sanatoria*" (o CILAS, in questo caso) ai sensi dell'art. 6-*bis* del D.P.R. 380/2001 per eseguire gli interventi di cui al Superbonus 110%, in quanto tale ipotesi appare ricompresa nella fattispecie di decadenza per "*mancata presentazione della CILA*" prima dell'inizio dei lavori.

Dal fatto che tra le cause di decadenza espresse indicate dalla norma sia prevista la "*mancata presentazione della CILA*" si evince l'obbligatorietà della sua presentazione in tutti i casi, e quindi anche quando si possa in teoria legittimamente attivare un diverso procedimento.
Si pensi ad esempio al caso di un intervento che preveda unicamente lavorazioni che rientrano nel Superbonus, ma che per caratteristiche possa essere di norma classificato come ristrutturazione edilizia e pertanto da autorizzare con una SCIA. Se dal punto di vista strettamente della norma edilizia il procedimento sarebbe correttamente attivato con la SCIA, dal punto di vista del bonus fiscale la mancata presentazione della CILAS costituisce causa di decadenza del beneficio, pertanto ci si trova obbligati (per gli interventi avviati dal 05/08/2021) a presentare la CILAS, oppure a integrare il procedimento già avviato con la presentazione anche della CILAS.
Per lo stesso motivo, cioè perché solo alla CILAS sono ricollegate le deroghe alle ordinarie cause di decadenza dai benefici fiscali, risulta assolutamente consigliabile presentarla in tutti i casi in cui è possibile, quindi anche per le pratiche pregresse al 05/08/2021 relative a interventi senza demolizione e ricostruzione.
Dal momento che le cause di decadenza dai benefici fiscali in caso di CILAS sono elencate dalla norma, si ritiene che queste siano tassative, e che pertanto non possano essercene altre, beninteso solo per l'aspetto collegato alla regolarità dell'intervento edilizio.

5) Aspetti non derogati e consigli pratici
Come si è cercato di illustrare con chiarezza, la presentazione della CILAS, se da un lato comporta alcune deroghe all'ordinario quadro normativo, certamente non deroga:
- alla ordinaria disciplina della vigilanza sull'attività edilizia, il che significa che ogni difformità potrà sempre essere contestata e se del caso demolita, anche dopo che l'edificio sia stato ristrutturato, coibentato, riqualificato (ma, paradossalmente, nella legittimità della fruizione di incentivi fiscali);
- ai requisiti necessari per conseguire l'agibilità degli edifici, la cui mancanza potrà sempre comportare eventuali provvedimenti limitativi dell'utilizzo della costruzione, o comunque difficoltà nella commerciabilità dell'immobile.

La CILAS insiste inoltre solo sull'aspetto urbanistico-edilizio, ma non comporta alcuna deroga ad altre normative di carattere non edilizio: norme di tutela paesaggistica/beni culturali, opere strutturali e in zone sismiche, vincoli idrogeologici, prevenzione incendi, fasce di rispetto, ecc.
Come si vedrà meglio nel capitolo 4 dedicato alla compilazione e presentazione del modello, infatti, eventuali ulteriori comunicazioni o istanze necessarie ai fini di cui sopra devono sempre essere presentate a corredo della CILAS.

Dal complesso quadro descritto risulta di conseguenza assolutamente opportuno, per il tecnico incaricato, a tutela di sé stesso e della committenza:
- eseguire sempre e comunque l'analisi sullo stato legittimo dell'immobile, e se presente certificarlo (anche a beneficio di una corretta sistemazione della proprietà per la committenza nonché in vista di possibili futuri trasferimenti dell'immobile stesso);

- verificare i requisiti di agibilità, e se possibile presentare comunque la Segnalazione certificata di agibilità a fine lavori, consigliabile anche per i lavori che rientrino solo nel 110% [25];
- valutare con la massima prudenza se (sotto il profilo delle possibili irregolarità pregresse e della possibile assenza dei requisiti per l'agibilità dell'immobile) ci sono le condizioni per procedere con l'intervento, e possibilmente, in presenza di irregolarità, limitarsi ai soli lavori ricompresi nel 110%.

Si consiglia inoltre, a ulteriore tutela del tecnico incaricato di:

- dare evidenza al committente delle eventuali non conformità urbanistiche e dei requisiti per il conseguimento dell'agibilità;
- indicare chiaramente alla committenza le possibili conseguenze sotto il profilo delle violazioni edilizie e/o della non commerciabilità dell'immobile, facendosi rilasciare possibilmente rilasciare una "*presa visione e comprensione*" per scritto, al fine di evitare future contestazioni.

2.4.3.4 Utilizzo della CILA Superbonus

1) Interventi solo Superbonus e interventi misti

A livello procedurale, secondo il corrente stato delle interpretazioni:

- per gli interventi che prevedono contemporaneamente opere soggette al Superbonus e altre opere non rientranti nel regime del 110%, occorre comunque presentare sia la CILAS, sia attivare il procedimento edilizio relativo per le opere non comprese, anche contemporaneamente (quindi: la CILAS non può prevedere altre opere);
- occorrerà in questo caso fare riferimento al regime amministrativo ordinario, per l'intero intervento, e quindi attivare (oltre alla CILA Superbonus che è certamente obbligatoria sempre per le opere che rientrano nel 110% [26]) anche un altro procedimento edilizio relativo all'intero intervento (che potrà essere una CILA, una SCIA, una SCIA alternativa al permesso di costruire oppure una richiesta di Permesso di costruire), comprensivo pertanto anche delle opere all'interno del perimetro del Superbonus [27].

È importante sotto questo aspetto sottolineare che il regime dei titoli abilitativi edilizi non può essere eluso attraverso la suddivisione dell'attività edificatoria finale nelle singole opere che concorrono a realizzarla, astrattamente suscettibili di forme di controllo preventivo più limitate per la loro più modesta incisività sull'assetto territoriale. L'opera deve essere infatti considerata unitariamente nel suo complesso, senza che sia consentito scindere e apprezzare separatamente i suoi singoli componenti, e ciò ancor più nel caso di interventi su preesistente opera abusiva. Evidentemente quindi, per sta-

---

[25] Il fatto che la norma non ne preveda la presentazione obbligatoria non vuol dire infatti che non ci sia una facoltà di presentarla, e che non sia opportuno esercitare questa facoltà nel momento in cui ve ne siano i presupposti.

[26] È importante infatti ricordare che la mancata presentazione della CILA Superbonus costituisce sempre una causa espressa di decadenza dalle agevolazioni, ai sensi del comma 13-*ter*, art. 119 del D.L. 34/2020.

[27] Si ritiene che in questi casi il procedimento edilizio per l'intervento complessivo debba essere attivato prima, o almeno contestualmente alla CILAS, dal momento che in quest'ultima devono essere indicati i relativi dati di protocollo.

bilire quale sia il regime dell'intervento edilizio, occorre valutarlo nel suo complesso, in quanto incide sull'assetto del territorio, e non può essere parcellizzato artificiosamente in una moltitudine di "*microinterventi*", al fine di ottenere un regime autorizzatorio o sanzionatorio più favorevole [28].

Ne segue la fondamentale conseguenza che, quando l'intervento edilizio comprenda anche altre opere al di fuori del perimetro del Superbonus (il fatto che tali opere aggiuntive siano agevolabili con altri bonus edilizi o meno è indifferente ai fini dell'analisi di cui si tratta), la deroga non è applicabile, e torna invece pienamente vigente l'ordinario regime delle opere eseguite su edifici in tutto o in parte abusivi, dettagliatamente illustrato in altra parte di questo lavoro.

Ne derivano ulteriormente conseguenze della massima rilevanza:

- all'interno dell'altro procedimento edilizio da attivarsi, il tecnico dovrà dichiarare la conformità della preesistenza (stato legittimo) secondo le regole ordinarie;
- alla fine dei lavori bisognerà presentare la Segnalazione certificata di agibilità e il conseguente possesso dei requisiti igienico sanitari, di sicurezza, ecc.;
- torneranno in toto vigenti le ordinarie regole che ai sensi dell'art. 49 del D.P.R. 380/2001 prevedono la decadenza dalla fruizione di agevolazioni edilizie per gli interventi edilizi abusivi.

A parere di chi scrive, la presentazione della CILA Superbonus, che, come detto, va eseguita in aggiunta all'avvio dell'ordinario procedimento edilizio per l'intervento complessivamente considerato, dovrebbe in ogni caso mantenere ferma la "*protezione*" delle agevolazioni fiscali almeno per gli interventi dedotti nella CILAS.

Qualora tuttavia tra le altre opere ci siano interventi per i quali si richiedano agevolazioni edilizie diverse dal Superbonus tornerebbero applicabili certamente le regole di decadenza ordinarie. Nessuna "*protezione*" potrà invece verificarsi per gli interventi eseguiti tramite demolizione e ricostruzione, per i quali non viene presentata la CILAS.

2) Varianti in corso d'opera

Secondo quanto si legge nel comma 13-*quinquies*, secondo periodo, art. 119 del D.L. 34/2020, in caso di varianti in corso d'opera, queste sono comunicate a fine lavori e costituiscono integrazione della CILAS presentata.

Occorre tuttavia richiamare la distinzione tra:

1) le *varianti in senso proprio* (in corso d'opera), ovvero le modificazioni qualitative o quantitative di non rilevante consistenza rispetto al progetto approvato, tali da non comportare un sostanziale e radicale mutamento dell'intervento rispetto a quello comunicato;

2) le varianti che costituiscono *variazioni essenziali*, ovvero quelle caratterizzate da incompatibilità qualitativa e quantitativa con il progetto edificatorio originario (in base ai parametri indicati dall'art. 32 del D.P.R. 380/2001), che sono quindi soggette all'attivazione di un procedimento edilizio nuovo (che segue le disposizioni vigenti al momento di realizzazione della variante).

---

[28] Si vedano in proposito, tra le tante: Cass. pen. 31/08/2018, n. 39339; Cass. pen. 21/04/2015, n. 16622; Cass. pen. 22/10/2020, n. 29323; Cass. pen. 14/10/2020, n. 28495; Cass. pen. 15/06/2017, n. 30147; Cass. pen. 22/01/2019, n. 2833.

Si consideri che la CILAS prevede l'allegazione della documentazione afferente alle ulteriori comunicazioni (ad esempio, relazione tecnica sul risparmio energetico, Allegato B del D.M. 58/2017 per il Sismabonus, ecc.) e/o le ulteriori istanze di tipo non edilizio che l'intervento necessita (ad esempio, autorizzazione paesaggistica, autorizzazione sismica, parere preventivo dei VV.F.). Pertanto, si possono considerare rientranti nel caso *2)* tutti i casi in cui (per via delle menzionate norme specifiche non edilizie - strutturali, paesaggistiche, ecc.) la variazione al progetto implica che debbano essere rinnovate o nuovamente presentate le ulteriori segnalazioni, comunicazioni o notifiche.
Quindi solo le *varianti in senso proprio* (cioè le *vere* varianti in corso d'opera, ma che lasciano inalterato l'impianto originario del progetto) dovrebbero essere consentite con la modalità speditiva indicata dal comma 13-*quinquies*, mentre le variazioni essenziali comporterebbero la presentazione di una nuova CILAS.
Assodato questo, nella pratica si pone il problema di come presentare la nuova documentazione:

- per il caso *1)*, si barra la casella relativa alle varianti come prevista nel modello (vedi parte dedicata), considerando che ove come probabile la variante comporti modifiche ai computi metrici occorrerà presentare i computi aggiornati con le asseverazioni successive [29];
- nel caso *2)*, invece, una buona prassi può essere quella di barrare la casella d-1, dedurre nella nuova CILAS l'intero progetto comprensivo delle varianti, e nelle note finali richiamare la CILAS precedente dicendo che la nuova la integra, sostituendola. Fino a tale momento si potranno comunque continuare le lavorazioni (vecchie) non variate, mentre una volta che la nuova CILAS è operativa potrebbe essere bene chiudere la vecchia (fine lavori, ove necessario e consentito).

Il modello operativo non è tuttavia esente da critiche, considerando anche che ciascun ufficio competente potrebbe avere differenti orientamenti.
Si consideri che di norma la CILAS può essere presentata all'inizio dei lavori o alla fine dei lavori, mentre in momenti intermedi del processo edilizio molti Comuni non la accettano per vari motivi:

- alcuni uffici fanno riferimento ai procedimenti della CILA ordinaria, che non ammette di norma varianti intermedie;
- se si fa invece riferimento alla CILAS, la norma prevede che essa possa essere integrata solo alla fine, in allegato alla documentazione di chiusura dei lavori, come prevede l'art. 119 del D.L. 34/2020.

Fissati questi "*cardini*" secondo un orientamento più restrittivo non potrebbero essere presentate varianti sostanziali (strutturali, energetiche, urbanistiche) perché esse prevedono un titolo abilitativo aggiornato prima dell'esecuzione delle opere. Ad esempio, le

---

[29] Su questo punto soccorrono i chiarimenti forniti da ENEA riguardo le modalità di redazione del computo metrico, e che - in assenza di chiarimenti specifici - riteniamo di poter estendere per analogia anche al Sismabonus. Infatti, nel chiarire che il computo metrico da allegare è sempre il computo globale (quindi anche nei SAL al 30% e 60% si carica comunque il computo metrico complessivo), ENEA afferma che è sempre possibile aggiornare il documento precedentemente caricato al SAL 30%, qualora siano subentrate delle varianti in corso d'opera. Altresì, in caso di varianti in corso d'opera, è opportuno evidenziare le variazioni subentrate all'interno del computo metrico.

autorizzazioni sismiche di variante (se facciamo riferimento ad opere strutturali) non sono valide se non accompagnate da una CILAS.
Secondo questo ragionamento, non sarebbero possibili variazioni essenziali alla CILAS, cui sono concesse, come eccezione alla regola generale della CILA, solo piccole modifiche finali.
La soluzione corretta va quindi chiaramente valutata con lo Sportello unico di competenza.

2.4.4 Cartello di cantiere

Nei cantieri in cui si svolgono interventi agevolabili con il Superbonus, il cartello di cantiere deve indicare la dicitura *"Accesso agli incentivi statali previsti dalla legge 17 luglio 2020, n. 77, Superbonus 110 per cento per interventi di efficienza energetica o interventi antisismici"* (comma 14-*bis*, art. 119 del D.L. 34/2020).

2.5 CONTROLLI E SANZIONI, DOCUMENTAZIONE NECESSARIA

2.5.1 Controlli e sanzioni

2.5.1.1 Controlli

Quanto all'Ecobonus i controlli - ai sensi dell'art. 11 del DRE - sono affidati all'ENEA, che li effettua con le procedure e secondo le modalità disciplinate dal D.M. 11/05/2018.
Detto decreto disciplina le procedure e le modalità con le quali ENEA effettua i controlli a campione, sia documentali che *in situ*, volti ad accertare la sussistenza delle condizioni per la fruizione delle detrazioni fiscali di cui agli interventi per il risparmio energetico.
Il campione sottoposto a controllo è definito nel limite massimo dello 0,5% delle richieste di accesso al beneficio della detrazione fiscale dell'anno precedente, tenendo conto in particolare di quelle che soddisfano uno o più dei seguenti criteri:

- *a)* istanze relative agli interventi che hanno diritto a una aliquota maggiore (saranno pertanto soggetti a maggiori controlli gli interventi per i quali si richiede il 110%);
- *b)* istanze che presentano la spesa più elevata;
- *c)* istanze che presentano criticità in relazione ai requisiti di accesso alla detrazione fiscale ed ai massimali dei costi unitari.

Il decreto in particolare detta disposizioni relative al programma dei controlli e criteri di selezione degli interventi, all'avvio della procedura e documentazione attestante la sussistenza dei requisiti richiesti, agli accertamenti documentali e controlli *in situ*, all'attività complementare e sistema informativo, alla rendicontazione dell'attività svolta da ENEA.

Quanto invece al Sismabonus, non vi è una specifica autorità preposta ai controlli *"tecnici"* (come invece è l'ENEA per la parte energetica), pertanto tali aspetti rientrano nell'ordinaria funzione di vigilanza sull'attività urbanistico-edilizia che nel territorio comunale è esercitata dal dirigente o dal responsabile del competente ufficio comunale in base a quanto stabiliscono lo Statuto o i regolamenti comunali (si tratta di ufficio che secondo le norme locali è variamento denominato ed organizzato: ad es. Ufficio pianificazione e controllo del territorio, Ufficio edilizia e urbanistica e vigilanza, ecc.)

Quanto ai controlli svolti dall'Agenzia delle entrate, la Circolare 08/08/2020, n. 24/E, punto 9 prevede che:

- l'Agenzia delle entrate procede, in base a criteri selettivi, a controlli sulla veridicità della documentazione;
- qualora sia accertata la mancata integrazione, anche parziale, dei requisiti, l'Agenzia recupera le somme non spettanti maggiorate di interessi di cui all'art. 20 del D.P.R. 29/09/1973, n. 602, nonché delle sanzioni di cui all'art. 13 del D. Leg.vo 18/12/1997, n. 471;
- fornitori che abbiano applicato lo sconto in fattura ed eventuali soggetti cessionari del credito rispondono unicamente per l'eventuale utilizzo del credito d'imposta in modo irregolare o in misura maggiore allo sconto praticato o al credito ricevuto, salvo che vi sia un concorso nella violazione accertata, caso in cui rispondono in solido per il recupero delle somme di cui al punto precedente.

In particolare, gli avvisi di accertamento devono essere notificati entro il 31 dicembre del quinto anno successivo a quello in cui è stata presentata la dichiarazione con cui si fruisce del beneficio fiscale. In pratica i poteri di accertamento si estendono al 31 dicembre del quinto anno successivo a quello in cui si è presentata la dichiarazione dei redditi con l'ultima rata del beneficio.

Esempio

Lavori nel 2022; recupero somme in 5 rate annuali a partire dalla dichiarazione 2023 per i redditi 2022; ultima dichiarazione con agevolazioni 2027 per i redditi 2026; scadenza poteri di controllo dell'Agenzia entrate 31/12/2032.

Invece, in caso di cessione del credito o sconto in fattura, la notifica dell'atto di recupero, emesso a seguito del controllo degli importi a credito indicati nei modelli di pagamento unificato per la riscossione di crediti inesistenti utilizzati in compensazione, potrà essere effettuata entro il 31 dicembre dell'ottavo anno successivo a quello del relativo utilizzo.

Qualora venga accertata la mancata integrazione, anche parziale, dei requisiti, l'Agenzia recupera le somme non spettanti, maggiorate:

- degli interessi di cui all'art. 20 del D.P.R. 602/1973 (4% all'anno);
- delle sanzioni per omesso o tardivo versamento di cui all'art. 13 del D. Leg.vo 471/1997 (30% dell'importo non versato, ridotta alla metà in caso di ravvedimento entro 90 giorni).

Si segnala inoltre che, ai sensi dell'art 1 del D. Leg.vo 471/1997:

- se nella dichiarazione dei redditi sono esposte indebite detrazioni d'imposta si applica la sanzione amministrativa dal 90 al 180% della maggiore imposta dovuta (in questo specifico caso pari proprio alla detrazione indebitamente fruita);
- quando la violazione è realizzata mediante l'utilizzo di documentazione falsa o per operazioni inesistenti, mediante artifici o raggiri, condotte simulatorie o fraudolente, la sanzione è aumentata tra il 135 e il 270%;
- viceversa, quando la maggiore imposta sia inferiore al 3% dell'imposta dichiarata e comunque inferiore a euro 30.000, la sanzione diminuisce tra il 60% e il 120%.

In tutti i casi, il rilascio di asseverazioni da parte di soggetti non abilitati costituisce motivo di decadenza dalle agevolazioni (Circolare 22/12/2020, n. 30/E, punto 5.2.9).

Si segnala infine che ai sensi del comma 5-bis, art.119 del D.L. 34/2021 (introdotto da D.L. 77/2021), le violazioni meramente formali che non arrecano pregiudizio all'esercizio delle azioni di controllo non comportano la decadenza delle agevolazioni fiscali limitatamente alla irregolarità od omissione riscontrata. Per le violazioni rilevanti ai fini dell'erogazione degli incentivi, la decadenza dal beneficio si applica limitatamente al singolo intervento oggetto di irregolarità od omissione.

2.5.1.2 Sanzioni

Si riportano tabelle riepilogative delle sanzioni penali, tributarie e amministrative.

Sanzioni per reati penali

VIOLAZIONE	NORMA	SANZIONE	NOTE
Falso ideologico in certificati	Art. 481 c.p.	Reclusione fino a un anno o multa da 51 a 516 Euro. Pene applicabili congiuntamente se vi è scopo di lucro.	Il Superbonus configura sempre lo scopo di lucro.
Truffa aggravata per il conseguimento di erogazioni pubbliche	Art. 640-*bis* c.p.	Reclusione da 2 a 7 anni. Si procede d'ufficio se il fatto riguarda contributi, finanziamenti, mutui agevolati ovvero altre erogazioni dello stesso tipo, comunque denominate, concessi o erogati da parte dello Stato, di altri enti pubblici o delle Comunità europee.	La condotta penalmente rilevante si perfeziona non già con l'approvazione del finanziamento pubblico, ma solo con la presentazione di rendiconti supportati da falsi documenti giustificativi.

Sanzioni per reati tributari

VIOLAZIONE	NORMA	SANZIONE	NOTE
False fatturazioni	Art. 8 D. Leg.vo 10/03/2000, n. 74	Reclusione da 4 a 8 anni	Ai fini dell'applicazione della disposizione prevista dal comma 1, l'emissione o il rilascio di più fatture o documenti per operazioni inesistenti nel corso del medesimo periodo di imposta si considera come un solo reato. Previste riduzioni di pena per importi minori di 154.937,07 Euro.
Frode fiscale	Art. 2 D. Leg.vo 74/2000	Reclusione da 1,5 a 6 anni	Dichiarazioni fraudolente fondate su falsa documentazione idonea a fornire una falsa rappresentazione della situazione fiscale del contribuente.
Indebita compensazione	Art. 10-*quater* D. Leg.vo 74/2000	Reclusione da 1,5 a 6 anni	Mancato versamento all'erario di somme dovute e indebitamente compensate per oltre 50.000 Euro.

Sanzioni per illeciti amministrativi

VIOLAZIONE	NORMA	SANZIONE	NOTE
Asseverazioni non veritiere	Art. 119 D.L. 34/2020	Sanzione amministrativa pecuniaria compresa tra 2.000 e 15.000 Euro per ciascuna attestazione o asseverazione infedele resa	Non veridicità di asseverazioni e attestazioni
APE infedele	Art. 6 D. Leg.vo 192/2005	Sanzione amministrativa da 700 a 4.200 Euro	Professionista qualificato che rilascia un APE senza il rispetto dei criteri e delle metodologie.

2.5.1.3 Documentazione da ottenere e da conservare

Si ritiene utile riportare di seguito l'elenco di documenti e dichiarazioni sostitutive - tratto dalla Circolare 22/12/2020, n. 30/E, paragrafo 6.8 -, da acquisire all'atto dell'apposizione del visto di conformità sulle comunicazioni da inviare all'Agenzia delle entrate per l'esercizio dell'opzione per la cessione del credito o lo sconto in fattura. Detto elenco rappresenta anche un ottimo riepilogo della documentazione da ottenere e conservare per la fruizione delle agevolazioni del Superbonus.

Riepilogo della documentazione e dichiarazioni per Superbonus

TIPOLOGIA PRESUPPOSTI	DOCUMENTI E DICHIARAZIONI SOSTITUTIVE
Soggetti - Condomìni, per parti comuni di edifici residenziali (se non residenziali nel complesso solo ai possessori di unità immobiliari residenziali) - Persone fisiche, per unità immobiliari residenziali (esclusi categorie A/1, A/8, A/9): o proprietario, nudo proprietario o titolare di altro diritto reale di godimento (usufrutto, uso, abitazione o superficie) o conduttore a titolo di locazione, anche finanziaria o comodatario o familiare convivente o erede o socio cooperativa a proprietà indivisa o coniuge assegnatario dell'immobile a seguito di separazione o futuro acquirente - IACP o assimilati, per immobili, di proprietà o gestiti per conto dei comuni, adibiti a edilizia residenziale pubblica - Cooperativa di abitazione a proprietà indivisa, per immobili posseduti e assegnati ai soci - Onlus - Organizzazione di volontariato - Associazione di promozione sociale - ASD o SSD, per immobili o parti di immobili adibiti a spogliatoi - Comunità energetiche rinnovabili costituite in forma di enti non commerciali o di condomini, per impianti solari fotovoltaici dalle stesse gestiti	Titolo idoneo, al momento di avvio dei lavori o al momento del sostenimento delle spese, se antecedente il predetto avvio, a seconda dei casi: - Dichiarazione sostitutiva di proprietà dell'immobile o visura catastale - Contratto di locazione registrato, dichiarazione di consenso all'esecuzione dei lavori da parte del proprietario - Contratto di comodato registrato, dichiarazione di consenso all'esecuzione dei lavori da parte del proprietario - Certificato stato di famiglia o dichiarazione sostitutiva del familiare convivente o del componente l'unione di fatto o componente unione civile di convivenza con il proprietario dell'immobile dalla data di inizio lavori o dal momento del sostenimento delle spese, se antecedente - Copia della dichiarazione di successione e dichiarazione sostitutiva attestante la detenzione materiale e diretta dell'immobile - Verbale del CDA della cooperativa di accettazione della domanda di assegnazione - Sentenza di separazione - Contratto preliminare di acquisto registrato con immissione in possesso - Documentazione idonea a dimostrare l'iscrizione nei registri previsti per ODV, APS, ASD e SSD o dichiarazione sostitutiva - Documentazione idonea a dimostrare la natura di IACP o di ente aventi le stesse finalità sociali
Condomìni - Condominio - Condominio minimo	A seconda del condominio: - Copia della delibera assembleare e della tabella millesimale di ripartizione delle spese o certificazione dell'amministratore di condominio - Delibera assembleare dei condomini, dichiarazione sostitutiva attestante la natura dei lavori eseguiti e i dati catastali delle unità immobiliari facenti parte del condominio minimo
Altre condizioni soggettive - Possesso di redditi imponibili in Italia - Destinazione dell'unità immobiliare (persone fisiche) - Limitazione a due unità immobiliari (persone fisiche) - ASD e SSD	- Dichiarazione sostitutiva del possesso di redditi imponibili in Italia - Dichiarazione sostituiva che l'immobile oggetto di intervento non è un bene strumentale, merce o patrimoniale, - Dichiarazione sostitutiva che il Superbonus è richiesto per un massimo di due unità immobiliari - Dichiarazione sostitutiva che il Superbonus limitato ai lavori destinati ai soli immobili o parti di immobili adibiti a spogliatoi

Aspetti contabili - Documenti di spesa - Strumenti di pagamento - Sostenimento della spesa nel periodo agevolato secondo i criteri o di cassa (persone fisiche, enti non commerciali) o di competenza (imprese, società, enti commerciali) - Cessione del credito corrispondente alla detrazione - Sconto in fattura (contributo corrispondente alla detrazione, anticipato dal fornitore sotto forma di sconto sul corrispettivo dovuto) - Rispetto dell'importo massimo delle spese agevolabili	A seconda dei casi: - Fatture, ricevute fiscali o altra idonea documentazione se le cessioni di beni e le prestazioni di servizi sono effettuate da soggetti non IVA, da cui risulti la distinta contabilizzazione delle spese relative ai diversi interventi svolti - Bonifico bancario o postale da cui risulti la causale del versamento, il codice fiscale del soggetto che versa e il codice fiscale o partita IVA del soggetto che riceve la somma, per l'importo del corrispettivo non oggetto di sconto in fattura o cessione del credito. Possono essere utilizzati i bonifici predisposti dagli istituti di pagamento ai fini dell'Ecobonus ovvero della detrazione prevista per gli interventi di recupero del patrimonio edilizio. L'obbligo di effettuare il pagamento mediante bonifico non riguarda i soggetti esercenti attività d'impresa, per i quali vale comunque il principio dell'utilizzo di mezzi tracciabili - Documentazione relativa alle spese il cui pagamento è previsto possa non essere eseguito con bonifico bancario (ad esempio, per pagamenti relativi ad oneri di urbanizzazione, ritenute d'acconto operate sui compensi, imposta di bollo e diritti pagati per le concessioni, autorizzazioni e denunce di inizio lavori) - Certificazione dell'amministratore di condominio - Consenso alla cessione del credito o sconto in fattura da parte del cessionario/fornitore
Abilitazioni amministrative	- Abilitazioni amministrative dalle quali si evinca la tipologia dei lavori e la data di inizio dei lavori, a seconda dei casi Comunicazione Inizio Lavori (CIL), Comunicazione Inizio Lavori Asseverata (CILA), Segnalazione certificata di inizio attività (SCIA), con ricevuta di deposito - Dichiarazione sostitutiva in cui sia indicata la data di inizio dei lavori ed attestata la circostanza che gli interventi posti in essere rientrano tra quelli agevolabili e che i medesimi non necessitano di alcun titolo abilitativo ai sensi della normativa edilizia vigente - Ricevuta di spedizione della comunicazione preventiva inizio lavori all'ASL di competenza
Superbonus antisismico art. 119 **Interventi trainanti** - Interventi antisismici e di riduzione del rischio sismico su parti comuni, su edifici unifamiliari o plurifamiliari indipendenti **Interventi trainati** - Realizzazione di sistemi di monitoraggio strutturale continuo a fini antisismici - Installazione di impianti solari fotovoltaici - Sistemi di accumulo integrati	**Asseverazioni e attestazioni tecniche** - Asseverazione dei requisiti tecnici con attestazione della congruità delle spese sostenute al termine dei lavori o per ogni SAL - Ricevuta di deposito presso lo sportello unico - Iscrizione del tecnico asseveratore all'Albo professionale - Polizza RC del tecnico asseveratore con massimale adeguato agli importi degli interventi oggetto dell'asseverazione - Attestazione dell'impresa che ha effettuati i lavori di esecuzione dell'intervento trainato tra l'inizio e la fine del lavoro trainante - Relazione tecnica con ricevuta di deposito - In presenza di soli interventi trainati acquisire la documentazione attinente agli interventi trainanti se il visto di conformità è stato apposto da un altro CAF o professionista abilitato
Superbonus efficientamento energetico art. 119 **Interventi trainanti** - Isolamento termico delle superfici opache verticali, orizzontali e inclinate o su parti comuni o su edifici unifamiliari o plurifamiliari indipendenti - Sostituzione degli impianti di climatizzazione invernale o su parti comuni o su edifici unifamiliari o plurifamiliari indipendenti	**Asseverazioni e attestazioni tecniche** - Asseverazione dei requisiti tecnici con attestazione della congruità delle spese sostenute rilasciata al termine dei lavori o per ogni stato di avanzamento dei lavori - Ricevuta di trasmissione all'ENEA - Scheda descrittiva con ricevuta di trasmissione all'ENEA - APE ante intervento - APE post intervento - Iscrizione del tecnico asseveratore all'Albo professionale - Polizza RC del tecnico asseveratore, con massimale adeguato agli importi degli interventi oggetto dell'asseverazione - Attestazione dell'impresa che ha effettuati i lavori di esecuzione dell'intervento trainato tra l'inizio e la fine del lavoro trainante In presenza di soli interventi trainati [1] acquisire la documentazione attinente gli interventi trainanti se il visto di conformità è

Interventi trainati - Efficientamento energetico - Installazione di impianti solari fotovoltaici - Sistemi di accumulo integrati - Infrastrutture per la ricarica di veicoli - Eliminazione di barriere architettoniche	stato apposto da un altro CAF o professionista abilitato *1. salvo che l'edificio sia sottoposto ai vincoli previsti dal codice dei beni culturali e del paesaggio o il rifacimento dell'isolamento termico è vietato da regolamenti edilizi, urbanistici o ambientali*

CAP. 3
RUOLO, RESPONSABILITÀ E COMPENSI DEL TECNICO

I contenuti del presente capitolo prendono in parte spunto dal volume "*Analisi prezzi e computi per il Superbonus*" - Osservatorio prezzi per l'Edilizia - Legislazione Tecnica Novembre 2021, al quale si rinvia per una guida strettamente pratica dedicata ai soggetti (tecnici e imprese) impegnati nella progettazione, direzione esecutiva e realizzazione di interventi per i quali si richiedono le agevolazioni del Superbonus 110%, corredata da 80 analisi di prezzi (i c.d. "*NP*") da utilizzare nella redazione dei computi e un Prezzario completo, a disposizione del professionista.

3.1 LA CONGRUITÀ DEI COSTI AI FINI DEL SUPERBONUS

3.1.1 Congruità dei costi per gli interventi di Super-Ecobonus

I costi sostenuti per qualsiasi intervento agevolato al 110% devono risultare *congrui* in relazione ai lavori che sono stati eseguiti, come attestato dall'asseverazione rilasciata da tecnico abilitato sulla base dei modelli definiti dal DAS (comma 13 dell'art. 119 del D.L. 34/2020).

Per asseverare la congruità della spesa degli interventi di Ecobonus, si fa riferimento ai criteri indicati al punto 13 dell'Allegato A al DRE.

Detti criteri devono essere seguiti secondo uno schema ben preciso, che non può essere oggetto di deroga:

1) i costi per tipologia di intervento devono essere inferiori o uguali ai prezzi medi delle opere compiute riportati nei prezzari delle opere pubbliche predisposti dalle regioni e dalle province autonome territorialmente competenti in cui è sito l'edificio oggetto dell'intervento, o in alternativa nei prezzari Dei [1];

2) solo se questi prezzari non comprendono le lavorazioni da svolgere, vi sono le seguenti alternative:

a) i prezzi possono essere determinati in maniera analitica (definizione di NP), con procedimento che tenga conto di tutte le variabili che intervengono nella definizione dell'importo stesso, anche facendo riferimento ad altri prezzari quali ad esempio prezzari di regioni limitrofe, altri prezzari, listini delle Camere di commercio, ecc.

b) si potrà anche fare riferimento ai valori indicati dall'Allegato I al Decreto Requisiti, che sono di norma da utilizzarsi (per gli interventi soggetti all'Ecobonus ordinario - non "*super*", vedi oltre) solo per gli interventi nei quali l'asseverazione sul rispetto dei requisiti di prestazione energetica a cura del tecnico può essere sostituita da una dichiarazione del fornitore o dell'installatore.

A proposito del possibile utilizzo dei valori indicati in Allegato I, per il Super-Ecobonus sono di norma eseguiti più interventi congiuntamente, e nella gran parte dei

---

[1] Nelle more dell'emanazione del decreto del Ministero della transizione ecologica, come previsto dal comma 13, art. 119 del D.L. 34/2020, come modificato dalla L. 234/2021, Legge di bilancio 2021.

casi convivono interventi da asseverare ad opera del tecnico ed altri in cui si potrebbe fare riferimento alla dichiarazione del fornitore o installatore. Tuttavia, l'asseverazione è sempre unica e i dati sono comunque sempre riportati dal tecnico asseveratore nella piattaforma Enea (si pensi ad esempio a un intervento trainante di isolamento termico dell'involucro opaco eseguito congiuntamente a un intervento di sostituzione di infissi). Ne segue che per tutti gli interventi la congruità dei costi per il Super-Ecobonus deve essere valutata in prima battuta sempre tramite i prezzari, e solo in mancanza di voci coerenti potrà farsi ricorso all'Allegato I [2], anche per quegli interventi nei quali l'asseverazione potrebbe essere sostituita dalla dichiarazione del fornitore.

Quanto infine ai compensi professionali (che sono ammessi alla detrazione, sia quanto agli oneri per le prestazioni professionali connesse alla realizzazione degli interventi, anche riferite agli studi iniziali e di prefattibilità, che per la redazione dell'Ape nonché per l'asseverazione), questi sono considerati *"congrui"* se contenuti entro i parametri di cui al D.M. 17/06/2016, concernente i compensi per le attività tecniche nell'ambito dei lavori pubblici.
Il tecnico incaricato è tenuto ad allegare all'asseverazione il computo metrico nonché, in caso di ricorso a stima dei costi analitica, la relazione per la definizione dei nuovi prezzi.

Nel medesimo computo metrico possono essere utilizzati sia i prezzi desunti dal listino opere pubbliche che quelli desunti dal listino Dei.
Più in dettaglio, la modalità migliore e più rispettosa del dettato normativo sembra essere la seguente:

- scegliere di partenza un prezzario *"principale"* (sia esso il regionale o Dei, dato che Enea stessa ha chiarito che si può indifferentemente utilizzare i prezzari OO.PP. delle regioni o province autonome o i prezzari Dei);
- per i prezzi non contemplati dall'uno, riferirsi all'altro prezzario (quindi tra i due quello non scelto come principale) oppure andare con analisi o Allegato I quando possibile.

Per ogni voce dovrà indicare il prezzario di riferimento.
Ai sensi del punto 13.3 dell'Allegato A al Decreto Requisiti, se le spese sostenute superano i costi massimi come sopra individuati, la detrazione si applica sui detti massimi, e pertanto le spese in eccesso rimarranno a carico del contribuente (vedi anche Circolare 22/12/2020, n. 30/E, punto 5.2.2).

---

[2] Si fa notare un problema non di poco conto, riguardo ai prezzi dell'Allegato I. La didascalia della tabella recita "*Spesa specifica onnicomprensiva massima ammissibile della detrazione per tipologia di intervento*", mentre la nota finale recita "*I costi esposti in tabella si considerano al netto di IVA, prestazioni professionali e opere complementari*". Una delle due è evidentemente sbagliata, perché o i prezzi sono onnicomprensivi massimi, oppure sono al netto di altre voci. Secondo la più accreditata interpretazione, gli importi indicati dall'Allegato I al Decreto Requisiti rappresentano solo il costo del materiale, cui vanno aggiunti quindi i costi della mano d'opera e accessori quali trasporti, ecc., oltre che IVA.

3.1.2 Congruità dei costi per gli interventi di Super-Sismabonus

L'Agenzia delle entrate ha in un primo momento chiarito (Interpello 09/11/2020, n. 538) che - ai fini dell'asseverazione da parte dei professionisti incaricati della congruità delle spese sostenute in relazione agli interventi agevolati con il Super-Sismabonus - occorreva fare riferimento ai prezzi riportati nei prezzari predisposti dalle regioni e dalle province autonome, ai listini ufficiali o ai listini delle locali camere di commercio, industria, artigianato e agricoltura ovvero, in difetto, ai prezzi correnti di mercato in base al luogo di effettuazione degli interventi (si ritiene possibile scegliere anche più di un prezzario). Ciò in quanto il DRE - richiamato anche ai fini del Sismabonus dal comma 13-*bis*, art. 119 del D.L. 34/2020 - non risultava fornire indicazioni specifiche applicabili agli interventi antisismici.
A seguito delle modifiche introdotte prima dal D.L. 157/2021 e poi dalla L. 234/2021, i criteri per la verifica di congruità dei costi riferita al Super-Sismabonus sono stati omologati a quelli del Super-Ecobonus, visti in precedenza, e ai quali si rinvia.
Per il Super-Sismabonus non è esplicitamente previsto l'obbligo di allegare il computo metrico all'asseverazione sul rispetto dei requisiti tecnico-prestazionali degli interventi. Tuttavia, in analogia con la regolamentazione del Super-Ecobonus, si ritiene comunque opportuno procedere con l'allegazione.

L'Interpello 10/03/2021, n. 168 ha chiarito che in relazione alla mancanza dell'asseverazione della congruità dei costi sul vecchio modello (quindi per i casi in cui vi sia una pratica di Sismabonus ordinario avviata prima del 01/07/2020 - data di avvio del Superbonus - con asseverazione redatta quindi con la vecchia modulistica che non prevedeva la dichiarazione in merito alla congruità dei costi) non occorre ripresentare il modello.
La dichiarazione sulla congruità dei costi verrà "*recuperata*" nelle asseverazioni successive, in particolare in quella redatta sul modello Allegato B-2 a cura del direttore dei lavori delle strutture.

3.1.3 Congruità dei costi per il Sismabonus acquisti

Per il "*Sismabonus acquisti*" non è necessario redigere il computo metrico estimativo dei lavori e non deve essere compilata la sezione del modulo che richiede l'indicazione del costo complessivo dell'intervento.
Infatti, il comma 1-*septies* dell'art. 16 del D.L. 63/2016 determina il bonus fiscale con riferimento al prezzo della singola unità immobiliare, risultante nell'atto pubblico di compravendita e, comunque, entro un ammontare massimo di spesa pari a 96.000 Euro per ciascuna unità immobiliare.
Il bonus fiscale non ha quindi relazione col "*costo complessivo dell'intervento*" richiesto nel modulo di asseverazione, da indicare negli altri casi di interventi strutturali eseguiti su edifici esistenti.
Pertanto, in questo caso la sezione non deve essere compilata.

3.1.4 Esempi di congruità dei costi

3.1.4.1 Esempio per intervento in condominio

Si intende qui di seguito sviluppare un esempio di verifica della congruità dei costi per un intervento di isolamento termico e sostituzione impianto centralizzato in condominio, palazzina composta da:

- 5 unità abitative A/3
- 3 box auto C/6
- 3 cantine C/2

Di seguito i massimali teorici per gli interventi programmati, che nel caso in esame sono calcolati - trattandosi di intervento condominiale - conteggiando tutte le unità immobiliari presenti nell'edificio e non fisicamente staccate, ivi comprese le pertinenze distintamente accatastate, e anche se non servite da impianto termico (vedi Circolare 22/12/2020, n. 30/E, punto 4.4.4 e 4.4.5; Circolare 25/06/2021, n. 7/E, pag. 412).
Si avranno pertanto i seguenti massimali così calcolati:

- isolamento termico: 40.000 x 8 + 30.000 x 3 = 410.000;
- sostituzione impianto centralizzato 20.000 x 8 + 15.000 x 3 = 205.000.

INTERVENTO	MAX SPESA	MAX DETRAZIONE
Isolamento termico	410.000,00 €	451.000,00 €
Impianto centralizzato	205.000,00 €	225.500,00 €
Totali	**615.000,00 €**	**676.500,00 €**

Analizzando nella tabella che qui segue unicamente la tipologia di intervento relativa all'isolamento termico, si nota che i computi eseguiti consentono di rimanere all'interno dei teorici massimali ma la spesa preventivata non risulta tuttavia "*congrua*", generando così una consistente eccedenza che rimane a carico del committente.

ISOLAMENTO TERMICO	SPESA EFFETTIVA	SPESA CONGRUA
Spese per lavori	350.000,00 €	295.000,00 €
Spese tecniche	27.000,00 €	31.000,00 €
Totali	377.000,00 €	326.000,00 €
Spesa ammessa		**322.000,00 €**
Detrazione ammessa		**354.200,00 €**
Eccedenza a carico		**55.000,00 €**

Nella tabella che segue, invece, si prende in considerazione solo la spesa per l'impianto di riscaldamento, notando che al contrario i costi computati sono "*congrui*", ma eccedono i teorici massimali a disposizione, generando anche in questo caso, seppure per motivi diversi, una eccedenza che rimane a carico del committente.

IMPIANTO CENTR.	SPESA EFFETTIVA	SPESA CONGRUA
Spese per lavori	215.000,00 €	235.000,00 €
Spese tecniche	18.000,00 €	21.000,00 €
Totali	233.000,00 €	256.000,00 €
Spesa ammessa		**205.000,00 €**
Detrazione ammessa		**225.500,00 €**
Eccedenza a carico		**28.000,00 €**

Mettendo insieme i due interventi e le relative "*congruità*", ecco la spesa che sarebbe detraibile e quella che rimarrebbe a carico della committenza.

COMPLESSIVO	SPESA EFFETTIVA	SPESA AMMISSIBILE
Spese per lavori	565.000,00 €	510.000,00 €
Spese tecniche	45.000,00 €	45.000,00 €
Totali	610.000,00 €	555.000,00 €
Spesa ammissibile		**555.000,00 €**
Spesa ammessa		**527.000,00 €**
Detrazione ammessa		**579.700,00 €**
Eccedenza a carico		**83.000,00 €**

3.1.4.2 Esempio per intervento di demolizione e ricostruzione

Si intende qui di seguito sviluppare un esempio di verifica della congruità dei costi per un intervento di miglioramento sismico, isolamento termico, sostituzione impianto e sostituzione serramenti in palazzina unifamiliare.

Si ricorda in proposito che - nell'ipotesi di edificio unifamiliare, oppure di unità immobiliare funzionalmente indipendente e con accesso autonomo dall'esterno - è possibile accedere al Superbonus per le spese sostenute per interventi realizzati su tale ultima unità immobiliare, a destinazione residenziale e sulle eventuali unità pertinenziali, fermo restando che l'ammontare massimo di spesa ammessa alla detrazione va riferito all'unità abitativa e alle sue pertinenze unitariamente considerate, anche se accatastate separatamente e anche se più di una (vedi Circolare 08/08/2020, n. 24/E, punto 2.1.4, nonché, tra i tanti, Interpello 10/03/2021, n. 167).

Di seguito i massimali teorici per gli interventi programmati.

INTERVENTO	SPESE A PROGETTO	MAX DETRAZIONE
Miglioramento sismico	96.000,00 €	105.600,00 €
Isolamento termico	50.000,00 €	55.000,00 €
Sostituzione impianto	30.000,00 €	33.000,00 €
Sostituzione infissi	54.545,45 €	60.000,00 €
Totali	**230.545,45 €**	**253.600,00 €**

In tutte le voci possono esserci spese potenzialmente "*gestibili*" al fine di calibrare l'importo ammissibile e minimizzare l'eventuale eccedenza a carico del committente (ad esempio spese di cantiere, spese tecniche riferibili a più lavorazioni come ad esempio la redazione dell'Ape e dell'asseverazione, spese per lavorazioni accessorie e di finitura funzionali e necessarie al completamento degli interventi, ecc.).

VOCE	SPESE A PROGETTO
Demolizioni	16.000,00 €
Opere strutturali	55.000,00 €
Opere edilizie	75.000,00 €
Opere impiantistiche	21.000,00 €
Materiali e forniture	39.000,00 €
Spese tecniche	19.000,00 €
Totali	**225.000,00 €**

La pedissequa ripartizione delle spese potrebbe dare luogo a spese non congrue per tipologie di intervento, e pertanto a una eccedenza a carico del committente, pur se le spese computate rimangono all'interno del complessivo *plafond* a disposizione, come illustrato nella figura che segue.

INTERVENTO	SPESA A PROGETTO	MAX SPESA (CONGRUA)
Miglioramento sismico	78.750,00 €	96.000,00 €
Isolamento termico	54.000,00 €	50.000,00 €
Sostituzione impianto	45.000,00 €	27.272,00 €
Sostituzione infissi	47.250,00 €	54.545,00 €
Totali	**225.000,00 €**	**227.817,00 €**
Spese ammissibili		**203.272,00 €**
Eccedenza a carico		**21.728,00 €**

Di seguito si illustra invece il possibile effetto della "*gestione*" delle spese comuni sopra indicate, che in questa esemplificazione consente di rientrare con tutte le spese, senza generare eccedenze a carico.

INTERVENTO	SPESA A PROGETTO	MAX SPESA (CONGRUA)
Miglioramento sismico	95.625,00 €	96.000,00 €
Isolamento termico	49.500,00 €	50.000,00 €
Sostituzione impianto	27.000,00 €	27.272,00 €
Sostituzione infissi	52.875,00 €	54.545,00 €
Totali	**225.000,00 €**	**227.817,00 €**
Spese ammissibili		**225.000,00 €**
Eccedenza a carico		**- €**

3.2 IL COMPUTO METRICO E GLI STATI DI AVANZAMENTO

3.2.1 Computo metrico e asseverazione per il Super-Ecobonus

Con un proprio documento rilasciato a febbraio 2021, l'Enea ha fornito chiarimenti sui prezzari di riferimento in base alla data di inizio dei lavori, nonché su come comporre il computo metrico e su quali costi indicare nell'asseverazione.
Nella seguente tabella si riporta il dettaglio dei prezzari di riferimento per il Super-Ecobonus in base alla data di inizio dei lavori.

Prezzari di riferimento per il Super-Ecobonus in base alla data di inizio dei lavori

INIZIO LAVORI	PREZZARI
Fino al 05/10/2020	- Prezzari OO.PP. delle Regioni o Province autonome - Listini ufficiali o listini delle CCIAA - Prezzi correnti (in difetto) di mercato in base al luogo di effettuazione degli interventi
A partire dal 06/10/2020	- Prezzari OO.PP. delle regioni o province autonome o prezzari Dei, secondo la procedura delineata dal punto 13 del DRE

L'Enea ricorda inoltre quanto segue:

- i prezzi contenuti nei prezzari non sono quelli da applicare ma sono quelli massimi applicabili;
- pertanto, occorre produrre le documentazioni del caso, quali elenco prezzi e computo, e una volta compilati, verificare che i costi della ditta siano inferiori a quelli presenti nei prezzari presi;
- come già indicato in precedenza, si può indifferentemente utilizzare i prezzari OO.PP. delle regioni o province autonome o i prezzari Dei.

Il computo metrico da allegare è il computo globale, totale corrispondente al 100% dei lavori oggetto dell'asseverazione.
Quindi, anche nel caso di SAL intermedi (ad esempio 30% e 60%), si carica comunque sempre il computo metrico complessivo. Si consiglia di organizzare il computo metrico per lavori e voci omogenee.
Nei SAL successivi (60% e stato di fine lavori), è possibile ad ogni modo aggiornare il documento precedentemente caricato al SAL 30%, qualora siano subentrate delle varianti in corso d'opera (si veda la procedura dettagliatamente descritta nella sezione dedicata a domande e risposte). In caso di varianti in corso d'opera, l'Enea consiglia di evidenziare le variazioni subentrate all'interno del computo metrico.
Per gli interventi condominiali, il computo metrico da allegare deve comunque essere unico (essendo unica anche l'asseverazione) e deve contenere:

- le voci relative ai costi reali degli interventi sulle parti comuni condominiali;
- le voci relative ai costi reali degli interventi sulle parti private (costi relativi a ciascuna unità immobiliare presente nell'edificio condominiale);
- le spese professionali per la realizzazione dell'intervento (a titolo di esempio: attestati di prestazione energetica, progettazione, direzione lavori, spese per il rilascio del visto di conformità, relazione tecnica ai sensi dell'art. 8 del D. Leg.vo 192/2005, detta anche "*Relazione Legge 10/1991*", elaborati grafici e tutto ciò che è tecnicamente necessario per la realizzazione dell'intervento);
- le spese sostenute per la documentazione da presentare presso gli enti competenti.

Inoltre:

- per ciascuna voce, occorre specificare quale sia il prezzario preso a riferimento;
- per quanto concerne le spese professionali, queste devono risultare inferiori ai valori massimi previsti dal D.M. 17/06/2016 (anche in questo caso non sono i costi massimi da applicare ma sono quelli massimi applicabili);
- poiché il Decreto Requisiti Ecobonus richiede la giustificazione dei costi nel computo metrico per gli interventi di efficienza energetica "*trainanti*" e "*trainati*" di cui ai commi 1 e 2 dell'art. 119 del D.L. 34/2020, è facoltativo inserire nel computo metrico le lavorazioni per installazione degli impianti fotovoltaici e relativi sistemi di accumulo nonché colonnine di ricarica per i veicoli elettrici (per tali costi, il portale Super-Ecobonus effettua la verifica per i relativi limiti di spesa massimi ammissibili e il limite di spesa per kW di potenza nominale nel caso degli impianti fotovoltaici e per kWh di capacità di accumulo per i sistemi di accumulo).

Nel modello di asseverazione:

- per "*costo complessivo previsto in progetto dei lavori*" si intende il costo totale previsto per la realizzazione dell'intervento, giustificato attraverso il computo metrico e che deve corrispondere all'importo delle fatture a fine lavori;
- per "*costo dei lavori realizzati*" si intende il costo per la realizzazione degli interventi fino a quel momento sostenuto e corrispondente alle fatture emesse. A fine lavori, tale voce deve essere uguale alla voce "*costo complessivo previsto in progetto dei lavori*".

I costi sono comprensivi di IVA, qualora non ricorrano le condizioni affinché l'IVA venga *"scaricata"*.

3.2.2 Computo metrico e asseverazione per il Super-Sismabonus

Come visto in precedenza, a seguito delle novità normative intervenute dal 2022, anche per il Super-Sismabonus si applicano gli stessi criteri e parametri di riferimento per la verifica di congruità dei costi, per lo meno per i lavori iniziati a decorrere dal 01/01/2022, data di entrata in vigore della L. 234/2021, che ha disposto la novità in questione. Per lavori iniziati in precedenza, viceversa, si continua a fare riferimento ai criteri residuali.

Nella seguente tabella si riporta il dettaglio dei prezzari di riferimento per il Super-Sismabonus in base alla data di inizio dei lavori.

Prezzari di riferimento per il Super-Sismabonus in base alla data di inizio dei lavori

INIZIO LAVORI	PREZZARI
Fino al 31/12/2021	- Prezzari OO.PP. delle Regioni o Province autonome - Listini ufficiali o listini delle CCIAA - Prezzi correnti (in difetto) di mercato in base al luogo di effettuazione degli interventi
A partire dal 01/01/2022	- Prezzari OO.PP. delle regioni o province autonome o prezzari Dei, secondo la procedura delineata dal punto 13 del DRE

Nell'Allegato B al D.M. 58/2017 - quindi nel modello di asseverazione iniziale da redigersi a cura del progettista delle strutture - è previsto che il tecnico indichi il prezzario mediante il quale ha stimato la congruità della spesa ammessa alla detrazione. Si ritiene possibile anche l'indicazione di più di un prezzario, non essendo il professionista vincolato all'utilizzo di un solo listino.
Poiché altresì (sempre secondo noi dal momento che nessuna disposizione lo prevede esplicitamente) bisognerà allegare il computo metrico, andrà conseguentemente distinto il computo delle opere portate in detrazione (da allegare) da quello delle altre opere eccedenti (probabilmente anch'esso da allegare al computo complessivo dal momento che nei SAL vanno inseriti anche i costi non in detrazione, ma tenendo distinta contabilizzazione, anche perché di queste spese non è richiesta la congruità).
Quando l'importo dei lavori superi quello agevolabile, si ritiene l'importo da inserire nella modulistica debba coincidere con quello massimo agevolabile; in tal caso anche il computo metrico coinciderà con quello concernente tali spese, e ci sarà conseguentemente un altro computo (da non allegarsi) delle opere "*extra agevolazione*", destinate a rimanere in accollo al committente.
Quanto alle possibili varianti - seppur afferenti alla diversa agevolazione dell'Ecobonus - soccorrono i chiarimenti forniti dall'Enea riguardo le modalità di redazione del computo metrico.
Infatti, nel chiarire che il computo metrico da allegare è sempre il computo globale (quindi anche nei SAL al 30% e 60% si carica comunque il computo metrico complessivo), viene detto che è sempre possibile aggiornare il documento precedentemente caricato al SAL 30%, qualora siano subentrate delle varianti in corso d'opera.
Altresì, in caso di varianti in corso d'opera, è opportuno evidenziare le variazioni subentrate all'interno del computo metrico.
Su come compilare la modulistica per il Super-Sismabonus, nella parte afferente i costi, si rinvia al paragrafo 3.4.2.

3.2.3 Gli Stati di Avanzamento dei Lavori (SAL)

3.2.3.1 Quando e come vanno presentati

Per gli interventi indicati dal comma 2, art. 121 del D.L. 34/2020 - per i quali è prevista la possibilità di accedere alla cessione del credito o allo sconto in fattura secondo le procedure indicate dal medesimo art. 121 e dal provvedimento attuativo (Provv. Ag. Entrate 08/08/2020, n. 283847) - è possibile procedere per stati di avanzamento lavori (SAL), in modo da non dover attendere la fine dei lavori stessi per poter "*monetizzare*" il credito fiscale (comma 1-bis del medesimo art. 121 del D.L. 34/2020).
Pertanto, non occorre procedere con i SAL se non si intende usufruire di sconto in fattura o cessione del credito.
Ai sensi del citato comma 1-*bis*, art. 121 del D.L. 34/2020, solo per gli interventi che usufruiscono del Superbonus 110% (Eco e/o Sisma), i SAL non possono essere più di due per ciascun intervento complessivo (oltre allo stato di fine lavori), e inoltre ciascun SAL deve riferirsi ad almeno il 30% del medesimo intervento.

Per i SAL, bisogna chiarire le seguenti questioni, che non sono oggetto di disposizioni specifiche:

1) Quale importo prendere a base per calcolare i SAL e il rispetto delle percentuali del 30 e 60%?

2) Si fa riferimento sempre a lavori fatturati e pagati oppure basta che le opere siano realizzate e contabilizzate?

3) Nei casi in cui si fruisca di agevolazioni per lavorazioni diverse (es. isolamento termico, sostituzione impianto e infissi, oppure anche più genericamente vari lavori di Ecobonus unitamente a Sismabonus) i calcoli vanno fatti separatamente oppure il SAL è unico?

4) Ci sono delle lavorazioni che devono necessariamente essere contabilizzate per intero?

5) Nei calcoli rientrano anche le spese tecniche e accessorie o solo gli importi dei lavori propriamente detti?

6) Come orientarsi nel caso in cui insieme ai lavori agevolati al 110% ci siano anche altri lavori riferiti a diverse agevolazioni (es. Bonus facciate)?

Tempistiche di presentazione dei SAL

Per il Sismabonus, ai sensi dell'art. 3 del D.M. 58/2017, comma 4-*ter*, il deposito dei SAL (al Sue) avviene al completamento dell'intervento contestualmente all'attestazione relativa all'ultimazione dei lavori, redatta secondo i modelli di cui all'allegato B-1 e, ove previsto il collaudo statico, all'allegato B-2.

Per l'Ecobonus, asseverazione, scheda dati e scheda informativa vanno inviati online entro il termine ultimo di 90 giorni dalla fine lavori, mentre nessun termine è previsto per i SAL. Questi ultimi andranno tuttavia presumibilmente presentati al più presto possibile, essendo legata alla loro presentazione (e accettazione da parte dell'Enea con conseguente rilascio del codice "*Asid*") la possibilità di monetizzare il credito fiscale maturato in relazione agli importi spesi, tramite cessione del credito o sconto in fattura.

3.2.3.2 Calcolo dei SAL e lavorazioni da contabilizzare per intero

L'Agenzia delle entrate ha chiarito che, per quanto riguarda la modalità di determinazione del 30% dell'intervento agevolabile - necessario, ai sensi del comma 1-*bis*, art. 121 del D.L. 34/2020, per esercitare l'opzione per lo sconto sul corrispettivo dovuto all'impresa o per la cessione del credito corrispondente al Superbonus in relazione a ciascuno stato di avanzamento dei lavori - bisogna fare riferimento all'ammontare complessivo delle spese riferite all'intero intervento e non all'importo massimo di spesa ammesso alla detrazione (vedi Interpello 09/11/2020, n. 538).

In altri termini, se oltre ai lavori agevolati ci sono anche altre opere "*in accollo*" al committente, quindi non agevolate, la base di calcolo per le percentuali del 30 e 60% sarà costituita dal complesso degli importi riferiti alle lavorazioni sia agevolate che non agevolate.

Quanto alle percentuali, la norma dice testualmente che "*ciascuno stato di avanzamento deve riferirsi ad almeno il 30 per cento del medesimo intervento*". Ne segue che se, ad esempio, il primo SAL è riferito al 34% dei lavori, il secondo non potrà essere riferito al 26%, ma dovrà a sua volta raggiungere la percentuale minima del 30% (quindi per il secondo SAL bisognerà attendere almeno di aver raggiunto il 64% dei lavori).

In merito a come calcolare i SAL quando ci siano lavori che fruiscono di agevolazioni diverse (ad esempio, Ecobonus e Sismabonus) non ci sono chiarimenti espressi, tuttavia:

a) tutti gli interventi che rientrano nell'Ecobonus al 110% sono oggetto di un'asseverazione unica da redigersi tramite il portale Enea;

b) viceversa, per il Sismabonus le asseverazioni vanno rese a un organismo diverso (il SUE o il Genio civile);

c) l'Agenzia entrate, con l'Interpello 538/2020 parla di "*spese riferite all'intero intervento*".

Pertanto, si ritiene che:

- per la parte di Ecobonus e asseverazione Enea, si prende come base di calcolo l'intero importo riferito a tutte le lavorazioni, e conseguentemente si avrà un SAL unico;
- se invece ci sono sia lavori di Sismabonus che di Ecobonus, per ciascuno dei due "*filoni*" si eseguirà un calcolo diverso (vedi più avanti per gli esempi).

Uno degli aspetti che hanno generato maggiori dubbi, per via di alcuni refusi presenti nel D.M. 06/08/2020, c.d. "*Decreto Asseverazioni*", è invece se esistano delle lavorazioni che - per essere conteggiate nei SAL - debbono essere per forza ultimate.

In particolare, la nota 25 al decreto recita "*Gli interventi di cui ai punti 1.1, 1,2 e 2.1, lettere a), b), c), d), e) ,f), g), h), i) e j) possono essere conteggiati nel SAL solo se conclusi*".

La nota è richiamata nella parte del modello che fa riferimento agli interventi trainati su parti private, ma i numeri (1.1, 1.2, ecc.) si riferiscono invece agli interventi trainati su parti comuni (isolamento termico, sostituzione infissi, impianti - peraltro al numero 2.1 le lettere arrivano fino a *f*, mentre *g-h-i-j* non ci sono).

Fin dai primi mesi di applicazione della norma, pareri resi informalmente dall'Agenzia delle entrate e dall'Enea hanno indicato che la nota è posizionata nel punto sbagliato e che si tratta degli interventi "*trainati*" da eseguirsi sulle parti comuni e non invece quelli da eseguirsi sulle parti private.

In seguito, è stata pubblicata sul sito Enea, in data 31/08/2021, la seguente nota "*A seguito di alcuni chiarimenti interpretativi avuti con il Ministero della Transizione Ecologica si comunica che le spese relative ai lavori trainati eseguiti sulle parti private, anche se parzialmente conclusi, possono essere inserite negli stati avanzamento lavori*". Questi ultimi quindi possono conteggiarsi quindi in SAL anche se parzialmente eseguiti.

Concludendo e riassumendo:

A) in condominio, gli eventuali trainati sulle parti comuni di edifici condominiali che nel modello dell'asseverazione sono riportati nei punti 1.1 (isolamento termico delle superfici opache < 25%), 1.2 (sostituzione degli infissi delle parti comuni) e 2.1, lettere a, b, c, d, e ,f (impianti autonomi su parti comuni - le altre lettere menzionate nella suddetta nota 25 - g, h, i, j, non si considerano), possono essere conteggiati nei SAL solo se conclusi;

B) negli edifici unifamiliari o nelle unità funzionalmente autonome, non essendoci "*parti comuni*", gli interventi trainati possono essere sempre conteggiati anche se non conclusi;

C) in condominio, gli eventuali trainati sulle parti private (singoli appartamenti) possono a loro volta essere sempre conteggiati anche se non conclusi.

Ne segue anche che nel modello Enea, quando è scritto "*Sono stati conclusi gli interventi ...*" si debba intendere "*Sono stati realizzati, anche se non ultimati*".

Nei calcoli rientrano spese tecniche e accessorie?

Dal momento che spese tecniche e accessorie rientrano tra quelle detraibili, non dovrebbero in proposito esserci dubbi sul fatto che tali voci di spesa rientrano sia nel complessivo da prendere a base per il calcolo sia nelle spese sostenute da computare ai fini del raggiungimento delle percentuali.

Spese per altre agevolazioni vanno nel SAL?

La risposta è secondo noi negativa.

Trattandosi di voci riferite a interventi diversi, che usufruiscono di agevolazioni diverse dal 110%, non vanno computate nei SAL per il Superbonus, ma saranno eventualmente oggetto di SAL specifici riferiti agli interventi di cui trattasi.

Serve che gli importi siano fatturati e pagati?

Sul punto specifico non ci sono chiarimenti espressi, tuttavia:

- l'agevolazione segue il principio di cassa, nel senso che le spese sono detraibili in relazione alla data in cui è eseguito il bonifico;
- la presentazione del SAL fa maturare il credito fiscale in capo al committente, con la possibilità di monetizzarlo tramite lo sconto in fattura o la cessione del credito.

Pertanto, appare evidente che non è sufficiente che le lavorazioni siano state contabilizzate e fatturate, ma è altresì necessario che siano anche state fatturate e pagate, altrimenti si potrebbe usufruire di sconti fiscali per spese non sostenute e oltretutto in assenza di idonea documentazione fiscale (fattura e bonifico).

Considerando poi che secondo il D.M. 49/2018, lo "*Stato di avanzamento lavori*" riporta la quantità di ogni lavorazione eseguita con i relativi importi, è da ritenere che la corretta procedura preveda di contabilizzare nei SAL solo le lavorazioni effettivamente eseguite.

Resta ovviamente fermo che se i lavori non vengono regolarmente conclusi, anche il diritto alle somme maturate tramite i SAL viene a decadere. Sul punto si ricorda che per l'Ecobonus, qualora a un'asseverazione SAL non segua la relativa asseverazione di fine lavori entro due anni, l'Enea comunica all'Agenzia entrate la mancata conclusione dei lavori, che comporta la decadenza dai benefici eventualmente fruiti.

Si veda anche in proposito anche la sezione dedicata a domande e risposte.

3.2.3.3 Esempi pratici applicativi di calcolo dei SAL

Seguono alcuni esempi pratici applicativi.

Secondo quanto si è detto sopra, tutti gli importi sono da intendersi comprensivi di spese tecniche e accessorie.

Esempio 1
Edificio unifamiliare o unità funzionalmente autonoma
Lavori Sisma + Ecobonus trainanti e trainati
Nessuna lavorazione in accollo

INTERVENTO		SPESA
Sismabonus	€	90.000,00
Coibentazione trainante	€	45.000,00
Riscaldamento trainante	€	21.000,00
Collettori solari trainato	€	38.000,00
Infissi trainato	€	18.000,00
Totale intervento Sisma	**€**	**90.000,00**
Totale intervento Eco	**€**	**122.000,00**
Importo minimo SAL Sisma	**€**	**27.000,00**
Importo minimo SAL Eco	**€**	**36.600,00**

Esempio 2
Edificio unifamiliare o unità funzionalmente autonoma
Lavori Sisma + Ecobonus trainanti e trainati
Presenza di lavorazioni in accollo

INTERVENTO		SPESA
Sismabonus	€	96.000,00
Sismabonus lavori in accollo	€	24.000,00
Coibentazione trainante	€	50.000,00
Coibentazione lavori in accollo	€	8.000,00
Riscaldamento trainante	€	21.000,00
Collettori solari trainato	€	38.000,00
Infissi trainato	€	18.000,00
Totale intervento Sisma	**€**	**120.000,00**
Totale intervento Eco	**€**	**135.000,00**
Importo minimo SAL Sisma	**€**	**36.000,00**
Importo minimo SAL Eco	**€**	**40.500,00**

Esempio 3
Condominio
Lavori Ecobonus trainanti e trainati sia su parti comuni che su parti private
Nessuna lavorazione in accollo

INTERVENTO	SPESA	
Coibentazione trainante	€	310.000,00
Riscaldamento trainante	€	120.000,00
Sostituzione infissi trainato su parti comuni (*)	€	40.000,00
Infissi trainato (totale)	€	200.000,00
Totale intervento	**€**	**670.000,00**
Importo minimo SAL	**€**	**201.000,00**
(*) Da computarsi nel SAL solo se ultimati		

Esempio 4
Condominio
Lavori Sisma + Ecobonus trainanti e trainati su parti private
Lavorazioni residue con Bonus facciate

INTERVENTO	SPESA	
Sismabonus	€	690.000,00
Coibentazione trainante	€	310.000,00
Riscaldamento trainante	€	120.000,00
Infissi trainato (totale)	€	200.000,00
Bonus facciate (*)	€	400.000,00
Totale intervento Sisma	**€**	**690.000,00**
Totale intervento Eco	**€**	**630.000,00**
Importo minimo SAL Sisma	**€**	**207.000,00**
Importo minimo SAL Eco	**€**	**189.000,00**
(*) Non computato nei SAL per il 110%		

3.2.3.4 SAL con spese a cavallo di anni diversi

È importante chiarire se sia possibile chiudere uno Stato di avanzamento lavori, utilizzando ai fini del raggiungimento dell'importo minimo del 30% prescritto dalla normativa spese sostenute "*a cavallo d'anno*", quindi ad esempio parte nel 2022 e parte nel 2023.
Ipotizziamo pertanto di trovarci in una situazione esemplificata in cui sono state sostenute alcune spese in acconto nel corso del 2022, ma queste non sono sufficienti per raggiungere la soglia del 30%, che sarebbe invece raggiunta in tempo per eseguire la comunicazione dell'opzione all'Agenzia delle entrate (quindi entro il 16/03/2023), con le ulteriori spese per lavorazioni eseguite nel 2023.

Su questo punto, l'unico chiarimento espresso reso dall'Agenzia delle entrate è contenuto nella risposta a Interpello della Direzione Regionale Veneto n. 907-1595/2021, secondo il quale il SAL andrebbe fatto solo con spese sostenute nello stesso anno solare.
Questo interpello non convince affatto, dal momento che la DRE Veneto argomenta che il diritto alla detrazione matura in relazione alle spese sostenute nel medesimo periodo d'imposta, non considerando però che una cosa è il diritto alla detrazione, altro è invece la possibilità di monetizzare tale diritto cedendolo, da esercitarsi tramite comunicazione all'Agenzia delle entrate che "*deve essere inviata entro il 16 marzo dell'anno successivo a quello in cui sono state sostenute le spese che danno diritto alla detrazione*" (Provvedimento Ag. Entrate 283847/2020, punto 4.1), nessuno vieta pertanto al contribuente di comunicare all'Agenzia delle entrate le spese sostenute a gennaio e febbraio del 2022 entro il 16/03/2022, così come nessuna norma indica che per la cessione del credito si debba attendere la fine del periodo d'imposta.
Inoltre, l'asseverazione del SAL prescinde dal periodo di imposta in cui le relative spese sono sostenute.
Pertanto, si potrebbe ritenere che il SAL possa chiudersi anche con spese a cavallo di anno, purché ovviamente entro la scadenza per l'invio della comunicazione all'Agenzia delle entrate.

Sul punto, tuttavia, ENEA, a inizio 2022, ha pubblicato un avviso riportante testualmente quanto segue: "*Si informano gli utenti che per l'esercizio dell'opzione della cessione del credito o dello sconto in fattura, le asseverazioni relative agli stati di avanzamento lavori al 30% o al 60% le cui fatture sono emesse e pagate, per la parte dovuta, entro il 31/12/2021 possono essere trasmesse all'ENEA anche nel 2022 purché in tempo utile per la comunicazione dell'opzione all'Agenzia delle entrate, che deve avvenire entro il 16 marzo 2022. Il tecnico asseveratore che si avvale di questa possibilità scriverà nelle note dell'asseverazione la frase: Lo stato di avanzamento lavori di cui alla presente asseverazione, l'emissione delle fatture allegate e i relativi pagamenti, per la parte dovuta, sono avvenuti entro il 31 dicembre 2021*".
Nella sostanza l'ENEA sembra voler ribadire ribadisce quanto già affermato nell'Interpello della DRE n. 907-1595/2021l'Agenzia delle Entrate, in merito alla sussistenza del doppio requisito del contestuale raggiungimento di un SAL di almeno il 30%, maturato tutto nello stesso anno solare.
L'ENEA, andando anche oltre [3], conferma la possibilità che il SAL, maturato entro il 31 dicembre, sia certificato oltre il termine dell'esercizio, ma in tempo utile per effettuare la comunicazione.
In conclusione, se in punto di norma sarebbe possibile chiudere un SAL con importi a cavallo di due anni solari, tale pratica appare a rischio di contestazione.
Qualora non sia possibile conseguire il SAL del 30% in tempo utile, le spese sostenute nell'anno non potrebbero accedere allo sconto in fattura o cessione del credito ma andrebbero detratte direttamente almeno per la prima quota annuale, potendo poi cedere le quote residue entro il 16 marzo dell'anno successivo (Provvedimento Ag. Entrate 283847/2020, punto 1.4).

[3] Forse anche oltre i propri compiti istituzionali, che non dovrebbero investire gli aspetti tributari.

3.3 INCARICO DEL TECNICO E COMPENSI

3.3.1 Peculiarità dell'incarico del tecnico per il Superbonus

3.3.1.1 Possibili criticità dell'incarico

L'incarico del tecnico per prestazioni connesse a lavori agevolabili con il Superbonus presenta alcune peculiarità, dovute essenzialmente al fatto che:

- nella maggior parte dei casi sarà necessario uno studio di prefattibilità finalizzato a valutare se ci sono i presupposti oggettivi e soggettivi nonché di tipo tecnico-prestazionale per poter effettivamente procedere con gli interventi agevolabili;
- detto studio di prefattibilità dev'essere compensato al professionista a prescindere dall'esito positivo o negativo e dal fatto che il committente decida o meno di avvalersi del professionista anche per le eventuali fasi successive;
- il cliente potrebbe volersi avvalere, in alternativa al pagamento diretto delle spese, del meccanismo dello "*sconto in fattura*" anche per le spese tecnico-professionali, meccanismo che deve essere accuratamente regolamentato nel contratto d'opera al fine di definire le conseguenze di una eventuale interruzione dell'incarico e/o di un possibile non completamento dei lavori;
- a causa della complessità delle norme e degli adempimenti, molti committenti si rivolgono a soggetti qualificati come "*General contractors*" (GC), i quali si occupano di gestire tutti i rapporti con le diverse imprese e con i professionisti, per i quali pertanto in questo caso rappresenteranno "*la committenza*".

3.3.1.2 Rapporto tra professionista e General contractor

Molti committenti, a causa della complessità che scaturisce dalle norme e dagli adempimenti concernenti il Superbonus - soprattutto per lavori molto articolati e/o afferenti grandi complessi immobiliari - si rivolgono ai cc.dd. "*General contractors*" (abbreviato GC, in italiano "*Contraenti generali*"), che si occupano di gestire tutti i rapporti con le diverse imprese e con i professionisti coinvolti.

In relazione all'incarico e al pagamento della parcella del professionista si delineano tre diverse opzioni, che verranno di seguito approfondite:

1) la modalità diretta, in cui il committente "*reale*" conferisce direttamente l'incarico al professionista;

2) il mandato senza rappresentanza, in cui il GC agisce in nome proprio e per conto del committente;

3) il mandato con rappresentanza, in cui il GC agisce in nome e per conto del committente.

Modalità diretta

Tale modalità consente di bypassare il General contractor conferendo l'incarico direttamente dal committente "*reale*" al professionista, con conseguente emissione della fattura del professionista al committente.

In tale maniera, tuttavia, qualora il committente voglia optare per lo sconto o la cessione, costringerebbe anche i professionisti alla gestione burocratica dei relativi adempimenti e a sopportarne l'onere finanziario.

D'altra parte, in caso di rinuncia da parte del committente all'opzione dello sconto sulle spese professionali, vi sarebbe un esborso finanziario per il pagamento di tali fatture.
Si riporta di seguito una schematizzazione grafica della modalità diretta.

Schema grafico modalità diretta

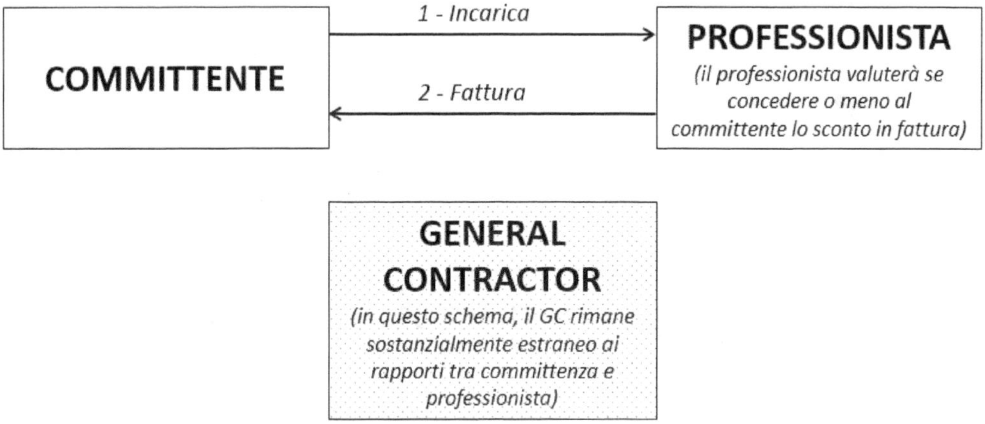

Qualora dunque il committente voglia optare per lo sconto in fattura e il professionista non abbia intenzione di offrire tale possibilità, lo schema suggerito e maggiormente adottato in questo momento è quello del mandato senza rappresentanza, in cui il GC incarica il professionista in nome proprio ma per conto del committente.

Mandato senza rappresentanza
Questa modalità si articola invece in tre fasi:

1) il committente dà mandato al GC di provvedere all'incarico del professionista;
2) il professionista fattura le prestazioni al GC, che provvede al pagamento;
3) il GC rifattura le prestazioni al committente senza ricarico, distinguendole dal compenso fatturato direttamente dal GC per i lavori.

La strada del mandato senza rappresentanza appare percorribile a condizione che il riaddebito delle prestazioni professionali sia reso completamente trasparente sia a livello di preventivo/contratto che di successiva fatturazione, tramite una precisa e dettagliata esposizione degli oneri tecnici.
Affinché il ribaltamento dei costi sia correttamente eseguito occorre che il mandatario si limiti al mero riaddebito, senza aggiungere ulteriori prestazioni diverse e nuove, che oltre a non essere detraibili (cfr. Interpelli 254 e 261/2021) andrebbero fatturate applicando il regime proprio della prestazione complessivamente resa.
Data poi la natura intellettuale, nonché riservata agli iscritti agli Albi, dei servizi tecnico-professionali erogati, si ritiene che il riaddebito debba essere eseguito con le stesse diciture di cui alle fatture dei professionisti e con indicazione dei nominativi dei medesimi.
Merita inoltre particolare attenzione il fatto che, da un punto di vista civilistico, l'art. 1705 del Codice civile, comma 2, preveda che il mandato sia senza rappresentanza solo

se i terzi non entrano in rapporto con il mandante, di conseguenza si rivela necessario evitare che i terzi professionisti ricevano direttamente dal committente l'incarico di esecuzione delle loro prestazioni tecniche.
Si riporta di seguito una schematizzazione grafica del mandato senza rappresentanza.

Schema grafico mandato senza rappresentanza

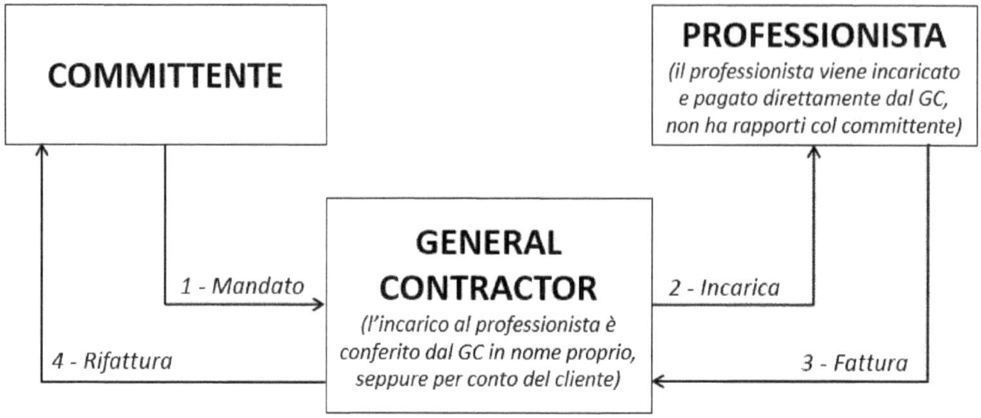

Mandato senza rappresentanza e sconto in fattura
Gli Interpelli 254 e 261/2021 hanno riconosciuto la praticabilità dello sconto in fattura, da parte del GC, anche per la rifatturazione dei compensi professionali, a condizione che "*gli effetti complessivi siano i medesimi di quelli configurabili nell'ipotesi in cui i professionisti avessero direttamente effettuato lo sconto al committente beneficiario dell'agevolazione*".
Un nodo da sciogliere resta quello relativo al concetto di "*effetti medesimi*", richiamato dall'Agenzia delle entrate nel citato Interpello 254/2021.
A tal proposito, qualora la natura di mandatario senza rappresentanza in capo al GC non venga confermata dall'Agenzia delle entrate, verrebbero conseguentemente meno gli "*effetti medesimi*" a cui collegare la praticabilità dello sconto in fattura.
Per questo motivo è importante che nella fattispecie del mandato senza rappresentanza sia il GC ad incaricare il professionista.

Il rapporto ai fini IVA
Ai fini IVA, il rapporto tra il mandante e il mandatario, che in questo caso unisce committente e GC, è caratterizzato da una sorta di "*finzione giuridica*" in base alla quale le prestazioni rese o ricevute tra il mandante (committente) e il mandatario (GC) e tra il mandatario (GC) e il terzo (professionista) - e viceversa - mantengono la stessa natura oggettiva e il medesimo regime IVA (Risoluzione Agenzia Entrate 30/07/2002, n. 250/E, Risoluzione Ministero delle finanze 11/02/1998 n. 6).
Ne segue che, il servizio oggetto del contratto di mandato ai fini IVA rimane lo stesso in entrambi i passaggi, dal terzo prestatore del servizio al mandatario e da quest'ultimo al mandante.

Sul punto si ricorda poi che la Circolare 71/E/2000 ha precisato che alle prestazioni professionali si applica l'aliquota IVA del 22% perché non relative alla realizzazione dell'intervento, ma a questo collegate in maniera indiretta (non possono quindi essere fatturate con la stessa aliquota IVA dei lavori, che nella maggior parte dei casi sarà quella ridotta del 10%).
Quanto sopra influisce pure sul calcolo dei massimali, poiché l'IVA (se il committente è un privato o un condominio, comunque non un soggetto IVA) rientra nel plafond di spesa a disposizione.
In altri termini, la rifatturazione delle prestazioni professionali da parte del GC al committente, nel caso di mandato senza rappresentanza, è soggetta alla medesima aliquota IVA del 22% (salvo il regime forfettario), considerato che il flusso delle prestazioni di servizi tra terzi, mandatario e mandante è caratterizzato dalla medesima natura oggettiva e medesimo regime IVA.

Mandato con rappresentanza
Una terza strada si ipotizza invece nella situazione in cui il committente dia mandato al GC di provvedere al pagamento della parcella del professionista, ponendosi in questo caso il GC come un mero delegato a pagare i professionisti in via anticipata, in nome e per conto del committente.
Tale situazione, dal punto di vista giuridico, andrebbe a configurare un mandato con rappresentanza, con la conseguenza che la sua fatturazione al committente dovrebbe essere effettuata in base all'art. 15 del D.P.R. 633/1972, comma 1, come rimborso delle anticipazioni compiute in nome e per conto del committente, in quanto somme escluse dalla base imponibile IVA.
Appare dunque chiaro che qualora il rapporto tra GC e committente venga qualificato come "*mandato con rappresentanza*", lo sconto in fattura non possa essere concesso da parte del GC, dovendosi considerare la sua fatturazione nei confronti del committente come un mero rimborso spese (potrà essere semmai concesso direttamente dal professionista).
In conclusione, qualora il GC provveda al pagamento della fattura in virtù di una "*delega di pagamento*" compresa nel mandato, la criticità sarebbe dovuta al fatto che gli importi rifatturati dal GC al committente dovrebbero qualificarsi come "*rimborsi spese*", probabilmente detraibili seppure non ci sono pareri ufficiali espliciti al riguardo (si veda l'Interpello 480/2021 nel quale l'Agenzia entrate non fornisce dettagli particolari, limitandosi a chiarire la natura di rimborsi spese di tali esborsi). Ne consegue che, a nostro giudizio, lo schema del mandato con rappresentanza non si qualifica idoneo alla gestione delle pratiche in Superbonus.
Si riporta di seguito una schematizzazione grafica del mandato con rappresentanza.

Schema grafico mandato con rappresentanza

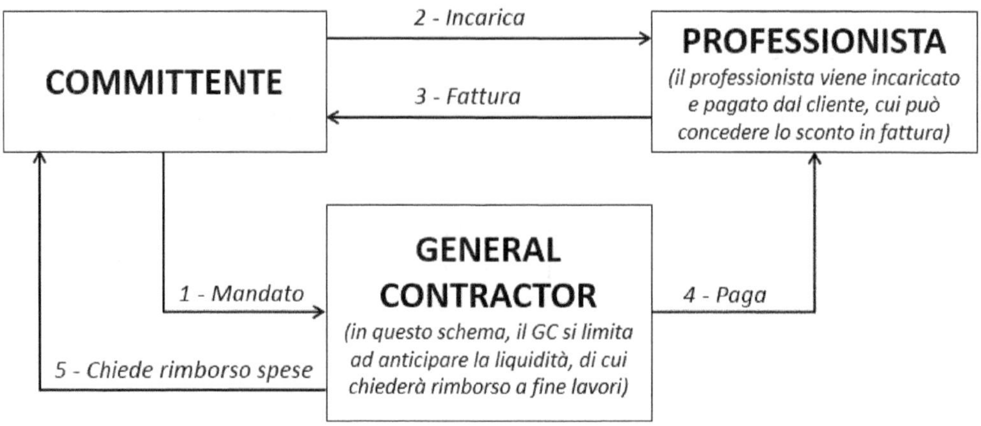

Al fine di poter approfondire l'importante tematica, di seguito si riportano stralci degli interpelli dell'Agenzia entrate citati nel presente paragrafo, corredati da commenti redazionali che ne agevolano la consultazione.

Interpello 254/2021

Descrizione della figura giuridica del General contractor nei lavori pubblici e nei lavori privati.	L'articolo 194 del decreto legislativo 18 aprile 2016, n. 50 (c.d. "*Codice dei contratti pubblici*") individua nel contraente generale il soggetto che, in qualità di unico referente nei confronti del committente dei lavori, si impegna a realizzare l'intervento oggetto dell'incarico in tutti i suoi aspetti essendo dotato delle competenze necessarie per garantire l'obbligazione di risultato, ovvero il corretto completamento dell'opera commissionata. Tale figura è stata, pertanto, normativamente individuata solo dalla disciplina dei contratti pubblici mentre con riferimento agli interventi edilizi commissionati da soggetti privati, l'attività di "*contraente generale*" è ordinariamente disciplinata nell'ambito dell'autonomia contrattuale che regola i rapporti privatistici che intercorrono tra il committente/beneficiario delle agevolazioni e le imprese e/o professionisti. Ai fini del *Superbonus*, tali soggetti, si pongono, ad esempio quali interlocutori unici per l'espletamento di tutte le attività da effettuare.
Descrizione della modalità operativa del "mandato senza rappresentanza" con applicazione da parte del GC anche dello sconto in fattura.	Nel caso di specie, il contratto stipulato dall'Istante con il "*contraente generale*" include anche le attività inerenti l'ottenimento del visto di conformità e il rilascio delle asseverazioni previste dalla disciplina agevolativa. I fornitori e i professionisti -individuati dall'Istante - effettuano la propria prestazione nei confronti del "*contraente generale*", che agisce su specifico mandato senza rappresentanza conferito dal committente Istante (beneficiario della detrazione). In particolare, i corrispettivi spettanti per il servizio professionale reso sono fatturati al "*contraente generale*" e da questi analiticamente riaddebitati all'Istante che, quindi, riceve una fattura dal "*contraente generale*", con l'indicazione di detti corrispettivi per la prestazione di servizi acquistati per conto del committente. Nell'ambito dell'attività espletata, nel caso rappresentato, il "*contraente generale*" propone, peraltro, di operare lo sconto in fattura al committente (istante), a titolo di pagamento parziale o totale dei beni e servizi prestati, recuperando il contributo anticipato sotto forma di credito d'imposta di importo pari alla detrazione spettante.
Applicabilità al Superbonus dello schema del mandato senza rappresentanza.	Tanto premesso, fermo restando che esula dalle competenze esercitabili dalla scrivente in sede di interpello valutare la correttezza sotto il profilo civilistico degli schemi contrattuali utilizzati nei rapporti tra committente e "*contraente generale*", nel caso di specie, si ritiene che l'Istante possa accedere al *Superbonus* ed esercitare l'opzione per lo

Necessità di riaddebitare le spese tecniche con descrizione puntuale del servizio e del soggetto che lo ha reso. *Applicabilità anche dello sconto in fattura, a determinate condizioni.*	sconto in fattura in relazione ai costi che l'impresa, in qualità di "*contraente generale*", gli fatturerà per la realizzazione di interventi specifici oggetto di agevolazione, inclusi quelli relativi ai servizi professionali necessari per lo svolgimento dei lavori e per l'effettuazione delle pratiche amministrative e fiscali inerenti l'agevolazione (visto di conformità e asseverazioni). In particolare, essendo necessario, ai fini del *Superbonus* e dell'esercizio dell'opzione, che siano documentate le spese sostenute e rimaste effettivamente a carico del committente/beneficiario dell'agevolazione, nella fattura emessa dal "*contraente generale*" per riaddebitare all'Istante le spese relative ai servizi professionali, o in altra idonea documentazione, deve essere descritto in maniera puntuale il servizio ed indicato il soggetto che lo ha reso. Resta fermo che il riconoscimento dello sconto in fattura da parte del fornitore unico anche per servizi professionali necessari per lo svolgimento dei lavori e per l'effettuazione delle pratiche amministrative e fiscali inerenti l'agevolazione è consentita, a condizione che gli effetti complessivi siano i medesimi di quelli configurabili nell'ipotesi in cui i professionisti che rendono i servizi in questione avessero effettuato direttamente lo sconto in fattura al committente, beneficiario dell'agevolazione.
Non applicabilità del Superbonus alle spese concernenti servizi di mero "coordinamento generale" in quanto non inerenti (chiarimento estensibile anche a casi diversi dal GC).	Per completezza si rileva che la citata circolare n. 30/E del 2020 ha confermato che sono agevolabili tutte le spese caratterizzate da un'immediata correlazione con gli interventi che danno diritto alla detrazione, specificando che tra le predette spese non rientrano i compensi specificatamente riconosciuti all'amministratore per lo svolgimento degli adempimenti dei condomini connessi all'esecuzione dei lavori e all'accesso al *Superbonus*. Tale chiarimento risulta estendibile anche all'eventuale corrispettivo corrisposto al "*contraente generale*" per l'attività di "*mero*" coordinamento svolta e per lo sconto in fattura applicato, trattandosi, anche in questo caso, di costi non "*direttamente*" imputabili alla realizzazione dell'intervento. Pertanto, tale corrispettivo è, in ogni caso, escluso dall'agevolazione.

Interpello 261/2021

Descrizione schema complesso in cui il GC svolge direttamente alcune attività tecniche, mentre altre sono affidate a professionisti esterni, incaricati direttamente dal committente. *L'Agenzia confonde, gli schemi del mandato con e senza rappresentanza, poiché in quest'ultimo il professionista è incaricato dal GC e non dal committente.*	Il rapporto giuridico che si istaura tra il GC ed il committente degli interventi inclusi nel perimetro di applicazione del Superbonus si qualifica come un contratto atipico "complesso" che include sia la realizzazione in via diretta di alcune attività(progettazione e realizzazione) sia il rapporto, gestito secondo lo schema del mandato senza rappresentanza, con i professionisti che svolgono le attività riguardanti l'apposizione del visto di conformità e il rilascio delle asseverazioni previste dalla disciplina agevolativa. In particolare, i suddetti professionisti - incaricati direttamente dai soggetti beneficiari della detrazione Superbonus - addebitano la propria prestazione nei confronti del GC che, in applicazione dello schema giuridico del mandato senza rappresentanza, ribalta il costo del servizio - senza aggiungere alcun margine proprio -sui beneficiari dell'agevolazione. Ne consegue che, anche questi importi riaddebitati costituiscano parte integrante del corrispettivo per il servizio fornito dal GC al committente. Nella sostanza, infatti, si determina il medesimo fenomeno che caratterizza l'affidamento in subappalto della realizzazione degli interventi, seppur senza la previsione di alcun margine attribuito a GC in relazione alle prestazioni professionali. Al riguardo, il GC rappresenta che i documenti contabili e fiscali consentiranno di identificare la quota di corrispettivo generata dal ribaltamento dei costi sostenuti perle prestazioni professionali fruite per i servizi summenzionati. Inoltre, la circostanza per cui l'incarico e la fissazione del relativo compenso dei professionisti (...) sia posto in essere dal committente garantisce il rispetto della *ratio* di tali adempimenti contenuta nei DM correlati alla disciplina del Superbonus.
Non applicabilità del Superbonus alle spese concernenti servizi di mero "coordinamento generale" in quanto non inerenti.	Per quanto concerne gli oneri oggetto di ribaltamento, in ogni caso, non può essere incluso alcun margine funzionale alla remunerazione dell'attività posta in essere dal GC, in quanto esso costituisce un costo non incluso tra quelli detraibili al 110 percento poiché espressamente menzionati nelle disposizioni del *Superbonus*. A tale proposito si rileva che la circolare n. 30/E del 2020 ha confermato che sono agevolabili tutte le spese caratterizzate da un'immediata correlazione con gli interventi che danno diritto alla detrazione, specificando che tra le predette spese non rientrano i compensi speci-

	ficatamente riconosciuti all'amministratore per lo svolgimento degli adempimenti dei condomini connessi all'esecuzione dei lavori e all'accesso al Superbonus. Tale chiarimento risulta estendibile anche all'eventuale corrispettivo corrisposto al "contraente generale" per l'attività di "mero" coordinamento svolta e per lo sconto in fattura applicato, trattandosi, anche in questo caso, di costi non "*direttamente*" imputabili alla realizzazione dell'intervento. Pertanto tale corrispettivo è, in ogni caso, escluso dall'agevolazione.
Applicabilità anche dello sconto in fattura, a determinate condizioni. *Necessità di riaddebitare le spese tecniche con descrizione puntuale del servizio e del soggetto che lo ha reso.*	Alla luce di ciò e nei limiti di quanto sopra descritto, si ritiene che l'istante in qualità di GC possa fruire del Superbonus con la modalità di cui al comma 1, lettera *a*) dell'articolo 121 del decreto Rilancio (cd. sconto in fattura) in relazione all'unico contratto "complesso" prestato al committente, ferma restando la sussistenza degli ulteriori requisiti previsti per la detrazione qui in esame. Da ultimo, resta fermo che la fruizione del Superbonus (...) è consentita, a condizione che gli effetti complessivi siano i medesimi di quelli configurabili nell'ipotesi in cui i professionisti che rendono i servizi (...) avessero effettuato direttamente lo «sconto in fattura». In particolare, essendo necessario, ai fini del Superbonus e dell'esercizio dell'opzione, che siano documentate le spese sostenute e rimaste effettivamente a carico del committente beneficiario dell'agevolazione, nella fattura emessa dal GC per riaddebitare le spese relative ai servizi professionali, o in altra documentazione, deve essere descritto in maniera puntuale il servizio e indicato il soggetto che lo ha reso.

Interpello 480/2021

Trasparenza dello schema del mandato senza rappresentanza ai fini IVA (nella fattura dal GC al committente si applica la stessa aliquota che avrebbe applicato il professionista).	Al riguardo, nel presupposto che lo schema giuridico realizzato dall'istante sia quello del mandato senza rappresentanza - secondo cui i suddetti professionisti addebitano la propria prestazione all'istante in qualità di GC, che ribalta il costo del servizio sui beneficiari dell'agevolazione -, trova applicazione, ai fini IVA, l'articolo 3,terzo comma, del decreto del Presidente della Repubblica 26 ottobre 1972, n. 633. Ai sensi di tale disposizione "*le prestazioni di servizi rese o ricevute dai mandatari senza rappresentanza sono considerate prestazioni di servizi anche nei rapporti tramandante e mandatario*", nel senso che hanno la stessa natura. In sostanza, il trattamento fiscale oggettivo dell'operazione, resa o ricevuta dal mandatario si estende anche al successivo passaggio mandatario-mandante, fermo restando il rispetto dei requisiti soggettivi degli operatori. Il mandatario, comunque, pur agendo per conto di un terzo opera a nome proprio (cfr. risoluzioni n. 6/E datata 11 febbraio 1998 e n.250/E del 30 luglio 2002).
Si conferma che non è remunerabile con il Superbonus l'eventuale margine funzionale del GC. *Si ribadisce la necessità del riaddebito di spese tecniche dettagliato e puntuale.*	Al riguardo, per quanto concerne gli oneri oggetto di riaddebito si rammenta che, in ogni caso, non può essere incluso alcun margine funzionale alla remunerazione dell'attività posta in essere dal GC, in quanto esso costituisce un costo non incluso tra quelli detraibili al 110 per cento poiché espressamente menzionati nelle disposizioni del *Superbonus*. A tale proposito si rileva che la circolare n. 30/E del 2020 ha confermato che sono agevolabili tutte le spese caratterizzate da un'immediata correlazione con gli interventi che danno diritto alla detrazione, specificando che tra le predette spese non rientrano i compensi specificatamente riconosciuti all'amministratore per lo svolgimento degli adempimenti dei condomini connessi all'esecuzione dei lavori e all'accesso al Superbonus. Tale chiarimento risulta estendibile anche all'eventuale corrispettivo corrisposto al "contraente generale" per l'attività di "mero" coordinamento svolta e per lo sconto in fattura applicato, trattandosi, anche in questo caso, di costi non "*direttamente*" imputabili alla realizzazione dell'intervento. Pertanto, tale corrispettivo è, in ogni caso, escluso dall'agevolazione. In particolare, essendo necessario, ai fini del Superbonus e dell'esercizio dell'opzione, che siano documentate le spese sostenute e rimaste effettivamente a carico del committente beneficiario dell'agevolazione, nel documento emessa dal GC per riaddebitare le spese relative ai servizi professionali, o in altra documentazione, deve essere descritto in maniera puntuale il servizio e indicato il soggetto che lo ha reso (cfr. risposta n. 261 del 19 aprile 2021).
Detraibilità anche delle spese tecniche	Alla luce di ciò e nei limiti di quanto sopra descritto, si ritiene che la detrazione delle spese per lo studio di fattibilità, in quanto spesa professionale connessa e comunque

sostenute per lo studio di prefattibilità.	richiesta dal tipo dei lavori (così come chiarito dalla citata circolare n. 24/Edel 2020) sia ammessa, con la modalità di cui al comma 1, lettera *a*) dell'articolo 121del decreto Rilancio (cd. sconto in fattura), ferma restando la sussistenza degli ulteriori requisiti previsti per la detrazione qui in esame.
Esame della fattispecie del "mandato con rappresentanza". *Nel mandato con rappresentanza l'incarico è conferito dal committente al professionista, e il GC può solo anticipare le spese.* *Quindi non può esserci sconto in fattura e quanto riaddebitato al committente si qualifica come mero "rimborso spese".*	Con riferimento al quesito n. 2 - riguardante la possibilità di applicare le previsioni in materia di "sconto sul corrispettivo dovuto" anche con riferimento alle spese anticipate dal GC in nome e per conto del Condominio e riaddebitate per l'intero al momento dell'emissione del saldo dei lavori - si precisa che esula dalle competenze esercitabili dalla scrivente in sede di interpello valutare la correttezza della qualificazione giuridica dello schema utilizzato dall'istante per gestire i rapporti con il committente e con i professionisti menzionati in istanza. Ciò premesso, si ritiene che laddove il progettista incaricato stipuli il contratto direttamente con il Condominio, ma quest'ultimo deleghi l'istante al pagamento del compenso dovuto in nome e per conto dello stesso, in forza di un mandato con rappresentanza, il primo dovrà emettere fattura a nome del Condominio committente e l'istante riaddebiterà le relative somme allo stesso senza applicazione dell'IVA. Ai sensi dell'articolo 15, comma 1, n. 3, del d.P.R. n. 633 del 1972, infatti, sono escluse dal computo della base imponibile, ai fini IVA, "*le somme dovute a titolo di rimborso delle anticipazioni fatte in nome e per conto della controparte, purché regolarmente documentate*", ossia quelle somme, anticipate per conto del mandante, che risultino da idonea fattura emessa da un terzo e intestata direttamente al mandante (cfr. risoluzione n. 164/E del 31 luglio 2003).

3.3.1.3 Conflitti di interesse e possibili incompatibilità

Molte sono le attività che il professionista tecnico è chiamato a svolgere nel processo che porta dalla pianificazione di un intervento con fruizione del Superbonus fino alle fasi definitive del collaudo e della rendicontazione finale.

Si pensi a titolo di esempio:

A) fase preliminare:

- sopralluoghi, colloqui, brief ed informative preliminari;
- raccolta documentazioni;
- accertamenti urbanistici e catastali, accessi agli atti e verifica legittimità della preesistenza;
- supporto amministratore e partecipazione assemblee condominiali;
- rilievo geometrico e fotografico dello stato di fatto;
- saggi stratigrafici (eventuali);
- diagnosi strumentale (termocamera);
- APE edificio ante-operam e/o valutazione sicurezza sismica;
- valutazione tecnico-economica di massima e formulazione parere di fattibilità;

B) fase esecutiva e finale:

- computo metrico estimativo particolareggiato;
- capitolato dettagliato e contratto d'appalto;
- pratiche urbanistiche di inizio e fine lavori, eventuali varianti;
- progetto e relazione tecnica L. 10/1991;
- asseverazioni tecniche per il Sismabonus;
- segnalazione certificata di agibilità, quando necessaria;
- sopralluoghi, verbali, verifiche e collaudi;
- revisione tecnico-contabile, SAL e liquidazione;
- CSP/CSE eventualmente Responsabile dei lavori;
- APE edificio post-operam;

- asseverazione requisiti minimi e congruità delle spese (fine lavori e/o a SAL);
- collaudi e chiusura pratiche presso gli uffici.

In linea di principio - con la rilevante eccezione del collaudo statico, che (quando necessario) deve ovviamente essere sempre redatto (in caso di Sismabonus unitamente all'asseverazione del collaudatore statico in base all'Allegato B-2 del D.M. 58/2017) da un professionista esterno al processo di progettazione e realizzazione dell'immobile - i vari compiti sopra elencati potrebbero anche essere svolti tutti da un unico professionista.
A questo proposito, nel Decreto Asseverazioni Ecobonus (DAS), nelle dichiarazioni finali della modulistica allegata (vedi ad esempio Allegato 1) si prevede esplicitamente che l'asseveratore può essere anche certificatore energetico. Infatti, nell'asseverazione il dichiarante dice che gli APE possono essere "*redatti da me medesimo o da...*" (peraltro sul sito ENEA tale dichiarazione non è nemmeno prevista nella procedura).
A sua volta, il Decreto Requisiti Ecobonus (DRE, punto 12.1 dell'Allegato A), indica esplicitamente che gli Attestati di prestazione energetica possono essere redatti dai tecnici abilitati (come tali intendendosi quelli abilitati ai sensi del D.P.R. 75/2013), dal progettista o dal direttore dei lavori.
Ne segue in conclusione, secondo noi, che è possibile anche la coincidenza di tutto in una sola figura (APE, progetto, D.L., asseverazioni).
Nelle risposte a FAQ dell'ENEA (vedi risposta 5.c), si legge peraltro che il direttore dei lavori e il progettista possono firmare gli APE utilizzati solo ai fini delle detrazioni fiscali del 110% (quindi gli APE "*convenzionali*"), che non necessitano di essere protocollati.
Tuttavia, le "*regole di terzietà*" previste dall'art. 3 del D.P.R. 75/2013 in caso di interventi su edifici esistenti prevedono l'assenza di conflitto di interessi, ovvero di non coinvolgimento diretto o indiretto con i produttori dei materiali e dei componenti in esso incorporati, nonché rispetto ai vantaggi che possano derivarne al richiedente, che in ogni caso non può essere né coniuge né parente fino al quarto grado. Non vi sarebbe pertanto a rigor di norma alcun divieto in relazione al coinvolgimento nel processo di progettazione e direzione dell'opera come invece è previsto per gli edifici nuovi.
Ne segue che teoricamente solo nel caso in cui progettista o D.L. sia lo stesso professionista titolare dell'immobile (vedi oltre per ulteriori considerazioni), è obbligatorio incaricare un altro collega per la redazione degli APE (ma anche per l'asseverazione).
Ciò non toglie che sembra comunque opportuno (anche dal punto di vista deontologico e stante la risposta fornita dall'ENEA), astenersi dal redigere l'APE post se si è ricoperta la figura di progettista e/o direttore dei lavori.

Si pensi ora al caso in cui il committente e fruitore del bonus fiscale sia lo stesso tecnico, oppure il coniuge, un familiare o un parente.
Nella normalità, non sussiste alcuna incompatibilità nell'eseguire il progetto e/o la direzione dei lavori (anche strutturale) per immobile di proprietà del medesimo tecnico o di un suo familiare.
Tuttavia, quando si è nel campo dei bonus fiscali, il tecnico è chiamato a redigere dichiarazioni asseverate, documenti che sostanzialmente attestano il diritto a fruire delle agevolazioni fiscali.

Da ciò a nostro giudizio si evince l'incompatibilità, non sancita da qualche norma ma dai codici deontologici, che richiedono al professionista di astenersi in presenza di interesse potenzialmente in contrasto con i propri doveri professionali.
Si aggiunga che:
- per il Superbonus è richiesta una specifica polizza assicurativa professionale;
- come di norma, la polizza non copre i danni subiti dall'assicurato stesso o parenti;
- in base a quanto sopra, succede nella pratica che per le asseverazioni relative al Sismabonus alcuni uffici del SUE o Genio civile rifiutino le pratiche relative a immobili dello stesso professionista (ritenendo in sostanza mancante la copertura assicurativa, dal momento che per il Sismabonus l'asseveratore coincide con il progettista strutturale e poi con il direttore dei lavori delle strutture, essendo ciò espressamente previsto dalle norme).

Nessun problema a nostro parere sussiste invece per la presentazione della CILAS e/o altra pratica edilizia.
In conclusione, si ritiene che il tecnico coinvolto nella fruizione dei benefici fiscali (direttamente o tramite un familiare o parente) possa occuparsi di:

1) progetto e direzione dei lavori architettonica;
2) APE convenzionale pre e post intervento.
3) pratiche edilizie.

Viceversa, si ritiene non possa occuparsi di:

4) progetto e direzione dei lavori strutturale, in quanto attività che prevedono la redazione dell'asseverazione
5) asseverazione ENEA
6) collaudo statico.

Si evidenzia che quanto ai punti *4)* e *5)* si tratta di incompatibilità "*deontologica*", non prevista da nessuna norma; pertanto la scelta di astenersi o meno spetta direttamente al professionista, salvo i possibili intoppi di tipo amministrativo di cui si è dato cenno sopra.

Si esamini ora il caso, frequente, del direttore dei lavori che sia direttamente un collaboratore, un dipendente o anche il titolare/amministratore dell'impresa esecutrice.
non esistono esplicite incompatibilità.
Tuttavia, si consideri che la direzione dei lavori è attività che viene di regola svolta su incarico, e soprattutto nell'interesse, del committente che, nella generalità dei casi sceglierà un DL che tuteli in primis gli interessi del committente stesso, con l'unico temperamento di garantire il rispetto delle diverse normative di legge in campo ambientale, della sicurezza, ecc.
In materia di appalti, tra committente e impresa appaltatrice, intercorre un rapporto di "*dialettica contrattuale*" e uno dei ruoli del DL - forse il più importante - è proprio quello di mediare tra gli interessi e le esigenze del committente (rivolti ad un obiettivo, la realizzazione dell'opera secondo la regola dell'arte) e gli interessi e le esigenze delle imprese (arrivare alla realizzazione nel minor tempo e con il minor costo possibili), sempre nel rispetto del quadro normativo generale.
Quando il DL è incaricato dall'impresa stessa (o peggio ancora un dipendente), la possibilità di trovarsi in conflitto di interessi è molto più che un rischio.

In pratica per il DL, trattandosi di figura istituzionalmente preposta alla tutela degli interessi del committente, opposti a quelli dell'impresa, non vi è una incompatibilità assoluta, ma la coincidenza dei ruoli pone il professionista in situazione delicata; pertanto, è opportuno che almeno tale situazione sia chiaramente comunicata al cliente e da questi espressamente accettata.

Quanto al caso, simile, in cui il professionista sia un condomino nell'ambito di un condominio nel quale si intendono svolgere lavori per il Superbonus, non sussistono a parere di chi scrive conflitti di interesse per lo svolgimento dell'attività di progettazione (con relativi computi metrici e altri elaborati vari) e direzione dei lavori; anzi il fatto che la DL sia svolta da soggetto direttamente interessato al buon andamento dei lavori, in quanto a sua volta condomino, garantisce ulteriormente il condominio rispetto alla corretta conduzione dell'appalto.

Anche per la figura dell'asseveratore non ci sono conflitti di interesse espressi dalla norma, in particolare anche l'ENEA (come già indicato, concetto ripreso anche dall'Agenzia entrate con Interpello 22/02/2021, n. 122) ha chiarito che riguardo al principio di estraneità ai lavori, l'obbligo sussiste solo per il tecnico che redige l'APE, in accordo col D.P.R. 75/2013.

Non vi è conflitto di interessi; infatti secondo la Corte di Cassazione (Cass. 17/01/2019, n. 1038; Cass. 31/01/2017 n. 2529), il conflitto deve sostanziarsi in un rapporto d'incompatibilità tra gli interessi del rappresentato e quelli del rappresentante che deve verificarsi concretamente e non essere semplicemente astratto.

Volendo tuttavia cercare il dettaglio, potrebbe configurarsi una "*incompatibilità*"; ad esempio, in base al Codice deontologico degli Ingegneri, secondo il quale:

- (punto 21.1), l'ingegnere non svolge prestazioni professionali quando il proprio interesse o quello del committente o datore di lavoro siano in contrasto con i suoi doveri professionali
- (punto 21.6.g), l'ingegnere si deve astenere dall'assumere incarichi nei casi di collaborazione sotto qualsiasi forma alla progettazione, costruzione, installazione, modifiche, riparazione e manutenzione di impianti, macchine, apparecchi, attrezzature, costruzioni e strutture per i quali riceva l'incarico di omologazione o collaudo.

Sotto il primo profilo si potrebbe ipotizzare un contrasto l'interesse del professionista a conseguire il bonus fiscale (in quanto comproprietario) con quello di redigere l'elaborato correttamente. Sotto il secondo profilo si potrebbe invece assimilare l'asseverazione a un collaudo (seppure un collaudo tecnico-amministrativo e non "*tecnico*"). Concetti simili sono espressi nei codici deontologici delle altre professioni tecniche. Ciò potrebbe portare in concreto a ravvisarsi la suddetta incompatibilità, che il professionista valuterà pertanto ai fini di una possibile astensione dall'incarico di asseveratore.

Si rappresenta altresì che anche il soggetto asseveratore e il certificatore energetico dovrebbero essere soggetti terzi estranei alla progettazione e realizzazione dell'intervento (per il certificatore, nel caso degli Ape singoli non "*convenzionali*", la terzietà è ribadita anche dall'Enea - vedi FAQ Superbonus 5.c).

Quanto al DL, in tutti i modi, trattandosi di figura istituzionalmente preposta alla tutela degli interessi del committente, opposti a quelli dell'impresa, non sussiste una incompa-

tibilità assoluta, ma la coincidenza dei ruoli pone il professionista in situazione delicata; pertanto, come già sopra indicato, è opportuno che almeno tale situazione sia chiaramente comunicata al cliente e da questi espressamente accettata.
Quanto infine all'asseveratore, si ribadisce che pur in assenza di norme specifiche sarebbe meglio che le asseverazioni fossero rilasciate da professionista estraneo all'impresa.

Si esamini infine il caso in cui l'amministratore di un condominio - tecnico che comunque svolge la libera professione - possa ricevere incarico per la pratica del Superbonus quale progettista e/o direttore dei lavori dal condominio stesso.
A nostro parere, in assenza di una regolamentazione specifica, non si ravvisa conflitto di interessi nella coincidenza dei ruoli di progettista/DL e di amministratore di condominio.
Come già detto, secondo la Corte di Cassazione (Cass. 17/01/2019, n. 1038; Cass. 31/01/2017 n. 2529), il conflitto deve sostanziarsi in un rapporto d'incompatibilità tra gli interessi del rappresentato e quelli del rappresentante che deve verificarsi concretamente e non essere semplicemente astratto.
A nostro parere, nel caso concreto, gli interessi tutelati dall'amministratore di condominio nel suo ruolo non confliggono ma convergono con gli interessi tutelati nel ruolo di direttore dei lavori, e quindi di rappresentante della committenza preposto a verificare che i lavori vengano svolti a regola d'arte e in conformità al contratto di appalto.
Va da sé che l'amministratore deve possedere i requisiti specifici di qualificazione professionale e iscrizione all'Albo, dovrà essere nominato in tali ruoli con apposita decisione assembleare e nel rispetto di tutte le formalità previste dalle norme in materia di incarichi professionali (preventivo scritto e dettagliato, obbligo di concludere un contratto espresso con il cliente facendo seguito al preventivo reso, specifica del grado di complessità dell'incarico con tutte le informazioni utili circa gli oneri ipotizzabili dal momento del conferimento alla conclusione dell'incarico in forma scritta o digitale, comunicazione dell'assicurazione professionale, ecc.).
Sussiste viceversa secondo noi conflitto di interessi per l'eventuale redazione delle asseverazioni necessarie ai fini dei bonus fiscali, per i motivi sopra illustrati.

3.3.2 Esempi di clausole per incarico professionale

Stanti le complessità descritte in precedenza, si propongono di seguito alcune clausole tipo che il professionista potrà valutare se inserire nei propri modelli.
Le clausole possono essere idonee sia qualora il committente sia il cliente finale, fruitore delle agevolazioni fiscali, sia che il rapporto si configuri tra il professionista e il *General contractor*.

3.3.2.1 Esempio di clausola per studio di prefattibilità

Qualora dallo studio di prefattibilità oggetto del presente incarico emerga la possibilità di eseguire interventi agevolabili ai sensi dell'art. 119 del D.L. 34/2020 e dei relativi provvedimenti attuativi e di prassi (c.d. "*Superbonus*"), e al presente incarico faccia seguito un successivo incarico concernente le prestazioni necessarie per tali interventi, i

compensi oggetto del presente incarico saranno corrisposti con le modalità e nei tempi indicati nel suddetto incarico.
In caso contrario, i compensi oggetto del presente incarico saranno corrisposti entro il termine di 30 (trenta) giorni consecutivi di calendario dalla consegna degli elaborati finali, con le seguenti modalità ______________________________
e a seguito della emissione di regolare fattura.
Resta inteso che in tutti i casi, trascorsi 30 (trenta) giorni consecutivi di calendario dalla consegna degli elaborati finali senza che sia stato conferito un nuovo incarico concernente le prestazioni necessarie agli interventi agevolati, sarà dovuto il pagamento immediato dei compensi oggetto del presente incarico, con le medesime modalità sopra indicate.

3.3.2.2 Esempio di clausola per incarico relativo agli interventi

Nel presente accordo sono dedotti altresì i compensi relativi all'incarico per l'esecuzione dello studio di prefattibilità, conferito in data _________, come previsto e disciplinato dal punto ______ del suddetto incarico, in quanto parte integrante dei corrispettivi soggetti a detrazione d'imposta.

3.3.2.3 Esempio di clausola per sconto in fattura

Il committente e il professionista concordano che i compensi dovuti al professionista saranno corrisposti, per una percentuale pari al _____% del totale [*specificare, fino a un massimo del 100%*] con la modalità dello "*sconto in fattura*", disciplinata dall'art. 121 del D.L. 34/2020 e dai relativi provvedimenti attuativi e di prassi.
Stante quanto sopra, le fatture del professionista, emesse con la relativa dicitura obbligatoria, non saranno oggetto di pagamento diretto da parte del committente per la percentuale sopra specificata.
A fronte di tale beneficio accordato dal professionista, il committente si impegna a eseguire scrupolosamente e tempestivamente gli adempimenti necessari alla cessione in capo al professionista del credito fiscale corrispondente al 110% degli importi a quest'ultimo non corrisposti, come previsto dal Provvedimento dell'Agenzia entrate 08/08/2020, n. 283847.
Resta inteso che sarà integralmente dovuto il pagamento dei compensi oggetto dello sconto in fattura - maggiorati degli interessi ai sensi dell'art. 5 del D. Leg.vo 09/10/2002, n. 231, decorrenti dal trentesimo giorno successivo alla data delle relative fatture o del completamento delle prestazioni, se antecedente - nei seguenti casi:

- il presente incarico cessi per qualsiasi motivo prima del suo completamento per recesso da parte del committente, per recesso da parte del professionista o per qualsiasi altro motivo;
- il committente decida di non portare a compimento i lavori cui le presenti prestazioni professionali sono preordinate;
- qualsiasi altro motivo, da chiunque cagionato, che comporti la non completa fruibilità del credito fiscale in capo al professionista.

Il pagamento sarà dovuto immediatamente al verificarsi di uno o più degli eventi sopra indicati, o alla conoscibilità degli eventi stessi, se antecedente.

Resta inteso che sarà integralmente dovuto il pagamento dei compensi oggetto dello sconto in fattura qualora entro il 16 marzo dell'anno successivo alle spese o dell'anno di presentazione della dichiarazione dei redditi in relazione alla prima rata ceduta il committente non abbia provveduto alla comunicazione dell'opzione per la cessione del credito in favore del professionista all'Agenzia delle entrate, ai sensi del Provvedimento dell'Agenzia entrate 08/08/2020, n. 283847, e/o non abbia entro la medesima data trasmesso al professionista copia della ricevuta di avvenuta trasmissione.

3.3.2.4 Indicazione polizza specifica per asseverazione

Il professionista dichiara che, al fine di garantire il risarcimento dei danni eventualmente provocati dall'attività prestata, dalla data del ____________ è in vigore la polizza di assicurazione RC n. __________________ sottoscritta con la compagnia ____________________, con le caratteristiche previste dal comma 14, art. 119 del D.L. 34/2020, ed in particolare con massimale pari a ___________________ Euro, dunque all'importo degli interventi oggetto delle asseverazioni che il professionista si impegna con il presente accordo a presentare.

3.3.3 Determinazione dei compensi professionali

Ai fini della determinazione dei compensi dei professionisti tecnici per le attività da questi svolte in relazione al Superbonus, il punto 13.1, lettera *c)*, dell'Allegato A al decreto Requisiti tecnici per l'Ecobonus dispone che si applichi il D.M. Giustizia 17/06/2016, recante "*Approvazione delle tabelle dei corrispettivi commisurati al livello qualitativo delle prestazioni di progettazione adottato ai sensi dell'articolo 24, comma 8, del decreto legislativo n. 50 del 2016*".
Si tratta in pratica del c.d. "*Decreto parametri*" sulla base del quale - nell'ambito dei lavori pubblici - sono definiti gli importi da mettere a base di gara per gli affidamenti di contratti pubblici per servizi tecnici: progettazione, direzione dei lavori, coordinamento della sicurezza in fase di esecuzione, collaudo, nonché altri incarichi che il committente pubblico ritenga indispensabili a supporto dell'attività del responsabile unico del procedimento.

Gli importi calcolati dal professionista sulla base del decreto in questione, che, come si vedrà, consente peraltro un discreto margine di discrezionalità:

- costituiscono gli importi considerati "*congrui*" dalla normativa sul Superbonus, e rappresentano quindi il limite massimo della parte di spesa totale afferente le spese tecniche che può essere portata in detrazione;
- non sono in alcun modo vincolanti né verso il basso, essendo comunque la determinazione del compenso tecnico oggetto di libera contrattazione tra il committente e il professionista e potendosi quindi applicare dei "*ribassi*" senza alcun limite, né teoricamente, per lo stesso motivo, anche verso l'alto, seppure l'eventuale differenza in eccesso non potrebbe essere portata in detrazione e rimarrebbe pertanto a carico del committente.

La difficoltà di applicare questo provvedimento al Superbonus deriva essenzialmente dal fatto che le varie voci prestazionali che esso contempla sono tarate sulle attività specifiche richieste al professionista nell'ambito dei lavori pubblici, e quindi per la loro traslazione nel diverso contesto degli incarichi privati occorre in alcuni casi procedere "*per analogia*".

Quanto alle modalità per il calcolo dei corrispettivi, il D.M. Giustizia 17/06/2016 prevede in primo luogo che l'onorario totale del professionista è dato dalla somma di due elementi:

1) compenso;

2) oneri accessori e spese.

Sono di seguito illustrate le modalità che il decreto prevede per il calcolo degli elementi di cui sopra.

3.3.4 Modalità di determinazione del compenso

3.3.4.1 Elementi per il calcolo

Il compenso (*CP*) è ottenuto tramite la formula:

$$CP = \sum (V \times G \times Q \times P)$$

le cui voci sono dettagliate qui di seguito.

V - Valore dell'opera

Definisce il costo dell'opera per ciascuna delle singole categorie e sottocategorie che la compongono, che sono elencate dalla Tavola Z-1 allegata al D.M. 17/06/2016.

In dettaglio, le categorie di opere applicabili al Superbonus sono essenzialmente strutture, edilizia e impianti, mentre le sottocategorie sono individuate con riferimento alla "*destinazione funzionale*" delle opere, ad esempio: categoria edilizia, destinazione funzionale (sottocategoria) residenza.

Il valore, con riferimento a ciascuna categoria e sottocategoria, è individuato sulla base del preventivo di progetto o del consuntivo lordo, nelle fasi di direzione esecutiva e collaudo, mentre per le opere esistenti tale costo corrisponde all'importo complessivo delle opere, sia esistenti che nuove, oggetto della prestazione.

Si precisa che in concreto il valore del parametro *V* da utilizzare può coincidere con il valore delle opere esistenti, delle opere da realizzarsi o delle opere esistenti + quelle da realizzarsi, come da tabella seguente (realizzata sulla base delle indicazioni rinvenibili nel documento elaborato dalla Rete delle professioni tecniche (RPT), nel documento contenente "*Linee guida per la determinazione dei compensi per il Superbonus*" - ultimo aggiornamento marzo 2021).

Determinazione del valore parametro V?

Valore parametro *V*	Casistica
Valore dell'esistente *	Attestato di prestazione energetica iniziale Diagnosi energetica Verifica sismica sulle strutture Più in generale, tutte le attività che prevedono analisi e valutazioni preliminari sul fabbricato oggetto di intervento
Valore dell'intervento	Progettazione Relazione energetica Coordinamento della sicurezza Direzione e contabilità dei lavori Asseverazioni requisiti sismici o energetici e congruità dei costi Più in generale, tutte le attività connesse alla progettazione e direzione esecutiva delle opere da eseguirsi
Valore dell'esistente + *Valore dell'intervento*	Attestato di prestazione energetica finale Collaudo statico Più in generale, tutte le attività che prevedono analisi e valutazioni a consuntivo sul fabbricato al termine dell'intervento

** Tale valore è determinabile in via "parametrica" attraverso l'utilizzo di costi di costruzione parametrici predefiniti, oppure attraverso una stima tramite metodo parametrico. Il valore sarà altresì da suddividere in modo che possa essere riferito al valore delle opere edili, delle strutture e degli impianti meccanici a fluido al servizio della costruzione, da utilizzare come riferimento a seconda della prestazione da valutare.*

G - Grado di complessità

Definisce, per ciascuna categoria e sottocategoria (destinazione funzionale) il grado di complessità della prestazione, anch'essa indicata dalla Tavola Z-1 allegata al decreto.

Q - Incidenza della prestazione

Definisce l'incidenza della singola specifica prestazione effettuata per ciascuna singola fase (ad esempio attività preliminari, progettazione, direzione esecutiva, collaudi e verifiche) e sottofase prestazionale (ad esempio studio di fattibilità, redazione computo metrico, elaborati di progetto esecutivo, collaudo, ecc.), come individuate nella Tavola Z-2 allegata al decreto, rappresentando in pratica la percentuale di compenso spettante al professionista per ciascuna singola prestazione eseguita.

P - Coefficiente moltiplicatore

È un coefficiente moltiplicatore inversamente proporzionale al costo dell'opera, a sua volta calcolato tramite la formula:

$$P = 0{,}03 + 10/V^{0,4}$$

L'art. 3, comma 5 del D.M. Giustizia 17/06/2016 dispone che per importi delle singole categorie componenti l'opera inferiori a 25.000 Euro, il parametro *P* non può superare il valore del medesimo parametro *P* corrispondente a tale importo.
Si riportano qui di seguito, a chiarimento, alcuni esempi di calcolo del parametro *P*, che - come si vede - è inversamente proporzionale all'importo dei valori (*V*).

Esempi di calcolo del parametro P

V	V^0,4	10/V^0,4	0,03 + 10/V^0,4
12.500,00 €	43,5275	0,2297	0,2597
25.000,00 €	57,4349	0,1741	0,2041
50.000,00 €	75,7858	0,1320	0,1620
100.000,00 €	100,0000	0,1000	0,1300
250.000,00 €	144,2700	0,0693	0,0993
500.000,00 €	190,3654	0,0525	0,0825
1.000.000,00 €	251,1886	0,0398	0,0698
2.500.000,00 €	362,3898	0,0276	0,0576
1.845.000,00 €	320,9213	0,0312	0,0612

In pratica - poiché come detto il provvedimento fonda il calcolo dell'importo della prestazione sulla suddivisione della stessa in categorie - i compensi emergono dall'applicazione - all'importo di ciascuna categoria della prestazione, ed in base al relativo grado di complessità *G* indicato nella Tavola Z-1 - del coefficiente *P* e delle varie aliquote *Q* per le prestazioni specialistiche effettivamente richieste di cui alla Tavola Z-2.
Il simbolo di sommatoria nella formula per il calcolo del compenso deriva dal fatto che l'operazione andrà svolta per ciascuna singola categoria e sottocategoria di opere, nonché per ciascuna fase e sottofase prestazionale, in funzione del parametro *Q* per ciascuna di queste definito dal decreto.

3.3.4.2 Prestazioni non previste dal decreto o non determinabili

In caso di prestazioni complementari non ricomprese nelle tavole allegate al decreto (ad esempio, presentazione pratiche edilizie e di genio civile, sopralluoghi, verifiche di conformità urbanistica, ecc.), si fa ricorso al criterio di analogia, oppure, qualora risulti impossibile applicare detto criterio, il corrispettivo va determinato in ragione di ora (cd. "*vacazioni*"), sulla base del presumibile impegno richiesto, come da tabella che segue.

Corrispettivi per prestazioni non determinabili

Professionista incaricato	Da 50 a 75 Euro/ora
Aiutante iscritto all'albo	Da 37 a 50 Euro/ora
Aiutante di concetto	Da 30 a 37 Euro/ora

La definizione del concreto importo all'interno della forbice stabilita dal decreto è rimessa ad una valutazione discrezionale del committente pubblico basata sull'importanza della prestazione.

3.3.4.3 Oneri accessori e spese

Il decreto prevede che spese ed oneri accessori siano sempre determinati in via forfettaria, come da tabella che segue.

Determinazione di oneri accessori e spese

Opere di importo fino ad 1.000.000 di Euro	In misura non superiore al 25% del compenso
Opere di importo superiore a 25.000.000 di Euro	In misura non superiore al 10% del compenso
Opere di importo compreso tra 1.000.000 e 25.000.000 di Euro	In misura non superiore alla percentuale determinata per interpolazione lineare tra i primi due valori

3.3.5 Categorie di opere e destinazioni funzionali

Si riportano di seguito le voci estratte dalla Tavola Z-1 del decreto, concernenti le categorie di opere, le sottocategorie e le destinazioni funzionali che sono pertinenti alle lavorazioni realizzabili nell'ambito del Superbonus.

Per ciascuna sottocategoria/destinazione funzionale è riportato il pertinente parametro *G* (grado di complessità della prestazione), da utilizzare nel calcolo del compenso.

Categorie, sottocategorie e destinazioni pertinenti per il Superbonus

CATEGORIA: EDILIZIA			
SOTTOCATEGORIA	*COD.*	*DESCRIZIONE*	*G*
RESIDENZA	E.05	Edifici, pertinenze, autorimesse semplici, senza particolari esigenze tecniche. Edifici provvisori di modesta importanza	**0,65**
	E.06	Edilizia residenziale privata e pubblica di tipo corrente con costi di costruzione nella media di mercato e con tipologie standardizzate	**0,95**
	E.07	Edifici residenziali di tipo pregiato con costi di costruzione eccedenti la media di mercato e con tipologie diversificate	**1,20**
EDIFICI E MANUFATTI ESISTENTI	E.20	Interventi di manutenzione straordinaria, ristrutturazione, riqualificazione, su edifici e manufatti esistenti	**0,95**
	E.21	Interventi di manutenzione straordinaria, restauro, ristrutturazione, riqualificazione, su edifici e manufatti di interesse storico artistico non soggetti a tutela ai sensi del D. Leg.vo 42/2004	**1,20**
	E.22	Interventi di manutenzione straordinaria, restauro, ristrutturazione, riqualificazione, su edifici e manufatti di interesse storico artistico soggetti a tutela ai sensi del D. Leg.vo 42/2004 o di particolare importanza	**1,55**

CATEGORIA: STRUTTURE			
SOTTOCATEGORIA	*COD.*	*DESCRIZIONE*	*G*
STRUTTURE, OPERE INFRASTRUTTURALI PUNTUALI	S.03	Strutture o parti di strutture in cemento armato Verifiche strutturali relative Ponteggi, centinature e strutture provvisionali di durata superiore a due anni	**0,95**
	S.04	Strutture o parti di strutture in muratura, legno, metallo Verifiche strutturali relative Consolidamento delle opere di fondazione di manufatti dissestati Ponti, Paratie e tiranti, Consolidamento di pendii e di fronti rocciosi ed opere connesse, di tipo corrente Verifiche strutturali relative	**0,90**
	S.06	Opere strutturali di notevole importanza costruttiva e richiedenti calcolazioni particolari Verifiche strutturali relative Strutture con metodologie normative che richiedono modellazione particolare: edifici alti con necessità di valutazioni di secondo ordine	**1,15**

CATEGORIA: IMPIANTI			
SOTTOCATEGORIA	*COD.*	*DESCRIZIONE*	*G*
IMPIANTI MECCANICI A FLUIDO A SERVIZIO DELLE COSTRUZIONI	IA.01	Impianti per l'approvvigionamento, la preparazione e la distribuzione di acqua nell'interno di edifici o per scopi industriali Impianti sanitari Impianti di fognatura domestica od industriale ed opere relative al trattamento delle acque di rifiuto Reti di distribuzione di combustibili liquidi o gassosi Impianti e reti antincendio	**0,75**
	IA.02	Impianti di riscaldamento Impianto di raffrescamento, climatizzazione, trattamento dell'aria Impianti meccanici di distribuzione fluidi Impianto solare termico	**0,85**
IMPIANTI ELETTRICI E SPECIALI A SERVIZIO DELLE COSTRUZIONI	IA.03	Impianti elettrici in genere, impianti di illuminazione, telefonici, di rivelazione incendi, fotovoltaici, a corredo di edifici e costruzioni di importanza corrente	**1,15**
	IA.04	Impianti elettrici in genere, impianti di illuminazione, telefonici, di sicurezza, di rivelazione incendi, fotovoltaici, a corredo di edifici e costruzioni complessi Cablaggi strutturati Impianti in fibra ottica	**1,30**

3.3.6 Fasi prestazionali e prestazioni svolte

Si riportano di seguito le voci estratte dalla Tavola Z-2 del decreto, concernenti le fasi prestazionali e all'interno di queste le singole prestazioni svolte che sono pertinenti alle lavorazioni realizzabili nell'ambito del Superbonus.
Per ciascuna fase/sottofase è riportato il pertinente parametro *Q* (grado di incidenza della prestazione), da utilizzare nel calcolo del compenso.

Fasi prestazionali e prestazioni svolte pertinenti per il Superbonus

FASE	SOTTOFASE		EDI	STR	IMP
	COD.	*DESCRIZIONE*	Q		
STUDI DI FATTIBILITÀ	Qal.01	Relazione illustrativa	**0,045**	**0,045**	**0,045**
	Qal.02	Relazione illustrativa, Elaborati progettuali e tecnico economici	**0,090**	**0,090**	**0,090**
	Qal.03	Supporto al RUP: accertamenti e verifiche preliminari	**0,020**	**0,020**	**0,020**
PROGETTAZIONE PRELIMINARE	Qbl.01	Relazioni, planimetrie, elaborati grafici	**0,090**	**0,090**	**0,090**
	Qbl.02	Calcolo sommario spesa, quadro economico di progetto	**0,010**	**0,010**	**0,010**
	Qbl.06	Relazione geotecnica	**0,030**	**0,030**	**0,030**
	Qbl.09	Relazione sismica e sulle strutture	**0,015**	**0,015**	**0,015**
	Qbl.10	Relazione archeologica	**0,015**	**0,015**	**0,015**
	Qbl.11	Relazione geologica, fino a € 250.000	**0,039**	**0,039-0,053**	**0,039**
		Sull'eccedenza fino a € 500.000	**0,010**	**0,010-0,048**	**0,010**
		Sull'eccedenza fino a € 1.000.000	**0,013**	**0,013-0,044**	**0,013**
		Sull'eccedenza fino a € 2.500.000	**0,018**	**0,018-0,042**	**0,018**
		Sull'eccedenza fino a € 10.000.000	**0,022**	**0,022-0,027**	**0,022**
		Sull'eccedenza	**0,021**	**0,021-0,025**	**0,021**

	QbI.12	Progettazione integrale e coordinata - Integrazione delle prestazioni specialistiche	**0,020**	**0,020**	**0,020**
	QbI.16	Prime indicazioni e prescrizioni per la stesura dei piani di sicurezza	**0,010**	**0,010**	**0,010**
PROGETTAZIONE DEFINITIVA	QbII.01	Relazioni generale e tecniche Elaborati grafici, calcolo delle strutture e degli impianti	**0,230**	**0,180**	**0,160**
	QbII.02	Rilievi dei manufatti	**0,040**	**0,040**	**0,040**
	QbII.03	Disciplinare descrittivo e prestazionale	**0,010**	**0,010**	**0,010**
	QbII.05	Elenco prezzi unitari ed eventuali analisi Computo metrico estimativo Quadro economico	**0,070**	**0,040**	**0,070**
	QbII.07	Schema di contratto, capitolato speciale d'appalto	**0,070**	**0,070**	**0,080**
	QbII.09	Relazione geotecnica	**0,060**	**0,060**	**0,060**
	QbII.12	Relazione sismica e sulle strutture	**0,030**	**0,030**	**0,030**
	QbII.13	Relazione geologica, fino a € 250.000	**0,064**	**0,064-0,133**	**0,064**
		Sull'eccedenza fino a € 500.000	**0,019**	**0,019-0,107**	**0,019**
		Sull'eccedenza fino a € 1.000.000	**0,021**	**0,021-0,096**	**0,021**
		Sull'eccedenza fino a € 2.500.000	**0,029**	**0,029-0,079**	**0,029**
		Sull'eccedenza fino a € 10.000.000	**0,038**	**0,038-0,054**	**0,038**
		Sull'eccedenza	**0,028**	**0,028-0,035**	**0,028**
	QbII.14	Analisi storico critica e relazione sulle strutture esistenti	**-**	**0,090**	**-**
	QbII.15	Relazione sulle indagini dei materiali e delle strutture per edifici esistenti	**-**	**0,120**	**-**
	QbII.16	Verifica sismica delle strutture esistenti e individuazione delle carenze strutturali	**-**	**0,180**	**-**
	QbII.17	Progettazione integrale e coordinata - Integrazione delle prestazioni specialistiche	**0,050**	**0,050**	**0,050**
	QbII.18	Elaborati di progettazione antincendio	**0,060**	**0,060**	**0,060**
	QbII.19	Relazione paesaggistica (D. Leg.vo 42/2004)	**0,020**	**0,020**	**0,020**
	QbII.20	Elaborati e relazioni per requisiti acustici (L. 447/1995; D.P.C.M. 512/1997)	**0,020**	**0,020**	**0,020**
	QbII.21	Relazione energetica (L. 10/1991; D. Leg.vo 192/2005)	**0,030**	**0,030**	**0,030**
	QbII.22	Diagnosi energetica (L. 10/1991; D. Leg.vo 192/2005) degli edifici esistenti, esclusi i rilievi e le indagini	**0,020**	**0,020**	**0,020**
	QbII.23	Aggiornamento delle prime indicazioni e prescrizioni per la redazione del PSC	**0,010**	**0,010**	**0,010**
PROGETTAZIONE ESECUTIVA	QbIII.01	Relazione generale e specialistiche Elaborati grafici Calcoli esecutivi	**0,070**	**0,120**	**0,150**
	QbIII.02	Particolari costruttivi e decorativi	**0,130**	**0,130**	**0,050**
	QbIII.03	Computo metrico estimativo Quadro economico Elenco prezzi ed eventuale analisi Quadro dell'incidenza percentuale della quantità di manodopera	**0,040**	**0,030**	**0,050**
	QbIII.04	Schema di contratto, capitolato speciale d'appalto, cronoprogramma	**0,020**	**0,010**	**0,020**

	QbIII.05	Piano di manutenzione dell'opera	**0,020**	**0,025**	**0,030**
	QbIII.06	Progettazione integrale e coordinata - Integrazione delle prestazioni specialistiche	**0,030**	**0,030**	**0,030**
	QbIII.07	Piano di sicurezza e coordinamento	**0,010**	**0,010**	**0,010**
DIREZIONE ESECUTIVA	QcI.01	Direzione lavori, assistenza al collaudo, prove di accettazione	**0,320**	**0,380**	**0,320**
	QcI.02	Rendicontazioni e liquidazione tecnico contabile	**0,030**	**0,020**	**0,030**
	QcI.07	Variante delle quantità del progetto in corso d'opera	**0,060**	**0,060**	**0,060**
	QcI.08	Variante del progetto in corso d'opera	**0,140**	**0,090**	**0,150**
	QcI.09	Contabilità dei lavori a misura fino a € 500.000	**0,060**	**0,060**	**0,045**
		Sull'eccedenza	**0,012**	**0,012**	**0,090**
	QcI.10	Contabilità dei lavori a corpo fino a € 500.000	**0,045**	**0,045**	**0,035**
		Sull'eccedenza	**0,090**	**0,090**	**0,070**
	QcI.11	Certificato di regolare esecuzione	**0,040**	**0,040**	**0,040**
	QcI.12	Coordinamento della sicurezza in esecuzione	**0,250**	**0,250**	**0,250**
COLLAUDO E ASSEVERAZIONI	QdI.01	Collaudo tecnico-amministrativo	**0,080**	**0,080**	**0,080**
	QdI.03	Collaudo statico	-	**0,220**	-
	QdI.04	Collaudo tecnico funzionale degli impianti	-	-	**0,180**
	QdI.05	Attestato di prestazione energetica	**0,030**	**0,030**	**0,030**

3.3.7 Esempi di parcella

3.3.7.1 Riqualificazione energetica di una villetta unifamiliare

Dati generali descrittivi

Tipologia edilizia	Villetta unifamiliare di tipo normale
Interventi previsti	- Isolamento termico pareti - Rifacimento impianto termico - Impianto fotovoltaico - Sostituzione infissi
Prestazioni tecniche	- Diagnosi energetica - Attestato di prestazione energetica iniziale - Progettazione e relazione energetica - Coordinamento della sicurezza - Direzione e contabilità dei lavori - Asseverazione ENEA - Attestato di prestazione energetica finale - Collaudo degli impianti

Identificazione categorie - Valore delle opere

Vengono in primo luogo identificate le pertinenti categorie e relative destinazioni funzionali come da Tavola Z-1 del D.M. 17/06/2016.
Vengono in seguito identificati, nella medesima tabella, i relativi valori del parametro *G*, grado di complessità della prestazione.

CATEGORIE DI INTERVENTO E GRADO DI COMPLESSITÀ			
	EDILIZIA	**IMP. TERM.**	**IMP. EL.**
Categorie e destinazioni funzionali	E.20	IA.02	IA.03
Grado di complessità (G)	0,95	0,85	1,15

Vengono valutati "*parametricamente*" i valori dell'esistente, per le differenti categorie di opere presenti, sulla base di costi parametrici reperibili in prezzari o altre pubblicazioni oppure tramite stima parametrica eseguita direttamente dal professionista.

VALORE DELLE OPERE ESISTENTI		
Categoria di opere	**IMPORTO**	**PARAMETRO P**
Edilizia	€ 195.000,00	0,1066
Strutture	€ 60.000,00	0,1527
Impianti termici	€ 33.000,00	0,1858
Impianto elettrico	€ 12.000,00	0,2635
Valore totale delle opere esistenti	**€**	**300.000,00**

Viene stimato il valore delle opere da eseguirsi, tramite l'utilizzo delle metodologie indicate dal punto 13, Allegato A al DRE.

COSTO DELLE OPERE DA ESEGUIRSI			
Tipologia di opere	**EDILIZIA**	**IMP. TERM.**	**IMP. EL.**
Isolamento termico pareti	€ 37.000,00		
Rifacimento impianto termico		€ 12.000,00	
Impianto fotovoltaico	€ 3.500,00		€ 16.500,00
Sostituzione infissi	€ 15.000,00		
Totale per categorie di intervento (V)	**€ 55.500,00**	**€ 12.000,00**	**€ 16.500,00**
Parametro per categorie di intervento (P)	**0,1566**	**0,2635**	**0,2356**
Costo totale delle opere da eseguirsi	**€**		**84.000,00**

La seguente tabella riporta infine il valore delle opere esistenti e nuove, come stimati nelle tabelle precedenti.

Valore delle opere esistenti e nuove

VALORE DELLE OPERE ESISTENTI E NUOVE		
Categoria di opere	**IMPORTO**	**PARAMETRO P**
Edilizia	€ 250.500,00	0,0993
Strutture	€ 60.000,00	0,1527
Impianti termici	€ 45.000,00	0,1676
Impianto elettrico	€ 28.500,00	0,1952
Valore totale delle opere esistenti e nuove	**€**	**384.000,00**

Sviluppo delle prestazioni e compensi

Per ciascuna delle fasi prestazionali sono individuati i valori del pertinente parametro *Q*, incidenza delle prestazioni svolte, come da Tavola Z-1 del D.M. 17/06/2016.
Viene effettuata la sommatoria di tali parametri e viene poi calcolato il compenso come da formula definita dal decreto, considerando il valore *V* in base al valore delle opere esistenti, delle opere nuove o delle opere esistenti e nuove a seconda dei casi.
Nelle tabelle seguenti le descrizioni delle prestazioni sono state leggermente modificate, rispetto alla descrizione originale del decreto, per renderle maggiormente comprensibili e aderenti alla realtà operativa dei lavori privati.
Per quanto riguarda l'APE ante intervento è utilizzato il valore delle opere esistenti per le categorie edilizia, impianti termici e impianti elettrici, come indicato nel documento elaborato dal Consiglio nazionale degli ingegneri.

Attività preliminari (sul valore delle opere esistenti)				
	Dettaglio	**EDILIZIA**	**IMP. TERM.**	**IMP. EL.**
QbII.22	Diagnosi energetica edificio esistente	0,020	0,020	0,020
QdI.05	APE ante intervento	0,030	0,030	0,030
	Sommatoria (Q)	**0,050**	**0,050**	**0,050**
	Compenso (V x G x Q x P)	**€ 987,38**	**€ 260,58**	**€ 181,82**
	Totale attività preliminari	**€**		**1.429,78**
Progettazione (sul valore delle opere nuove)				
	Dettaglio	**EDILIZIA**	**IMP. TERM.**	**IMP. EL.**
QbI.01	Progetto preliminare	0,090	0,090	0,090
QbI.02	Quadro economico di progetto	0,010	0,010	0,010
QbII.01	Progetto definitivo	0,230	0,180	0,160
QbII.03	Disciplinare descrittivo e prestazionale	0,010	0,010	0,010
QbII.05	Computo metrico estimativo	0,070	0,040	0,070
QbII.21	Relazione energetica	0,030	0,030	0,030
QbIII.01	Progetto esecutivo	0,070	0,120	0,150
QbIII.04	Contratto e capitolato speciale	0,020	0,010	0,020
QbIII.05	Piano di manutenzione dell'opera	0,020	0,025	0,030
	Sommatoria (Q)	**0,550**	**0,515**	**0,570**
	Compenso (V x G x Q x P)	**€ 4.541,20**	**€ 1.384,17**	**€ 2.548,19**
	Totale progettazione	**€**		**8.473,56**

Coordinamento della sicurezza (sul valore delle opere nuove)				
	Dettaglio	**EDILIZIA**	**IMP. TERM.**	**IMP. EL.**
QbIII.07	Piano di sicurezza e coordinamento	0,010	0,010	0,010
QcI.12	Coordinamento sicurezza in esecuzione	0,250	0,250	0,250
	Sommatoria (Q)	**0,260**	**0,260**	**0,260**
	Compenso (V x G x Q x P)	**€ 2.146,75**	**€ 698,80**	**€ 1.162,33**
	Totale coordinamento della sicurezza	**€**		**4.007,89**

Quanto all'asseverazione ENEA, poiché in questa esemplificazione essa è redatta dal direttore dei lavori, è stata scelta la voce *QcI.11*, corrispondente al "*Certificato di regolare esecuzione*". Qualora viceversa fosse eseguita da un diverso professionista sarebbe più adeguato fare riferimento invece alla voce *QdI.01*, corrispondente al "*Collaudo tecnico amministrativo*".

Direzione lavori e asseverazione ENEA (sul valore delle opere nuove)				
	Dettaglio	**EDILIZIA**	**IMP. TERM.**	**IMP. EL.**
Qcl.01	Direzione dei lavori	0,320	0,380	0,320
Qcl.02	Rendicontazione e contabilità lavori	0,030	0,020	0,030
Qcl.11	Asseverazione ENEA	0,040	0,040	0,040
	Sommatoria (Q)	**0,390**	**0,440**	**0,390**
	Compenso (V x G x Q x P)	**€ 3.220,13**	**€ 1.182,59**	**€ 1.743,50**
	Totale direzione lavori e asseverazione	**€**		**6.146,21**

Per quanto riguarda l'APE finale è utilizzato il valore delle opere esistenti e nuove per le categorie edilizia, impianti termici e impianti elettrici, come indicato nel documento elaborato dal Consiglio nazionale degli ingegneri.
Inoltre, poiché l'APE finale in questa esemplificazione è redatto dallo stesso professionista che ha redatto anche l'APE iniziale, è stata applicata una riduzione del 50% sul corrispondente parametro *Q*, anche in questo caso come suggerito dalla RPT.

Attestazioni e collaudi finali (sul valore delle opere esistenti e nuove)				
	Dettaglio	**EDILIZIA**	**IMP. TERM.**	**IMP. EL.**
Qdl.04	Collaudo degli impianti	0,000	0,180	0,180
Qdl.05	APE post intervento	0,015	0,015	0,015
	Sommatoria (Q)	**0,015**	**0,195**	**0,195**
	Compenso (V x G x Q x P)	**€ 354,46**	**€ 1.250,09**	**€ 1.247,55**
	Totale attestazioni e collaudi finali	**€**		**2.852,10**

Riepilogo della parcella

Viene riportato il totale complessivo per le singole fasi prestazionali.
Per quanto riguarda le spese, esse sono valutate forfettariamente, come previsto dal decreto, in misura non superiore al 25% del compenso, trattandosi di opere di importo fino ad 1.000.000 di Euro (in questa esemplificazione si è scelto di applicare il 12,50%).
Sul totale del compenso - che rappresenta ai fini dell'applicazione del Superbonus l'importo giudicato "*congruo*", in quanto valutato con la puntuale applicazione del D.M. 17/06/2016 - è stato applicato un ribasso discrezionale del 27%.

RIEPILOGO PARCELLA					
Prestazioni svolte		*Totali parcella*			
Attività preliminari		€			1.429,78
Progettazione		€			8.473,56
Coordinamento della sicurezza		€			4.007,89
Direzione lavori e asseverazione ENEA		€			6.146,21
Attestazioni e collaudi finali		€			2.852,10
Totale compenso		**€**			**22.909,54**
Spese e oneri accessori	(a forfait)		12,50%	€	2.863,69
Totale onorario preventivato (importo congruo)	**€**				**25.773,23**
Ribasso accordato	(a forfait)		27,00%	-€	6.958,77
Totale onorario dovuto	**€**				**18.814,46**

Attribuzione degli importi di parcella alle tipologie di interventi

Una volta determinato l'onorario del professionista, ai fini della detrazione fiscale, occorre attribuirlo alle varie tipologie di intervento, possibilmente utilizzando un metodo "*oggettivo*".
Si propongono di seguito due metodologie alternative, entrambe da ritenere valide (ma il metodo 2, seppure leggermente più laborioso, forse maggiormente rispettoso del dettato normativo).

Metodo 1 - Suddivisione dell'importo di parcella proporzionalmente al valore delle opere nuove per tipologie di intervento. Di seguito si riporta il risultato per l'esempio qui in esame.

RIEPILOGO IMPORTI DI PARCELLA PER TIPOLOGIE DI INTERVENTI - METODO 1		
Tipologia di opere	*Totali*	
Isolamento termico pareti	€	8.287,32
Rifacimento impianto termico	€	2.687,78
Impianto fotovoltaico	€	4.479,63
Sostituzione infissi	€	3.359,72
Totale	**€**	**18.814,46**

Metodo 2 - Suddivisione dell'importo di parcella per le tre categorie di opere "*edilizia*", "*impianti termici*" e "*impianti elettrici*" e successiva attribuzione di tali importi proporzionalmente agli importi delle opere nuove per tipologie di intervento. Di seguito si riporta il risultato per l'esempio qui in esame (con anche il primo passaggio preliminare).

RIEPILOGO IMPORTI DI PARCELLA PER CATEGORIA DI OPERE		
Tipologia di opere	*Totali*	
Totale edilizia	€	9.239,00
Totale impianti termici	€	3.922,48
Totale impianti elettrici	€	5.652,98
Totale	**€**	**18.814,46**

RIEPILOGO IMPORTI DI PARCELLA PER TIPOLOGIE DI INTERVENTI - METODO 2		
Tipologia di opere		*Totali*
Isolamento termico pareti	€	6.159,34
Rifacimento impianto termico	€	3.922,48
Impianto fotovoltaico	€	6.235,62
Sostituzione infissi	€	2.497,03
Totale	**€**	**18.814,46**

Congruità della parcella

La lettera *a)* del paragrafo 13.1 del DRE dispone che i costi per tipologia di intervento devono essere inferiori o uguali a quelli determinati secondo precisi riferimenti indicati dalla norma.
A sua volta, la lettera *c)* del paragrafo 13.1 - a proposito della congruità delle spese tecniche - dispone che sono ammessi alla detrazione gli oneri per prestazioni professionali connesse alla realizzazione degli interventi, entro i limiti del D.M. 17/06/2016.
Sembrerebbe pertanto che per le spese tecniche non sia richiesta una congruità "*per tipologia di opere*", ma una congruità complessiva (che, come visto nell'esempio, è ampiamente assicurata attraverso l'applicazione di un ribasso e considerando anche che si è scelto di applicare una percentuale di spese forfettarie relativamente bassa).
Questo si giustifica anche in virtù del fatto che in diversi casi le spese tecniche possono risultare comuni a diverse tipologie di opere (si pensi appunto agli oneri per la redazione dell'APE e delle asseverazioni).
Per tali fattispecie, potrebbe quindi applicarsi la regola generale definita dall'Agenzia delle entrate per questo tipo di agevolazioni (vedi Circolare 31/05/2007, n. 36/E, paragrafo 3.1) in virtù della quale, in presenza di spese astrattamente riconducibili a più fattispecie di agevolazione, il contribuente è nella facoltà di scegliere quale applicare.
In base a quanto sopra potrebbe essere consentito, rispetto a quanto derivante dalle metodologie sopra suggerite, "*riclassificare*" gli importi delle prestazioni tecniche comuni spostandole nelle tipologie di interventi dove i massimali a disposizione risultano più capienti.
Si suggerisce comunque, in questa operazione, di applicare del buonsenso, non essendo consigliabile attribuire spese tecniche molto alte a interventi marginali (come, nell'esempio qui sviluppato, la sostituzione degli infissi).

3.3.7.2 Riqualificazione sismica di un condominio

Dati generali descrittivi

Tipologia edilizia	Edificio in c.a. con 12 unità residenziali e 6 pertinenze non riscaldate
Interventi previsti	- Miglioramento sismico
Prestazioni tecniche	- Verifica dell'esistente ai fini sismici - Progettazione - Direzione e contabilità dei lavori - Asseverazioni ai sensi del D.M. 58/2017 - Collaudo statico *

** La prestazione relativa al collaudo statico si lascia per meri fini esemplificativi, dal momento che ai sensi dell'art. 67 del D.P.R. 380/2001 il collaudo statico deve essere eseguito da ingegnere o architetto iscritto al relativo albo professionale da almeno 10 anni e che non sia intervenuto ad alcun titolo nella progettazione, esecuzione e direzione lavori, e pertanto non potrebbe essere inserito nella medesima parcella con tali attività.*

Identificazione categorie - Valore delle opere

Vengono in primo luogo identificate le pertinenti categorie e relative destinazioni funzionali come da Tavola Z-1 del D.M. 17/06/2016.
Vengono in seguito identificati, nella medesima tabella, i relativi valori del parametro *G*, grado di complessità della prestazione.

CATEGORIE DI INTERVENTO E GRADO DI COMPLESSITÀ			
	EDILIZIA	**STRUTTURE**	**IMPIANTI**
Categorie e destinazioni funzionali	E.20	S.03	-
Grado di complessità (G)	0,95	0,95	-

Vengono valutati "*parametricamente*" i valori dell'esistente, per le differenti categorie di opere presenti, sulla base di costi parametrici reperibili in prezzari o in altre pubblicazioni oppure tramite stima parametrica eseguita direttamente dal professionista.

VALORE DELLE OPERE ESISTENTI		
Categoria di opere	**IMPORTO**	**PARAMETRO P**
Edilizia	€ 1.320.000,00	0,0656
Strutture	€ 600.000,00	0,0788
Impianti termici	€ 300.000,00	0,0944
Impianti elettrici	€ 180.000,00	0,1090
Valore totale delle opere esistenti	**€**	**2.400.000,00**

Viene stimato il valore delle opere da eseguirsi, tramite l'utilizzo delle metodologie indicate dal punto 13, Allegato A al DRE.

COSTO DELLE OPERE DA ESEGUIRSI			
Tipologia di opere	**EDILIZIA**	**STRUTTURE**	**IMPIANTI**
Consolidamento strutturale antisismico		€ 650.000,00	
Opere edili connesse e collegate	€ 420.000,00		
Totale per categorie di intervento (V)	**€ 420.000,00**	**€ 650.000,00**	**€ -**
Parametro per categorie di intervento (P)	**0,0863**	**0,0773**	**0,0000**
Costo totale delle opere da eseguirsi	**€**		**1.070.000,00**

La seguente tabella riporta infine il valore delle opere esistenti e nuove, come stimati nelle tabelle precedenti.

VALORE DELLE OPERE ESISTENTI E NUOVE		
Categoria di opere	**IMPORTO**	**PARAMETRO P**
Edilizia	€ 1.740.000,00	0,0619
Strutture	€ 1.250.000,00	0,0664
Impianti termici	€ 300.000,00	0,0944
Impianto elettrico	€ 180.000,00	0,1090
Valore totale delle opere esistenti e nuove	**€**	**3.470.000,00**

Sviluppo delle prestazioni e compensi

Per ciascuna delle fasi prestazionali sono individuati i valori del pertinente parametro *Q*, incidenza delle prestazioni svolte, come da Tavola Z-1 del D.M. 17/06/2016.
Viene effettuata la sommatoria di tali parametri e viene poi calcolato il compenso come da formula definita dal decreto, considerando il valore *V* in base al valore delle opere esistenti, delle opere nuove o delle opere esistenti e nuove a seconda dei casi.
Nelle tabelle seguenti le descrizioni delle prestazioni sono state leggermente modificate, rispetto alla descrizione originale del decreto, per renderle maggiormente comprensibili e aderenti alla realtà operativa dei lavori privati.
Per quanto riguarda l'APE convenzionale finale è utilizzato il valore delle opere esistenti e nuove per le categorie edilizia, impianti termici e impianti elettrici, come indicato nel documento elaborato dal Consiglio nazionale degli ingegneri.
Inoltre, poiché l'APE convenzionale finale in questa esemplificazione è redatto dallo stesso professionista che ha redatto anche l'APE iniziale, è stata applicata una riduzione del 50% sul corrispondente parametro *Q*, anche in questo caso come suggerito dalla RPT.
Non è stato viceversa seguito in questa esemplificazione il suggerimento della RPT di suddividere preliminarmente il valore delle opere iniziali e nuove per ciascuna unità immobiliare e poi moltiplicarlo per il numero delle unità, dal momento che avrebbe dato luogo al medesimo risultato.

Attività preliminari (sul valore delle opere esistenti)				
	Dettaglio	**EDILIZIA**	**STRUTTURE**	**IMPIANTI**
Qal.01	Relazione illustrativa	0,045	0,045	0,000
Qbl.09	Relazione sismica e sulle strutture	0,015	0,015	0,000
Qbll.16	Verifica sismica e individuazione carenze	0,000	0,180	0,000
Qbl.02	Quadro economico di progetto	0,010	0,010	0,000
	Sommatoria (Q)	**0,070**	**0,250**	0,000
	Compenso (V x G x Q x P)	**€ 5.758,37**	**€ 11.229,00**	**€ -**
	Totale attività preliminari	**€**		**16.987,37**

Progettazione (sul valore delle opere nuove)				
	Dettaglio	**EDILIZIA**	**STRUTTURE**	**IMPIANTI**
Qbl.01	Progetto preliminare	0,090	0,090	0,000
Qbll.03	Disciplinare descrittivo e prestazionale	0,010	0,010	0,000
Qbll.05	Computo metrico estimativo	0,070	0,040	0,000
Qbll.09	Relazione geotecnica	0,060	0,060	0,000
Qblll.01	Progetto esecutivo	0,070	0,120	0,000
Qblll.04	Contratto e capitolato speciale	0,020	0,010	0,000
Qblll.05	Piano di manutenzione dell'opera	0,020	0,025	0,000
	Sommatoria (Q)	**0,340**	**0,355**	**0,000**
	Compenso (V x G x Q x P)	**€ 11.707,46**	**€ 16.945,13**	**€ -**
	Totale progettazione	**€**		**28.652,58**

Quanto all'asseverazione a fine lavori di cui all'Allegato B-1 del D.M. 58/2017 è stata scelta la voce *QcI.11*, corrispondente al "*Certificato di regolare esecuzione*".

Direzione lavori e asseverazione (sul valore delle opere nuove)				
	Dettaglio	EDILIZIA	STRUTTURE	IMPIANTI
QcI.01	Direzione dei lavori	0,320	0,380	0,000
QcI.02	Rendicontazione e contabilità lavori	0,030	0,020	0,000
QcI.11	Asseverazione Allegato B-1 a fine lavori	0,040	0,040	0,000
	Sommatoria (Q)	**0,390**	**0,440**	**0,000**
	Compenso (V x G x Q x P)	**€ 13.429,14**	**€ 21.002,41**	**€ -**
	Totale direzione lavori e asseverazione	**€**		**34.431,55**

Quanto all'asseverazione del collaudatore di cui all'Allegato B-2 del D.M. 58/2017 è stata scelta la voce *QdI.01*, corrispondente al "*Collaudo tecnico amministrativo*", dal momento che essa deve essere redatta dal collaudatore, che deve essere un diverso professionista.

Attestazioni e collaudi finali (sul valore delle opere esistenti e nuove)				
	Dettaglio	EDILIZIA	STRUTTURE	IMPIANTI
QdI.03	Collaudo statico	0,000	0,220	0,000
QdI.01	Asseverazione Allegato B-2 collaudatore	0,080	0,080	0,000
	Sommatoria (Q)	**0,080**	**0,300**	0,000
	Compenso (V x G x Q x P)	**€ 8.185,66**	**€ 8.071,20**	**€ -**
	Totale attestazioni e collaudi finali	**€**		**16.256,86**

Riepilogo della parcella

Viene riportato il totale complessivo per le singole fasi prestazionali.

Per quanto riguarda le spese, esse sono valutate forfettariamente, come previsto dal decreto, in misura non superiore a quanto calcolato per interpolazione lineare tra il 10% (opere di importo superiore a 25.000.000 Euro) e il 25% (opere fino a 1.000.000 di Euro), trattandosi di opere di importo compreso tra 1.000.000 e 25.000.000 di Euro (in questa esemplificazione si è scelto di applicare il 16%).

Sul totale del compenso - che rappresenta ai fini dell'applicazione del Superbonus l'importo giudicato "*congruo*", in quanto valutato con la puntuale applicazione del D.M. 17/06/2016, è stato applicato un ribasso discrezionale del 19%.

Sono inoltre state addebitate n. 12 ore per prestazioni varie (pratiche edilizie e Genio civile, verifiche di conformità urbanistica, ecc.), calcolando l'importo di 50 Euro (aiutante iscritto all'albo, importo massimo).

RIEPILOGO PARCELLA					
Prestazioni svolte		*Totali parcella*			
Attività preliminari		€			16.987,37
Progettazione		€			28.652,58
Direzione lavori e asseverazione		€			34.431,55
Attestazioni e collaudi finali		€			16.256,86
Totale compenso		**€**			**96.328,36**
Spese e oneri accessori	(a forfait)		16,00%	€	15.412,54
Pratiche amministrative e verifiche varie (costo orario)	12	€	50,00	€	600,00
Totale onorario preventivato (importo congruo)	**€**				**112.340,90**
Ribasso accordato	(a forfait)		19,00%	-€	21.344,77
Totale onorario dovuto	**€**				**90.996,13**

Attribuzione degli importi di parcella alle tipologie di interventi

In questo caso, trattandosi di una sola tipologia di intervento (Sismabonus), l'intera parcella sarà afferente alla voce in questione.

Congruità della parcella

La congruità è ampiamente assicurata attraverso l'applicazione di un ribasso e considerando anche che si è scelto di applicare una percentuale di spese forfettarie relativamente bassa (per interpolazione lineare il valore massimo applicabile sarebbe stato pari al 24,96%).

3.3.7.3 Riqualificazione energetica di un condominio

Dati generali descrittivi

Tipologia edilizia	Edificio con 12 unità residenziali e 6 pertinenze non riscaldate
Interventi previsti	Sostituzione della centrale termica
Prestazioni tecniche	APE convenzionale iniziale e finale

Identificazione categorie - Valore delle opere

Vengono in primo luogo identificate le pertinenti categorie e relative destinazioni funzionali come da Tavola Z-1 del D.M. 17/06/2016.
Vengono in seguito identificati, nella medesima tabella, i relativi valori del parametro *G*, grado di complessità della prestazione.

CATEGORIE DI INTERVENTO E GRADO DI COMPLESSITÀ			
	EDILIZIA	**STRUTTURE**	**IMPIANTI**
Categorie e destinazioni funzionali	E.20		IA.02
Grado di complessità (G)	0,95		0,85

Vengono valutati "*parametricamente*" i valori dell'esistente, per le differenti categorie di opere presenti, sulla base di costi parametrici reperibili in prezzari o in altre pubblicazioni oppure tramite stima parametrica eseguita direttamente dal professionista.

VALORE DELLE OPERE ESISTENTI			
Categoria di opere		**IMPORTO**	**PARAMETRO P**
Edilizia	€	1.320.000,00	0,0656
Strutture	€	600.000,00	0,0788
Impianti termici + elettrici	€	480.000,00	0,0834
Valore totale delle opere esistenti	**€**		**2.400.000,00**

Viene stimato il valore delle opere da eseguirsi, tramite l'utilizzo delle metodologie indicate dal punto 13, Allegato A al DRE.

COSTO DELLE OPERE DA ESEGUIRSI			
Tipologia di opere	**EDILIZIA**	**STRUTTURE**	**IMPIANTI**
Sostituzione impianto riscaldamento centralizzato			€ 280.000,00
Opere edili connesse e collegate	€ 105.000,00		
Totale per categorie di intervento (V)	**€ 105.000,00**	**€ -**	**€ 280.000,00**
Parametro per categorie di intervento (P)	**0,1281**	**0,0000**	**0,0962**
Costo totale delle opere da eseguirsi	**€**		**385.000,00**

La seguente tabella riporta infine il valore delle opere esistenti e nuove, come stimati nelle tabelle precedenti.

VALORE DELLE OPERE ESISTENTI E NUOVE			
Categoria di opere		**IMPORTO**	**PARAMETRO P**
Edilizia	€	1.845.000,00	0,0612
Strutture	€	1.250.000,00	0,0664
Impianti termici + elettrici	€	760.000,00	0,0744
Valore totale delle opere esistenti e nuove	**€**		**3.855.000,00**

Sviluppo delle prestazioni e compensi

Per ciascuna delle fasi prestazionali sono individuati i valori del pertinente parametro *Q*, incidenza delle prestazioni svolte, come da Tavola Z-1 del D.M. 17/06/2016.
Viene effettuata la sommatoria di tali parametri e viene poi calcolato il compenso come da formula definita dal decreto, considerando il valore *V* in base al valore delle opere esistenti, delle opere nuove o delle opere esistenti e nuove a seconda dei casi.
Per quanto riguarda l'APE convenzionale finale è utilizzato il valore delle opere esistenti e nuove per le categorie edilizia, impianti termici e impianti elettrici, come indicato nel documento elaborato dal Consiglio nazionale degli ingegneri.
Inoltre, poiché l'APE convenzionale finale in questa esemplificazione è redatto dallo stesso professionista che ha redatto anche l'APE iniziale, è stata applicata una riduzione del 50% sul corrispondente parametro *Q*, anche in questo caso come suggerito dalla RPT.

Non è stato viceversa seguito in questa esemplificazione il suggerimento della RPT di suddividere preliminarmente il valore delle opere iniziali e nuove per ciascuna unità immobiliare e poi moltiplicarlo per il numero delle unità, dal momento che avrebbe dato luogo al medesimo risultato.

	APE convenzionale ante intervento			
	Dettaglio	**EDILIZIA**	**STRUTTURE**	**IMPIANTI**
QdI.05	APE convenzionale ante intervento	0,030		0,030
	Sommatoria (Q)	**0,030**		**0,030**
	Compenso (V x G x Q x P)	**€ 2.467,87**	**€ -**	**€ 1.020,82**
	Totale APE convenzionale ante intervento	**€**		**3.488,69**

	APE convenzionale post intervento			
	Dettaglio	**EDILIZIA**	**STRUTTURE**	**IMPIANTI**
QdI.05	APE convenzionale post intervento	0,015		0,015
	Sommatoria (Q)	**0,015**	**0,000**	**0,015**
	Compenso (V x G x Q x P)	**€ 1.609,02**	**€ -**	**€ 720,94**
	Totale APE convenzionale post intervento	**€**		**2.329,96**

Riepilogo della parcella

Viene riportato il totale complessivo per le singole fasi prestazionali.
Per quanto riguarda le spese, esse sono valutate forfettariamente, come previsto dal decreto, in misura non superiore al 25% del compenso, trattandosi di opere di importo fino ad 1.000.000 di Euro (in questa esemplificazione si è scelto di applicare il valore massimo pari al 25%).
Sul totale del compenso - che rappresenta ai fini dell'applicazione del Superbonus l'importo giudicato "*congruo*", in quanto valutato con la puntuale applicazione del D.M. 17/06/2016, è stato applicato un ribasso discrezionale del 30%.
Sono inoltre state addebitate n. 5 ore per prestazioni varie (sopralluoghi e misurazioni varie), calcolando l'importo di 75 Euro (professionista incaricato, importo massimo).

RIEPILOGO PARCELLA				
Prestazioni svolte		*Totali parcella*		
APE convenzionale ante intervento		€		3.488,69
APE convenzionale post intervento		€		2.329,96
Totale compenso		**€**		**5.818,65**
Spese e oneri accessori	(a forfait)	25,00%	€	1.454,66
Sopralluoghi e misurazioni (costo orario)	5	€ 75,00	€	375,00
Totale onorario preventivato (importo congruo)	**€**			**7.648,31**
Ribasso accordato	(a forfait)	30,00%	-€	2.294,49
Totale onorario dovuto	**€**			**5.353,82**

Attribuzione degli importi di parcella alle tipologie di interventi

In questo caso, trattandosi di una sola tipologia di intervento (Sismabonus), l'intera parcella sarà afferente alla voce in questione.

Congruità della parcella

La congruità è ampiamente assicurata attraverso l'applicazione di un ribasso.

3.3.8 Equo compenso dei professionisti

L'art. 17-*ter* del D.L. 28/10/2020, n. 137 (c.d. "*Decreto Ristori*") prevede - nell'ambito delle procedure previste per le detrazioni fiscali e la relativa cessione del credito introdotta dagli artt. 119 e 121 del D.L. 34/2020 - l'obbligo per i soggetti cessionari dei crediti, e in particolare per istituti di credito e intermediari finanziari, di osservare le disposizioni sul c.d. *"equo compenso"* (art. 13-*bis* della L. 31/12/2012, n. 247, come introdotto ad opera dell'art. 19-*quaterdecies* del D.L. 16/10/2017, n. 148 e successivamente oggetto di modifiche ad opera dell'art. 1 della L. 27/12/2017, n. 205, comma 487), nei confronti dei professionisti incaricati.
La norma rimanda dunque all'istituto dell'equo compenso per gli avvocati e gli altri professionisti iscritti in ordini e collegi professionali, affidando al Ministero per lo sviluppo economico ed all'Autorità garante per la concorrenza e il mercato il compito di vigilare sui seguenti aspetti:

1) il primo è legato alla definizione di equo compenso, considerato tale se risulta *"proporzionato alla quantità e alla qualità del lavoro svolto",* tenuto conto delle caratteristiche della prestazione;
2) il secondo è legato (per quanto riguarda le prestazioni nell'ambito del Super-Ecobonus) al fatto che il compenso è *"equo"* se conforme ai parametri definiti con D.M. Giustizia 17/06/2016.

La norma incontra le richieste formulate dalle professioni tecniche, connesse all'affermarsi nel concreto esercizio del Superbonus dei c.d. *"General contractors",* soggetti che propongono alla committenza delle soluzioni chiavi in mano, creando problemi ai professionisti e alle imprese esecutrici a causa della loro minore forza contrattuale.

3.4 LE ASSEVERAZIONI DEL PROFESSIONSTA TECNICO

3.4.1 L'asseverazione per il Super-Ecobonus

Si riportano qui di seguito - con l'ausilio di immagini esplicative - alcune note di supporto per la compilazione della modulistica per il Super-Ecobonus.
Si specifica che tali note non rivestono carattere di ufficialità, ma derivano dall'accurata analisi del dato normativo, dal confronto costante con gli operatori sul campo nonché in molti casi da una interpretazione "*ragionevole*".

3.4.1.1 Registrazione asseveratore

Per accedere alle apposite funzionalità di compilazione delle asseverazioni sul sito ENEA è necessario preventivamente registrarsi al sistema.

Una volta attivata l'utenza per l'asseveratore, il primo passo è quello di scegliere il tipo di asseverazione che si desidera redigere, considerando che l'asseverazione va fatta sempre a fine lavori ed è possibile farla in corso d'opera al 30% e al 60% dei lavori realizzati. Per completare l'utenza è richiesto che il tecnico abilitato sia munito di polizza assicurativa espressamente stipulata per il Superbonus. L'importo del massimale della polizza verrà progressivamente scalato dal sistema ogni volta che viene compilata l'asseverazione per una pratica nuova. Se vengono caricate più polizze, è possibile scegliere tra quelle caricate che presentano un massimale residuo abbastanza capiente.

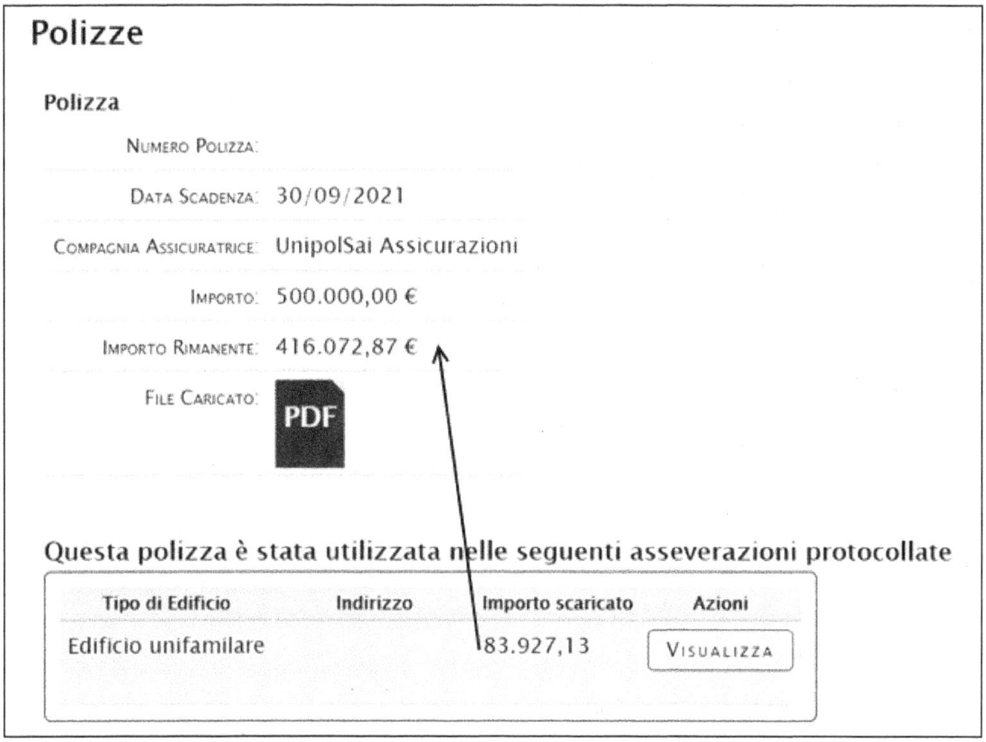

3.4.1.2 Impostazione dei dati essenziali dell'asseverazione

Il primo passo da compiere concerne la scelta dei dati essenziali dell'asseverazione da creare. Una volta inserite queste indicazioni preliminari, non possono più essere modificate; pertanto, se sono stati commessi errori è necessario procedere a cancellare quanto fatto e ripartire daccapo. Se a seguire sia stata anche protocollata una asseverazione completa occorrerà fare ricorso alle procedure previste da ENEA per la correzione di errori, sulle quali si dirà più avanti.

Nei dati iniziali, riveste particolare importanza la scelta del tipo di edificio. Le opzioni che il sistema propone corrispondono a quelle che la normativa ha individuato come tipologie edilizie beneficiarie del Superbonus:

- edificio condominiale (inteso anche riferito al caso del condominio minimo oppure dell'edificio di unico proprietario o con gli stessi comproprietari, plurifamiliare con un massimo di quattro unità abitative oltre a eventuali pertinenze);
- edificio unifamiliare;
- unità immobiliare funzionalmente indipendente dal punto di vista impiantistico e dotata di almeno un accesso autonomo dall'esterno.

Viene poi proposta l'opzione dell'edificio accatastato A/9 aperto al pubblico.

La scelta della corretta opzione può avere influenza anche sulla data di conclusione dei lavori che occorre rispettare, in funzione delle differenziate scadenze che sono state disposte per il Superbonus, nonché per il calcolo dei massimali di intervento, che, come visto, vengono calcolati secondo criteri differenti a seconda che ci si trovi nel contesto di un edificio condominiale/plurifamiliare oppure di un edificio unifamiliare o unità funzionalmente autonoma.

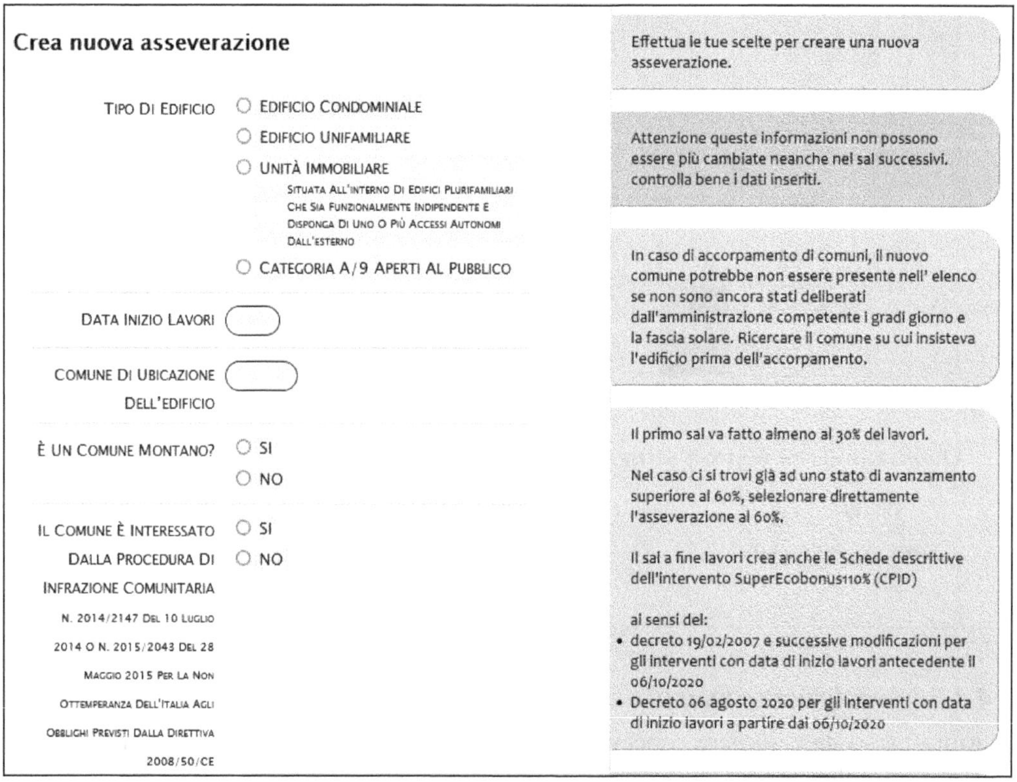
Crea nuova asseverazione

TIPO DI EDIFICIO
- EDIFICIO CONDOMINIALE
- EDIFICIO UNIFAMILIARE
- UNITÀ IMMOBILIARE
  SITUATA ALL'INTERNO DI EDIFICI PLURIFAMILIARI CHE SIA FUNZIONALMENTE INDIPENDENTE E DISPONGA DI UNO O PIÙ ACCESSI AUTONOMI DALL'ESTERNO
- CATEGORIA A/9 APERTI AL PUBBLICO

DATA INIZIO LAVORI

COMUNE DI UBICAZIONE DELL'EDIFICIO

È UN COMUNE MONTANO?
- SI
- NO

IL COMUNE È INTERESSATO DALLA PROCEDURA DI INFRAZIONE COMUNITARIA N. 2014/2147 DEL 10 LUGLIO 2014 O N. 2015/2043 DEL 28 MAGGIO 2015 PER LA NON OTTEMPERANZA DELL'ITALIA AGLI OBBLIGHI PREVISTI DALLA DIRETTIVA 2008/50/CE
- SI
- NO

Effettua le tue scelte per creare una nuova asseverazione.

Attenzione queste informazioni non possono essere più cambiate neanche nel sal successivi. controlla bene i dati inseriti.

In caso di accorpamento di comuni, il nuovo comune potrebbe non essere presente nell' elenco se non sono ancora stati deliberati dall'amministrazione competente i gradi giorno e la fascia solare. Ricercare il comune su cui insisteva l'edificio prima dell'accorpamento.

Il primo sal va fatto almeno al 30% dei lavori.

Nel caso ci si trovi già ad uno stato di avanzamento superiore al 60%, selezionare direttamente l'asseverazione al 60%.

Il sal a fine lavori crea anche le Schede descrittive dell'intervento SuperEcobonus110% (CPID)

ai sensi del:
- decreto 19/02/2007 e successive modificazioni per gli interventi con data di inizio lavori antecedente il 06/10/2020
- Decreto 06 agosto 2020 per gli interventi con data di inizio lavori a partire dal 06/10/2020

Particolare risulta il caso in cui si tratti di edificio con più unità immobiliari, che venga poi accorpato in una sola unità (si pensi ad esempio ad una bifamiliare che diventa unifamiliare). In questi casi, l'Agenzia delle entrate afferma che, come massimali, è necessario valorizzare la situazione antecedente ai lavori. Pertanto, potrebbe sembrare corretto di corretto inserire l'edificio come un condominio formato dalle due unità iniziali, indicando i relativi dati catastali iniziali ed eventualmente nelle note indicando l'accorpamento finale delle due unità con il nuovo accatastamento.

Tuttavia, la "*task force*" di ENEA, su questo argomento, risponde consigliando la seguente procedura:

- si caricano due dichiarazioni distinte, una per edificio "*unifamiliare*" o "*unità immobiliare*" presente nell'ante operam;
- i limiti di spesa sono riferiti all'ante operam;
- si indicano, quando richiesti, i dati catastali dell'edificio post operam;
- per quanto concerne l'APE: per l'ante operam, si redigono due APE iniziali; per il post operam, un unico APE finale;
- vista la particolarità del caso, a valle della pagina dedicata alla compilazione dell'Asseverazione, si descrive il caso all'interno del campo "*Note*" e si riporta il riferimento ASID dell'altra asseverazione, al fine di poter collegare le due pratiche.

A nostro parere la procedura in questione è attuabile solo se le due unità siano funzionalmente indipendenti e autonome, mentre anche la procedura prima ipotizzata può comunque essere corretta, se l'edificio invece presenta parti comuni (condominio minimo), anche perché in questo caso i massimali deriverebbero da un condominio con due (o più unità) e non da due unità funzionalmente autonome (il calcolo è diverso).

L'inizio dei lavori coincide generalmente con la data di presentazione della CILAS (quando si fa ricorso a tale procedura), tranne nel caso in cui siano necessari ulteriori atti di assenso o autorizzazioni, e quindi l'intervento deve attendere il conseguimento di tali atti per poter partire. L'indicazione della data di inizio dei lavori consente di determinare i requisiti tecnici da applicare:

- se prima del 05/10/2020 si applicano i requisiti contenuti nel D.M. 19/02/2007 nonché nel D.M. 11/03/2008 (come a sua volta modificato dal D.M. 26/01/2010);
- se successiva si applicano i requisiti del D.M. 06/08/2020 (DRE).

Le indicazioni relative a se si tratti di comune montano e/o di comune interessato da procedura di infrazione comunitaria sono rilevanti perché esclusivamente per i comuni montani non interessati dalle procedure europee di infrazione è consentito l'allaccio a sistemi di teleriscaldamento efficiente.

Ulteriori indicazioni riguardano se l'intervento rientra fra quelli di cui al comma 4-*ter*, art. 119 del D.L. 34/2020, in base al quale i limiti delle spese ammesse alla fruizione degli incentivi fiscali Superbonus (Eco e Sisma) - per tutti gli interventi da questo previsti - sono aumentati del 50% per gli interventi di ricostruzione di fabbricati danneggiati in tutti i comuni interessati da tutti gli eventi sismici verificatisi a partire dal 01/01/2009 dove sia stato dichiarato lo stato di emergenza (vedi paragrafo 2.2.2). Anche questa indicazione è rilevante per il calcolo dei massimali corretti.

L'INTERVENTO RIENTRA TRA QUELLI PREVISTI DAL COMMA 4-TER DELL'ART. 119 DEL D.L. 34/2020 E SUCCESSIVE MODIFICAZIONI.	○ SI ○ NO	Durante la compilazione viene chiesto l'inserimento di alcuni dati obbligatori ai fini della compilazione della scheda descrittiva dell'intervento di cui al decreto 19/02/2007 e successive modificazioni e al decreto "requisiti ecobonus" 06/08/2020 e riguardano: i dati tecnici descrittivi dei singoli interventi, il valore del risparmio annuo di energia primaria non rinnovabile conseguito, i dati anagrafici dei beneficiari, i dati delle unità immobiliari interessate dagli interventi, i dati dell'"impianto termico esistente e i "dati da APE". Solo alcune di queste informazioni sono riportate nel file finale dell'asseverazione.
INDIRIZZO		
NUMERO CIVICO		
CAP		
ANNO DI COSTRUZIONE DELL'IMMOBILE (ANCHE INDICATIVO)		Si consiglia, una volta creata l'asseverazione, di definire per prima cosa i dati catastali e i beneficiari di ogni singola unità immobiliare. Le spese massime ammissibili vengono calcolate automaticamente in base ai dati inseriti.
SUPERFICIE TOTALE DISPERDENTE [m^2]		
L'EDIFICIO È IN UN'AREA NON METANIZZATA? AI SENSI DEL COMMA 1 LETTERA C DELL'ART. 119 DEL D.L. 34/2020 ("RILANCIO")	○ SI ○ NO	Le infrastrutture per la ricarica dei veicoli elettrici degli edifici condominiali, realizzate a partire dal 01/01/2021 hanno una spesa massima ammissibile variabile a seconda del numero di infrastrutture installate a partire dal 01/01/2021. Pertanto se una unità immobiliare **validata** subisce variazioni alla spesa ammessa, verrà invalidata e l'utente avvisato.

Dopo i dati identificativi dell'immobile (indirizzo completo, anno di costruzione, calcolo della superficie disperdente), viene infine chiesto di indicare se il comune si trovi in zona non metanizzata. Questa indicazione è rilevante perché esclusivamente per le aree non metanizzate nei comuni non interessati dalle procedure europee di infrazione è possibile installare con il Superbonus, intervento trainante su unifamiliare o unità funzionalmente indipendente e autonoma, caldaie a biomassa aventi prestazioni emissive con i valori previsti almeno per la classe cinque stelle.

Infine, l'ultima parte delle informazioni preliminari attiene il profilo edilizio sia dell'edificio che dell'intervento da realizzare.
Per prima cosa si chiedono i dati relativi alla costruzione dell'edificio; pertanto, con l'indicazione del titolo edilizio che ha autorizzato o comunque legittimato la costruzione, oppure se si tratti di edificio costruito in epoca nella quale non era necessario acquisire una licenza edilizia. Per ampie indicazioni su questi aspetti si rinvia al paragrafo 2.4.

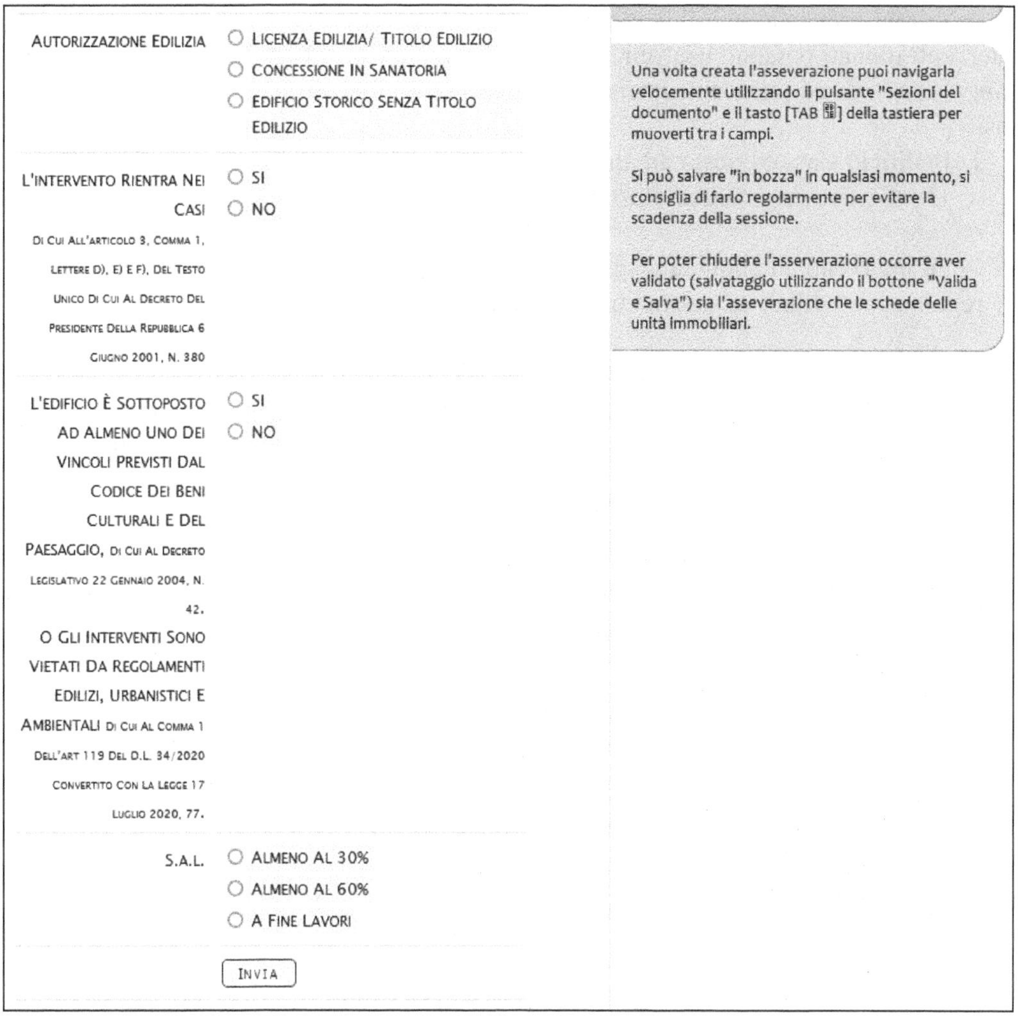

AUTORIZZAZIONE EDILIZIA
○ LICENZA EDILIZIA/ TITOLO EDILIZIO
○ CONCESSIONE IN SANATORIA
○ EDIFICIO STORICO SENZA TITOLO EDILIZIO

L'INTERVENTO RIENTRA NEI CASI DI CUI ALL'ARTICOLO 3, COMMA 1, LETTERE D), E) E F), DEL TESTO UNICO DI CUI AL DECRETO DEL PRESIDENTE DELLA REPUBBLICA 6 GIUGNO 2001, N. 380
○ SI
○ NO

L'EDIFICIO È SOTTOPOSTO AD ALMENO UNO DEI VINCOLI PREVISTI DAL CODICE DEI BENI CULTURALI E DEL PAESAGGIO, DI CUI AL DECRETO LEGISLATIVO 22 GENNAIO 2004, N. 42.
O GLI INTERVENTI SONO VIETATI DA REGOLAMENTI EDILIZI, URBANISTICI E AMBIENTALI DI CUI AL COMMA 1 DELL'ART 119 DEL D.L. 34/2020 CONVERTITO CON LA LEGGE 17 LUGLIO 2020, 77.
○ SI
○ NO

S.A.L.
○ ALMENO AL 30%
○ ALMENO AL 60%
○ A FINE LAVORI

INVIA

Una volta creata l'asseverazione puoi navigarla velocemente utilizzando il pulsante "Sezioni del documento" e il tasto [TAB] della tastiera per muoverti tra i campi.

Si può salvare "in bozza" in qualsiasi momento, si consiglia di farlo regolarmente per evitare la scadenza della sessione.

Per poter chiudere l'asseverazione occorre aver validato (salvataggio utilizzando il bottone "Valida e Salva") sia l'asseverazione che le schede delle unità immobiliari.

Vi è poi la indicazione relativamente al fatto se l'intervento rientra tra gli interventi di ristrutturazione edilizia, nuova costruzione o ristrutturazione urbanistica (art. 3 del D.P.R. 380/2001, comma 1, lettere *d)*, *e)* ed *f)*. Questo è rilevante per il fotovoltaico, dal momento che per tale intervento è previsto un limite di 2.400 Euro per ogni kW di potenza nominale dell'impianto, ridotto a 1.600 Euro per ogni kW se l'installazione è effettuata nell'ambito delle suddette tre categorie di intervento.
Poiché il comma 13-*ter*, art. 119 del D.L. 34/2020, "*declassa*" a manutenzione straordinaria tutti gli interventi in Superbonus non attuati tramite demolizione e ricostruzione, si ritiene che in tutti questi casi il limite corretto per ciascun kW di potenza dell'impianto fotovoltaico rimanga fissato a 2.400 Euro.

Viene poi richiesta l'esistenza di vincoli ai sensi del D. Leg.vo 42/2004 oppure derivanti da regolamenti edilizi, urbanistici o ambientali che impediscano l'esecuzione di interventi trainanti.

Si ricorda in proposito che il comma 2 dell'art. 119 del D.L. 34/2020 dispone che gli interventi trainati possono usufruire della maggiorazione al 110% anche se non eseguiti *congiuntamente* ad uno degli interventi oggetto dell'aliquota maggiorata, nei seguenti casi:

1) l'edificio sia sottoposto ad almeno un vincolo ai sensi del D. Leg.vo 22/01/2004, n. 42 ("*Codice dei beni culturali e del paesaggio*");
oppure
2) gli interventi ad aliquota maggiorata non possano essere eseguiti perché vietati da regolamenti edilizi, urbanistici o ambientali.

Viene infine chiesto se l'asseverazione che si sta creando è a SAL 30% (almeno), 60% (almeno) oppure a fine lavori. Si rinvia a questo proposito alla parte in cui si spiega come correggere gli eventuali errori commessi nella compilazione dell'asseverazione.

3.4.1.3 Dichiarazioni iniziali

Le dichiarazioni iniziali (nel caso qui esemplificato viene mostrata un'asseverazione a SAL iniziale) riguardano essenzialmente i dati del professionista asseveratore e le assunzioni di responsabilità, in base alle norme di cui al D.P.R. 445/2000.

DICHIARAZIONE SOSTITUTIVA DI ATTO DI NOTORIETÀ

(articolo 47 del D.P.R. n. 445 del 28 dicembre 2000 e s.m.i.)

Asseverazione di cui al comma 13 dell'art. 119 del D.L. n. 34/2020, resa ai sensi dell'articolo 2, comma 7, lettera b) del Decreto "Asseverazioni"

Stato di avanzamento lavori (SAL almeno al 30%) n.1 del 02/11/2021

Il sottoscritto ____________________, nato a ____ (prov. ____) il _________, codice fiscale ________________, residente a ____, CAP _____, (prov. ____) in ____________________ ___, con studio sito a ____, CAP: _____ (prov. ____) in ____________________ __, iscritto all'ordine/collegio professionale: ________ di ____ con il numero: _____

in relazione agli interventi di cui all'art. 119 commi 1 e 2 del D.L. 34/2020 consapevole delle sanzioni penali nel caso di dichiarazioni mendaci, formazione e uso di atti falsi, e della decadenza dai benefici eventualmente conseguenti a provvedimenti emanati sulla base di dichiarazioni non veritiere (ai sensi degli articoli 75 e 76 del D.P.R. n. 445 del 28 dicembre 2000 e s.m.i.),

Il D.P.R. 28/12/2000 n. 445 è il "*Testo unico in materia di documentazione amministrativa*", e le dichiarazioni contemplate sono quelle riferite ai fatti riguardanti la singola persona, e le "*dichiarazioni sostitutive dell'atto di notorietà*" (art. 47 dal D.P.R. 445/2000), concernenti "*stati, qualità personali o fatti che siano a diretta conoscenza dell'interessato*" che possono riguardare anche altri soggetti.
Le dichiarazioni e l'asseverazione finale da parte del tecnico vengono rilasciate, oltre

che con riferimento delle sanzioni penali previste dagli artt. 75 e 76 del D.P.R. 445/2000, quindi richiamando implicitamente la "*qualità di persona esercente un servizio di pubblica necessità ai sensi degli articoli 359 e 481 del Codice penale*" assunta dal professionista tecnico.

Come prima ulteriore informazione vengono chiesti gli estremi del deposito della relazione tecnica prevista dall'art. 8 del D. Leg.vo 192/2005 (già dall'art. 28 della L. 10/1991, c.d. "*Relazione Legge 10*"), che deve essere sempre presentata per gli interventi che accedono al Superbonus. Infatti, ai sensi dell'art. 6 del DRE, comma 1, lettera *a)*, il deposito della relazione tecnica in comune rientra tra gli adempimenti richiesti per gli interventi che beneficiano del Superbonus.
La parte iniziale riporta anche parte dei dati già inseriti nei dati fondamentali preliminari dell'asseverazione, e in particolare la data d'inizio dei lavori e la tipologia edilizia sulla quale gli interventi vengono eseguiti.

DICHIARA CHE

☑ è stata depositata nell'ufficio competente del Comune di ____ (prov. ________), in data: _____, protocollo: _____, la relazione tecnica prevista dall'art. 28 della legge 10/91 e dall'art. 8 comma 1 del D.lgs 192/05 e successive modificazioni secondo i modelli riportati nel decreto 26/06/2015 "Schemi e modalità di riferimento per la compilazione della relazione tecnica di progetto ai fini dell'applicazione delle prescrizioni e dei requisiti minimi di prestazione energetica negli edifici", o modulistica prevista da disposizioni regionali sostitutive, comprensiva di tutti gli allegati;

- gli stessi lavori sono iniziati in data: __________ ;
- i lavori sono eseguiti su: ____________________ composto da _ unità immobiliari e ___________ ___________ ___________ ;
- la superficie lorda complessiva disperdente è pari a ____ m^2;

e

riguardano

3.4.1.4 Interventi trainanti

Si passa poi alla definizione degli interventi trainanti, di cui al comma 1, art. 119 del D.L. 34/2020. S può trattare quindi degli interventi di:

1) isolamento termico delle superfici opache verticali, orizzontali e inclinate che interessino l'involucro con un'incidenza superiore al 25% della superficie lorda complessiva disperdente dell'edificio;

2) sostituzione degli impianti di climatizzazione invernale esistenti con impianti destinati al riscaldamento, al raffrescamento e alla produzione di acqua calda sanitaria.

Quanto all'intervento di isolamento termico, per ciascun componente oggetto di intervento, si indicano i seguenti parametri tecnici:
- superficie;
    - trasmittanza termica ante intervento;
    - trasmittanza termica post intervento;
    - trasmittanza termica periodica;
    - confine;
    - coibentazione attuata dall'esterno o dall'interno.

Per l'accesso al bonus fiscale, occorre verificare che i valori di trasmittanza delle strutture opache su cui si interviene nella situazione ante e post intervento, risultino rispettivamente maggiori e minori o uguali dei valori prescritti dai decreti di riferimento (vedi in particolare Allegato E del DRE, nonché punto 2 dell'Allegato A al medesimo decreto).

Per i soli interventi trainanti è presente anche la sezione "*POND*", relativa alle coperture non disperdenti e corrispondente alla norma di cui alla lettera a), comma 1, art. 119 del D.L. 34/2020, che dispone testualmente "*gli interventi per la coibentazione del tetto rientrano nella disciplina agevolativa, senza limitare il concetto di superficie disperdente al solo locale sottotetto eventualmente esistente*". In proposito si ricorda che Si ricorda inoltre che, secondo la nota del 31/08/2021 di Enea, a seguito di alcuni chiarimenti interpretativi avuti con il Ministero della transizione ecologica, le spese relative ai lavori di coibentazione di una copertura non disperdente sono ammissibili a patto che non si esegua contemporaneamente la coibentazione del solaio sottostante.

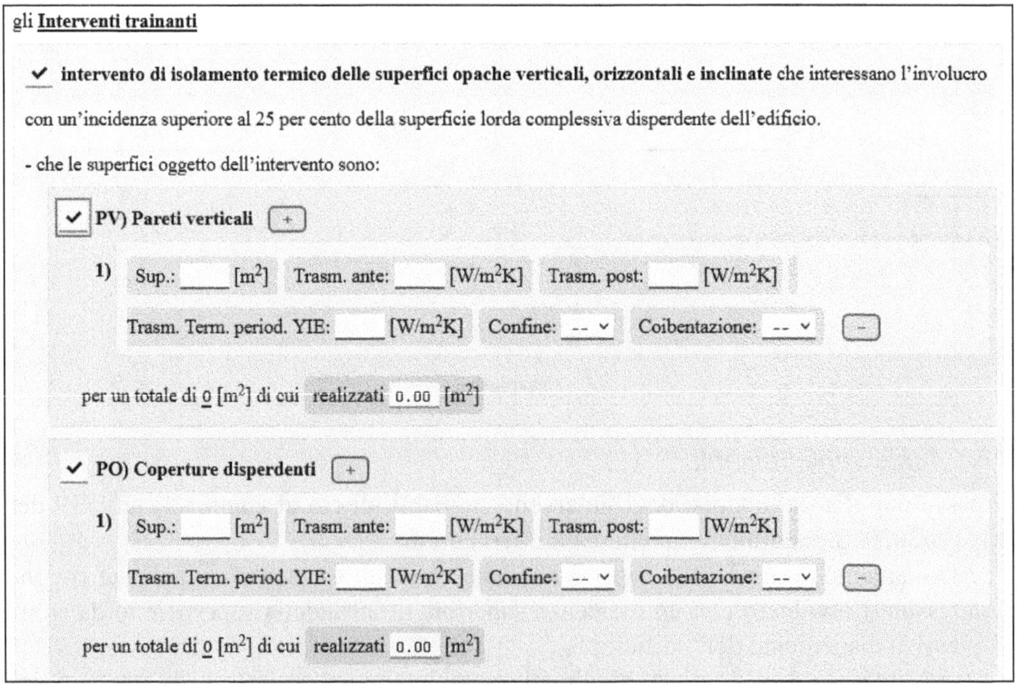
gli **Interventi trainanti**

✔ **intervento di isolamento termico delle superfici opache verticali, orizzontali e inclinate** che interessano l'involucro con un'incidenza superiore al 25 per cento della superficie lorda complessiva disperdente dell'edificio.

- che le superfici oggetto dell'intervento sono:

✔ **PV) Pareti verticali** +

1) Sup.: ____ [m²] Trasm. ante: ____ [W/m²K] Trasm. post: ____ [W/m²K]
Trasm. Term. period. YIE: ____ [W/m²K] Confine: -- Coibentazione: -- −

per un totale di 0 [m²] di cui realizzati 0.00 [m²]

✔ **PO) Coperture disperdenti** +

1) Sup.: ____ [m²] Trasm. ante: ____ [W/m²K] Trasm. post: ____ [W/m²K]
Trasm. Term. period. YIE: ____ [W/m²K] Confine: -- Coibentazione: -- −

per un totale di 0 [m²] di cui realizzati 0.00 [m²]

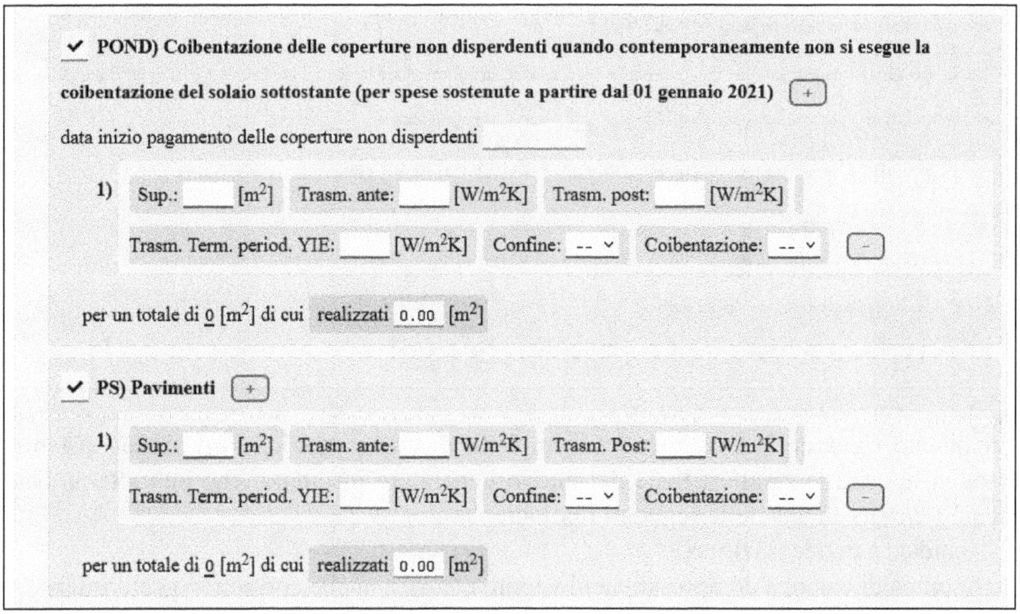

✓ **POND) Coibentazione delle coperture non disperdenti quando contemporaneamente non si esegue la coibentazione del solaio sottostante (per spese sostenute a partire dal 01 gennaio 2021)** [+]

data inizio pagamento delle coperture non disperdenti ____

1) Sup.: ____ [m²] Trasm. ante: ____ [W/m²K] Trasm. post: ____ [W/m²K]

Trasm. Term. period. YIE: ____ [W/m²K] Confine: -- Coibentazione: -- [-]

per un totale di 0 [m²] di cui realizzati 0.00 [m²]

✓ **PS) Pavimenti** [+]

1) Sup.: ____ [m²] Trasm. ante: ____ [W/m²K] Trasm. Post: ____ [W/m²K]

Trasm. Term. period. YIE: ____ [W/m²K] Confine: -- Coibentazione: -- [-]

per un totale di 0 [m²] di cui realizzati 0.00 [m²]

Trattandosi di asseverazione a stato di avanzamento lavori, per la tipologia di intervento il sistema - calcolato il massimale in base alla tipologia edilizia e ai dati delle unità presenti che vengono inseriti (vedi avanti) - richiede di inserire i dati relativi al costo degli interventi previsti (costo degli interventi di progetto) e al costo degli interventi fino a quel momento realizzati.

A livello normativo, si può mutuare la definizione di Stato di avanzamento lavori dall'art. 14 del D.M. 49/2018 (*Approvazione delle linee guida sulle modalità di svolgimento delle funzioni del direttore dei lavori e del direttore dell'esecuzione*), il quale definisce lo Stato di avanzamento lavori come il documento che riassume tutte le lavorazioni e tutte le somministrazioni eseguite dal principio dell'appalto sino ad allora. Dovendo il tecnico attestare "*tutte le lavorazioni e tutte le somministrazioni eseguite dal principio dell'appalto sino ad allora*", si ritiene non possibile includere nel SAL lavorazioni che - seppure fatturate e pagate - non siano tuttavia state eseguite.

Quanto sopra anche perché attraverso il SAL si sta sostanzialmente anticipando la completa "*maturazione*" del beneficio fiscale, che è indissolubilmente vincolato all'esecuzione degli interventi, che alla fine dei lavori dovrà essere completa mentre al SAL relativa solo alla percentuale dedotta nel documento.

Sulla base della definizione normativa di SAL, riteniamo che possano essere validamente contabilizzate anche le eventuali mere somministrazioni (forniture) di beni a piè d'opera.

superficie totale disperdente oggetto dell'intervento: ____ m^2

- che la spesa massima ammissibile dei lavori sulle parti opache su cui calcolare la detrazione fiscale è pari al prodotto delle unità immobiliari _ che compongono l'edificio per ____ euro corrispondente a: ____ euro;

- che il costo complessivo previsto in progetto dei lavori sulle parti opache ammonta a ____ euro;

la spesa ammessa è ____ euro;

- il costo dei lavori realizzati è pari a: ____ euro; di cui ammessi ____ euro;

di cui __ euro per coperture non disperdenti

Il risparmio di energia primaria non rinnovabile di progetto è __ [kWh/anno]

Per quanto riguarda la sostituzione di impianti di climatizzazione invernale esistenti, bisogna inserire le caratteristiche del nuovo generatore installato, che può alternativamente rientrare in una delle seguenti tipologie:

- caldaia a condensazione;
- pompa di calore a compressione di vapore elettrica anche con sonde geotermiche;
- pompa di calore a gas ad assorbimento o a compressione di vapore azionate da motore primo;
- sistemi ibridi, costituiti da pompa di calore integrata con caldaia a condensazione, assemblati in fabbrica ed espressamente concepiti dal fabbricante per funzionare in abbinamento tra loro (*factory made*);
- sistemi di microcogenerazione che conducano almeno ad un risparmio di energia primaria (PES) pari al 20%;
- collettori solari;
- biomassa (esclusivamente per le aree non metanizzate nei comuni non interessati dalle procedure di infrazione comunitaria;
- teleriscaldamento (esclusivamente per i comuni montani non interessati dalle procedure di infrazione comunitaria).

Indipendentemente dal tipo di generatore, il sistema richiede l'inserimento della potenza utile complessiva dell'impianto termico esistente ed il numero di generatori presenti nello stato di fatto. In particolare, è richiesto di inserire la potenza complessiva della centrale termica e il numero di generatori di cui essa è composta.
Dopo di che, per ciascun generatore nuovo installato (si selezioneranno pertanto, tra le tipologie proposte, quelle oggetto di installazione), sono richiesti dati specifici concernenti le sue caratteristiche tecniche.

Per le caldaie a condensazione sono richiesti i seguenti dati:

- tipo di generatore sostituito;
- potenza nominale del generatore sostituito;
- potenza nominale del nuovo generatore;
- rendimento utile nominale al 100%;
- servizi erogati dalla caldaia;
- efficienza di generazione;
- efficienza dell'ACS;

- tipo di alimentazione;
- classe dei dispositivi di termoregolazione evoluta.

Per l'accesso al bonus fiscale, occorre verificare che l'efficienza energetica stagionale per il riscaldamento ambiente (richiesta per potenze nominali inferiori o uguali a 400 kW) o il rendimento termico utile (richiesto per potenze nominali maggiori a 400 kW) siano superiori ai valori previsti (vedi punto Allegato A del DRE, punto 4).

Per le pompe di calore a compressione di vapore anche con sonde geotermiche sono richiesti i seguenti dati:

- tipo di generatore sostituito;
- potenza nominale del generatore sostituito;
- tipo di pompa di calore;
- se si tratta di pompa di calore del tipo "*roof top*";
- potenza nominale del nuovo generatore;
- se vi è presenza di inverter (pompa di calore reversibile, quindi casella da selezionare se la pompa di calore eroga anche il servizio di raffrescamento);
- COP (*Coefficient Of Performance*), quindi il coefficiente di prestazione nel suo valore nominale, utilizzato per le verifiche di efficienza;
- EER (*Energy Efficiency Ratio*), parametro di efficienza analogo al COP ma riferito ai cicli frigoriferi;
- eventuali sonde geotermiche;
- superficie riscaldata dal nuovo impianto.

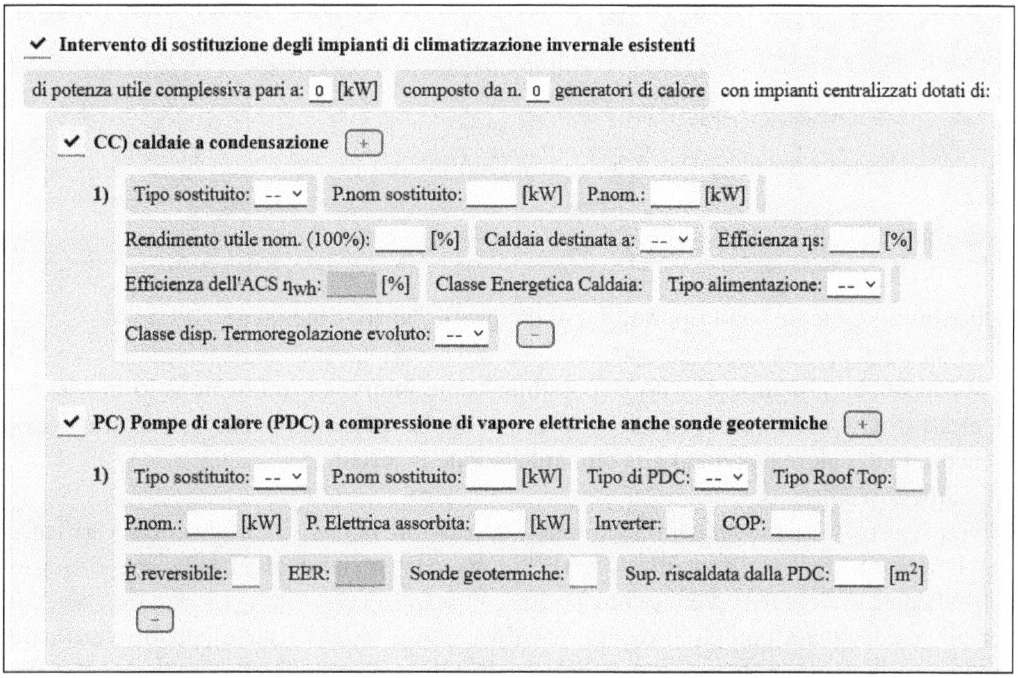
✔ **Intervento di sostituzione degli impianti di climatizzazione invernale esistenti**

di potenza utile complessiva pari a: 0 [kW] composto da n. 0 generatori di calore con impianti centralizzati dotati di:

✔ **CC) caldaie a condensazione** [+]

1) Tipo sostituito: -- Pnom sostituito: ___ [kW] P.nom.: ___ [kW]

Rendimento utile nom. (100%): ___ [%] Caldaia destinata a: -- Efficienza η_s: ___ [%]

Efficienza dell'ACS η_{wh}: ___ [%] Classe Energetica Caldaia: Tipo alimentazione: --

Classe disp. Termoregolazione evoluto: -- [-]

✔ **PC) Pompe di calore (PDC) a compressione di vapore elettriche anche sonde geotermiche** [+]

1) Tipo sostituito: -- P.nom sostituito: ___ [kW] Tipo di PDC: -- Tipo Roof Top: ___

P.nom.: ___ [kW] P. Elettrica assorbita: ___ [kW] Inverter: ___ COP: ___

È reversibile: ___ EER: ___ Sonde geotermiche: ___ Sup. riscaldata dalla PDC: ___ [m²]

[-]

Per le pompe di calore a gas ad assorbimento o a compressione di vapore azionate da motore primo, al posto di COP ed EER, è richiesto:

- GUE (*Gas Utilization Efficiency*), cioè l'efficienza di utilizzazione, che è richiesta sia in regime invernale (h) che estivo (c).

Per l'accesso al bonus fiscale, occorre verificare che il COP o GUE e - per le pompe di calore reversibili l'EER, siano superiori ai valori previsti dai decreti di riferimento (vedi punto Allegato A del DRE, punto 5).

Per i sistemi ibridi si richiede di inserire i dati riferiti sia alla caldaia a condensazione che alla pompa di calore, che costituiscono insieme il sistema *factory made* riferimento. Per l'accesso alla detrazione fiscale, occorre verificare sia le prestazioni della pompa di calore che il rendimento utile nominale della caldaia a condensazione, in riferimento ai valori richiesti (vedi punto Allegato A del DRE, punto 6).

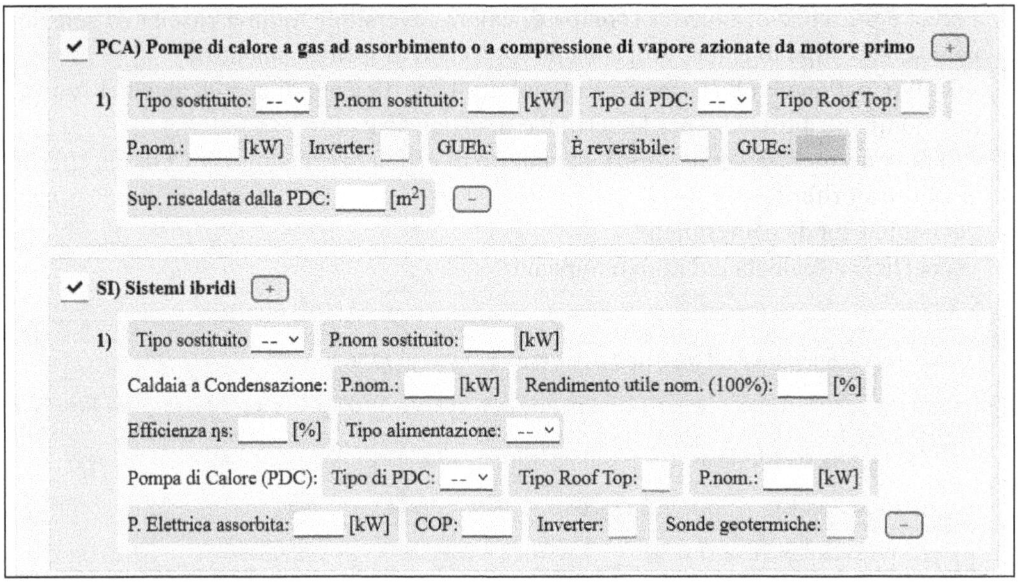

Nella figura seguente sono riportati i dati da inserire in riferimento a:

- sistemi di microcogenerazione;
- scaldacqua a pompa di calore (possibile come intervento trainante solo in sostituzione di un sistema di produzione di acqua calda, quando avviene con lo stesso generatore di calore destinato alla climatizzazione invernale);
- collettori solari.

Per i sistemi di microcogenerazione, per l'accesso al bonus fiscale occorre verificare che il risparmio di energia primaria (PES) sia pari almeno al 20%, come disposto nell'Allegato A del DRE (vedi punto 7).

Per gli scaldacqua a pompa di calore, per l'accesso al bonus fiscale occorre verificare che i requisiti siano in linea con il disposto dell'Allegato A del DRE (vedi punto 8).

Per i collettori solari, per l'accesso al bonus fiscale occorre verificare che i requisiti siano in linea con il disposto dell'Allegato A del DRE (vedi punto 3).

✓ **CO) Sistemi microcogenerazione** [+]

1) Tipo sostituito: -- ⌄ P.nom sostituito: ____ [kW] $P_{elettrica}$: ____ [kW]

P. immessa: ____ [kW] $P_{term.}$ recuperata: ____ [kW] PES: ____ [%]

Tipo alimentazione: -- ⌄ Tipo intervento: -- ⌄ a Celle a Combustibile.: __ Risc. supp.: __

Prisc.supp.: ____ [kW] Efficienza ηs: ____ [%] Classe energetica: -- ⌄ [-]

✓ **SA) Installazione di scaldacqua a pompa di calore in sostituzione di un sistema di produzione di acqua calda quando avviene con lo stesso generatore di calore destinato alla climatizzazione invernale ai sensi delle lettere b) e c) del comma 1 dell'articolo 119 del Decreto Rilancio** [+]

1) Tipo di scaldacqua sostituito: -- ⌄ Pu (scaldacqua sostituito): ____ [kW]

Pu (scaldacqua a PDC): ____ [kW] COP del nuovo scaldacqua: ____ Capacità accumulo: ____ [l]

[-]

Infine, trattandosi di asseverazione a SAL, anche qui si richiede di inserire il costo degli interventi di progetto e realizzati (vedi prima per ulteriori considerazioni).

✓ **ST) Collettori solari** [+]

1) Superficie lorda Ag di un singolo modulo: ____ [m2] Numero di moduli: ____ Sup. tot.: 0 [m2]

Tipo di collettori: -- ⌄ Tipo di installazione: -- ⌄ Inclinazione: ____ [%]

Orientamento: -- ⌄ Impianto factory made: __ Q col / Q sol: ____ [kWht] QL: ____ [MJ]

Accumulo in litri: ____ [l] Destinazione del calore: -- ⌄

Tipo di impianto integrato o sostituito: -- ⌄ Certificazione Solar Keymark: __ [-]

destinati a: climatizzazione invernale __ ; climatizzazione estiva __ ; prod. di acqua calda sanitaria __ ;

- l'ammontare massimo dei lavori del presente punto su cui calcolare la detrazione fiscale è pari al prodotto delle unità immobiliari 2 che compongono l'edificio per 20000 euro corrispondente a: 40000 euro;

- il costo complessivo di progetto degli interventi sull'impianto corrisponde a: 0 euro;

la spesa ammessa è 0 euro;

- Sono stati conclusi gli interventi di cui alle superiori lettere __ CC); __ PC); __ PCA); __ SI); __ CO) __ SA) __ ST) per un ammontare pari a: 0 euro. di cui ammessi 0 euro;

Il risparmio di energia primaria non rinnovabile di progetto è 0 [kWh/anno]

3.4.1.5 Dettaglio delle unità immobiliari

La definizione delle unità immobiliari presenti nell'edificio - che nel modello di asseverazione viene dopo aver riportato gli interventi trainanti, ma che influenza anche il calcolo dei medesimi - serve per poter definire poi gli interventi trainati che sono previsti.

eseguiti su:

l'edificio condominiale denominato ____________ sito in ____________, CAP: _____,

città: ____ (prov. __)

composto dalle seguenti unità immobiliari così individuate:

1) **Unità immobiliare** composta dagli identificativi catastali: [f: __; p: __; s: _] , i beneficiari della detrazione sono: [CF: ____________]

Il costo complessivo di progetto sull'unità immobilare ammonta a : ____ euro; la spesa ammissibile è ____ euro.

Sono stati conclusi gli interventi per un ammontare pari a : __ euro; la spesa ammissibile è __ euro

☑ l'unità immobiliare è riscaldata?

☑ sono stati eseguiti interventi trainati?

[Modifica Dati unità immobiliare] Dati non validati

2) **Unità immobiliare** composta dagli identificativi catastali: [f: __; p: __; s: _] , i beneficiari della detrazione sono: [PI: ________]

Il costo complessivo di progetto sull'unità immobilare ammonta a : _ euro; la spesa ammissibile è _ euro.

Sono stati conclusi gli interventi per un ammontare pari a : _ euro; la spesa ammissibile è _ euro

☑ l'unità immobiliare è riscaldata?

☑ sono stati eseguiti interventi trainati?

[Modifica Dati unità immobiliare] Dati non validati

Di seguito, nell'immagine riportata, i dati che devono essere inseriti per ciascuna unità immobiliare.

Nella definizione dei suddetti dati, viene in particolare richiesto di inserire:

- quota millesimale involucro;
- quota millesimale impianto (anche per le unità non riscaldate e/o per le pertinenze);

Il dato è riferito, per gli interventi trainanti, alla quota millesimale dell'unità inserita in asseverazione.

Generalmente i condomini hanno o una sola tabella millesimale (definita "*Tabella proprietà*" oppure anche a volte "*Tabella A*"), da riferire quindi sia all'involucro che agli impianti, oppure hanno anche una tabella "*Riscaldamento*" quando è presente il riscaldamento centralizzato. Il dato va quindi estratto dall'unica tabella, oppure per la quota involucro dalla tabella proprietà e per la quota impianti dalla tabella riscaldamento.

Tuttavia, nella maggior parte dei casi per le unità pertinenziali, il dato non è fornito scorporato, ma i millesimi riferiti al proprietario sono riportati come complessivamente riferiti all'abitazione e alla pertinenza. In questi casi è a nostro parere possibile inserire nei campi in questione riferiti all'unità pertinenziale il dato "0" (sia per involucro che per impianti), mentre se il dato fosse fornito scorporato andrebbe valorizzato anche per la pertinenza, anche se non riscaldata.
Se invece si tratti di unità autonoma, non pertinenziale, il dato va chiaramente valorizzato, dal momento che la detrazione spetta anche ai possessori (o detentori) di sole pertinenze (come ad esempio box o cantine) che abbiano sostenuto le spese relative a tali interventi (Circolare 30/E/2020, punto 4.1.1).

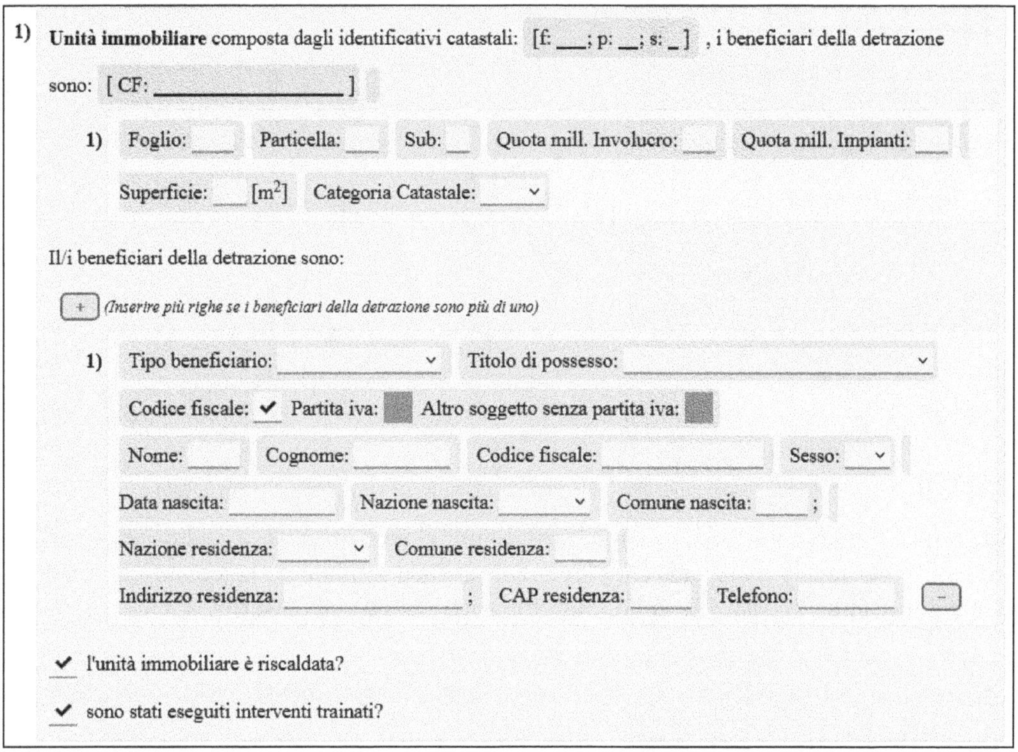

3.4.1.6 Interventi trainati sulle parti comuni

Si passa poi alla definizione degli interventi trainati sulle parti comuni (trattandosi, nell'esempio, di condominio - se fosse un edificio unifamiliare oppure una unità funzionalmente autonoma non si configurerebbe la distinzione tra parti comuni e parti private). L'immagine qui riportata fa riferimento a un edificio condominiale nel quale è stato attivato l'intervento trainante di isolamento termico. È importante conseguentemente notare il fatto che l'intervento trainato di isolamento termico appare disabilitato. Ciò è dovuto al fatto che in presenza di isolamento termico trainante, non può coesistere anche l'isolamento termico trainato sulle stesse parti condominiali (si veda in proposito il DAS, nota 2: "*Nessuno degli interventi trainanti di cui al comma 1 dell'art. 119 del D.L. 34/2020 può essere inserito come intervento trainato*"), mentre si potrà attivare tale intervento sui singoli appartamenti, trattandosi di porzioni edilizie di proprietà diversa.

Nella fattispecie, per quanto attiene l'isolamento termico dell'involucro trainato sulle parti comuni, si avrà quindi a disposizione solamente l'intervento di sostituzione degli infissi.

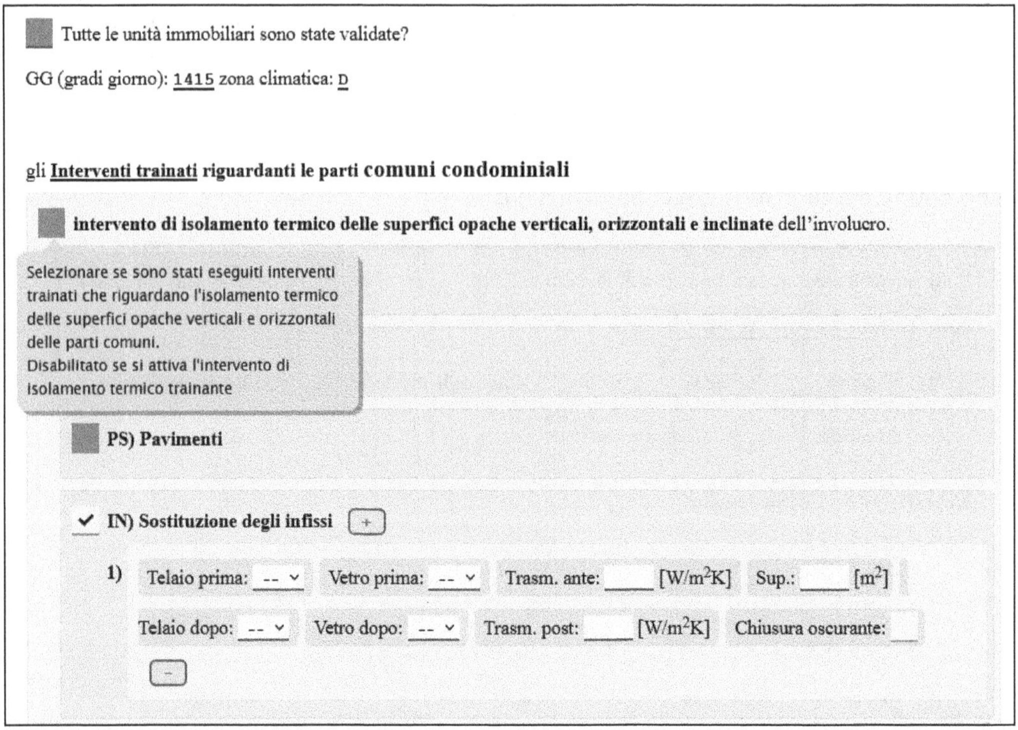
Tutte le unità immobiliari sono state validate?

GG (gradi giorno): 1415 zona climatica: D

gli **Interventi trainati riguardanti le parti comuni condominiali**

intervento di isolamento termico delle superfici opache verticali, orizzontali e inclinate dell'involucro.

Selezionare se sono stati eseguiti interventi trainati che riguardano l'isolamento termico delle superfici opache verticali e orizzontali delle parti comuni.
Disabilitato se si attiva l'intervento di isolamento termico trainante

PS) Pavimenti

✔ **IN) Sostituzione degli infissi** +

1) Telaio prima: -- Vetro prima: -- Trasm. ante: ___ [W/m²K] Sup.: ___ [m²]

Telaio dopo: -- Vetro dopo: -- Trasm. post: ___ [W/m²K] Chiusura oscurante: ___

\-

Anche per l'intervento trainato sulle parti comuni viene inserito il costo dei lavori di progetto e dei lavori realizzati, che deve rientrare nel massimale calcolato automaticamente dal sistema in base alle unità immobiliari che sono state inserite.

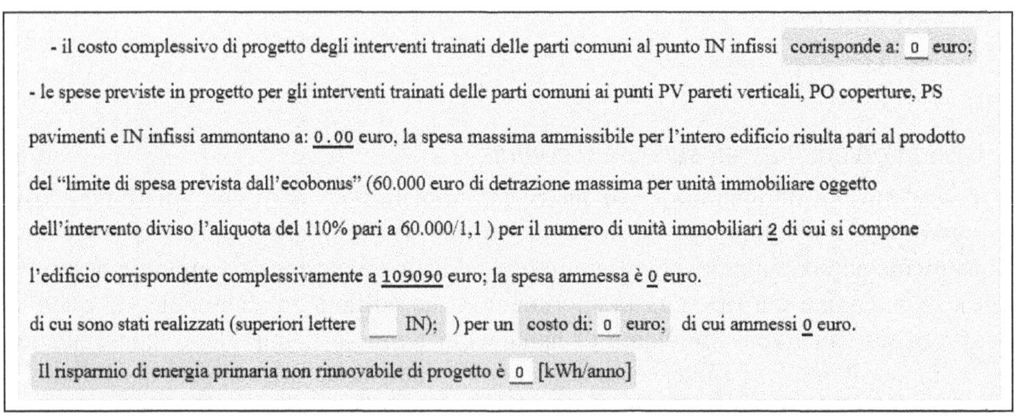
\- il costo complessivo di progetto degli interventi trainati delle parti comuni al punto IN infissi corrisponde a: 0 euro;

\- le spese previste in progetto per gli interventi trainati delle parti comuni ai punti PV pareti verticali, PO coperture, PS pavimenti e IN infissi ammontano a: 0.00 euro, la spesa massima ammissibile per l'intero edificio risulta pari al prodotto del "limite di spesa prevista dall'ecobonus" (60.000 euro di detrazione massima per unità immobiliare oggetto dell'intervento diviso l'aliquota del 110% pari a 60.000/1,1) per il numero di unità immobiliari 2 di cui si compone l'edificio corrispondente complessivamente a 109090 euro; la spesa ammessa è 0 euro.

di cui sono stati realizzati (superiori lettere ___ IN);) per un costo di: 0 euro; di cui ammessi 0 euro.

Il risparmio di energia primaria non rinnovabile di progetto è 0 [kWh/anno]

Nella figura che segue, la parte afferente il possibile intervento trainato su parti comuni relativo all'installazione di schermature solari, con i dati relativi al costo. Si ricorda che bisogna distinguere tra l'intervento di sostituzione dei serramenti/infissi in uno con le eventuali chiusure oscuranti (non fa differenza che si tratti di tapparelle, avvolgibili, persiane o scuri che dir si voglia) e l'intervento di fornitura con posa in opera di schermature solari "*tecniche*" o chiusure oscuranti, che rappresentano due tipologie di interventi diversi, con massimali e requisiti tecnici distinti.

.

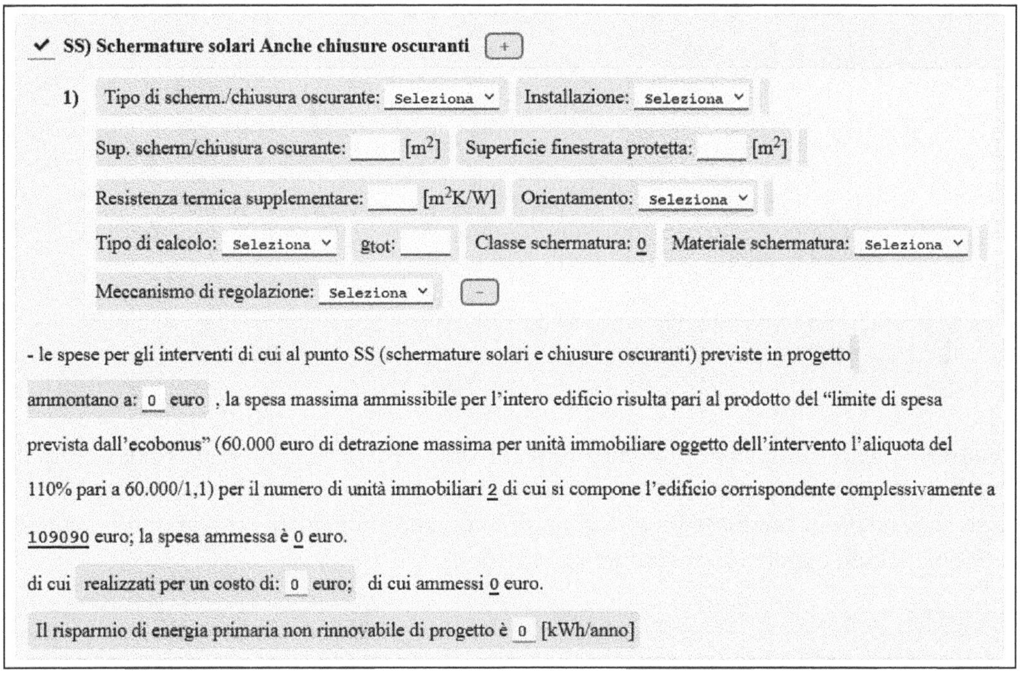

Per quanto riguarda la parte impiantistica, vale il ragionamento fatto in precedenza sulla impossibilità di attivare, su parti edilizie afferenti la medesima proprietà (in questo caso il condominio, trattandosi di parti comuni), lo stesso tipo di intervento. Come si vede in figura, alcune voci sono disabilitate.

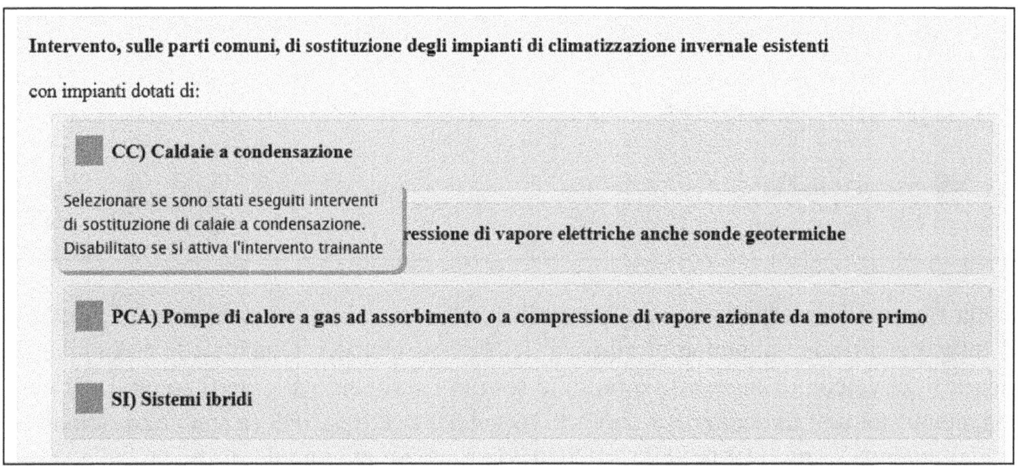

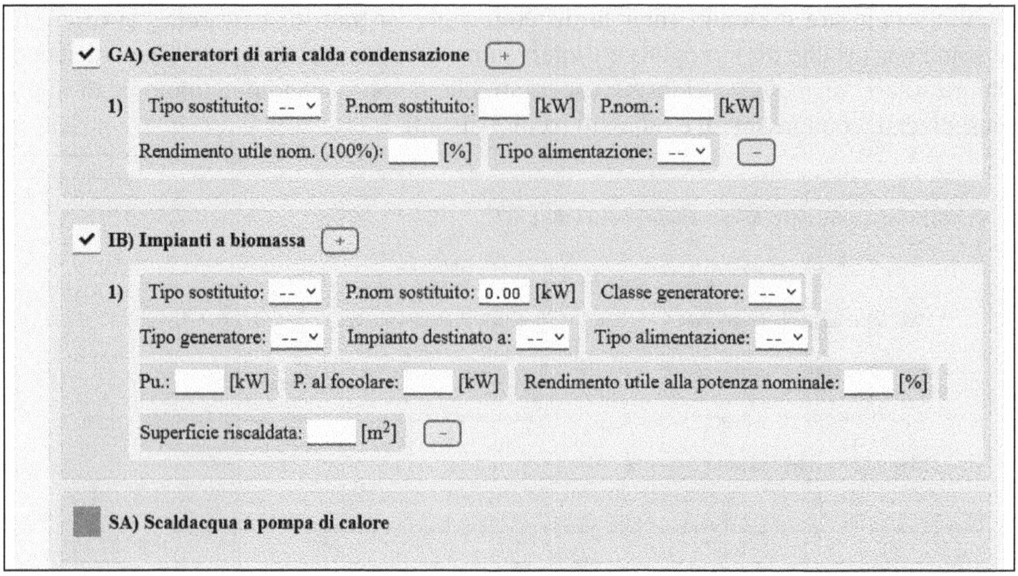

Relativamente all'intervento trainato, come si vede in figura, è attivata la possibilità di installare il generatore a biomassa, che non è in questo caso legato (come avviene invece se si desidera installare la biomassa negli interventi trainanti) al trovarsi in un comune montano non oggetto di procedura di infrazione.

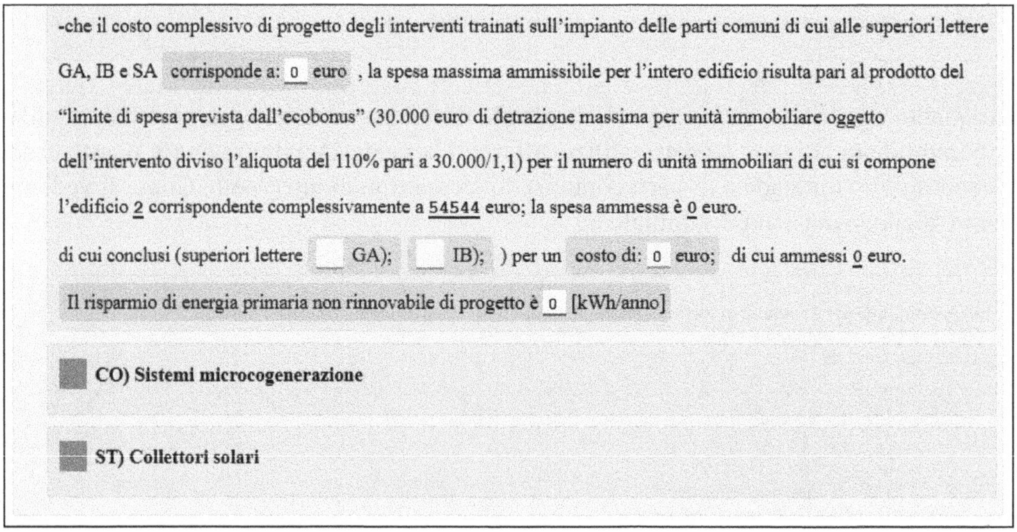

Nella figura di seguito la parte dei possibili interventi trainati su parti comuni afferenti il fotovoltaico e le colonnine di ricarica dei veicoli elettrici. Quanto alle colonnine di ricarica dei veicoli, l'intervento è fattibile solo in riferimento alle parti comuni. Di norma, come stabilito dal comma 3 dell'art. 16-*ter* del D.L. 63/2013 (a sua volta richiamato dal comma 8, art. 119 del DL 34/2020), la detrazione si applica "*anche*" alle spese documentate rimaste a carico del contribuente, per l'acquisto e la posa in opera di infrastrutture di ricarica sulle parti comuni degli edifici condominiali.

Dato l'inciso "*anche*", ne segue che tali infrastrutture possono essere realizzate sia su parti private che su parti comuni (infatti, analogo riferimento a questo intervento si trova tra gli interventi trainati su parti private).

✔ **FV) Impianto fotovoltaico** codice POD: ____

Impianto fotovoltaico di potenza di picco 0 [kW] per un costo complessivo di progetto che ammonta a: 0 euro la spesa massima ammissibile per l'intero edificio risulta pari a 1600) x i kW di potenza installati pari a 0; la spesa ammessa è 0 euro.

✔ **AC) Sistema di accumulo** di capacità 0 [kWh] per un costo complessivo di progetto che ammonta a: 0 euro la spesa massima ammissibile risulta pari a 1.000) x i kW di capacità di accumulo installati pari a 0euro e comunque inferiore a 48.000 euro; la spesa ammessa è 0 euro.

✔ **CR 2020) Infrastrutture per la ricarica dei veicoli elettrici in corso di esecuzione o conclusi al 31/12/2020**

numero di colonnine: 0 per un costo complessivo di progetto che ammonta a: 0 euro; la spesa massima ammissibile risulta pari a 3000) x il numero di colonnine installate pari a 0 ; la spesa ammessa è 0 euro.

✔ **CR) Infrastrutture per la ricarica dei veicoli elettrici Realizzati a partire dal 01/01/2021**

numero di colonnine: 0

per un costo complessivo di progetto che ammonta a: 0 euro; la spesa massima ammissibile (calcolata in base a 2, numero totale di colonnine installate, risulta pari a 1.500 x il numero di centraline di ricarica installate), per queste colonnine pari a 0 la spesa ammessa è 0 euro.

che il costo complessivo di progetto degli interventi di installazione di impianti fotovoltaici, sistemi di accumulo e colonnine di ricarica dell'automobile delle parti comuni corrisponde a: 0 euro; la spesa ammessa è 0 euro.

Sono stati conclusi gli interventi di cui alle superiori lettere __ FV); __ AC); __ CR 2020); __ CR); per un ammontare pari a: 0 euro; di cui ammessi 0 euro.

Si veda il paragrafo 1.2.8 per dettagli sulle colonnine di ricarica dei veicoli elettrici, anche relativamente al calcolo dei massimali.
Quanto al fotovoltaico vedi invece il paragrafo 1.2.4.

✔ EBA) Eliminazione delle barriere architettoniche

a) Il costo omnicomprensivo previsto in progetto dell'intervento di cui all'articolo 16-bis, comma 1, lettera e), del testo unico di cui al decreto del Presidente della Repubblica 22 dicembre 1986, n. 917 anche ove effettuati in favore di persone di età superiore a sessantacinque anni è di 0 euro da ripartire in N 0 unità immobiliari.

b) Per le stesse unità immobiliari sono previste spese complessive relative ad interventi antisismici di cui al comma 4 dell'art. 119 del D.L. 34/2020 e successive modificazioni e ad altri interventi di cui all'art. 16 bis del DPR 917/86, pari a 0 euro.

Fermo restando che la spesa massima ammissibile per tutti gli interventi di cui ai precedenti punti a) e b) non può superare 96.000 euro per unità immobiliare, la spesa massima ammissibile disponibile per l'eliminazione delle barriere architettoniche è pertanto pari a 0.00 euro che, in ogni caso, non può superare N x 96.000 euro.

La spesa ammessa a progetto è pari a 0 euro.

Il costo omnicomprensivo dei lavori realizzati è pari a 0.00 euro di cui ammessi 0 euro.

Totali infrastrutture per la ricarica dei veicoli elettrici

Sono state installate un totale di 2 infrastrutture per la ricarica dei veicoli elettrici

3.4.1.7 Interventi trainati sulle parti private

Si passa poi alla definizione degli interventi trainati su parti private. Come si vede dall'immagine, pur avendo attivato l'intervento trainante di isolamento termico per le parti comuni, il medesimo intervento, senza il vincolo del rispetto della necessità di intervenire su almeno il 25% della superficie disperdente lorda, è attivabile sulle parti private.

Il massimale di spesa per gli interventi trainati sulle parti private è sempre riferito alla singola unità immobiliare; dunque, non è oggetto di calcolo in base al numero di unità immobiliari presenti nell'edificio, e la relativa spesa non è oggetto di ripartizione in base ai millesimi di proprietà.

1) ✔ **1. intervento di isolamento termico delle superfici opache verticali e orizzontali.**

✔ **PV) Pareti verticali** [+]

1) Superficie: ____ [m^2] Trasm. Ante: ____ [W/m^{2}K] Trasm. Post: ____ [W/m^{2}K]
Trasm. Term. period. YIE: ____ [W/m^{2}K] Confine: -- ˅ Coibentazione: -- ˅ [-]

per un totale di 0 [m^2] di cui realizzati 0 [m^2]

✔ **PO) Coperture** [+]

1) Superficie: ____ [m^2] Trasm. Ante: ____ [W/m^{2}K] Trasm. Post: ____ [W/m^{2}K]
Trasm. Term. period. YIE: ____ [W/m^{2}K] Confine: -- ˅ Coibentazione: -- ˅ [-]

per un totale di 0 [m^2] di cui realizzati 0 [m^2]

✔ **PS) Pavimenti** [+]

1) Superficie: ____ [m^2] Trasm. Ante: ____ [W/m^{2}K] Trasm. Post: ____ [W/m^{2}K]
Trasm. Term. period. YIE: ____ [W/m^{2}K] Confine: -- ˅ Coibentazione: -- ˅ [-]

per un totale di 0 [m^2] di cui realizzati 0 [m^2]

Superficie totale oggetto dell'intervento: 0 m^2

- che le spese previste in progetto per gli interventi trainati sull'involucro di questa unità immobiliare ammontano a: 27000 euro;

Il massimale di detrazione di 60.000 Euro (e conseguentemente di spesa, nel Superbonus, di 54.545 Euro, pari a 60.000 / 1,1) per gli interventi trainati riguardanti strutture opache verticali (pareti, generalmente esterne), strutture opache orizzontali (coperture, solai e pavimenti), finestre comprensive di infissi, è unico poiché si tratta di interventi rientranti nella fattispecie degli interventi sull'involucro edilizio di cui al comma 345, art. 1 della L. 296/2006 (come chiarito anche dalla nota ** alla tabella in Allegato B al DRE).

Se si trattasse invece di edificio unifamiliare (o singola unità funzionalmente autonoma), se è previsto l'intervento trainante di isolamento termico, l'isolamento termico trainato in questione non sarebbe attivabile, e sarebbe a disposizione solo la sostituzione degli infissi, per i motivi già spiegati in precedenza (vedi le considerazioni svolte in relazione agli analoghi interventi su parti comuni).

✔ **IN) Sostituzione degli infissi** [+]

1) Telaio prima: Legno ˅ Vetro prima: Singolo ˅ Trasm. ante: 0.90 [W/m²K]

Sup.: 2.05 [m²] Telaio dopo: Legno ˅ Vetro dopo: Doppio ˅

Trasm. post: 0.05 [W/m²K] Chiusura oscurante: ___ [-]

- che le spese previste in progetto al punto IN ammontano a: 12000 euro ;

le spese di cui ai punti PV PO PS e IN previste in progetto ammontano a 39000 euro, la spesa massima ammissibile per l'unità immobiliare risulta pari al prodotto del "limite di spesa prevista dall'ecobonus" (60.000 euro di detrazione massima per unità immobiliare oggetto dell'intervento diviso l'aliquota del 110% pari a 60.000/1,1 = 54545 euro; la spesa ammessa è 39000 euro.

Il risparmio di energia primaria non rinnovabile di progetto è 12 [kWh/anno]

Anche in caso di interventi su parti private, l'installazione di schermature solari è invece un intervento autonomo, con un proprio massimale di spesa e specifici requisiti tecnici da rispettare.

✔ **SS) Schermature solari e chiusure oscuranti** [+]

1) Tipo di scherm./chiusura oscurante: Seleziona ˅ Installazione: Seleziona ˅

Sup. scherm/chiusura oscurante: ____ [m²] Superficie finestrata protetta: ____ [m²]

Resistenza termica supplementare: ____ [m²K/W] Orientamento: Seleziona ˅

Tipo di calcolo: Seleziona ˅ g_{tot}: ____ Classe schermatura: 0

Materiale schermatura: Seleziona ˅ Meccanismo di regolazione: Seleziona ˅ [-]

- che le spese previste in progetto al punto SS ammontano a: 19000 euro ; e che la spesa massima ammissibile è pari 60.000/1,1 = 54545 euro per unità immobiliare; la spesa ammessa è 19000 euro.

Il risparmio di energia primaria non rinnovabile di progetto è ____ [kWh/anno]

Si omettono le figure relative agli interventi impiantistici sulle parti private, che recano sostanzialmente gli stessi dati che occorre inserire rispetto agli analoghi interventi su parti comuni o agli analoghi interventi trainanti. Si tratta in particolare dei seguenti interventi:

- caldaie a condensazione (CC);
- generatori di aria calda a condensazione (GA);
- pompe di calore a compressione di vapore anche con sonde geotermiche (PC);
- pompe di calore a gas ad assorbimento o a compressione di vapore azionate da motore primo (PCA);

- sistemi ibridi (SI;
- scaldacqua a pompa di calore in sostituzione di scaldacqua tradizionali (SA);
- sistemi di microcogenerazione (CO);
- generatori a biomassa (IB);
- building automation (BACS), intervento attivabile solo come trainato, e per il quale si riporta di seguito la relativa immagine concernente i dati da inserire.

✔ **BA) Building Automation**

I sistemi di Building Automation dedicati al controllo di :

__ Climatizzazione Invernale; __ Climatizzazione Estiva; __ Produzione di ACS;

Sup. utile degli ambienti controllati 0 [m^2]; - i dispositivi installati hanno caratteristiche e funzioni conformi a quanto previsto dal "decreto requisiti ecobonus";

- le spese previste in progetto al punto BA) Building automation ammontano a ____ euro ; la spesa ammessa è 0 euro.

Il risparmio di energia primaria non rinnovabile di progetto è 0 [kWh/anno]

- gli impianti sopra indicati sono destinati a:

- climatizzazione invernale __ ; climatizzazione estiva __ ; prod. di acqua calda sanitaria __ ;

Si segnala che per gli interventi di cui alle precedenti lettere CC, GA, PC, PCA, SI e SA, se attivati contemporaneamente (cosa per la quale è necessario che vi siano più generatori preesistenti da sostituire), il massimale di spesa è unico, e pari a 27.272 Euro. Viceversa, l'eventuale installazione di generatori a biomassa gode di un massimale dedicato.

Si omettono inoltre le figure relative agli interventi per collettori solari (ST), fotovoltaico (FV), accumulo per fotovoltaico (AC), colonnine di ricarica veicoli (CR), che recano sostanzialmente gli stessi dati che occorre inserire rispetto agli analoghi interventi su parti comuni o agli analoghi interventi trainanti. Di seguito la parte dove occorre inserire i costi relativi a tali interventi.

Le spese previste in progetto per gli interventi trainati sull'unità immobiliare [f: __; p: __; s: _] ammontano a ________ euro; la spesa ammissibile è ________ euro.

Sono stati conclusi (anche parzialmente) interventi di cui alle superiori lettere __ PV); __ PO); __ PS);
✔ IN); __ SS); __ CC); __ GA); __ PC); __ PCA); __ SI); __ SA); __ CO);
__ IB); __ BA); __ ST); __ FV); __ AC); __ CR);

per un ammontare pari a: ____ euro; la spesa ammessa è ___ euro.

- Il/I beneficiario/i della detrazione fiscale sono [CF: ________________]

Dati da APE

Ultimata la parte concernente gli interventi, bisogna compilare "*Dati da APE*":

- nella sezione APE IE (Involucro edilizio), vanno indicate le caratteristiche geometriche dell'edificio allo stato di fatto (tipologia costruttiva, volume lordo riscaldato, superficie utile riscaldata e raffrescata e anno di installazione del generatore esistente);
- nella sezione APE IR (Impianto di riscaldamento), vanno indicati i servizi energetici presi in considerazione nella valutazione dell'indice di prestazione energetica post intervento.

3.4.1.8 Riepilogo e dichiarazioni finali

La parte dei riepiloghi finali è sostanzialmente compilata in automatico, in base a quanto precedentemente inserito nelle varie sezioni, e reca i riepiloghi degli importi, nel caso in esempio riferiti ai SAL, e le dichiarazioni finali.

3. Spese complessive e dichiarazioni

3.1 Il costo complessivo degli interventi di progetto previsti sulle parti comuni ammonta a: ________ euro; la spesa ammessa è ________ euro.

3.1.1. Il costo complessivo degli interventi realizzati sulle parti comuni ammonta a: ________ euro; la spesa ammessa è ________ euro.

3.2 Il costo complessivo degli interventi di progetto previsti sulle parti private ammonta a: _____ euro; la spesa ammessa è _____ euro.

3.2.1 Il costo complessivo degli interventi realizzati sulle parti private ammonta a: ___ euro ; la spesa ammessa è ___ euro.

- L'importo degli interventi di progetto corrisponde a: _________ euro; la spesa ammessa è _________ euro.

- L'importo degli interventi realizzati corrisponde a: ________ euro; la spesa ammessa è ________ euro, per una detrazione complessiva del 110% pari a ________ euro.

- I costi degli interventi sono stati determinati coerentemente con i criteri di valutazione e i costi massimi unitari previsti dal Ministro dello Sviluppo Economico 06 agosto 2020 - Requisiti tecnici per l'accesso alle detrazioni fiscali per la riqualificazione energetica degli edifici - "decreto requisiti ecobonus", stimati mediante il prezzario _____ ;

- sono state rispettate le norme in materia di efficienza energetica e sicurezza e nel rispetto del decreto "requisiti ecobonus";

- la costruzione dell'edificio è stata completata nell'anno (anche indicativo) ____ con licenza edilizia/titolo edilizio n. ______ del __________ ;

- gli interventi trainati sono eseguiti congiuntamente agli interventi trainanti;

- le unità immobiliari oggetto della presente asseverazione, nello stato ante intervento, sono dotate di impianto di climatizzazione invernale.

Le note finali sono a disposizione dell'asseveratore per segnalare situazioni particolari, che il professionista ritenga opportuno segnalare.

Dichiara, inoltre,

di voler ricevere ogni comunicazione con valore legale, anche ai fini della contestazione di cui al comma 2 dell'articolo 6, del Decreto "Asseverazioni", al seguente indirizzo di posta elettronica certificata: ______________

Note dell'asseveratore:

Inserire il luogo di compilazione ____

3.4.1.9 Allegati all'asseverazione e conclusione della procedura

Dopo aver ultimato l'asseverazione ed averla validata, occorre caricare gli allegati:

- l'APE ante intervento;
- l'APE post-intervento;
- il computo metrico delle opere.

I suddetti allegati possono anche essere oggetto di correzione nel SAL al 60% e/o a fine lavori, come si evidenzierà meglio nella parte dedicata alla correzione degli errori.
La procedura si conclude con la creazione delle schede descrittive (CPID).

Asseverazione a Fine Lavori

Comprende la creazione delle Schede descrittive dell'intervento SuperEcobonus110% (CPID)

Stato: COMPLETATA

Codice ASID del

PDF **Scarica l'asseverazione Protocollata**
Attenzione: Contollare che il file generato contenga tutte le pagine, più precisamente che l'ultima pagina sia il documento di riconoscimento. In caso contrario almeno un file di cui avete effettuato l'upload non può essere aperto correttamente pertanto occorre annullare l'ASID e rieffettuare l'upload.

Se si riscontrano degli errori è possibile annullare il codice ASID generato. Tutti i codici CPID verranno annullati. Questo ASID verrà inserito come riferimento nella successiva asseverazione.

[ANNULLA PROTOCOLLO]

Non hai ricevuto l'email della avvenuta trasmissione?

[INVIAMI L'EMAIL DI AVVENUTA TRASMISSIONE]

Schede descrittive SuperEcobonus110% (CPID)

PDF CPID Intero intervento

L'immagine che precede riporta la schermata concernente un'asseverazione a fine lavori protocollata e dotata di codice ASID, con le relative schede descrittive (CPID).

3.4.1.10 Correzione degli errori nell'asseverazione

La possibilità di correggere eventuali errori commessi durante la compilazione dell'asseverazione, e la procedura da seguire per farlo, dipende dalla fase in cui ci si trova e dal tipo di errore commesso. La necessità di correggere i dati inseriti può derivare non solo da errori ma anche da altre casistiche, quali ad esempio la volontà di eseguire nuovi interventi prima non previsti (variante in corso d'opera).
Si pensi ad esempio alle seguenti tipologie più frequenti di errori o altre casistiche che necessitano di correzione o modifiche alla procedura:

- errori nella compilazione dei dati anagrafici, codice fiscale, dati catastali delle unità immobiliari oggetto di intervento;
- variante in corso d'opera che si rende necessaria;
- subentro al secondo SAL o a fine lavori di un asseveratore diverso dal precedente;
- errore nella qualificazione dell'intervento edilizio;
- errori nella definizione catastale delle unità (ad esempio omissione di una o più unità);
- errore nella indicazione che si tratti di comune montano oppure no, zona non metanizzata oppure no.

Nel caso di errori nella compilazione dei dati anagrafici, codice fiscale, dati catastali delle unità immobiliari oggetto di intervento, o altri errori formali di questo tipo, anche se l'asseverazione è stata già protocollata, e dunque è stato acquisito il relativo codice ASID, è possibile annullare il codice ASID medesimo. Per annullare l'asseverazione bisogna cliccare su "*Annulla protocollo*"; l'ASID così annullato verrà poi inserito come riferimento per l'asseverazione successiva.
Se invece la prima asseverazione è stata solo creata ma è in lavorazione, quindi non ancora protocollata, si potrà eliminare l'intero lavoro cliccando sul pulsante "*Elimina lavoro*" che compare in basso, all'interno dell'area personale "*Le mie asseverazioni*".

Il pulsante "*Annulla protocollo*", tuttavia, è a disposizione solamente se non si è ancora creata l'asseverazione del SAL successivo (o l'asseverazione a fine lavori se si desidera annullare un SAL del 30%), pertanto tale possibilità di correzione non è disponibile qualora sia stata creata (anche solo creata e non protocollata) l'asseverazione successiva (vedi immagine qui di seguito).

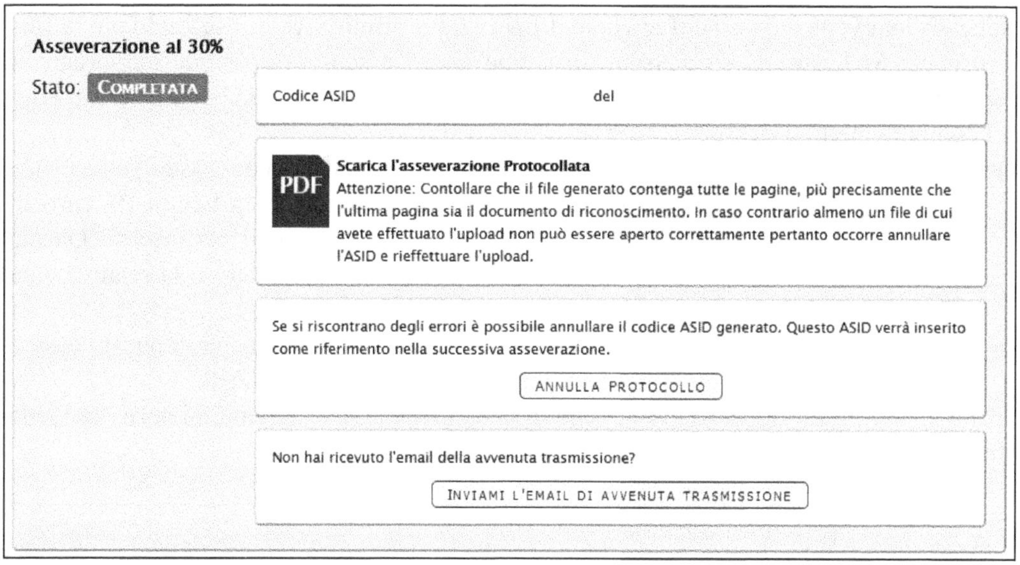

Pertanto, se si è già provveduto ad aprire il SAL successivo, non è disponibile la possibilità di annullare il protocollo del SAL precedente, come da avviso che si riceve prima di confermare l'apertura del nuovo SAL: "*Creando la nuova asseverazione verrà automaticamente bloccato l'annullamento del protocollo della precedente asseverazione*".
Se pertanto occorre annullare un'asseverazione il cui protocollo non è più annullabile, bisogna procedere come segue:

1) creare una nuova asseverazione;

2) nella nuova asseverazione, nel campo "*Note*", indicare che la nuova asseverazione sostituisce la precedente con codice ASID _____, a causa di errori commessi.

Qualora il codice ASID sia già stato utilizzato per la comunicazione dell'opzione all'Agenzia delle entrate, occorrerà concordare con quest'ultima la modalità operativa più idonea.

Al fine di meglio comprendere le varie fasi della procedura in cui ci si trova, e pertanto di poter scegliere la modalità operativa possibile per l'eventuale correzione di errori commessi, si riporta nella tabella seguente il significato dei vari codici di colore che l'utente troverà nel portale ENEA in corrispondenza di ciascuna asseverazione, creata o da creare.

COLORE	SIGNIFICATO
Verde	Asseverazione protocollata e con codice ASID
Blu	Asseverazione creata ma in lavorazione e non ancora protocollata
Rosso	Asseverazione chiusa ma non ancora protocollata
Bianco	Asseverazione da creare con SAL precedente completato
Grigio	Asseverazione non attivabile (SAL saltato o presenza di SAL precedente non completato)

Nel caso intervengano varianti in corso d'opera tra il primo SAL e il secondo e/o la fine lavori, nei SAL successivi al primo o a fine lavori è sempre possibile aggiornare il computo precedentemente predisposto, evidenziando le variazioni subentrate all'interno del computo metrico stesso.
Le varianti sono gestite dalla piattaforma con una opzione diversa nel caso in cui:

- abbiano comportato un nuovo deposito della relazione tecnica Legge 10, caso in cui è possibile aggiungere nuovi interventi o modificare quelli già inseriti. Questa voce deve essere selezionata se è necessario modificare il numero e la relativa data di deposito della relazione;
- non abbiano comportato un nuovo deposito della relazione; anche in questo caso è possibile aggiungere nuovi interventi o modificare quelli già inseriti.

Si rinvia alla figura riportata qui di seguito che attiene alla schermata iniziale che viene proposta all'atto di attivare una asseverazione al 60%.

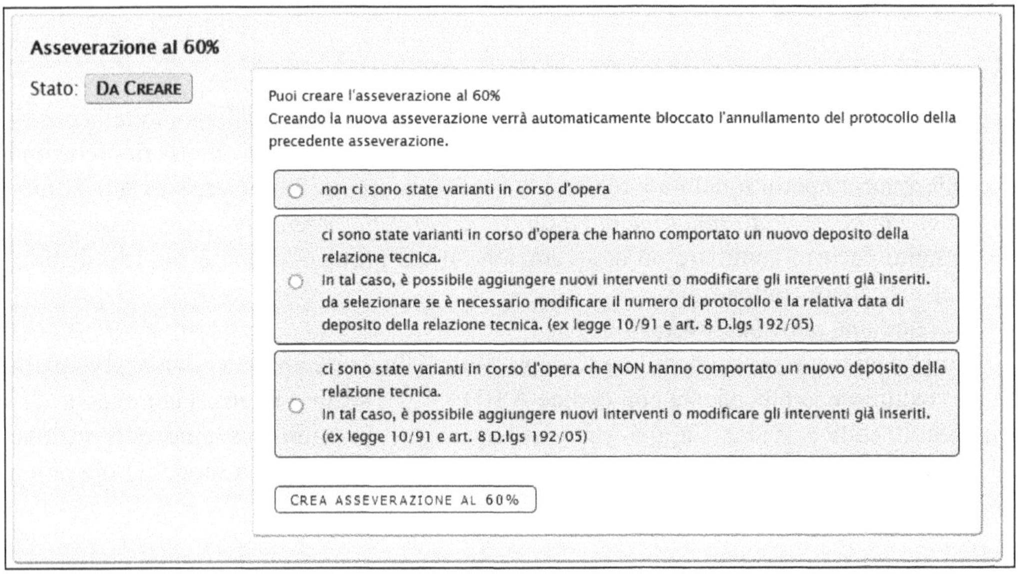

Nell'ambito di questa procedura sarà possibile anche sostituire il computo metrico o l'APE pre o post intervento già caricati in precedenza. La piattaforma propone infatti di continuare utilizzando l'APE ante intervento o post intervento già utilizzato nell'asseverazione al 30%, oppure di caricare un nuovo documento. La stessa procedura viene utilizzata anche per il computo metrico.
Il tutto come da immagine riportata qui di seguito, che si riferisce alla possibilità di sostituire il computo metrico già caricato; la sostituzione degli APE avviene esattamente con le stesse modalità.

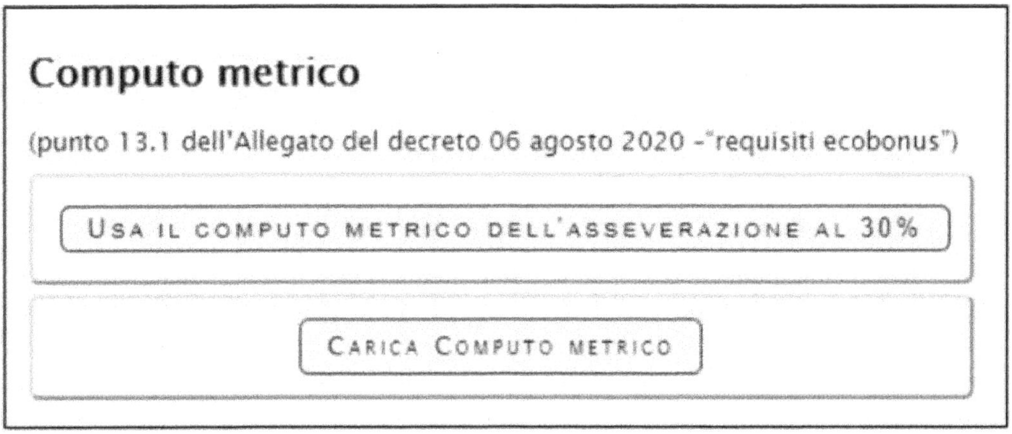

Nell'ambito dell'apertura di un'asseverazione a fine lavori, il procedimento da seguire è esattamente lo stesso, come da figura riportata qui di seguito.

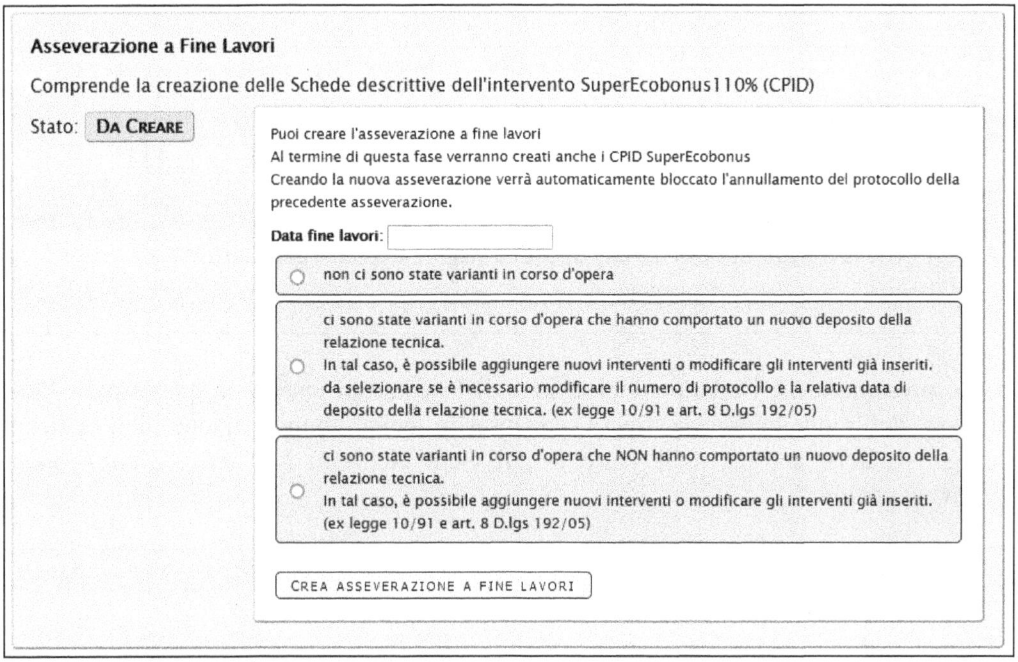

Se bisogna inserire una nuova asseverazione da parte di un nuovo asseveratore diverso da quello che abbia redatto la precedente, è disponibile un apposito bottone "*Vai alla procedura*", alternativo all'entrata nell'area personale "*Le mie asseverazioni*".

Se infine sono stati commessi errori nei dati inseriti nella scheda iniziale dell'asseverazione (quindi errori quali: errore nella qualificazione dell'intervento edilizio; errori nella definizione catastale delle unità (ad esempio omissione di una o più unità; errore nella indicazione che si tratti di comune montano oppure no, zona non metanizzata oppure no), non potendo tale scheda essere modificata, bisognerà per forza procedere con una nuova asseverazione, secondo le procedure già illustrate (quindi potendo annullare il protocollo ottenuto e/o eliminare il lavoro a seconda dello step in cui ci si trovi).

3.4.2 L'asseverazione per il Super-Sismabonus

Si riportano qui di seguito - con l'ausilio di immagini esplicative - alcune note di supporto per la compilazione della modulistica per il Super-Sismabonus.
Si specifica che tali note non rivestono carattere di ufficialità, ma derivano dall'accurata analisi del dato normativo, dal confronto costante con gli operatori sul campo nonché in molti casi da una interpretazione "*ragionevole*".
Salvo diversa indicazione, le immagini e le indicazioni sono riferite al modello di cui all'Allegato B.

3.4.2.1 Identificazione del modello e della zona di intervento

Per Regione, Provincia e Comune vanno inseriti i codici rispettivamente di 2, 3 e 3 cifre reperibili nella classificazione Istat (colonne A, B e D).

Si può presumere che l'intera combinazione di 19 caratteri inserita in questa parte preliminare del modello sia la stessa da inserire nella comunicazione dell'opzione all'Agenzia delle entrate, nella parte in cui viene richiesto il "*Codice identificativo dell'asseverazione*".

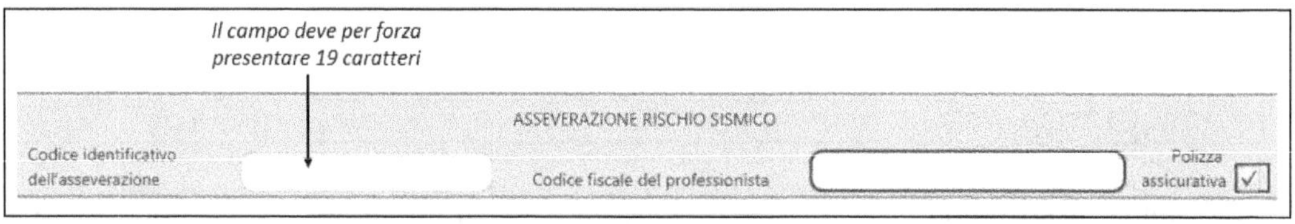

Non si evincono purtroppo ulteriori dettagli in proposito dalle istruzioni per la compilazione del modello [4].

---

[4] Dalle specifiche tecniche del tracciato record relativo alla comunicazione dell'opzione, risulta altresì solo la lunghezza massima di 19 caratteri, che si tratta di carattere alfanumerico e che "*Il dato deve essere conforme alle indicazioni previste al paragrafo Regole generali delle presenti specifiche tecniche.*" Le regole generali sono le seguenti: *Si precisa che nella parte non posizionale dei record a struttura variabile devono essere riportati esclusivamente i dati della Comunicazione il cui contenuto sia un*

Secondo un'altra interpretazione, a nostro modo altrettanto plausibile, il professionista potrebbe attribuire un suo numero di protocollo interno (numero di protocollo che invece, per l'asseverazione degli interventi in Super-Ecobonus, viene rilasciato da ENEA successivamente alla validazione del modello presentato online).
Ciò consentirebbe a nostro giudizio di evitare duplicazioni in caso di SAL, dal momento che la parte da inserire nell'Allegato B sarebbe sempre la stessa, e dunque andrebbe inserita duplicata nel modello dell'Agenzia entrate, cosa che potrebbe non essere accettata.

3.4.2.2 Identificazione dell'immobile e dati catastali

Nella parte descrittiva dell'immobile oggetto di intervento vanno inseriti anche i dati catastali.
Relativamente al subalterno, qualora si stia intervenendo su un immobile unifamiliare si ritiene che si possa fare riferimento al solo subalterno dell'abitazione, anche in presenza di eventuali pertinenze accatastate separatamente.
Viceversa, se si interviene su un immobile condominiale/plurifamiliare è opportuno a nostro giudizio diverse possibilità indicare tutti i subalterni dell'edificio (o anche indicare dal … al … dove ci sia consecutività).

Indicazione subalterno/i

CLASSIFICAZIONE SISMICA DELLA COSTRUZIONE

situata nel COMUNE DI ____________________, al/ai seguente/i indirizzo/i

____________________, riportata al catasto

nella zona cens. _____ Foglio n. _____ Particella/e n. __________ sub. n. _______

Oltre ai dati catastali è richiesto di inserire le coordinate geografiche secondo il sistema di riferimento geodetico nazionale (ETR2000 - vedi D.P.C.M. 10/11/2011).

Coordinate geografiche di due spigoli opposti della costruzione nel sistema ETRF2000 *(indicare qualora indicati in WGS 84)*[1]			
Spigolo 1	Lat. |__|__|__|,|__|__|__|__|__|__|__|	Lon. |__|__|__|,|__|__|__|__|__|__|__|	WGS84
Spigolo 2	Lat. |__|__|__|,|__|__|__|__|__|__|__|	Lon. |__|__|__|,|__|__|__|__|__|__|__|	SI ☐

3.4.2.3 Requisiti del tecnico asseveratore e incompatibilità

Nella parte in cui si richiede di attestare il possesso dei requisiti, il riferimento normativo corretto è sempre quello al D.M. 58/2017, e non quello dei decreti di modifica (ultimo in ordine di tempo al momento di redigere questa nota, il D.M. 329/2020).

valore diverso da zero e da spazi. Tutti i caratteri alfabetici devono essere impostati in maiuscolo. Tutti gli importi devono essere riportati in unità di euro arrotondando l'importo per eccesso, se la frazione decimale è uguale o superiore a cinquanta centesimi di euro, per difetto, se inferiore a detto limite.

Rif. D.M. n. 58 del 2017

- che è in possesso dei requisiti richiesti dall'art. 3 del D.M. n. ____ del ________,

Secondo il comma 2, art. 3 del D.M. 58/2017, Il progettista dell'intervento strutturale (a integrazione degli adempimenti per le costruzioni in zone sismiche già previsto dagli artt. 83-106 del D.P.R. 380/2001) assevera la classe di rischio dell'edificio precedente l'intervento e quella conseguibile a seguito dell'esecuzione dell'intervento progettato.
Ne segue in buona sostanza che secondo quanto indicato è sempre il progettista delle strutture ad asseverare sia la classe di rischio sismico nello stato di fatto che il progetto per la riduzione del rischio sismico, e quindi di regola devono essere barrate entrambe le caselle relative.
La possibilità di barrare solo la casella concernente la classificazione del rischio sismico nello stato di fatto rimane solo come caso residuale in cui tale classificazione non sia finalizzata a un intervento di Sismabonus (ad esempio quando il committente desidera solo avere una conoscenza del rischio non finalizzata almeno per il momento alla realizzazione di interventi agevolati).

- che opera nella qualità di tecnico incaricato di effettuare[2]:
  - ☐ la Classificazione del Rischio Sismico dello stato di fatto della costruzione sopra individuata;
  - ☐ il progetto per la riduzione del Rischio sismico della costruzione sopra indicata e la relativa Classificazione del Rischio Sismico conseguente l'intervento progettato, anche nel caso di demolizione e ricostruzione;

Per il Sismabonus vanno barrate entrambe le caselle ad opera del progettista delle strutture

Trattandosi di "*asseverazione*", cioè della certificazione, nei modi previsti dalla legge, della verità e correttezza di quanto riportato, è da ritenere incompatibile la compilazione di tale documento relativamente a immobile di proprietà dello stesso asseveratore, del coniuge, di parenti entro il quarto grado o in altri casi, seppure non codificati, nei quali possa riconoscersi un interesse diretto del tecnico asseveratore nell'immobile in questione.
Ne segue - dato che come si è visto il modello ai fini del Sismabonus deve essere redatto dal progettista delle strutture - nel caso in cui vi sia la richiesta delle agevolazioni fiscali, il tecnico non potrà redigere il progetto strutturale per immobile di sua proprietà o di proprietà degli altri soggetti indicati in precedenza.

3.4.2.4 Polizza assicurativa

Il possesso della polizza assicurativa specifica - prevista dal comma 14, art. 119 del D.L. 34/2020 - è necessario solo per le asseverazioni concernenti il Super-Sismabonus, mentre negli altri casi è sufficiente la normale polizza utilizzata per l'attività professionale, e pertanto potrà essere barrata la casella "*NO*".

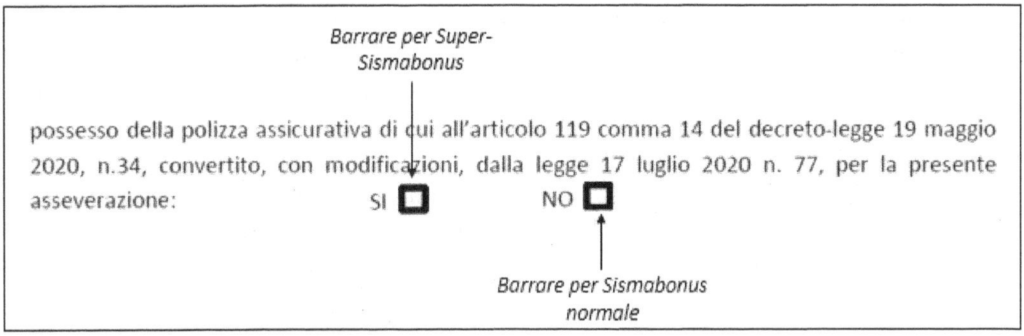

3.4.2.5 *Importo dei lavori di progetto*

Sul punto non ci sono purtroppo particolari chiarimenti, e il modello non è chiaro poiché da un lato richiede di indicare il "*costo complessivo dell'intervento*" e dall'altro invece richiede di asseverare la "*congruità della spesa ammessa a detrazione*".

A nostro giudizio occorre compilare il campo inserendo il costo, comprensivo di spese tecniche, IVA [5] e cassa di previdenza, dell'intervento principale di miglioramento sismico (quindi solo l'intervento strutturale) e degli eventuali interventi accessori e di contorno (es. rifacimento intonaci, costi di cantiere, ecc.) per i quali si richiede l'agevolazione fiscale del Sismabonus.

È questa, infatti, la spesa ammessa a detrazione, per la quale assume rilevanza la "*congruità*".

Ne segue che, quando l'importo superi quello agevolabile, l'importo inserito coinciderà con quello massimo agevolabile.

Nel campo successivo ("*di cui per lavori ...*") andrà inserito lo stesso importo di prima, depurato però dalle spese tecniche (con relative IVA e cassa di previdenza).

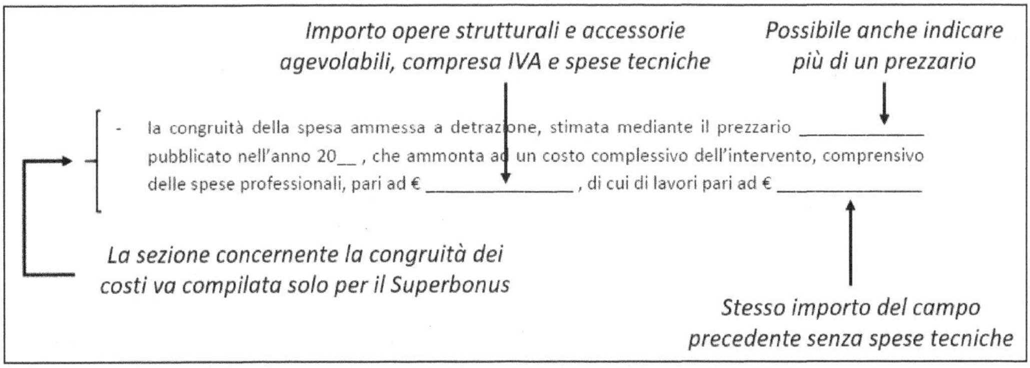

---

[5] Peraltro, si ricorda a tale proposito che l'IVA è compresa nelle spese detraibili, ma solo per i soggetti "*non IVA*", coloro cioè - tipicamente le persone fisiche - per i quali l'IVA rappresenta un costo che rimane a carico. Non altrettanto si può dire invece per i soggetti IVA, coloro cioè - tipicamente le società - per i quali invece l'IVA sui costi viene già portata in diminuzione da quella sui ricavi). Per questi soggetti l'IVA deve essere scorporata dal costo dei lavori, non può essere portata a detrazione, e pertanto si ritiene che non debba nemmeno essere compresa nella cifra indicata nel modello.

Vale tuttavia la pena segnalare che il documento "*Ricostruzione post sisma Italia centrale e Superbonus 110%*" (redatto congiuntamente dalla struttura del Commissario straordinario per le ricostruzione sisma 2016 e dall'Agenzia delle entrate), nella sezione "*Domande e risposte*"(cfr. risposta n. 6) - in relazione al fatto se gli importi da indicare nelle asseverazioni indicare nelle asseverazioni per l'applicabilità del Superbonus riguardino quelli riferibili all'intero progetto o soltanto alla parte eccedente il contributo per la ricostruzione - risponde che gli importi da indicare sono quelli riferiti all'intervento nel suo complesso.
Sembra che tale indicazione possa essere limitata agli interventi in cui concorrono i contributi post sisma e i bonus fiscali ordinari, coerentemente con quanto riportato a pag. 5 del medesimo documento, ove si legge che ai fini della semplificazione degli adempimenti correlati, è possibile presentare un unico progetto e un unico computo metrico, ferma restando la chiara riferibilità, nell'ambito del computo metrico, delle spese finanziate con il contributo e quelle eccedenti ammesse al Superbonus.

L'Interpello 10/03/2021, n. 168 ha chiarito che - in relazione alla mancanza dell'asseverazione della congruità dei costi sul vecchio modello - non occorre ripresentare il modello.

3.4.2.6 Congruità dei costi per il Sismabonus acquisti

Per il "*Sismabonus acquisti*" non è necessario redigere il computo metrico estimativo dei lavori e non deve essere compilata la sezione del modulo che richiede l'indicazione del costo complessivo dell'intervento.
Infatti, il comma 1-*septies* dell'art. 16 del D.L. 63/2016 determina il bonus fiscale con riferimento al prezzo della singola unità immobiliare, risultante nell'atto pubblico di compravendita e, comunque, entro un ammontare massimo di spesa pari a 96.000 Euro per ciascuna unità immobiliare.
Il bonus fiscale non ha quindi relazione col "*costo complessivo dell'intervento*" richiesto nel modulo di asseverazione, da indicare negli altri casi di interventi strutturali eseguiti su edifici esistenti.

3.4.2.7 Stato di avanzamento lavori e stato finale

Nell'Allegato B-1 , nonché nell'Allegato 1 - cioè i modelli da compilarsi a cura del Direttore dei lavori, rispettivamente a fine lavori oppure a stato di avanzamento dei lavori - è scritto esplicitamente che vanno indicati importi al netto dell'IVA (cioè senza IVA).
Tale indicazione appare incongruente, poiché si richiede di inserire importi diversi da quelli portati in detrazione, dato che l'IVA (per i privati e in generale per i soggetti non IVA, si veda la nota già riportata in precedenza) è compresa, come peraltro chiaramente indicato dall'Agenzia delle entrate nella Circolare 08/08/2020, n. 24/E, al punto 4.
Questa indicazione può essere rivelatrice del fatto che il normatore abbia inteso "*sterilizzare*" l'effetto dell'IVA sul calcolo delle percentuali per il raggiungimento dei SAL.
Le indicazioni sono contraddittorie, dal momento che la richiesta è per l'asseverazione dei costi portati a detrazione (che comprendono anche le spese tecniche e l'IVA) ed evidentemente porterebbero a far sì che gli importi inseriti nei modelli per il DL non

possano corrispondere a quelli inseriti nell'Allegato B (da riportare anche nei modelli del DL ove si parla di "*lavori stimati in fase di progetto*").

Inoltre, negli Allegati B-1 e 1 , negli importi richiesti da asseverare si parla sempre di importo dei lavori, e mai si menzionano le spese tecniche (si parla inoltre sempre di "*impresa*" e non di professionisti).
Sapendo che negli importi devono rientrare anche le spese tecniche, ci si chiede se sia corretto inserire nel modello l'importo comprensivo delle spese tecniche, oppure se vadano inseriti solo gli importi dei lavori, rispettando alla lettera quanto scritto.
Secondo noi, sia per uniformità con l'Allegato B che per consentire anche la monetizzazione delle spese tecniche, si ritiene che anche in questo caso si debba inserire l'importo dei lavori, comprensivo delle spese tecniche.

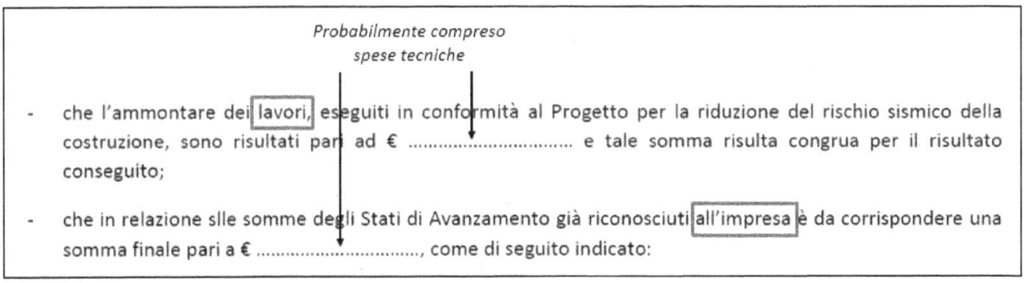

3.4.2.8 Necessità di allegare il computo metrico

Nell'Allegato B al D.M. 58/2017, è previsto che il tecnico indichi il prezzario mediante il quale ha stimato la congruità della spesa ammessa alla detrazione. Si ritiene possibile anche l'indicazione di più di un prezzario, non essendo il professionista vincolato all'utilizzo di un solo listino.

Poiché altresì (sempre secondo noi dal momento che nessuna disposizione lo prevede esplicitamente, e comunque ovviamente solo per il Superbonus) bisognerà allegare il computo metrico, andrà conseguentemente distinto il computo delle opere portate in detrazione (da allegare) da quello delle altre opere eccedenti (da conservare).

Dato che in precedenza si è detto che quando l'importo superi quello agevolabile, l'importo inserito coinciderà con quello massimo agevolabile, in tal caso anche il computo metrico coinciderà con quello concernente tali spese, e ci sarà conseguentemente un altro computo (da non allegarsi) delle opere "*extra agevolazione*", destinate a rimanere in accollo al committente.

3.4.2.9 Varianti in corso d'opera e modifiche ai costi preventivati

Può certamente accadere di frequente che l'importo dei lavori stimati a preventivo sia modificato in corso d'opera a causa di imprevisti, varianti richieste dalla committenza, errori nella stima delle quantità, ecc.
Su questo punto - seppur afferenti alla diversa agevolazione dell'Ecobonus - soccorrono i chiarimenti forniti dall'Enea riguardo le modalità di redazione del computo metrico.
Infatti, nel chiarire che il computo metrico da allegare è sempre il computo globale (quindi anche nei SAL al 30% e 60% si carica comunque il computo metrico complessivo), viene detto che è sempre possibile aggiornare il documento precedentemente caricato al SAL 30%, qualora siano subentrate delle varianti in corso d'opera.
Altresì, in caso di varianti in corso d'opera, è opportuno evidenziare le variazioni subentrate all'interno del computo metrico.

3.4.2.10 Stato di fatto ante operam e stato conseguente l'intervento

Come chiarito dalla Commissione di monitoraggio sul Sismabonus istituita presso il Consiglio superiore dei lavori pubblici (risposte a quesiti aprile 2021), ci sono alcuni casi in cui non è necessaria l'attribuzione di classe di rischio, in particolare:

1) quando viene scelta l'opzione "*nessuna classe*" [6]non è necessario asseverare né la classe di rischio "*ex ante*", né quella "*ex post*", e quindi, pur dovendosi compilare l'Allegato B , non è necessario compilare le sezioni relative agli aspetti suddetti;
2) quando si utilizzano le prescrizioni dell'Allegato A al D.M. 58/2017 relative a edifici in calcestruzzo armato con telai in due direzioni [7], le sezioni dei moduli relative all'attribuzione della classe di rischio "*ex ante*" ed "*ex post*" possono non essere compilate, essendo automaticamente assegnata la riduzione di una classe di rischio;
3) quando si utilizzano le prescrizioni dell'Allegato A al D.M. 58/2017 relative all'utilizzo del metodo semplificato per edifici in muratura [8], le sezioni dei moduli

---

[6] Potrà quindi trattarsi unicamente di casi ricadenti nel Superbonus, dal momento che negli altri casi, per il Sismabonus "*normale*" con applicazione delle percentuali di detrazione variabili tra il 70 e l'85%, è sempre richiesto che la riduzione del rischio sismico sia "*certificata*" con un miglioramento nella classificazione.

[7] Secondo quanto si legge nelle Linee guida, ciò è possibile soltanto se la struttura è stata originariamente concepita con la presenza di telai in entrambe le direzioni e se vengono eseguiti tutti gli interventi seguenti: *i)* confinamento di tutti i nodi perimetrali non confinati dell'edificio; *ii)* opere volte a scongiurare il ribaltamento delle tamponature, compiute su tutte le tamponature perimetrali presenti sulle facciate; *iii)* eventuali opere di ripristino delle zone danneggiate e/o degradate.

[8] Ricordando che il metodo semplificato è indicato per una valutazione speditiva della classe di rischio dei soli edifici in muratura, e - nel caso di valutazioni finalizzate all'esecuzione di interventi sugli edifici volti alla riduzione del rischio - il suo impiego è consentito nei soli casi in cui si adottino interventi di rafforzamento locale. In tal caso, è ammesso il passaggio di una sola classe di rischio. Inoltre, laddove si preveda l'esecuzione di interventi volti alla riduzione del rischio, l'attribuzione della classe di rischio an-

relative all'attribuzione della classe di rischio "*ex ante*" ed "*ex post*" vengono compilate solo per le parti relative alla classe di rischio della costruzione nonché per l'indicazione dell'adozione del metodo semplificato;

- classe di rischio attribuita utilizzando il metodo: convenzionale ☐ semplificato ☐ ↑ *Solo per edifici in muratura e per adozione di interventi locali*

4) nel caso di demolizione e ricostruzione di interi edifici o loro porzioni, per il nuovo organismo ricostruito sarà comunque obbligatorio il rispetto del Capitolo 7 delle NTC 2018, che condurrà ad una costruzione antisismica, si considera quindi conseguita la riduzione di due classi di rischio e non sarà necessario compilare la sezione dei moduli relativa all'attribuzione della classe di rischio "*ex ante*". Resta inteso che è necessario compilare invece la sezione relativa all'attribuzione della classe di rischio "*ex post*", allegando la relazione illustrativa dell'attività conoscitiva svolta e dei risultati raggiunti, relativa alla situazione post intervento.

si allega la relazione illustrativa dell'attività conoscitiva svolta e dei risultati raggiunti, salvo per i casi in cui è prevista la demolizione e ricostruzione; ↑ *Si evince che non è necessario procedere all'analisi conoscitiva in caso di demo-ricostruzione, dovendo il fabbricato ricostruito essere sottoposto agli standard previsti per la nuova costruzione e quindi dando per «scontato» una costruzione in classe di rischio A*

- si allega la relazione illustrativa dell'attività conoscitiva svolta e dei risultati raggiunti, inerenti la valutazione relativa alla situazione post- intervento. ↑ *Viceversa, andrà compilata la sezione relativa alla classe ex post nonché allegata la relativa relazione conoscitiva delle attività svolte e dei risultati raggiunti.*

Il tutto può essere riepilogato tramite i due schemi seguenti, che afferiscono rispettivamente al caso delle strutture in muratura e al caso delle altre tipologie di strutture.

te e post intervento deve essere effettuata utilizzando il medesimo metodo e con le stesse modalità di analisi e di verifica, tra quelle consentite dalle NTC.

Come e quando compilare le sezioni dei modelli - Strutture in muratura

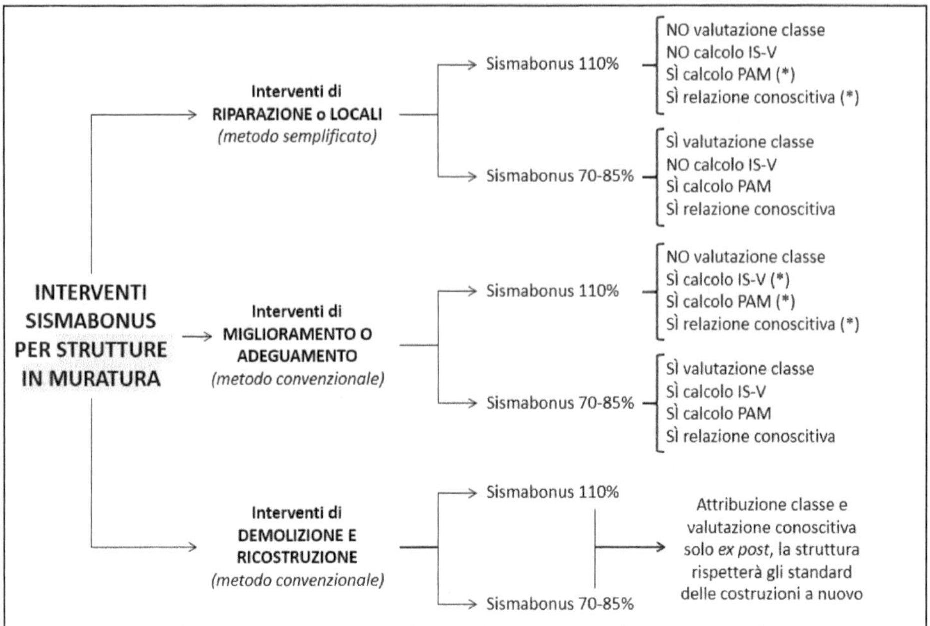

(*) Secondo alcuni pareri, non essendo necessaria la valutazione della classe, non occorrerebbe eseguire nemmeno le operazioni qui segnalate.

Come e quando compilare le sezioni dei modelli - Altre strutture

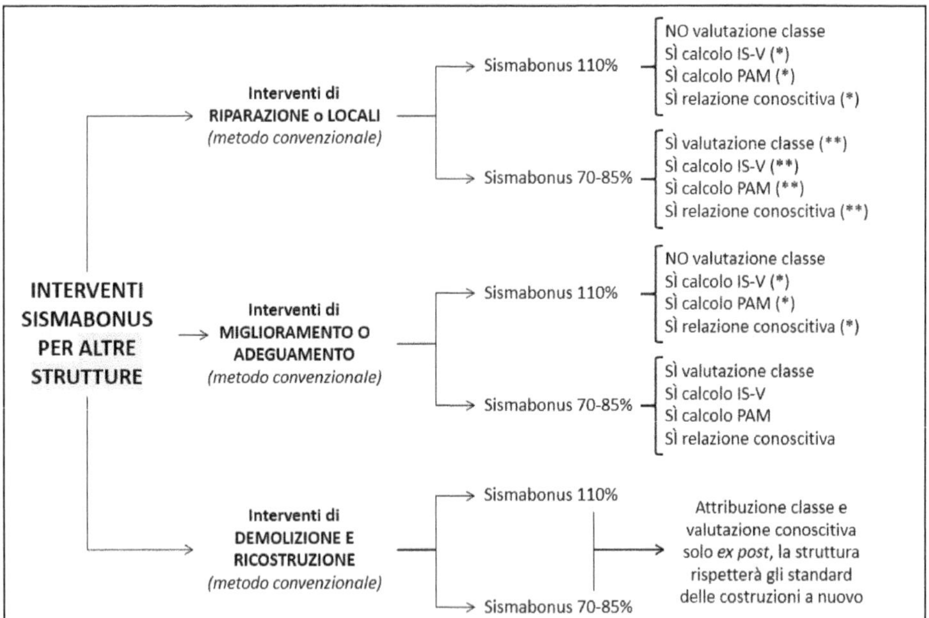

(*) Secondo alcuni pareri, non essendo necessaria la valutazione della classe, non occorrerebbe eseguire nemmeno le operazioni qui segnalate.

(**) Per edifici in c.a. con telai in entrambe le direzioni non serve attribuzione della classe né ante né post intervento, qualora vengano eseguiti tutti gli interventi in proposito indicati al § 3.2 delle Linee guida. Si ritiene tuttavia necessaria la relazione conoscitiva sia anche che post.

3.4.2.11 Indicazione degli estremi del Genio civile

Nel paragrafo 1.3.3.1, si è chiarito che la norma consente ora - per i titoli edilizi presentati a far data dal 16/03/2020 - di depositare l'Allegato B anche (al più tardi) entro l'inizio dei lavori, e che tuttavia per le pratiche di SCIA è secondo noi opportuna la presentazione contestuale, in quanto la SCIA non prevede una formale "*comunicazione di inizio lavori*" e altresì teoricamente e salvo casi particolari i lavori possono iniziare il giorno stesso della presentazione della SCIA.
Ciò vuol dire che in molti casi l'Allegato B verrà presentato quando non è noto il protocollo relativo al deposito del progetto strutturale presso il Genio civile o il SUE o altro ufficio preposto, ma tuttavia il modello richiede in questo caso di inserire gli estremi di tale deposito.
Ne segue, secondo noi che:

- è opportuno (quando possibile, quindi secondo noi solo se i lavori sono assentiti tramite permesso di costruire) presentare il modello a valle del deposito strutturale/sismico, così da avere i dati completi;
- se si è presentato il modello incompleto, la mancanza non dovrebbe essere elemento costitutivo che ne determini l'invalidità, purché ovviamente la pratica sismica sia stata eseguita;
- l'integrazione dell'asseverazione entro l'inizio dei lavori è comunque consigliabile per maggiore prudenza (seppure, sotto altro punto di vista, il modello presentato dopo l'inizio dei lavori sarebbe tardivo, quindi intempestivo, quindi probabilmente da non considerare sulla base dei "*cavilli*" dell'Agenzia entrate).

> - estremi del Deposito/Autorizzazione al Genio Civile, ai sensi delle autorizzazioni in zona sismica, n. ________ del __ __/__ __/20__ __;
>
> ↑
>
> *Quando il protocollo del Genio civile non è noto, ma il modello deve comunque essere presentato pena la perdita delle agevolazioni, la sezione può essere omessa, con successiva ripresentazione del modello, possibile anche se non indispensabile*

Analogamente a quanto visto in precedenza su una fattispecie leggermente diversa - in relazione alla mancanza dell'asseverazione della congruità dei costi sul vecchio modello - si può ribadisce comunque anche in questo caso che la mancanza del dato (gli estremi della pratica strutturale) non compromette la fruizione dei bonus fiscali.

3.4.2.12 Effetti dell'intervento di riduzione del rischio sismico

Il Superbonus - accessibile anche per interventi che pur consentendo una riduzione del rischio sismico della costruzione non comportano il miglioramento in termini di classificazione - si è affiancato, senza sostituirle, alle preesistenti agevolazioni relative invece a interventi comportanti un miglioramento in termini di classe di rischio.
Ne segue che la modulistica è stata aggiornata, aggiungendo anche l'opzione "*nessuna classe*", da utilizzare proprio in caso di Superbonus senza miglioramento nella classificazione di rischio sismico.

EFFETTO DELLA MITIGAZIONE DEL RISCHIO CONSEGUITO MEDIANTE L'INTERVENTO PROGETTATO(4)(5)
Gli interventi strutturali progettati consentono una riduzione del Rischio Sismico della costruzione ed il passaggio di un numero di Classi di Rischio, rispetto alla situazione ante-operam, pari a: Nessuna classe ☐ n. 1 classe ☐ n. 2 o più classi ☐

Solo Superbonus (Nessuna classe) — *Sia agevolazione normale che Super* (n. 1 classe; n. 2 o più classi)

Nei modelli in Allegato B-1 e in Allegato B-2 è presente al terzo alinea delle dichiarazioni asseverate la dichiarazione che gli interventi "*consentono la riduzione della classe di rischio*", evidentemente in contrasto con la possibilità consentita dal Superbonus di accedere agli incentivi anche in assenza di miglioramento nella classe di rischio.
A tal proposito la Commissione di monitoraggio sul Superbonus istituita presso il Consiglio superiore dei lavori pubblici ha chiarito che - in attesa di una auspicabile rettifica al modello - tale dicitura sia da intendere come "*riduzione di rischio sismico*" della costruzione.

- che i lavori corrispondono al progetto definitivo, ed a quello delle eventuali varianti, già trasmessi alla Regione e cosentono la riduzione della classe di rischio sismico della costruzione;

Al posto di «della classe di rischio» leggasi «del rischio»

3.5 RESPONSABILITÀ DEL PROFESSIONISTA TECNICO

3.5.1 Perdita dei benefici fiscali e responsabilità del professionista

Come principio generale, in tutti i casi di irregolarità, su qualunque aspetto concernente la fruizione del bonus, il primo a soffrirne le conseguenze è il committente, con la possibile perdita totale o parziale del diritto al beneficio fiscale.
Solo nei casi in cui sia riconosciuto un danno dovuto a negligenza professionale o imperizia in relazione alle prestazioni di servizi erogate, il professionista risponderà a sua volta civilmente del danno causato.

Facciamo un semplice esempio.
La pratica viene sottoposta a controlli (vedi più avanti per dettagli in merito) ed emerge una qualsiasi problematica suscettibile di inficiare il diritto alla detrazione in capo al committente.
Può trattarsi, a titolo esemplificativo e non esaustivo, di:
- assenza dei requisiti di carattere tecnico-prestazionale per gli interventi o errata attestazione degli stessi da parte del tecnico;
- carenza dei requisiti soggettivi in capo al fruitore;
- tipologia di immobile non rientrante fra quelle ammesse;
- errata attestazione della congruità della spesa da parte del tecnico;
- mancata conservazione da parte del contribuente della documentazione fiscale;

- mancato possesso di un titolo di possesso/detenzione valido per l'immobile (perché ad esempio il contratto non era registrato);
- irregolarità urbanistico-edilizie nella preesistenza;
- irregolarità nel procedimento edilizio per assentire l'intervento agevolato.

In tutti questi casi, l'Agenzia delle entrate provvederà in prima istanza al recupero dell'importo corrispondente alla detrazione indebitamente fruita, sempre e comunque nei confronti del committente, o in altri termini non si può mai configurare in questi casi una responsabilità diretta del professionista.

Qualora il committente ritenga che la perdita dei benefici fiscali (così come il verificarsi di eventuali altre conseguenze negative) sia stata cagionata da un "*errore*" da parte di un professionista tecnico intervenuto a qualsiasi titolo nel processo di pianificazione, progettazione e realizzazione dell'intervento, egli potrà tentare di rivalersi nei confronti del professionista stesso per i danni subiti, intentando un'azione civile.

Solo all'esito di tale azione civile, se sarà stato riconosciuto l'errore del professionista, scatterà il risarcimento danni a carico del professionista.

Dunque, affinché sia riconosciuta la responsabilità civile del professionista serve un giudice civile che lo accerti - stabilendo che il danno è stato causato in tutto in parte dalla negligenza e dall'imperizia del professionista stesso (c.d. "*nesso di causalità*", cioè in pratica che il danno è direttamente riconducibile alla condotta del professionista, che ne è la causa diretta del verificarsi) - e disponga un risarcimento.

L'entità di detto risarcimento non ha alcun legame predefinito con i massimali degli interventi e/o con le percentuali di detrazione, ma sarà fissata nella misura ritenuta giusta dal giudice.

È in questi casi che, auspicabilmente, il professionista potrà azionare l'assicurazione.

Si ricorda che la polizza assicurativa richiesta per il Superbonus è volta anche a garantire il professionista riguardo eventuali danni cagionati al bilancio dello Stato (comma 14, art. 119 del D.L. 34/2020).

Ipotizziamo ulteriormente che il professionista abbia anche accordato lo sconto in fattura al committente.

Anche in questo caso, se ci sono irregolarità, il recupero delle somme avviene in prima battuta sempre nei confronti del committente, cioè il soggetto che ha esercitato l'opzione - art. 121, commi 5 e 6, del D.L. 34/2020).

Qualora da parte del professionista che ha accordato lo sconto in fattura, e pertanto fruisce/fruirà del credito d'imposta, vi sia un concorso nella violazione, il professionista potrà essere chiamato a rispondere solidalmente con il committente delle somme indebitamente fruite (*solidalmente* significa che l'Agenzia delle entrate tenta il recupero delle somme nei confronti di tutti i soggetti, il primo che paga libera entrambi). Si veda la Circolare 30/E/2020, risposta 5.1.9 per il significato di "*concorso*" nella violazione.

Viceversa, il professionista che abbia praticato lo sconto in fattura o acquisito tramite cessione il credito d'imposta "*in buona fede*" non perderà il proprio diritto (vedi anche Circolare 30/E/2020, risposta 5.1.8).

Il fatto che il professionista abbia "*errato*", dal punto di vista della responsabilità civile, non comporta necessariamente il suo "*concorso*" nella violazione, ai fini di quanto detto sopra.

3.5.2 Possibili ulteriori conseguenze penali/amministrative

L'accertamento delle responsabilità in sede civile non esclude che possano configurarsi in capo al professionista eventuali ulteriori responsabilità, con le connesse sanzioni di tipo amministrativo e/o penale, in particolare per quel che riguarda la veridicità delle attestazioni e asseverazioni rilasciate.

L'*asseverazione* è una dichiarazione del professionista, il quale sotto la propria personale responsabilità ne conferma l'autenticità e la certezza dei contenuti e garantisce di aver applicato al meglio le proprie capacità professionali.

Con la sottoscrizione della dichiarazione di asseverazione il professionista assume quindi una responsabilità in merito alla veridicità dei dati e delle informazioni dichiarati, e risponde penalmente per eventuali falsi ideologici e materiali in essa contenuti (art. 481 del Codice penale - *Falsità ideologica in certificati commessa da persone esercenti un servizio di pubblica necessità*).

La polizza di assicurazione non copre le sanzioni amministrative né tanto meno quelle penali.

Si rinvia, per una più dettagliata analisi dei controlli, delle sanzioni e dei possibili reati e illeciti amministrativi, al paragrafo 2.5.

CAP. 4
CASI E QUESTIONI

AVVERTENZA IMPORTANTE PER LA CONSULTAZIONE

Per facilitare la consultazione, le domande e le risposte sono state accorpate per argomenti omogenei. Tuttavia, molte risposte sono trasversali e si riferiscono a più argomenti (ad esempio, una risposta su isolamento termico in condominio potrebbe essere stata classificata nel paragrafo relativo ai condomìni oppure nel paragrafo sugli interventi di isolamento).
Si raccomanda pertanto una consultazione estesa, per ottenere un quadro completo senza trascurare alcun aspetto dell'argomento di proprio interesse.

4.1 AMBITO APPLICATIVO, SOGGETTI BENEFICIARI E TIPOLOGIE EDILIZIE

4.1.1 Imprese, enti e professionisti, persone fisiche

4.1.1.1 Società, cittadini residenti all'estero o stranieri

D - Un'impresa edile può ottenere il Superbonus per le abitazioni che costruisce per vendere?

R - La risposta è negativa, dal momento che le imprese sono escluse dal novero dei soggetti ammessi. Resta viceversa impregiudicata la possibilità di usufruire:

- dell'Ecobonus nella sua forma ordinaria (che per le società è ammesso sia sugli immobili strumentali che sugli immobili *"merce"* - cfr. Risoluzione 25/06/2020, n. 34/E);
- del Sismabonus nella sua forma ordinaria (che per le società è ammesso sia sugli immobili strumentali che sugli immobili *"merce"* - cfr. Risoluzione 12/03/2018, n. 22/E);
- anche con le aliquote maggiorate del 110%, del c.d. *"Sismabonus acquisti"*, agevolazione che spetta all'acquirente delle unità immobiliari in caso di interventi per la riduzione del rischio sismico effettuati da imprese di costruzione o ristrutturazione, mediante demolizione e ricostruzione di interi edifici destinati poi alla vendita entro 30 mesi.

D - Una società a responsabilità limitata può accedere ai benefici?

R - Le società sono escluse dall'elenco dei soggetti beneficiari indicati dal comma 9, art. 119 del D.L. 34/2020.

I soggetti titolari di reddito d'impresa o professionale possono rientrare tra i beneficiari del Superbonus nella sola ipotesi di partecipazione alle spese per interventi trainanti effettuati dal condominio sulle parti comuni (cfr. Guida Agenzia entrate, paragrafo 3; Circolare 08/08/2020, n. 24/E, punto 1), a condizione altresì che si tratti di condominio in cui la destinazione residenziale occupa più del 50% della superficie catastale complessiva.

D - Una società immobiliare possiede un edificio bifamiliare riportato in bilancio quale *"bene patrimonio"*, le cui unità sono affittate ai soci in virtù di regolare contratto di locazione, sono funzionalmente indipendenti e dotate di accessi autonomi dall'esterno. I conduttori possono individualmente accedere al Superbonus 110% per le parti ad uso esclusivo?
R - La risposta è affermativa. I due soci titolari di contratto di locazione possono accedere al Superbonus, sostenendo materialmente le spese per i lavori e ricordando che occorre a tale scopo che vi sia un contratto registrato esistente al momento di inizio dei lavori o di sostenimento delle prime spese se antecedente, nonché il consenso scritto del proprietario (la società) all'esecuzione dei lavori.

D - Una società semplice ha diritto di accedere e cedere il bonus del 110% sia per gli interventi sulle parti comuni che private?
R - La risposta è secondo noi negativa, quanto agli interventi sulle parti private. Al contrario di altre agevolazioni simili (es. Bonus ristrutturazioni), che sono genericamente riferite a tutti i soggetti IRPEF (e quindi non solo alle persone fisiche ma anche alle società di persone), per il Superbonus è stata fatta una elencazione dei soggetti ammessi che è da ritenere tassativa, e nell'ambito della quale si fa riferimento a *"persone fisiche, al di fuori dell'esercizio dell'attività di impresa, arti e professioni"* (comma 9, art. 119 del D.L. 34/2020), mentre non sono in alcun modo menzionate le società.
Pertanto, in assenza di specifica interpretazione estensiva da parte dell'Agenzia delle entrate è precluso l'accesso alle società semplici così come alle altre società di persone.
Il divieto vale chiaramente solo per gli interventi sulle parti private, mentre potranno usufruire per millesimi della propria quota parte per gli interventi in condominio. Infatti, i soggetti diversi da quelli elencati dal comma 9, art. 119 del D.L. 34/2020, possono rientrare tra i beneficiari del Superbonus nell'ipotesi di partecipazione alle spese per interventi trainanti effettuati dal condominio sulle parti comuni (cfr. Guida Agenzia entrate, paragrafo 3; Circolare 08/08/2020, n. 24/E, punto 1), a condizione altresì che si tratti di condominio in cui la destinazione residenziale occupa più del 50% della superficie catastale complessiva.

D - Possono accedere al bonus i soci, gli amministratori o i dipendenti di una società semplice avente a oggetto attività agricola, per interventi realizzati su immobili rurali ad uso abitativo posseduti o detenuti dalla società semplice che conduce il fondo e a loro assegnati sulla base di un titolo idoneo?
R - La risposta è affermativa. ove si tratti di interventi effettuati su fabbricati rurali ad uso abitativo e, pertanto, diversi dagli immobili rurali *"strumentali"* necessari allo svolgimento dell'attività agricola. Si veda in tal senso la Circolare 22/12/2020, n. 30/E, punto 2.1.3.
Si rinviene conferma di quanto sopra anche nella Circolare 25/06/2021, n. 7/E, pag. 443, dove si legge possono accedere al Superbonus anche i titolari dell'impresa agricola, gli altri soggetti (affittuari, conduttori, ecc.), i soci o gli amministratori di società semplici agricole (persone fisiche) con qualifica di imprenditori agricoli professionali, nonché i dipendenti esercenti attività agricole nell'azienda. Hanno diritto alla detrazione a condizione che gli interventi siano effettuati su fabbricati rurali ad uso abitativo e,

pertanto, diversi dagli immobili rurali "*strumentali*" necessari allo svolgimento dell'attività agricola - rif. Circolare 25/06/2021, n. 7/E, pag. 443.

D - Una società proprietaria di un immobile può fare un contratto di comodato gratuito a uno dei soci e poi questo socio può ristrutturare l'immobile come persona fisica con fondi propri per poter beneficiare del Superbonus 110%?

R - La risposta è teoricamente affermativa. Il contratto di comodato rappresenta un titolo valido di detenzione per la fruizione dei bonus edilizi, a patto che:

- il comodato deve essere regolarmente registrato con data certa antecedente alla data di inizio dei lavori o di erogazione dei primi acconti, se precedente;
- il comodatario deve acquisire il consenso del proprietario (la società) scritto e specifico (con indicazione degli interventi che si consente di eseguire) alla esecuzione degli interventi sulle unità in questione.

Il tutto, fermo restando eventuale valutazione di utilizzo distorto dell'agevolazione da parte dell'Agenzia entrate (il comodato gratuito spesso soggetto a controlli in quanto si presta all'utilizzo strumentale alla fruizione di benefici fiscali aggirando casi di impossibilità - occorre quindi a nostro giudizio, per essere al riparo da contestazioni, che ci siano solide motivazioni reali per l'esistenza del comodato stesso).

D - Se una società è proprietaria di un intero immobile costituito in condominio, è possibile accedere alle agevolazioni?

R - La risposta è negativa in quanto l'Agenzia delle entrate, con la Circolare 08/08/2020, n. 24/E (vedi punto 1.1), ha affermato che il Superbonus non si applica agli interventi realizzati sulle parti comuni a due o più unità immobiliari distintamente accatastate di un edificio interamente posseduto da un unico proprietario (o in comproprietà fra gli stessi soggetti). Fanno eccezione, secondo quanto disposto dal comma 9, art. 119 del D.L. 34/2020, gli edifici composti da due a quattro unità immobiliari distintamente accatastate, anche se posseduti da un unico proprietario o in comproprietà da più persone fisiche (quindi in ogni caso l'eccezione non si applica alle società).

Peraltro, si fa notare che un edificio in cui non sia costituita una *"proprietà mista"*, in cui cioè non vi sia almeno una porzione immobiliare di proprietà di un soggetto diverso dal proprietario di tutte le altre, non può tecnicamente costituire un *"condominio"* ai sensi degli artt. 1117-1139 del Codice civile, seppure vi sia formalmente un codice fiscale e un amministratore. Non cambia nulla in proposito se una o più delle unità sono date in locazione, usufrutto, comodato, ecc., poiché si ha riguardo sempre e comunque all'assetto della proprietà.

È opportuno segnalare che esiste una interpretazione dell'Agenzia delle entrate - fornita con Interpello 10/12/2021, n. 804, apparentemente contraria, seppure poco chiara.

D - Sono ammessi al Superbonus i beni strumentali e i beni merce delle società?

R - Le società sono escluse dal novero dei soggetti che possono usufruire del Superbonus. I soggetti titolari di reddito d'impresa o professionale possono rientrare tra i beneficiari del Superbonus nella sola ipotesi di partecipazione alle spese per interventi trainanti effettuati dal condominio sulle parti comuni (cfr. Guida Agenzia entrate, paragrafo 3; Circolare 08/08/2020, n. 24/E, punto 1).

Inoltre, la Circolare 08/08/2020, n. 24/E, al punto 2, afferma che qualora la superficie complessiva delle unità immobiliari destinate a residenza ricomprese nell'edificio sia superiore al 50%, è possibile ammettere alla detrazione anche il proprietario e il detentore di unità immobiliari non residenziali che sostengano le spese per le parti comuni. Se tale percentuale risulta inferiore, è comunque ammessa la detrazione per le spese realizzate sulle parti comuni da parte dei possessori o detentori di unità immobiliari destinate ad abitazione comprese nel medesimo edificio.
Pertanto - sempre solo in questi limitati casi - si ritiene possano rientrare anche beni strumentali o *"beni merce"*.

D - Un cittadino straniero proprietario di un immobile e con residenza in Italia, dotato di codice fiscale ma che non paga le tasse nel nostro paese, può aderire al Superbonus con cessione del credito?
R - La risposta è affermativa. In linea generale, il Superbonus spetta indistintamente a soggetti residenti e non residenti nel territorio dello Stato, quindi anche stranieri, che sostengono le spese per l'esecuzione degli interventi agevolati (il comma 9, lettera b), art. 119 del D.L. 34/2020 individua tra i destinatari "*le persone fisiche, al di fuori dell'esercizio di attività d'impresa, arti e professioni*", senza ulteriori distinzioni).
Quanto al cittadino straniero, per poter fruire delle agevolazioni deve essere titolare di un codice fiscale, acquisendo quindi lo status di "*contribuente*" (Interpello 19/10/2020, n. 486). Ciò accade quando il cittadino straniero acquista un immobile, poiché per farlo deve necessariamente richiedere un codice fiscale. Viceversa ciò non accade se il cittadino straniero è semplicemente titolare di un contratto di locazione.
I soggetti che non potrebbero fruire della corrispondente detrazione in quanto l'imposta lorda è assorbita dalle altre detrazioni o è troppo bassa o non è dovuta possono usufruire della cessione del credito o dello sconto in fattura, per tutte le tipologie di detrazioni indicate dall'art. 121, comma 2, del D.L. 34/2020.
In sintesi il Superbonus spetta ai cittadini stranieri, residenti in Italia o all'estero, ma che essendo proprietari immobiliari abbiano un codice fiscale italiano e quindi siano tecnicamente "*contribuenti*".

D - Un cittadino straniero che ha un immobile in locazione in Italia, può aderire al Superbonus 110% con cessione del credito?
R - La risposta è negativa. Il Superbonus non spetta ai soggetti che - oltre a non possedere redditi imponibili - non potrebbero neanche esercitare l'opzione per lo sconto in fattura o per la cessione del credito.
Si tratta, ad esempio, delle persone fisiche non fiscalmente residenti in Italia che detengono l'immobile oggetto degli interventi in base ad un contratto di locazione o di comodato. Se infatti l'acquirente immobiliare cittadino straniero deve - per acquistare un immobile - necessariamente richiedere un codice fiscale, acquisendo quindi lo status di *"contribuente"*, tale obbligo non si applica alla semplice locazione.
Si veda risposta precedente per il diverso caso del soggetto straniero proprietario di immobile.

D - Un cittadino italiano residente all'estero e iscritto all'AIRE, proprietario di un'abitazione in Italia, può fruire del Superbonus?
R - Con diverse risposte (vedi ad esempio: Interpello 08/02/2021, n. 91; Interpello 17/12/2020, n. 602; Interpello 27/10/2020, n. 500, l'Agenzia delle Entrate ha ulteriormente chiarito che anche i soggetti italiani residenti all'estero possono usufruire del Superbonus, purché iscritti all'Anagrafe Italiani Residenti all'Estero (AIRE.

4.1.1.2 Enti pubblici e privati

D - I benefici possono essere estesi anche a fabbricati di proprietà di enti privati?
R - L'elenco dei soggetti beneficiari è tassativo, ed è quello definito dal comma 9, art. 119 del D.L. 34/2020.

D - Se un Comune cede in comodato d'uso ad una ONLUS uno stabile, questa ONLUS può accedere al Superbonus? Se un Comune ha uno stabile da adibire a casa popolare, può assegnarlo e far accedere gli inquilini al bonus?
R - La risposta è affermativa in entrambi i casi. A tali fini, sia la ONLUS che gli inquilini devono essere legittimamente in possesso degli immobili con contratti registrati al momento di iniziare i lavori (o delle prime spese se antecedenti ai lavori), nonché di consenso scritto ai lavori da parte del comune proprietario.

D - Il Comune può accedere al Superbonus?
R - La risposta è negativa. Gli enti pubblici (con l'eccezione degli IACP) previsti nell'ambito dei soggetti fruitori del beneficio fiscale in questione.
Peraltro i bonus fiscali non spettano ai soggetti che non possiedono redditi imponibili, pertanto, non spettano agli enti pubblici territoriali (quali il Comune), esenti dal pagamento dell'IRES ai sensi dell'articolo 74 del D.P.R. 917/1986, i quali non possono nemmeno esercitare l'opzione per cessione del credito o sconto in fattura (Interpello 397/2020). La risposta può certamente essere estesa alle amministrazioni dello Stato, come ad esempio i Ministeri.

D - Come si calcolano i massimali per beni posseduti da Onlus o enti similari, in virtù del fatto che sono spesso grossi compendi accatastati unitariamente?
R - Come principio generale, la Circolare 22/12/2020, n. 30/E, punto 2.1.1 afferma che si applicano le medesime regole valide per tutti gli altri soggetti, non potendosi, quanto normalmente riferito alle singole unità immobiliari, intendersi nel caso delle Onlus riferito alla singola *"camera"* o *"ufficio"*.
Tuttavia, in presenza dei presupposti richiesti, si può applicare il comma 10-*bis*, art. 119 del D.L. 34/2020, in base al quale il massimale previsto per le singole unità immobiliari, è moltiplicato per il rapporto tra la superficie complessiva dell'immobile oggetto degli interventi e la superficie media di una unità abitativa immobiliare, come ricavabile dal Rapporto Immobiliare pubblicato dall'OMI, in presenza dei seguenti requisiti:

a) Onlus che svolgano attività di prestazione di servizi socio-sanitari e assistenziali, e i cui membri del CdA non percepiscano alcun compenso o indennità di carica;

b) Onlus che siano in possesso di immobili rientranti nelle categorie catastali B/1, B/2 e D/4, a titolo di proprietà, nuda proprietà, usufrutto o comodato d'uso gratuito.

D - Una Onlus può accedere al Superbonus per interventi su immobili non residenziali o a destinazione prevalente non residenziale?

R - La Circolare 22/12/2020, n. 30/E, punto 2.1.1, ha chiarito che per le Onlus non sono previste limitazioni relativamente alla tipologia di immobili, e pertanto il beneficio spetta per tutti gli interventi agevolabili, indipendentemente dalla categoria catastale e dalla destinazione dell'immobile oggetto degli interventi medesimi, sempre ferma restando la necessità che gli interventi ammessi al Superbonus siano effettuati sull'intero edificio o sulle unità immobiliari.

Per tali soggetti, inoltre, non opera la limitazione in ordine all'applicazione del Superbonus agli interventi realizzati sugli immobili *"residenziali"*, atteso che tale limitazione è funzionale solo ad escludere per le persone fisiche la possibilità di applicare il Superbonus agli immobili destinati all'esercizio dell'attività di impresa o professionale.

Non opera infine nemmeno la limitazione in merito alla possibilità di fruire del Superbonus limitatamente a due unità immobiliari, in quanto anche tale disposizione riguarda solo le persone fisiche, al di fuori dell'esercizio di attività di impresa, arti e professioni.

D - In caso di ex IACP che gestiscono gli immobili di un unico proprietario che è il Comune, i massimali si intendono per edificio plurifamiliare?

R - Preliminarmente si segnala che gli interventi eseguiti da IACP, comunque denominati, su parti comuni di edifici interamente di loro proprietà, o effettuati in veste di gestori per conto dei Comuni, proprietari degli stessi, possono beneficiare del Superbonus (vedi Circolare 22/12/2020, n. 30/E, punto 2.1.2).

Per IACP ed enti similari, l'individuazione dei limiti di spesa va effettuata (al pari degli altri soggetti destinatari dell'agevolazione), applicando le regole contenute nell'art. 119 del D.L. 34/2020, cioè tenendo conto della natura degli immobili (edificio in condominio oppure unifamiliare/unità autonoma) e del tipo di intervento da realizzare (isolamento termico, sostituzioni impianto di riscaldamento, ecc.).

La norma infatti stabilisce massimali differenziati per singola unità immobiliare autonoma o edificio unifamiliare o per edificio plurifamiliare o condominio, a prescindere dalla composizione del soggetto proprietario.

D - Una associazione in forma di impresa sociale può accedere al Superbonus?

R - Si osserva che:

1) ai sensi dell'art. 119 del D.L. 34/2020, comma 10, fanno parte dei soggetti beneficiari del Superbonus, tra gli altri, le associazioni di promozione sociale iscritte nel registro nazionale e nei registri regionali e delle Province autonome di Trento e di Bolzano previsti dall'art. 7 della L. 07/12/2000, n. 383.
Detto art. 7 della L. 383/2000 dispone che possono essere iscritte nel registro le associazioni di promozione sociale a carattere nazionale in possesso dei requisiti di cui all'art. 2 della L. 383/2000 medesima;

2) ai sensi dell'art. 2 del D. Leg.vo 03/07/2017, n. 112 ("*Revisione della disciplina in materia di impresa sociale*") possono acquisire la qualifica di impresa sociale tutti gli enti privati, inclusi quelli costituiti nelle forme di cui al Libro V del Codice civile (quindi sia società che associazioni), che, in conformità alle disposizioni del medesimo D. Leg.vo 112/2017, esercitano in via stabile e principale un'attività d'impresa di interesse generale, senza scopo di lucro e per finalità civiche, solidaristiche e di utilità sociale, adottando modalità di gestione responsabili e trasparenti e favorendo il più ampio coinvolgimento dei lavoratori, degli utenti e di altri soggetti interessati alle loro attività.

Ne segue che vi è una parziale sovrapposizione tra le due discipline e conseguentemente, se l'associazione in forma di impresa sociale possiede i requisiti di cui all'art. 2 della L. 383/2000 ed è pertanto iscritta nel relativo registro, allora potrà accedere al Superbonus. In caso contrario, non potrà accedere.

D - La parrocchia o la congregazione religiosa possono fruire del Superbonus?

R - Quanto al Superbonus, la norma non indica espressamente tra i soggetti beneficiari del Superbonus gli enti religiosi (C.E.I./Regioni ecclesiastiche/Province ecclesiastiche/ Diocesi-Abbazie-Prelature/Capitoli/Parrocchie/Chiese), i quali, pertanto, potranno fruire del Superbonus solo se rientrano anche tra i soggetti di cui alla lettera d-*bis*) del comma 9, art. 119 del D.L. 34/2020 (Onlus, Organizzazioni di volontariato, Associazioni di promozione sociale). Tali enti potrebbero come detto rientrare nel perimetro delle "*Onlus*", che invece possono fruire del bonus.

L'ente religioso non è di per sé una "*Onlus*" ai sensi del D. Leg.vo 460/1997, anche se è consentito di acquisire tale qualifica adeguando gli statuti all'art. 10 del D. Leg.vo 460/1997 medesimo, comma 1. Solo in tal caso, si ritiene che la parrocchia o l'ente religioso in generale possano accedere al Superbonus.

Diversamente, tali enti potranno beneficiare del Superbonus solo per le spese sostenute per interventi realizzati sulle parti comuni degli edifici in condominio, qualora partecipino alla ripartizione delle spese in qualità di condomino (vedi Interpello 07/01/2021, n. 14). Si precisa che se l'ente possiede tutto lo stabile, il condominio non sussiste.

4.1.1.3 Persone fisiche e liberi professionisti

D - Un libero professionista può usufruire del bonus per la propria abitazione?

R - La risposta è affermativa, dal momento che in questa situazione il libero professionista non si trova nell'esercizio della propria attività professionale, ed è pertanto assimilabile alla stregua di una persona fisica, rientrante nel novero dei soggetti ammessi alle agevolazioni ai sensi del comma 9, art. 119 del D.L. 34/2020.

D - Nel caso di abitazione proprietà del genitore, il coniuge o il figlio conviventi possono fare i lavori, pagarli e metterli in detrazione il figlio?

R - Ai sensi della Circolare 25/06/2021, n. 7/E, la detrazione spetta al familiare convivente del possessore o detentore dell'immobile oggetto dell'intervento, e non è in teoria nemmeno necessario che i familiari abbiano sottoscritto un contratto di comodato, essendo sufficiente che attestino, mediante una dichiarazione sostitutiva di atto notorio, di essere familiari conviventi.

Lo status di convivenza deve sussistere già alla data di inizio dei lavori oppure al momento del sostenimento delle spese ammesse alla detrazione se antecedente all'avvio dei lavori. Lo status di convivenza, nonché la disponibilità dell'immobile richiesti al momento del sostenimento delle spese che danno diritto alla detrazione, non è necessario che permangano per l'intero periodo di fruizione della detrazione stessa.

La detrazione spetta al familiare per i costi sostenuti per gli interventi effettuati su una qualsiasi delle abitazioni in cui si esplica la convivenza, indipendentemente dalla ubicazione della stessa, purché tale immobile risulti a disposizione. La detrazione non compete, quindi, per le spese riferite ad immobili a disposizione di altri familiari (ad esempio, il marito non può fruire della detrazione per le spese di ristrutturazione di un immobile di proprietà della moglie dato in comodato alla figlia) o di terzi.

D - In un condominio, solo alcuni condomini intendono sfruttare il Superbonus, mentre agli altri non interessa. Quali possibilità ci sono?
R - Nei condomini è possibile accordarsi affinché per eseguire in Superbonus un intervento "*trainante*" di isolamento termico condominiale, con spese a carico solo di un condomino (o comunque di un gruppo di condomini ma non di tutti).
Ciò è consentito ai sensi dell'art. 10 del D.L. 76/2020, comma 3 (ciascun partecipante alla comunione o al condominio può realizzare a proprie spese ogni opera di cui al Superbonus, anche servendosi della cosa comune nel rispetto dei limiti di cui all'articolo 1102 del codice civile) e del comma 9-bis, art. 119 del D.L. 34/2020 (le deliberazioni dell'assemblea del condominio, aventi per oggetto l'imputazione a uno o più condomini dell'intera spesa riferita all'intervento deliberato, sono valide se approvate con le stesse modalità di cui al periodo precedente - maggioranza intervenuti e almeno 334 millesimi, anche in prima convocazione - e a condizione che i condomini ai quali sono imputate le spese esprimano parere favorevole). Se i condomini sono solo due serve comunque l'unanimità.
Resta fermo che in questa ipotesi, a prescindere da quali parti dell'edificio siano oggetto di intervento, bisogna garantire il rispetto dei seguenti requisiti:

- intervento su almeno il 25% della SDL di tutto l'edificio;
- doppio salto di classe energetica certificato da APE convenzionale per tutto l'edificio, raggiungibile anche con interventi trainati.

L'intervento è trainante anche per gli altri condomini, qualora, ad esempio, volessero sostituire gli infissi, contribuendo anche al raggiungimento del risparmio energetico richiesto.
Resta fermo che in caso di lavori che coinvolgano la stabilità della costruzione, o il decoro architettonico sarà comunque necessario acquisire il consenso unanime di tutti i proprietari.

4.1.2 Unico proprietario di fabbricato - Edifici a proprietà indivisa

4.1.2.1 In generale

D - Chi possiede interi edifici, anche con più unità catastali, può usufruire del Superbonus per intervento sull'intero edificio?
R - Ai sensi del combinato disposto tra il comma 9, art. 119 del D.L. 34/2020 (come modificato dal comma 66, art. 1 della L. 178/2020) e di quanto affermato dalla Circolare 08/08/2020, n. 24/E (vedi punto 1.1), il Superbonus non si applica agli interventi realizzati sulle parti comuni di un edificio interamente posseduto da un unico proprietario (o in comproprietà fra gli stessi soggetti), qualora tale edificio sia composto da cinque o più unità immobiliari distintamente accatastate.

La risposta è quindi affermativa per gli edifici composti da due a quattro unità immobiliari distintamente accatastate.

D - Il proprietario di due unità immobiliari facenti parte di un unico edificio bifamiliare, distinte e singolarmente accatastate ma con unico contatore dell'energia elettrica e dell'acqua, può usufruire del Superbonus?
R - Le due unità non possono considerarsi *"funzionalmente indipendenti"*. Infatti, un'unità immobiliare può ritenersi *"funzionalmente indipendente"* qualora sia dotata di almeno tre delle seguenti installazioni o manufatti di proprietà esclusiva (comma 1-*bis*, art. 119 del D.L. 34/2020):

- impianti per l'approvvigionamento idrico;
- impianti per il gas;
- impianti per l'energia elettrica;
- impianto di climatizzazione invernale.

Tuttavia, sono inclusi tra i soggetti beneficiari del Superbonus anche le persone fisiche (sempre purché al di fuori dell'esercizio di attività di impresa, arte o professione) con riferimento agli interventi su edifici composti da due a quattro unità immobiliari distintamente accatastate, anche se posseduti da un unico proprietario o in comproprietà tra le stesse persone fisiche. Affinché si possa applicare tale nuova disposizione occorre, al fine di poter eseguire un intervento trainante:

- per la sostituzione dell'impianto termico, che sia *"centralizzato"*;
- per la coibentazione dell'involucro, che si possano configurare delle *"parti comuni"* ai sensi dell'art. 1117 del Codice civile nell'ambito delle superfici opache verticali, orizzontali o inclinate.

Tale valutazione non può prescindere da un riferimento alla tipologia edilizia e alla sua modalità costruttiva e conformazione strutturale.

D - Un edificio di unico proprietario è composto da due unità residenziali (A/4), un ufficio (A/10) e un magazzino (C/2), tutti con un loro subalterno. È possibile accedere al Superbonus per le parti comuni e per due unità immobiliari residenziali?
R - L'edificio può rientrare nella casistica degli edifici di unico proprietario da due a quattro unità immobiliari, che il legislatore dal punto di vista del bonus fiscale equipara sostanzialmente ai condomini.
Tuttavia, essendoci anche unità non residenziali, scatterebbe la verifica che l'immobile abbia superficie residenziale prevalente, al fine di capire come poter impostare l'intervento (cfr. Circolare 30/E/2020, punto 4.4.2), ricordando che in caso di prevalenza non residenziale gli interventi trainanti non potrebbero andare a beneficio delle unità non residenziali (gli interventi trainati non possono in nessun caso andare a beneficio di unità non residenziali).
Anche gli edifici a prevalente destinazione non abitativa di unico proprietario dovrebbero a nostro parere essere eleggibili per il Superbonus, ma, per i lavori sulle parti comuni (secondo la nostra interpretazione) la detrazione spetterebbe, sulla base di un calcolo proporzionale, alla sola parte residenziale, fermo restando che i lavori trainati sarebbero agevolabili al 110% sono nelle unità residenziali e con il consueto limite di due unità per persona fisica.

Si segnala tuttavia l'esistenza di una interpretazione contraria. Infatti, secondo l'Interpello 07/01/2022, n. 5, laddove non sussista la prevalenza della residenzialità, l'unico proprietario dell'edificio non può fruire delle agevolazioni (si tratta di interpretazione secondo noi fortemente contestabile ma della quale occorre tener conto).

D - Un edificio composto da diverse unità, tutte intestate a un soggetto (es. moglie) e solo un'altra in comproprietà tra lo stesso soggetto e un altro (es. marito), come viene inquadrato?
R - Se tutte le unità dell'edificio fossero in comproprietà fra stessi soggetti ci sarebbe identità di proprietari e non ci sarebbe condominio. Viceversa, nella situazione descritta i proprietari degli appartamenti sono diversi (alcuni hanno un proprietario unico, l'altro ha due comproprietari così che, tra l'altro, eventuali atti di disposizione dei diversi beni sarebbero espressione di volontà negoziali riconducibili a soggetti diversi) e quindi si realizza un condominio minimo.

D - In caso di soggetto unico proprietario di edificio con quattro unità immobiliari, è necessario le suddette unità siano funzionalmente indipendenti e autonome?
R - La risposta è negativa, non occorre che l'unità abbia accesso indipendente oltre ad essere funzionalmente indipendente. La modifica riguarda infatti proprio i casi in cui le unità non siano funzionalmente indipendenti. Vengono in pratica assimilate a mini-condomini queste fattispecie, nelle quali tecnicamente il condominio non c'è dal momento che non vi è il requisito della proprietà *"mista"*.

D - Se vi sono unità immobiliari funzionalmente indipendenti con accesso autonomo che compongono l'intero edificio, si può accedere al Superbonus con interventi distinti per ogni singola unità, anche in presenza di unico proprietario?
R - Se siamo in presenza di unità funzionalmente indipendenti dal punto di vista impiantistico e dotate di accesso autonomo dall'esterno nel senso indicato dalla norma, queste vanno trattate alla stregua di unità unifamiliari. Pertanto, si potrà accedere al Superbonus tramite interventi distinti su ciascuna unità, a prescindere dall'assetto proprietario (purché ovviamente il fruitore del bonus sia una persona fisica non nell'esercizio di impresa o professione e l'immobile sia abitativo).
Lo stesso proprietario potrà intervenire su un massimo di due unità autonome, come prescritto dal comma 10, art. 119 del D.L. 34/2020.

D - In un edificio condominiale composto da sei appartamenti più garage al piano seminterrato, uno dei condomini è proprietario di quattro appartamenti. Può accedere ai benefici del Superbonus per le spese relative alla realizzazione del cappotto termico in quota per tutti e quattro gli appartamenti o solo per due appartamenti?
R - La risposta è affermativa, può accedere ai benefici del Superbonus per le spese relative alla realizzazione del cappotto termico in quota per tutti e quattro gli appartamenti. L'edificio rappresenta un condominio e pertanto i proprietari possono accedere per quota al Superbonus per lavori condominiali, a prescindere dal numero di appartamenti posseduti. Il condomino dovrà invece limitarsi a eventuali interventi *"trainati"* (ad esempio la sostituzione degli infissi) su massimo due delle quattro unità possedute.

D - In relazione alla possibilità di accedere al Superbonus per edifici con quattro unità immobiliari di un unico proprietario, come si calcolano i massimali di spesa?
R - Con risposta resa risposta resa dal Ministero dell'economia all'interrogazione in Commissione Finanze n. 5-05839 del 29/04/2021, si è chiarito che:

- il limite di quattro è riferito unicamente alle abitazioni, e pertanto rientrano in questa possibilità anche gli edifici con quattro abitazioni oltre a pertinenze;
- i principi applicabili agli edifici in condominio si applicano, in generale, anche agli edifici posseduti da un unico proprietario o da più comproprietari.

Ne segue che per interventi su intero edificio plurifamiliare di unico proprietario fino a quattro abitazioni oltre pertinenze, l'ammontare massimo delle spese ammesse alla detrazione per gli interventi trainanti sulle parti comuni va calcolato tenendo conto anche delle eventuali pertinenze alle unità immobiliari, anche se non riscaldate, purché non fisicamente staccate dall'edificio (vedi Circolare 22/12/2020, n. 30/E, punto 4.4.4; Circolare 25/06/2021, n. 7/E, pag. 412).

D - Un contribuente è proprietario di un edificio unifamiliare e di due unità immobiliari in un condominio. Come si comporta ai fini del limite di due unità immobiliari stabilito per le persone fisiche in relazione al Superbonus?
R - ciascuna persona fisica ha a disposizione due possibilità di accesso al Superbonus su singole unità immobiliari, mentre non c'è limite per quanto riguarda il Superbonus su parti comuni condominiali (o parti comuni di edifici di unico proprietario da 2 a 4 unità).
Ai fini del limite in questione:

- non contano i trainanti su parti comuni, anche se di edificio di unico proprietario;
- contano i trainati su parti private in condominio;
- contano i trainanti e trainati su unifamiliare o unità autonoma.

Pertanto il contribuente Alfa in questione, per poter eseguire interventi sia trainanti che trainati sulla villetta unifamiliare, dovrebbe rinunciare ai trainati su una delle due unità "*condominiali*" (o viceversa, rinunciare a interventi sia trainanti che trainati sull'unifamiliare per poter eseguire trainati su entrambe unità condominiali).

D - Un palazzo con sei appartamenti sfitti appartenenti tutti a un'unica persona fisica può usufruire del Superbonus 110%?
R - La risposta è negativa. Ai sensi del combinato disposto tra il comma 9, art. 119 del D.L. 34/2020 (come modificato dal comma 66, art. 1 della L. 178/2020) e di quanto affermato dalla Circolare 08/08/2020, n. 24/E (vedi punto 1.1), il Superbonus non si applica agli interventi realizzati sulle parti comuni di un edificio interamente posseduto da un unico proprietario (o in comproprietà fra gli stessi soggetti), qualora l'edificio presenti cinque o più unità immobiliari distintamente accatastate.
Il fatto che le unità siano locate a persone diverse non influisce, poiché è rilevante solo l'assetto proprietario.

D - Il consiglio di preventivamente suddividere la proprietà indivisa per formare il condominio minimo al fine di accedere al bonus, non può essere visto dall'Agenzia delle entrate come fenomeno elusivo?

R - L'Agenzia delle entrate ha chiarito che qualora il proprietario di un intero edificio, composto da più unità immobiliari distintamente accatastate, doni al figlio una delle unità abitative prima dell'inizio dei lavori, si costituisce un condominio e, di conseguenza, è possibile accedere al Superbonus (Circolare 22/12/2020, n. 30/E, punto 4.4.6).

Si ricorda tuttavia che il comportamento del contribuente deve essere improntato alla "*normale ed usuale diligenza*" e deve essere conforme ai canoni della "*buona fede*", pertanto l'operazione sarà solida e difficilmente contestabile solo in presenza di una forte e concreta motivazione sottostante alla divisione, che sia documentabile e dimostrabile e prescinda dalle agevolazioni fiscali.

D - Il Super-Sismabonus, al contrario del Super-Ecobonus, è applicabile agli edifici con unico proprietario, anche se con cinque o più unità distintamente accatastate?

R - Non è corretto. Il comma 9, art. 119 del D.L. 34/2020, nel definire l'ambito applicativo soggettivo e oggettivo del Superbonus 110%, richiama espressamente i commi 1-8 del medesimo articolo, quindi anche il comma 4 concernente il Super-Sismabonus, che pertanto a sua volta .

4.1.2.2 Comproprietari

D – Come viene suddiviso il bonus fiscale per gli interventi su unità immobiliare in comproprietà fra due o più soggetti?

R - Quando ci sono comproprietari, ciascun comproprietario ha diritto alla detrazione per la spesa da lui effettivamente sostenuta e rimasta a carico, o in altri termini per usufruire del bonus bisogna effettivamente aver pagato per i lavori, con indicazione specifica in fattura.

Se la fattura e il bonifico sono intestati a uno solo dei comproprietari, ma le spese sono state sostenute anche da altri, la detrazione spetta anche al soggetto che non è stato indicato nei predetti documenti, a condizione che nella fattura sia annotata la percentuale di spesa da quest'ultimo sostenuta.

D - Un edificio con quattro unità immobiliari è in comproprietà fra moglie e marito. Possono fruire degli interventi trainati su due unità per ciascuno?

R - La risposta è affermativa. Moglie e marito, anche se in comunione dei beni e/o sullo stesso stato di famiglia, possono fruire del bonus disgiuntamente, quindi due volte la moglie e due volte il marito, per la spesa da ciascuno effettivamente sostenuta e rimasta a carico. Pertanto, nel caso indicato, potrebbero fruire entrambi del bonus fiscale in relazione alle spese sulle parti comuni dell'edificio (interventi trainanti) e separatamente, due per ciascuno, per le spese sulle singole unità (interventi trainati), per la spesa da ciascuno effettivamente sostenuta e rimasta a carico.

D - Nel caso di due fratelli proprietari al 50% di un edificio composto da dodici appartamenti tutti locati è possibile intervenire con il Superbonus?
R - La risposta è negativa, si vedano anche altre risposte in merito per dettagli.

D - In una palazzina di tre appartamenti, cointestati tutti alle stesse persone, per quante unità immobiliari si può beneficiare del bonus?
R - Stante la possibilità di intervenire su interi fabbricati di unico proprietario persona fisica avente da due a quattro unità immobiliari distintamente accatastate (comma 9, art. 119 del D.L. 34/2020), sarà possibile intervenire su tutta la palazzina con interventi trainanti (isolamento termico e/o sostituzione dell'impianto se centralizzato).
Dopo di che, ciascun comproprietario - stante la limitazione prevista dal comma 10, art. 119 del D.L. 34/2020 - potrà intervenire solo un'altra volta con eventuali interventi trainati su singola unità.

4.1.2.3 Presenza di unità immobiliari in usufrutto, in comodato o locate

D - Un fabbricato formato da cinque appartamenti con stesso proprietario ma in usufrutto a soggetti diversi, può accedere al Superbonus?
R - Il fabbricato in questione non può usufruire del Superbonus, dal momento che conta solo l'assetto proprietario e non il fatto che le unità siano date in usufrutto, comodato o locazione. Pertanto il caso non rientra nel Superbonus, essendo edificio con cinque abitazioni di unico proprietario.

D - Il proprietario di una casa con due unità immobiliari di cui una in comodato d'uso gratuito alla figlia che possibilità ha?
R - Stante la possibilità di intervenire su interi fabbricati di unico proprietario persona fisica avente da due a quattro unità immobiliari distintamente accatastate (comma 9, art. 119 del D.L. 34/2020), potrà intervenire sull'intero edificio con interventi trainanti e/o trainati (vedi altre risposte per dettagli).
Hanno diritto al bonus fiscale il proprietario, oltre ovviamente al proprietario, il possessore/detentore sulla base di titolo valido (ad esempio contratto di locazione o comodato, usufrutto) nonché il familiare convivente. Il comodatario deve avere contratto registrato antecedente all'inizio dei lavori o al sostenimento delle prime spese, se antecedenti, mentre il familiare convivente dovrà tenere a disposizione l'atto in base al quale ha titolo (nel suo caso, il certificato anagrafico attestante la convivenza o dichiarazione sostitutiva). In entrambi i casi va inoltre acquisita anche la dichiarazione del proprietario, recante il consenso all'esecuzione dei lavori.

D - Se gli appartamenti di un fabbricato (più di quattro) sono tutti affidati dall'unico proprietario in comodato d'uso, si può usufruire del Superbonus?
R - La risposta è negativa, perché si fa riferimento all'assetto proprietario per valutare la possibilità di intervento, o l'esclusione nel caso di edificio con un solo proprietario. Non si configura nel caso esaminato un c.d. *"condominio minimo"*.

D - In un edificio con cinque unità immobiliari, se i nudi proprietari sono diversi ma l'usufruttuario è uno solo, siamo nella situazione di condominio minimo per cui si applica l'agevolazione?
R - Secondo noi la risposta è affermativa, perché si fa riferimento all'assetto proprietario per valutare la possibilità di intervento, o l'esclusione nel caso di edificio con un solo proprietario.
Nel caso esaminato, data la pluralità di proprietari, si configura un condominio minimo.

4.1.3 Limitazioni al numero di interventi per le persone fisiche

D - Un proprietario (persona fisica) che possiede diverse unità immobiliari residenziali locate, ubicate in edifici diversi, su quante può intervenire?
R - Per quanto riguarda interventi effettuati a livello condominiale, la norma non pone limiti numerici (a parte le limitazioni per le destinazioni non residenziali introdotte dalla Circolare 08/08/2020, n. 24/E, punto 2).
Viceversa, per interventi su singole unità immobiliari funzionalmente autonome (come tali intendendosi anche gli edifici unifamiliari) ciascuna persona fisica può effettuare interventi agevolati nel limite di due (ferma restando la contestuale possibilità di interventi illimitati a livello condominiale).

D - La persona che interviene su due distinte unità immobiliari unifamiliari, ha la possibilità poi di usufruire del bonus per interventi svolti da un condominio in cui è proprietario di altri due appartamenti?
R - La risposta è affermativa, quanto agli interventi trainanti svolti dal condominio dei quali potrà usufruire in base alle quote millesimali possedute. Avendo tuttavia già sfruttato le due possibilità di intervento autonomo previste dal comma 10, art. 119 del D.L. 34/2020, il soggetto non potrà usufruire anche di interventi trainati su nessuna delle due unità in condominio.

D - Il limite delle due unità è riferito al richiedente il bonus, anche se comproprietario di altre unità di cui non ha chiesto bonus?
R - No, il limite fa riferimento al numero di bonus richiesti dal soggetto. Pertanto, le unità di cui si è proprietari o comproprietari ma per le quali non si fa richiesta di agevolazioni non contano ai fini del raggiungimento del limite (anche nell'ipotesi in cui invece altri comproprietari abbiano a loro volta fatto richiesta per una o più delle unità in questione).

D - Il limite massimo dei due interventi per persona fisica vale solo per il Superbonus sugli interventi di efficientamento energetico?
R - La risposta è affermativa. Il comma 10, art. 119 del D.L. 34/2020, nel definire il limite di due interventi applicabile alle persone fisiche, richiama espressamente i commi 1-3 del medesimo articolo, quindi solo gli interventi concernenti il Super-Ecobonus. In altri termini, il limite massimo dei due interventi per persona fisica non si applica ai fini del Super-Sismabonus.

4.1.4 Condomìni, edifici unifamiliari, bifamiliari, villini a schiera, unità immobiliari autonome

4.1.4.1 Condomìni, fabbricati vari, singole unità immobiliari

D - Un fabbricato è composto da due appartamenti distinti e di proprietà di soggetti diversi. Come viene considerato ai fini degli interventi per il Superbonus?

R - Ciascun appartamento può essere considerato (in presenza dei requisiti - si vedano: Circolare 08/08/2020, n. 24/E, punto 2; art. 1 del DRE, lettera *i)* del comma 3) *"unità immobiliare situata all'interno di edifici plurifamiliari che sia funzionalmente indipendente e disponga di uno o più accessi autonomi dall'esterno"* ai fini della possibilità di intervento di isolamento termico dell'involucro o di sostituzione impiantistica.

Se viceversa si desideri intervenire complessivamente, potrà essere considerato *"edificio"* con *"condominio minimo"* - senza la necessità di nominare un amministratore o di richiedere codice fiscale per il condominio - ai fini della possibilità di intervento di isolamento termico dell'involucro o di sostituzione impiantistica sulle parti comuni.

Si ricorda tuttavia che in fabbricati quali villette bifamiliari o a schiera, che siano divise da parete verticale, non si considerano *"parti comuni"* le mura perimetrali di ciascuna singola unità.

D - Un fabbricato è costituito da due unità funzionalmente indipendenti e con accesso autonomo dall'esterno. Posso trattarlo come condominio ai fini del Superbonus?

R - Se attraverso l'analisi degli elementi dell'involucro opaco dell'edificio plurifamiliare (tetto, pareti perimetrali, ecc.) si valuta che questi costituiscono "parti comuni" ai sensi dell'art. 1117 del Codice civile, e tuttavia allo stesso tempo nell'edificio vi sono una o più unità immobiliari funzionalmente indipendenti dal punto di vista impiantistico e dell'accesso dall'esterno dell'edificio, come richiesto dalla norma (vedi per dettagli Circolare 30/E/2020, punti 3.1.1 e 3.1.2), si potrà decidere se gli interventi energetici (non quelli "*antisismici*", che in linea di massima sono da condurre sull'intero edificio, inteso come "*Unità Strutturale*"), e in particolare l'isolamento termico, debbano essere eseguiti a livello "*condominiale*" oppure a livello di singola unità indipendente.

In pratica la verifica da condurre riguarda se l'edificio presenti "*parti comuni*" in quanto (oltre che le parti strutturali) vi è sviluppo in orizzontale/verticale con unitarietà tra i vari scomparti sia nell'altezza che nella copertura del tetto, priva di soluzioni di continuità, cioè in pratica la copertura è unica e i muri non di confine hanno una loro continuità.

Si tratta di una sorta di "*doppio binario*" sul quale le norme consentono di muoversi, e che può lasciare aperte due strade, entrambe corrette:

1) intervenire sull'intero edificio (intervento condominiale);

2) intervenire singolarmente sulla/e sola/e unità indipendente/i.

Nel caso *1)* gli interventi trainanti condominiali potranno essere di isolamento termico, dato che le unità presentano impianti autonomi.

Per poter attivare il caso *2)* invece occorre che vi siano le condizioni richieste dalla norma di accesso dall'esterno e anche di indipendenza impiantistica.

Se si opta per la soluzione *1)*, i parametri (25%, doppio salto classe energetica), andran-

no riferiti all'intero edificio, viceversa alla singola unità indipendente dal punto di vista impiantistico e dotata di accesso autonomo dall'esterno.
Se si opta per la soluzione *1)*, si ha una sola pratica ENEA, nel caso 2) se ne hanno due. La scelta influisce anche sulla scadenza (vedi paragrafo 1.1.6.1).

D - Un edificio è composto da cinque unità immobiliari, ma gli intestatari sono maggiori di dieci, per la presenza di alcuni immobili cointestati a più persone; è obbligatorio nominare l'amministratore?
R - Per prima cosa, occorre chiarire che il condominio esiste comunque, senza necessità di una sua *"costituzione"* ufficiale o deliberazione scritta, per il solo fatto che nel fabbricato vi è il requisito della proprietà mista, cioè vi sono almeno due proprietari (cfr. in proposito Risoluzione 14/02/2008, n. 45/E; Circolare 08/08/2020, n. 24/E, punto 1.1).
In pratica, in questo caso, a prescindere dalla nomina dell'amministratore o dal fatto che sia stato o meno richiesto un codice fiscale, esiste già un condominio.
Poiché ai sensi dell'art. 1129 del Codice civile, è obbligatorio nominare un amministratore quando i condomini sono in numero maggiore di otto (nove o più), bisogna poi chiarire i criteri per il computo:

- uno stesso soggetto proprietario (o comproprietario) di più unità immobiliari vale sempre come un solo condomino, a prescindere da quante unità immobiliari possieda;
- altrettanto, più soggetti che siano comproprietari della stessa unità immobiliare, valgono sempre e solo come un solo condomino.

In pratica, in questo caso non sorge l'obbligo di nomina, seppure tale nomina possa essere certamente opportuna per una migliore e più ordinata gestione della cosa comune.
Per questi casi, la Circolare 08/08/2020, n. 24/E, punto 1.1 ha chiarito che al fine di beneficiare del Superbonus per i lavori realizzati sulle parti comuni, i condomìni che, non avendone l'obbligo, non abbiano nominato un amministratore non sono tenuti a richiedere il codice fiscale.

D - Un'abitazione con ingresso autonomo ed impianto autonomo, inserita in edificio con altre unità non residenziali (negozi, uffici), può usufruire del bonus?
R - La risposta è affermativa qualora l'unità immobiliare possa qualificarsi funzionalmente indipendente dal punto di vista impiantistico e disponga di uno o più accessi autonomi dall'esterno (si vedano: Circolare 08/08/2020, n. 24/E, punto 2; art. 1 del DRE, lettera *i)* del comma 3).

D - Per un edificio con appartamento al piano terra (prima casa per la madre) ed uno al piano primo (prima casa per il figlio), è possibile applicare il Superbonus 110%, e se sì per quali tipologie di interventi?
R - Se l'intero edificio è costituito dalle due unità immobiliari in questione, l'intero edificio potrà essere oggetto di interventi con Superbonus, qualificandosi infatti alla stregua di un *"condominio minimo"*.
Non rileva in nessun caso che la singola unità immobiliare sia o meno adibita ad abitazione principale del titolare, ma che abbia destinazione residenziale (Circolare 08/08/2020, n. 24/E, punto 2).

D - In un condominio, avendo ogni appartamento accessi autonomi, può procedere il singolo condomino con lavori agevolabili per il Superbonus?
R - Affinché possa procedere il singolo proprietario su singola unità immobiliare, occorre che questa sia dotata di almeno tre delle seguenti installazioni o manufatti di proprietà esclusiva: impianti per l'approvvigionamento idrico; impianti per il gas; impianti per l'energia elettrica; impianto di climatizzazione invernale.
In aggiunta, occorre che l'unità immobiliare disponga di un accesso indipendente non comune ad altre unità immobiliari chiuso da cancello o portone d'ingresso che consenta l'accesso dalla strada o da cortile o giardino di proprietà esclusiva (si vedano: Circolare 08/08/2020, n. 24/E, punto 2; art. 1 del DRE, lettera *i)* del comma 3).

D - Una singola unità immobiliare in condominio, non dotata di *"autonomia funzionale"* può da sola usufruire della detrazione al 110%?
R - La risposta è negativa. Si potrà usufruire del bonus in questo caso solo in abbinamento con un intervento *"trainante"* effettuato dall'intero condominio.
Resta tuttavia la residua possibilità di effettuare l'intervento di isolamento termico sulla singola unità immobiliare, a patto che sia autorizzato dall'assemblea condominiale, possa essere effettuato su almeno il 25% della superficie disperdente lorda dell'intero edificio e consenta il doppio salto di classe energetica (o il conseguimento della classe energetica più alta) per l'intero edificio.
Soddisfatte queste condizioni, l'intervento sarà fattibile e consentirà anche a tutti i proprietari (ivi compresi quelli che non hanno voluto partecipare all'intervento di isolamento) di effettuare interventi trainati.

D - Una unità immobiliare è situata all'interno di un edificio plurifamiliare, con accesso da una scala privata dove accedono anche gli altri condomini. Si ha diritto al Superbonus, se vi è indipendenza impiantistica?
R - Il requisito di *"accesso autonomo"*, deve coesistere con l'indipendenza impiantistica, e si considera soddisfatto nelle seguenti situazioni:
- l'accesso da una strada privata, in multiproprietà o tramite un terreno di utilizzo comune, ma non esclusivo, come un pascolo;
- l'accesso attraverso una corte di proprietà comune, usata anche per il posto auto, nel comprensorio di villette a schiera;
- l'accesso dall'ingresso dell'unità immobiliare che affaccia direttamente su un cortile o giardino di proprietà esclusiva, anche se indivisa, dei proprietari delle singole unità immobiliari dell'edificio plurifamiliare;
- l'accesso singolo su strada pubblica o attraverso un cortile/passaggio comune che affaccia su strada pubblica;
- l'accesso di entrambe le unità immobiliari della villetta bifamiliare dal giardino comune che affaccia sulla strada;
- l'accesso di una unità immobiliare dal cortile comune in una villetta bifamiliare;
- l'accesso da strada privata gravata da servitù di passaggio, a servizio dell'immobile oggetto del Superbonus 110%.

Si veda in proposito la Circolare 22/12/2020, n. 30/E, punto 3.1.1.

4.1.4.2 Edifici unifamiliari e case isolate

D – Per una casa unifamiliare in cui solo il 40% è residenziale, il resto magazzino e garage accatastati separatamente, è fruibile la detrazione del 110%?
R - La risposta secondo noi è affermativa, perché la limitazione riferita all'edificio con destinazione residenziale per più del 50% della superficie - introdotta dalla Circolare 08/08/2020, n. 24/E, punto 2 - riguarda solo gli interventi realizzati sulle parti comuni di un edificio.

D - Un edificio con singola unità abitativa, che presenta nella stessa particella un annesso staccato adibito a legnaia, si considera unifamiliare?
R - La risposta secondo noi è affermativa, perché la limitazione riferita all'edificio con destinazione residenziale per più del 50% della superficie - introdotta dalla Circolare 08/08/2020, n. 24/E, punto 2 - riguarda solo gli interventi realizzati sulle parti comuni di un edificio.

D - Un edificio unifamiliare acquistato e da ristrutturare, non più abitato da due anni ma con impianti funzionanti, può usufruire del bonus?
R - La risposta è affermativa, l'edificio unifamiliare può usufruire del bonus in riferimento a interventi di isolamento termico dell'involucro e di sostituzione impiantistica.
Non rileva in nessun caso che la singola unità immobiliare sia o meno adibita ad abitazione principale del titolare, ma che abbia destinazione residenziale (Circolare 08/08/2020, n. 24/E, punto 2).

4.1.4.3 Chiarimenti su autonomia funzionale e ingresso indipendente

D – Come considerare il caso di accesso da giardino/cortile ad uso esclusivo del singolo appartamento o della schiera?
R - In linea di massima le situazioni descritte sono ammissibili al Superbonus in quanto rientrano nella fattispecie delle unità immobiliari *"funzionalmente autonome"* secondo quanto indicato dalla normativa.
Si veda in proposito la Circolare 22/12/2020, n. 30/E, punto 3.1.1.

D - Un'abitazione a piano terra, facente parte di un edificio plurifamiliare, dotata di un accesso autonomo da cortile ad uso esclusivo e di altro accesso da vano scala condominiale, si può ritenere autonoma?
R - La risposta è affermativa se l'accesso autonomo da cortile a uso esclusivo si possa definire *"esterno"* all'edificio, mentre non rileva la presenza di eventuali altri accessi condivisi come ad esempio da vano scala condominiale - si veda in proposito la Circolare 22/12/2020, n. 30/E, punto 3.1.1).

D - Se l'accesso è da vialetto comune si può considerare autonomo?
R - La risposta è affermativa, come nel classico caso del complesso residenziale con stradina privata che accede poi alla strada pubblica.
Con riferimento al concetto di *"accesso autonomo"* che possa assicurare i requisiti di *"autonomia funzionale"* e *"presenza di uno o più accessi autonomi dall'esterno"* ri-

chiesti dalla norma - può ritenersi tale anche l'accesso da una strada privata e/o in multiproprietà, nonché l'accesso da terreni di utilizzo comune, ma non esclusivo, come i pascoli, non essendo rilevante che il terreno sia di proprietà esclusiva del possessore dell'unità immobiliare.
Si veda in proposito la Circolare 22/12/2020, n. 30/E, punto 3.1.1.

D - Se una unità immobiliare ha un accesso pedonale autonomo dalla pubblica via ed un altro carrabile da una strada condominiale ed è funzionalmente autonoma con gli impianti, la si può ritenere unifamiliare e indipendente?
R - A prescindere dal fatto che possa essere un edificio unifamiliare o una porzione di edificio plurifamiliare, la situazione descritta può ritenersi una unità immobiliare funzionalmente indipendente e autonoma, con conseguente possibilità di accesso autonomo al bonus per interventi trainanti e trainati.

D - Posso fruire del Superbonus su un appartamento in condominio quando l'ingresso *"indipendente"* è rappresentato dall'ingresso da vano scala condominiale?
R - La risposta è negativa. È escluso che le singole unità immobiliari site all'interno di un condominio possano usufruire delle agevolazioni per interventi trainanti effettuati sulla singola unità immobiliare.
Resta tuttavia la residua possibilità di effettuare l'intervento di isolamento termico sulla singola unità immobiliare, a patto che sia autorizzato dall'assemblea condominiale, possa essere effettuato su almeno il 25% della superficie disperdente lorda dell'intero edificio e consenta il doppio salto di classe energetica (o il conseguimento della classe energetica più alta) per l'intero edificio.
Vedi anche altre risposte a proposito delle unità immobiliari in condominio.

D - Per *"accesso dall'esterno"* si intende dalla pubblica via o anche da cortile interno e/o dal vano scale comune/condominiale?
R - Occorre che l'unità immobiliare disponga di un accesso indipendente non comune ad altre unità immobiliari, chiuso da cancello o portone d'ingresso che consenta l'accesso dalla strada o da cortile o giardino di proprietà esclusiva (si vedano: Circolare 08/08/2020, n. 24/E, punto 2; art. 1 del DRE, lettera *i)* del comma 3).
Per dettagli, si vedano altre risposte in merito nonché la Circolare 22/12/2020, n. 30/E, punto 3.1.1.

D - In condominio, l'unità al primo piano accessibile da scala esterna soddisfa il requisito dell'accesso autonomo dall'esterno?
R - Ai sensi della Circolare 30/E/2020, punto 3.1.1, si può ritenere che una unità immobiliare abbia accesso autonomo dall'esterno qualora, ad esempio all'immobile si accede direttamente da una strada, pubblica, privata o in multiproprietà o da un passaggio (cortile, giardino, scala esterna) comune ad altri immobili che affaccia su strada oppure da terreno di utilizzo non esclusivo, non essendo rilevante la proprietà pubblica o privata e/o esclusiva del possessore dell'unità immobiliare all'accesso in questione.
Se pertanto si ricade in questa casistica il requisito è soddisfatto, specificando che anche

se la scala è usata in comune, l'accesso dell'unità deve essere dall'esterno dell'edificio (ad esempio tramite un ballatoio comune), mentre non è idonea una scala esterna comune che conduce a un pianerottolo interno comune con gli accessi alle unità.

4.1.4.4 Villette a schiera, bifamiliari e tipologie simili

D - Una bifamiliare con giardino comune con singolo accesso carraio/pedonale e accesso singolo e separato alle due unità può fruire del Superbonus?
R - La risposta è affermativa. Per accedere al Superbonus occorre che l'unità immobiliare disponga di un accesso indipendente non comune ad altre unità immobiliari, chiuso da cancello o portone d'ingresso che consenta l'accesso dalla strada o da cortile o giardino di proprietà esclusiva (si vedano: Circolare 08/08/2020, n. 24/E, punto 2; art. 1 del "*DRE*, lettera *i)* del comma 3).
Per dettagli, si vedano altre risposte in merito, nonché la Circolare 22/12/2020, n. 30/E, punto 3.1.1.

D - Un complesso residenziale è composto da varie unità immobiliari distribuite su più corpi fabbrica che hanno fondazioni comuni e condividono in parte coperture e muri perimetrali. Può considerarsi un condominio?
R - Certamente la fattispecie di edificio descritta integra una forma di *"condominio"*, seppure non formalmente definito, essendoci parti dedicate all'utilizzo e all'utilità comune, a partire come sembra dalle fondazioni per arrivare in parte anche alle coperture e ai muri perimetrali, alcuni solai, ecc. (una definitiva ricognizione può essere eseguita solo attraverso una dettagliata valutazione strutturale/funzionale del complesso edilizio).
Si tratta del c.d. *"condominio parziale"*, riconosciuto dalla giurisprudenza in varie pronunce originate da Cass. 18/04/2005, n. 8066, secondo la quale la figura del condominio ricorre anche nell'ipotesi di compendi composti da più edifici autonomi, caratterizzati da un rapporto di accessorietà necessaria, ossia che lega le parti comuni alle singole proprietà individuali, delle quali rendono possibile l'esistenza stessa o l'uso.
Ne segue che occorre rifarsi alle regole generali stabilite dal Codice civile, e in particolare agli artt. 1123-1126, secondo i quali:

- per i beni comuni a tutti, le spese vanno ripartite in misura proporzionale al valore della proprietà di ciascuno;
- se si tratta di cose destinate a servire i proprietari in misura diversa, le spese sono ripartite in proporzione dell'uso che ciascuno può farne;
- le spese per la manutenzione e ricostruzione dei soffitti, delle volte e dei solai sono sostenute in parti eguali dai proprietari dei due piani l'uno all'altro sovrastanti;
- per i lastrici solari di uso non comune a tutti i condomini, quelli che ne hanno l'uso esclusivo sono tenuti a contribuire per 1/3 mentre gli altri 2/3 sono a carico dei proprietari a cui il lastrico solare serve, in proporzione del valore del piano o della porzione di piano di ciascuno.

Sarà utile, per l'occasione ed eventuali future occorrenze, redigere la suddetta ricognizione delle parti comuni, siano esse di uso comune a tutti o meno, con relative tabelle millesimali per la ripartizione delle spese.

D - Gli interventi su singole unità di ville a schiera usufruiscono del Superbonus?
R - La risposta è affermativa qualora il singolo villino a schiera - come tipicamente avviene - possa qualificarsi funzionalmente indipendente e disponga di uno o più accessi autonomi dall'esterno.
Vedi anche altre risposte in merito al rispetto dei requisiti di autonomia funzionale e indipendenza in termini di impianti e di accesso autonomo dall'esterno, per maggiori dettagli.

D - Un villino bifamiliare inserito in un consorzio viene individuato come condominio o come due edifici unifamiliari?
R - Ciascuna singola porzione del villino bifamiliare, qualora possa qualificarsi - come tipicamente avviene per queste tipologie edilizie - funzionalmente indipendente e disponga di uno o più accessi autonomi dall'esterno, potrà essere oggetto di interventi trainanti di isolamento termico dell'involucro edilizio e di sostituzione impiantistica, con in aggiunta gli eventuali eventi trainati.
Vedi anche altre risposte in merito al rispetto dei requisiti di autonomia funzionale e indipendenza in termini di impianti e di accesso autonomo dall'esterno, per maggiori dettagli.

D - In un edificio composto da due unità immobiliari con impianti autonomi ma allacciamenti in comune e contatori di ripartizione, ciascuna unità può ritenersi funzionalmente indipendente?
R - La risposta è negativa.
Nel caso di edifici separati con allacci a utenze comuni e contatori di ripartizione per ciascun appartamento, le unità immobiliari non possono qualificarsi come funzionalmente indipendenti. Infatti, gli impianti (acqua, energia elettrica e gas) sono di proprietà delle singole abitazioni dall'interno delle stesse fino al punto di installazione dei contatori, mentre sono di proprietà condivisa con il complesso edilizio per le tratte che vanno dai contatori fino all'allaccio condominiale con gli enti gestori. Dunque, riprendendo la previsione di cui al comma 1-*bis* dell'art. 119 del D.L. 34/2020, la condizione che un'unità immobiliare possa ritenersi funzionalmente indipendente qualora sia dotata di almeno tre impianti di proprietà esclusiva implica che gli stessi non siano serviti da una utenza comune. In proposito si veda Interpello 15/12/2021, n. 810.

4.1.5 Destinazioni e categorie catastali, prima e seconda casa

D - Riguardo alle unità immobiliari, quali categorie catastali sono considerate?
R - Sono ammesse al bonus tutte le destinazioni residenziali, tranne quelle precluse ai sensi del comma 15-*bis* dell'art. 119 del D.L. 34/2020 (cioè le categorie A/1, A/8 e A/9 non aperte al pubblico) quando titolare dell'intervento sia una persona fisica.
Tale limitazione non si applica per gli altri soggetti ammessi al Superbonus dal comma 9, art. 119 del D.L. 34/2020, quali Onlus, IACP ed enti similari, associazioni sportive dilettantistiche, ecc. (Circolare 22/12/2020, n. 30/E, punto 2.1.1).
Inoltre, possono accedere al Superbonus per interventi sulle parti comuni i proprietari di unità non residenziali nel solo caso di intervento condominiale in edificio con destinazione residenziale per più del 50% della superficie.

Restano escluse altresì le unità classificate nella categoria catastale provvisoria F/3 (*Unità in corso di costruzione*).

D – Un condominio con quattro abitazioni, di cui due finite e due accatastate come F/3 e in corso di costruzione, può accedere al Superbonus?

R - Ai fini della fruizione dei benefici del Superbonus, condizione indispensabile è che gli interventi siano eseguiti su unità immobiliari e su edifici "*esistenti*"; pertanto, le unità accatastate con la categoria F/3 "*Unità in corso di costruzione*", non sono definibili quali unità "*esistenti*", in quanto sono ancora in corso di costruzione, e pertanto non possiedono i requisiti per l'accesso al Superbonus. Tuttavia, la presenza in condominio di unità immobiliari accatastate nella categoria F/3 non preclude la possibilità al condominio di accedere al Superbonus, se le restanti unità immobiliari sono diversamente accatastate ed il condominio ha natura residenziale, fermo restando che le unità accatastate nella categoria F/3 non concorrono alla formazione della spesa massima ammissibile.

Vedi in proposito Interpello 17/09/2021, n. 609 e Interpello 16/03/2021, n. 174.

In altri termini l'unità F/3, non essendo praticamente mai "*venuta ad esistenza*" non va tenuta in considerazione nell'ambito della valutazione del possibile intervento (è come se non esistesse, cfr. Interpello 174/2021).

D - Un edificio abitativo unifamiliare posseduto da un libero professionista, che vi svolge anche la libera professione, può accedere al Superbonus?

R - Secondo l'Agenzia delle entrate (Interpello 09/12/2020, n. 570) se gli interventi sono realizzati su unità immobiliari residenziali adibite promiscuamente all'esercizio dell'arte o della professione, oppure all'esercizio dell'attività commerciale, la detrazione spettante è ridotta al 50% (va calcolata sul 50% delle spese sostenute).

Pertanto, solo il 50% delle spese concernenti l'unità in questa situazione potrebbero essere agevolate.

In pratica, facendo un esempio, se normalmente un intervento di isolamento termico avrebbe un massimale di spesa di 50.000 Euro con detrazione di 55.000 Euro, ipotizzando che di questo massimale si spendano solo 40.000 Euro, pertanto si avrebbe normalmente diritto a una detrazione di 44.000, con l'immobile promiscuo si avrebbe diritto a portare solo la metà, quindi 20.000 Euro, e quindi una detrazione di 22.000 Euro.

D - Si può avere la detrazione anche su unità immobiliari singole o edifici unifamiliari detenute come seconda casa?

R - La risposta è affermativa sempre che, ovviamente, il soggetto committente dell'intervento rientri nell'ambito di quelli ammessi ai sensi del comma 9, art. 119 del D.L. 34/2020.

Non è prevista alcuna limitazione in relazione al fatto che la singola unità immobiliare sia o meno adibita ad abitazione principale del titolare.

Le uniche preclusioni basate sulle tipologie immobiliari sono, per le persone fisiche, quelle ai sensi del comma 15-*bis* dell'art. 119 del D.L. 34/2020, relativo all'esclusione delle categorie catastali A/1, A/8 e A/9 non aperte al pubblico.

D - In caso di ristrutturazione edilizia attraverso la demolizione e ricostruzione di un immobile residenziale in categoria catastale A/8 di partenza, mentre a lavori terminati risulterà in categoria A/7 è possibile accedere al Superbonus?
R - La risposta è affermativa. Infatti, è ammissibile alle agevolazioni un intervento che preveda il cambio di destinazione da non residenziale a residenziale al termine dei lavori, a condizione che dal titolo abilitativo che autorizza i lavori si evinca chiaramente che l'immobile oggetto degli interventi diverrà abitativo e che l'opera consiste in un intervento di conservazione del patrimonio edilizio esistente e non in un intervento di nuova costruzione.
Applicando per analogia lo stesso principio, è nostra opinione che sia ammissibile l'intervento a valle del quale si realizzi un cambio di destinazione d'uso (conseguente ai lavori di cui all'intervento) da categoria catastale non ammessa a categoria ammessa.
Anche in questo caso, il cambio catastale dovrebbe risultare dal titolo edilizio o comunque dalla documentazione a corredo.

D - Come deve essere eseguito il calcolo della prevalenza della superficie residenziale in un edificio plurifamiliare o condominiale?
R - Quanto al calcolo della superficie residenziale prevalente, sulla scorta dell'indicazione contenuta nel vademecum di ENEA sull'APE convenzionale (cfr. punto 2.1) si ritiene doversi fare riferimento alla superficie catastale complessiva, come definita dall'Allegato C del D.P.R. 138/1998.
Si veda anche la Circolare 22/12/2020, n. 30/E, al punto 4.4.2, ove si legge che ai fini del calcolo della superficie complessiva delle unità immobiliari destinate a residenza vanno conteggiate tutte le unità immobiliari residenziali facenti parte dell'edificio, comprese quelle rientranti nelle predette categorie catastali escluse dal Superbonus.

D - Per il calcolo del rapporto fra superficie residenziale e non residenziale, ai fini del requisito della *"prevalenza"*, come si calcolano box e cantine?
R - Poiché il calcolo della superficie residenziale va fatto in base all'Allegato C del D.P.R. 138/1998, ne segue che box, cantine e pertinenze varie, così come vani accessori a servizio indiretto dei vani principali, quali soffitte, cantine e simili, andranno conteggiati come ivi indicato, in riferimento alla destinazione delle unità (residenziale o meno) alle quali accedono essendone pertinenze.

D - Unità non residenziali (negozi, uffici) di proprietà di una persona fisica ti all'interno di un condominio, possono effettuare interventi trainati?
R - La risposta è negativa. La Circolare 08/08/2020, n. 24/E, al punto 2, ha chiarito che gli interventi trainati in condominio possono essere effettuati su singole unità immobiliari residenziali e relative pertinenze.
Qualora il condominio effettui un intervento trainante, possono accedere al bonus per la loro porzione anche i proprietari di unità non residenziali, ma nel solo caso di intervento condominiale in edificio che presenti destinazione residenziale per più del 50% della superficie.

D - L'unità immobiliare destinata a ufficio che concorre alla spesa può beneficiare dello sgravio fiscale e cessione del credito del proprietario come persona fisica per la sua attività?
R - La risposta è affermativa, ma nel solo caso di intervento condominiale in edificio che presenti destinazione residenziale per più del 50% della superficie. In tutti gli altri casi è esclusa la possibilità di intervenire su unità immobiliari a destinazione non residenziale, a prescindere dal fatto che il proprietario sia o meno una persona fisica.
Tale limitazione, introdotta dalla Circolare 08/08/2020, n. 24/E, al punto 2, non trova peraltro riscontro nel testo dell'art. 119 del D.L. 34/2020, che non propone in tal senso alcuna restrizione ai soli edifici residenziali.

D - Se un proprietario ha un A/10 e lo dà in locazione a un professionista, può usufruire del Superbonus?
R - La risposta è affermativa, ma solo nel caso di intervento condominiale in edificio con destinazione residenziale per più del 50% della superficie.

4.1.6 Pertinenze, soffitte, sottotetti, ecc.

D - Abitazione autonoma con pertinenza attaccata al fabbricato e accatastato in un unico subalterno. È possibile fruire del Super-Sismabonus per la riqualificazione energetica dell'abitazione e del Super-Sismabonus per demolire/ricostruire il magazzino con cambio di destinazione d'uso a residenziale, da accorpare all'abitazione?
R - La risposta è affermativa. In primo luogo, si consideri che il Sismabonus, sia nella versione *"normale"* o *"super"* (detrazione 110% ai sensi dell'art. 119 del D.L. 34/2020), rientra nella più ampia categoria del *"Bonus ristrutturazioni"*, la cui norma di base è l'art. 16-*bis* del D.P.R. 917/1986. Per il Bonus ristrutturazioni, lo sconto fiscale è riconosciuto anche per interventi effettuati sulla sola pertinenza (si veda in proposito la guida dell'Agenzia entrate sul Sismabonus), pertanto secondo noi la risposta affermativa può essere estesa anche al Sismabonus 110% se il contribuente è persona fisica.
Deve risultare la destinazione a pertinenza.
Ai sensi dell'art. 817 del Codice civile *"sono pertinenze le cose destinate in modo durevole a servizio o ad ornamento di un'altra cosa. La destinazione può essere effettuata dal proprietario della cosa principale o da chi ha un diritto reale sulla medesima"* (ad esempio nell'atto di compravendita o anche catastalmente).
Quanto al cambio di destinazione d'uso, l'Agenzia delle entrate ha affermato che è possibile fruire della detrazione nella misura del 110% delle spese sostenute per gli interventi di riduzione del rischio sismico, anche nell'ipotesi di cambio di destinazione d'uso in abitativo dell'immobile oggetto dei lavori, purché nel provvedimento amministrativo che assente questi ultimi risulti chiaramente tale cambio e sempreché l'immobile rientri in una delle categorie catastali ammesse al beneficio (Interpello 09/11/2020, n. 538).
Quanto infine all'accorpamento, l'Agenzia delle entrate ha affermato che ciò è possibile, ribadendo tuttavia che in questo caso, ai fini della fruibilità del Superbonus, è necessario che il miglioramento energetico riguardi l'intero edificio risultante dall'accorpamento (Interpello 27/11/2020, n. 562).

Infine, i massimali andranno calcolati sulla situazione di partenza, e pertanto su una sola unità immobiliare.

D - I lavori trainati (ad esempio sostituzione infissi, istallazione pannelli fotovoltaici, ecc.) possono riguardare anche le pertinenze, se riscaldate?

R - Un intervento può essere eseguito anche su una pertinenza e beneficiare del Superbonus indipendentemente dalla circostanza che l'intervento interessi anche il relativo edificio residenziale principale purché tale intervento sia effettuato nel rispetto di tutti i requisiti previsti (Circolare 22/12/2020, n. 30/E, punto 4.1.1). Tuttavia, resta sempre fermo il principio in base al quale è necessario che gli edifici interessati dall'agevolazione devono avere determinate caratteristiche tecniche e, in particolare, devono essere dotati di impianti di riscaldamento funzionanti, presenti negli ambienti in cui si realizza l'intervento agevolabile.

Pertanto la pertinenza, di norma non riscaldata, non può essere oggetto di interventi *"energetici"*, salvo casi particolari in cui essa sia legittimamente riscaldata (ad esempio se vi sia un impianto di riscaldamento legittimamente esistente perché l'immobile è destinato ad ambito commerciale/produttivo e necessita di idonea climatizzazione degli ambienti a causa della presenza di persone e/o beni deperibili quali ad esempio prodotti agricoli, **alimentari** o farmaceutici, materiali tecnologici, ecc.).

Sempre quanto al Superbonus, la pertinenza potrà invece essere oggetto di intervento antisismico e può essere utilizzata come sede per l'eventuale impianto fotovoltaico.

Occorre ovviamente che l'edificio principale sia residenziale, che risulti il nesso pertinenziale e che siano rispettati tutti gli altri requisiti soggettivi, oggettivi e tecnico-prestazionali.

D - Si può usufruire del Superbonus per demolire e ricostruire un fabbricato non residenziale sulla corte dell'abitazione, accatastato come C/6 e usato come pertinenza del fabbricato principale, sul quale non è previsto nessun lavoro?

R - La Circolare 30/E/2020, risposta n. 4.1.1, ha chiarito che un intervento trainante può essere eseguito anche su una pertinenza e beneficiare del Superbonus indipendentemente dalla circostanza che l'intervento interessi anche il relativo edificio residenziale principale purché tale intervento sia effettuato nel rispetto di tutti i requisiti previsti.

Tuttavia, resta sempre fermo il principio in base al quale è necessario che gli edifici interessati dall'agevolazione devono avere determinate caratteristiche tecniche e, in particolare, devono essere dotati di impianti di riscaldamento funzionanti, presenti negli ambienti in cui si realizza l'intervento agevolabile.

Pertanto la pertinenza, di norma non riscaldata, non può essere oggetto di interventi *"energetici"*, salvo casi particolari in cui essa sia legittimamente riscaldata (vedi altre risposte).

Sempre quanto al Superbonus, la pertinenza potrà invece essere oggetto di intervento antisismico e può essere utilizzata come sede per l'eventuale impianto fotovoltaico.

D - Un capannone riscaldato annesso ad un'abitazione, ma adibito a ricovero merce, può rientrare nei benefici?
R - La Circolare Agenzia entrate 08/08/2020, n. 24/E, punto 2, specifica che l'agevolazione riguarda le spese sostenute per interventi effettuati su singole unità immobiliari residenziali, oltre che su parti comuni di edifici residenziali. Pertanto, in questo caso si deve dare risposta negativa.

D - Come determinare se una unità è pertinenziale a un'altra?
R - In primo luogo, ai sensi dell'art. 817 del Codice civile *"sono pertinenze le cose destinate in modo durevole a servizio o ad ornamento di un'altra cosa"*. Inoltre *"la destinazione può essere effettuata dal proprietario della cosa principale o da chi ha un diritto reale sulla medesima"* (ad esempio nell'atto di compravendita o anche catastalmente). Il vincolo pertinenziale deve risultare, ad esempio nell'atto di compravendita o anche catastalmente (con la "*graffatura*").
Per determinare se un'unità è pertinenziale occorre in pratica porsi le seguenti domande, la cui risposta deve essere affermativa:

- Appartiene alle categorie catastali C/2, C/6 o C/7?
- È destinato in modo durevole ed effettivo a servizio/ornamento di un bene "*principale*", di cui ha dimensioni più ridotte?
- Appartiene allo stesso proprietario del bene principale?
- Risulta la volontà del proprietario di porre il bene in un rapporto funzionale di asservimento rispetto al bene principale?
- Risultano indicazioni relative al vincolo pertinenziale?

D - Un edificio con abitazione e garage separatamente accatastati e di due proprietari differenti, può essere considerato condominio?
R - Teoricamente si tratta di un edificio che presenta "*parti comuni*" (facciate, copertura, struttura portante), quindi astrattamente qualificabile come un condominio, vista anche la proprietà in capo a due differenti soggetti. Tuttavia affinché si possa configurare come tale per il Superbonus bisogna che una o più unità si possano qualificare come non pertinenziali dell'unica abitazione, viceversa potrebbe considerarsi come un edificio unifamiliare con pertinenze, con le conseguenze del caso a livello di scadenze.
La natura non pertinenziale di una unità immobiliare presuppone che l'unità stessa abbia una propria autonomia funzionale e reddituale, e non sia effettivamente e di fatto asservito all'abitazione, cosa a favore della quale depone ovviamente la diversa proprietà, meglio se accompagnata dal relativo pagamento IMU coerente e da eventuali altri elementi che consentano di dimostrare che l'unità non è effettivamente e di fatto asservita all'abitazione.
Se le condizioni sono soddisfatte, possiamo considerare l'immobile come condominio.
In questo caso peraltro andrebbe eseguita la verifica che l'immobile abbia superficie residenziale prevalente, al fine di capire come poter impostare l'intervento (cfr. Circolare 30/E/2020, punto 4.4.2), ricordando che in caso di prevalenza non residenziale gli interventi trainanti non potrebbero andare a beneficio delle unità non residenziali (gli interventi trainati non possono in nessun caso andare a beneficio di unità non residenziali

D - Secondo l'Agenzia delle entrate, gli interventi trainanti si possono estendere anche alle pertinenze (cantine, garage) distintamente accatastate. Questo vuol dire che il cappotto termico lo si può fare anche sulle pareti delle relative pertinenze?
R - Teoricamente la risposta è affermativa, tuttavia resta sempre fermo il principio in base al quale è necessario che gli edifici interessati dall'agevolazione devono avere determinate caratteristiche tecniche e, in particolare, devono essere dotati di impianti di riscaldamento funzionanti, presenti negli ambienti in cui si realizza l'intervento agevolabile. Pertanto la pertinenza, di norma non riscaldata, non può essere oggetto di interventi *"energetici"*, salvo casi particolari in cui essa sia legittimamente riscaldata (vedi altre risposte).

D - Garage e cantine come sono considerati ai fini del Superbonus?
R - La Circolare Agenzia entrate 08/08/2020, n. 24/E, punto 2, specifica che l'agevolazione riguarda le spese sostenute per interventi effettuati su singole unità immobiliari residenziali, oltre che su parti comuni di edifici residenziali. In caso di interventi su edifici unifamiliari o singole unità funzionalmente autonome, si ritiene che l'ammontare massimo di spesa ammessa alla detrazione vada riferito all'unità abitativa e alle sue pertinenze unitariamente considerate, anche se accatastate separatamente.
In caso di interventi su interi edifici condominiali/plurifamiliari, l'ammontare massimo delle spese ammesse alla detrazione va calcolato tenendo conto anche delle eventuali pertinenze alle unità immobiliari.
Ad esempio, nel caso in cui l'edificio sia composto da 5 unità immobiliari e 3 pertinenze autonomamente accatastate, la detrazione è calcolata su un importo massimo di spesa parametrato a 8 unità immobiliari (da ultimo, Circolare 08/07/2020, n. 19/E, pag. 335).

D - La cantina comunicante con l'abitazione (ma riscaldata) può usufruire del Superbonus?
R - Quanto alla possibilità di eseguire opere Superbonus nelle parti pertinenziali, teoricamente un intervento può essere condotto, in presenza della condizioni previste dalla norma, anche su una pertinenza dell'unità abitativa (vedi Circolare 30/E/2020, risposta 4.1.1). Tuttavia, in pratica, possono godere dell'Ecobonus solo i locali legittimamente riscaldati, come indica ENEA, la quale specifica che occorre verificare se la destinazione d'uso urbanistica sia conforme all'uso che viene fatto del locale, nel senso che la presenza del riscaldamento e forse di altri servizi non deve comportare una violazione al regolamento edilizio e/o allo strumento urbanistico - cfr. FAQ ENEA Ecobonus n. 3.b).
Ad esempio vedi Lombardia, dove è prescritto il divieto di riscaldare locali non abitabili e che i corpi scaldanti devono essere permanentemente rimossi o disattivati.

D - Se il sottotetto è usato come soffitta non è abitabile e non è riscaldato, l'intervento sulla copertura rientra nelle agevolazioni?
R - La risposta è affermativa dal momento che a seguito delle modifiche introdotte dalla L. 178/2020 (Legge di bilancio 2021), gli interventi per la coibentazione del tetto rientrano nella disciplina agevolativa, senza limitare il concetto di superficie disperdente al solo locale sottotetto eventualmente esistente.

D - Il recupero del sottotetto con rifacimento della copertura per raggiungere le altezze necessarie rientra nella casistica per l'applicazione del Superbonus?
R - Ai fini del Superbonus gli interventi possono anche comportare il cambio di destinazione d'uso da destinazione non residenziale/accessoria a residenziale, purché nel provvedimento amministrativo che assente questi ultimi risulti chiaramente tale cambio e sempreché l'immobile rientri in una delle categorie catastali ammesse al beneficio (ad esempio, Interpello 09/11/2020, n. 538, e altri).
Quanto al sottotetto, anche se non riscaldato, a seguito delle modifiche introdotte dalla L. 178/2020 (Legge di bilancio 2021), gli interventi per la coibentazione del tetto rientrano nella disciplina agevolativa, senza limitare il concetto di superficie disperdente al solo locale sottotetto eventualmente esistente.
Resta comunque ferma la regola che possono essere oggetto di lavori solo le parti già riscaldate.
Pertanto, a nostro parere, l'eccezione stabilita si applica solo alla copertura e non si estende alle pareti verticali, e quindi le pareti del sottotetto non riscaldato non potranno comunque essere oggetto di coibentazione con spese agevolate.

D - Le cantine o soffitte o box - non di pertinenza - possono concorrere, essendo unità immobiliari, all'importo dell'intervento prescelto?
R - In caso di interventi realizzati sulle parti comuni, la detrazione spetta anche ai possessori (o detentori) di sole pertinenze (come ad esempio box o cantine) che abbiano sostenuto le spese relative a tali interventi (Circolare 08/08/2020, n. 24/E, punto 2).
Inoltre, in caso di interventi su interi edifici condominiali/plurifamiliari, l'ammontare massimo delle spese ammesse alla detrazione va calcolato tenendo conto anche delle eventuali unità non abitative, purché autonomamente accatastate.
In tutti i casi, ai fini del calcolo dei massimali, non devono essere considerate le pertinenze collocate in un edificio diverso da quello oggetto degli interventi, come indicato dalla Circolare 22/12/2020, n. 30/E, punto 4.4.4.

4.1.7 Immobile senza condominio costituito

D - In caso di edificio plurifamiliare non costituito in condominio, chi deve essere l'intestatario del titolo edilizio affinché tutti possano detrarre?
R - In caso di interventi deliberati da tutti i proprietari, sulle parti comuni di edificio plurifamiliare non tecnicamente costituito con un condominio e relativo amministratore, di regola i singoli proprietari si accordano per fornire una apposita delega ad uno dei proprietari, affinché sia questi a farsi carico della pratica edilizia presso il Comune.
La delega deve risultare da atto scritto, possibilmente avente data certa e con firme autenticate, e rientra generalmente nell'ambito di una scrittura privata (che tiene in pratica luogo della delibera assembleare), con la quale i singoli proprietari definiscono anche le altre modalità attuative quali ad esempio la scelta delle ditte e dei professionisti da incaricare, le modalità per la ripartizione delle spese e dei connessi incentivi, ecc.
Vedi paragrafo 2.3.1.6.

D - Nell'ipotesi in cui si accede al Superbonus come condominio *"di fatto"* (non costituito) è necessario prima costituirlo e avere la ripartizione in millesimi?
R - No, l'Agenzia delle entrate ha espressamente chiarito che la nomina dell'amministratore e l'attivazione di un codice fiscale per il condominio non sono indispensabili (vedi Circolare 08/08/2020, n. 24/E, punto 1.1).
Tuttavia, anche in questo caso il singolo condòmino usufruisce della detrazione per i lavori effettuati sulle parti comuni degli edifici, in ragione dei millesimi di proprietà o dei diversi criteri applicabili ai sensi dell'art. 1123 e seguenti del Codice civile.

4.1.8 Conformità edilizia degli edifici

D - Le verande sanate possono rientrare nella riqualificazione e quindi essere sostituite con costo inserito nel Superbonus?
R - Le opere oggetto di sanatoria (intesa come *"condono edilizio"*) o accertamento di conformità ai sensi dell'art. 36 del D.P.R. 380/2001, sono assimilabili ad opere fin dall'origine legittimamente assentite e realizzate ai fini delle possibilità di intervento.
Si ricorda tuttavia che l'intervento trainante di isolamento termico si può effettuare solo con riferimento alle superfici *"opache"* dell'involucro edilizio, non quindi con riferimento a finestre, vetrate o infissi.

D - Come valutare la conformità edilizia degli edifici costruiti prima del 1967?
R - Il fatto che il fabbricato sia *"ante 1967"* non vuol dire che sia per ciò stesso da considerarsi legittimo. Infatti, anteriormente all'entrata in vigore della L. 765/1967 (avvenuta il 01/09/1967) non vi era necessità di licenza edilizia per le costruzioni ubicate al di fuori del centro abitato, e anteriormente all'entrata in vigore della L. 1150/1942 (avvenuta il 31/10/1942) anche all'interno del centro abitato (salva, secondo un orientamento giurisprudenziale, l'esistenza di fonti regolamentari che abbiano già previsto l'indefettibile rilascio della licenza - vedi dopo).
In sintesi:

- prima del 1942, non è necessario il titolo edilizio sia per gli immobili costruiti all'interno che per quelli costruiti all'esterno dei centri abitati;
- dal 1942 al 1967 è necessario il titolo edilizio solo per gli immobili costruiti all'interno dei centri abitati, ma non per quelli all'esterno dei centri abitati;
- dal 1967 ad oggi, è necessario il titolo edilizio in tutto il territorio comunale, quindi sia per gli immobili costruiti all'interno che per quelli costruiti all'esterno dei centri abitati.

Esiste poi un altro indirizzo giurisprudenziale (prevalente) che ritiene invece applicabili le disposizioni pianificatorie o regolamentari comunali prescrittive del rilascio del titolo edilizio per le costruzioni emesse ante 1942 o ante 1967 al di fuori dei centri urbani, e quindi derogatorie rispetto al regime sancito dall'art. 31, L. 1150/1942 prima e dall'art. 10 della L. 765/1967 poi. Sulla base di tale ultimo orientamento non sarebbe quindi sufficiente affermare che l'opera è stata realizzata prima dell'entrata in vigore della L. 1150/1942 o al di fuori del centro abitato prima della L. 765/1967, ma occorrerebbe altresì verificare (e dimostrare) che l'area ove insiste l'opera non era interessata da alcuna forma di regolamentazione comunale che imponesse il titolo per realizzare l'intervento edilizio.

D - Qualora sia necessario acquisire un accertamento di conformità o altro titolo in sanatoria preventivo a lavori detraibili, i costi della pratica possono essere detratti?
R - La risposta è negativa, possono essere portati in detrazione i costi della pratica edilizia afferente agli interventi, ma non quelli per le eventuali sanatorie necessarie.

D - Alla luce del procedimento introdotto con la CILA Superbonus, come valutare la possibilità di intervenire o meno in presenza di preesistenti irregolarità edilizie di varia entità?
R - Con l'introduzione del procedimento CILA Superbonus, si consente di omettere la dichiarazione sullo stato legittimo, sostanzialmente "*sottacendo*" la presenza di possibili irregolarità pregresse. Si è scelto di utilizzare il verbo "*sottacere*" in quanto si tratta in pratica di fare finta di nulla riguardo tale aspetto, che non viene nella maniera più assoluta cancellato; pertanto, gli abusi edilizi pregressi potranno continuare a essere perseguiti secondo le ordinarie norme ma che può essere semplicemente trascurato.
Il tecnico si può limitare a verificare la legittimità della sua iniziale realizzazione, ma senza poi ricostruire gli eventuali successivi interventi edilizi parziali. La legittimità della prima realizzazione può derivare, alternativamente:

- dall'esistenza di un titolo iniziale di legittimazione (licenza edilizia, concessione o autorizzazione edilizia, permesso di costruire, ecc.); oppure
- dall'esistenza di un atto che abbia legittimato una costruzione realizzata abusivamente (condono edilizio o accertamento di conformità); oppure
- dal fatto che la costruzione è stata realizzata in un'epoca nella quale non era necessario conseguire una forma di autorizzazione all'edificazione.

Quanto sopra vale solo in caso di presentazione di CILAS, la quale non è consentita per l'intervento attuato tramite demo-ricostruzione, per il quale servirà pertanto lo stato legittimo dell'immobile.
Inoltre, la norma nulla dice a proposito di tutti quei casi in cui:

- l'edificio, pur essendo stato realizzato in forza di una licenza o autorizzazione, sia stato edificato in difformità dalla stessa;
- i successivi interventi seppur parziali abbiano comportato significative mutazioni dell'organismo edilizio.

Dal quadro normativo si può a nostro parere dedurre che devono essere equiparati agli edifici realizzati senza permesso quelli che presentino delle variazioni quali-quantitative tali da risultare incompatibili con il suddetto permesso, avendo comportato la nascita di un organismo edilizio completamente diverso dal precedente, tali pertanto da potersi qualificare come nuove costruzioni del tutto abusive.
A tali casistiche si dovrebbero equiparare inoltre quei casi in cui l'originaria edificazione, seppure regolarmente autorizzata e realizzata conformemente all'autorizzazione (o con mere varianti non essenziali) sia poi stata nel tempo oggetto di ulteriori successivi interventi che ne abbiano alterato sensibilmente i parametri sopra indicati.
Al fine di valutare la legittimità dell'iniziale costruzione bisogna a nostro parere considerare che la deroga qui in commento incide solo sull'aspetto urbanistico-edilizio, e non invece su aspetti relativi al conseguimento di autorizzazioni di carattere "*non edilizio*" (ad esempio paesaggistica, sismica, ecc.).

D - Per un l'intervento attuato tramite demo-ricostruzione, per il quale servirà pertanto lo stato legittimo dell'immobile, è possibile partire gli interventi avendo solo presentato la domanda di sanatoria?

R - La risposta è a nostro parere affermativa, in virtù dell'art. 50 del D.P.R. 380/2001, il quale dispone sul punto che:

- per conseguire in via provvisoria le agevolazioni deve essere prodotta copia della domanda di permesso in sanatoria presentata al Comune, con la relativa ricevuta rilasciata dal Comune stesso. L'interessato, a pena di decadenza dai benefici, deve presentare al competente ufficio dell'Amministrazione finanziaria copia del provvedimento definitivo di sanatoria entro sei mesi dalla sua notifica o, nel caso che questo non sia intervenuto, a richiesta dell'ufficio, dichiarazione del Comune che attesti che la domanda non ha ancora ottenuto definizione (comma 1);
- il rilascio del permesso in sanatoria, per le opere o le parti di opere abusivamente realizzate, produce automaticamente, qualora ricorrano tutti i requisiti previsti dalle vigenti disposizioni agevolative, la cessazione degli effetti dei provvedimenti di revoca o di decadenza previsti dall'articolo 49 (comma 4).

D - Per una pratica di Ecobonus 110% in condominio pluripiano, ai fini della sostituzione degli infissi è necessaria la sola legittimità urbanistica delle parti comuni o anche quella interna dei singoli appartamenti che intendono sostituire gli infissi?

R - La sostituzione degli infissi in condominio è intervento trainato su parti private.

Ciò posto, si ricorda che il comma 13-*ter* dell'art. 119 del D.L.34/2020 dispone che la presentazione della CILA Superbonus non richiede l'attestazione dello stato legittimo di cui all'art. 9-*bis*, comma 1-*bis*, del D.P.R. 380/2001, ma che occorre unicamente dichiarare, in alternativa:

- la legittimità della prima edificazione dell'immobile, tramite la menzione della licenza edilizia comunque denominata o dell'atto che abbia legittimato la costruzione (condono edilizio o accertamento di conformità), senza dover seguire la storia completa degli eventuali interventi edilizi parziali successivi;

  oppure

- che l'immobile è stato ultimato in data antecedente al 01/09/1967 (si vedano tuttavia sul punto le considerazioni svolte nel paragrafo 1.2).

  In altri termini, la norma consente - derogando alle ordinarie regole che sono di norma applicabili (ampiamente commentate in altra parte di questo lavoro) - di procedere con l'intervento edilizio anche in caso di non conformità della preesistenza, che peraltro non deve nemmeno essere dichiarata.

Inoltre la CILAS va presentata per tutto il condominio compresi gli interventi trainati; pertanto, non è contemplata alcuna dichiarazione sul singolo appartamento, fermo restando che non possono a nostro giudizio essere oggetto di lavori le parti irregolari (ad esempio non può sostituire gli infissi della veranda abusiva).

4.1.9 Necessità di un impianto termico preesistente

D - Per gli edifici collabenti, nei quali l'impianto di riscaldamento non è funzionante, deve essere dimostrabile che l'edificio è dotato di impianto di riscaldamento rispondente alle caratteristiche tecniche previste dalla normativa. Cosa significa?

R - In tutti i casi, l'intervento deve riguardare edifici o unità immobiliari *"esistenti"* e dotati di impianto di riscaldamento, non essendo agevolati gli interventi realizzati in fase di nuova costruzione fatta salva l'ipotesi dell'installazione di sistemi solari fotovoltaici di cui al comma 5, art. 119 del D.L. 34/2020 (Circolare 08/08/2020, n. 24/E, punto 2).
Inoltre, con riguardo all'Ecobonus, è previsto che gli edifici debbano essere dotati di impianti di riscaldamento funzionanti e presenti negli ambienti in cui si realizza l'intervento agevolabile (Circolare 08/08/2020, n. 24/E, punto 2.2.1), oppure riattivabili tramite un intervento manutentivo (vedi FAQ ENEA n. 4). Per i fabbricati collabenti, ovviamente, il requisito della *"funzionalità"* non è da ritenersi applicabile.
La dimostrazione della preesistenza dell'impianto termico potrà essere fornita con qualsiasi mezzo, come ad esempio documentazione fotografica, allacci ad utenze, documentazione progettuale afferente interventi pregressi, ecc.

D - Posso considerare come impianto di riscaldamento iniziale stufe elettriche e a gas, ai fini della sostituzione?
R - Un *"impianto termico"*, per essere considerato tale, deve rispondere alla definizione di cui al punto *l-tricies)*, comma 1, art. 2 del D. Leg.vo 192/2005.
Detta definizione è stata oggetto di modifica ad opera del D. Leg.vo 48/2020, entrato in vigore dall'11/06/2020, e pertanto per gli interventi realizzati a partire da tale data si applica la nuova definizione, in base alla quale si considera *"impianto termico"* un *"impianto tecnologico fisso destinato ai servizi di climatizzazione invernale o estiva degli ambienti, con o senza produzione di acqua calda sanitaria, o destinato alla sola produzione di acqua calda sanitaria, indipendentemente dal vettore energetico utilizzato, comprendente eventuali sistemi di produzione, distribuzione, accumulo e utilizzazione del calore nonché gli organi di regolazione e controllo, eventualmente combinato con impianti di ventilazione. Non sono considerati impianti termici i sistemi dedicati esclusivamente alla produzione di acqua calda sanitaria al servizio di singole unità immobiliari ad uso residenziale ed assimilate"*.
Quindi in astratto tali impianti - purché fissi - possono costituire un impianto termico preesistente, condizione come si è visto necessaria per gli interventi soggetti al bonus energetico. Pertanto, in aggiunta a quanto sopra, occorre che sia dimostrabile, ad opera del tecnico, che l'impianto in questione, in assenza di alimentazione da parte dello stesso di un sistema di distribuzione, sia in grado di servire e riscaldare tutto l'appartamento/unità immobiliare, o per lo meno tutti gli ambienti oggetto di intervento (si vedano altre risposte in proposito).

D - Come valutare il requisito che l'impianto preesistente deve essere "*fisso*"?
R - In mancanza di una ulteriore definizione legislativa, riteniamo che, come tale, debba intendersi una installazione che non consenta con operazioni semplici a eseguirsi la sua rimozione e riposizionamento in luogo diverso; quanto ai pannelli a parete indicati, la valutazione ultima è chiaramente di competenza del tecnico progettista.

D - In un immobile unifamiliare sprovvisto di impianto di riscaldamento, installando e mettendo in funzione un nuovo impianto termico, successivamente sarà possibile accedere al Superbonus?

R - La risposta è affermativa, dopo che ovviamente l'impianto sarà stato correttamente installato, registrato e l'eventuale pratica edilizia e/o catastale sia stata chiusa. In questa situazione, infatti, l'immobile risponderebbe al requisito della necessità di un impianto termico preesistente e funzionante.

D - Su in un condominio, l'impianto centralizzato è a servizio solo di alcuni appartamenti, mentre altri sono termoautonomi e altri non sono riscaldati, come gestire la situazione?

R - Al caso illustrato si ritiene applicabile la risposta 4.1.2, Circolare 30/E/2020, secondo la quale la sostituzione dell'impianto di climatizzazione invernale centralizzato che non è al servizio di tutte le unità immobiliari presenti nell'edificio in condominio può essere considerato intervento trainante per tutte le unità immobiliari che costituiscono l'edificio oggetto di intervento. Ne segue che anche le unità non collegate a detto impianto ma in possesso di impianti autonomi potranno eseguire interventi trainati, quali la stessa sostituzione dell'impianto.

Altresì, trattandosi di intervento su parti comuni, si ritiene applicabile il calcolo dei massimali normalmente previsto per gli edifici condominiali; pertanto, tenendo conto anche delle unità non riscaldate e delle eventuali pertinenze alle unità immobiliari, anche se non riscaldate, purché non fisicamente staccate dall'edificio (vedi Circolare 22/12/2020, n. 30/E, punto 4.4.4; Circolare 25/06/2021, n. 7/E, pag. 412).

D –È possibile partire dal solo camino esistente come riscaldamento presente?

R - Il caminetto aperto preesistente potrebbe teoricamente rientrare nella definizione di "*impianto termico*", tuttavia occorre che il tecnico sia in grado di giustificare e dimostrare quali vani siano effettivamente serviti dall'impianto e sui quali si potranno eseguire gli interventi energetici.

Si consideri poi che la *ratio* normativa è finalizzata in ultima analisi al risparmio energetico, ed appare piuttosto complesso conseguire il doppio salto di classe energetica con una nuova configurazione in cui si va a sostituire un impianto di quel tipo con ad esempio una pompa di calore o una caldaia a condensazione.

È infine appena il caso di ricordare che, se l'intervento di sostituzione impiantistica riguarda il caminetto, questo deve essere sostituito, non deve cioè essere presente nell'unità immobiliare a valle degli interventi.

D - Un impianto di riscaldamento esistente e anche funzionante, ma non provvisto di libretto di impianto in quanto datato, soddisfa i requisiti per accedere al Superbonus?

R - Dal punto di vista del Superbonus i requisiti ci sono, tuttavia si tenga conto che in base al D.P.R. 74/2013 è sempre obbligatorio avere il libretto di impianto, sia se è un nuovo impianto sia se è un impianto vecchio.

Peraltro, emettere un APE senza allegare il libretto di impianto comprensivo dei relativi allegati, tra cui anche un valido rapporto di controllo di efficienza energetica, significa

sostanzialmente dichiarare che l'impianto è stato ed è esercito dal responsabile in violazione dal medesimo D.P.R. 74/2013, con conseguente applicazione della sanzione amministrativa prevista dall'art. 15 del D. Leg.vo 192/2005.
La mancanza del libretto di impianto comporta inoltre - ai sensi del comma 5, art. 6 del D. Leg.vo 192/2005 - che l'Attestato di prestazione energetica ha durata fino al 31/12 dell'anno successivo, invece che 10 anni come di norma.

D - Quando l'impianto non è più funzionante (perché l'edificio è disabitato da tempo) cosa va allegato a dimostrazione della sua esistenza?
R - Con riguardo all'Ecobonus, è previsto che gli edifici interessati dall'agevolazione debbano essere dotati di impianti di riscaldamento funzionanti e presenti negli ambienti in cui si realizza l'intervento agevolabile (Circolare 08/08/2020, n. 24/E, punto 2.2.1), oppure riattivabili tramite un intervento manutentivo (vedi FAQ ENEA n. 4).
Si veda però quanto indicato in riferimento ai fabbricati *"collabenti"*. Questi ultimi sono ammessi al Superbonus (e anche all'Ecobonus) pur non avendo ovviamente un impianto funzionante.

D - Un impianto di riscaldamento non più funzionante da almeno dieci anni in una casa unifamiliare acquistata da poco può considerarsi esistente?
R - Fatto salvo il caso degli edifici collabenti, l'impianto di riscaldamento deve essere funzionante oppure riattivabile tramite un intervento manutentivo (vedi FAQ ENEA n. 4).

4.1.10 Edifici collabenti, ruderi, edifici al grezzo

D - Gli edifici residenziali classificati in categoria F/2 (collabenti) possono usufruire del 110%?
R - Le unità immobiliari censite nella categoria F/2, al sussistere di determinate condizioni, possono accedere al Superbonus. In particolare, le detrazioni spettano anche per le spese sostenute per interventi realizzati su immobili classificati nella categoria catastale F/2, a condizione che al termine dei lavori l'immobile rientri in una delle categorie catastali ammesse al beneficio (immobili residenziali diversi da A/1, A/8, A/9 e relative pertinenze).
Le unità collabenti, pur essendo la categoria catastale riferita a fabbricati totalmente o parzialmente inagibili e non produttivi di reddito, possono infatti essere considerate come edifici esistenti, trattandosi di manufatti già costruiti e individuati catastalmente.
Tale orientamento è stato confermato nella Circolare n. 7/E del 2021, secondo cui spettano le detrazioni di cui all'art. 16-*bis* del D.P.R. 917/1986 in quanto, pur trattandosi di una categoria riferita a fabbricati totalmente o parzialmente inagibili e non produttivi di reddito, *gli stessi possono essere considerati come edifici esistenti, trattandosi di manufatti già costruiti e individuati catastalmente*.
Altri modi tramite i quali può essere fornita la prova dell'esistenza dell'edificio sono il pagamento dell'IMU, l'esistenza di allacci per utenze, l'aver trasferito la propria residenza anagrafica.
Per quanto concerne la parte di lavori riconducibili all'efficientamento energetico per gli edifici collabenti, nei quali l'impianto di riscaldamento non è funzionante, deve es-

sere dimostrabile che l'edificio era dotato di impianto di riscaldamento rispondente alle caratteristiche tecniche previste dal D. Leg.vo 192/2005. Ciò in quanto, ai fini del Super-Ecobonus, gli edifici oggetto degli interventi devono avere determinate caratteristiche tecniche e, in particolare, devono essere dotati di impianti di riscaldamento. Vedi altre risposte in proposito

D - È possibile accedere al Superbonus per interventi di completamento su fabbricato accatastato nella categoria F/3?

R - La fattispecie delle unità immobiliari censite nella categoria F/3 è stata costantemente interpretata dall'Agenzia delle entrate come unità immobiliare non ancora venuta a esistenza e quindi non agevolabile, dal momento che ai fini della fruizione dei benefici fiscali è condizione indispensabile che gli interventi siano eseguiti su unità immobiliari e su edifici "*esistenti*".

Anche nell'Interpello 609/2021 è stato confermato tale orientamento, ribadendo che le unità immobiliari accatastate in categoria F/3 non possono concorrere alla formazione della spesa massima ammissibile al fine di fruire delle agevolazioni previste per gli interventi trainanti, poiché occorre tener conto del numero di unità immobiliari esistenti all'inizio dei lavori.

La presenza in condominio di unità immobiliari accatastate nella categoria F/3 non preclude, tuttavia, la possibilità al condominio di accedere al Superbonus, se le restanti unità immobiliari sono diversamente accatastate ed hanno natura residenziale, sempre che venga rispettata per gli interventi trainanti di isolamento termico delle superfici opache verticali, orizzontali e inclinate che interessano l'involucro, l'incidenza superiore al 25% della superficie disperdente dell'edificio, calcolata senza considerare le unità in corso di costruzione. Tuttavia, le unità accatastate nella categoria F/3 non concorrono alla formazione della spesa massima ammissibile e non possono essere oggetto di interventi trainati.

D - Può rientrare come intervento Ecobonus un fabbricato ancora a rustico e/o con murature esterne?

R - L'Agenzia delle entrate ha più volte affermato - a proposito delle agevolazioni concernenti interventi sugli edifici esistenti - che non possono essere agevolati interventi su fabbricati non completati (in particolare se con accatastamento in classe F/3), così come non possono essere agevolate le spese sui lavori di completamento.

4.2 INTERVENTI AMMESSI E POSSIBILITÀ DI ESECUZIONE

4.2.1 Isolamento termico

4.2.1.1 In generale

D - Per quanto riguarda l'intervento di isolamento termico, è realizzabile anche sul singolo appartamento o è rivolto solo all'intero condominio?

R - Con riguardo alle singole unità immobiliari, l'intervento di isolamento termico, così come quello di sostituzione impiantistica, è realizzabile solo su tipologie edilizie quali villette a schiera, porzioni di bifamiliari o simili.

In particolare, possono accedere al Superbonus gli edifici unifamiliari oppure le singole unità immobiliari situate all'interno di edifici plurifamiliari, purché:

1) "funzionalmente indipendenti";

2) dotate di uno o più accessi autonomi dall'esterno.

Quanto al primo requisito, una unità immobiliare può dirsi *"funzionalmente indipendente"* quando sia dotata di installazioni o manufatti di qualunque genere, quali impianti per l'acqua, il gas, l'energia elettrica, il riscaldamento, ecc., di proprietà esclusiva. Quanto al secondo requisito, occorre che l'unità immobiliare disponga di un accesso indipendente non comune ad altre unità immobiliari, chiuso da cancello o portone d'ingresso che consenta l'accesso dalla strada o da cortile o da giardino di proprietà esclusiva (si vedano: Circolare 22/12/2020, n. 30/E, punto 3.1.1; Circolare 08/08/2020, n. 24/E, punto 2; art. 1 del DRE, lettera *i)* del comma 3).

Entrambi i requisiti devono sussistere contemporaneamente, e prescindono dal fatto che l'edificio plurifamiliare di cui tali unità immobiliari fanno parte sia costituito o meno in condominio.

D - Se isolando termicamente il singolo appartamento (non funzionalmente autonomo) in condominio si raggiunge una quota pari a più del 25% della superficie disperdente lorda dell'intero edificio, è possibile accedere al Superbonus?

R - Con riguardo all'intervento di isolamento termico dell'involucro edilizio, c'è la possibilità di effettuare l'intervento di isolamento termico dell'involucro edilizio anche sulla singola unità immobiliare in condominio non funzionalmente indipendente, agendo quindi sulle sole parti comuni perimetrali riferite alla singola unità immobiliare, a condizione che:

1) l'intervento risulti effettuato comunque su almeno il 25% della superficie disperdente lorda dell'intero edificio;

2) l'intervento consenta comunque il salto in avanti di almeno due classi energetiche, o il conseguimento della classe energetica più alta, con riferimento all'intero edificio;

3) l'intervento, dovendo essere effettuato su parti comuni condominiali (seppure riferite alla singola unità immobiliare), sia autorizzato dall'assemblea di condominio.

Quanto a eventuali autorizzazioni per il cappotto, l'art. 1102 del Codice civile dispone che "*Ciascun partecipante può servirsi della cosa comune, purché non ne alteri la destinazione e non impedisca agli altri partecipanti di farne parimenti uso secondo il loro diritto. A tal fine può apportare a proprie spese le modificazioni necessarie per il miglior godimento della cosa*".

In pratica l'intervento non necessiterebbe teoricamente, alle condizioni sopra indicate, di autorizzazione, fermo restando che non dovrà in alcun caso esserci un pregiudizio alla stabilità, alla sicurezza o al decoro architettonico dell'intero complesso edificio. Di converso in caso di lavori che coinvolgano la stabilità della costruzione, o il decoro architettonico sarà comunque necessario acquisire il consenso unanime degli altri proprietari.

D - L'isolamento termico delle falde di copertura può essere un intervento trainato, se si effettueranno congiuntamente anche interventi trainanti quali la sostituzione della caldaia e la formazione del cappotto termico esterno?

R - In presenza di isolamento termico trainante, la risposta è negativa. Infatti, in presenza di isolamento termico trainante sulle parti comuni, *non può coesistere anche l'isolamento termico trainato sulle medesime parti comuni* (cfr. DAS, nota 2: "*Nessuno degli interventi trainanti di cui al comma 1 dell'art. 119 del D.L. 34/2020 può essere inserito come intervento trainato*").

D - In un condominio con sottotetto accatastato come C/2 non riscaldato, è possibile isolare le pareti del sottotetto?
R - Riteniamo che la risposta sia negativa.
È vero che a seguito delle modifiche introdotte dalla L. 178/2020, la lettera *a)*, comma 1, art. 119 del D.L. 34/2020 prevede ora che gli interventi per la coibentazione del tetto rientrano nella disciplina agevolativa, senza limitare il concetto di superficie disperdente al solo locale sottotetto eventualmente esistente. Tuttavia, resta comunque ferma la regola che possono essere oggetto di lavori solo le parti già riscaldate.
Pertanto, a nostro parere l'eccezione stabilita si applica solo alla copertura e non si estende alle pareti verticali, e quindi le pareti del sottotetto non riscaldato non potranno comunque essere oggetto di coibentazione con spese agevolate.

D - In una palazzina con vincolo di facciata, facendo una controparete isolata al posto del cappotto, è possibile fruire del Superbonus?
R - Dal punto di vista tecnico la risposta è affermativa, nel rispetto dei vari requisiti tecnico-prestazionali previsti.

D - È possibile isolare parti di involucro non riscaldate per eliminare i ponti termici o per esigenze di uniformità estetica?
R - Ai fini dell'Ecobonus (normale o "*super*") si applica il consolidato principio di base secondo il quale non può essere oggetto di coibentazione agevolata la parte fredda dell'involucro (ad esempio, le pareti dei garage non riscaldati, il vano scala non riscaldato, le pareti perimetrali del sottotetto non riscaldato, ecc.). Tuttavia, l'applicazione pratica di questo principio crea spesso rilevanti problemi di ordine tecnico/estetico, dovuti al possibile cappotto "*parziale*" con discontinuità di facciata, eventuali ponti termici in corrispondenza di finestre, balconi e altri elementi in aggetto, ecc.
Tuttavia, secondo l'Interpello 665/2021, è possibile usufruire del Superbonus anche sulle porzioni dell'isolamento esterno degli ambienti non riscaldati necessarie al miglioramento dei ponti termici (come, ad esempio, le porzioni di facciate delimitanti il sottotetto e l'autorimessa, lo sporto di gronda e l'intradosso e/o estradosso dei balconi). Si tratterebbe in questo caso, aggiungiamo, di spese "*strettamente correlate*" alla esecuzione della lavorazione principale, che potranno rientrare nella misura in cui il tecnico abilitato ne certifichi la necessità in funzione delle esigenze tecniche sopra illustrate.
Estendendo, può a nostro parere estendersi il principio di considerare connesse le spese relative a parti di coibentazione possibilmente afferenti superfici limitate anche relative ad ambienti non riscaldati (cosa in punto di normativa, si ripete, non consentita), per esigenze estetiche o di continuità di facciata, decoro architettonico, ecc.
In altri termini, se il tecnico progettista nella sua discrezionalità ritiene che il prolungamento dell'isolante anche alle superfici fredde tra - ad esempio - la muratura della parete e il balcone sia indispensabile per l'esecuzione dell'intervento a regola d'arte, per un

problema di ponti termici, e ritiene pertanto di considerare la relativa spesa come "*necessaria e funzionale*" al completamento dell'intervento principale, può farlo, ben ponderando la scelta.

D - L'Ecobonus 110% per la coibentazione delle pareti opache prevede anche l'insufflaggio?
R - La risposta è affermativa. Non vi è alcuna indicazione tecnica sul fatto che debba essere usata una tecnologia piuttosto che un'altra, la norma parla unicamente di *"interventi di isolamento termico"*, di *"materiali isolanti"* (che devono rispettare i requisiti CAM), di trasmittanze da rispettare e classificazione energetica da conseguire.
Pertanto, l'intervento di insufflaggio rientra certamente tra quelli agevolabili.

4.2.1.2 Calcolo superficie disperdente, intervento su singola unità immobiliare

D - Le finestre sono escluse dal conteggio della superficie disperdente lorda, quando si fa il calcolo del 25%?
R - In base all'art. 2 del D. Leg.vo 192/2005, la *"superficie disperdente"* dell'edificio è definita come la *"superficie che delimita il volume climatizzato V rispetto all'esterno, al terreno, ad ambienti a diversa temperatura o ambienti non dotati di impianto di climatizzazione"*.
Il calcolo della SDL va pertanto effettuato sul totale della superficie complessiva lorda disperdente (pareti verticali, pavimenti, tetti, infissi) confinante con l'esterno, vani freddi o terreno.

D - Dato che è possibile far ricadere la coibentazione del tetto all'interno del Superbonus, la relativa superficie, visto che non è la prima superficie disperdente, deve essere conteggiata come superficie disperdente?
R - Ai fini del computo della superficie disperdente lorda non rientra la superficie del tetto per la parte in cui il sottotetto non è riscaldato. Tuttavia, nel presupposto che la condizione di intervenire su più del 25% della superficie disperdente sia raggiunta con la coibentazione delle superfici che, nella situazione ante intervento, delimitano il volume riscaldato verso l'esterno, vani freddi o terreno, possono rientrare nel Superbonus anche gli interventi di coibentazione del tetto che delimiti vani non riscaldati. Si veda in proposito Interpello 07/10/2021, n. 680.

D - La superficie di confine in aderenza con altro edificio riscaldato è da considerarsi disperdente?
R - La risposta è negativa: la superficie disperdente è solo quella confinante con l'esterno, vani freddi o terreno.

D - Per una palazzina a tre piani fuori terra, intervenire solo su un piano permette di rientrare nel 25% della superficie disperdente lorda?
R - La risposta è affermativa, a determinate condizioni. Si rinvia alle altre risposte in proposito per dettagli.

D - In un edificio unifamiliare con due piani vi sono al piano terra dei locali non riscaldati, la cui parete esterna fa parte del prospetto dell'edificio. È possibile per la coibentazione comprendere nel 110% anche la superficie di parete che delimita i locali non riscaldati?
R - Fatta eccezione per la copertura, essendo ora stabilito che gli interventi per la coibentazione del tetto rientrano nella disciplina agevolativa, senza limitare il concetto di superficie disperdente al solo locale sottotetto eventualmente esistente, resta comunque ferma la regola che possono essere oggetto di lavori solo le parti già riscaldate.
Pertanto, le alternative a disposizione sono fare un cappotto solo parziale sulla parete di facciata oppure accollarsi la parte di costo corrispondente alla superficie non ammessa.
Si veda tuttavia quanto indicato in altre risposte a proposito delle esigenze tecniche di eliminazione dei ponti termici ed estetiche per la continuità di facciata e/o il decoro architettonico dell'edificio.

D - L'intervento trainante in condominio può, in caso di isolamento di terrazza esclusiva (> 25%), essere richiesto da singolo condomino e portarsi dietro una copertura fotovoltaica?
R - In questo caso si può dare risposta affermativa, a patto che l'intervento sia autorizzato dall'assemblea condominiale, possa essere effettuato su almeno il 25% della superficie disperdente lorda dell'intero edificio e consenta il doppio salto di classe energetica (o il conseguimento della classe energetica più alta) per l'intero edificio.
Anche l'Interpello 27/10/2020, n. 499, ha chiarito che l'isolamento termico del lastrico solare di proprietà esclusiva rientra fra gli interventi trainanti di isolamento termico agevolabili ai sensi della lettera *a)*, art. 119 del D.L. 34/2020.
Tali interventi, essendo *"trainanti"*, possono trainare nel regime del Superbonus anche l'intervento di installazione della copertura fotovoltaica.

D - In caso di villetta bifamiliare o a schiera, si può intervenire solo su una unità? In caso affermativo, come calcolare la superfice totale disperdente?
R - L'intervento di isolamento termico dell'involucro edilizio, al pari con quello di sostituzione impiantistica, può essere eseguito anche su *"unità immobiliari situate all'interno di edifici plurifamiliari che siano funzionalmente indipendenti e dispongano di uno o più accessi autonomi dall'esterno"* (comma 1, art. 119 del D.L. 34/2020). Vi rientrano pertanto tipicamente villette a schiera, porzioni di villette bifamiliari e simili.
Per quanto riguarda in dettaglio il rispetto dei requisiti in questione, si rinvia ad altre risposte.
In questi casi, il calcolo della SDL va effettuato con riferimento alla superficie confinante con l'esterno, vani freddi o terreno (pareti verticali, pavimenti, tetti, infissi), della singola unità immobiliare (Circolare 08/08/2020, n. 24/E, punto 2.1, primo punto elenco).

4.2.1.3 Isolamento termico di soffitte, sottotetti e vani non riscaldati

D - In un immobile con una soffitta, se il tetto in cemento armato viene sostituito con un tetto in legno coibentato o ventilato, si può usufruire del Superbonus?
R - La risposta è positiva, dal momento che gli interventi per la coibentazione del tetto

rientrano nella disciplina agevolativa, senza limitare il concetto di superficie disperdente al solo locale sottotetto eventualmente esistente quanto al bonus energetico, poiché la soffitta non è locale riscaldato.

D - Infissi e pareti del vano scala di un condominio possono rientrare nel Superbonus per intervento di isolamento termico?
R - Gli edifici interessati dall'agevolazione Ecobonus (sia normale che *"super"*) devono in tutti i casi essere dotati di impianti di riscaldamento funzionanti, presenti negli ambienti in cui si realizza l'intervento agevolabile (Circolare 36/E/2007, punto 2; Circolare 08/08/2020, n. 24/E, punto 2.2.1). Questa condizione è richiesta per tutte le tipologie di interventi agevolabili, anche quelli sull'involucro.
Pertanto, si ritiene che la coibentazione del vano scala, se non riscaldato, possa essere eseguita solo all'estradosso delle pareti dei singoli appartamenti, internamente al vano scala, e analogamente che la coibentazione delle pareti delle pertinenze non riscaldate non rientri tra le spese agevolabili.
Si veda tuttavia quanto indicato in altre risposte a proposito delle esigenze tecniche di eliminazione dei ponti termici ed estetiche per la continuità di facciata e/o il decoro architettonico dell'edificio.

D - Dovendo intervenire su di una unità al piano terra, l'eventuale isolamento del solaio controterra rientra nel Superbonus come intervento trainante?
R - La superficie a contatto con il terreno entra nel calcolo della superficie disperdente lorda; tuttavia, se ci si trova in contesto condominiale, affinché la superficie in questione possa essere conteggiata per il rispetto del requisito del 25%, occorre che si tratti di un'area condominiale, altrimenti è possibile intervenire solo come intervento trainato.

4.2.1.4 Cappotto termico dall'interno

D - In un edificio vincolato in cui non si può realizzare l'isolamento termico a cappotto, si può realizzare il cappotto interno?
R - La risposta è affermativa. Se sull'immobile insiste un vincolo in base al D. Leg.vo 42/2004, si può passare direttamente alla realizzazione dell'intervento trainato, in base a quanto specificato dal comma 2, art. 119 del D.L. 34/2020 e dal punto 2.2, Circolare 08/08/2020, n. 24/E.
È altresì ammesso il cappotto termico dall'interno (cfr. Circolare 22/12/2020, n. 30/E, risposta 4.4.7). Ciò a condizione che l'intervento trainato (o l'insieme degli interventi trainati effettuati nell'edificio), porti comunque a un miglioramento minimo di due classi energetiche in relazione all'intero edificio.
In altri termini, in tutte le situazioni in cui sull'edificio vincolato è possibile compiere l'intervento trainato senza l'intervento trainante, il salto di classe energetica deve comunque riguardare tutto l'edificio e non solo la singola unità immobiliare.

4.2.1.5 Ventilazione meccanica controllata

D - Risulta agevolabile nell'Ecobonus l'installazione di impianti di ventilazione meccanica controllata (VMC)?

R - Qualora si realizzino interventi sulle strutture opache delimitanti il volume climatizzato verso l'esterno - è necessario procedere alla verifica dell'assenza di rischio di formazione di muffe e di condensazioni interstiziali, in conformità alla UNI EN ISO 13788 (cfr. paragrafo 2.3, punto 2, del D.M. 26/06/2015 "*Requisiti minimi*").

Qualora anche considerando il numero di ricambi d'aria naturale previsto dalla norma UNI-TS 11300-1, e provvedendo per quanto possibile alla correzione dei ponti termici, possa permanere il pericolo di formazione di muffe o condense in corrispondenza di essi, i sistemi di VMC rappresentino secondo ENEA una valida soluzione tecnica. In tali condizioni, pertanto, tali sistemi si ritengono ammissibili alle detrazioni fiscali, se realizzati congiuntamente agli interventi di coibentazione delle superfici opache, nei limiti di spesa, detrazione e costo specifico a quest'ultimi riservati.

Per poter fruire del beneficio, occorre che il tecnico rediga una relazione (da allegare quale parte integrante e sostanziale dell'asseverazione sul rispetto dei requisiti prevista dal D.M. 06/08/2020, c.d. "*Decreto Requisiti Ecobonus*"), nella quale attestare la sussistenza delle seguenti condizioni:

1) che la VMC rappresenti l'unica soluzione per garantire l'assenza di muffe o condense interstiziali non potendo procedere all'eliminazione di tutti i ponti termici;

2) che il sistema di VMC installato consegua un risparmio energetico rispetto alla situazione che prevede la massima correzione dei ponti termici (come sopra indicato) e un numero di ricambi d'aria naturale pari a quello previsto dalla norma UNI-TS 11300-1, calcolato nell'ipotesi che venga alimentato solo con energia elettrica prelevata della rete.

Ne segue che risultano ammissibili esclusivamente i sistemi di VMC dotati di recupero di calore.

I sistemi di VMC possono accedere all'Ecobonus anche nel caso in cui siano associati ad un intervento di sostituzione di un impianto di climatizzazione invernale con un impianto con fluido termovettore ad aria e siano con esso strettamente integrati.

In tal caso, i sistemi di VMC risultano parte integrante dell'impianto di climatizzazione invernale e ad essi si applicano i medesimi limiti di spesa, detrazione e costo specifico per i citati impianti.

Anche per tale casistica, il sistema di VMC installato deve garantire un risparmio energetico, da asseverare mediante relazione di un tecnico abilitato (da allegare all'asseverazione sul rispetto dei requisiti prevista dal DRE), rispetto alla situazione che prevede un numero di ricambi d'aria naturale pari a quello previsto dalla norma UNITS 11300-1 nell'ipotesi che sia alimentato esclusivamente con energia elettrica prelevata della rete.

Conseguentemente, anche in questo caso sono ammissibili solamente i sistemi di VMC dotati di recupero di calore.

4.2.2 Sostituzione impiantistica

D - Per la sostituzione dell'impianto di climatizzazione sulle parti comuni si intende la climatizzazione degli spazi comuni a tutti i condomini o degli impianti di climatizzazione centralizzati con climatizzazione delle singole unità?
R - L'intervento prevede l'installazione di un impianto centralizzato a servizio delle singole unità immobiliari nonché, ove necessario, anche di eventuali parti comuni.

D - Un appartamento, il cui impianto di riscaldamento consiste solamente di un caminetto a legna o a pellet a focolare aperto, se può accedere al Superbonus, come risolvere il problema del libretto di impianto?
R - Si vedano altre risposte per le condizioni alle quali un camino fisso a focolare aperto può costituire un *"impianto preesistente"* e quindi consentire l'esecuzione di lavori agevolati per l'Ecobonus negli ambienti da esso serviti.
Quanto al libretto di impianto, è più che scontato che un caminetto aperto non sia dotato del libretto di impianto, essendo peraltro un impianto assolutamente non normabile e di complessa standardizzazione ed essendo molto recente la sua inclusione nel novero degli *"impianti termici"*.
Si ritiene adottabile la soluzione - assumendosene il tecnico piena responsabilità - di sostituire il libretto con una relazione dettagliata del tecnico che certifichi la presenza dell'impianto e ne calcoli le potenzialità sulla base della letteratura tecnica a disposizione.
La suddetta relazione sarebbe anche in grado pertanto di verificare la possibilità per il caminetto di servire per intero l'unità immobiliare cui si riferisce, a fini del rispetto del requisito della *"presenza"* negli ambienti oggetto dei lavori, dovendosi teoricamente - in caso contrario - escludere dal bonus i volumi non riscaldabili.

D - In caso di sostituzione dell'impianto di riscaldamento centralizzato, nei costi ammissibili al 110% rientrano anche le sostituzioni delle montanti fino ai singoli appartamenti?
R - Secondo la Circolare 08/08/2020, n. 24/E, punto 2.1, sono ammesse a detrazione anche le spese relative all'adeguamento dei sistemi di distribuzione (tubi), emissione (sistemi scaldanti) e regolazione (sonde, termostati e valvole termostatiche).
Pertanto, dobbiamo ritenere che in caso di intervento su impianto centralizzato tali spese possano essere portate in detrazione seppure parte delle spese relative all'adeguamento del sistema di distribuzione e/o di emissione siano relative a opere insistenti sugli appartamenti privati.

D - Per la sostituzione dell'impianto di climatizzazione, è necessario intervenire anche sul sistema di distribuzione, sugli elementi radianti, ecc.?
R - La Guida dell'Agenzia entrate al Superbonus, alla FAQ n. 14, afferma che *"la sostituzione del generatore di calore è sufficiente per godere della detrazione al 110%. Sono ammesse le spese relative all'adeguamento dei sistemi di distribuzione (tubi), emissione (sistemi scaldanti) e regolazione (sonde, termostati e valvole termostatiche)"*.
Nello stesso senso la Circolare 08/08/2020, n. 24/E, punto 2.1.

D - In condominio, in presenza di sostituzione di impianto centralizzato, è possibile detrarre anche le spese per gli interventi nei singoli appartamenti, sulle tubazioni e sui radiatori?

R - Se l'impianto termico è centralizzato, la sostituzione del generatore di calore e l'adeguamento della rete di distribuzione e dei terminali rientrano nell'intervento trainante di sostituzione impianto termico su parti comuni. Però se l'intervento si configura sulle parti comuni condominiali, non vi potrebbero teoricamente rientrare interventi realizzati su parti private di proprietà dei singoli condomini. Trattasi di aspetto su cui non ci sono certezze, tuttavia propendiamo per la risposta positiva, cioè che possono rientrare anche le lavorazioni su parti private di proprietà dei singoli condomini afferenti la rete di distribuzione e di emissione dell'impianto.

In tutti i casi, le spese in questione non possono che far parte dell'intervento trainante stesso, nello stesso massimale, non potendo di certo attivarsi un intervento trainato, non applicabile sia perché non vi sarebbe un generatore da sostituire e sia in quanto vi è già il medesimo intervento come trainante.

D - In una bifamiliare è possibile sostituire il generatore di calore centralizzato mediante l'installazione di due caldaie autonome?

R - La risposta è negativa: non è agevolabile il passaggio da centralizzato a impianti autonomi (principio consolidato sulla base della Circolare 31/05/2007, n. 36/E, punto 3.4).

D - In un intervento Superbonus si vorrebbe installare un pavimento radiante che faccia anche climatizzazione estiva, e pertanto si rende necessario installare anche delle unità deumidificanti: queste ultime rientrerebbero nei massimali del Superbonus?

R - In punto di norma la risposta è negativa, in quanto non sono previste agevolazioni per una unità di deumidificazione. Tuttavia, considerando i seguenti principi generali:

- le lavorazioni accessorie possono rientrare nel bonus, purché siano solo quelle strumentali e necessarie all'intervento agevolato, e la cui individuazione è di esclusiva e discrezionale competenza del tecnico incaricato (Circolare 22/12/2020, n. 30/E, punto 4.5.6);
- l'impianto da installarsi può essere *"per il riscaldamento, il raffrescamento o la fornitura di acqua calda sanitaria"* (art. 119 del D.L. 34/2020);

si potrebbe affermare che qualora l'unità di deumidificazione sia da inquadrare come *"strumentale e necessaria"* al completamento del nuovo impianto termico basso emissivo, allora le spese rientrerebbero.

È chiaro che di quanto sopra si assume piena responsabilità il tecnico asseveratore.

D - Se ho un impianto a biomassa già presente e lo affianco a una pompa di calore, ricado nel 110%?

R - La risposta è negativa, in quanto la norma - sia per gli interventi sulle parti comuni degli edifici che per gli interventi sulle singole unità immobiliari - parla di *"sostituzione degli impianti di climatizzazione invernale esistenti"*, pertanto si deve escludere l'installazione di un nuovo impianto in aggiunta ad uno già esistente e che non viene smantellato.

D - In caso di installazione di impianto fotovoltaico e sostituzione di caldaia, è necessario che vi sia la dichiarazione di conformità degli impianti preesistenti?
R - La mancanza della dichiarazione di conformità relativa all'impianto preesistente non comporta conseguenze quanto alla fruizione del Superbonus; tuttavia, è consigliabile (a evitare eventuale applicazione della sanzione pecuniaria in caso di controlli ai sensi dell'art. 15 del D.M. 22/01/2008, n. 37) far redigere una dichiarazione di rispondenza da conservare anche per gli impianti preesistenti.

D - In un edificio dotato di impianti di riscaldamento, è possibile realizzare un impianto di raffrescamento usufruendo degli incentivi?
R - La risposta è negativa, in quanto la norma parla di *"sostituzione degli impianti di climatizzazione invernale esistenti"*, pertanto si deve escludere l'installazione di un nuovo impianto per il solo raffrescamento estivo, in presenza di un impianto di riscaldamento esistente e che non viene smantellato.

D - Il riscaldamento a pavimento radiante è ammissibile alle agevolazioni?
R - La risposta è affermativa. Per l'intervento di sostituzione impiantistica non sono poste limitazioni in merito alla tipologia e al posizionamento dei corpi scaldanti, quanto prescrizioni rispetto al tipo di generatore di calore.

D - Stufette a gas con potenza minore di 5 kW possono scaldare una taverna non riscaldabile per usufruire del 110%?
R - Quanto agli impianti si rinvia ad altre risposte, occorre poi verificare la qualificazione urbanistica della *"taverna"*, e se si tratta pertanto di volume legittimamente riscaldabile.

D - Un unico split da 2 kW posto in un vano di una unità abitativa composta da 5 vani si può considerare impianto termico se il suo fabbisogno energetico è di 7 kW?
R - Si rinvia ad altre risposte in proposito.

D - L'eventuale rifacimento dell'impianto termico da termosifoni a riscaldamento a pavimento rientra nel 110%?
R - Nell'ambito dell'intervento di sostituzione impiantistica non viene in rilievo la tipologia dei terminali riscaldanti utilizzati ma il tipo di generatore di calore, si ritiene pertanto di dare risposta affermativa per i pannelli radianti.
Sono ammesse alla detrazione le spese relative all'adeguamento dei sistemi di distribuzione (tubi), emissione (sistemi scaldanti) e regolazione (sonde, termostati e valvole termostatiche); in questo senso vedi sia la Guida Agenzia entrate che la Circolare 08/08/2020, n. 24/E, punto 2.1.
Il rifacimento del pavimento sarà invece una spesa connessa funzionale e necessaria al completamento dell'intervento.

4.2.3 Interventi trainanti e trainati

4.2.3.1 In generale

D - È possibile effettuare un intervento trainante (isolamento termico e/o sostituzione impianto) per singola unità immobiliare?
R - La risposta è affermativa, ove la singola unità immobiliare consista in un edificio unifamiliare o comunque risponda alla definizione legislativa di *"unità immobiliare situata all'interno di edifici plurifamiliari che sia funzionalmente indipendente e disponga di uno o più accessi autonomi dall'esterno"* (vedi altre risposte).

D - L'intervento di riqualificazione energetica "*globale*" può rientrare nel Superbonus come intervento trainato?
R - La risposta è negativa, l'intervento di riqualificazione energetica "*globale*" degli edifici, di cui al comma 344, art. 1 della L. 296/2006, non può essere trainato nell'ambito del Superbonus 110% (Interpello 43/2021)
Trattasi di conseguenza logica del fatto che occorre invece considerare i singoli interventi sull'involucro edilizio e/o impiantistici che rientrano già nelle varie altre fattispecie di interventi trainanti o trainati, e pertanto tale intervento, nell'impianto normativo delineato per il Superbonus, non ha senso.

D - Le spese per la modifica del quadro elettrico dell'abitazione per il passaggio da monofase a trifase, per l'alimentazione della pompa di calore e per il fotovoltaico, rientrano nel Superbonus?
R - Le spese "*strettamente correlate*" alla esecuzione della lavorazione principale possono rientrare nei bonus nella misura in cui il tecnico abilitato ne certifichi la necessità in funzione di specifiche esigenze tecniche (cfr. Interpello 685/2021). Sarà quindi il tecnico a valutare discrezionalmente se le spese possano considerarsi strettamente correlate ai lavori da eseguirsi. Per quanto ci riguarda, riteniamo possano rientrare le spese sostenute dal punto di vista edilizio/impiantistico per adeguare l'impianto, ma non invece le spese afferenti eventuali diritti e oneri da corrispondere al gestore/fornitore dell'energia.

D - Posso fare sia l'isolamento che la sostituzione della caldaia centralizzata in condominio, o devo scegliere uno dei due?
R - Possono essere svolti entrambi gli interventi, e per entrambi si potrà usufruire del Superbonus come interventi *"trainanti"*, fermo restando che una stessa spesa può essere assoggettata ad una sola agevolazione.

4.2.3.2 Sostituzione serramenti/infissi

D - La sostituzione dei cassonetti delle tapparelle può rientrare all'interno del Superbonus 110%?
R - La risposta è affermativa. Riprendendo i chiarimenti forniti dall'ENEA in riferimento all'Ecobonus, sono compresi nell'intervento di sostituzione dei serramenti la fornitura e posa in opera di scuri, persiane, avvolgibili, cassonetti ed elementi accessori, purché tale sostituzione avvenga simultaneamente a quella degli infissi (o del solo vetro).

D - Rientra nell'intervento trainato di sostituzione degli infissi anche la sostituzione del portoncino d'ingresso?

R - La sostituzione del portoncino (come intervento trainato al pari dei serramenti) rientra nell'agevolazione solo se separa il volume riscaldato dall'esterno o da vano non riscaldato (vedi in proposito Circolare 23/04/2010, n. 21/E, risposta 3.2, applicabile anche al caso in questione perché riguarda gli interventi Ecobonus, qui trainati).

Pertanto, in caso di intervento trainato di sostituzione infissi, anche la sostituzione del portoncino d'ingresso confinante con vano scala non riscaldato sarà agevolabile.

D - Gli scuri esterni dei serramenti rientrano entro il massimale dei serramenti ed infissi o entro quello delle schermature solari?

R - Occorre distinguere perché possono presentarsi due casi diversi, dal momento che la sostituzione delle chiusure oscuranti può:

- rientrare nell'eventuale intervento trainato di sostituzione delle finestre comprensive di infissi (e in questo caso, unitamente all'infisso, rientra in un unico massimale e deve rispettare i requisiti prestazionali prescritti);
- oppure essere agevolata nell'ambito di un intervento trainato di acquisto e posa in opera di schermature solari e/o chiusure tecniche mobili oscuranti montate in modo solidale all'involucro edilizio o ai suoi componenti e installati all'interno, all'esterno o integrati alla superficie finestrata (e in questo caso ha il suo massimale autonomo e deve rispettare gli specifici requisiti tecnico-prestazionali previsti).

D - Nel caso di sostituzione delle chiusure oscuranti (persiane e avvolgibili) è necessario che queste siano installate sugli orientamenti da est a ovest passando per sud, oppure sono ammessi tutti gli orientamenti?

R - Occorre distinguere:

- per le chiusure oscuranti (ad esempio persiane, avvolgibili, tapparelle) installate nell'ambito di un intervento di sostituzione di serramenti, sono ammessi tutti gli orientamenti;
- per un intervento trainato di acquisto e posa in opera di schermature solari e/o chiusure tecniche mobili oscuranti (ad esempio tende da sole, veneziane, tende a rullo, tende a bracci) sono ammessi gli orientamenti da est a ovest passando per sud e sono pertanto esclusi nord, nord-est e nord-ovest.

D - Nell'intervento trainato di sostituzione dei serramenti, sono comprese anche le spese relative alle zanzariere, o le grate antieffrazione, se integrate all'interno dei serramenti?

R - Secondo noi la risposta è negativa. L'agevolazione concerne la fornitura e posa in opera di scuri, persiane, avvolgibili, cassonetti (se solidali con l'infisso) e suoi elementi accessori, purché tale sostituzione avvenga simultaneamente a quella degli infissi (o del solo vetro).

Tuttavia, secondo noi ci si riferisce ad accessori necessari del serramento, e la zanzariera non può considerarsi tale né può fornire un apporto in termini di contributo alla prestazione energetica dell'elemento stesso. La risposta si ritiene estendibile anche alle grate antieffrazione.

D - La sostituzione degli infissi da parte del generico condomino può essere fatta se e solo se gli interventi già preventivati dal condominio garantiscono lo scatto di due classi, oppure lo scatto può realizzarsi anche con un intervento trainante e interventi parziali sostenuti da alcuni condomini?
R - Il doppio salto di classe energetica può essere conseguito anche tramite l'effetto cumulato di interventi trainanti e trainati; pertanto, riteniamo anche se gli interventi trainati (ad esempio la sostituzione degli infissi) siano effettuati solo da alcuni condòmini.
In questo senso la Circolare 08/08/2020, n. 24/E, punto 3.

D - In un condominio misto commerciale e residenziale, è possibile sostituire i serramenti vetrina delle unità immobiliari commerciali al piano terra?
R - La risposta è negativa. L'intervento di sostituzione dei serramenti è intervento *"trainato"*, e come tale non può mai essere eseguito su unità a destinazione non residenziale.

D - Per la sostituzione degli infissi, sono possibili variazioni dimensionali e/o geometrici e/o di posizionamento?
R - Quanto alla sostituzione degli infissi con il Superbonus, a seguito dei chiarimenti resi con Interpello 524/2021, per un intervento eseguito senza demo-ricostruzione:

1) è agevolabile la sostituzione delle finestre anche con diversa forma e/o dimensione;

2) quanto sopra, a patto di non superare la superficie complessiva ante intervento, e senza che sia possibile effettuare uno scorporo della superficie in eccesso, portando in agevolazione solo la parte corrispondente alla superficie ante;

3) non sono agevolabili nuove aperture.

Viceversa, in caso di demolizione e ricostruzione, si avrà come riferimento per le agevolazioni la situazione post intervento.

D - La sostituzione degli infissi nei singoli appartamenti come deve essere deliberata a livello condominiale?
R - Dal punto di vista giuridico, gli interventi nei singoli appartamenti (si pensi ad esempio all'intervento di sostituzione di serramenti e finestre oppure alla sostituzione dell'impianto di riscaldamento autonomo se presente) non possono essere deliberati a livello condominiale, dal momento che non riguardano *"parti comuni"* ma elementi di proprietà privata di ciascun condomino. Peraltro, la delibera assembleare che dispone lavori su parti di competenza dei singoli proprietari è nulla (tra le tante: Cass. 12/03/2020, n. 7042).
Ne segue che ciascun singolo proprietario potrà scegliere in completa autonomia se procedere o meno alla sostituzione degli infissi nel proprio appartamento, e altrettanto per eventuali altri interventi trainati (es. sostituzione della caldaia in caso di riscaldamento autonomo).

D - Come calcolare la misura degli infissi ai fini della verifica dei requisiti dimensionali?
R - Non ci sono indicazioni "*ufficiali*", ma a nostro parere la misura corretta cui fare riferimento è probabilmente quella del "*foro architettonico*" (la larghezza e l'altezza dell'intera struttura dell'apertura, che coincide con quella dell'infisso salvo eventuali tolleranze). Pertanto rientrano nel conteggio anche eventuali cassonetti.

4.2.3.3 Sostituzione impianto autonomo singola unità immobiliare

D - Sostituendo tutte le caldaie autonome nel condominio, posso considerarle nel calcolo ai fini del miglioramento di due classi energetiche?
R - La risposta è affermativa. In caso di interventi trainati consistenti nella sostituzione di tutte le caldaie autonome, tali interventi potranno cumulativamente contribuire al doppio salto di classe energetica, dal momento che questo è valutato in base all'effetto cumulato di interventi trainanti e trainati.

D - In un condominio con tutte unità immobiliari dotate di caldaie autonome, se non è possibile realizzare l'isolamento, come posso accedere al Superbonus?
R - In questo caso non ci sono possibilità di accedere al Superbonus, a meno che non si tratti di immobile vincolato o l'impossibilità di realizzare un intervento *"trainante"* sia dovuto alla presenza di specifici divieti nei regolamenti edilizi, urbanistici e ambientali. In questi casi, ai sensi del comma 2, art. 119 del D.L. 34/2020, è possibile effettuare interventi *"trainati"* usufruendo del Superbonus pur in assenza di un intervento principale *"trainante"*, nel rispetto dei requisiti previsti e in particolare in presenza del doppio salto di classe energetica che va comunque conseguito per l'intero edificio (vedi altre risposte in proposito).

4.2.3.4 Fotovoltaico e ricarica veicoli elettrici

D - La sola introduzione del fotovoltaico non è agevolata?
R - In linea generale, a prescindere dal Superbonus, le spese sostenute per l'installazione di impianti basati sull'impiego delle fonti rinnovabili di energia (anche in assenza di opere edilizie propriamente dette) rientrano tra gli interventi agevolati ai sensi dell'art. 16-*bis* del D.P.R. 917/1986 - comma 1, lettera *h)* - in combinato disposto con l'art. 16 del D.L. 63/2013, entro il limite di 96.000 Euro di spesa per unità immobiliare, e con una detrazione del 50% di tale importo da ripartire in 10 anni. In tale ammontare rientrano anche le spese per l'installazione di sistemi di accumulo funzionalmente collegati agli impianti stessi.
Qualora invece l'installazione di impianti fotovoltaici avvenga nell'ambito di un intervento *"trainato"* da altri aventi diritto al Superbonus, è prevista l'aliquota di detrazione maggiorata al 110%, da ripartire in 5 anni, con il medesimo massimale complessivo di 96.000 Euro (suddiviso tra 48.000 per l'impianto e 48.000 per il sistema di accumulo, vedi Risoluzione 28/09/2020, n. 60/E) e ulteriori limiti per kW di potenza dell'impianto e kWh di capacità del sistema di accumulo.

D - Negli importi dell'impianto fotovoltaico pari a 2.400 o 1.600 euro per kW, sono compresi anche manodopera e tutte le opere accessorie per l'installazione, quali sistemi di fissaggio, cavi connettori, oneri di progettazione e asseverazione?
R - L'importo per il fotovoltaico e relativi sistemi di accumulo è da intendersi comprensivo di IVA, ed è da intendersi per il lavoro *"finito"* (fornitura, posa in opera, opere accessorie, assistenze murarie se necessarie, collegamenti, spese tecniche, ecc.).
Quindi sono compresi nell'importo anche gli oneri di progettazione e asseverazione. Tuttavia questi ultimi, potendo essere comuni anche ad altre lavorazioni eseguite, possono - se del caso - essere fatti confluire in altre categorie di opere, se più conveniente ai fini della calibrazione dei massimali.

D - Nelle nuove costruzioni è prevista una porzione di fonti energetiche rinnovabili obbligatorie ai sensi del D. Leg.vo 28/2011. L'incentivo per gli impianti fotovoltaici si applica ad una eventuale quota oltre il minimo di legge?
R - L'ENEA, con riferimento all'Ecobonus e ad un intervento di installazione di pannelli solari temici ha ritenuto ammissibile al beneficio fiscale unicamente la parte di spesa sostenuta per l'impianto che produce la quota di energia termica eccedente il vincolo cogente (cfr. FAQ Ecobonus ENEA n. 4.C).
Con riferimento al Superbonus, la questione è stata invece risolta diversamente L'Agenzia delle entrate con la risposta all'Interpello 488/2021, dove è stata dichiarata ammissibile all'incentivo l'intera quota di potenza dell'impianto fotovoltaico a prescindere dagli obblighi di cui all'art. 11 del D. Leg.vo 28/2011, ovviamente nel rispetto dei massimali di cui al comma 5 dell'art. 119 del D.L. 34/2020.

D - Se fosse già presente un impianto fotovoltaico, potrebbe essere implementato con un incremento?
R - Secondo quanto si legge nella Circolare 22/12/2020, n. 30/E, punto 4.3.1, la risposta è affermativa, nel rispetto delle condizioni e dei limiti stabiliti dai commi 5 e 7, art. 119 del D.L. 34/2020, e ferma restando l'impossibilità per la quota parte di impianto potenziato di accedere a qualunque altro beneficio.

D - Il limite di potenza di 20 kW per il fotovoltaico si intende per unità abitativa o per tutto il condominio?
R - Secondo quanto si legge nella Circolare 22/12/2020, n. 30/E, punto 4.3.3, se l'impianto è al servizio del condominio il limite di 20 kW è riferito all'edificio condominiale, se invece l'impianto è al servizio delle singole unità abitative tale limite va riferito alla singola unità.

D - Il fotovoltaico può usufruire dello scambio sul posto dell'energia elettrica?
R - La risposta è negativa. Condizione vincolante per il FV con Superbonus è la cessione in favore del Gestore dei servizi energetici (GSE) dell'energia non autoconsumata in sito, ovvero non condivisa per l'autoconsumo, in pratica il c.d. *"ritiro dedicato"*. Ciò stante, lo scambio sul posto sembra essere incompatibile con il fotovoltaico agevolato con Superbonus.

Si aggiunga che il comma 7, art. 119 del D.L. 34/2020 dispone che la detrazione per impianti fotovoltaici non è cumulabile con altri incentivi pubblici e altre forme di agevolazione di qualsiasi natura previste dalla normativa europea, nazionale e regionale, compresi i fondi di garanzia e di rotazione di cui all'art. 11 del D. Leg.vo 28/2011, comma 4 e gli incentivi per lo scambio sul posto di cui all'art. 25-*bis* del D.L. 91/2014.

D - Per il fotovoltaico, stante la necessità di attivare il servizio di ritiro dell'energia, da quale momento è possibile fruire del Superbonus?
R - Quanto al GSE, per poter attivare il servizio di ritiro dell'energia, il contribuente deve presentare una apposita istanza a seguito della quale il GSE effettua un'istruttoria per verificare se l'impianto di produzione possiede i requisiti necessari per poter essere ammesso al servizio di ritiro dedicato (tipo di energia prodotta, potenza, ecc.).
Secondo quanto indicato dall'Agenzia delle entrate nel corso dell'evento "*Telefisco*" di giugno 2021 (risposta 8), la fruizione del Superbonus è possibile dal momento di emissione della comunicazione dell'accettazione della suddetta istanza da parte del GSE senza dover attendere il perfezionamento del contratto, il quale potrebbe posticipare notevolmente il momento di fruizione dell'agevolazione.

D - Le colonnine o stazioni di ricarica per veicoli elettrici, per accedere al Superbonus come intervento trainato, devono avere una potenza minima?
R - Le specifiche tecniche sono rinvenibili nel D. Leg.vo 257/2016.
Le infrastrutture di ricarica ai fini del Superbonus devono essere dotate di uno o più punti di ricarica di potenza standard non accessibili al pubblico ai sensi dell'articolo 2, comma 1, lettere *d)* e *h)*, D. Leg.vo 257/2016.
L'art. 4 del citato D. Leg.vo 257/2016, comma 5, prevede che i punti di ricarica dei veicoli elettrici introdotti o rinnovati a decorrere dal 18/11/2017 debbano essere conformi alle seguenti specifiche tecniche:

- Punti di ricarica di potenza standard per veicoli a motore

  I punti di ricarica di potenza standard a corrente alternata (AC) per veicoli elettrici sono muniti, a fini di interoperabilità, almeno di prese fisse o connettori per veicoli del tipo 2, quali descritti nella norma EN62196-2. Mantenendo la compatibilità del tipo 2, tali prese fisse possono essere munite di dispositivi quali otturatori meccanici.
- Punti di ricarica di potenza elevata per veicoli a motore

  I punti di ricarica di potenza elevata a corrente alternata (AC) sono muniti, a fini di interoperabilità, almeno di connettori del tipo 2, quali descritti nella norma EN62196-2. I punti di ricarica di potenza elevata a corrente continua (DC) per veicoli elettrici sono muniti, a fini di interoperabilità, almeno di connettori del sistema di ricarica combinato "*Combo 2*", quali descritti nella norma EN62196-3.

A sua volta l'art. 2 del D. Leg.vo 257/2016 definisce

d) punto di ricarica di potenza standard: un punto di ricarica, che consente il trasferimento di elettricità a un veicolo elettrico di potenza pari o inferiore a 22 kW, esclusi i dispositivi di potenza pari o inferiore a 3,7 kW, che sono installati in abitazioni private o il cui scopo principale non è ricaricare veicoli elettrici, e che non sono accessibili al pubblico. Il punto di ricarica di potenza standard è dettagliato nelle seguenti tipologie:

1) lenta = pari o inferiore a 7,4 kW;
2) accelerata = superiore a 7,4 kW e pari o inferiore a 22 kW;

h) punto di ricarica non accessibile al pubblico:
1) un punto di ricarica installato in un edificio residenziale privato o in una pertinenza di un edificio residenziale privato, riservato esclusivamente ai residenti;
2) un punto di ricarica destinato esclusivamente alla ricarica di veicoli in servizio all'interno di una stessa entità, installato all'interno di una recinzione dipendente da tale entità;
3) un punto di ricarica installato in un'officina di manutenzione o di riparazione, non accessibile al pubblico;

4.2.4 Sismabonus

4.2.4.1 In generale

D - Affinché le opere di miglioramento sismico rientrino nel Superbonus, bisogna sempre raggiungere i livelli minimi di miglioramento di classe?
R - Per il Sismabonus, l'incremento dell'aliquota di detrazione al 110% è previsto in maniera indistinta, senza cioè alcuna distinzione in base al miglioramento della classe di rischio sismico; ne consegue che il vantaggio risulterà massimo per gli interventi che ordinariamente beneficerebbero dell'aliquota di detrazione al 50%.
In pratica, l'aliquota del 110% prende il posto - nel periodo di vigenza del Superbonus - di tutte le aliquote previgenti, e si applica anche ai casi di acquisto di case antisismiche direttamente dall'impresa che abbia provveduto alla demolizione e ricostruzione e poi alla vendita entro 18 mesi dalla fine dell'intervento.
Questo non significa che qualsiasi intervento possa rientrare nel perimetro della messa in sicurezza antisismica. L'efficacia degli interventi ai fini della riduzione del rischio sismico - come indicato dalla lettera *b)*, comma 13 dell'art. 119 del D.L. 34/2020 - deve essere asseverata dai professionisti incaricati della progettazione strutturale, della direzione dei lavori delle strutture e del collaudo statico, unitamente alla congruità della spesa sostenuta in relazione agli interventi realizzati, in base ai modelli previsti dal D.M. 329/2020 (Allegato B-1: Attestazione del direttore dei lavori; Allegato B-2: Attestazione del collaudatore).
Si tratta tuttavia di una generica attestazione di *"efficacia"* degli interventi ai fini della riduzione del rischio sismico, che non comporta la necessità di un miglioramento nella classificazione di rischio sismico ai sensi del D.M. 58/2017, pur dovendo secondo noi essere misurata in base ai parametri previsti dallo stesso decreto.
I citati modelli previsti dal D.M. 329/2020 (Allegato B-1: Attestazione del direttore dei lavori; Allegato B-2: Attestazione del collaudatore) prevedono anche la possibilità di spuntare la casella *"Nessuna classe"*, in riferimento al miglioramento sismico. È ovviamente da ritenere, in questi casi, che la relazione tecnica dettagliata da redigersi ad opera del professionista debba dare circostanziato e motivato conto dell'efficacia degli interventi.

D - In merito al Super-Sismabonus, è lecito nella relativa modulistica lasciare in bianco la sezione dello stato di fatto e dello stato conseguente all'intervento poiché non è necessario certificare alcun miglioramento nella classificazione sismica?
R - Come chiarito dalla Commissione di monitoraggio sul Sismabonus istituita presso il Consiglio superiore dei lavori pubblici (risposte a quesiti aprile 2021), ci sono alcuni casi in cui non è necessaria l'attribuzione di classe di rischio, in particolare:

1) quando viene scelta l'opzione "nessuna classe" non è necessario asseverare né la classe di rischio "*ex ante*", né quella "*ex post*", e quindi, pur dovendosi compilare l'Allegato B, non è necessario compilare le sezioni relative agli aspetti suddetti;

2) quando si utilizzano le prescrizioni dell'Allegato A al D.M. 58/2017 relative a edifici in calcestruzzo armato con telai in due direzioni, le sezioni dei moduli relative all'attribuzione della classe di rischio "*ex ante*" ed "*ex post*" possono non essere compilate, essendo automaticamente assegnata la riduzione di una classe di rischio;

3) quando si utilizzano le prescrizioni dell'Allegato A al D.M. 58/2017 relative all'utilizzo del metodo semplificato per edifici in muratura, le sezioni dei moduli relative all'attribuzione della classe di rischio "*ex ante*" ed "*ex post*" vengono compilate solo per le parti relative alla classe di rischio della costruzione nonché per l'indicazione dell'adozione del metodo semplificato

4) nel caso di demolizione e ricostruzione di interi edifici o loro porzioni, per il nuovo organismo ricostruito sarà comunque obbligatorio il rispetto del Capitolo 7 delle NTC 2018, che condurrà ad una costruzione antisismica, si considera quindi conseguita la riduzione di due classi di rischio e non sarà necessario compilare la sezione dei moduli relativa all'attribuzione della classe di rischio "ex ante". Resta inteso che è necessario compilare invece la sezione relativa all'attribuzione della classe di rischio "*ex post*", allegando la relazione illustrativa dell'attività conoscitiva svolta e dei risultati raggiunti, relativa alla situazione post intervento.

Si vedano gli schemi riepilogativi al paragrafo 3.4.2.10.

D - Il solo intervento di demolizione e successiva ricostruzione di un tetto in legno può rientrare nelle agevolazioni del Sismabonus?
R - Possono rientrare nel Super-Sismabonus interventi sulle coperture, e più in generale sugli orizzontamenti, o su loro porzioni finalizzati all'aumento della capacità portante, alla riduzione dei pesi, alla elimina-zione delle spinte applicate alle strutture verticali, al miglioramento dell'azione di ritegno delle murature, alla riparazione-integrazione-sostituzione di elementi della copertura, ecc.

D - Per un cantiere iniziato nel 2020 con Sismabonus al 70% a recupero diretto dell'agevolazione e attualmente ancora aperto, come fare concretamente per ottenere l'agevolazione fiscale del 110% per le spese relative ai lavori effettuati da luglio 2020 in poi?
R - Preliminarmente si conferma l'applicabilità del bonus anche per interventi iniziati prima del 01/07/2020 (data di entrata in vigore del Superbonus), come specificato dalla Circolare 08/08/2020, n. 24/E, punto 4, ove si legge che la detrazione del 110% si applica alle spese sostenute, per interventi *"trainanti"* e *"trainati"*, nel periodo di vigenza del Superbonus, indipendentemente dalla data di effettuazione degli interventi.

Ciò premesso:

- occorre che sia stato presentato l'Allegato B al D.M. 329/2020 tempestivamente e comunque prima dell'inizio dei lavori e comunque occorre che il procedimento edilizio per il rilascio del permesso di costruire o per la presentazione della SCIA abbia avuto inizio dopo il 01/01/2017 o comunque il titolo sia stato rilasciato dopo tale data (non si ritiene che tale adempimento vada reiterato anche se il modello è stato modificato con il D.M. 329/2020);
- per poter usufruire del Superbonus i pagamenti devono essere compresi nel periodo dal 01/07/2020 alla data di fine dell'agevolazione;
- occorre poi presentare l'asseverazione del direttore de lavori (fine lavori Allegato B-1 al D.M. 329/2000, ed eventualmente SAL Allegato 1 al medesimo D.M. 329/2020) contenente la dichiarazione sulla congruità dei costi nonché quella del collaudatore statico (Allegato B-2 al D.M. 329/2000), da parte di professionisti in possesso della specifica polizza assicurativa richiesta dal comma 14, art. 119 del D.L. 34/2020.

Non ci sono altri adempimenti burocratici particolari.
I massimali dell'intervento rimangono gli stessi, e le altre somme non rientranti nel Superbonus usufruiranno del bonus *"ridotto"*.

D - Il Sismabonus può essere considerato come trainante per gli interventi di Ecobonus come la sostituzione infissi?
R - Il Sismabonus è trainante solo con riguardo agli interventi di installazione di impianti fotovoltaici e relativi sistemi di accumulo nonché di eliminazione delle barriere architettoniche (si vedano i commi 4 e 5), non anche con riguardo agli interventi di cui all'Ecobonus, che sono trainati solo dagli interventi di efficientamento energetico (si veda il comma 2, art. 119 del D.L. 34/2020).

D - Può rientrare nel Sismabonus la realizzazione di un muro di contenimento?
R - Il comma 1, art. 16-*bis* del D.P.R. 917/1986 stabilisce che gli interventi relativi all'adozione di misure antisismiche e all'esecuzione di opere per la messa in sicurezza statica devono essere realizzati sulle parti strutturali degli edifici.
L'Interpello Agenzia entrate 01/02/2021, n. 68 - considerato che l'art. 1117 del Codice civile ricomprende tra le parti comuni "*le fondazioni, i muri maestri, il suolo su cui sorge l'edificio*", e che tale elencazione non è tassativa - afferma che gli interventi su un muro di contenimento, sempreché funzionali all'adozione di misure antisismiche in relazione alle parti strutturali dell'edificio condominiale, possano essere annoverati tra gli interventi sulle "*parti comuni*" interessate dall'agevolazione. Ne consegue che in relazione alle spese sostenute per un intervento di ricostruzione con criteri antisismici di un muro di contenimento si possa accedere al Superbonus.
Si può secondo noi applicare tale risposta per analogia a tipologie quali una bifamiliare, qualora possa integrare le condizioni richieste e cioè che si tratti di opere:

- concernenti le "*parti comuni*" (è tale anche il suolo sul quale sorge la costruzione, salvo diverso accordo);
- funzionali all'adozione di misure antisismiche in relazione alle parti strutturali dell'edificio "*condominiale*" (come certamente anche una bifamiliare può essere).

Sembra invece più difficile estendere il principio a un edificio unifamiliare, a meno che il muro di contenimento non sia in aderenza e quindi tale da essere considerato parte strutturale dell'edificio.

D - Il Sismabonus è *"trainante"*?
R - Si vedano altre risposte in merito.

D - Il Sismabonus è *"trainato"*?
R - Il Sismabonus può fruire del bonus senza essere *"trainato"* da altri interventi.

D - È possibile accedere al Sismabonus nel caso in cui l'asseverazione iniziale sia protocollata con l'inizio dei lavori e non in fase di avvio del procedimento edilizio?
R - Ai sensi dell'art. 3 del D.M. 58/2018, comma 3, è necessario presentare l'asseverazione iniziale *"tempestivamente e comunque prima dell'inizio dei lavori"*.
Poiché tale inciso è stato introdotto nella norma ad opera del D.M. Infrastrutture e Trasporti 09/01/2020, n. 24, secondo l'Agenzia delle entrate si applica per le asseverazioni depositate dopo la sua entrata in vigore, e quindi dopo il 16/01/2020 (cfr. Interpello 256/2020).
Ne segue in altri termini che il deposito dell'asseverazione effettuato in data antecedente al 16/01/2020 deve essere considerato tardivo, se non contestuale al titolo edilizio.

D - Un edificio residenziale che è già stato oggetto di lavori di ristrutturazione beneficiando delle detrazioni può oggi utilizzare il Super-Sismabonus?
R - Il massimale di spesa di 96.000 Euro per il Sismabonus è per anno solare e/o per intervento. Ne segue che:

- se gli interventi realizzati in ciascun anno consistano nella mera prosecuzione di lavori iniziati negli anni precedenti sulla stessa unità immobiliare, ai fini della determinazione del limite massimo delle spese ammesse in detrazione occorre tenere conto anche delle spese sostenute negli anni pregressi, fino a 96.000 Euro;
- tale vincolo non si applica agli interventi autonomi e distinti, ossia non di mera prosecuzione, fermo restando che anche in caso di diversi interventi autonomi resta il limite di 96.000 per anno solare.

L'intervento per essere considerato autonomamente detraibile, rispetto a quelli eseguiti in anni precedenti sulla medesima unità immobiliare, deve essere anche autonomamente certificato dalla documentazione richiesta dalla normativa edilizia.

D - Il Sismabonus può essere fruito per interventi sulla sola pertinenza?
R - In primo luogo, si precisa che il Sismabonus, sia nella versione *"normale"* che in quella *"super"* (detrazione 110% ai sensi dell'art. 119 del D.L. 34/2020), rientra nella più ampia categoria del Bonus ristrutturazioni, la cui norma di base è l'art. 16-*bis* del D.P.R. 917/1986.
Per il Bonus ristrutturazioni, lo sconto fiscale è riconosciuto anche per interventi effettuati sulla sola pertinenza (si veda in proposito la guida dell'Agenzia delle entrate sul Sismabonus), pertanto secondo noi tale conclusione può essere estesa anche al Sismabonus 110%, nel rispetto di tutte le altre condizioni previste.

Ovviamente deve risultare la destinazione a pertinenza. Ai sensi dell'art. 817 del Codice civile *"sono pertinenze le cose destinate in modo durevole a servizio o ad ornamento di un'altra cosa. La destinazione può essere effettuata dal proprietario della cosa principale o da chi ha un diritto reale sulla medesima"* (ad esempio nell'atto di compravendita o anche catastalmente).
Peraltro, la Circolare 30/E/2020, punto 4.1.1 chiarisce che "*un intervento trainante possa essere eseguito anche su una pertinenza e beneficiare del Superbonus indipendentemente dalla circostanza che l'intervento interessi anche il relativo edificio residenziale principale purché tale intervento sia effettuato nel rispetto di tutti i requisiti stabiliti dall'articolo 119 del decreto Rilancio*".
Se ne conclude che il Sismabonus - ferme restando tutte le condizioni, i presupposti e gli adempimenti previsti - è effettuabile anche sulla sola pertinenza dell'abitazione, a prescindere dal fatto che la pertinenza sia ubicata nel medesimo corpo di fabbrica dell'abitazione, o in aderenza, o fisicamente staccata.

D - Gli interventi locali di rafforzamento - senza dimostrazione di passaggio di classe di rischio sismico - sono agevolabili solo con il Super-Sismabonus, non invece con il Sismabonus normale?
R - È sostanzialmente corretto, ma sono necessarie alcune precisazioni. La lettera *b)*, comma 13, art. 119 del D.L. 34/2020, richiede solo che il professionista incaricato asseveri l'efficacia degli interventi ai fini della riduzione del rischio sismico (si veda per dettagli un'altra risposta approfondita in merito).
A tale proposito vanno però evidenziati altri due aspetti:

1) gli interventi relativi all'adozione di misure antisismiche agevolabili con il Sismabonus devono in tutti i casi essere realizzati sulle parti strutturali degli edifici o complessi di edifici collegati strutturalmente, e comprendere interi edifici, nonché, ove riguardino i centri storici, devono essere eseguiti sulla base di progetti unitari e non su singole unità immobiliari (lettera *i)*, comma 1, art. 16-*bis* del D.P.R. 917/1986);

2) le NTC 2018, par. 8.4.1, richiedono che gli interventi di riparazione o locali non producano, rispetto alla configurazione preesistente, sostanziali modifiche al comportamento delle restanti parti e comunque della struttura nel suo insieme.

Ne deriva che il Super-Sismabonus al 110% ammette sì alle agevolazioni anche gli interventi di riparazione o locali, ma - pur non richiedendo uno specifico incremento in termini di classe di rischio - necessita che il tecnico asseveri l'avvenuto miglioramento sismico dell'intera struttura.
Peraltro, non si ravvisa alcuna incompatibilità tra gli *"interventi locali"* e la fruizione del Sismabonus *"normale"*, con necessità quindi di asseverare un miglioramento della classificazione sismica.

4.2.4.2 Sismabonus, demo-ricostruzione e fabbricato collabente

D - Ho un edificio residenziale collabente in muratura che viene demolito e viene ricostruito in cemento armato. È possibile in questo caso certificare la classe di rischio sismico dell'edificio collabente in muratura con il metodo semplificato e la classe di rischio sismico del nuovo edificio in c.a. con il metodo convenzionale?

R - Dal punto di vista prettamente formalistico è assodata la possibilità di fruire del bonus fiscale, sia per interventi di tipo energetico che per interventi di tipo strutturale (come specificato dall'Interpello Agenzia entrate 09/09/2020, n. 326).
Tuttavia, il metodo semplificato, valido solo per le costruzioni in muratura, può essere utilizzato solo in relazione all'adozione di interventi di tipo locale, cioè quelli che interessano singoli elementi strutturali ma non l'intera struttura nel suo complesso, consentendo al massimo il miglioramento di una sola classe di rischio.
Inoltre - secondo quanto si legge nel D.M. 58/2017, Allegato A, punto 1 - l'attribuzione della classe di rischio pre e post-intervento deve essere effettuata utilizzando il medesimo metodo e con le stesse modalità di analisi e di verifica, tra quelle consentite dalle NTC.
In tutti i casi è necessaria una valutazione iniziale.
Dal punto di vista sostanziale, invece, sembra difficile ipotizzare come quantificare in maniera oggettiva il miglioramento della sicurezza sismica di una costruzione in tutto o in parte diruta. Peraltro, un rischio nasce se vi è una esposizione ad esso, ma se l'esposizione è nulla il rischio è zero (almeno per quel che riguarda la parte economica della determinazione della classe di rischio sismico), come si può dire anche a proposito del miglioramento energetico di edificio non riscaldato (che infatti le norme non agevolano).
Pertanto, è chiaro che se dal punto di vista formale l'intervento è consentito, dal punto di vista sostanziale esso può presentare forti rischi di contestazione per il professionista asseveratore, chiamato a certificare la riduzione del rischio di una costruzione che presenta rischi già pressoché pari a zero.

D - In caso di ristrutturazione edilizia con demolizione e ricostruzione cosa bisogna indicare nell'asseverazione, dato che la situazione ante è un edificio da demolire e che la norma prevede di non allegare la relazione tecnica?
R - Nel caso di demolizione e ricostruzione di interi edifici o loro porzioni, per il nuovo organismo ricostruito sarà comunque obbligatorio il rispetto del Capitolo 7 delle NTC 2018, che condurrà ad una costruzione antisismica, si considera quindi conseguita la riduzione di due classi di rischio e non sarà necessario compilare la sezione dei moduli relativa all'attribuzione della classe di rischio "*ex ante*". Resta inteso che è necessario compilare invece la sezione relativa all'attribuzione della classe di rischio "*ex post*", allegando la relazione illustrativa dell'attività conoscitiva svolta e dei risultati raggiunti, relativa alla situazione post intervento.

4.2.4.3 Sismabonus acquisti

D - Come impresa posso applicare il Sismabonus a favore dell'acquirente anche in un intervento di sola ristrutturazione?
R - La risposta è negativa: il *"Sismabonus acquisti"* si applica solo ai casi di acquisto di case antisismiche direttamente dall'impresa che abbia provveduto alla demolizione e ricostruzione dell'intero edificio e poi alla vendita entro 18 mesi dalla fine dell'intervento (comma 1-*septies*, art. 16 del D.L. 63/2013).

D - Il "*Sismabonus acquisti*" è cumulabile con la fruizione dell'Ecobonus standard da parte dell'impresa?

R - La risposta è affermativa, l'impresa potrebbe fruire direttamente dell'Ecobonus "*normale*" (non super).

Nell'ambito di un unico progetto di ristrutturazione con demolizione e ricostruzione, se l'impresa di costruzione può identificare le spese riferibili esclusivamente agli interventi di ecobonus disciplinati dall'art. 14 del D.L. 63/2013, la detrazione in capo all'impresa non è incompatibile con il Sismabonus acquisti spettante agli acquirenti all'atto dell'acquisto delle unità immobiliari (vedi Interpello 25/08/2021, n. 556).

Nello stesso senso anche Interpello 02/02/2021, n. 70, secondo il quale laddove, in aggiunta alle spese per gli interventi sismici per la successiva fruizione del Sismabonus acquisti per l'acquirente, sia possibile identificare le spese riferibili esclusivamente agli interventi di ecobonus, la predetta detrazione non è incompatibile con il Sismabonus acquisti.

Per fruire della ulteriore detrazione aggiuntiva di cui trattasi, l'impresa esecutrice/cedente dovrebbe tenere distinta contabilizzazione delle relative spese rispetto a quelle riferibili alla demolizione e ricostruzione con miglioramento sismico dell'edificio, che non sarebbero agevolate per l'impresa ma costituirebbero presupposto per far accedere il successivo acquirente al Sismabonus acquisti. In tal modo, i due soggetti coinvolti fruirebbero, rispettivamente, di diverse agevolazioni, ognuna per determinati interventi e relative spese ammissibili.

D - In merito al c.d. *"Sismabonus acquisti"*, qual è il numero massimo di unità immobiliari che può essere acquistato da uno stesso soggetto nella medesima palazzina? Anche le unità immobiliari con destinazione negozio rientrano nell'acquisto?

R - In primo luogo, la norma non pone alcun limite in merito al numero di unità acquistabili dallo stesso soggetto.

Quanto all'ambito applicativo, il "*Sismabonus acquisti*" ha lo stesso ambito di applicazione del Sismabonus, pertanto è usufruibile per gli edifici ubicati nelle zone sismiche 1, 2 o 3, adibiti ad abitazione o ad attività produttive (vedi Interpello 14/07/2020, n. 213). Tuttavia, quando parliamo del Super-Sismabonus (comma 4, art. 119 del D.L. 34/2020), l'ambito applicativo coincide con quello delineato dai commi 9 e 10 del medesimo art. 119 del D.M. 34/2020, e pertanto l'applicazione è ristretta alle sole unità residenziali.

D - Nella ricostruzione di una palazzina finalizzata alla fruizione del Sismabonus acquisti per i futuri acquirenti, possono essere realizzati gli interventi trainati?

R - Quanto alla possibilità di effettuare altri interventi trainati congiuntamente al Sismabonus acquisti (ricordando che il Sismabonus può trainare solamente la realizzazione di impianto fotovoltaici, peraltro nello stesso massimale, e/o l'installazione di infrastrutture per la ricarica di veicoli elettrici), riteniamo che tale opzione non sia configurabile.

Infatti, gli interventi sismici presunti *"trainanti"* non sono realmente agevolati per l'impresa, ma costituiscono presupposto per far accedere il successivo acquirente al Sismabonus acquisti.

D - Per fruire del Sismabonus acquisti entro quando bisogna vendere?
R - I lavori devono essere terminati, e inoltre anche il rogito con l'acquirente deve avvenire entro 30 mesi dalla fine dei lavori oppure, se antecedente, entro la data di scadenza dell'agevolazione.

D - Negli interventi di demolizione e ricostruzione, se le unità derivate migliorano la classe sismica, è possibile applicare il "*Sismabonus acquisti*" anche nel caso di aumento del numero di unità immobiliari e aumento di volumetria?
R - Come indicato dall'Interpello 478/2021, e diversi altri, l'art. 16, comma 1-*septies*, del D.L. 63/2013, prevede il riconoscimento della detrazione anche se la ricostruzione dell'edificio determina un aumento volumetrico rispetto a quello originario, sempreché le norme urbanistiche in vigore permettano tale variazione, non rilevando in alcun modo la circostanza che il fabbricato ricostruito dall'impresa che ha eseguito i lavori contenga un numero maggiore di unità immobiliari rispetto al preesistente (vedi anche: Circolare 7/E/2021 pag. 345; Risoluzione 38/E/2020).
E ciò a prescindere, in ogni caso, dalla circostanza che il titolo abilitativo sia emesso ai sensi dell'articolo dall'art. 3 3, comma 1, lettera *d)* o *e)*, del D.P.R. 380/2001, fermo restando, tuttavia, che l'intervento sia comunque effettuato all'interno dei limiti e nel rispetto di quanto previsto dagli strumenti urbanistici vigenti.
Resta tuttavia fermo che il fabbricato deve essere oggetto di completa demolizione e ricostruzione, anche con ampliamento, e che il fabbricato stesso sia di proprietà dell'impresa di costruzioni.

D - In caso di cessione di case antisismiche da parte di un'impresa di costruzione a seguito di intervento di demolizione e ricostruzione, l'attestazione di congruità dei costi in base a che parametri va fatta?
R - Per il "*Sismabonus acquisti*" non è necessario redigere il computo metrico estimativo dei lavori e non deve essere compilata la sezione del modulo che richiede l'indicazione del costo complessivo dell'intervento.
Infatti, il comma 1-*septies* dell'art. 16 del D.L. 63/2016 determina il bonus fiscale con riferimento al prezzo della singola unità immobiliare, risultante nell'atto pubblico di compravendita e, comunque, entro un ammontare massimo di spesa pari a 96.000 Euro per ciascuna unità immobiliare.
Il bonus fiscale non ha quindi relazione col "costo complessivo dell'intervento" richiesto nel modulo di asseverazione, da indicare negli altri casi di interventi strutturali eseguiti su edifici esistenti.

4.2.5 Interventi in corso, trasferimenti, accorpamenti e frazionamenti, mutamenti di destinazione

4.2.5.1 Interventi in corso, non completati o sospesi

D - Per un edificio completato solo nelle strutture e mancante degli infissi esterni e dell'intonaco nonché degli impianti è possibile usufruire della detrazione?
R - La risposta è negativa. Le agevolazioni riguardano interventi da effettuarsi su edifici

"esistenti", ove come tali si intendono quelli censiti al catasto, dunque nel caso di edifici di nuova costruzione a seguito della presentazione della dichiarazione di fine lavori ed eventualmente dalla modifica della categoria catastale provvisoria F/3 riservata ai fabbricati in costruzione.
Altrettanto dicasi sulla non ammissibilità alle detrazioni delle spese finalizzate al completamento dell'edificio stesso.
Resta ferma la fattibilità dell'intervento in Superbonus su un fabbricato collabente, quindi un fabbricato esistente che abbia subito un evento, non su un fabbricato in corso di costruzione.

D - Un intervento di riqualificazione energetica di un fabbricato, iniziato a giugno 2020 e non ancora chiuso, può rientrare nel Superbonus?
R - Per interventi non ancora iniziati si ritiene di dare risposta positiva. Risulta in proposito particolarmente importante quanto chiarito dalla Circolare 08/08/2020, n. 24/E, punto 4, ove si legge che la detrazione del 110% si applica alle spese sostenute, per interventi *"trainanti"* e *"trainati"*, nel periodo stabilito dalla norma per la vigenza del Superbonus, indipendentemente dalla data di effettuazione degli interventi.

4.2.5.2 Mutamenti di destinazione d'uso

D - Un fabbricato non residenziale che deve essere ristrutturato per essere adibito ad abitazione, può accedere all'agevolazione?
R - L'Agenzia delle entrate ha in vari documenti fornito risposta affermativa, chiarendo in vari documenti che è possibile fruire del diritto alla detrazione d'imposta a condizione che nel provvedimento amministrativo che assente i lavori risulti chiaramente che gli stessi comportano il cambio di destinazione d'uso del fabbricato in abitativo.

4.2.5.3 Frazionamenti e accorpamenti

D - Una unifamiliare con caldaia funzionante, per la quale si prevede il frazionamento in due unità immobiliari, può accedere al Superbonus?
R - Nel caso di lavori che comportino l'accorpamento di più unità abitative o la suddivisione in più immobili di un'unica unità abitativa, per l'individuazione del limite di spesa ammesso alla detrazione vanno considerate le unità immobiliari censite in catasto all'inizio degli interventi edilizi e non quelle risultanti alla fine dei lavori (Interpelli vari).
Pertanto, se intende fare i lavori agevolabili prima del frazionamento valuterà l'immobile come una singola unità immobiliare, viceversa dopo il frazionamento e contestuale accatastamento di due unità immobiliari distinte, come due.

D - Si può frazionare l'immobile prima dei lavori al fine di incrementare i massimali di spesa a disposizione?
R - Se si opera il frazionamento catastale, e successivamente si interviene, la cosa è possibile, ovviamente nel rispetto di tutti gli altri presupposti soggettivi e oggettivi nonché dei requisiti tecnico-prestazionali richiesti.
Dipenderà da come è strutturato l'immobile, considerandolo nella sua configurazione

con due unità immobiliari, la valutazione se possano essere considerate due unità autonome, con conseguente necessità di intervenire singolarmente su ciascuna, oppure un mini-condominio, con possibilità di intervento anche sulle parti comuni.

D - In un edificio con due unità immobiliari da accorpare, solo uno presenta impianto di riscaldamento, è possibile usufruire delle agevolazioni?
R - Si ritiene di dare risposta affermativa, tuttavia bisogna ricordare che ai fini dell'Ecobonus è richiesta la presenza di un impianto di riscaldamento funzionante (o riattivabile tramite manutenzione) presente negli ambienti dove sono effettuati i lavori.
Pertanto, riteniamo non agevolabili ai fini del bonus energetico i lavori svolti sull'unità priva di riscaldamento. Infatti, il presupposto dell'intervento è in ogni caso il conseguimento di un risparmio energetico; la parte non riscaldata consuma zero, pertanto non può esservi alcun risparmio venendo meno in sé il presupposto delle agevolazioni.
Inoltre, in caso di riqualificazione energetica con accorpamento, il miglioramento di due classi energetiche oppure, ove non possibile, il conseguimento della classe energetica più alta, richiesto dalla norma ai fini dell'applicazione del Superbonus, deve essere attestato per l'intero edificio risultante, al termine dei lavori, dall'accorpamento (in tal senso, Interpello 27/11/2020, n. 562).

D - È possibile frazionare un'unità collabente prima dei lavori con il Superbonus?
R - quanto al frazionamento del collabente, non ci risultano cause ostative, dal punto di vista della normativa catastale, alla fattibilità. Gli ostacoli possono essere di tipo tecnico-fattuale, legati cioè alla necessità di individuare in un fabbricato diruto le condizioni tecniche e di fatto per l'esistenza di due separate unità immobiliari, da valutarsi ad opera del tecnico che si occupa del frazionamento.
L'Interpello 121/2021 ha confermato che in caso di collabente con più unità immobiliari, si applicano per il calcolo dei massimali i normali principi applicabili agli edifici plurifamiliari.

4.2.5.4 Immobile in vendita

D - Se l'immobile è in vendita, posso intraprendere comunque la richiesta del Superbonus, o devo attendere la scadenza del contratto?
R - Il proprietario può intraprendere i lavori in qualsiasi momento, a prescindere da valutazioni di opportunità concernenti l'effettuazione di lavori su un immobile che si intende alienare.
In linea generale, la variazione del possesso dell'immobile comporta nella maggior parte dei casi il trasferimento delle quote di detrazione residue in capo al nuovo titolare.

4.2.6 Interventi attuati tramite demolizione e ricostruzione

D - Un intervento di ristrutturazione edilizia con modifica dei prospetti, della sagoma e con traslazione su sedime diverso, seppure senza incremento volumetrico, può usufruire del Superbonus?
R - Nell'ipotesi in cui l'intervento di demolizione e ricostruzione si configuri come "*ristrutturazione edilizia*" ai sensi della lettera d), comma 1, art. 3 del D.P.R. 380/2001, il

bonus fiscale risulterà fruibile anche se l'intervento preveda modifiche alla sagoma e/o ai prospetti dell'edificio.
Quanto sopra per i procedimenti edilizi instaurati a partire dal 17/07/2020, data in cui il D.L. 76/2020 ha la possibilità di procedere a modifica della sagoma e/o dei prospetti, connessa agli interventi di cui sopra, all'interno della definizione della "*ristrutturazione edilizia*", visto che il provvedimento normativo emanato non prevede nessuna specifica retroattività.

D - Nel caso di demolizione e ricostruzione di fabbricato unifamiliare è possibile usufruire sia del Sismabonus che dell'Ecobonus?
R - La risposta è affermativa. Ovviamente le diverse spese ammesse alle agevolazioni dovranno essere distinte, e le stesse spese non potranno rientrare in più di una agevolazione. Le eventuali spese comuni (ad esempio ponteggi) potranno rientrare alternativamente nell'una o nell'altra fattispecie a scelta del contribuente e quindi in base a convenienza.

4.2.7 Gestione interventi in condominio, problemi e divergenze

D - Cosa accade se in un condominio un condomino non permette l'accesso alla propria unità, in occasione del sopralluogo funzionale alla redazione dell'APE convenzionale?
R - Trovano applicazione in questi casi:

- art. 1137 del Codice civile, in base al quale le deliberazioni prese regolarmente dall'assemblea di condominio sono obbligatorie per tutti i condomini;
- art. 843 del Codice civile, che sancisce l'obbligo per il proprietario di permettere l'accesso ed il passaggio nella sua proprietà (se ciò sia necessario) per costruire o riparare un muro o altra opera propria del vicino oppure comune.

In pratica, il condomino non può sottrarsi dal contribuire per la propria quota alle spese deliberate dall'assemblea (non potendosi trattare in nessun caso, salvo situazioni particolarissime, di *"innovazioni gravose o voluttuarie"* - art. 1121 del Codice civile -, ipotesi che in linea di massima non sussiste in questi casi che riguardano invece opere finalizzate ad una migliore fruizione della cosa comune).
Se un condomino vieta l'accesso ed il passaggio agli addetti incaricati dell'esecuzione dei lavori, o anche per i sopralluoghi indispensabili, l'amministratore condominiale può ricorrere, anche in via d'urgenza, al giudice perché quest'ultimo accerti il diritto del condominio ad accedere e passare nella proprietà del condomino per eseguirvi i lavori già decisi dall'assemblea.

D - L'intervento di isolamento termico di un terrazzo a livello va considerato elle parti comuni, e quindi contribuisce al raggiungimento del 25% della SDL?
R - La questione del "*terrazzo a livello*" è complessa, dato che secondo una certa giurisprudenza più datata è ritenuta preponderante la funzione di "*proiezione*" verso l'esterno dell'appartamento cui accede, cui fornisce utilità, ritenendo che la terrazza a livello non sia considerata "*parte comune*" ai sensi dell'art. 1117 del Codice civile (es. Cass. n. 9629 del 16/09/1991; Cass. n. 16067 del 21/12/2000).
La giurisprudenza prevalente e più recente ritiene tuttavia che, qualora non intervenga

una volontà derogatoria degli interessati sul regime di appartenenza, i beni e i servizi elencati dall'art. 1117 del Codice civile, in virtù della relazione di accessorietà o di collegamento strumentale con le singole unità immobiliari, sono attribuiti "*ex lege*" in proprietà comune per effetto dell'acquisto della proprietà dei piani o porzioni di piano; pertanto, il terrazzo a livello è oggetto di proprietà comune se il contrario non risulta dal titolo, per tale intendendosi gli atti di acquisto delle altre unità immobiliari, nonché il regolamento di condominio espressamente accettato dai singoli condomini in occasione del loro acquisto, non essendo sufficiente che la proprietà individuale risulti dal titolo di acquisto della parte che si rivendica proprietaria esclusiva del terrazzo, sicché, in difetto di tale prova, la presunzione di condominialità spiega piena efficacia (Cass. n. 27363 del 08/10/2021; Cass. n. 21340 del 14/09/2017; Cass. n. 13279 del 16/07/2004).
Pertanto, se questo è il caso, è da ritenere corretto considerare l'intervento come trainante che concorre al raggiungimento del 25% della superficie totale disperdente.
La ripartizione delle spese seguirà il criterio, analogo a quello per i lastrici solari, di cui all'art. 1126 del Codice civile.

D - In un condominio si vorrebbero eseguire lavori con il Superbonus, ma non tutti i condomini vogliono fare i lavori, come è possibile procedere?
R - È possibile accordarsi affinché per eseguire in Superbonus un intervento "*trainante*" condominiale, con spese a carico solo di un gruppo di condomini, al limite anche di solo un condomino.
Ciò è consentito ai sensi dell'art. 10 del D.L. 76/2020, comma 3, secondo il quale ciascun partecipante alla comunione o al condominio può realizzare a proprie spese gli interventi per il Superbonus, nonché e del comma 9-*bis*, art. 119 del D.L. 34/2020, ai sensi del quale le deliberazioni dell'assemblea del condominio, aventi per oggetto l'imputazione a uno o più condomini dell'intera spesa riferita all'intervento deliberato, sono valide se approvate con le stesse modalità di cui al periodo precedente (maggioranza intervenuti e almeno 334 millesimi, anche in prima convocazione) e a condizione che i condomini ai quali sono imputate le spese esprimano parere favorevole. Se i condomini sono solo due serve comunque l'unanimità.
Resta fermo che in questa seconda ipotesi si potrà intervenire solo sulla parte di pertinenza del piano superiore, ma tuttavia nel rispetto dei seguenti requisiti:
- intervento su almeno il 25% della SDL di tutto l'edificio
- doppio salto di classe energetica certificato da APE convenzionale per tutto l'edificio, raggiungibile anche con interventi trainati.

L'intervento è trainante anche per gli altri condomini, qualora, ad esempio, volessero sostituire gli infissi, contribuendo anche al raggiungimento del risparmio energetico richiesto.

D - In caso di condominio minimo senza amministratore né codice fiscale, come devono essere effettuati i pagamenti?
R - Per prima cosa si ribadisce che in base alla Circolare 08/08/2020, n. 24/E, punto 1.1, in presenza di un "*condominio minimo*":
- non sono applicabili gli articoli che disciplinano, rispettivamente, la nomina dell'amministratore (nonché l'obbligo da parte di quest'ultimo di apertura di un ap-

posito conto corrente intestato al condominio) e il regolamento di condominio (necessario in caso di più di dieci condomini);

- al fine di beneficiare del Superbonus per i lavori realizzati sulle parti comuni, i condomìni che, non avendone l'obbligo, non abbiano nominato un amministratore non sono tenuti a richiedere il codice fiscale, e pertanto in tali casi, ai fini della fruizione del beneficio, può essere utilizzato il codice fiscale del condomino che ha effettuato i connessi adempimenti.

Sulla base di quanto indicato dall'Agenzia delle entrate, la soluzione ottimale è quella di delegare (per iscritto) uno dei proprietari ad operare per il compimento dei vari adempimenti burocratici, ivi compreso il pagamento degli interventi tramite il proprio conto.

Certamente sarà opportuno che costui tenga accurata contabilità delle entrate e uscite, in modo da poter rendicontare in qualsiasi momento ed evitare problemi con gli altri.

Si ricorda che dal punto di vista giuridico-fiscale gli interventi trainanti (condominiali) e trainati (del singolo proprietario) vanno tenuti separati; pertanto, nel primo caso la comunicazione per la cessione del credito la farà il delegato, nel secondo caso è di pertinenza del singolo.

Si rinvia per dettagli al paragrafo 2.3.1.6.

D - Gli interventi trainati, se di interesse del singolo (es. infissi), devono essere pagati dal condominio o dal privato?

R - Gli interventi trainati, se di interesse del singolo (es. infissi nel singolo appartamento), sono pagati dal singolo proprietario. Infatti, la sostituzione degli infissi in condominio è intervento trainato su parti private (c'è anche peraltro un molto discutibile Interpello n. 901-1003/2021 della DRE Piemonte che per un caso simile ammetterebbe l'intervento trainante introducendo il creativo concetto di "*parti private a fini civilistici ma comuni a fini fiscali*", ma è un caso isolato e secondo noi errato).

D - Per essere agevolata come intervento *"trainato"*, la sostituzione degli infissi dei singoli condòmini deve essere compresa in un intervento generale sul condominio e non realizzabile in singolo?

R - No, anche perché gli infissi di ciascun singolo appartamento non sono *"parti comuni"* condominiali; pertanto, l'eventuale loro sostituzione può essere decisa, commissionata e pagata unicamente dal singolo proprietario, senza che nulla possa essere in proposito imposto dal condominio, se non il rispetto dei canoni estetici comuni nell'ottica del complessivo *"decoro architettonico"* del fabbricato.

Se il condominio effettua, ad esempio, l'intervento di isolamento dell'involucro edilizio, il singolo condomino potrà decidere a piacimento se sostituire gli infissi nel proprio appartamento (o effettuare altro intervento *"trainato"*) usufruendo del Superbonus. Affinché l'intervento possa essere *"trainato"* occorre tuttavia rispettare le specifiche tempistiche per il sostenimento delle relative spese.

4.3 REQUISITI, ATTESTAZIONI E ASSEVERAZIONI, PRATICHE

4.3.1 Attestato di prestazione energetica - APE

4.3.1.1 Doppio salto di classe energetica - Confronto tra APE ante e post

D - Nel raggiungimento del salto di due classi energetiche si fa riferimento solo all'intervento trainante o anche ad eventuali interventi trainati?

R - Il miglioramento della classe energetica non deve obbligatoriamente discendere unicamente dagli interventi principali *"trainanti"*, ma può essere conseguito considerando nel loro complesso anche gli eventuali interventi *"trainati"*, compresa l'installazione di impianti fotovoltaici e sistemi di accumulo, purché eseguiti congiuntamente all'intervento trainante (Circolare 08/08/2020, n. 24/E, punto 3).

D - In caso di intervento con incremento volumetrico, come superare il problema della confrontabilità dello stato ante e post lavori ai fini dell'APE?

R - Non esistono indicazioni ufficiali. Per casi in cui si intende incrementare il volume riscaldato ENEA, in via non ufficiale, suggerisce di mantenere la volumetria riscaldata preesistente, considerando la "*vecchia*" parete di confine nei confronti del vecchio volume riscaldato come una parete di confine verso un generico nuovo locale riscaldato. Per fare questo bisognerebbe evidentemente redigere un APE convenzionale (si può fare, anche per l'unifamiliare), e poi invece redigere un APE normale da protocollare.
Altra modalità forse (secondo noi) più ragionevole sarebbe applicare la normativa alla lettera confrontando gli indici prestazionali e quindi le classi energetiche dell'intero organismo edilizio prima e dopo seppure con volumi riscaldati e superfici disperdenti differenti, per verificare il doppio salto di classe e ottenere il Superbonus, fermo restando che il Super-Ecobonus è sempre limitato alla sola porzione preesistente e riscaldata sottoposta a riqualificazione e non è fruibile per la parte in ampliamento.

D - Nel caso di un intervento in condominio, tutti gli APE dovranno avere il salto di due classi energetiche?

R - In base al DRE (punto 12.3 dell'Allegato A) in questo caso si fa riferimento all'APE *"convenzionale"*.

D - Se mi trovo già in classe energetica A4 non posso usufruire di nulla?

R - Chiarimenti sono contenuti nel DRE (punto 12 dell'Allegato A) e nella Circolare 08/08/2020, n. 24/E (punto 3), ove si legge che qualora l'edificio si trovi in classe energetica A3 basterà salire alla classe successiva A4 (la più alta) per veder riconosciuta la detrazione. In una prima fase applicativa si è con-seguentemente ritenuto che il Superbonus non fosse applicabile per gli edifici già in classe energetica A4. Tuttavia, in seguito, con Interpello 20/07/2021, n. 488, è stato detto esplicitamente che anche nel caso in cui la classe energetica dell'edificio sia pari alla classe energetica A4 è sufficiente nella situazione post intervento il raggiungimento della classe energetica A4. Quindi in pratica l'Interpello ha affermato che anche l'immobile che si trovi già nella classe A4 può usufruire del Superbonus, senza sostanzialmente che sia necessario un salto di classe energetica, nella fattispecie non possibile.

4.3.1.2 APE per il condominio o per la singola unità immobiliare

D - Gli APE devono essere prodotti per ogni singola unità immobiliare o per l'intero edificio nel caso di interventi in condominio?

R - Chiarimenti sono contenuti nel DRE, ove si legge (punto 12.3 dell'Allegato A) che gli APE - qualora redatti per edifici con più unità immobiliari - sono detti *"convenzionali"* e sono appositamente predisposti ed utilizzabili esclusivamente allo scopo delle agevolazioni di cui al Superbonus.

L'APE convenzionale viene predisposto valutando l'edificio nella sua interezza, considerando solo i servizi presenti nella situazione ante intervento. Per la redazione dell'APE convenzionale, riferito come detto a edifici con più unità immobiliari, tutti gli indici di prestazione energetica dell'edificio considerato nella sua interezza si calcolano a partire dagli indici di prestazione energetica delle singole unità immobiliari.

In particolare, ciascun indice di prestazione energetica dell'intero edificio è determinato calcolando la somma dei prodotti dei corrispondenti indici delle singole unità immobiliari per la loro superficie utile e dividendo il risultato per la superficie utile complessiva dell'intero edificio.

Resta fermo che secondo l'art. 7 del DRE medesimo, comma 1, ai sensi del quale "*L'attestato di prestazione energetica delle unità immobiliari interessate dagli interventi, da prodursi nella situazione successiva all'esecuzione degli interventi, è obbligatorio per gli interventi di cui all'art. 2, comma 1, lettera a), e lettera b) punti i, ii e punti da iv a ix, con l'esclusione dei lavori di sostituzione di finestre comprensive di infissi in singole unità immobiliari*" (il Superbonus sull'involucro edilizio è previsto dal punto ix).

D - È possibile utilizzare il software DOCET per la redazione degli APE?

R - La risposta è negativa. Ai fini del Superbonus, non sono ammessi attestati redatti tramite l'utilizzo di software basati su metodi di calcolo semplificati ai sensi del punto 4.2.2. dell'Allegato 1 al D.M. 26/06/2015 (Linee guida attestati di prestazione energetica).

Ciò implica che l'APE post intervento va prodotto con un software che adotti il metodo completo secondo quanto previsto dal citato D.M. 26/06/2015.

D - Se nel condominio una unità immobiliare non raggiunge un miglioramento di classi energetiche, salta tutto l'intervento per l'intero condominio?

R - In base al DRE (punto 12.3 dell'Allegato A), in questo caso si fa riferimento all'APE *"convenzionale"*, pertanto non alla prestazione energetica della singola unità immobiliare ma al condominio inteso nel suo complesso, attraverso il calcolo di una sorta di media ponderata delle prestazioni energetiche delle varie unità.

Si rinvia per dettagli ad altre risposte in merito.

D - L'APE pre-intervento deve essere redatto sull'intero complesso, mentre l'APE post deve essere fatto sulla singola unità immobiliare?

R - In base al DRE in questo caso si fa riferimento all'APE *"convenzionale"*.

L'APE convenzionale viene predisposto intendendo l'edificio nella sua interezza, considerando solo i servizi presenti nella situazione ante intervento. Per la redazione

dell'APE convenzionale, riferito come detto a edifici con più unità immobiliari, tutti gli indici di prestazione energetica dell'edificio considerato nella sua interezza si calcolano a partire dagli indici di prestazione energetica delle singole unità immobiliari.
Peraltro, l'art. 7 del DRE, comma 1, dispone che nei casi ivi indicati - e cioè interventi sull'involucro opaco dell'edificio che accede al Superbonus - è necessario acquisire e conservare a cura del beneficiario gli attestati per ogni singola unità immobiliare.

4.3.1.3 APE di progetto e/o diagnosi energetica

D - È sempre necessario fare un APE ante ed uno post opera, oppure in fase preventiva è sufficiente una diagnosi energetica?
R - Il comma 3, art. 119 del D.L. 34/2020, prevede espressamente che il doppio salto di classe energetica debba essere dimostrato mediante l'Attestato di prestazione energetica rilasciato prima e dopo l'intervento; pertanto, l'APE preventivo è obbligatorio e non può essere evitato.
Una diagnosi energetica preventiva potrà ovviamente essere portata avanti indipendentemente dall'obbligo di APE, per le necessarie valutazioni nell'ambito dello studio preliminare di fattibilità degli interventi.

D - In aggiunta all'APE ante intervento bisogna redigere la relazione L. 10/1991?
R - Nell'ambito degli adempimenti da svolgere, deve obbligatoriamente essere predisposta (nei casi previsti) la relazione ai sensi dell'art. 28 della L. 10/1991 (riferimento peraltro ora sostituito da quello all'art. 8 del D. Leg.vo 192/2005), contestualmente alla dichiarazione di inizio dei lavori complessivi o degli specifici interventi proposti, o alla domanda di acquisizione del titolo abilitativo edilizio, così come dovranno essere regolarmente svolti i normali adempimenti di fine lavori.
Tale relazione non è mai in sostituzione dell'APE, ma adempimento indipendente e aggiuntivo.

4.3.1.4 Tecnici incaricati per la redazione, protocollo e deposito

D - Il tecnico che è anche direttore dei lavori e ha redatto l'APE ante intervento, può redigere anche l'APE post intervento?
R - Il DAS, nelle dichiarazioni finali della modulistica allegata (vedi ad esempio Allegato 1), prevede esplicitamente che l'asseveratore può essere anche certificatore energetico. Infatti, nell'asseverazione il dichiarante dice che gli APE possono essere *"redatti da me medesimo o da* [...]*"* (anche se sul sito ENEA tale dichiarazione non è proprio prevista nella procedura).
A sua volta, il Decreto Requisiti Tecnici (punto 12.1 dell'Allegato A), indica esplicitamente che gli APE possono essere redatti dai tecnici abilitati (come tali intendendosi quelli abilitati ai sensi del D.P.R. 16/04/2013, n. 75), dal progettista o dal direttore dei lavori.
Ne segue in conclusione, secondo noi, che è possibile anche la coincidenza di tutte queste funzioni in una sola figura (APE, progetto, Direzione lavori, asseverazioni).
Nelle FAQ dell'ENEA (vedi risposta 5, lettera *c*), si legge che il direttore dei lavori e il progettista possono firmare gli APE utilizzati solo ai fini delle detrazioni fiscali del

110% che non necessitano di deposito nel catasto degli impianti termici (vedi altra risposta in merito).
Pur volendo dare credito a tale interpretazione, poco cambia, in quanto le *"regole di terzietà"* previste dall'art. 3 del D.P.R. 75/2013 in caso di interventi su edifici esistenti prevedono l'assenza di conflitto di interessi, ovvero di non coinvolgimento diretto o indiretto con i produttori dei materiali e dei componenti in esso incorporati, nonché rispetto ai vantaggi che possano derivarne al richiedente, che in ogni caso non può essere né coniuge né parente fino al quarto grado. Non vi è pertanto alcun divieto in relazione al coinvolgimento nel processo di progettazione e direzione dell'opera come invece è previsto per gli edifici nuovi.
Ne segue che teoricamente solo nel caso in cui progettista o direttore dei lavori sia lo stesso professionista titolare dell'immobile, è obbligatorio incaricare un altro collega per la redazione degli APE (ma anche per l'asseverazione).
Ciò non toglie che sia comunque opportuno, anche dal punto di vista deontologico, astenersi dal redigere l'APE post se si è ricoperta la figura di progettista e/o direttore dei lavori.

D - L'APE pre e post intervento devono essere redatti da due tecnici diversi?
R - Si veda altra risposta dettagliata in merito.

D - Gli APE redatti ante e post intervento vanno protocollati o basta l'emissione?
R - Gli APE *"convenzionali"* non vanno protocollati; gli APE da protocollare e depositare nel catasto regionale o provinciale degli attestati di prestazione energetica degli edifici sono solo quelli della singola unità immobiliare, relativi alla situazione post intervento, prendendo in considerazione tutti i servizi energetici presenti nello stato finale (vedi FAQ ENEA, risposta n. 5.d).
Quanto invece agli APE *"convenzionali"* - come detto, quelli redatti sia pre che post per l'intero edificio condominiale o plurifamiliare - non devono essere protocollati e depositati. Vedi FAQ ENEA, risposta n. 5, lettera *d)*.

D – Per quanto riguarda gli APE ante e post il tecnico redattore deve essere sempre estraneo alla progettazione e direzione lavori?
R - L'art. 3 del D.P.R. 75/2013 reca le indicazioni in merito ai requisiti di indipendenza e imparzialità del certificatore energetico. Per quanto riguarda gli *edifici esistenti*, il certificatore dovrà dichiarare l'assenza di conflitto di interessi, ovvero di non coinvolgimento diretto o indiretto con i produttori dei materiali e dei componenti in esso incorporati, nonché rispetto ai vantaggi che possano derivarne al richiedente, che in ogni caso non può essere né coniuge né parente fino al quarto grado.
Solo per gli *edifici nuovi*, il certificatore energetico deve essere anche indipendente dal processo di progettazione e realizzazione delle opere, pertanto in linea teorica nulla osta a che - nel caso di lavori su edifici esistenti - il progettista o il direttore dei lavori redigano l'APE pre o post intervento.

4.3.1.5 APE preesistente e/o per interventi già in corso

D - In relazione all'APE, se il proprietario ne è già in possesso a seguito di interventi svolti due anni fa, deve comunque aggiornarlo prima dell'inizio dei lavori?

R - In assenza di interventi edilizi che incidano sulla prestazione energetica, l'APE ha validità decennale. Tuttavia, ai fini del Superbonus, per la dimostrazione del doppio passaggio di classe energetica, è redatto in tuti i casi l'APE "*convenzionale*". Pertanto, si ritiene necessario redigere l'APE convenzionale anche in presenza di un APE preesistente sull'edificio, anche se in corso di validità.

In tutti i casi, l'APE convenzionale ante intervento deve riferirsi alla situazione esistente alla data di inizio dei lavori (vedi FAQ ENEA, risposta 5.e).

D - Il Superbonus è ammissibile per interventi già in corso ma, nel caso non abbia l'APE prima dell'inizio dei lavori, come faccio a dimostrare il salto di classe?

R - Si ritiene ammissibile la redazione di un APE successivo ma riferito alla situazione pregressa all'intervento. Lo indica espressamente l'Interpello 09/12/2020, n. 571, a mente del quale l'APE ante intervento può essere redatto anche successivamente all'inizio dei lavori, e dovrà riferirsi alla situazione esistente alla data di inizio degli stessi. Nello stesso senso anche Interpello 08/02/2021, n. 88, il quale a sua volta chiarisce che quanto sopra si applica anche in caso di interventi che abbiano avuto inizio prima del 01/07/2020, data di avvio del Superbonus.

Tale adempimento può essere assolto avvalendosi dell'APE compilato con riferimento ai dati dell'impianto ante intervento, al fine di ottenere due APE (ante e post intervento) confrontabili (vedi anche Circolare 22/12/2020, n. 30/E, punto 5.2.7).

4.3.2 Rispetto dei requisiti energetici e criteri ambientali minimi

D - Cosa si intende per *"rispetto dei requisiti minimi energetici di legge"*?

R - Per gli interventi la cui data di inizio lavori sia pari o successiva al 06/10/2020 (data di entrata in vigore del DRE, vedi art. 12), si intendono i requisiti previsti dal decreto stesso, e in particolare:

- *interventi di isolamento termico*: punto 2 Allegato A + Allegato E;
- *interventi impiantistici*: punti 4-7 e 10 Allegato A + Allegato F.

Per gli interventi la cui data di inizio dei lavori sia antecedente al 06/10/2020, si applicano invece i requisiti precedentemente in vigore, contenuti nel D.M. 19/02/2007 e successive modificazioni, nel D.M. 11/03/2008 come modificato dal D.M. 26/01/2010, nonché nel D.M. 26/06/2015.

Ai sensi dell'art. 12 del DRE, comma 3, la data di inizio lavori può essere comprovata, ove prevista, dal giorno di deposito in Comune della relazione tecnica.

Nello stesso senso anche la Circolare 08/08/2020, n. 24/E (punto 2.1.1), la quale ha chiarito che i parametri a cui fare riferimento sono quelli applicabili alla data di inizio dei lavori.

D - In riferimento all'intervento di isolamento termico, che trasmittanze devono avere le stratigrafie su cui si interviene?

R - Si fa riferimento alle trasmittanze indicate nell'Allegato E al DRE, per gli interventi la cui data di inizio lavori sia pari o successiva al 06/10/2020 (data di entrata in vigore del decreto medesimo) e invece a quelle indicate nel D.M. 11/03/2008 come modificato dal D.M. 26/01/2010, per gli interventi la cui data di inizio dei lavori sia antecedente al 06/10/2020.

Si rinvia ad altra risposta più dettagliata in merito.

Il rispetto dei requisiti, ivi compresi quelli derivanti dal rispetto dei CAM, è inoltre oggetto dell'asseverazione prevista dai commi 3 e 13, art. 119 del D.L. 34/2020.

D - La conformità ai criteri ambientali minimi (CAM) vale solo per i materiali isolanti o anche per quelli accessori utilizzati nell'intervento?

R - Per quanto riguarda l'intervento di isolamento termico dell'involucro edilizio opaco, la norma prevede che l'intervento deve essere eseguito con utilizzo di materiali isolanti conformi a quanto previsto dal decreto sui criteri ambientali minimi (CAM) per l'edilizia, D.M. 11/10/2017. Pertanto, il requisito è limitato ai materiali utilizzati per l'isolamento.

4.3.3 Edifici vincolati o per i quali sussistano difficoltà tecniche

D - Negli edifici vincolati, o edifici ante 1946, è possibile conseguire i requisiti minimi delle pareti verticali derogando al rispetto dei valori richiesti?

R - Il comma 2, art. 119 del D.L. 34/2020 dispone che gli interventi di efficientamento energetico di cui all'art. 14 del D.L. 63/2013 - di norma soggetti ad aliquote di detrazione inferiori (quindi gli interventi che possono essere *"trainati"*) - possono usufruire della maggiorazione al 110% anche se non eseguiti *congiuntamente* ad uno degli interventi trainanti, nei seguenti casi:

1) l'edificio sia sottoposto ad almeno un vincolo ai sensi del Codice dei beni culturali e del paesaggio di cui al D. Leg.vo 42/2004; *oppure*

2) gli interventi trainanti non possano essere eseguiti perché vietati da regolamenti edilizi, urbanistici o ambientali.

Resta ferma in questi casi la necessità di rispettare tutti gli altri requisiti per l'esecuzione degli interventi, previsti dal comma 3 dell'art. 119 del D.L. 34/2020, ivi compreso il doppio salto di classe energetica, che va comunque ottenuto per tutto l'edificio, e che potrà in questo caso essere conseguito tramite il complesso degli interventi trainati eventualmente effettuati su più unità immobiliari congiuntamente.

D - Ci sono casi in cui si può derogare il salto di classi energetiche a uno solo, se si dimostra l'impossibilità di farne due?

R - La risposta è negativa. L'unico caso in cui si può derogare al salto di due classi energetiche è quando tale salto non è possibile in quanto l'immobile si trova, già prima degli interventi, nella classe energetica A3 oppure nella classe A4.

In proposito, con l'Interpello 20/07/2021, n. 488, è stato affermato che anche l'immobile che si trovi già nella classe A4 può usufruire del Superbonus, senza sostanzialmente che sia necessario un salto di classe energetica, nella fattispecie non possibile

D - Non c'è bisogno del traino sugli edifici vincolati, però bisogna sempre superare le due classi energetiche per poter usufruire del Superbonus?
R - La risposta è affermativa. Resta ferma in questi casi la necessità di rispettare tutti gli altri requisiti per l'esecuzione degli interventi previsti dal comma 3 dell'art. 119 del D.L. 34/2020, che comprendono anche il doppio salto di classe energetica per tutto l'edificio.
Vedi anche Circolare 22/12/2020, n. 30/E, punto 3.1.6.

D - Per la singola unità immobiliare situata in un immobile in condominio vincolato, è possibile effettuare interventi trainati ai fini del Super-Ecobonus?
R - La risposta è affermativa. Infatti, stando a quanto si legge sulla Guida dell'Agenzia entrate, all'esempio n. 7, tale possibilità è ammessa anche per le singole unità immobiliari non *"funzionalmente autonome"* site in edifici condominiali o plurifamiliari sottoposti a vincoli.
Si vedano anche: Circolare 22/12/2020, n. 30/E, punto 3.1.6; Circolare 08/08/2020, n. 24/E, punto 2.2.

4.3.4 Visto di conformità

D - Chi rilascia il visto di conformità che attesta la sussistenza dei presupposti?
R - Il visto di conformità è rilasciato ai sensi dell'art. 35 del D. Leg.vo 241/1997, dai soggetti di cui al comma 3, lettere *a)* e *b)*, dell'art. 3 del D.P.R. 322/1998 (iscritti negli albi dei dottori commercialisti, dei ragionieri e dei periti commerciali e dei consulenti del lavoro, nonché soggetti iscritti nei ruoli di periti ed esperti tenuti dalle CCIAA, in possesso di laurea in giurisprudenza o in economia e commercio o equipollenti, o diploma di ragioneria), nonché dai CAF (Centri di assistenza fiscale) costituiti ai sensi dell'art. 32 del D. Leg.vo 241/1997 medesimo.

D - La spesa per il visto di conformità è detraibile?
R - La risposta è affermativa, ciò è previsto espressamente dal comma 15, art. 119 del D.L. 34/2020, ai sensi del quale "r*ientrano tra le spese detraibili per gli interventi di cui al presente articolo quelle sostenute per il rilascio delle attestazioni e delle asseverazioni di cui ai commi 3 e 13 e del visto di conformità di cui al comma 11*".

D - La congruità della spesa per il visto di conformità deve essere asseverata dal tecnico?
R - A nostro parere la valutazione in merito alla congruità della spesa sostenuta per il visto di conformità non è di competenza del tecnico. A tale proposito esistono indicazioni in merito ai compensi rese dal Consiglio nazionale dei dottori commercialisti e degli esperti contabili, e da altri organi delle categorie interessate, ma in ogni caso la valutazione di tale compenso non è a nostro parere di competenza del tecnico.

4.3.5 Documentazione varia e pratiche ENEA

D - Ogni appartamento di un condominio deve fare la pratica con l'ENEA?

R - Gli adempimenti nei confronti dell'ENEA sono effettuati dal soggetto titolare dell'intervento, quindi, per gli interventi condominiali, dal condominio per il tramite del tecnico incaricato - con l'assistenza dell'amministratore - in uno sia per l'intervento trainante condominiale che per gli eventuali interventi trainati.

D - Nel caso in cui il singolo condomino approfitti del Superbonus per effettuare interventi trainati nell'appartamento, qual è la procedura che il tecnico asseveratore deve svolgere per il singolo condomino?

R - L'asseverazione concernente il rispetto dei requisiti energetici e la congruità delle spese è rilasciata congiuntamente per l'intervento trainante e per tutti gli eventuali interventi trainati (deve infatti essere incluso, nel modello concernente l'intervento trainante condominiale, l'elenco delle unità immobiliari, con i relativi dati catastali, oggetto di eventuali interventi trainati).

Anche per quanto riguarda la redazione dell'APE pre e post intervento riteniamo che occorra unicamente la predisposizione di quello *"convenzionale"*, riferito allo stato precedente all'intervento e allo stato successivo all'intervento trainante e a tutti gli interventi trainati.

Quanto infine al visto di conformità, necessario solo nel caso in cui si voglia usufruire della cessione del credito, riteniamo che anch'esso potrà essere rilasciato una sola volta con riguardo al complesso degli interventi trainanti-trainati, per essere utilizzato in relazione ai condòmini che vogliano avvalersi della cessione del credito.

Si ricorda infatti che in base alla Circolare 08/08/2020, n. 24/E, punto 7, nonché in base al Provvedimento 283847/2020, punto 1, per interventi sulle parti comuni degli edifici, non è necessario che il condominio nel suo insieme opti per lo sconto in fattura o per la cessione del credito, poiché alcuni condòmini possono scegliere di sostenere le spese relative agli interventi e beneficiare pertanto della detrazione, mentre altri possono optare per lo sconto in fattura o per la cessione del credito.

4.3.6 Pratiche edilizie, CILAS, agibilità, ultimazione dei lavori

D - Si possono completare solo i lavori (energetici e/o strutturali) con i relativi eventuali collaudi previsti, per poter fruire delle agevolazioni, senza aver completato le altre lavorazioni come le opere di finitura?

R - La risposta è negativa. La fruizione dei bonus fiscali per gli interventi edilizi è indissolubilmente vincolata all'esecuzione completa degli interventi stessi, secondo quanto indicato nei relativi atti abilitativi e nei tempi previsti dagli atti stessi. Le agevolazioni sono infatti concesse per l'esecuzione di interventi edilizi, per questo i suddetti interventi devono essere completati, e quindi l'intervento non può essere solo parzialmente concluso ma occorre completarlo come dedotto nel titolo edilizio.

D - È necessario richiedere nuova agibilità dopo i lavori di efficientamento energetico?

R - Ai sensi dell'art. 24 del D.P.R. 380/2001, si devono ritenere soggetti all'obbligo di segnalazione certificata di agibilità tutti gli interventi edilizi che incidono sulle condi-

zioni di sicurezza, igiene, salubrità, risparmio energetico degli edifici e degli impianti negli stessi installati (ad esempio una ristrutturazione che modifica le altezze o le dimensioni del rapporto tra finestratura e superficie, come anche interventi sull'involucro edilizio che agiscono sull'isolamento, sui ponti termici, ecc.).
Resta fermo che *se l'intervento è assentito tramite la CILAS, questo adempimento può essere omesso ai sensi del comma 13-quinquies, art. 119 del D.L. 34/2020, ma resta comunque la facoltà di eseguirlo.*

D - Se un intervento edilizio su un unico edificio prevede opere che ricadono in parte nel Superbonus e in parte in bonus diversi, che pratiche edilizie servono?
R - Nel caso in cui il progetto proposto preveda non solo lavori per i quali sia possibile usufruire delle agevolazioni al 110%, ma anche altri lavori non agevolabili e/o agevolabili con altri bonus fiscali diversi dal 110%, occorre:

- considerare i lavori da eseguire nella loro unitarietà (110% e non) e avviare il pertinente procedimento edilizio che sarebbe normalmente necessario (CILA ordinaria, SCIA ordinaria o alternativa, istanza di Permesso di costruire);
- negli elaborati grafici allegati al suddetto procedimento, che saranno descrittivi come detto dell'intero intervento, evidenziare i lavori al 110%;
- appena acquisito il protocollo, presentare anche la CILAS, con la sola descrizione dei lavori, e per gli elaborati grafici il richiamo all'altro procedimento già avviato.

Solo nel caso in cui siano previste unicamente lavorazioni al 110% è possibile limitarsi alla presentazione della CILAS, nella quale l'elaborato progettuale può consistere nella mera descrizione, in forma sintetica, dell'intervento da realizzare. Qualora peraltro lo riterrà necessario per una più chiara e compiuta descrizione, il progettista potrà allegare elaborati grafici illustrativi.

D - Dopo aver trasmesso la CILAS concernente interventi per il Super-Ecobonus ed aver iniziato i relativi lavori, il committente richiede di eseguire anche interventi di riduzione del rischio sismico con il Super-Sismabonus. È possibile realizzare anche tali interventi antisismici, e qual è la procedura corretta?
R - Riteniamo che in questo caso non ci si possa limitare ad una nuova CILAS, e nemmeno presentare a fine lavori la variante CILAS come previsto nel modello, procedura che si palesa adatta solo per varianti che siano effettivamente non sostanziali.
In questo caso la variazione al progetto implica che debbano essere presentate le ulteriori segnalazioni, comunicazioni o notifiche, in particolare l'Allegato B per il Sismabonus (che deve essere presentato entro l'inizio dei lavori, non possibile a fine lavori con la procedura variante CILAS) e il progetto strutturale al Genio civile o altro ufficio competente. Ne segue che a nostro giudizio occorre presentare una nuova CILAS.
Il problema delle varianti di questo tipo in ambito CILAS è purtroppo non risolto, trattandosi pertanto di fattispecie particolare e sulla quale non ci sono precedenti, si suggerisce di condividere la soluzione col SUE di competenza, dato che molti non accettano l'avvio di nuove pratiche in pendenza di altre (secondo alcuni colleghi, addirittura, si dovrebbe rimanere sempre vincolati al progetto originario senza possibilità di apportare varianti sostanziali, quindi semmai chiudere i lavori originari e ripartire con altra pratica dopo).

D - È stata protocollata prima del 05/08/2021 una CILA ordinaria per lavori di riqualificazione energetica. È possibile integrarla presentando una SCIA in "*variante essenziale*" per opere strutturali di consolidamento, allo scopo di sfruttare le detrazioni del Superbonus energetico e sismico?

R - Non si ritiene percorribile la soluzione prospettata. A livello procedurale, secondo il corrente stato delle interpretazioni:

- per gli interventi che prevedono contemporaneamente opere soggette al Superbonus e altre opere non rientranti nel regime del 110%, occorre comunque presentare sia la CILAS, sia attivare il procedimento edilizio relativo per le opere non comprese, anche contemporaneamente (quindi: la CILAS non può prevedere altre opere);
- occorrerà in questo caso fare riferimento al regime amministrativo ordinario, per l'intero intervento, e quindi attivare (oltre alla CILA Superbonus che è certamente obbligatoria sempre per le opere che rientrano nel 110%) anche un altro procedimento edilizio relativo all'intero intervento (che potrà essere una CILA, una SCIA, una SCIA alternativa al Permesso di costruire oppure una richiesta di Permesso di costruire), comprensivo pertanto anche delle opere all'interno del perimetro del Superbonus.

Si ritiene che in questi casi il procedimento edilizio per l'intervento complessivo debba essere attivato prima, o almeno contestualmente alla CILAS, dal momento che in quest'ultima devono essere indicati i relativi dati di protocollo.

Pertanto a nostro parere nel caso esaminato, considerando anche la variante essenziale, occorre azzerare la CILAS già presentata e procedere con:

- nuova SCIA che comprenda tutte le lavorazioni
- nuova CILAS che (con riferimento alla SCIA per elaborati grafici descrittivi e allegati quali Legge 10 e Allegato B per il Sismabonus) rechi le sole opere al 110%.

D - Per un intervento su villino unifamiliare che comporta la realizzazione del cappotto termico su facciate e copertura con il salto di due classi energetiche, oltre alla CILAS dovrei presentare anche la CILA ordinaria?

R - Se sono previste solo lavorazioni rientranti nel 110%, è sufficiente presentare la CILAS, senza dover avviare altri procedimenti edilizi.

D - Sono stati avviati lavori con una CILAS per Super-Ecobonus e con una CILA ordinaria per variazioni e opere interne, e durante i lavori si è rilevata una carenza strutturale. È possibile presentare una nuova CILAS (con relativo Allegato B) per accedere anche al Super Sismabonus?

R - La premessa è che a livello procedurale, secondo il corrente stato delle interpretazioni sulla CILAS:

- per gli interventi che prevedono contemporaneamente opere soggette al Superbonus e altre opere non rientranti nel 110, occorre comunque presentare sia la CILAS, sia attivare il procedimento edilizio relativo per le opere non comprese, anche contemporaneamente (quindi: la CILAS non può prevedere altre opere);
- occorrerà in questo caso fare riferimento al regime amministrativo ordinario, per l'intero intervento (quindi: l'altro titolo edilizio deve contenere tutto, anche le opere al 110);

- stante il punto d.3 del modello, si ritiene che in caso di opere concomitanti vada comunque presentato prima il pertinente titolo edilizio completo di tutto, e solo dopo la CILAS

Dal quadro interpretativo suesposto, consegue a nostro avviso che relativamente al suo caso, essendoci un nuovo intervento strutturale con probabile pratica Genio civile, si debba azzerare il procedimento preesistente, e:

- avviare il pertinente procedimento (probabilmente una SCIA ordinaria) nella quale siano dedotti tutti gli interventi come nuovamente individuati;
- contemporaneamente, o subito dopo, presentare la CILAS, con una sola descrizione dell'intervento (comunque allegata) e richiamo agli elaborati progettuali della SCIA completa.

Non ci sembra ci si possa limitare ad una nuova CILAS, e nemmeno la variante CILAS come previsto nel modello, che ma si palesa adatta solo per varianti che siano effettivamente non sostanziali.

Nel suo caso la variazione al progetto implica che debbano essere presentate le ulteriori segnalazioni, comunicazioni o notifiche, in particolare l'Allegato B per il Sismabonus (che deve essere presentato entro l'inizio dei lavori, non possibile a fine lavori con la procedura variante CILAS) e il progetto strutturale al Genio civile o altro ufficio competente.

D - Se si prevedono anche interventi strutturali, quali elaborati progettuali sono necessari ai fini della CILAS?

R - La normativa sulla CILAS non contempla alcuna variazione agli obblighi concernenti la pratica strutturale, che pertanto andrà presentata come ordinariamente.

4.3.7 Computo metrico e stati di avanzamento lavori

D - È possibile aggiornare il computo metrico a lavori iniziati in base ai nuovi prezzari usciti, dato anche il forte aumento che i prezzi di alcuni materiali hanno subito negli ultimi mesi?

R - Questo dettaglio non è specificato né nella norma né nelle note a chiarimento su computo metrico e prezzari emesse dall'ENEA.

Come indicato da ENEA nel suddetto documento "*Computo metrico - Nota di chiarimenti*", in linea di principio sembra che vada utilizzato il prezzario vigente al momento di avvio dei lavori.

È tuttavia chiaro che il momento di avvio dei lavori può seguire di molto l'avvio del processo di progettazione e quindi di valutazione dei prezzi unitari.

Nel caso in cui durante tale periodo venisse pubblicato un aggiornamento al prezzario scelto a riferimento, non dovrebbero esserci fattori ostativi all'utilizzo del nuovo prezzario, che potrebbe pertanto essere utilizzato per rivedere l'intero computo.

Se invece l'aggiornamento del prezzario sia avvenuto a lavori già iniziati, sembra più corretto e prudenziale mantenere il prezzario originario, anche perché dovrebbero esserci i preventivi/contratti delle imprese già sottoscritti e dunque i prezzi dovrebbero essere già fissati.

Se peraltro il riferimento è al prezzario vigente al momento di avvio dei lavori, in caso di nuove lavorazioni non previste inizialmente (varianti in corso d'opera) sembra possibile eseguire il computo metrico in base all'eventuale nuovo prezzario disponibile, anche se diverso da quello utilizzato originariamente per le lavorazioni di progetto.
Può infine darsi il caso che il contratto preveda un meccanismo revisionale dei prezzi in caso di aumenti significativi, oppure che l'impresa - anche in assenza di previsioni contrattuali - richieda degli aumenti per le nuove forniture da acquisire (in questo caso non si parla di varianti, ma tecnicamente di "*revisione prezzi*"). Tenendo traccia delle solide motivazioni a supporto, e sempre nell'ambito dei nuovi prezzi definiti nei prezzari, riteniamo sia giustificabile il parziale ricorso ai prezzi derivanti da aggiornati, in queste situazioni estreme (ovviamente bisognerà evidenziare il tutto nei SAL successivi, caricando il computo aggiornato).

D - Si può contabilizzazione a SAL la sola fornitura a piè d'opera di un materiale, scorporando dal costo dell'opera compiuta in prezzario il solo costo della fornitura, senza mano d'opera?
R - Secondo il D.M. 49/2018, lo "*Stato di avanzamento lavori*" riporta la quantità di ogni lavorazione eseguita con i relativi importi, in modo da consentire una verifica della rispondenza all'ammontare complessivo dell'avanzamento dei lavori. Esso dunque riassume tutte le lavorazioni e tutte le somministrazioni eseguite dal principio dell'appalto sino ad allora, precisando il corrispettivo maturato, gli acconti già corrisposti e, di conseguenza, l'ammontare dell'acconto da corrispondere, sulla base della differenza tra le prime due voci.
Se ne può dedurre a nostro giudizio, dal momento che la norma parla di *lavorazioni* e *somministrazioni*, quanto segue:
- se si tratta di una mera fornitura a piè d'opera e il componente/materiale sarà poi messo in opera in un secondo momento, (magari anche da personale diverso da quello del fornitore, quindi in base a diverso contratto), si potrà secondo noi contabilizzare e inserire in SAL il costo della mera fornitura, preso tuttavia dalla sezione del prezzario sui prodotti e non da quella sulle opere compiute;
- se invece il contratto prevede direttamente la lavorazione completa di fornitura e messa in opera, si ritiene opportuno attendere il completamento della lavorazione per poter contabilizzare nel SAL.

D - In riferimento alla redazione del SAL di un intervento (ad esempio, Super-Sismabonus) l'importo minimo del 30% da contabilizzare è relativo ai soli lavori agevolabili o al totale dell'intervento?
R - L'Agenzia delle entrate ha chiarito che - per quanto riguarda la modalità di determinazione del 30% dell'intervento agevolabile, necessario, ai sensi del comma 1-*bis*, art. 121 del D.L. 34/2020, per esercitare l'opzione per lo sconto sul corrispettivo dovuto all'impresa o per la cessione del credito corrispondente al Superbonus in relazione a ciascuno stato di avanzamento dei lavori - bisogna fare riferimento all'ammontare complessivo delle spese riferite all'intero intervento e non all'importo massimo di spesa ammesso alla detrazione (vedi Interpello 09/11/2020, n. 538).

In altri termini, se oltre ai lavori agevolati ci sono anche altre opere "*in accollo*" al committente, quindi non agevolate, la base di calcolo per la percentuale del 30% sarà costituita dal complesso degli importi riferiti alle lavorazioni sia agevolate che non agevolate.

D - Ci sono interventi che devono essere conclusi per essere inseriti nei SAL?
R - Gli interventi che devono essere per forza conteggiati nei SAL solo se ultimati sono solo quelli trainati sulle "*parti comuni*", pertanto nel caso in cui si tratti di intervento in condominio per l'installazione di un impianto a servizio dell'intero edificio, la risposta è affermativa.
Viceversa, negli edifici unifamiliari o nelle unità funzionalmente autonome, non esistono "*parti comuni*", quindi gli interventi trainati possono essere sempre conteggiati anche se non conclusi.

D - Per un intervento che contempla sia Super-Sismabonus che Super-Ecobonus, i SAL da predisporre sono due per ciascun intervento, quindi quattro stati di avanzamento oltre agli stati finali?
R - Si conferma che, quando ci sono sia lavori di Sismabonus che di Ecobonus, per ciascuno dei due "*filoni*" si eseguirà un calcolo diverso, pertanto si avranno a disposizione:
- due SAL e fine lavori per la parte Sismabonus;
- due SAL e fine lavori per la parte Ecobonus.

Nessuno vieta, ovviamente, di sfruttare ad esempio i SAL solo per la parte Sismabonus, e andare invece direttamente a fine lavori con la parte Eco, o qualsiasi altra combinazione.
Si ricorda infatti che la presentazione dei SAL è prevista unicamente al fine di anticipare la monetizzazione del bonus fiscale tramite cessione del credito o sconto in fattura. Se invece si vada a operare direttamente la detrazione, il SAL non ha ragione di essere potendosi procedere direttamente alla fine lavori.
Si segnala infine che i SAL non devono per forza essere due, oltre allo stato finale, ma può certamente esserci anche un solo stato di avanzamento (sempre oltre allo stato finale).

D - È possibile procedere contabilizzando un solo SAL (ad esempio al 30, o 35 o 40%) e poi andare direttamente alla fine lavori, quindi in totale due soli passaggi contabili, o esiste il vincolo dei due SAL ciascuno di almeno il 30% dei lavori?
R - La risposta è affermativa, atteso che il comma 1-*bis*, art. 121 del D.L. 34/2020 dispone che "*gli stati di avanzamento dei lavori non possono essere più di due*", quindi è possibile procedere anche con un solo SAL, che potrà andare dal 30% in su, e poi direttamente la fine lavori.

D - Se gli importi dei preventivi e delle fatture delle imprese e dei fornitori sono inferiori a quelli derivanti dai prezzari, il computo da caricarsi sulla piattaforma ENEA quali importi deve riportare?
R - L'ENEA stessa ha chiarito che alla voce dell'asseverazione "*costo complessivo previsto in progetto dei lavori*" bisogna inserire il costo totale previsto per la realizzazione

dell'intervento, giustificato attraverso il computo metrico e che deve corrispondere all'importo delle fatture a fine lavori; pertanto, il computo metrico deve essere redatto conformemente alla spesa preventivata dalle imprese e dai fornitori, e poi sostenuta.

D - Il computo metrico totale inviato all'ENEA con il primo SAL può essere variato o integrato nel secondo SAL e/o nello stato finale, per variazioni di progetto in corso d'opera?

R - ENEA, nel chiarire che il computo metrico da allegare è sempre il computo globale (quindi anche nei SAL al 30% e 60% si carica comunque il computo metrico complessivo), ha specificato che è sempre possibile aggiornare il documento precedentemente caricato al SAL 30%, qualora siano subentrate delle varianti in corso d'opera. È la stessa piattaforma che, in fase di creazione del SAL successivo, richiede se si vuole utilizzare il medesimo computo metrico oppure se si vuole caricarne uno aggiornato.

Nel nuovo computo metrico che viene caricato, ENEA raccomanda di evidenziare le variazioni subentrate rispetto alla versione originariamente caricata.

D - È possibile inserire nei SAL fatture, pagate, relative a lavorazioni non eseguite/ultimate, che ovviamente verranno ultimate in seguito?

R - Il principio generale per discernere le spese agevolabili da quelle che non lo sono prevede che le spese, per poter essere detratte con i vari bonus, devono essere fatturate e pagate durante il periodo di vigenza dei bonus stessi, quindi entro la scadenza, come indicato dalla Circolare 24/E/2020, punto 4 ("*criterio di cassa*").

Questo, seppure fino alla fine dei lavori si tratti di una detrazione *sub judice*, legata all'effettivo concretizzarsi dell'intervento nel suo complesso (vedi in tal senso la risposta a interrogazione del Ministero economia e finanze il 17/11/2021 alla Camera, risposta n. 5-07055).

Ne segue che è possibile in linea generale, quando si deve semplicemente portare la spesa in detrazione in dichiarazione dei redditi, anticipare i pagamenti anche per lavori da eseguirsi, fermo restando che i benefici verrebbero revocati qualora i lavori non terminassero per intero come nei titoli edilizi.

Il discorso cambia quando si intende sfruttare la possibilità di monetizzare il credito, tramite la sua cessione o lo sconto in fattura, ai sensi dell'art. 121 del D.L. 34/2020. Detta opportunità è consentita a fine lavori, oppure "*a stato di avanzamento*" (SAL).

A livello normativo, si può mutuare la definizione di Stato di avanzamento lavori dall'art. 14 del D.M. 49/2018, il quale definisce lo Stato di avanzamento lavori come il documento che riassume tutte le lavorazioni e tutte le somministrazioni eseguite dal principio dell'appalto sino ad allora.

Pertanto, dovendo il tecnico attestare "*tutte le lavorazioni e tutte le somministrazioni eseguite dal principio dell'appalto sino ad allora*", si ritiene opportuno e prudente non includere nel SAL lavorazioni che - seppure fatturate e pagate - non siano tuttavia state eseguite.

Quanto sopra anche perché attraverso il SAL si sta sostanzialmente anticipando la completa "*maturazione*" del beneficio fiscale, che, come detto, è indissolubilmente vincolato all'esecuzione degli interventi, che alla fine dei lavori dovrà essere completa mentre al SAL relativa solo alla percentuale dedotta nel documento.

Sulla base della definizione normativa di SAL, riteniamo inoltre che possano essere validamente contabilizzate anche le eventuali mere somministrazioni (forniture) di beni a piè d'opera.

D - Si può chiudere un SAL inserendo spese sostenute a cavallo di due anni solari?
R - Si ritiene possibile, sulla scorta di altra autorevole dottrina fiscale, che il SAL possa chiudersi anche con spese sostenute, ad esempio nel 2022 + 2023, purché ovviamente entro la scadenza per l'invio della comunicazione all'Agenzia delle entrate (nella fattispecie, 16/03/2023 - altrimenti le spese 2022 non potrebbero accedere allo sconto in fattura o cessione del credito ma andrebbero detratte direttamente). In senso contrario si registra unicamente il parere espresso con l'Interpello della Direzione Regionale Veneto dell'Agenzia, prot. 907-1595/2021, secondo il quale il SAL andrebbe fatto solo con spese sostenute nello stesso anno solare, parere che tuttavia non convince.
Vero è, tuttavia, che in tal caso, poiché le spese del SAL sono a cavallo tra due anni, occorre comunque fare due distinte comunicazioni all'Agenzia per lo stesso SAL. Infatti l'invio per la cessione del credito deve essere unico per ogni anno di competenza, o in altri termini la comunicazione non può contenere spese a cavallo di due anni, considerato che nel modello di comunicazione è possibile indicare solo un periodo di sostenimento delle spese, quindi nella fattispecie 2022 o 2023.
In tutti i modi, per le spese sostenute nel 2022 se non si accede alla cessione credito o sconto in fattura occorrerà inserirle in dichiarazione dei redditi (dichiarazione 2023 sui redditi 2022) come detrazioni, purché ovviamente si addivenga al completamento dei lavori entro le scadenze del bonus al momento vigenti, salvo proroghe. Ovviamente le spese suddette andranno comunque considerate nel calcolo delle percentuali del SAL successivo e/o dello stato finale.
Sul punto, tuttavia, ENEA, a inizio 2022, ha pubblicato un avviso riportante testualmente quanto segue: "*Si informano gli utenti che per l'esercizio dell'opzione della cessione del credito o dello sconto in fattura, le asseverazioni relative agli stati di avanzamento lavori al 30% o al 60% le cui fatture sono emesse e pagate, per la parte dovuta, entro il 31/12/2021 possono essere trasmesse all'ENEA anche nel 2022 purché in tempo utile per la comunicazione dell'opzione all'Agenzia delle entrate, che deve avvenire entro il 16 marzo 2022. Il tecnico asseveratore che si avvale di questa possibilità scriverà nelle note dell'asseverazione la frase: Lo stato di avanzamento lavori di cui alla presente asseverazione, l'emissione delle fatture allegate e i relativi pagamenti, per la parte dovuta, sono avvenuti entro il 31 dicembre 2021*".
Nella sostanza l'ENEA sembra voler ribadire ribadisce quanto già affermato nell'Interpello della DRE n. 907-1595/2021l'Agenzia delle Entrate, in merito alla sussistenza del doppio requisito del contestuale raggiungimento di un SAL di almeno il 30%, maturato tutto nello stesso anno solare.
L'ENEA, andando anche oltre, conferma la possibilità che il SAL, maturato entro il 31 dicembre, sia certificato oltre il termine dell'esercizio, ma in tempo utile per effettuare la comunicazione.
In conclusione, se in punto di norma sarebbe possibile chiudere un SAL con importi a cavallo di due anni solari, tale pratica appare a rischio di contestazione.
Qualora non sia possibile conseguire il SAL del 30% in tempo utile, le spese sostenute

nell'anno non potrebbero accedere allo sconto in fattura o cessione del credito ma andrebbero detratte direttamente almeno per la prima quota annuale, potendo poi cedere le quote residue entro il 16 marzo dell'anno successivo (Provvedimento Ag. Entrate 283847/2020, punto 1.4).

4.4. SPESE, MASSIMALI, CUMULO, ALTERNATIVE ALLA DETRAZIONE

4.4.1 Calcolo della detrazione, cumulo, massimali e sovrapposizione di interventi

4.4.1.1 In generale

D - Che cosa vuol dire *"detrazione"*? Che differenza c'è con la *"deduzione"*?

R - Le agevolazioni consistono nella possibilità di usufruire di una *"detrazione"* fiscale. In proposito, si chiarisce in via preliminare che una *"detrazione"* genera un importo che va a ridurre l'imposta dovuta dal contribuente; diversamente, una *"deduzione"* viene portata in diminuzione dal reddito imponibile, e opera quindi a monte dell'imposta e delle detrazioni.

Ne segue che mentre l'importo della detrazione genera un pari risparmio di imposta (salva la possibilità, qualora la detrazione sia più alta dell'imposta stessa, di accedere alla cessione del credito), l'importo della deduzione genera un risparmio che è proporzionale all'aliquota di imposta da applicarsi al reddito imponibile.

Se ad esempio l'aliquota d'imposta è pari al 30%, una deduzione di 1.000 Euro genera un risparmio di 300 Euro. Viceversa, una detrazione di 1.000 Euro genera un risparmio di 1.000 Euro a prescindere dall'aliquota d'imposta.

D – Qual è la differenza tra limite di detrazione e massimo della spesa?

R - Il massimale di spesa indica l'importo massimo della spesa sostenuta dal contribuente per la realizzazione dello specifico intervento che può essere oggetto di agevolazione; diversamente, l'importo massimo della detrazione si calcola applicando all'importo massimo della spesa la percentuale di agevolazione che la normativa riconosce.

Pertanto, ipotizzando un intervento con massimale di spesa pari a 50.000 Euro, il massimale di detrazione sarà pari a 55.000 Euro (50.000 Euro x 1,1). Per alcune tipologie di interventi, in particolare tutti gli interventi "*trainati*" di efficientamento energetico, poiché la norma stabilisce un massimale di detrazione e non di spesa, per trovare quest'ultimo bisogna eseguire l'operazione inversa. Ad esempio, per un intervento di sostituzione di finestre comprensive di infissi, la norma stabilisce un massimale di detrazione pari a 60.000 Euro, pertanto la spesa massima ammissibile sarà pari a 54.545 Euro (60.000 / 1,1).

Le eventuali spese sostenute dal contribuente eccedenti il massimale di spesa non potranno essere oggetto di agevolazione e pertanto rimarranno integralmente a carico del contribuente stesso.

D - I massimali di spesa dei diversi interventi sono cumulabili?
R - Come precisato nella Risoluzione n. 60/E/2020 nonché nella Circolare 30/E/2020, al punto 4.4.3, nel caso in cui sul medesimo immobile siano effettuati più interventi agevolabili (anche contestualmente), il limite massimo di spesa ammesso alla detrazione è costituito dalla somma degli importi previsti per ciascuno degli interventi realizzati.
Ciò implica, in sostanza, che qualora siano realizzati sul medesimo edificio, anche unifamiliare, o sulla medesima unità immobiliare funzionalmente autonoma e con accesso indipendente, ad esempio la posa in opera del cappotto termico sull'involucro dell'edificio e interventi di riduzione del rischio sismico – interventi trainanti - nonché la sostituzione degli infissi e l'installazione di pannelli solari per la produzione di acqua calda, di pannelli fotovoltaici per la produzione di energia elettrica e relativi sistemi di accumulo e di infrastrutture di ricarica dei veicoli elettrici – interventi trainati - il limite massimo di spesa ammesso al Superbonus sarà costituito dalla somma degli importi previsti per ciascuno di tali interventi.

D - Come individuare le spese che possono rientrare nei massimali stabiliti?
R - Negli importi previsti dalla norma vanno conglobati: lavorazioni principali; lavorazioni accessorie e di contorno necessarie all'intervento principale; spese tecniche e varie (es. ponteggi, apprestamenti di cantiere, ecc.); IVA; oneri vari quali quelli per pratiche edilizie, occupazione suolo pubblico, imposte di bollo per le suddette pratiche, ecc.

D - Posso usufruire del Superbonus per un intervento di posa cappotto termico e riqualificazione impianti, e invece per la sostituzione degli infissi scegliere di mantenere la detrazione al 50% per manutenzione straordinaria?
R - La risposta è affermativa, nel senso che in presenza dei requisiti richiesti dalla normativa, se un intervento può ricadere in due o più diverse tipologie di agevolazioni, il contribuente può certamente (e anzi: *deve*) scegliere di quale concretamente usufruire.
Tuttavia, la scelta ipotizzata potrebbe risultare svantaggiosa, dal momento che se l'intervento di posa del cappotto termico e/o quello di riqualificazione impiantistica sono suscettibili di essere interventi *"trainanti"* nell'ambito del Superbonus, anche l'intervento di sostituzione degli infissi eseguito congiuntamente può risultare agevolabile con l'aliquota massima del 110% e con la detrazione in 5 anni, invece della detrazione al 50% in 10 anni ordinariamente prevista.

D - Che massimale ha un edificio con tre appartamenti in locazione ma tutti appartenenti ad un unico proprietario?
R - Per gli edifici posseduti da un unico proprietario o in comproprietà da più persone fisiche, si applicano, in generale, i chiarimenti di prassi forniti relativamente agli edifici in condominio (vedi da ultimo Interpello 07/01/2022, n. 5). Ciò comporta che, nel caso di edifici di un unico proprietario, laddove sussistano tutti i requisiti richiesti dalla norma, la detrazione è calcolata su un ammontare complessivo delle spese di importo variabile in funzione del numero delle unità immobiliari di cui l'edificio è costituito comprese le pertinenze.

D - Quando si parla di fruizione del bonus in quattro o cinque anni cosa vuol dire?
R - Ciò vuol dire che l'importo della detrazione verrà *"scalato"* da quanto dovuto a titolo di imposta sul reddito, alle varie scadenze previste per acconti e saldo, suddividendolo nel numero di rate indicate, a partire dalla dichiarazione dei redditi dell'anno in cui le relative spese sono state sostenute.

D - Nel caso in cui per un fabbricato sia stato già eseguito un intervento di risparmio energetico per il quale si è fatta la pratica ENEA e quindi è già stata portata in detrazione da più di 10 anni, si può usufruire nuovamente per lo stesso tipo di intervento (per esempio una nuova sostituzione di finestre)?
R - La risposta è affermativa. Non si ravvisano preclusioni alla fruizione di nuove agevolazioni in relazione a un nuovo intervento, anche in presenza di pregressi interventi agevolati con detrazioni ancora in corso, ovviamente purché si tratti di un intervento nuovo e siano rispettati tutti i requisiti tecnici, soggettivi e oggettivi previsti.
Si veda in proposito la Circolare 22/12/2020, n. 30/E, punto 4.5.3.

D - Le spese per la realizzazione della linea vita a seguito dell'installazione dell'impianto fotovoltaico rientrano nel Superbonus?
R - Riguardo la possibilità di ammettere al Superbonus anche le spese per gli apprestamenti da mantenere permanentemente (i.e. linee vita) è nostra opinione che la risposta sia positiva, ma solo per i casi in cui la loro installazione è obbligatoria ai fini di ottemperare a obblighi normativi. Si tratta infatti di presidi permanenti, resi obbligatori dalla normativa, e quindi sotto questo profilo, secondo noi, spese *"necessarie e funzionali"* al completamento dell'intervento.
Sotto altro profilo, le spese per i presidi di sicurezza per il cantiere quali le linee vita e non solo, le spese per i ponteggi e le spese accessorie menzionate, sono in generale agevolabili e devono essere calcolate al fine di verificare il rispetto dei massimali, trattandosi di spese necessarie e funzionali al completamento dell'intervento (Circolare 08/08/2020, n. 24/E, punto 5; Risoluzione 04/01/2011, n. 3/E; Risoluzione 29/11/2017, n. 147/E).
Riassumendo il nostro parere:
- presidi temporanei di cantiere: agevolabili;
- presidi permanenti obbligatori per norma: agevolabili;
- presidi permanenti installati su base volontaria: non agevolabili.

4.4.1.2 Cumulabilità

D - In un intervento di riqualificazione energetica alcuni interventi superano il tetto di spesa previsto dal Superbonus. È possibile far rientrare la quota eccedente nell'Ecobonus normale, nel Bonus facciate o nel Bonus casa al 50%?
R - Per poter cumulare gli importi di Superbonus e altri bonus, secondo noi, bisogna scorporare autonomi e distinti interventi, che abbiano ciascuno una propria ben precisa connotazione, e siano tenuti accuratamente distinti con distinti computo metrico, spese tecniche, contabilità, fatturazione e pagamenti, in modo da poter cumulare gli importi.
Ne segue che ciascun intervento dovrà rispettare gli specifici requisiti tecnico-prestazionali richiesti.

Il contribuente è tenuto altresì a fornire adeguata dimostrazione in merito all'autonomia dei distinti interventi (cfr. Interpello 09/11/2020, n. 538), tenendo conto anche del fatto che, come chiarito dall'Agenzia delle entrate in più occasioni, per le spese sostenute che eccedono il costo massimo unitario e/o la spesa massima ammissibile al Superbonus non è possibile fruire di altra agevolazione (vedi anche Circolare 22/12/2020, n. 30/E, risposta 4.4.7 - a rafforzare il concetto della necessaria autonomia degli interventi, e che la loro suddivisione non sia solo un artificio per far rientrare in altre agevolazioni le spese afferenti un certo intervento che ad esempio eccedono il massimale o non rientrebbero per altri motivi).
Se necessario, l'autonomo intervento dovrà anche essere assentito con autonomo procedimento edilizio, dato che se i lavori prevedono anche opere al di fuori del 110% dovrà presentare un titolo edilizio complessivo per tutte le opere.

D - Le porzioni di parete che danno su ambienti non riscaldati non possono essere computate ai fini del Super-Ecobonus. Tali porzioni possono essere inserite nel Bonus facciate o nel Bonus casa 50%?
R - La risposta è negativa. Ciò risponde ai principi generali, che si possono riassumere come segue:

a) qualora si attui un intervento caratterizzato da requisiti tecnici che consentano di ricondurlo astrattamente a due diverse fattispecie agevolabili, il contribuente è tenuto a scegliere quale agevolazione applicare, potendo, sulle stesse spese, usufruire di una sola tipologia di agevolazione;
b) nel caso in cui, viceversa, siano stati attuati più interventi distinti e autonomi, ciascuno dei quali agevolabile, il limite massimo di detrazione applicabile è - come detto - costituito dalla somma degli importi previsti per ciascuno degli interventi realizzati.

In questo caso appare difficile scorporare un distinto e autonomo intervento, circostanza della quale peraltro il contribuente è tenuto a fornire adeguata dimostrazione in merito all'autonomia dei distinti interventi (cfr. Interpello 09/11/2020, n. 538).
Vedi altra risposta in merito.

D - Se il condominio esegue un intervento di consolidamento strutturale con il Super-Sismabonus, il proprietario del singolo appartamento che intende realizzare anche dei lavori di ristrutturazione può usufruire dell'agevolazione per il recupero del patrimonio edilizio al 50%?
R - La risposta è affermativa. Si tenga conto di quanto da ultimo chiarito dalla Circolare 7/E del 25/06/2021 (cfr. pag. 312), che a sua volta richiama quanto già detto nella Risoluzione n. 206/E del 03/08/2007.
In questi documenti (in riferimento a Bonus ristrutturazioni e Sismabonus, che si rifanno alla stessa normativa) si legge che le spese relative ai lavori sulle parti comuni dell'edificio, essendo oggetto di un'autonoma previsione agevolativa ma soprattutto di proprietà di soggetti giuridici diversi (condominio e singoli proprietari), devono essere considerate, dal condòmino o dall'unico proprietario dell'intero edificio, in modo autonomo ai fini dell'individuazione del limite di spesa detraibile.

Pertanto, nel caso in cui vengano effettuati dal medesimo contribuente, anche nello stesso edificio, sia lavori sulle parti comuni che lavori sul proprio appartamento, la detrazione spetta nel limite di spesa stabilito, applicabile disgiuntamente per ciascun intervento.

D - Si può sostituire con agevolazioni una caldaia precedentemente installata fruendo dell'Ecobonus, con detrazioni ancora in corso?
R - Come principio generale, non si ravvisano preclusioni alla fruizione di nuove agevolazioni in relazione a un nuovo intervento, anche in presenza di pregressi interventi agevolati con detrazioni ancora in corso, purché ovviamente si tratti di un intervento nuovo e siano rispettati tutti i requisiti tecnici, soggettivi e oggettivi previsti.
Si veda in proposito la Circolare 22/12/2020, n. 30/e, punto 4.5.3, secondo la quale, in presenza di una precedente sostituzione della caldaia, intervento per il quale si è beneficiato dell'Ecobonus, sia possibile effettuare un nuovo intervento rientrante fra quelli ammessi al Superbonus e all'Ecobonus.
Per lo specifico intervento di coibentazione di involucro edilizio e/o infissi è prescritto che per usufruire delle agevolazioni i valori di trasmittanza termica iniziali (Uw) devono essere superiori ai valori limite riportati in tabella 1 dell'Allegato E del D.M. 06/08/2020.
Se la caldaia da sostituire presenta valori di efficienza già conformi alla richiesta della norma (efficienza energetica stagionale per il riscaldamento d'ambiente maggiore o uguale al 90% pari al valore minimo della classe A di prodotto prevista dal Reg. UE n. 811/2013), potrebbe invece sorgere qualche dubbio.
A tal proposito si sottolinea che, secondo il Mise, il requisito fondamentale per l'ottenimento dell'Ecobonus sia che il nuovo generatore di calore assicuri un risparmio di energia oggettivo, dimostrabile tramite relazione di un tecnico (vedi FAQ Ecobonus ENEA n. 8.D), pertanto si ritiene che in questi casi debba ovviamente essere progettato un sistema complessivamente più performante, e che ciò debba emergere come solida motivazione dalla documentazione tecnica redatta dal progettista.
Nel rispetto dei requisiti suindicati, si ritiene possibile mantenere anche le detrazioni già in corso, fruendo altresì delle nuove.

4.4.1.3 Verifica della congruità dei costi

D - Nell'Allegato 1 al DRE sono indicate alcune spese specifiche massime ammissibili della detrazione per tipologia di intervento. Nel caso in cui i prezzari regionali fossero più alti, quali prezzi prendere in considerazione?
R - Al fine di definire la congruità dei prezzi, si deve seguire il percorso stabilito dalla norma (punto 13, Allegato A, DRE):

a) si guarda in primo luogo ai prezzari regionali delle opere pubbliche o, in alternativa, ai prezzari DEI (è da ritenere che questa sia una scelta discrezionale del tecnico);

b) se questi prezzari non comprendono le lavorazioni da svolgere (la norma lo dice chiaramente: "*nel caso in cui i prezzari di cui alla lettera a) non riportino le voci relative agli interventi* [...]"), si può procedere con analisi prezzi e/o fare riferimento all'Allegato I del DRE.

Pertanto, l'utilizzo dei prezzari regionali è sempre legittimo, anche nel caso in cui gli importi da esso derivanti fossero superiori a quelli indicati dall'Allegato I del DRE.

D - Per la sostituzione degli infissi è possibile usare il prezzario Dei, il quale presenta dei prezzi maggiori dei massimali di cui all'Allegato I del DRE?
R - Dipende se si trova nel campo del 110% o dell'Ecobonus normale.
Se si trova nel campo del 110% la risposta è affermativa, dal momento che - come si è indicato in altre risposte - la procedura prevede sempre, in via preventiva, l'utilizzo dei prezzari (prezzario regionale e/o Dei).
Viceversa se si tratta di una semplice sostituzione di infissi con Ecobonus, possono sorgere dubbi. Infatti, il punto 13.2 del Decreto Requisiti dispone che "*per gli interventi di cui al presente allegato A, per i quali l'asseverazione può essere sostituita da una dichiarazione del fornitore o dell'installatore, l'ammontare massimo delle detrazioni fiscali o della spesa massima ammissibile è calcolato sulla base dei massimali di costo specifici per singola tipologia di intervento di cui all'allegato I al presente decreto*".
Sembra doversene ricavare, in questi casi, l'obbligo di fare riferimento all'Allegato I. Si ritiene di aderire prudenzialmente a tale interpretazione, seppure di fatto il prezzario Dei risulti usato anche in questi casi. Il comma 13-*bis* dell'art. 119 del DL 34/2020, nella parte in cui ha esteso l'uso del prezzario Dei, non menziona l'Ecobonus normale.

D - Ai fini dell'asseverazione della congruità dei prezzi, data una determinata categoria di lavori (isolamento a cappotto, serramenti) il tecnico asseveratore deve dimostrare la congruità dei prezzi rispetto a tutte le singole voci, o basta che la congruità sia dimostrata sul totale di quel prezzo della categoria del lavoro complessivo?
R - Per il Superbonus, la norma dice testualmente che i costi "*per tipologia di intervento*" devono essere inferiori o uguali a quelli determinati secondo precisi riferimenti indicati dalla norma (paragrafo 13 del Decreto Requisiti). Pertanto abbiamo sempre sostenuto che la congruità dovesse sussistere sul totale di quel prezzo della categoria del lavoro complessivo (es. intervento di isolamento termico, intervento serramenti, ecc.), e che quindi all'interno della categoria ci potessero essere anche voci di prezzo unitarie singolarmente più alte di quanto indicato dai prezzari di riferimento, purché la "*tipologia di intervento*" rientrasse e fosse congrua nel totale (ipotizzando, ad esempio, che il committente decida di spendere di più per determinate soluzioni, di converso risparmiando su altre).
In seguito, tuttavia, la Circolare 16/E/2021, al punto 1.2.2, dice che l'attestazione di congruità delle spese "*deve prevedere il rispetto dei costi massimi per tipologia di intervento, in relazione ai singoli elementi che lo compongono ed al loro insieme*". Sembra potersi dedurre che debbano essere "*congrui*" non solo i costi nel loro insieme ma anche le singole voci di elenco prezzi.
Il punto non è riferito al Superbonus, ma alle attestazioni di congruità della spesa per tutti i bonus diversi, tuttavia il chiarimento della Circolare, seppure riferito agli altri bonus, ci fa prudenzialmente ritenere che debba essere esteso anche al Superbonus, e pertanto che anche in questo caso la verifica deve esserci con riferimento al prezzo di ciascun singolo elemento.

D - Per il Super-Sismabonus, l'asseverazione dei requisiti tecnici con attestazione della congruità delle spese sostenute deve essere integrata dal computo metrico?
R - Non vi è un obbligo specifico in tal senso, previsto solo per l'Ecobonus. Tuttavia, considerando che:

- l'asseverazione deve essere corredata alla relazione illustrativa dell'attività conoscitiva svolta e dei risultati raggiunti, inerenti la valutazione relativa alla situazione post intervento;
- nella versione per il Superbonus, l'asseverazione contempla anche la dichiarazione sulla congruità dei prezzi e l'indicazione del prezzario utilizzato;

è secondo noi opportuno allegare anche il computo metrico e le eventuali analisi prezzi per voci non presenti nei prezzari. In alternativa, certamente tale documentazione va comunque redatta e conservata a cura del professionista.

D - Chi assevera la congruità della spesa non deve essere un commercialista, CAF, ecc.?
R - No, la congruità delle spese in relazione agli interventi è attestata e asseverata da un tecnico. Il visto di conformità, rilasciato dai soggetti abilitati, è invece un ulteriore documento che è richiesto ai fini della cessione del credito o dello sconto in fattura.
Si vedano anche altre risposte in proposito.

4.4.1.4 Spese per professionisti tecnici, congruità e percentuali

D - Per le prestazioni professionali è previsto un tariffario?
R - Secondo il punto 13, lettera *c)* dell'Allegato A al DRE, sono considerate *"congrue"* le spese professionali contenute nei limiti scaturenti dall'applicazione del D.M. Giustizia 17/06/2016 ("*Compensi per i servizi tecnici negli appalti pubblici*").
Stante l'indicazione contenuta nel comma 13-*bis*, art. 119 del D.L. 34/2020, quanto sopra si applica sia agli interventi per i quali si richiede il Superbonus energetico che a quelli per i quali si richiede il Superbonus sismico.

D - Le spese tecniche devono obbligatoriamente conformarsi agli importi di cui al D.M. 17/06/2016 o possono essere anche inferiori?
R - La parcella per le spese tecniche è considerata "*congrua*" se contenuta entro i limiti indicati dal D.M. 17/06/2016, ferma restando la possibilità per il professionista di applicare i ribassi che ritenga opportuni (e ferma restando in teoria la possibilità di accordarsi col cliente anche per importi più elevati, con la differenza rispetto al D.M. 17/06/2016 che non rientra nei massimali di spesa agevolati e pertanto resta integralmente in accollo al cliente stesso).
In pratica, resta la libertà di contrattare col cliente il compenso e i parametri del DM si applicano solo ai fini di verificare la spesa "*congrua*" su cui si può calcolare la detrazione fiscale.
R - Si vedano altre risposte dettagliate in merito.

D - Come suddividere le spese tecniche per le varie categorie di intervento?
R - Le spese tecniche, al pari dei lavori, devono essere suddivise per i vari capitoli di lavori agevolati (es. isolamento termico, sisma, rifacimento impianto termico, infissi,

ecc.), seguendo un criterio il più possibile oggettivo, che in assenza di criteri migliori (l'ideale è la ripartizione analitica) potrebbe anche essere la ripartizione in proporzione ai costi complessivi di ciascun intervento.
Tuttavia, esiste il consolidato principio, applicabile a tutti i vari bonus fiscali edilizi, secondo la quale se ci sono spese astrattamente riferibili a più interventi, il contribuente ha facoltà di scegliere quale agevolazione applicare (vedi Circolare 31/05/2007, n. 36/E, paragrafo 3.1) per le spese comuni a più interventi eseguiti).
In virtù del principio summenzionato si potrà anche avere un margine di manovra per spostare le spese nelle voci dove si ha a disposizione più importo nei massimali, ma con buonsenso e rimanendo quindi entro limiti di ampia giustificabilità (certamente non potrà avere spese troppo alte, ad esempio, riferite all'intervento di sostituzione di finestre e infissi).

D - Le spese tecniche sono agevolate anche se i lavori poi non verranno effettuati?
R - La risposta è negativa. La detrazione del 110% presuppone che i lavori vengano effettuati e completati con il rispetto di tutti i requisiti, ivi compresi la chiusura dei lavori e l'asseverazione finale.

4.4.1.5 Conteggio delle unità pertinenziali

D - Nei condomini, ai fini del conteggio delle unità immobiliari finalizzato al calcolo dei massimali, rientrano tutte le destinazioni?
R - Per interventi su intero edificio condominiale/plurifamiliare, anche se di unico proprietario fino a quattro abitazioni, l'ammontare massimo delle spese ammesse alla detrazione per gli interventi trainanti sulle parti comuni va calcolato tenendo conto anche delle eventuali pertinenze alle unità immobiliari, anche se non riscaldate, purché non fisicamente staccate dall'edificio (vedi: Circolare 22/12/2020, n. 30/E, punto 4.4.4; Circolare 25/06/2021, n. 7/E, pag. 412). Sono comprese in tale calcolo anche unità accatastate nelle categorie catastali escluse (A/1, A/8 e A/9 non aperte al pubblico).

D - Nell'ipotesi di un fabbricato unifamiliare con due pertinenze (garage e deposito) distintamente accatastate, come si calcola il massimale di spesa?
R - Essendoci in questo caso una sola abitazione con pertinenze, il caso va trattato alla stregua di un edificio unifamiliare, e pertanto gli eventuali bonus fiscali sia per interventi trainanti che trainati vanno comunque calcolati in base a una sola unità. Infatti, in caso di interventi su edifici composti da unica unità residenziale ed eventuali pertinenze, l'ammontare massimo di spesa ammessa alla detrazione va riferito all'unità abitativa e alle sue pertinenze unitariamente considerate, anche se accatastate separatamente (vedi Interpello 765 del 09/11/2021 e vari altri) e anche se più di una.

D - In presenza di fabbricato unifamiliare con pertinenza, è ipotizzabile donare al coniuge o al figlio la pertinenza, creando così un condominio sia ai fini del calcolo dei massimali che delle scadenze del Superbonus?
R - Ci troviamo in presenza di un edificio unifamiliare con pertinenze, pertanto come tale da trattare sia a livello di calcolo dei massimali che di scadenze.

Pensare di trasformare una casa unifamiliare con pertinenza in un condominio donando il garage o la cantina alla moglie o a un parente o a chiunque altro, se da un lato potrebbe risultare formalmente corretto, dall'altro presenta secondo noi dei rischi, in quanto è palesemente una operazione eseguita al solo fine di conseguire un vantaggio fiscale che altrimenti non spetterebbe.
Bisognerebbe essere in grado di dimostrare che la pertinenza presenti una propria autonomia funzionale e reddituale, e non sia effettivamente e di fatto asservito all'abitazione, che i sia anche il relativo pagamento Imu coerente, e comunque che l'unità non è sia effettivamente e di fatto asservita all'abitazione (onde evitare che possa essere considerato un "*uso distorto dell'agevolazione*"). Si ricorda in linea generale che il comportamento del contribuente deve essere improntato alla "*normale ed usuale diligenza*" e deve essere conforme ai canoni della "*buona fede*".
Scatterebbe poi in questo caso la verifica che l'immobile abbia superficie residenziale prevalente, al fine di capire come poter impostare l'intervento (cfr. Circolare 30/E/2020, punto 4.4.2), ricordando che secondo l'Interpello 07/01/2022, n. 5, laddove non sussista la condizione della prevalenza della residenzialità, l'unico proprietario dell'edificio non può fruire delle agevolazioni.

4.4.1.6 Massimali per impianti fotovoltaici e sistemi di accumulo

D - Il limite di spesa del fotovoltaico si riferisce all'unità immobiliare?
R - Il limite di spesa per gli impianti fotovoltaici e i sistemi di accumulo, pari rispettivamente a 48.000 Euro ciascuno, è stabilito distintamente per l'installazione degli impianti solari fotovoltaici e dei sistemi di accumulo integrati nei predetti impianti (Risoluzione 28/09/2020, n. 60/E, che sullo specifico punto supera quanto in contrasto affermato dalla Circolare 08/08/2020, n. 24/E), ed è riferito alla singola unità immobiliare (vedi Circolare 08/08/2020, n. 24/E, punto 2.2.2).

D - Se ho un impianto fotovoltaico installato ed agevolato, posso installare solo il sistema di accumulo con le agevolazioni?
R - Si ritiene di dare risposta negativa, dal momento che il comma 6, art. 119 del D.L. 34/2020, fa riferimento espressamente all'installazione contestuale o successiva di sistemi di accumulo integrati negli impianti solari fotovoltaici agevolati con il Superbonus. Ne segue che, se il sistema di accumulo va a integrare un pregresso impianto fotovoltaico non già oggetto di agevolazione con il Superbonus, le relative spese non dovrebbero essere ammesse.

D - In caso di installazione di impianto fotovoltaico, in base a quali parametri si esegue la verifica della congruità dei prezzi?
R - Per quanto riguarda il fotovoltaico, sono da considerare *"congrue"* le spese che rientrano nel limite per kW di potenza installata prevista dalla normativa (2.400 Euro/kW o 1.600 Euro/kW a seconda della qualificazione dell'intervento dal punto di vista edilizio, come indicato dai commi 5 e 6, art. 119 del D.L. 34/2020).

D - Il massimale di spesa per i pannelli fotovoltaici può essere sommato agli altri massimali?
R - I massimali delle detrazioni in oggetto sono cumulabili con quelli degli eventuali altri interventi, trainanti e/o trainati, secondo le regole ordinariamente previste e illustrate in altre risposte.
Tuttavia, poiché gli interventi in questione - per espresso richiamo contenuto nel comma 5, art. 119 del D.L. 34/2020 - si inquadrano nella tipologia di cui al comma 1, lettera *h)*, dell'art. 16-*bis* del D.P.R. 917/1986 (*"relativi alla realizzazione di opere finalizzate al conseguimento di risparmi energetici con particolare riguardo all'installazione di impianti basati sull'impiego delle fonti rinnovabili di energia"*), ne segue che essi non possono godere di un massimale dedicato in presenza di altri interventi riconducibili allo stesso riferimento normativo, come ad esempio quelli finalizzati alla riduzione del rischio sismico (Sismabonus) o quelli finalizzati alla rimozione delle barriere architettoniche (cfr. Risoluzione 30/09/2020, n. 60/E; Circolare 22/12/2020, n. 30/E, punto 4.4.3).
Ciò in quanto non possono essere considerati interventi distinti, ma, se eseguiti congiuntamente, devono rientrare nel medesimo massimale previsto di 96.000 Euro.

D - All'interno di un condominio, la potenza massima di 20 kW per il fotovoltaico è da considerarsi per l'intero condominio?
R - Secondo quanto si legge nella Circolare 22/12/2020, n. 30/E, punto 4.3.3 - se l'impianto è al servizio del condominio il limite di 20 kW è riferito all'edificio condominiale, se invece l'impianto è al servizio delle singole unità abitative tale limite va riferito alla singola unità. Inoltre, in base al comma 16-*ter*, art. 119 del D.L. 34/2020, l'aliquota del 110% per il fotovoltaico si applica alla quota di spesa corrispondente alla potenza massima di 20 kW, e per la quota di spesa corrispondente alla potenza eccedente 20 kW spetta la detrazione ordinaria al 50% stabilita dall'articolo 16-*bis* del D.P.R. 917/1996.
Quindi in pratica per il condominio non esiste un limite assoluto per il fotovoltaico, ma un limite di potenza per l'assoggettamento al Superbonus.

4.4.1.7 Massimali per impianti di ricarica veicoli elettrici

D - Il massimale per le colonnine come si intende?
R - Secondo quello che dice l'Agenzia entrate (Circolare 08/08/2020, n. 24/E, punto 2.2.3), il limite di spesa ammesso alla detrazione è annuale ed è riferito a ciascun intervento di acquisto e posa in opera delle infrastrutture di ricarica.
Il predetto limite è, inoltre, riferito a ciascun contribuente e costituisce, pertanto, l'ammontare massimo di spesa ammesso alla detrazione anche nell'ipotesi in cui, nel medesimo anno, il contribuente abbia sostenuto spese per l'acquisto e la posa in opera di più infrastrutture di ricarica.
Nel caso in cui la spesa sia sostenuta da più contribuenti la stessa, nel limite massimo previsto, va ripartita tra gli aventi diritto in base al costo sostenuto da ciascuno.

D - Per l'intervento trainato *"ricarica veicoli elettrici"* nel massimale di spesa è compresa la parte impiantistica per realizzarlo (es. quadro elettrico con dispositivo di protezione, cavo elettrico di alimentazione, manodopera)?
R - Stando al dettato normativo, le spese ammissibili alle detrazioni sono:
- acquisto della stazione di ricarica;
- installazione della stazione di ricarica;
- aumento della potenza del contatore fino a un massimo di 7 kW.

Tuttavia, come per tutte queste tipologie di agevolazioni, si può fare riferimento al principio generale in base al quale eventuali lavorazioni accessorie possono rientrare nel bonus purché siano strettamente strumentali e necessarie all'intervento agevolato, e ovviamente rientrino nel massimale di spesa.
L'individuazione di tali spese è a discrezione del tecnico.

4.4.1.8 IVA sulle spese per gli interventi

D - I massimali di spesa sono comprensivi di IVA o no?
R - La detrazione si applica sul valore totale della fattura, compresa l'IVA (Circolare 08/08/2020, n. 24/E, punto 4), qualora non ricorrano le condizioni affinché l'IVA venga *"scaricata"*.
Detto in altri termini, possono presentarsi questi due casi:

1) se il committente è privato (per il quale quindi l'IVA è un costo), l'IVA deve essere ricompresa nel conteggio;

2) se il committente è una società (per le quali invece l'IVA sui costi viene già portata in detrazione da quella sui ricavi), l'IVA deve essere scorporata e non può essere portata a detrazione.

D - Le spese professionali si considerano comprensive di IVA?
R - Anche per le spese professionali vale la regola generale in base alla quale la detrazione si applica sul valore totale della fattura, IVA compresa (Circolare 08/08/2020, n. 24/E, punto 4), sempreché non ricorrano le condizioni affinché l'IVA venga *"scaricata"*.
Vedi altra risposta per maggiori dettagli.

D - Se lo sconto in fattura che l'impresa applica è il 100%, che fine fa l'IVA?
R - Poiché la detrazione si applica sul valore totale della fattura, IVA compresa (Circolare 08/08/2020, n. 24/E, punto 4), anche l'IVA sarà sostanzialmente oggetto dello sconto in fattura, e pertanto non dovrà essere corrisposta dal contribuente al fornitore.
Quest'ultimo, a sua volta, dovrà invece ordinariamente metterla a debito e compensarla con l'eventuale IVA a credito sulle fatture passive, potendo usufruire della detrazione d'imposta sull'ammontare dell'imponibile, entro i massimali previsti.
Si ricorda peraltro che ai fini dell'applicazione della suddetta disposizione, per "*corrispettivo dovuto*" deve intendersi il valore totale della fattura, al lordo dell'IVA, e l'importo dello sconto non riduce la base imponibile e deve essere espressamente indicato nella fattura emessa a fronte degli interventi eseguiti (Circolare 22/12/2020, n. 30/E, punto 5.3.4).

D - Quale aliquota IVA deve essere applicata sugli interventi?
R - La risposta dipende dalla qualificazione dell'intervento ai fini edilizi.

D - I massimali di spesa indicati nell'Allegato I del DRE sono comprensivi di IVA?
R – Riguardo ai prezzi dell'Allegato I, la didascalia della tabella recita "*Spesa specifica onnicomprensiva massima ammissibile della detrazione per tipologia di intervento*", mentre la nota finale recita "*I costi esposti in tabella si considerano al netto di IVA, prestazioni professionali e opere complementari*".
Una delle due è evidentemente sbagliata, perché o i prezzi sono onnicomprensivi massimi, oppure sono al netto di altre voci. Allo stato attuale quasi tutti si attengono alla possibilità di addizionare gli importi si spese accessorie, spese tecniche e IVA (come secondo noi è corretto), mentre altri per la massima prudenza si attengono al valore onnicomprensivo massimo.

4.4.2 Spese varie che rientrano nell'agevolazione, spese professionali

4.4.2.1 Detraibilità di spese per lavorazioni varie

D - Le spese detraibili sono tutte le spese di ricostruzione (struttura in cemento armato, tamponamento, tramezzi, intonaco, pavimenti e rivestimenti, ecc.) sempre nel rispetto dei massimali?
R - Sulla base del consolidato principio secondo il quale l'intervento di categoria superiore assorbe quelli di categoria inferiore ad esso collegati in quanto necessari al completamento dell'opera, eventuali interventi di contorno (es.: tinteggiatura e intonacatura; rifacimento di pavimenti, massetti e sottofondi, rivestimenti; rimozione e/o rifacimento di impianti tecnici insistenti sulle parti oggetto di intervento; opere necessarie al ripristino della funzionalità di parti demolite o rimosse; rifacimento di tramezzature e rifiniture) possono rientrare nelle spese agevolabili, purché si tratti di spese necessarie e funzionali all'intervento da realizzare.
In caso di demo-ricostruzione riteniamo possa rientrare tutto.
Su queste fattispecie l'Agenzia delle entrate non risponde mai nello specifico, ma demanda al tecnico la responsabilità di valutare, richiamando quanto sopra che sostanzialmente rappresenta l'indirizzo generale, demandando al tecnico la valutazione discrezionale in merito alla sussistenza dei suddetti requisiti (vedi Interpello 685/2021).

D - La sostituzione ed il rifacimento del manto di copertura, in aggiunta all'isolamento tecnico della copertura stessa?
R - Le spese "strettamente correlate" alla esecuzione della lavorazione principale possono rientrare nei bonus nella misura in cui il tecnico abilitato ne certifichi la necessità in funzione di specifiche esigenze tecniche (cfr. Interpello 685/2021). Sarà quindi il tecnico a valutare discrezionalmente se le spese possano considerarsi strettamente correlate ai lavori da eseguirsi.
Per quanto riguarda l'isolamento del tetto, in base all'art. 5 del Decreto requisiti, per questi interventi le detrazioni spettano per le seguenti spese:

i. fornitura e messa in opera di materiale coibente per il miglioramento delle caratteristiche termiche delle strutture esistenti;

ii. fornitura e messa in opera di materiali ordinari, anche necessari alla realizzazione di ulteriori strutture murarie a ridosso di quelle preesistenti, per il miglioramento delle caratteristiche termiche delle strutture esistenti;
iii. demolizione e ricostruzione dell'elemento costruttivo;
iv. demolizione, ricostruzione o spostamento, anche sotto traccia, degli impianti tecnici insistenti sulle superfici oggetto degli interventi.

Oltre a ciò, spettano pertanto le agevolazioni anche per i costi strettamente collegati alla realizzazione degli interventi agevolabili, come individuate dal tecnico che ne attesti la necessità in funzione dell'intervento principale, che a nostro parere - ferma la citata discrezionalità del tecnico - possono ricomprendere anche quelle per la rimozione del manto di copertura e il riposizionamento delle tegole sulla sola copertura.

D - Per un intervento con cappotto termico in condominio, ci sono lavorazioni *"strutturali"* accessorie che rientrerebbero nel bonus (ad esempio: ripristini e risanamenti del copriferro e del calcestruzzo ammalorato di travi e pilastri)?

R - Si ritiene che le lavorazioni accessorie che possono rientrare nel bonus siano solo quelle strumentali e necessarie all'intervento agevolato. Nel caso esemplificato pertanto la risposta è a nostro parere negativa, in quanto si tratta di interventi, come indicato, di carattere *"strutturale"*, e pertanto non strettamente attinenti le opere di riqualificazione/isolamento termico dell'involucro edilizio.

D - I muri di tamponamento realizzati con calcestruzzo alleggerito contenuto in un cassero a perdere di pannelli in EPS rispondenti ai requisiti CAM, possono rientrare nell'Ecobonus?

R - Il quesito è complesso e non presenta una risposta univoca. In linea generale i pannelli ICF (o altra denominazione commerciale, ma la sostanza è la stessa), anche perché sono compresi nella sezione del prezzario Dei per le "*Opere murarie*", rientrano generalmente nella voce del Sismabonus, e peraltro non sono ordinariamente utilizzate per realizzare le tamponature. Del resto, l'utilizzo del polistirolo per la cassaforma è solo incidentalmente di aiuto, analoga lavorazione potrei svolgere utilizzando altre tipologie di casseforme, ad esempio in legno.

Inoltre il polistirolo di questi pannelli non è un polistirolo "*da cappotto termico*", non possiede la specifica Etag per il cappotto e costa più di un polistirolo da cappotto normale (quindi si pone eventualmente il problema della congruità dei costi, ai fini del cappotto termico).

Sotto altro profilo, vige per le agevolazioni il consolidato principio secondo il quale l'intervento di categoria superiore assorbe quelli di categoria inferiore ad esso collegati necessari al completamento dell'opera, purché si tratti di spese necessarie e funzionali all'intervento da realizzare, e chiaramente in caso di demo-ricostruzione può in linea di massima rientrare tutto, ovviamente entro il limite dei massimali di spesa previsti dalla normativa e di congruità generata dai prezzari.

La soluzione secondo noi più prudenziale è quella di analizzare il prezzo, distinguere la parte "*termica*" dalla parte muraria vera e propria, facendo rientrare la prima nell'Ecobonus (accollando però al cliente la differenza con un ordinario materiale isolante da cappotto) e la seconda come opere accessorie connesse nel Sismabonus.

Altra alternativa (meno prudenziale), ove si utilizzi un calcestruzzo alleggerito con funzione termica, anch'esso conforme a CAM, ascrivere l'intera lavorazione all'Ecobonus.
Se invece si ascrivesse tutto al sisma come opere accessorie, si porrebbe il problema della congruità rispetto all'utilizzo per le tamponature, salvo non voler dimostrare il complessivo contributo della soluzione alla riduzione del rischio sismico dell'edificio.

D - La rimozione e successiva nuova posa delle tubazioni di alimentazione del gas metano posate sulla facciata di un condominio, nel caso di realizzazione di un cappotto termico, rientrano tra le opere connesse al Super-Ecobonus?
R - La risposta è affermativa. I costi accessori collegati alla realizzazione degli interventi, ad esempio le spese relative all'installazione di ponteggi, allo smaltimento dei materiali rimossi per eseguire i lavori, e simili, rientrano nell'agevolazione.
Si ritiene che le lavorazioni accessorie che possono rientrare nel bonus siano solo quelle strumentali e necessarie all'intervento agevolato, cosa che va ovviamente valutata caso per caso ma che nella fattispecie menzionata sembra potersi applicare.
A titolo di esempio, la Risoluzione 28/09/2020, n. 60/E ha chiarito che per gli interventi di isolamento termico degli edifici (c.d. *"cappotto termico"*), nell'ambito delle spese accessorie ammissibili al Superbonus sono ricomprese quelle sostenute per la sostituzione delle soglie alle finestre e il riposizionamento in facciata delle cerniere e della ferramenta delle persiane, necessarie a seguito della posa del cappotto termico.
Altrettanto riteniamo che si possa dire per le spese indicate, seppure si tratti sempre e comunque di una valutazione discrezionale da operarsi da parte del tecnico incaricato.

D - Se effettuo lavori di sostituzione dell'impianto di riscaldamento con un impianto a pavimento, le opere murarie connesse (rimozione pavimenti, ecc.) rientrano nelle spese riconosciute nel Superbonus?
R - La risposta è secondo noi affermativa. Nelle spese si comprendono anche quelle sostenute per opere provvisionali ed accessorie strettamente funzionali alla realizzazione degli interventi, quali ad esempio ponteggi, nuove soglie o davanzali, rifacimento intonaci, opere murarie, ecc.
È in ogni caso applicabile il principio generale secondo il quale l'intervento di categoria superiore assorbe quelli di categoria inferiore ad esso collegati necessari al completamento dell'opera (ad esempio: tinteggiatura, intonacatura, rifacimento di pavimenti; vedi Risoluzione 29/11/2017, n. 147/E).

D - I ponteggi rientrano nelle spese agevolabili?
R - La risposta è affermativa. Nelle spese si comprendono anche quelle sostenute per opere provvisionali ed accessorie strettamente funzionali alla realizzazione degli interventi, quali ad esempio ponteggi, apprestamenti di cantiere, ecc.

4.4.2.2 Detraibilità delle spese professionali

D - Si considerano tra le spese anche i progetti e le direzioni lavori?
R - Il comma 15, art. 119 del D.L. 34/2020, prevede che *"rientrano tra le spese detraibili per gli interventi di cui al presente articolo quelle sostenute per il rilascio delle attestazioni e delle asseverazioni di cui ai commi 3 e 13 e del visto di conformità di cui al*

comma 11". Si fa pertanto riferimento alle attestazioni e asseverazioni (rispetto dei requisiti, congruità delle spese, attestato di prestazione energetica) specificamente richieste per la fruizione del Superbonus.
Quanto più genericamente alle spese per la progettazione e la direzione dei lavori, si ritiene siano anch'esse detraibili sulla base dei principi generali che regolano l'agevolazione del c.d. *"Ecobonus"*, per la quale l'art. 3 del D.M. 19/02/2007 dispone che la detrazione spetta anche per le spese relative a *"prestazioni professionali necessarie alla realizzazione degli interventi"*.

D - Quali sono le spese professionali che possono essere portate in detrazione?
R - Tutte le spese professionali tecniche possono essere portate in detrazione. Si fornisce qui di seguito una elencazione esemplificativa e non esaustiva:
- attività preliminari (sopralluoghi, rilievi e misurazioni, raccolta documentale, partecipazione alle assemblee condominiali, ecc.);
- verifica di conformità urbanistica;
- diagnosi strumentale, APE edificio *ante operam*, studio di fattibilità, valutazione tecnico-economica di massima;
- pratiche urbanistico-edilizie iniziali e finali;
- progetto energetico e relazione L. 10/1991;
- redazione di computi, capitolati e contrattualistica;
- direzione e contabilità dei lavori;
- coordinamento della sicurezza in fase di progettazione e di esecuzione;
- asseverazioni iniziali (es. Sismabonus) e finali, eventuale collaudo statico.

D - Le spese tecniche del professionista che redige il progetto oltre alle asseverazioni in che importo rientrano?
R - Le spese per prestazioni professionali contribuiscono al conteggio ai fini del raggiungimento del massimale generale ammissibile per ciascun intervento.

D - La polizza assicurazione del professionista rientra fra le spese ammesse a detrazione?
R - Non riteniamo che la polizza, a prescindere dalla forma che essa assume, possa rientrare direttamente nei massimali ammessi a detrazione, ma piuttosto che essa debba essere conglobata nella quota di *"spese generali"* che il professionista può legittimamente inserire nel conteggio delle proprie competenze.

D - Per gli interventi in condominio, come ripartire le spese tecniche?
R - In primo luogo bisogna considerare che il punto 13 dell'Allegato A al DRE dispone che i costi per tipologia di intervento devono essere inferiori o uguali a quelli determinati secondo i riferimenti indicati dalla norma. Ne segue che il computo e la conseguente contabilità devono necessariamente essere differenziati in base agli interventi agevolati, questo anche perché ai fini della possibilità di cumulare le agevolazioni si tratta di un requisito indispensabile così come devono essere separate la fatturazione e i pagamenti.

Da quanto sopra consegue che, in caso di interventi in condominio, devono altresì essere distinti i computi per gli interventi sulle parti comuni e quelli sulle parti private, tra l'altro perché - oltre a dover essere fatturati separatamente - fanno capo a committenze diverse.

4.4.3 Cessione del credito e sconto in fattura

4.4.3.1 Funzionamento del meccanismo

D - Il committente può eseguire i lavori senza anticipare alcuna somma?
R - In teoria, tramite il ricorso al meccanismo dello sconto in fattura da parte dei fornitori che effettuano gli interventi, il committente può svolgere gli interventi senza anticipare somme.
È tuttavia probabile che qualche spesa in fase iniziale vada sostenuta, se non altro per quelle operazioni preliminari che vanno svolte senza alcuna garanzia di poter poi in seguito completare l'intervento agevolato (ad esempio studi di fattibilità, indagini preventive, ecc.).

D - Quale differenza c'è tra sconto in fattura e cessione del credito per l'impresa che fa i lavori?
R - Con lo *sconto in fattura*, le fatture emesse dall'impresa (o dalle imprese) per i lavori svolti non vengono saldate dal committente, e pertanto contestualmente l'impresa acquisisce un credito d'imposta corrispondente al 110% dello sconto accordato al cliente.
Con la *cessione del credito* il meccanismo è assolutamente simile, solo che l'operazione avviene in due passaggi:

1) le fatture dell'impresa vengono emesse e pagate;

2) in un secondo momento l'impresa retrocede al cliente l'importo pattuito per la cessione del credito (tipicamente l'importo della detrazione maturata in capo al cliente, diminuito del *"prezzo"* negoziato tra il cliente e l'impresa per l'acquisto del credito), sostanzialmente *"acquistando"* il credito d'imposta.

In entrambi i casi l'impresa sarà titolare di un credito d'imposta verso il fisco, che potrà recuperare in 5 anni tramite il meccanismo della compensazione con altre imposte dovute (siano esse imposte sul reddito, IVA o altro), mentre di converso il cliente ha esborsato per i lavori svolti una somma minore o addirittura pari a zero, oppure è rientrato di tutto o parte dell'importo pagato.

D - Per lo sconto in fattura, a quali percentuali si fa riferimento?
R - Il meccanismo dello sconto in fattura è attuabile per qualsiasi percentuale, quindi a partire dall'intera spesa sostenuta fino ad una piccola porzione della stessa.
Peraltro, dalla lettura del Provvedimento Agenzia entrate 283847/2020, punto 3, sembra evincersi che in caso di opzione per lo sconto in fattura, il fornitore che lo pratica non possa richiedere un *"compenso"* a fronte di tale opzione, o che comunque tale compenso non possa sostanziarsi in una riduzione dello sconto praticato rispetto alle spese oggetto di detrazione.

D - Si può fare il bonifico e poi optare per la cessione del credito?
R - La risposta è affermativa. La cessione del credito, contrariamente allo sconto in fattura, presuppone infatti proprio che la spesa sia stata sostenuta, e che pertanto il credito sia maturato, per intero o per stati di avanzamento lavori, come previsto dal comma 13-*bis*, art. 119 del D.L. 34/2020, nonché dal comma 1-*bis*, art. 121 dello stesso D.L. 34/2020.

D - Un condomino con molti millesimi potrebbe trovarsi a superare i limiti, con la ripartizione delle spese in funzione dei millesimi?
R - La Circolare 24/E/2020, al punto 4, chiarisce che la detrazione per gli interventi trainanti "*condominiali*" (sulle parti comuni) spetta a ciascun condomino in funzione della spesa a lui imputata in base ai millesimi di proprietà o ai diversi criteri applicabili, ai sensi degli artt. 1123 e seguenti del Codice civile ed effettivamente rimborsata al condominio, anche in misura superiore all'ammontare commisurato alla singola unità immobiliare.
Quanto sopra vale per gli interventi su parti comuni, mentre chiaramente il principio non si applica per gli interventi sulle singole unità immobiliari.

D - Gli interessi sul prestito che la banca rilascia all'impresa o al privato rientrano nella detrazione o devono essere pagati?
R - Gli interessi richiesti dalla banca per l'apertura di una linea di credito al contribuente o all'impresa, così come l'eventuale corrispettivo richiesto per il servizio di acquisizione del credito, restano a carico del contribuente o dell'impresa.

D - Nel caso di sconto in fattura non si ha il bonifico; quindi, come avviene la detrazione non essendoci il bonifico?
R - Nel caso di sconto in fattura totale non vi è detrazione e non vi sarà alcun pagamento, mentre nel caso di sconto in fattura parziale vi sarà un bonifico per la parte residua, ma in entrambi i casi l'importo dello sconto praticato è espressamente indicato nella fattura emessa a fronte degli interventi effettuati, quale sconto effettuato in applicazione delle previsioni dell'art. 121 del D.L. 34/2020 (Provvedimento Agenzia entrate 283847/2020, punto 3.1).

D - In caso di cessione del credito, come viene pagato il professionista?
R - La cessione del credito presuppone che il contribuente abbia pagato tutte le spese e maturato il credito, per poi cederlo; pertanto, in questi casi il professionista sarà pagato normalmente.
In caso di sconto in fattura, invece, il professionista potrà valutare, in accordo con il proprio committente se concedere tale possibilità, e pertanto rinunciare in tutto o in parte al proprio compenso immediato acquisendo di converso il credito fiscale corrispondente, sfruttabile nel numero di anni previsti dalla normativa.

D - Se in fase di realizzazione e di successiva contabilizzazione dei lavori dovessero verificarsi scostamenti in più o in meno rispetto alle previsioni di stima, come si procede per quanto riguarda la cessione del credito?

R - Lo scostamento delle spese effettive rispetto a quanto stimato in fase progettuale può creare problemi in questi due casi:

1) lo scostamento verso l'alto comporta il superamento dei massimali di spesa indicati dalla norma; e/o

2) lo scostamento verso l'alto comporta il superamento degli importi giudicati *"congrui"* sulla base del prezzario utilizzato.

In entrambi i casi ciò può comportare una indetraibilità della parte in eccesso.
Qualora poi si scelga la strada della cessione del credito, il problema potrebbe presentarsi (oltre ai casi suddetti, nei quali ovviamente la parte eccedente i massimali non potrebbe essere oggetto di cessione in quanto su di essa non matura il credito fiscale), qualora l'accordo sottoscritto con il cessionario preveda l'impegno all'acquisto da parte di quest'ultimo fino ad una determinata somma, che potrebbe ipoteticamente venire superata. Peraltro, tale evenienza non è presente nei contratti standard previsti dalle banche, che generalmente prevedono l'impegno *"fino all'intero importo delle spese agevolabili"*.

D - Il fornitore che è disponibile a concedere uno sconto del 100% del corrispettivo da fatturare matura un credito d'imposta pari al 110% o al 100%?
R - Il credito d'imposta maturato dal fornitore è pari al 110% dello sconto accordato (cfr. Provvedimento Agenzia entrate 283847/2020, punto 3).

D - In un condominio che appalta i lavori a un'impresa che accetta lo sconto in fattura, serve oltre al contratto di appalto anche un'appendice come contratto di cessione tra condominio e impresa?
R - Lo sconto in fattura con l'impresa va certamente regolamentato nello stesso contratto di appalto dei lavori oppure anche con appendice separata.
Per procedere con sconto in fattura e/o cessione del credito, il cedente (es. il condominio, quindi l'amministratore) accede alla piattaforma dell'Agenzia delle entrate e procede, mentre il cessionario (es. l'impresa) accetta tramite la medesima piattaforma.
Dopo il SAL o a fine lavori, si fa la comunicazione dell'opzione all'Agenzia delle entrate (che non può in nessun caso avvenire prima della cessione-accettazione).

D - Per lavori in condominio, chi comunica i dati all'Agenzia delle entrate relativamente a tutti i lavori ammissibili al Superbonus?
R - Dal punto di vista fiscale, ai fini della cessione del credito, ciascun condomino ha la possibilità di scegliere come utilizzare il credito d'imposta maturato pro quota. Per la comunicazione:

- con riferimento agli interventi *"trainanti"*, la comunicazione dell'opzione all'Agenzia delle entrate è eseguita ad opera dell'amministratore o del professionista che rilascia il visto di conformità;
- nell'ambito invece dell'intervento *"trainato"*, il singolo condomino che intenda avvalersi della cessione del credito e/o dello sconto in fattura con riguardo al beneficio derivante da tale intervento, deve provvedere personalmente agli adempimenti con l'Agenzia delle entrate (cessione del credito e comunicazione dell'opzione).

4.4.3.2 Tempistiche per il recupero da parte del cessionario

D - Il soggetto cui viene ceduto il credito o l'impresa che pratica lo sconto in fattura deve anticipare oppure il bonus viene erogato tutto insieme?

R - Ai sensi del comma 3, art. 121 del D.L. 34/2020, *"il credito d'imposta è usufruito con la stessa ripartizione in quote annuali con la quale sarebbe stata utilizzata la detrazione"*. In pratica, il soggetto che anticipa il bonus fiscale sotto forma di sconto in fattura o acquistando il credito d'imposta potrà recuperarlo nelle stesse tempistiche previste per le detrazioni.

Tuttavia, a differenza del contribuente che ha diritto alle detrazioni, il soggetto che acquisisce il credito potrà utilizzarlo anche in compensazione, senza attendere quindi le scadenze per il pagamento delle imposte sul reddito (IRPEF o IRES che sia), ma alla prima scadenza utile compensando con altri pagamenti dovuti al fisco (ad esempio con il versamento dell'IVA mensile o trimestrale).

Il medesimo comma 3, art. 121 del D.L. 34/2020, specifica inoltre che *"la quota di credito d'imposta non utilizzata nell'anno non può essere usufruita negli anni successivi, e non può essere richiesta a rimborso"*.

D - Per le spese tecniche in fase di prefattibilità, se il committente non vuole sostenere costi, è l'impresa che deve pagare il professionista?

R - Per prima cosa, il professionista deve sempre essere pagato direttamente dal cliente con il quale intrattiene il rapporto (preventivo-contratto), a meno che il cliente stesso non si sia rivolto ad un *General contractor* e pertanto il professionista abbia rapporti sono con il GC stesso e non con il cliente (vedi paragrafo 3.3.1.2).

Il professionista può decidere (ovviamente concordandolo con il cliente e non su scelta unilaterale di quest'ultimo) di applicare lo sconto in fattura al pari degli altri fornitori, pertanto ha due possibilità:

1) è in grado di sopportare dal punto di vista finanziario lo scostamento temporale tra quando esegue la prestazione e quando incasserà il relativo compenso, cosa che al più presto potrebbe accadere al primo SAL, e pertanto si assume consapevolmente tale onere;

2) si accorda con una banca che gli anticipa la provvista liquida pagando direttamente le fatture emesse al committente, in cambio della futura cessione del credito a maturazione dello stesso (quindi, come detto, non prima del primo SAL).

D - L'impresa che cede il credito ad altri (ad esempio a una banca) in che tempistiche lo recupera?

R - Il soggetto che anticipa il bonus fiscale sotto forma di sconto in fattura o acquistando il credito d'imposta, lo recupera nelle stesse tempistiche (5 anni) delle normali detrazioni.

Se l'impresa che ha accordato lo sconto in fattura (e pertanto ha anticipato in una prima fase il corrispettivo del bonus, rinunciando all'introito dei lavori svolti) poi cede a sua volta il credito acquisito ad un altro soggetto (ad esempio una banca), l'impresa a sua volta monetizzerà subito il credito (ovviamente alle condizioni stabilite con il cessionario, cioè nel nostro esempio la banca). L'onere ultimo, come detto recuperabile in 5 anni, rimane pertanto sull'ultimo soggetto che ha acquistato il credito.

4.4.3.3 Cessione/sconto totale o parziale

D - Nell'ipotesi della cessione del credito, sarà possibile cederlo tutto o solo una parte?

R - Dalla lettura della Circolare 24/E/2020 (punto 7) e del Provvedimento 283847/2020 (punto 1) si evince che, mentre lo sconto in fattura può anche essere parziale, la cessione del credito debba invece riguardare la totalità del credito maturato, sia esso a fine lavori o SAL di almeno il 30%.

In altri termini, quanto a sconto in fattura e cessione totale o parziale del credito:

- lo sconto in fattura può essere totale o parziale;
- la cessione del credito deve essere totale, con riferimento alla parte che andrebbe portata in detrazione (quindi l'intero o la parte non oggetto dello sconto in fattura);
- sempre per la cessione del credito, il contribuente che abbia scelto inizialmente di fruire della detrazione può anche in un secondo momento cambiare idea e cedere (sempre per intero) il credito corrispondente alla rimanente parte non fruita (in questo caso, l'opzione esercitata per le rate residue della detrazione non fruite è irrevocabile).

D - Nel caso in cui l'impresa esecutrice sia disposta ad effettuare sconto in fattura per l'intero importo, si può chiedere all'istituto bancario di scontare unicamente le spese tecniche?

R - In primo luogo occorre precisare che la maturazione del credito d'imposta avviene solo alla compilazione del SAL e della relativa asseverazione *"a SAL"* da trasmettere all'ENEA, e conseguentemente prima di tale data non vi è materialmente un credito con il fisco da poter cedere alla banca o altro soggetto.

Ciò non toglie che - a prescindere dagli accordi presi dall'impresa esecutrice con la committenza - il professionista potrà a sua volta accordarsi con un istituto bancario per l'apertura di una linea di credito variamente denominata (ad esempio, *"prestito ponte"*), di modo che la banca possa anticipare gli importi fatturati al professionista per poi rendersi cessionaria del relativo credito, una volta che questo sarà maturato al SAL. Ciò rende possibile anche per il professionista offrire al cliente il servizio di *"sconto in fattura"*.

In mancanza di un similare accordo, qualora il professionista non sia finanziariamente in grado di proporre lo sconto in fattura anche senza il supporto della banca, dovrà accordarsi con il cliente per il pagamento da effettuarsi in qualsiasi momento a partire dal conferimento dell'incarico e fino al SAL stesso.

D - Per un unico intervento è possibile pagare il progettista con la detrazione, un'impresa con lo sconto in fattura e un'altra impresa con la cessione del credito?

R - Dalla lettura della Circolare 24/E/2020 (punto 7) e del Provvedimento 283847/2020 (punto 1), è possibile usufruire in parte della detrazione e in parte dello sconto in fattura, mentre per quanto riguarda la cessione del credito, questa deve riguardare la totalità delle spese ammesse a detrazione per l'intervento in oggetto (vedi altre risposte per dettagli ed esempi).

4.4.3.4 Soggetti fiscalmente incapienti

D - In caso di cessione del credito alla banca, le fatture saranno intestate alla banca stessa?
R - Le fatture, in ogni caso, non potranno mai essere intestate alla banca, ma dovranno sempre essere intestate al contribuente originario.

D - Lo sconto in fattura può eccedere la capienza fiscale del contribuente?
R - La risposta è affermativa, dal momento che il meccanismo dello sconto in fattura, così come quello della cessione del credito, è volto anche a risolvere eventuali situazioni di incapienza che impedirebbero una completa fruizione del credito.
Lo sconto in fattura può in tutti i casi essere pari al 100% della spesa sostenuta, nei limiti dei massimali previsti.

D - Facendo cessione del credito ad una banca, il credito d'imposta è in funzione della capienza fiscale del privato o la banca acquisisce tutto il massimale in funzione del suo credito?
R - La banca acquisisce per intero il credito maturato, a prescindere dalla capienza fiscale del privato. La cessione del credito è meccanismo inteso proprio a evitare che il soggetto fiscalmente incapiente possa *"perdere"* parte dello sconto fiscale potenzialmente ottenibile con gli interventi.

4.4.3.5 Cessione credito e lavori già in corso oppure interrotti

D - Se interrompo i lavori dopo aver emesso dei SAL (e quindi ceduto un credito), cosa succede?
R - Nei confronti del committente cedente il credito e titolare degli interventi, l'Agenzia delle entrate provvederà al recupero dell'importo corrispondente alla detrazione non spettante, maggiorato degli interessi, nei confronti del soggetto titolare degli interventi.
Il fornitore o soggetto cessionario del credito risponde, solidalmente col titolare degli interventi, solamente nel caso in cui venga provata una sua responsabilità in concorso nella violazione, nonché per l'eventuale utilizzo del credito d'imposta in modo irregolare o in misura maggiore rispetto allo sconto praticato o al credito ricevuto.

D - Il cliente sta eseguendo dei lavori e sta predisponendo i documenti per cedere il credito ad un istituto bancario. Può portare in detrazione i pagamenti già effettuati e per la rimanenza cedere il credito alla banca?
R - Per poter cedere il credito alla banca, il credito stesso deve essere maturato, e affinché ciò avvenga occorre che le spese siano state sostenute e quindi i pagamenti effettuati (contrariamente a quanto accade invece per lo sconto in fattura).
Inoltre, si evince dalla lettura della Circolare 24/E/2020 (punto 7) e del Provvedimento 283847/2020 (punto 3.1), che - mentre lo sconto in fattura può essere parziale - la cessione del credito debba invece riguardare la totalità del credito maturato, sia esso a fine lavori o SAL di almeno il 30%.
Pertanto riteniamo che il cliente, se nel frattempo desidera portare in detrazione le spese già sostenute, possa predisporre un SAL per i lavori già pagati (con asseverazioni e vi-

sto di conformità), senza esercitare alcuna opzione, e pertanto portando i lavori in detrazione, e poi optare per la cessione del credito in relazione al successivo SAL e/o a fine lavori per il rimanente.

4.4.3.6 Responsabilità e sanzioni in caso di cessione del credito o sconto in fattura

D - Nel caso di *"sconto in fattura"*, quali potrebbero essere le responsabilità e le ricadute economiche e giuridiche sui committenti?

R - Sostanzialmente le conseguenze economiche e giuridiche sul committente sono analoghe, sia nel caso di fruizione diretta del credito che nel caso di sconto in fattura o cessione del credito.

Nel caso in cui i controlli (che possono essere svolti dall'Agenzia delle entrate e/o dall'ENEA per quanto riguarda gli interventi *"energetici"*) evidenzino l'assenza anche parziale dei requisiti che danno diritto alla detrazione, l'erario provvederà - ai danni del committente - al recupero dell'importo corrispondente alla detrazione non spettante, maggiorato di sanzioni e interessi.

Potranno anche configurarsi in questo caso in capo al committente eventuali reati tributari, come ad esempio false fatturazioni o frode fiscale.

Invece, il soggetto che ha operato lo sconto in fattura o che ha acquistato il credito (quindi l'impresa esecutrice e/o il professionista e/o la banca o altro soggetto che ha acquisito il credito), risponde in solido col titolare degli interventi, ma solamente nel caso in cui venga provata una sua responsabilità in concorso nella violazione (per chiarimenti sul significato di *"concorso in violazione"* si rinvia alla Circolare 22/12/2020, n. 30/E, punto 5.1.9).

Pertanto, se un soggetto acquisisce un credito d'imposta o concede sconto in fattura, ma durante i controlli dell'ENEA o dell'Agenzia delle entrate viene rilevato che il contribuente non aveva diritto alla detrazione, il cessionario che ha acquistato il credito in *"buona fede"* non perde il diritto ad utilizzare il credito d'imposta (Circolare 22/12/2020, n. 30/E, punto 5.1.8).

Il fornitore o soggetto cessionario del credito potrà anche essere chiamato a rispondere per l'eventuale utilizzo del credito d'imposta in modo irregolare o in misura maggiore rispetto allo sconto praticato o al credito ricevuto.

4.4.4 Preesistenza di debiti fiscali

D - La preesistenza di debiti fiscali preclude la fruizione delle agevolazioni?

R - La preesistenza di debiti fiscali non preclude la fruizione delle agevolazioni, dal momento che nessuna limitazione opera nell'ipotesi in cui il contribuente che commissiona i lavori e sostiene i relativi costi, decida di usufruire direttamente della detrazione, senza cessione del credito o sconto in fattura.

D - Si possono chiedere la cessione del credito o lo sconto in fattura avendo pendenze con il fisco?

R - La risposta è affermativa, dal momento che il comma 3, art. 121 del D.L. 34/2020 dispone che non si applicano i limiti di cui:

- all'art. 31 del D.L. 31/05/2010, n. 78, comma 1, il quale preclude la compensazione dei crediti relativi alle imposte erariali fino a concorrenza dell'importo dei debiti, di ammontare superiore a 1.500 Euro, iscritti a ruolo per imposte erariali e relativi accessori, e per i quali è scaduto il termine di pagamento;
- all'art. 34 della L. 23/12/2000, n. 388, che contempla il limite massimo dei crediti di imposta e dei contributi compensabili;
- all'art. 1 della L. 24/12/2007, n. 244, comma 53, che a sua volta contempla il limite annuale dei crediti d'imposta da indicare nel quadro RU della dichiarazione dei redditi.

Ne segue che sono stati in pratica annullati i limiti rappresentati dall'esistenza di debiti fiscali scaduti e che non siano stati oggetto, ad esempio, di rottamazione, rateazione o sospensione giudiziale.
Quindi, ad esempio, l'impresa esecutrice potrà concedere lo sconto in fattura in relazione agli interventi effettuati, anche in presenza di debiti nei confronti dell'erario per importi superiori a quelli previsti dalla norma, potendo, data la presenza della specifica deroga sopra richiamata, utilizzare in compensazione il relativo credito di imposta.
Lo stesso dicasi qualora il credito sia oggetto di successiva cessione, riguardo alla possibilità di utilizzo in compensazione da parte del successivo cessionario.

4.5 RUOLO E RESPONSABILITÀ DEI PROFESSIONISTI TECNICI

4.5.1 Tecnici incaricati per progettazione, direzione lavori, asseverazione - Conflitti di interessi

D - Se un tecnico è anche condomino nell'edificio dove si eseguono i lavori, può assumere incarico di progettazione e/o direzione dei lavori?
R - Non sussistono a parere di chi scrive conflitti di interesse per lo svolgimento dell'attività di progettazione (con relativi computi metrici e altri elaborati vari) e direzione dei lavori; anzi il fatto che la DL sia svolta da soggetto direttamente interessato al buon andamento dei lavori, in quanto a sua volta condomino, garantisce ulteriormente il condominio rispetto alla corretta conduzione dell'appalto.

D - Il tecnico che assevera la congruità delle spese per l'intervento deve essere estraneo all'intervento o può farlo il progettista?
R - Non sono previsti requisiti di terzietà, può farlo anche il progettista, o il direttore dei lavori, fatto salvo quanto indicato in altre risposte a proposito dell'inopportunità di rilasciare l'asseverazione per interventi relativi a immobile di proprietà del tecnico stesso.

D - Quali sono le responsabilità della figura del direttore dei lavori nell'ambito del Superbonus?
R - Per l'ordinaria attività di DL non si riscontrano responsabilità ulteriori a quelle che ci sarebbero in qualsiasi altro lavoro.
Solo in caso di rilascio dell'asseverazione per il rispetto dei requisiti e congruità spese connessa al Superbonus si ravvisano ulteriori responsabilità amministrative, tributarie e penali.

In caso di false dichiarazioni, viene attivato dal Ministero dello sviluppo economico un procedimento di *"contestazione e notificazione"* ai sensi dell'art. 14 della L. 689/1981, all'esito del quale, in caso venga ritenuto fondato l'accertamento:

- viene attivato il procedimento di decadenza dai benefici e risarcimento di eventuali danni;
- viene resa comunicazione all'Ordine o Collegio professionale di appartenenza del tecnico.

In ogni caso, la non veridicità di asseverazioni e attestazioni comporta (comma 14, art. 119 del D.L. 34/2020):

- per il contribuente la decadenza dal beneficio;
- per il professionista, l'applicazione di una sanzione amministrativa pecuniaria compresa tra 2.000 e 15.000 Euro per ciascuna attestazione o asseverazione infedele resa (oltre che, ovviamente, le eventuali conseguenze penali e disciplinari).

Si ricorda che in linea di massima le polizze assicurative non coprono le sanzioni amministrative, ma solo i danni di tipo civilistico.

Restano ferme eventuali conseguenze deontologiche e/o penali delle dichiarazioni mendaci fornite dal professionista, conseguenze penali che possono essere ricondotte:

- al reato di *"falsità ideologica in certificati"* (art. 481 del Codice penale); e/o
- al reato di *"truffa aggravata per il conseguimento di erogazioni pubbliche"* (art. 640-*bis* del Codice penale).

D - Se il tecnico asseveratore è anche il proprietario dell'immobile su cui sono eseguiti i lavori, può redigere le asseverazioni?

R - Pur non sussistendo alcun esplicito divieto, appare certamente sconsigliabile dal punto di vista deontologico redigere le asseverazioni per un intervento in relazione al quale il tecnico asseveratore stesso usufruisce delle detrazioni.

D - Le spese tecniche preliminari possono essere fatturate e pagate prima dell'inizio dei lavori e del pagamento del primo SAL del 30%?

R - La risposta è affermativa. Nulla vieta di concordare un pagamento delle spese tecniche afferenti la parte preliminare dell'intervento in qualsiasi momento che va dal conferimento dell'incarico in poi.

Semplicemente, per il committente, solo all'atto del SAL maturerà il credito con la relativa possibilità di cessione.

D - Il direttore dei lavori deve per forza essere nominato dal committente?

R - Il direttore dei lavori è figura posta a tutela dell'interesse del committente a che i lavori vengano svolti in conformità al progetto nonché al capitolato e al contratto d'appalto. Pertanto, pur non essendoci alcuna previsione normativa in tal senso, è certamente opportuno che venga nominato dal committente o che sia comunque persona che abbia la fiducia di quest'ultimo.

D - Se il progettista è diverso dal direttore dei lavori, l'asseverazione è a carico del progettista?
R - L'asseverazione potrà essere redatta da uno dei due professionisti, non c'è una regola fissa; tuttavia, a nostro giudizio in questo caso è più opportuno che sia il DL, avendo puntualmente seguito tutto lo sviluppo dei lavori, ad essere incaricato dell'asseverazione.

D - Il progettista e il direttore dei lavori possono essere dipendenti dell'impresa che esegue i lavori?
R - In teoria non ci sono cause ostative. Per quanto riguarda in particolare il direttore dei lavori, il fatto che sia un dipendente dell'impresa è tuttavia sconsigliabile, dato che il DL è figura posta a tutela dell'interesse del committente a che i lavori vengano svolti in conformità al progetto nonché al capitolato e al contratto d'appalto.
Detta funzione di tutela verrebbe del tutto a mancare, con la conseguenza di esporre il direttore dei lavori a possibili violazioni deontologiche, e in generale il rapporto contrattuale tra l'impresa e il committente, a forte rischio contestazioni.

D - Può un tecnico essere progettista e direttore dei lavori con Superbonus per la propria abitazione, eventualmente anche in comproprietà con la moglie, senza incorrere in conflitto di interessi o incompatibilità?
R - Non si ravvisano incompatibilità o conflitti di interessi per l'esecuzione del progetto e della direzione lavori su un immobile di proprietà del tecnico stesso, eventualmente in comproprietà con il coniuge.
Invece, pur non sussistendo alcun esplicito divieto, appare certamente sconsigliabile dal punto di vista deontologico redigere le asseverazioni (APE e/o asseverazione ENEA) per un intervento in relazione al quale il tecnico asseveratore stesso (o il coniuge o un parente entro il quarto grado) usufruisce delle detrazioni.

4.5.2 Polizza assicurativa professionale

D - La polizza assicurativa specifica va richiesta per ogni singolo intervento di Superbonus?
R - Non è richiesta una polizza assicurativa distinta per ciascuno specifico intervento. I professionisti che rilasciano le attestazioni devono essere in possesso di polizza di assicurazione per responsabilità civile, come del resto è già in generale obbligatorio per chi esercita la libera professione. È tuttavia prescritto che tale polizza debba avere massimale adeguato al numero delle attestazioni o asseverazioni rilasciate e agli importi dei relativi interventi, e comunque non inferiore a 500.000 Euro.

D - Per quanti anni deve essere operativa la polizza assicurativa, e che caratteristiche/garanzie deve prevedere?
R - La polizza assicurativa deve rispondere alle seguenti condizioni:
- deve esserci un massimale dedicato al rischio asseverazioni Superbonus;
- detto massimale deve essere sempre pari almeno all'importo dei lavori da asseverare e comunque maggiore di 500.000 Euro, da integrare ove necessario (cioè quando il massimale sia stato in tutto o in parte utilizzato per una asseverazione);

- se la polizza opera in regime di *"claims made"* sia garantita una ultrattività di almeno 5 anni in caso di cessazione di attività e una retroattività di almeno 5 anni a garanzia di asseverazioni effettuate negli anni precedenti.

Se sono rispettate tutte le condizioni sopra elencate, sarà valida l'ordinaria polizza RC professionale (comma 14, art. 119 del D.L. 34/2020), viceversa occorrerà stipulare una polizza ulteriore e specifica.

D - Per uno studio associato, la polizza può essere stipulata per lo studio oppure occorrono polizze specifiche per il componente dello studio che redige la specifica asseverazione?

R - Quanto alla polizza assicurativa dei professionisti associati, in linea generale e con riferimento alla ordinaria polizza del professionista, in presenza di uno studio associato - la cui legittima esistenza continua ad essere garantita dalle previsioni dell'art. 10, comma 9, L. 12/11/2011, n. 183 - la polizza assicurativa a copertura dei danni derivanti dall'attività professionale degli associati, e degli eventuali consulenti dello studio, può essere sottoscritta direttamente dallo studio.

Lo studio associato, infatti, per costante giurisprudenza (Cass. civ. 13/04/2007, n. 8853; Cass. civ. 28/07/2010, n. 17683; Cass. civ. 15/07/2011, n. 15694), ancorché privo di personalità giuridica, rientra a pieno titolo nel novero di quei fenomeni di aggregazione di interessi cui la legge attribuisce la capacità di porsi come autonomi centri di imputazione di rapporti giuridici. È evidente che, affinché la copertura assicurativa si estenda agli associati e agli eventuali consulenti dello studio, ciò deve essere espressamente previsto nella polizza assicurativa sottoscritta dallo studio associato, con i suddetti professionisti associati espressamente nominati.

Si ritiene di poter applicare quanto sopra anche all'asseverazione per il Superbonus, facendo però attenzione al fatto che per tali asseverazioni i professionisti tecnici devono approntare delle coperture assicurative con caratteristiche specifiche, come indicato in altre risposte.

Certamente, per uno studio associato la soluzione della polizza di tipo *"a singola asseverazione"*, predisposta quindi volta per volta, può essere una soluzione più flessibile e probabilmente anche più conveniente dal punto di vista economico.

4.6 ALTRE QUESTIONI VARIE

D - Se le spese per l'intervento sono sostenute dall'inquilino che ha in affitto un immobile, le pratiche edilizie devono essere presentate dal proprietario dell'immobile o dall'inquilino?

R - In linea generale il locatario è legittimato alla richiesta di titoli edilizi, purché compatibili con l'effettiva disponibilità del bene e con l'entità della trasformazione oggetto dell'istanza, e purché debitamente autorizzato dal proprietario per iscritto nel contratto di locazione oppure con autorizzazione espressa (cfr. ad esempio C. Stato 20/07/2011, n. 4370). Alcune Regioni, ad esempio la Toscana, limitano tale facoltà ad interventi di manutenzione, restauro e risanamento conservativo o assimilabili, che rivestano carattere di urgenza, ai sensi dell'art. 1577 del Codice civile.

Il soggetto che presenta la pratica non deve necessariamente coincidere con il beneficiario del bonus fiscale.
Pertanto:

- il proprietario può certamente sempre presentare la pratica;
- il locatario può farlo se debitamente autorizzato e per lavori di limitata entità, salvo più restrittive disposizioni regionali.

D - In caso di cappotto su facciata prospettante su suolo pubblico possono riscontrarsi problemi con l'eventuale contestazione di occupazione suolo pubblico dovuta allo spessore del cappotto?
R - Dal punto di vista urbanistico-edilizio l'intervento dovrebbe essere sempre consentito, in quanto ai sensi del comma 7 dell'art. 14 del D. Leg.vo 04/07/2014, n. 102, nel caso di interventi di manutenzione straordinaria, restauro e ristrutturazione edilizia, entro i limiti del maggior spessore delle murature esterne e degli elementi di chiusura superiori e inferiori, necessario per ottenere il risparmio energetico indicato dalla norma, è permesso derogare a quanto previsto dalle normative nazionali, regionali o dai regolamenti edilizi comunali, in merito: alle distanze minime tra edifici, alle distanze minime dai confini di proprietà, alle distanze minime di protezione del nastro stradale e ferroviario, alle altezze massime degli edifici.
Le deroghe vanno comunque esercitate nel rispetto delle distanze minime riportate nel Codice civile, che pertanto non possono essere derogate.
Tuttavia, è comunque necessario l'ottenimento di una concessione previa presentazione di apposita istanza, nella maggior parte dei casi gratuita, ma in certi casi anche onerosa, per l'occupazione del suolo pubblico (molti Comuni hanno emanato apposite delibere sul punto). Inoltre, in genere:

- deve essere sempre dimostrata e garantita l'accessibilità degli spazi pubblici con particolare attenzione ai marciapiedi (a tale proposito, la deroga incontrerà un limite qualora l'applicazione del cappotto sia suscettibile di rendere difficoltoso il passaggio delle persone con disabilità, non rispettando le prescrizioni tecniche di cui agli artt. 3-11, del D.P.R. 24/07/1996, n. 503);
- l'intervento deve essere compatibile con le esigenze di tutela del paesaggio e sicurezza della circolazione veicolare e pedonale.

D - Il caso di successioni aperte e non ancora chiuse ne usufruiscono i futuri eredi?
R - In caso di acquisizione dell'immobile per successione, la detrazione spetta all'erede o agli eredi che conservano la detenzione materiale e diretta dell'immobile.

4.7 RISPOSTE A FAQ DELL'ENEA E DELL'AGENZIA ENTRATE

4.7.1 Risposte a FAQ dell'ENEA

FAQ n. 1. Le spese sostenute a partire dal 1° luglio 2020 per gli interventi che iniziati prima di tale data a quali condizioni sono ammissibili alle detrazioni del 110%? Quali documenti bisogna produrre in questi casi?
Il primo periodo del comma 1 dell'art. 119 del "*decreto rilancio*" prevede che "*La de-*

trazione di cui all'articolo 14 del decreto-legge 4 giugno 2013, n. 63, convertito, con modificazioni, dalla legge 3 agosto 2013, n. 90, si applica nella misura del 110 per cento per le spese documentate e rimaste a carico del contribuente, sostenute dal 1° luglio 2020 fino al 31 dicembre 2021, da ripartire tra gli aventi diritto in cinque quote annuali di pari importo, nei seguenti casi:"

La norma, in sostanza, non fa riferimento alla data di inizio dei lavori ma pone soltanto la condizione che la detrazione del 110% si applica alle spese sostenute a partire dal 1° luglio 2020.

Il comma 1 specifica, inoltre, gli interventi "*trainanti*" ammessi alla detrazione del 110% e pone alcuni vincoli e requisiti, cioè stabilisce:

a) i limiti di spesa differenziandoli per edifici di tipo unifamiliari e condominiali e per questi ultimi tenendo conto del numero di unità immobiliari presenti;

b) il requisito che i materiali isolanti rispettino i criteri ambientali minimi di cui al decreto del Ministro dell'ambiente e della tutela del territorio e del mare 11 ottobre 2017, pubblicato nella Gazzetta Ufficiale n. 259 del 6 novembre 2017;

c) quando è agevolabile l'allaccio alla rete di teleriscaldamento;

d) quando è agevolabile installare le caldaie a biomassa.

Il comma 3 aggiunge il requisito che, ai fini dell'applicazione della detrazione del 110%, bisogna conseguire il miglioramento di due classi energetiche ovvero, se non possibile, il conseguimento della classe energetica più alta.

Da quanto sopra si conclude che, per tutti gli interventi "*trainanti*" la fruizione dell'aliquota del 110% è subordinata al rispetto di quanto previsto ai commi 1 e 3, sia per i requisiti tecnici che per la spesa massima ammissibile, a prescindere dalla data di inizio dei lavori.

Ciò comporta, inoltre, che la documentazione da produrre in questi casi sia quella richiesta per gli interventi con data di inizio lavori a partire dal 1° luglio 2020.

FAQ n. 2. È possibile realizzare più interventi trainanti contemporaneamente?

Sì. Come chiarito nella circolare dell'Agenzia delle entrate 8 agosto 2020, n. 24/E (cfr. paragrafo 4) "*Nel caso in cui sul medesimo immobile siano effettuati più interventi agevolabili, il limite massimo di spesa detraibile sarà costituito dalla somma degli importi previsti per ciascuno degli interventi realizzati.*"

FAQ n. 3. Gli interventi di cui al comma 2.quater.1 dell'art. 14 del D.L. 63/2013 e s.m.i. "*su parti comuni di edifici condominiali ricadenti nelle zone sismiche 1, 2 e 3 finalizzati congiuntamente alla riduzione del rischio sismico e alla riqualificazione energetica*" possono essere inclusi tra gli interventi trainati?

No, in quanto gli interventi agevolati in base al comma 2.quater.1 dell'art. 14 del D.L. 63/2013 sono compresi tra quelli "*trainanti*". In particolare, gli interventi agevolati ai sensi del citato comma 2.quater.1 dell'art. 14 del D.L. 63/2013 sono finalizzati congiuntamente alla riduzione del rischio sismico e alla efficienza energetica. La detrazione ivi disciplinata è alternativa a quella prevista per gli interventi sull'involucro di parti comuni degli edifici esistenti (comma 2-quater dell'articolo 14) e alla detrazione prevista per gli interventi di riduzione del rischio sismico (articolo 16, comma 1- quinquies del decreto legge n. 63 del 2013). Trattandosi di una detrazione alternativa, spetta in presenza di tutti i requisiti necessari ai fini delle due detrazioni che sostituisce. L'intervento di efficienza energetica indicato nel citato comma 2. quater dell'articolo 14 interessa più del 25 % della superficie disperdente lorda delle parti comuni di un edificio condominiale ed ha pertanto, le caratteristiche dell'intervento trainante previsto dal comma 1 dell'art. 119. Anche gli interventi antisismici sono compresi ai sensi del comma 4 dell'art. 119 del "*decreto rilancio*" tra gli interventi trainanti.

FAQ n. 4. Per usufruire delle detrazioni fiscali previste dall'ecobonus (ex legge 296/2006 e D.L. 63/2013 e successive modificazioni) e dal Superbonus (detrazioni fiscali del 110% ex D.L. 34/2020 come convertito, con modificazioni, dalla legge 17 luglio 2020 n. 77) è richiesta, tranne qualche eccezione, la presenza dell'impianto di climatizzazione invernale. Cosa si intende per impianto di climatizzazione invernale?

Per la fruizione dell'ecobonus, l'immobile oggetto dell'intervento deve essere già dotato di impianto di climatizzazione invernale (vedi circolare dell'Agenzia dell'entrate n. 36 del 31/05/2007).

Si ricorda, in proposito che il D.lgs. 48/2020 ha modificato l'art. 2, comma 1, lettera l-tricies del D.lgs. 192/05 che, attualmente, definisce impianto termico: "*impianto tecnologico fisso destinato ai servizi di climatizzazione invernale o estiva degli ambienti, con o senza produzione di acqua calda sanitaria, o destinato alla sola produzione di acqua calda sanitaria, indipendentemente dal vettore energetico utilizzato, comprendente eventuali sistemi di produzione, distribuzione, accumulo e utilizzazione del calore nonché gli organi di regolazione e controllo, eventualmente combinato con impianti di ventilazione. Non sono considerati impianti termici i sistemi dedicati esclusivamente alla produzione di acqua calda sanitaria al servizio di singole unità immobiliari ad uso residenziale ed assimilate*".

Si desume che, ai fini della verifica della condizione richiesta per l'ecobonus e il Superbonus, l'impianto di climatizzazione invernale deve essere fisso, può essere alimentato con qualsiasi vettore energetico e non ha limiti sulla potenza minima inferiore. Ai medesimi fini, inoltre, l'impianto deve essere funzionante o riattivabile con un intervento di manutenzione, anche straordinaria. Nella circolare 24/E del 2020 è stato precisato, al riguardo, che gli interventi sono agevolabili a condizione che gli edifici oggetto degli interventi siano dotati di impianti di riscaldamento presenti negli ambienti in cui si realizza l'intervento agevolabile. Ciò implica, pertanto, che anche ai fini del Superbonus è necessario che l'impianto di riscaldamento, funzionante o riattivabile, sia presente nell'immobile oggetto di intervento.

FAQ n. 5. Per fruire delle detrazioni fiscali del 110% il comma 3 dell'art. 119 del D.L. 34/2020 come convertito, con modificazioni, dalla legge 17 luglio 2020 n. 77, richiede la redazione degli attestati di prestazione energetica ante e post operam al fine di dimostrare che con gli interventi realizzati si consegua il miglioramento di almeno due classi energetiche.

Con quale criterio, decreto 26/06/2015 o leggi regionali, devono essere determinate le classi energetiche?

Nel caso di edifici unifamiliari, quali servizi energetici occorre prendere in considerazione per eseguire il confronto tra APE-pre e APE-post?
In quali casi, il direttore dei lavori o il progettista possono firmare gli APE utilizzati ai fini delle detrazioni fiscali del 110%?
Quali APE vanno depositati nei catasti regionali?
Nel caso di lavori iniziati prima del 1° luglio 2020 a quale situazione deve riferirsi l'APE ante intervento?
a) Per uniformità di applicazione della misura incentivante su tutto il territorio nazionale il criterio di classificazione energetica da usare è quello previsto dal decreto del Ministro dello Sviluppo Economico di concerto con il Ministro dell'Ambiente e della Tutela del Territorio e del Mare, il Ministro delle Infrastrutture e dei Trasporti e con il Ministro per la semplificazione e la pubblica amministrazione, 26 giugno 2015, o il criterio previsto dalla corrispondente norma regionale a condizione che le regioni dichiarino che si ottengano le stesse classificazioni energetiche.
b) Ai fini delle detrazioni fiscali del 110%, anche nel caso degli edifici unifamiliari, i servizi energetici da prendere in considerazione nell'APE-post per la verifica del conseguimento del miglioramento di due classi energetiche sono quelli presenti nella situazione ante intervento così come previsto per gli APE convenzionali rilasciati per gli edifici composti da più unità immobiliari.
c) Il direttore dei lavori e il progettista possono firmare gli APE utilizzati solo ai fini delle detrazioni fiscali del 110% che non necessitano di deposito nel catasto regionale degli attestati di prestazione energetica degli edifici;
d) Gli APE da depositare nel catasto regionale degli attestati di prestazione energetica degli edifici sono quelli di ogni singola unità immobiliare relativi alla situazione post-intervento prendendo in considerazione tutti i servizi energetici presenti nello stato finale.
e) L'APE ante intervento deve riferirsi alla situazione esistente alla data di inizio dei lavori.

FAQ n. 6. Come si determina la spesa massima ammissibile per gli interventi trainati per i quali l'ecobonus prevede il limite sulla detrazione massima ammissibile?
La spesa massima ammissibile si determina dividendo la detrazione massima ammissibile per l'aliquota di detrazione espressa in termini assoluti cioè: detrazione massima diviso 1,1.

FAQ n. 7. Nel caso di demolizione e ricostruzione con ampliamento, quali sono le spese ammesse? Come deve essere redatto l'APE post operam?
Dalle spese sostenute a partire dal 1° luglio 2020 occorre scorporare le spese derivanti all'ampliamento. L'APE post operam deve essere redatto considerando l'edificio nella sua configurazione finale.

FAQ n. 8. L'allegato E del decreto del Ministro dello sviluppo Economico di concerto con il Ministro dell'Economia e delle Finanze, il Ministro dell'Ambiente e della Tutela del Territorio e del Mare ed il Ministro delle Infrastrutture e dei Trasporti 08 agosto 2020, riporta la frase "*Ai sensi delle norme UNI EN ISO 6946, il*

***calcolo della trasmittanza delle strutture opache non include il contributo dei ponti termici*". Ciò significa che i valori riportati in tabella in fase di verifica non devono tenere conto dei ponti termici?**
Sì, i valori delle trasmittanze in tabella non tengono conto dei ponti termici ma costituiscono il limite del valore medio, determinato dividendo la somma dei prodotti delle singole trasmittanze termiche per la loro superficie d'influenza, per la superficie complessiva dell'intervento, fermo restando che debbano essere effettuate, comunque, le verifiche previste dal decreto 26/06/2015 "*Requisiti minimi*".

FAQ n. 9. Nel caso di realizzazione di un progetto di riqualificazione energetica composto dall'intervento trainante di isolamento termico della superficie disperdente e da quello trainato di sostituzione degli infissi, ai fini del rilascio dell'asseverazione di cui al c.d. DM Asseverazioni, a quali prezzi devo far riferimento, a quelli di cui al punto 13.1 dell'Allegato A del c.d. DM requisiti Ecobonus o a quelli di cui all'Allegato I del medesimo decreto?
Nel caso in questione, i prezzi a cui riferirsi per l'asseverazione necessaria per l'accesso al Superbonus sono quelli previsti dal punto 13.1 dell'Allegato A del c.d. DM requisiti Ecobonus.
I prezzi di cui all'Allegato I del c.d. DM requisiti Ecobonus sono invece da utilizzarsi per tutti gli interventi indicati nell'Allegato A del medesimo decreto, laddove l'asseverazione può essere sostituita dalla dichiarazione del fornitore o dell'installatore.

4.7.2 Risposte a FAQ dell'Agenzia entrate

1. Come funziona il Superbonus?
Con il *Superbonus* gli interventi di efficientamento energetico (es. cappotto termico e sostituzione caldaia) e di messa in sicurezza antisismica degli edifici godono di un'aliquota di detrazione pari al 110% del costo degli interventi effettuati. Questa aliquota si applica alle spese sostenute dal 1° luglio 2020 al 30 giugno 2022. Nel caso di interventi effettuati dai condomìni (indicati al comma 9, lettera a, dell'articolo 119 del decreto Rilancio) la detrazione del 110% spetta anche per le spese sostenute entro il 31 dicembre 2022. Stessa data di scadenza anche per gli interventi effettuati dalle persone fisiche (indicate nello stesso comma 9, lettera a, dell'articolo 119 del decreto Rilancio), per i quali alla data del 30 giugno 2022 siano stati effettuati lavori per almeno il 60% dell'intervento complessivo. Il beneficiario può scegliere se utilizzare la detrazione spettante in cinque quote annuali di pari importo (quattro quote annuali per le spese sostenute nel 2022) oppure optare per lo sconto in fattura applicato dai fornitori, oppure per la cessione del credito ad altri soggetti, compresi gli istituti di credito con facoltà di successiva cessione. L'impresa o le imprese che effettueranno lo sconto acquisiranno un credito d'imposta pari al 110% dello sconto applicato in fattura. Tale credito d'imposta sarà utilizzabile in compensazione snello stesso numero di quote annuali di pari importo in cui sarebbe stata fruita la detrazione.

2. Chi può usufruirne?

Possono beneficiare della detrazione al 110%:

i condomìni e, con riferimento alle spese sostenute dal 1° gennaio 2021, le persone fisiche, al di fuori dell'esercizio di attività di impresa, arte o professione, per interventi sulle parti comuni di edifici composti da due a quattro unità immobiliari distintamente accatastate, anche se posseduti da un unico proprietario o in comproprietà da più persone fisiche

le persone fisiche, al di fuori dell'esercizio di attività di impresa, arti e professioni, su unità immobiliari

gli Istituti autonomi case popolari (Iacp). In questo caso, il limite di tempo per godere della detrazione al 110% sulle spese relative a interventi di riqualificazione energetica è il 30 giugno 2023 o nel caso in cui a tale data siano stati effettuati lavori per almeno il 60% dell'intervento complessivo, il 31 dicembre2023

le cooperative di abitazione a proprietà, per interventi realizzati su immobili dalle stesse posseduti e assegnati in godimento ai propri soci

le organizzazioni non lucrative di utilità sociale, le organizzazioni di volontariato iscritte nei registri di cui all'articolo 6 della legge n. 266/1991 e le associazioni di promozione sociale iscritte nel registro nazionale e nei registri regionali e delle province autonome di Trento e Bolzano

le associazioni e società sportive dilettantistiche limitatamente agli interventi destinati ai soli immobili o parti di immobili adibiti a spogliatoi.

3. Quali tipi di interventi si possono effettuare?

Per quanto riguarda il *Superbonus* per gli interventi di efficientamento energetico è necessario effettuare almeno uno dei seguenti interventi trainanti al fine di usufruire della detrazione maggiorata al 110% ed eventualmente dello sconto in fattura o della cessione del credito:

1. intervento di isolamento termico delle strutture opache (per esempio, il cosiddetto cappotto termico) sulle superfici verticali, orizzontali e inclinate che interessino almeno il 25% della superficie disperdente lorda dell'edificio. L'edificio interessato può essere un condominio, un edificio composto da due a quattro unità immobiliari distintamente accatastate posseduto da un unico proprietario o in comproprietà da più persone fisiche, un edificio unifamiliare, oppure un'unità immobiliare situata all'interno di edifici plurifamiliari purché sia funzionalmente indipendente e disponga di uno o più accessi autonomi
2. intervento sulle parti comuni dell'edificio per la sostituzione degli impianti di climatizzazione invernale esistenti con impianti centralizzati dotati di:
   - caldaie a condensazione ad acqua con efficienza energetica stagionale del riscaldamento d'ambiente almeno pari alla classe A di prodotto prevista dal regolamento delegato (UE) n. 811/2013 della Commissione del 18 febbraio 2013 ($\eta_s \geq 90\%$)
   - pompe di calore e sistemi ibridi assemblati in fabbrica anche con sonde geotermiche ed eventualmente abbinati all'installazione di impianti fotovoltaici e relativi sistemi di accumulo
   - impianti di microcogenerazione

- collettori solari per la produzione di acqua calda destinati alla climatizzazione invernale, alla climatizzazione estiva nel caso di pompe di calore reversibili, e alla produzione di acqua calda sanitaria.

3. inoltre, sempre per gli interventi sulle parti comuni dell'edificio per la sostituzione degli impianti di climatizzazione invernale esistenti con impianti centralizzati, ed esclusivamente per i comuni montani non interessati dalle procedure europee di infrazione n. 2014/2147 del 10 luglio 2014 o n. 2015/2043 del 28 maggio 2015 per l'inottemperanza dell'Italia agli obblighi previsti dalla direttiva 2008/50/CE, si può effettuare l'allaccio a sistemi di teleriscaldamento efficiente.
4. per gli edifici unifamiliari o per unità immobiliari situate all'interno di edifici plurifamiliari purché siano funzionalmente indipendente e dispongano di uno o più accessi autonomi, l'intervento di sostituzione degli impianti di climatizzazione invernale esistenti con impianti dotati di:
   - caldaie a condensazione ad acqua con efficienza energetica stagionale del riscaldamento d'ambiente almeno pari alla classe A di prodotto prevista dal regolamento delegato (UE) n. 811/2013 della Commissione del 18 febbraio 2013 ($\eta_s \geq 90\%$)
   - pompe di calore e sistemi ibridi assemblati in fabbrica anche con sonde geotermiche ed eventualmente abbinati all'installazione di impianti fotovoltaici e relativi sistemi di accumulo
   - impianti di microcogenerazione
   - collettori solari per la produzione di acqua calda

   destinati alla climatizzazione invernale, alla climatizzazione estiva nel caso di pompe di calore reversibili, e alla produzione di acqua calda sanitaria.
5. inoltre, sempre per gli interventi sugli edifici unifamiliari o su unità immobiliari situate all'interno di edifici plurifamiliari purché siano funzionalmente indipendente e dispongano di uno o più accessi autonomi, ed esclusivamente per le aree non metanizzate nei comuni non interessati dalle procedure europee di infrazione n. 2014/2147 del 10 luglio 2014 o n. 2015/2043 del 28 maggio 2015 per l'inottemperanza dell'Italia agli obblighi previsti dalla direttiva 2008/ 50/CE, la sostituzione degli impianti di climatizzazione invernale esistenti potrà essere effettuata con impianti di caldaie a biomassa aventi prestazioni emissive con i valori previsti almeno per la classe 5 stelle. Infine, esclusivamente per i comuni montani non interessati dalle procedure europee di infrazione n. 2014/2147 del 10 luglio 2014 o n. 2015/2043 del 28 maggio 2015 per l'inottemperanza dell'Italia agli obblighi previsti dalla direttiva 2008/50/CE, si può effettuare l'allaccio a sistemi di teleriscaldamento efficiente.

Se si effettuano, o sulle parti comuni o sulle singole unità abitative, altri interventi previsti dall'ecobonus (per esempio infissi, schermature solari, sistemi di *building automation*), o si procede all'installazione di impianti fotovoltaici, di sistemi di accumulo o di colonnine per la ricarica di veicoli elettrici, si può godere di una detrazione al 110% sul valore complessivo di tutti gli interventi, a condizione che tali interventi siano eseguiti congiuntamente ad almeno uno degli interventi strutturali sopracitati. Gli interventi eseguiti devono comportare nel loro complesso il miglioramento di almeno due classi

energetiche oppure, se questo non è possibile, il conseguimento della classe energetica più alta.
Inoltre, si possono effettuare tutti gli interventi compresi nel sisma bonus, ossia tutti gli interventi che hanno l'obiettivo di rendere più sicuro l'edificio in termini di minore rischio sismico. Si usufruisce poi della detrazione al 110% anche per la realizzazione di sistemi di monitoraggio strutturale continuo a fini antisismici, se effettuata congiuntamente a un intervento antisismico sull'edificio. Inoltre, il beneficiario che ha effettuato interventi antisismici riceve la detrazione al 110% anche sulle spese relative all'eventuale installazione di impianti fotovoltaici e di sistemi di accumulo.

4. È sempre obbligatorio effettuare uno degli interventi trainanti per ottenere la detrazione o il credito d'imposta al 110%?

Sì, salvo l'ipotesi in cui sull'edificio sottoposto ad almeno uno dei vincoli previsti dal Codice dei beni culturali e del paesaggio (di cui al decreto legislativo n. 42/2004), non sia possibile effettuare interventi trainanti o gli interventi strutturali siano vietati da regolamenti edilizi, urbanistici e ambientali. In tali casi, la detrazione o il credito d'imposta al 110% si applica a tutti gli interventi trainati di riqualificazione energetica, previsti dall'ecobonus, anche se non eseguiti congiuntamente ad almeno uno degli interventi trainanti, ferma restando la condizione che tali interventi portino a un miglioramento minimo di 2 classi energetiche oppure, se questo non è possibile, al conseguimento della classe energetica più alta.

5. Ci sono ulteriori vincoli da rispettare per ottenere il Superbonus per gli interventi di efficientamento energetico?

Sì, fermo restando la necessità di eseguire almeno uno degli interventi trainanti, è necessario conseguire un miglioramento di almeno due classi energetiche dell'edificio (condominio o unifamiliare) o delle unità immobiliari situate all'interno di edifici plurifamiliari, le quali siano funzionalmente indipendenti e dispongano di uno o più accessi autonomi dall'esterno. Il miglioramento di almeno due classi energetiche potrà essere ottenuto anche realizzando, congiuntamente ad almeno uno degli interventi trainanti, tutti gli altri interventi previsti dall'ecobonus (come la sostituzione di infissi, serramenti, schermature solari, sistemi di *building automation*, eccetera), compresa anche l'installazione di impianti fotovoltaici e sistemi di accumulo per l'energia prodotta, e dovrà essere dimostrato mediante la redazione di due appositi attestati di prestazione energetica, ante e post intervento.

6. Se il mio edificio si trova in classe A3 mi basta salire alla classe A4 per veder riconosciuta la detrazione o credito d'imposta al 110%?

Sì, la legge specifica che quando non è possibile conseguire il miglioramento di due classi energetiche, è sufficiente il conseguimento della classe energetica più alta, per l'appunto l'A4.

7. Se l'ammontare della detrazione spettante in un anno eccede l'imposta lorda posso recuperare l'incentivo negli anni successivi?

No, la parte non utilizzata di detrazione in un determinato anno non può essere utilizzata negli anni successivi.

8. Se volessi rifare gli infissi, posare il cappotto termico, installare i pannelli solari, potrei farlo senza esborso monetario?

Sì, con la norma del *Superbonus*, è possibile effettuare alcuni interventi di ristrutturazione (riqualificazione energetica e antisismico) senza alcun esborso monetario optando, secondo le modalità stabilite con provvedimento del direttore dell'Agenzia delle entrate, al posto della detrazione fiscale, per lo sconto in fattura. In questo caso, l'impresa riceve un credito d'imposta pari al 110% del valore dello sconto applicato in fattura.

9. Come può utilizzare il credito d'imposta il fornitore che ha applicato lo sconto in fattura?

L'impresa può utilizzare direttamente il credito d'imposta in compensazione in F24 con la stessa ripartizione in quote annuali con la quale sarebbe stata utilizzata la detrazione o cederlo a qualunque altro soggetto (imprese, banche, privati cittadini, eccetera).

10. Quante volte può essere ceduto il credito di imposta?

Il credito d'imposta può essere ceduto illimitatamente a qualsiasi soggetto.

11. Se un soggetto acquisisce un credito d'imposta, ma durante i controlli dell'ENEA o dell'Agenzia delle entrate viene rilevato che il contribuente non aveva diritto alla detrazione, quel soggetto perde il credito che ha ricevuto?

No, il cessionario che ha acquistato il credito in buona fede non perde il diritto ad utilizzare il credito d'imposta.

Unità immobiliari in edifici condominiali

12. Per le unità immobiliari in un condominio quali interventi sono ammessi?

Chi vive in condominio può fruire del *Superbonus* per tutti gli interventi di efficientamento energetico sulle parti comuni (interventi trainanti) che danno diritto alla detrazione al 110%. L'esecuzione di almeno un intervento trainante dà diritto, inoltre, a effettuare su ogni singola unità immobiliare gli interventi previsti dall'ecobonus quali per esempio la sostituzione degli infissi, la sostituzione del generatore di calore dell'impianto di climatizzazione autonomo esistente e se necessario l'eventuale adeguamento dei sistemi di distribuzione (per esempio, i collettori e i tubi), emissione (per esempio, i corpi scaldanti comprendenti anche i sistemi a pavimento purché compatibili con il generatore di calore) nonché i sistemi di regolazione e trattamento dell'acqua. In più, è possibile installare impianti fotovoltaici, sistemi di accumulo e colonnine per la ricarica dei veicoli elettrici. Gli impianti fotovoltaici, i sistemi di accumulo e le colonnine possono essere installati sia sulle parti comuni che sulle singole unità immobiliari. Si precisa che tali interventi devono essere realizzati contestualmente agli interventi "*trainanti*" e comportare un miglioramento di almeno due classi energetiche oppure, se questo non è possibile, il conseguimento della classe energetica più alta.

13. Perché si configuri la sostituzione degli impianti di climatizzazione invernale esistenti è sufficiente la sostituzione del sistema di generazione del calore oppure vanno sostituite anche le tubazioni e i terminali?

La sostituzione del generatore di calore è sufficiente per godere della detrazione al 110%. Sono ammesse le spese relative all'adeguamento dei sistemi di distribuzione (tubi), emissione (sistemi scaldanti) e regolazione (sonde, termostati e valvole termostatiche).

14. Se cambio le finestre comprensive di infissi del mio appartamento in condominio posso beneficiare del Superbonus?

Sì, se l'intervento è effettuato congiuntamente a uno degli interventi trainanti effettuati dal condominio, si certifica il miglioramento di almeno due classi energetiche dell'edificio e le finestre comprensive di infissi possiedono le caratteristiche di trasmittanza termica indicate nel decreto ministeriale 6 agosto 2020 (decreto requisiti).

15. Se sostituisco la caldaia del mio appartamento in condominio posso beneficiare del Superbonus?

Sì, se l'intervento è effettuato congiuntamente ad uno degli interventi trainanti effettuati dal condominio e la caldaia possiede le caratteristiche indicate nell'articolo 14 del decreto legge n. 63/2013.

16. Per i condomìni è possibile, come intervento trainante, realizzare un impianto centralizzato per la sola produzione di acqua calda sanitaria? O si deve comunque sostituire l'impianto di riscaldamento?

Sono incentivati al 110% gli interventi per la sostituzione di impianti di climatizzazione invernale esistenti con impianti centralizzati per il riscaldamento, il raffrescamento o la fornitura di acqua calda sanitaria, purché si consegua il miglioramento di due classi energetiche. È possibile, quindi, installare l'impianto di sola produzione di acqua calda sanitaria se questa funzione era assolta dallo stesso generatore di calore destinato anche alla climatizzazione invernale. In linea con il comma 6 dell'articolo 5 del Dpr n. 412/1993 che, per le nuove installazioni e le ristrutturazioni, prevede che l'impianto centralizzato di produzione di acqua calda sanitaria per una pluralità di utenze debba essere dotato di un proprio generatore di calore differente da quello destinato alla climatizzazione invernale salvo impedimenti di natura tecnica o nel caso in cui si dimostri che l'adozione di un solo generatore produca un beneficio energetico. In linea con l'intervento ammesso all'ecobonus è consentita soltanto la produzione di acqua calda con pompa di calore e collettori solari termici.

17. Se il condominio realizza uno degli interventi trainanti (cappotto o caldaia) posso beneficiare del Superbonus anche per l'installazione di un impianto fotovoltaico sulla mia singola unità immobiliare?

Sì, anche al fine di consentire che gli interventi nel loro complesso realizzino il miglioramento di almeno due classi energetiche dell'edificio.

18. Per quanto riguarda gli interventi sulle parti comuni dei condomìni, chi beneficia delle detrazioni?

Per gli interventi sulle parti comuni degli edifici, ogni condomino beneficia della detrazione calcolata sulle spese imputate in base alla suddivisione millesimale degli edifici, o secondo i criteri individuati dall'assemblea condominiale.

19. L'inquilino di un appartamento preso in locazione può beneficiare del Superbonus?

Sì, anche il locatario, con un contratto registrato di locazione, può beneficiare della detrazione al 110% (ricordando che, ai fini dell'esecuzione dei lavori, è necessaria l'approvazione del proprietario).

Edifici unifamiliari e unità immobiliari in edifici plurifamiliari

20. Se si intende ristrutturare un edificio unifamiliare attualmente privo di sistema di riscaldamento (per esempio una casa rurale), si può beneficiare dell'ecobonus per la realizzazione del nuovo impianto?

No, il comma 1 dell'articolo 119 del decreto Rilancio richiama l'articolo 14 del decreto legge n. 63/2013 che agevola gli interventi di coibentazione delle strutture che delimitano il volume riscaldato confinanti con l'esterno, vani freddi e terreno e la sostituzione di impianti di climatizzazione esistenti.

Interventi di riqualificazione energetica

21. Per beneficiare del Superbonus per gli interventi di riqualificazione energetica, quali adempimenti devono essere rispettati?

Occorre il rilascio dell'asseverazione da parte del tecnico abilitato, il quale certifichi che l'intervento realizzato è conforme ai requisiti tecnici richiesti e la corrispondente congruità delle spese sostenute in relazione agli interventi agevolati.
Inoltre, nel caso in cui si eserciti l'opzione per la cessione o per lo sconto in fattura, il beneficiario deve anche ottenere il visto di conformità dei dati relativi alla documentazione che attesti la sussistenza dei presupposti che danno diritto alla detrazione. Il visto di conformità è rilasciato dai professionisti abilitati alla trasmissione telematica delle dichiarazioni (dottori commercialisti, ragionieri, periti commerciali e consulenti del lavoro) o dai responsabili dell'assistenza fiscale dei CAF.

22. Ci sono limiti al numero di unità immobiliari in un condominio sulle quali posso effettuare gli interventi di efficientamento energetico?

Sì, per interventi su edifici unifamiliari o sulle unità immobiliari site all'interno di edifici plurifamiliari che siano funzionalmente indipendenti e dispongano di uno o più accessi autonomi e sulle singole unità immobiliari all'interno dell'edificio in condominio, è possibile accedere al *Superbonus* al massimo per due unità. Si ricorda tuttavia che è possibile fruire del *Superbonus* per le spese sostenute per gli interventi realizzati sulle unità immobiliari all'interno del condominio solo se tali interventi sono effettuati congiuntamente agli interventi effettuati sulle parti comuni del condominio che danno diritto al *Superbonus*. Per tali ultimi interventi, tuttavia, il condomino ha diritto a fruire del

Superbonus con riferimento ai costi a lui imputati dal condominio indipendentemente dal numero delle unità immobiliari possedute all'interno del condominio.

Interventi antisismici

23. Per beneficiare del Superbonus per gli interventi antisismici, quali adempimenti devono essere rispettati?

Per gli interventi antisismici, i professionisti incaricati della progettazione strutturale, della direzione degli interventi delle strutture e del collaudo statico, iscritti agli ordini o ai collegi professionali di appartenenza, devono asseverare l'efficacia degli interventi al fine della riduzione del rischio sismico e la corrispondente congruità delle spese sostenute in relazione agli interventi agevolati.
Inoltre, nel caso in cui si eserciti l'opzione per la cessione o per lo sconto in fattura, il beneficiario deve anche ottenere il visto di conformità dei dati relativi alla documentazione che attesti la sussistenza dei presupposti che danno diritto alla detrazione. Il visto di conformità è rilasciato dai professionisti abilitati alla trasmissione telematica delle dichiarazioni (dottori commercialisti, ragionieri, periti commerciali e consulenti del lavoro) o dai responsabili dell'assistenza fiscale dei CAF.

24. Ci sono limiti al numero di unità immobiliari sulle quali posso effettuare gli interventi ai fini del sisma bonus?

No, gli interventi antisismici possono essere effettuati su tutte le unità abitative, anche in numero superiore alle due unità. L'unico requisito è che esse si trovino nelle zone sismiche 1, 2 e 3. La suddivisione dei comuni italiani per rischio sismico è consultabile a questo link che rinvia a una pagina del sito del Dipartimento della Protezione Civile.

25. In caso di demolizione e ricostruzione dell'edificio, si può beneficiare del Super bonus?

Sì, rientrano a condizione che gli interventi di demolizione e ricostruzione dell'edificio rientrino tra gli interventi di cui al comma 1 lettera d) dell'articolo 3 del Dpr n. 380/2001.

26. I professionisti che rilasciano attestazioni e asseverazioni relative al Superbonus devono rispettare obblighi specifici?

Sì, i professionisti che rilasciano attestazioni e asseverazioni devono dotarsi di una polizza di assicurazione della responsabilità civile con massimale non inferiore a 500 mila euro, e comunque commisurata agli interventi da asseverare, al fine di garantire ai propri clienti e al bilancio dello Stato il risarcimento dei danni eventualmente provocati dall'attività prestata.

FAQ pubblicate nell'area tematica Superbonus 110% del sito dell'Agenzia delle entrate

27. In caso di acquisizione dell'immobile per successione si trasferiscono le quote residue del Superbonus?

Per quanto riguarda gli interventi di efficientamento energetico (trainanti o trainati) di cui ai commi 1 e 2 dell'articolo 119 del decreto Rilancio, come stabilito all'articolo 9 del decreto del Ministro dello Sviluppo Economico di concerto con il Ministro dell'Economia e delle Finanze e del Ministro dell'Ambiente e della Tutela del Territorio e del Mare e del Ministro delle Infrastrutture e dei Trasporti del 6 agosto 2020, in caso di decesso dell'avente diritto, la fruizione del beneficio fiscale si trasmette, per intero, esclusivamente all'erede che conservi la detenzione materiale e diretta del bene.
Analoga modalità è prevista anche con riferimento agli interventi antisismici ammessi al Superbonus ai sensi del comma 4 dell'art. 119. Tali interventi sono individuati nell'articolo 16 del decreto legge n. 63/2013, che richiama l'articolo 16-bis, comma 1, lettera i), Dpr 917/1986 (Tuir) . Per tali interventi, pertanto il citato articolo 16-bis del Tuir deve intendersi quale norma di riferimento generale. In particolare, ai sensi del comma 8 del citato articolo 16-bis del TUIR, in caso di decesso dell'avente diritto, la fruizione del beneficio fiscale si trasmette, per intero, esclusivamente all'erede che conservi la detenzione materiale e diretta del bene (cfr. anche circolare 19/2020, pag. 250 e 351).

28. Come deve avvenire il pagamento delle spese per l'esecuzione degli interventi (salvo l'importo del corrispettivo oggetto di sconto in fattura), per fruire del Superbonus?

Il pagamento deve essere effettuato mediante bonifico bancario o postale dal quale risulti la causale del versamento, il codice fiscale del beneficiario della detrazione ed il numero di partita Iva, ovvero, il codice fiscale del soggetto a favore del quale il bonifico è effettuato.
L'obbligo di effettuare il pagamento mediante bonifico non riguarda i soggetti esercenti attività d'impresa. Su tali bonifici, le banche, Poste Italiane SPA nonché gli istituti di pagamento - autorizzati in base alle disposizioni di cui al decreto legislativo n. 11/2010 e al decreto legislativo n. 385/1993 (TUB) a prestare servizi di pagamento - applicano, all'atto dell'accredito dei relativi pagamenti, la ritenuta d'acconto (attualmente nella misura dell'8 per cento) di cui all'articolo 25 del decreto-legge n.78/2010. A tal fine possono essere utilizzati i bonifici predisposti dagli istituti di pagamento ai fini dell'ecobonus ovvero della detrazione prevista per gli interventi di recupero del patrimonio edilizio (cfr. circolare 24/2020, pag. 41).

29. Se l'immobile su cui sono stati effettuati gli interventi è oggetto di trasferimento di proprietà, l'acquirente (o donatario) può godere del Superbonus in relazione alle spese sostenute dal dante causa?

Per quanto riguarda gli interventi di efficientamento energetico (trainanti o trainati) di cui ai commi 1 e 2 dell'articolo 119 del decreto Rilancio, come stabilito all'articolo 9 del decreto del Ministro dello Sviluppo Economico di concerto con il Ministro dell'Economia e delle Finanze e del Ministro dell'Ambiente e della Tutela del Territorio e del Mare e del Ministro delle Infrastrutture e dei Trasporti del 6 agosto 2020, in caso di trasferimento per atto tra vivi dell'unità immobiliare residenziale sulla quale sono stati realizzati gli interventi, le relative detrazioni non utilizzate in tutto o in parte dal cedente spettano, salvo diverso accordo tra le parti, per i rimanenti periodi d'imposta, all'acquirente persona fisica dell'unità immobiliare. Analoga modalità è prevista anche con riferimento agli interventi antisismici ammessi al Superbonus ai sensi del comma 4 dell'art. 119. Tali interventi sono individuati nell'articolo 16 del decreto legge n. 63/2013, che richiama l'articolo 16-bis, comma 1, lettera i), Dpr n. 917/1986 (Tuir). Per tali interventi, pertanto il citato articolo 16-bis, del TUIR deve intendersi quale norma di riferimento generale. In particolare, ai sensi del comma 8 del citato articolo 16-bis del Tuir, in caso di vendita dell'unità immobiliare sulla quale sono stati realizzati gli interventi la detrazione non utilizzata in tutto o in parte è trasferita per i rimanenti periodi di imposta, salvo diverso accordo delle parti, all'acquirente persona fisica dell'unità immobiliare.

Benché il legislatore abbia utilizzato il termine vendita, le disposizioni sopracitate trovano applicazione in tutte le ipotesi in cui si ha una cessione dell'immobile e, quindi, anche nelle cessioni a titolo gratuito quale, ad esempio, la donazione (Circolare n. 19/2020, pag. 250 e 351).

30. Se decido di cambiare la mia vecchia caldaia con una a condensazione con classe energetica A e in aggiunta sostituisco i serramenti, le detrazioni sono entrambe pari al 110% delle spese sostenute?

Sì. Se si sostituisce l'impianto di climatizzazione invernale di un condominio, di un edificio unifamiliare, oppure di un'unità immobiliare situata all'interno di edifici plurifamiliari che sia funzionalmente indipendente e disponga di uno o più accessi autonomi dall'esterno, si ha diritto al Superbonus al 110%, trattandosi di un intervento cosiddetto "*trainante*". Anche le spese per i serramenti potranno godere della detrazione al 110% (intervento cosiddetto "*trainato*") se realizzato congiuntamente all'intervento trainante e sempreché gli interventi assicurino, nel loro complesso, il miglioramento di due classi energetiche oppure, ove non possibile, il conseguimento della classe energetica più alta. Come precisato nella circolare n. 24/2020, la maggiore aliquota si applica agli interventi trainati a condizione che gli interventi siano effettivamente conclusi. Gli interventi si considerano effettuati congiuntamente quando le date delle spese sostenute per gli interventi trainati, sono ricomprese nell'intervallo di tempo individuato dalla data di inizio e dalla data di fine dei lavori per la realizzazione degli interventi trainanti ammessi al Superbonus. Il conseguimento del miglioramento di due classi energetiche deve essere asseverato mediante le attestazioni di prestazione energetica (A.P.E.), secondo le indicazioni del decreto del Ministro dello Sviluppo Economico di concerto con il Ministro dell'Economia e delle Finanze e del Ministro dell'Ambiente e della Tutela del Territorio e del Mare e del Ministro delle Infrastrutture e dei Trasporti del 6 agosto 2020.

31. In caso di unità immobiliari locate o in comodato, il conduttore/comodatario può effettuare gli interventi anche se il proprietario intende fruire del Superbonus su altre due unità immobiliari?

Sì. Il Superbonus, ai sensi del comma 10 dell'articolo 119, spetta ai contribuenti persone fisiche relativamente alle spese sostenute per interventi realizzati su massimo due unità immobiliari. Tale limitazione non si applica, invece, alle spese sostenute per gli interventi finalizzati al risparmio energetico effettuati sulle parti comuni dell'edificio. In altri termini, la norma esclude la possibilità che una persona fisica possa beneficiare del Superbonus per più di due immobili, prescindendo dal titolo di possesso degli stessi. Nell'ipotesi prospettata, pertanto, una persona fisica che detiene l'unità immobiliare in base ad un contratto di locazione, anche finanziaria, o di comodato, regolarmente registrato, può fruire del Superbonus, nel rispetto di ogni altro requisito richiesto dalle norme agevolative, a prescindere dal fatto che il proprietario dell'immobile abbia o meno fruito del Superbonus per interventi effettuate su altre due unità immobiliari.

32. Posso fruire del Superbonus nel caso di un immobile sito in zona a rischio sismico 1,2 o 3, demolito e ricostruito?

Sì, a patto che vengano rispettate tutte le altre condizioni e gli adempimenti richiesti dalla normativa per l'accesso al beneficio. Per quanto riguarda la detrazione, il contribuente può scegliere se optare per il cosiddetto "*sconto in fattura*", cioè un contributo, sotto forma di sconto sul corrispettivo dovuto, di importo massimo non superiore al corrispettivo stesso, anticipato dal fornitore di beni e servizi, oppure per la cessione di un credito d'imposta corrispondente alla detrazione spettante ad altri soggetti, inclusi gli istituti di credito e altri intermediari finanziari.
Ulteriori dettagli su questa FAQ sono contenuti nella Risposta n. 325 del 9 settembre 2020 - pdf.

33. Qual è l'ammontare massimo dello sconto in fattura? Il fornitore può applicare uno sconto *"parziale"*?

Il contributo sotto forma di sconto è pari alla detrazione spettante, determinata tenendo conto delle spese complessivamente sostenute nel periodo d'imposta, comprensive dell'importo non corrisposto al fornitore per effetto dello sconto praticato, e non può in ogni caso essere superiore al corrispettivo dovuto.
Il fornitore può anche applicare uno sconto "*parziale*". In questo caso, il contribuente potrà far valere in dichiarazione una detrazione pari al 110% della spesa rimasta a suo carico o, in alternativa, potrà optare per la cessione del credito rimanente ad altri soggetti, inclusi istituti di credito e altri intermediari finanziari.
Ulteriori dettagli su questa FAQ sono contenuti nella Risposta n. 325 del 9 settembre 2020 - pdf.

34. Posso usufruire del Superbonus nel caso di spese di ristrutturazione per la riduzione del rischio sismico o per l'efficientamento energetico effettuate su un'unità collabente?

Sì. Sempre che siano rispettati tutte le condizioni e gli adempimenti previsti, si può usufruire del Superbonus per le spese sostenute anche sulle unità collabenti, ovvero per gli immobili classificati nella categoria catastale F/2.
Ulteriori dettagli su questa FAQ sono contenuti nella Risposta n. 326 del 9 settembre 2020 - pdf.

35. È possibile applicare il Superbonus alle spese di tinteggiatura della facciata esterna di un edificio sostenute nell'anno 2020?

No, questa tipologia di interventi non rientra nell'ambito applicativo della norma. È possibile, però, usufruire del "*bonus facciate*" nella misura del 90% delle spese docu-

mentate sostenute nell'anno 2020. Anche per queste spese, il contribuente può, inoltre, scegliere se optare per il cosiddetto "*sconto in fattura*", cioè un contributo, sotto forma di sconto sul corrispettivo dovuto, di importo massimo non superiore al corrispettivo stesso, anticipato dal fornitore di beni e servizi, oppure per la cessione di un credito d'imposta corrispondente alla detrazione spettante ad altri soggetti, inclusi gli istituti di credito e altri intermediari finanziari.
Ulteriori dettagli su questa FAQ sono contenuti nella Risposta n. 327 del 9 settembre 2020 - pdf.

36. Posso accedere al Superbonus per la mia seconda casa?
Sì, la limitazione, emersa nel corso dell'iter legislativo di approvazione della norma, riferita alla applicabilità del Superbonus a interventi realizzati sulle singole unità immobiliari adibite ad abitazione principale è stata eliminata.
Ulteriori dettagli su questa FAQ sono contenuti nella Risposta n. 327 del 9 settembre 2020 - pdf.

37. Posso accedere al Superbonus anche se non sono proprietario dell'immobile, ma lo detengo in base ad un contratto di comodato d'uso?
Sì, a condizione che il contratto di comodato sia regolarmente registrato, al momento dell'inizio dei lavori o al momento del sostenimento delle spese se antecedente, e che il comodatario sia in possesso del consenso all'esecuzione dei lavori da parte del proprietario.
Ulteriori dettagli su questa FAQ sono contenuti nella Risposta n. 327 del 9 settembre 2020 - pdf.

38. Tre fratelli sono comproprietari di un appartamento all'interno di un condominio su cui sono stati effettuati interventi ammessi al Superbonus. Uno solo dei fratelli può fruire interamente del Superbonus o è necessario comunicare all'agenzia delle entrate la cessione del credito di imposta da parte degli altri due fratelli?
Come chiarito nella circolare 24/2020, in caso di più soggetti aventi diritto alla detrazione (comproprietari, eccetera.), la detrazione deve essere ripartita tra gli stessi per ciascun periodo d'imposta in relazione alle spese sostenute ed effettivamente rimaste a carico. Nel caso in cui la spesa sia sostenuta da uno solo dei fratelli, lo stesso può fruire del Superbonus direttamente senza necessità di alcuna comunicazione.
Qualora, invece, le spese siano sostenute anche dagli altri titolari (comproprietari eccetera), ciascuno di essi potrà fruire del Superbonus nel limite massimo di spesa ammissibile alla detrazione, per la parte di spesa effettivamente sostenuta da ognuno di essi.
Ciascun comproprietario che ha sostenuto le spese, può optare, al posto della fruizione diretta del Superbonus, ai sensi dell'articolo 121 del decreto n. 34/2020, per un per un contributo, sotto forma di sconto sul corrispettivo dovuto fino a un importo massimo pari al corrispettivo stesso, anticipato dal fornitore che ha effettuato gli interventi e da quest'ultimo recuperato sotto forma di credito d'imposta, con facoltà di successiva cessione del credito ad altri soggetti, ivi inclusi gli istituti di credito e gli altri intermediari finanziari (sconto in fattura).

In alternativa, i contribuenti possono, altresì, optare per la cessione di un credito d'imposta di importo corrispondente alla detrazione ad altri soggetti, ivi inclusi istituti di credito e altri intermediari finanziari con facoltà di successiva cessione.
Le modalità attuative delle disposizioni da ultimo citate, comprese quelle relative all'esercizio delle opzioni, da effettuarsi in via telematica anche avvalendosi dei soggetti indicati al comma 3 dell'articolo 3 del Dpr n. 322/1998, sono state definite con il provvedimento del direttore dell'Agenzia delle entrate 8 agosto 2020, prot. n. 283847/2020, modificato dal successivo provvedimento del 12 ottobre 2020. Con il provvedimento del 20 luglio 2021 sono state approvate le nuove istruzioni per la compilazione del modello di comunicazione delle opzioni e le relative specifiche tecniche per la sua trasmissione telematica all'Agenzia delle Entrate.

39. Se sono presenti nel condominio unità immobiliari in categoria catastale A1, i possessori di tali unità hanno diritto al Superbonus se sostengono spese per gli interventi sulle parti comuni?

I possessori o detentori delle unità immobiliari di lusso (categorie catastali A/1, A/8 e A/9) possono fruire della detrazione per le spese sostenute per interventi realizzati sulle parti comuni dell'edificio in condominio. Tali soggetti, tuttavia, non possono fruire del Superbonus per interventi "*trainati*" realizzati sulle proprie unità atteso che il comma 15-bis dell'articolo 119 del Rilancio stabilisce che il Superbonus non si applica "*alle unità immobiliari appartenenti alle categorie catastali A/1, A/8, nonché alla categoria catastale A/9 per le unità immobiliari non aperte al pubblico*".

40. È possibile fruire del Superbonus se oggetto degli interventi di efficienza energetica e/o antisismici è un magazzino o un deposito (categoria catastale C/2) o è in categoria C/6 (Stalle, scuderie)?

Nella circolare n. 24/2020 è stato precisato che sono ammessi al Superbonus gli interventi su immobili a destinazione "*residenziale*". Sono, inoltre, ammessi al Superbonus anche le spese sostenute per interventi realizzati su immobili che solo al termine degli stessi saranno destinati ad abitazione, a condizione che nel provvedimento amministrativo che autorizza i lavori risulti chiaramente il cambio di destinazione d'uso del fabbricato (ad esempio, da strumentale agricolo, in abitativo).
Tale possibilità - già consentita ai fini del cd ecobonus nonché del Sismabonus disciplinati dagli articoli 14 e 16 del decreto legge n. 63/2013 (da ultimo, la circolare n. 19/2020) - riguarda anche gli interventi ammessi al Superbonus che non costituisce una "*nuova*" agevolazione. In particolare, per effetto del richiamo contenuto nell'articolo 119 del decreto legge n. 34/2020 ai citati articoli 14 e 16 del decreto legge n. 63/2013, è possibile fruire del Superbonus – nel rispetto delle altre condizioni e adempimenti previsti dalla norma agevolativa - anche relativamente alle spese sostenute per interventi che comportino il cambio di destinazione d'uso del fabbricato originario in abitativo purché, come detto, tale variazione sia indicata chiaramente nel provvedimento amministrativo che autorizza i lavori.

41. Abito in un condominio che non è interessato a eseguire i lavori per l'isolamento termico (il "*cappotto termico*") sull'involucro esterno dell'intero edificio, utili per l'efficientamento energetico. Se realizzo il cappotto termico solo sulla porzione dell'involucro esterno relativa al mio appartamento posso usufruire del Superbonus?

Sì, se l'assemblea condominiale ha autorizzato i condòmini a realizzare l'intervento sulla parte esterna che interessa la singola unità abitativa e sempre che siano rispettati tutti i requisiti previsti per accedere al Superbonus. Quindi occorre che l'intervento riguardi una parte superiore al 25% della superficie disperdente lorda dell'intero edificio e assicuri il miglioramento di almeno due classi energetiche dell'intero edificio oppure, se non possibile, il conseguimento della classe energetica più alta, da dimostrare mediante l'attestato di prestazione energetica rilasciato da tecnico abilitato nella forma della dichiarazione asseverata.

Ulteriori dettagli su questa FAQ sono contenuti nella Risposta n. 408 del 24 settembre 2020.

42. Abito in un condominio. Posso usufruire del Superbonus per realizzare un cappotto termico per le pareti interne del mio appartamento?

L'intervento fa parte della tipologia dei lavori cosiddetti "*trainati*", quindi può rientrare nel Superbonus solo se viene effettuato contestualmente ad almeno un intervento "*trainante*" sulle parti comuni dell'edificio in condominio. Questa tipologia di intervento potrebbe, tuttavia rientrare nella detrazione spettante per interventi di riqualificazione energetica degli edifici (articolo 14 del Dl n. 63/2013), se ricorrono gli specifici presupposti e requisiti indicati nella normativa e se si effettuano tutti gli adempimenti previsti ai fini di tale agevolazione.

Ulteriori dettagli su questa FAQ sono contenuti nella Risposta n. 408 del 24 settembre 2020.

CAP. 5
RACCOLTA NORMATIVA RAGIONATA

5.1 TESTO DEL DECRETO RILANCIO (ARTT. 119, 121 E 122-BIS, D.L. 19/05/2020, N. 34)

Misure urgenti in materia di salute, sostegno al lavoro e all'economia, nonché di politiche sociali connesse all'emergenza epidemiologica da COVID-19.

Stralcio degli artt. 119, 121 e 122-bis relativi al "Superbonus", coordinati con tutte le modifiche successive, fino alla Legge di bilancio 2022.

Art. 119. - *Incentivi per l'efficienza energetica, sisma bonus, fotovoltaico e colonnine di ricarica di veicoli elettrici*

1. La detrazione di cui all'articolo 14 del decreto-legge 4 giugno 2013, n. 63, convertito, con modificazioni, dalla legge 3 agosto 2013, n. 90, si applica nella misura del 110 per cento per le spese documentate e rimaste a carico del contribuente, sostenute dal 1° luglio 2020 fino al 30 giugno 2022, da ripartire tra gli aventi diritto in cinque quote annuali di pari importo e in quattro quote annuali di pari importo per la parte di spese sostenuta dal 1° gennaio 2022, nei seguenti casi:

a) interventi di isolamento termico delle superfici opache verticali, orizzontali e inclinate che interessano l'involucro dell'edificio con un'incidenza superiore al 25 per cento della superficie disperdente lorda dell'edificio o dell'unità immobiliare situata all'interno di edifici plurifamiliari che sia funzionalmente indipendente e disponga di uno o più accessi autonomi dall'esterno. Gli interventi per la coibentazione del tetto rientrano nella disciplina agevolativa, senza limitare il concetto di superficie disperdente al solo locale sottotetto eventualmente esistente. La detrazione di cui alla presente lettera è calcolata su un ammontare complessivo delle spese non superiore a euro 50.000 per gli edifici unifamiliari o per le unità immobiliari situate all'interno di edifici plurifamiliari che siano funzionalmente indipendenti e dispongano di uno o più accessi autonomi dall'esterno; a euro 40.000 moltiplicati per il numero delle unità immobiliari che compongono l'edificio per gli edifici composti da due a otto unità immobiliari; a euro 30.000 moltiplicati per il numero delle unità immobiliari che compongono l'edificio per gli edifici composti da più di otto unità immobiliari. I materiali isolanti utilizzati devono rispettare i criteri ambientali minimi di cui al decreto del Ministro dell'ambiente e della tutela del territorio e del mare 11 ottobre 2017, pubblicato nella Gazzetta Ufficiale n. 259 del 6 novembre 2017;

b) interventi sulle parti comuni degli edifici per la sostituzione degli impianti di climatizzazione invernale esistenti con impianti centralizzati per il riscaldamento, il raffrescamento o la fornitura di acqua calda sanitaria, a condensazione, con efficienza almeno pari alla classe A di prodotto prevista dal regolamento delegato (UE) n. 811/2013 della Commissione, del 18 febbraio 2013, a pompa di calore, ivi compresi gli impianti ibridi o geotermici, anche abbinati all'installazione di impianti fotovoltaici di cui al comma 5 e relativi sistemi di accumulo di cui al comma 6, ovvero con impianti di microcogenerazione o a collettori solari, nonché, esclusivamente per i comuni montani non interessati dalle procedure europee di infrazione n. 2014/2147 del 10 luglio 2014 o n. 2015/2043 del 28 maggio 2015 per l'inottemperanza dell'Italia agli obblighi previsti dalla direttiva 2008/50/CE, l'allaccio a sistemi di teleriscaldamento efficiente, definiti ai sensi dell'articolo 2, comma 2, lettera tt), del decreto legislativo 4 luglio 2014, n. 102. La detrazione di cui alla presente lettera è calcolata su un ammontare complessivo delle spese non superiore a euro 20.000 moltiplicati per il numero delle unità immobiliari che compongono l'edificio per gli edifici composti fino a otto unità immobiliari ovvero a euro 15.000 moltiplicati per il numero delle unità immobiliari che compongono l'edificio per gli edifici composti da più di ot-

to unità immobiliari ed è riconosciuta anche per le spese relative allo smaltimento e alla bonifica dell'impianto sostituito;
c) interventi sugli edifici unifamiliari o sulle unità immobiliari situate all'interno di edifici plurifamiliari che siano funzionalmente indipendenti e dispongano di uno o più accessi autonomi dall'esterno per la sostituzione degli impianti di climatizzazione invernale esistenti con impianti per il riscaldamento, il raffrescamento o la fornitura di acqua calda sanitaria, a condensazione, con efficienza almeno pari alla classe A di prodotto prevista dal regolamento delegato (UE) n. 811/2013 della Commissione, del 18 febbraio 2013, a pompa di calore, ivi compresi gli impianti ibridi o geotermici, anche abbinati all'installazione di impianti fotovoltaici di cui al comma 5 e relativi sistemi di accumulo di cui al comma 6, ovvero con impianti di microcogenerazione, a collettori solari o, esclusivamente per le aree non metanizzate nei comuni non interessati dalle procedure europee di infrazione n. 2014/2147 del 10 luglio 2014 o n. 2015/2043 del 28 maggio 2015 per l'inottemperanza dell'Italia agli obblighi previsti dalla direttiva 2008/50/CE, con caldaie a biomassa aventi prestazioni emissive con i valori previsti almeno per la classe 5 stelle individuata ai sensi del regolamento di cui al decreto del Ministro dell'ambiente e della tutela del territorio e del mare 7 novembre 2017, n. 186, nonché, esclusivamente per i comuni montani non interessati dalle procedure europee di infrazione n. 2014/2147 del 10 luglio 2014 o n. 2015/2043 del 28 maggio 2015 per l'inottemperanza dell'Italia agli obblighi previsti dalla direttiva 2008/50/CE, l'allaccio a sistemi di teleriscaldamento efficiente, definiti ai sensi dell'articolo 2, comma 2, lettera tt), del decreto legislativo 4 luglio 2014, n. 102. La detrazione di cui alla presente lettera è calcolata su un ammontare complessivo delle spese non superiore a euro 30.000 ed è riconosciuta anche per le spese relative allo smaltimento e alla bonifica dell'impianto sostituito.

1-bis. Ai fini del presente articolo, per 'accesso autonomo dall'esterno' si intende un accesso indipendente, non comune ad altre unità immobiliari, chiuso da cancello o portone d'ingresso che consenta l'accesso dalla strada o da cortile o da giardino anche di proprietà non esclusiva. Un'unità immobiliare può ritenersi "funzionalmente indipendente" qualora sia dotata di almeno tre delle seguenti installazioni o manufatti di proprietà esclusiva: impianti per l'approvvigionamento idrico; impianti per il gas; impianti per l'energia elettrica; impianto di climatizzazione invernale.

1-ter. Nei comuni dei territori colpiti da eventi sismici, l'incentivo di cui al comma 1 spetta per l'importo eccedente il contributo previsto per la ricostruzione.

1-quater. Sono compresi fra gli edifici che accedono alle detrazioni di cui al presente articolo anche gli edifici privi di attestato di prestazione energetica perché sprovvisti di copertura, di uno o più muri perimetrali, o di entrambi, purché al termine degli interventi, che devono comprendere anche quelli di cui alla lettera a) del comma 1, anche in caso di demolizione e ricostruzione o di ricostruzione su sedime esistente, raggiungano una classe energetica in fascia A.

2. L'aliquota prevista al comma 1, alinea, del presente articolo si applica anche a tutti gli altri interventi di efficienza energetica di cui all'articolo 14 del decreto-legge 4 giugno 2013, n. 63, convertito, con modificazioni, dalla legge 3 agosto 2013, n. 90, nei limiti di spesa previsti, per ciascun intervento di efficienza energetica, dalla legislazione vigente, nonché agli interventi previsti dall'articolo 16-bis, comma 1, lettera e), del testo unico di cui al decreto del Presidente della Repubblica 22 dicembre 1986, n. 917, anche ove effettuati in favore di persone di età superiore a sessantacinque anni, a condizione che siano eseguiti congiuntamente ad almeno uno degli interventi di cui al citato comma 1. Qualora l'edificio sia sottoposto ad almeno uno dei vincoli previsti dal codice dei beni culturali e del paesaggio, di cui al decreto legislativo 22 gennaio 2004, n. 42, o gli interventi di cui al citato comma 1 siano vietati da regolamenti edilizi, urbanistici e ambientali, la detrazione si applica a tutti gli interventi di cui al presente comma, anche se non eseguiti congiuntamente ad almeno uno degli interventi di cui al medesimo comma 1, fermi restando i requisiti di cui al comma 3.

3. Ai fini dell'accesso alla detrazione, gli interventi di cui ai commi 1 e 2 del presente articolo devono rispettare i requisiti minimi previsti dai decreti di cui al comma 3-ter dell'articolo 14 del decreto-legge 4 giugno 2013, n. 63, convertito, con modificazioni, dalla legge 3 agosto 2013, n. 90, e, nel loro complesso, devono assicurare, anche congiuntamente agli interventi di cui ai commi 5 e 6 del presente articolo, il miglioramento di almeno due classi energetiche dell'edificio o delle unità immobiliari situate all'interno di edifici plurifamiliari le quali siano funzionalmente indipen-

denti e dispongano di uno o più accessi autonomi dall'esterno, ovvero, se ciò non sia possibile, il conseguimento della classe energetica più alta, da dimostrare mediante l'attestato di prestazione energetica (A.P.E.), di cui all'articolo 6 del decreto legislativo 19 agosto 2005, n. 192, prima e dopo l'intervento, rilasciato da un tecnico abilitato nella forma della dichiarazione asseverata. Nel rispetto dei suddetti requisiti minimi, sono ammessi all'agevolazione, nei limiti stabiliti per gli interventi di cui ai citati commi 1 e 2, anche gli interventi di demolizione e ricostruzione di cui all'articolo 3, comma 1, lettera d), del testo unico delle disposizioni legislative e regolamentari in materia edilizia, di cui al decreto del Presidente della Repubblica 6 giugno 2001, n. 380. Gli interventi di dimensionamento del cappotto termico e del cordolo sismico non concorrono al conteggio della distanza e dell'altezza, in deroga alle distanze minime riportate all'articolo 873 del codice civile, per gli interventi di cui all'articolo 16-bis del testo unico delle imposte sui redditi, di cui al decreto del Presidente della Repubblica 22 dicembre 1986, n. 917, e al presente articolo.
3-bis. Per gli interventi effettuati dai soggetti di cui al comma 9, lettera c), e dalle cooperative di cui al comma 9, lettera d), le disposizioni dei commi da 1 a 3 si applicano anche alle spese, documentate e rimaste a carico del contribuente, sostenute dal 1° gennaio 2022 al 30 giugno 2023. Per le spese sostenute dal 1° luglio 2022 la detrazione è ripartita in quattro quote annuali di pari importo.
4. Per gli interventi di cui ai commi da 1-bis a 1-septies dell'articolo 16 del decreto-legge 4 giugno 2013, n. 63, convertito, con modificazioni, dalla legge 3 agosto 2013, n. 90, l'aliquota delle detrazioni spettanti è elevata al 110 per cento per le spese sostenute dal 1° luglio 2020 al 30 giugno 2022. Tale aliquota si applica anche agli interventi previsti dall'articolo 16-bis, comma 1, lettera e), del testo unico di cui al decreto del Presidente della Repubblica 22 dicembre 1986, n. 917, anche ove effettuati in favore di persone di età superiore a sessantacinque anni ed a condizione che siano eseguiti congiuntamente ad almeno uno degli interventi indicati nel primo periodo e che non siano già richiesti ai sensi del comma 2 della presente disposizione. Per la parte di spese sostenuta dal 1° gennaio 2022, la detrazione è ripartita in quattro quote annuali di pari importo. Per gli interventi di cui al primo periodo, in caso di cessione del corrispondente credito ad un'impresa di assicurazione e di contestuale stipulazione di una polizza che copre il rischio di eventi calamitosi, la detrazione prevista nell'articolo 15, comma 1, lettera f-bis), del testo unico delle imposte sui redditi, di cui al decreto del Presidente della Repubblica 22 dicembre 1986, n. 917, spetta nella misura del 90 per cento. Le disposizioni del primo e del secondo periodo non si applicano agli edifici ubicati nella zona sismica 4 di cui all'ordinanza del Presidente del Consiglio dei ministri n. 3274 del 20 marzo 2003, pubblicata nel supplemento ordinario alla Gazzetta Ufficiale n. 105 dell'8 maggio 2003.
4-bis. La detrazione spettante ai sensi del comma 4 del presente articolo è riconosciuta anche per la realizzazione di sistemi di monitoraggio strutturale continuo a fini antisismici, a condizione che sia eseguita congiuntamente a uno degli interventi di cui ai commi da 1-bis a 1-septies dell'articolo 16 del decreto-legge 4 giugno 2013, n. 63, convertito, con modificazioni, dalla legge 3 agosto 2013, n. 90, nel rispetto dei limiti di spesa previsti dalla legislazione vigente per i medesimi interventi.
4-ter. I limiti delle spese ammesse alla fruizione degli incentivi fiscali eco bonus e sisma bonus di cui ai commi precedenti, sostenute entro il 30 giugno 2022, sono aumentati del 50 per cento per gli interventi di ricostruzione riguardanti i fabbricati danneggiati dal sisma nei comuni di cui agli elenchi allegati al decreto-legge 17 ottobre 2016, n. 189, convertito, con modificazioni, dalla legge 15 dicembre 2016, n. 229, e di cui al decreto-legge 28 aprile 2009, n. 39, convertito, con modificazioni, dalla legge 24 giugno 2009, n. 77, nonché nei comuni interessati da tutti gli eventi sismici verificatisi dopo l'anno 2008 dove sia stato dichiarato lo stato di emergenza. In tal caso, gli incentivi sono alternativi al contributo per la ricostruzione e sono fruibili per tutte le spese necessarie al ripristino dei fabbricati danneggiati, comprese le case diverse dalla prima abitazione, con esclusione degli immobili destinati alle attività produttive.
4-quater. Nei comuni dei territori colpiti da eventi sismici verificatisi a far data dal 1° aprile 2009 dove sia stato dichiarato lo stato di emergenza, gli incentivi di cui al comma 4 spettano per l'importo eccedente il contributo previsto per la ricostruzione.
5. Per le spese documentate e rimaste a carico del contribuente, sostenute per l'installazione di impianti solari fotovoltaici connessi alla rete elettrica su edifici ai sensi dell'articolo 1, comma 1,

lettere a), b), c) e d), del regolamento di cui al decreto del Presidente della Repubblica 26 agosto 1993, n. 412, ovvero di impianti solari fotovoltaici su strutture pertinenziali agli edifici, eseguita congiuntamente ad uno degli interventi di cui ai commi 1 e 4 del presente articolo, la detrazione di cui all'articolo 16-bis, comma 1, del testo unico di cui al decreto del Presidente della Repubblica 22 dicembre 1986, n. 917, da ripartire tra gli aventi diritto in quattro quote annuali di pari importo, spetta nella misura riconosciuta per gli interventi previsti agli stessi commi 1 e 4 in relazione all'anno di sostenimento della spesa, fino ad un ammontare complessivo delle stesse spese non superiore a euro 48.000 e comunque nel limite di spesa di euro 2.400 per ogni kW di potenza nominale dell'impianto solare fotovoltaico. In caso di interventi di cui all'articolo 3, comma 1, lettere d), e) e f), del testo unico di cui al decreto del Presidente della Repubblica 6 giugno 2001, n. 380, il predetto limite di spesa è ridotto ad euro 1.600 per ogni kW di potenza nominale.

5-bis. Le violazioni meramente formali che non arrecano pregiudizio all'esercizio delle azioni di controllo non comportano la decadenza delle agevolazioni fiscali limitatamente alla irregolarità od omissione riscontrata. Nel caso in cui le violazioni riscontrate nell'ambito dei controlli da parte delle autorità competenti siano rilevanti ai fini dell'erogazione degli incentivi, la decadenza dal beneficio si applica limitatamente al singolo intervento oggetto di irregolarità od omissione.

6. La detrazione di cui al comma 5 è riconosciuta anche per l'installazione contestuale o successiva di sistemi di accumulo integrati negli impianti solari fotovoltaici agevolati con la detrazione di cui al medesimo comma 5, alle stesse condizioni, negli stessi limiti di importo e ammontare complessivo e comunque nel limite di spesa di euro 1.000 per ogni kWh di capacità di accumulo del sistema di accumulo.

7. La detrazione di cui ai commi 5 e 6 del presente articolo è subordinata alla cessione in favore del Gestore dei servizi energetici (GSE), con le modalità di cui all'articolo 13, comma 3, del decreto legislativo 29 dicembre 2003, n. 387, dell'energia non autoconsumata in sito ovvero non condivisa per l'autoconsumo, ai sensi dell'articolo 42-bis del decreto-legge 30 dicembre 2019, n. 162, convertito, con modificazioni, dalla legge 28 febbraio 2020, n. 8, e non è cumulabile con altri incentivi pubblici o altre forme di agevolazione di qualsiasi natura previste dalla normativa europea, nazionale e regionale, compresi i fondi di garanzia e di rotazione di cui all'articolo 11, comma 4, del decreto legislativo 3 marzo 2011, n. 28, e gli incentivi per lo scambio sul posto di cui all'articolo 25-bis del decreto-legge 24 giugno 2014, n. 91, convertito, con modificazioni, dalla legge 11 agosto 2014, n. 116. Con il decreto di cui al comma 9 del citato articolo 42-bis del decreto-legge n. 162 del 2019, il Ministro dello sviluppo economico individua i limiti e le modalità relativi all'utilizzo e alla valorizzazione dell'energia condivisa prodotta da impianti incentivati ai sensi del presente comma.

8. Per le spese documentate e rimaste a carico del contribuente, sostenute per gli interventi di installazione di infrastrutture per la ricarica di veicoli elettrici negli edifici di cui all'articolo 16-ter del decreto-legge 4 giugno 2013, n. 63, convertito, con modificazioni, dalla legge 3 agosto 2013, n. 90, eseguita congiuntamente a uno degli interventi di cui al comma 1 del presente articolo, la detrazione spetta nella misura riconosciuta per gli interventi previsti dallo stesso comma 1 in relazione all'anno di sostenimento della spesa, da ripartire tra gli aventi diritto in quattro quote annuali di pari importo, e comunque nel rispetto dei seguenti limiti di spesa, fatti salvi gli interventi in corso di esecuzione: euro 2.000 per gli edifici unifamiliari o per le unità immobiliari situate all'interno di edifici plurifamiliari che siano funzionalmente indipendenti e dispongano di uno più accessi autonomi dall'esterno secondo la definizione di cui al comma 1-bis del presente articolo; euro 1.500 per gli edifici plurifamiliari o i condomini che installino un numero massimo di 8 colonnine; euro 1.200 per gli edifici plurifamiliari o i condomini che installino un numero superiore a 8 colonnine. L'agevolazione si intende riferita a una sola colonnina di ricarica per unità immobiliare.

8-bis. Per gli interventi effettuati dai condomini, dalle persone fisiche di cui al comma 9, lettera a), e dai soggetti di cui al comma 9, lettera d-bis), compresi quelli effettuati dalle persone fisiche sulle singole unità immobiliari all'interno dello stesso condominio o dello stesso edificio, compresi quelli effettuati su edifici oggetto di demolizione e ricostruzione di cui all'articolo 3, comma 1, lettera d), del testo unico delle disposizioni legislative e regolamentari in materia edilizia, di cui al decreto del Presidente della Repubblica 6 giugno 2001, n. 380, la detrazione spetta anche per le spese sostenute entro il 31 dicembre 2025, nella misura del 110 per cento per quelle sostenute entro il 31 dicembre 2023, del 70 per cento per quelle sostenute nell'anno 2024 e del 65 per cento per quelle sostenute nell'anno 2025. Per gli interventi effettuati su unità immobiliari dalle persone fisiche di cui al comma 9, lettera b), la detrazione del 110 per cento spetta anche per le spese sostenute entro il 31 dicembre 2022, a condizione che alla data del 30 giugno 2022 siano stati effettuati lavori per almeno il 30 per cento dell'intervento complessivo. Per gli interventi effettuati dai soggetti di cui al comma 9, lettera c), compresi quelli effettuati dalle persone fisiche sulle singole unità immobiliari all'interno dello stesso edificio, e dalle cooperative di cui al comma 9, lettera d), per i quali alla data del 30 giugno 2023 siano stati effettuati lavori per almeno il 60 per cento dell'intervento complessivo, la detrazione del 110 per cento spetta anche per le spese sostenute entro il 31 dicembre 2023.

8-ter. Per gli interventi effettuati nei comuni dei territori colpiti da eventi sismici verificatisi a far data dal 1° aprile 2009 dove sia stato dichiarato lo stato di emergenza, la detrazione per gli incentivi fiscali di cui ai commi 1-ter, 4-ter e 4-quater spetta, in tutti i casi disciplinati dal comma 8-bis, per le spese sostenute entro il 31 dicembre 2025, nella misura del 110 per cento.

8-quater. La detrazione spetta nella misura riconosciuta nel comma 8-bis anche per le spese sostenute entro i termini previsti nello stesso comma 8-bis in relazione agli interventi di cui ai commi 2, 4, secondo periodo, 4-bis, 5, 6 e 8 del presente articolo eseguiti congiuntamente agli interventi indicati nel citato comma 8-bis.

9. Le disposizioni contenute nei commi da 1 a 8 si applicano agli interventi effettuati:

a) dai condomìni e dalle persone fisiche, al di fuori dell'esercizio di attività di impresa, arte o professione, con riferimento agli interventi su edifici composti da due a quattro unità immobiliari distintamente accatastate, anche se posseduti da un unico proprietario o in comproprietà da più persone fisiche;

b) dalle persone fisiche, al di fuori dell'esercizio di attività di impresa, arti e professioni, su unità immobiliari, salvo quanto previsto al comma 10;

c) dagli istituti autonomi case popolari (IACP) comunque denominati nonché dagli enti aventi le stesse finalità sociali dei predetti istituti, istituiti nella forma di società che rispondono ai requisiti della legislazione europea in materia di " in house providing" per interventi realizzati su immobili, di loro proprietà ovvero gestiti per conto dei comuni, adibiti ad edilizia residenziale pubblica;

d) dalle cooperative di abitazione a proprietà indivisa, per interventi realizzati su immobili dalle stesse posseduti e assegnati in godimento ai propri soci;

d-bis) dalle organizzazioni non lucrative di utilità sociale di cui all'articolo 10 del decreto legislativo 4 dicembre 1997, n. 460, dalle organizzazioni di volontariato iscritte nei registri di cui all'articolo 6 della legge 11 agosto 1991, n. 266, e dalle associazioni di promozione sociale iscritte nel registro nazionale e nei registri regionali e delle province autonome di Trento e di Bolzano previsti dall'articolo 7 della legge 7 dicembre 2000, n. 383;

e) dalle associazioni e società sportive dilettantistiche iscritte nel registro istituito ai sensi dell'articolo 5, comma 2, lettera c), del decreto legislativo 23 luglio 1999, n. 242, limitatamente ai lavori destinati ai soli immobili o parti di immobili adibiti a spogliatoi.

9-bis. Le deliberazioni dell'assemblea del condominio aventi per oggetto l'approvazione degli interventi di cui al presente articolo e degli eventuali finanziamenti finalizzati agli stessi, nonché l'adesione all'opzione per la cessione o per lo sconto di cui all'articolo 121, sono valide se approvate con un numero di voti che rappresenti la maggioranza degli intervenuti e almeno un terzo del valore dell'edificio. Le deliberazioni dell'assemblea del condominio, aventi per oggetto l'imputazione a uno o più condomini dell'intera spesa riferita all'intervento deliberato, sono valide se approvate con le stesse modalità di cui al periodo precedente e a condizione che i condomini ai quali sono imputate le spese esprimano parere favorevole.

9-ter. L'imposta sul valore aggiunto non detraibile, anche parzialmente, ai sensi degli articoli 19, 19-bis, 19-bis.1 e 36-bis del decreto del Presidente della Repubblica 26 ottobre 1972, n. 633, dovuta sulle spese rilevanti ai fini degli incentivi previsti dal presente articolo, si considera nel calcolo dell'ammontare complessivo ammesso al beneficio, indipendentemente dalla modalità di rilevazione contabile adottata dal contribuente.

10. Le persone fisiche di cui al comma 9, lettere a) e b), possono beneficiare delle detrazioni di cui ai commi da 1 a 3 per gli interventi realizzati sul numero massimo di due unità immobiliari, fermo restando il riconoscimento delle detrazioni per gli interventi effettuati sulle parti comuni dell'edificio.

10-bis. Il limite di spesa ammesso alle detrazioni di cui al presente articolo, previsto per le singole unità immobiliari, è moltiplicato per il rapporto tra la superficie complessiva dell'immobile oggetto degli interventi di incremento dell'efficienza energetica, di miglioramento o di adeguamento antisismico previsti ai commi 1, 2, 3, 3-bis, 4, 4-bis, 5, 6, 7 e 8, e la superficie media di una unità abitativa immobiliare, come ricavabile dal Rapporto Immobiliare pubblicato dall'Osservatorio del Mercato Immobiliare dell'Agenzia delle Entrate ai sensi dell'articolo 120-sexiesdecies del decreto legislativo 1° settembre 1993, n. 385, per i soggetti di cui al comma 9, lettera d-bis), che siano in possesso dei seguenti requisiti:

a) svolgano attività di prestazione di servizi socio-sanitari e assistenziali, e i cui membri del Consiglio di Amministrazione non percepiscano alcun compenso o indennità di carica;

b) siano in possesso di immobili rientranti nelle categorie catastali B/1, B/2 e D/4, a titolo di proprietà, nuda proprietà, usufrutto o comodato d'uso gratuito. Il titolo di comodato d'uso gratuito è idoneo all'accesso alle detrazioni di cui al presente articolo, a condizione che il contratto sia regolarmente registrato in data certa anteriore alla data di entrata in vigore della presente disposizione.

10-ter. Nel caso di acquisto di immobili sottoposti ad uno o più interventi di cui al comma 1, lettere a), b) e c), il termine per stabilire la residenza di cui alla lettera a) della nota II-bis) all'articolo 1 della tariffa, parte prima, allegata al testo unico delle disposizioni concernenti l'imposta di registro, di cui al decreto del Presidente della Repubblica 26 aprile 1986, n. 131, è di trenta mesi dalla data di stipulazione dell'atto di compravendita.

10-quater. Al primo periodo del comma 1-septies dell'articolo 16 del decreto-legge 4 giugno 2013, n. 63, convertito, con modificazioni, dalla legge 3 agosto 2013, n. 90, le parole: 'entro diciotto mesi' sono sostituite dalle seguenti: 'entro trenta mesi'.

11. Ai fini dell'opzione per la cessione o per lo sconto di cui all'articolo 121, nonché in caso di utilizzo della detrazione nella dichiarazione dei redditi, il contribuente richiede il visto di conformità dei dati relativi alla documentazione che attesta la sussistenza dei presupposti che danno diritto alla detrazione d'imposta per gli interventi di cui al presente articolo. Il visto di conformità è rilasciato ai sensi dell'articolo 35 del decreto legislativo 9 luglio 1997, n. 241, dai soggetti indicati alle lettere a) e b) del comma 3 dell'articolo 3 del regolamento di cui al decreto del Presidente della Repubblica 22 luglio 1998, n. 322, e dai responsabili dell'assistenza fiscale dei centri costituiti dai soggetti di cui all'articolo 32 del citato decreto legislativo n. 241 del 1997. In caso di dichiarazione presentata direttamente dal contribuente all'Agenzia delle entrate, ovvero tramite il sostituto d'imposta che presta l'assistenza fiscale, il contribuente, il quale intenda utilizzare la detrazione nella dichiarazione dei redditi, non è tenuto a richiedere il predetto visto di conformità.

12. I dati relativi all'opzione sono comunicati esclusivamente in via telematica, anche avvalendosi dei soggetti che rilasciano il visto di conformità di cui al comma 11, secondo quanto disposto con provvedimento del direttore dell'Agenzia delle entrate, che definisce anche le modalità attuative del presente articolo, da adottare entro trenta giorni dalla data di entrata in vigore della legge di conversione del presente decreto.

13. Ai fini della detrazione del 110 per cento di cui al presente articolo e dell'opzione per la cessione o per lo sconto di cui all'articolo 121:

a) per gli interventi di cui ai commi 1, 2 e 3 del presente articolo, i tecnici abilitati asseverano il rispetto dei requisiti previsti dai decreti di cui al comma 3-ter dell'articolo 14 del decreto-legge 4 giugno 2013, n. 63, convertito, con modificazioni, dalla legge 3 agosto 2013, n. 90, e la corrispondente congruità delle spese sostenute in relazione agli interventi agevolati. Una copia dell'asseverazione è trasmessa, esclusivamente per via telematica, all'Agenzia nazionale per le nuove tecnologie, l'energia e lo sviluppo economico sostenibile (ENEA). Con decreto del Ministro dello sviluppo economico, da emanare entro trenta giorni dalla data di entrata in vigore della legge di conversione del presente decreto, sono stabilite le modalità di trasmissione della suddetta asseverazione e le relative modalità attuative;

b) per gli interventi di cui al comma 4, l'efficacia degli stessi al fine della riduzione del rischio sismico è asseverata dai professionisti incaricati della progettazione strutturale, della direzione dei lavori delle strutture e del collaudo statico, secondo le rispettive competenze professionali, iscritti agli ordini o ai collegi professionali di appartenenza, in base alle disposizioni del decreto del Ministro delle infrastrutture e dei trasporti n. 58 del 28 febbraio 2017. I professionisti incaricati attestano altresì la corrispondente congruità delle spese sostenute in relazione agli interventi agevolati. Il soggetto che rilascia il visto di conformità di cui al comma 11 verifica la presenza delle asseverazioni e delle attestazioni rilasciate dai professionisti incaricati.

13-bis. L'asseverazione di cui al comma 13, lettere a) e b), del presente articolo è rilasciata al termine dei lavori o per ogni stato di avanzamento dei lavori sulla base delle condizioni e nei limiti di cui all'articolo 121. L'asseverazione rilasciata dal tecnico abilitato attesta i requisiti tecnici sulla base del progetto e dell'effettiva realizzazione. Ai fini dell'asseverazione della congruità delle spese si fa riferimento ai prezzari individuati dal decreto di cui al comma 13, lettera a), nonché ai valori massimi stabiliti, per talune categorie di beni, con decreto del Ministro della transizione ecologica, da emanare entro il 9 febbraio 2022. I prezzari individuati nel decreto di cui alla lettera a) del comma 13 devono intendersi applicabili anche ai fini della lettera b) del medesimo comma e con riferimento agli interventi di cui all'articolo 16, commi da 1-bis a 1-sexies, del decreto-legge 4 giugno 2013, n. 63, convertito, con modificazioni, dalla legge 3 agosto 2013, n. 90, di cui all'articolo 1, commi da 219 a 223, della legge 27 dicembre 2019, n. 160, e di cui all'articolo 16-bis, comma 1, del testo unico di cui al decreto del Presidente della Repubblica 22 dicembre 1986, n. 917. Nelle more dell'adozione dei predetti decreti, la congruità delle spese è determinata facendo riferimento ai prezzi riportati nei prezzari predisposti dalle regioni e dalle province autonome, ai listini ufficiali o ai listini delle locali camere di commercio, industria, artigianato e agricoltura ovvero, in difetto, ai prezzi correnti di mercato in base al luogo di effettuazione degli interventi.

13-ter. Gli interventi di cui al presente articolo, anche qualora riguardino le parti strutturali degli edifici o i prospetti, con esclusione di quelli comportanti la demolizione e la ricostruzione degli edifici, costituiscono manutenzione straordinaria e sono realizzabili mediante comunicazione di inizio lavori asseverata (CILA). Nella CILA sono attestati gli estremi del titolo abilitativo che ha previsto la costruzione dell'immobile oggetto d'intervento o del provvedimento che ne ha consentito la legittimazione ovvero è attestato che la costruzione è stata completata in data antecedente al 1° settembre 1967. La presentazione della CILA non richiede l'attestazione dello stato legittimo di cui all'articolo 9-bis, comma 1-bis, del decreto del Presidente della Repubblica 6 giugno 2001, n. 380. Per gli interventi di cui al presente comma, la decadenza del beneficio fiscale previsto dall'articolo 49 del decreto del Presidente della Repubblica n. 380 del 2001 opera esclusivamente nei seguenti casi:

a) mancata presentazione della CILA;
b) interventi realizzati in difformità dalla CILA;
c) assenza dell'attestazione dei dati di cui al secondo periodo;
d) non corrispondenza al vero delle attestazioni ai sensi del comma 14.

13-quater. Fermo restando quanto previsto al comma 13-ter, resta impregiudicata ogni valutazione circa la legittimità dell'immobile oggetto di intervento.

13-quinquies. In caso di opere già classificate come attività di edilizia libera ai sensi dell'articolo 6 del testo unico delle disposizioni legislative e regolamentari in materia edilizia, di cui al decreto del Presidente della Repubblica 6 giugno 2001, n. 380, del decreto del Ministro delle infrastrutture e dei trasporti 2 marzo 2018, pubblicato nella Gazzetta Ufficiale n. 81 del 7 aprile 2018, o della normativa regionale, nella CILA è richiesta la sola descrizione dell'intervento. In caso di varianti in corso d'opera, queste sono comunicate alla fine dei lavori e costituiscono integrazione della CILA presentata. Non è richiesta, alla conclusione dei lavori, la segnalazione certificata di inizio attività di cui all'articolo 24 del testo unico di cui al decreto del Presidente della Repubblica 6 giugno 2001, n. 380.

14. Ferma restando l'applicazione delle sanzioni penali ove il fatto costituisca reato, ai soggetti che rilasciano attestazioni e asseverazioni infedeli si applica la sanzione amministrativa pecuniaria da euro 2.000 a euro 15.000 per ciascuna attestazione o asseverazione infedele resa. I soggetti di cui al primo periodo stipulano una polizza di assicurazione della responsabilità civile, con massimale adeguato al numero delle attestazioni o asseverazioni rilasciate e agli importi degli interventi oggetto delle predette attestazioni o asseverazioni e, comunque, non inferiore a 500.000 euro, al fine di garantire ai propri clienti e al bilancio dello Stato il risarcimento dei danni eventualmente provocati dall'attività prestata. L'obbligo di sottoscrizione della polizza si considera rispettato qualora i soggetti che rilasciano attestazioni e asseverazioni abbiano già sottoscritto una polizza assicurativa per danni derivanti da attività professionale ai sensi dell'articolo 5 del regolamento di cui al decreto del Presidente della Repubblica 7 agosto 2012, n. 137, purché questa: a) non preveda esclusioni relative ad attività di asseverazione; b) preveda un massimale non inferiore a 500.000 euro, specifico per il rischio di asseverazione di cui al presente comma, da integrare a cura del professionista ove si renda necessario; c) garantisca, se in operatività di claims made, un'ultrattività pari ad almeno cinque anni in caso di cessazione di attività e una retroattività pari anch'essa ad almeno cinque anni a garanzia di asseverazioni effettuate negli anni precedenti. In alternativa il professionista può optare per una polizza dedicata alle attività di cui al presente articolo con un massimale adeguato al numero delle attestazioni o asseverazioni rilasciate e agli importi degli interventi oggetto delle predette attestazioni o asseverazioni e, comunque, non inferiore a 500.000 euro, senza interferenze con la polizza di responsabilità civile di cui alla lettera a). La non veridicità delle attestazioni o asseverazioni comporta la decadenza dal beneficio. Si applicano le disposizioni della legge 24 novembre 1981, n. 689. L'organo addetto al controllo sull'osservanza della presente disposizione ai sensi dell'articolo 14 della legge 24 novembre 1981, n. 689, è individuato nel Ministero dello sviluppo economico.

14-bis. Per gli interventi di cui al presente articolo, nel cartello esposto presso il cantiere, in un luogo ben visibile e accessibile, deve essere indicata anche la seguente dicitura: "Accesso agli incentivi statali previsti dalla legge 17 luglio 2020, n. 77, superbonus 110 per cento per interventi di efficienza energetica o interventi antisismici.

15. Rientrano tra le spese detraibili per gli interventi di cui al presente articolo quelle sostenute per il rilascio delle attestazioni e delle asseverazioni di cui ai commi 3 e 13 e del visto di conformità di cui al comma 11.

15-bis. Le disposizioni del presente articolo non si applicano alle unità immobiliari appartenenti alle categorie catastali A/1, A/8, nonché alla categoria catastale A/9 per le unità immobiliari non aperte al pubblico.

16. Al fine di semplificare l'attuazione delle norme in materia di interventi di efficienza energetica e di coordinare le stesse con le disposizioni dei commi da 1 e 3 del presente articolo, all'articolo 14 del decreto-legge 4 giugno 2013, n. 63, convertito, con modificazioni, dalla legge 3 agosto 2013, n. 90, sono apportate le seguenti modificazioni, con efficacia dal 1° gennaio 2020:

a) il secondo, il terzo e il quarto periodo del comma 1 sono soppressi;

b) dopo il comma 2 è inserito il seguente:

"2.1. La detrazione di cui ai commi 1 e 2 è ridotta al 50 per cento per le spese, sostenute dal 1° gennaio 2018, relative agli interventi di acquisto e posa in opera di finestre comprensive di infissi, di schermature solari e di sostituzione di impianti di climatizzazione invernale con impianti dotati di caldaie a condensazione con efficienza almeno pari alla classe A di prodotto prevista dal regolamento delegato (UE) n. 811/2013 della Commissione, del 18 febbraio 2013. Sono esclusi dalla detrazione di cui al presente articolo gli interventi di sostituzione di impianti di climatizzazione invernale con impianti dotati di caldaie a condensazione con efficienza inferiore alla classe di cui al periodo precedente. La detrazione si applica nella misura del 65 per cento per gli interventi di sostituzione di impianti di climatizzazione invernale con impianti dotati di caldaie a condensazione, di efficienza almeno pari alla classe A di prodotto prevista dal citato regolamento delegato (UE) n. 811/2013, e contestuale installazione di sistemi di termoregolazione evoluti, appartenenti alle classi V, VI oppure VIII della comunicazione 2014/C 207/02 della Commissione, o con impianti dotati di apparecchi ibridi, costituiti da pompa di calore integrata con caldaia a condensazione, assemblati in fabbrica ed espressamente concepiti dal fabbricante per funzionare in abbinamento tra loro, o per le spese sostenute per l'acquisto e la posa in opera di generatori d'aria calda a condensazione".

16-bis. L'esercizio di impianti fino a 200 kW da parte di comunità energetiche rinnovabili costituite in forma di enti non commerciali o da parte di condomìni che aderiscono alle configurazioni di cui all'articolo 42-bis del decreto-legge 30 dicembre 2019, n. 162, convertito, con modificazioni, dalla legge 28 febbraio 2020, n. 8, non costituisce svolgimento di attività commerciale abituale. La detrazione prevista dall'articolo 16-bis, comma 1, lettera h), del testo unico di cui al decreto del Presidente della Repubblica 22 dicembre 1986, n. 917, per gli impianti a fonte rinnovabile gestiti da soggetti che aderiscono alle configurazioni di cui al citato articolo 42-bis del decreto-legge n. 162 del 2019 si applica fino alla soglia di 200 kW e per un ammontare complessivo di spesa non superiore a euro 96.000.

16-ter. Le disposizioni del comma 5 si applicano all'installazione degli impianti di cui al comma 16-bis. L'aliquota di cui al medesimo comma 5 si applica alla quota di spesa corrispondente alla potenza massima di 20 kW e per la quota di spesa corrispondente alla potenza eccedente 20 kW spetta la detrazione stabilita dall'articolo 16-bis, comma 1, lettera h), del testo unico di cui al decreto del Presidente della Repubblica 22 dicembre 1986, n. 917, nel limite massimo di spesa complessivo di euro 96.000 riferito all'intero impianto.
16-quater. Agli oneri derivanti dall'attuazione del presente articolo, valutati in 63,6 milioni di euro per l'anno 2020, in 1.294,3 milioni di euro per l'anno 2021, in 3.309,1 milioni di euro per l'anno 2022, in 2.935 milioni di euro per l'anno 2023, in 2.755,6 milioni di euro per l'anno 2024, in 2.752,8 milioni di euro per l'anno 2025, in 1.357,4 milioni di euro per l'anno 2026, in 27,6 milioni di euro per l'anno 2027, in 11,9 milioni di euro per l'anno 2031 e in 48,6 milioni di euro per l'anno 2032, si provvede ai sensi dell'articolo 265.

Art. 121 - *Opzione per la cessione o per lo sconto in luogo delle detrazioni fiscali*

1. I soggetti che sostengono, negli anni 2020, 2021, 2022, 2023 e 2024, spese per gli interventi elencati al comma 2 possono optare, in luogo dell'utilizzo diretto della detrazione spettante, alternativamente:

a) per un contributo, sotto forma di sconto sul corrispettivo dovuto, fino a un importo massimo pari al corrispettivo stesso, anticipato dai fornitori che hanno effettuato gli interventi e da questi ultimi recuperato sotto forma di credito d'imposta, di importo pari alla detrazione spettante, con facoltà di successiva cessione del credito ad altri soggetti, compresi gli istituti di credito e gli altri intermediari finanziari;

b) per la cessione di un credito d'imposta di pari ammontare, con facoltà di successiva cessione ad altri soggetti, compresi gli istituti di credito e gli altri intermediari finanziari.

1-bis. L'opzione di cui al comma 1 può essere esercitata in relazione a ciascuno stato di avanzamento dei lavori. Ai fini del presente comma, per gli interventi di cui all'articolo 119 gli stati di avanzamento dei lavori non possono essere più di due per ciascun intervento complessivo e ciascuno stato di avanzamento deve riferirsi ad almeno il 30 per cento del medesimo intervento.
1-ter. Per le spese relative agli interventi elencati nel comma 2, in caso di opzione di cui al comma 1:

a) il contribuente richiede il visto di conformità dei dati relativi alla documentazione che attesta la sussistenza dei presupposti che danno diritto alla detrazione d'imposta per gli interventi di cui al presente articolo. Il visto di conformità è rilasciato ai sensi dell'articolo 35 del decreto legislativo 9 luglio 1997, n. 241, dai soggetti indicati alle lettere a) e b) del comma 3 dell'articolo 3 del regolamento recante modalità per la presentazione delle dichiarazioni relative alle imposte sui redditi, all'imposta regionale sulle attività produttive e all'imposta sul valore aggiunto, di cui al decreto del Presidente della Repubblica 22 luglio 1998, n. 322, e dai responsabili dell'assistenza fiscale dei centri costituiti dai soggetti di cui all'articolo 32 del citato decreto legislativo n. 241 del 1997;

b) i tecnici abilitati asseverano la congruità delle spese sostenute secondo le disposizioni dell'articolo 119, comma 13-bis. Rientrano tra le spese detraibili per gli interventi di cui al comma 2 anche quelle sostenute per il rilascio del visto di conformità, delle attestazioni e delle asseverazioni di cui al presente comma, sulla base dell'aliquota prevista dalle singole detrazioni fiscali spettanti in relazione ai predetti interventi. Le disposizioni di cui al presente comma non si applicano alle opere già classificate come attività di edilizia libera ai sensi dell'articolo 6 del testo unico delle disposizioni legislative e regolamentari in materia edilizia, di cui al decreto del Presidente della Repubblica 6 giugno 2001, n. 380, del decreto del Ministro delle infrastrutture e dei trasporti 2 marzo 2018, pubblicato nella Gazzetta Ufficiale n. 81 del 7 aprile 2018, o della normativa regionale, e agli interventi di importo complessivo non superiore a 10.000 euro, eseguiti sulle singole unità immobiliari o sulle parti comuni dell'edificio, fatta eccezione per gli interventi di cui all'articolo 1, comma 219, della legge 27 dicembre 2019, n. 160.

2. In deroga all'articolo 14, commi 2-ter, 2-sexies e 3.1, e all'articolo 16, commi 1-quinquies, terzo, quarto e quinto periodo, e 1-septies, secondo e terzo periodo, del decreto legge 4 giugno 2013, n. 63, convertito, con modificazioni, dalla legge 3 agosto 2013, n. 90, le disposizioni contenute nel presente articolo si applicano per le spese relative agli interventi di:

a) recupero del patrimonio edilizio di cui all'articolo 16-bis, comma 1, lettere a), b) e d), del testo unico delle imposte sui redditi, di cui al decreto del Presidente della Repubblica 22 dicembre 1986, n. 917;

b) efficienza energetica di cui all'articolo 14 del decreto-legge 4 giugno 2013, n. 63, convertito, con modificazioni, dalla legge 3 agosto 2013, n. 90 e di cui ai commi 1 e 2 dell'articolo 119;

c) adozione di misure antisismiche di cui all'articolo 16, commi da 1-bis a 1-septies del decreto-legge 4 giugno 2013, n. 63, convertito, con modificazioni, dalla legge 3 agosto 2013, n. 90, e di cui al comma 4 dell'articolo 119;

d) recupero o restauro della facciata degli edifici esistenti, ivi inclusi quelli di sola pulitura o tinteggiatura esterna, di cui all'articolo 1, commi 219 e 220, della legge 27 dicembre 2019, n. 160;

e) installazione di impianti fotovoltaici di cui all'articolo 16-bis, comma 1, lettera h) del testo unico delle imposte sui redditi di cui al decreto del Presidente della Repubblica 22 dicembre 1986, n. 917, ivi compresi gli interventi di cui ai commi 5 e 6 dell'articolo 119 del presente decreto;

f) installazione di colonnine per la ricarica dei veicoli elettrici di cui all'articolo 16-ter del decreto-legge 4 giugno 2013, n. 63, convertito, con modificazioni, dalla legge 3 agosto 2013, n. 90, e di cui al comma 8 dell'articolo 119;

f-bis) superamento ed eliminazione di barriere architettoniche di cui all'articolo 119-ter del presente decreto.

3. I crediti d'imposta di cui al presente articolo sono utilizzati in compensazione ai sensi dell'articolo 17 del decreto legislativo 9 luglio 1997, n. 241, sulla base delle rate residue di detrazione non fruite. Il credito d'imposta è usufruito con la stessa ripartizione in quote annuali con la quale sarebbe stata utilizzata la detrazione. La quota di credito d'imposta non utilizzata nell'anno non può essere usufruita negli anni successivi, e non può essere richiesta a rimborso. Non si applicano i limiti di cui all'articolo 31, comma 1, del decreto-legge 31 maggio 2010, n. 78, convertito, con modificazioni, dalla legge 30 luglio 2010, n. 122, all'articolo 34 della legge 23 dicembre 2000, n. 388, e all'articolo 1, comma 53, della legge 24 dicembre 2007, n. 244.

4. Ai fini del controllo, si applicano, nei confronti dei soggetti di cui al comma 1, le attribuzioni e i poteri previsti dagli articoli 31 e seguenti del decreto del Presidente della Repubblica 29 settembre 1973, n. 600, e successive modificazioni. I fornitori e i soggetti cessionari rispondono solo per l'eventuale utilizzo del credito d'imposta in modo irregolare o in misura maggiore rispetto al credito d'imposta ricevuto. L'Agenzia delle entrate nell'ambito dell'ordinaria attività di controllo procede, in base a criteri selettivi e tenendo anche conto della capacità operativa degli uffici, alla verifica documentale della sussistenza dei presupposti che danno diritto alla detrazione d'imposta di cui al comma 1 del presente articolo nei termini di cui all'articolo 43 del decreto del Presidente della Repubblica 29 settembre 1973, n. 600 e all'articolo 27, commi da 16 a 20, del decreto-legge 29 novembre 2008, n. 185, convertito, con modificazioni dalla legge 28 gennaio 2009, n. 2.

5. Qualora sia accertata la mancata sussistenza, anche parziale, dei requisiti che danno diritto alla detrazione d'imposta, l'Agenzia delle entrate provvede al recupero dell'importo corrispondente alla detrazione non spettante nei confronti dei soggetti di cui al comma 1. L'importo di cui al periodo precedente è maggiorato degli interessi di cui all'articolo 20 del decreto del Presidente della Repubblica 29 settembre 1973, n. 602, e delle sanzioni di cui all'articolo 13 del decreto legislativo 18 dicembre 1997, n. 471.

6. Il recupero dell'importo di cui al comma 5 è effettuato nei confronti del soggetto beneficiario di cui al comma 1, ferma restando, in presenza di concorso nella violazione, oltre all'applicazione dell'articolo 9, comma 1 del decreto legislativo 18 dicembre 1997, n. 472, anche la responsabilità in solido del fornitore che ha applicato lo sconto e dei cessionari per il pagamento dell'importo di cui al comma 5 e dei relativi interessi.

7. Con provvedimento del direttore dell'Agenzia delle entrate, da adottare entro trenta giorni dalla data di entrata in vigore della legge di conversione del presente decreto, sono definite le modalità attuative delle disposizioni di cui al presente articolo, comprese quelle relative all'esercizio delle opzioni, da effettuarsi in via telematica, anche avvalendosi dei soggetti previsti dal comma 3 dell'articolo 3 del regolamento di cui al decreto del Presidente della Repubblica 22 luglio 1998, n. 322.
7-bis. Le disposizioni del presente articolo si applicano anche ai soggetti che sostengono, dal 1° gennaio 2022 al 31 dicembre 2025, spese per gli interventi individuati dall'articolo 119.

Art. 122-bis - *Misure di contrasto alle frodi in materia di cessioni dei crediti. Rafforzamento dei controlli preventivi*

1. L'Agenzia delle entrate, entro cinque giorni lavorativi dall'invio della comunicazione dell'avvenuta cessione del credito, può sospendere, per un periodo non superiore a trenta giorni, gli effetti delle comunicazioni delle cessioni, anche successive alla prima, e delle opzioni inviate alla stessa Agenzia ai sensi degli articoli 121 e 122 che presentano profili di rischio, ai fini del relativo controllo preventivo. I profili di rischio sono individuati utilizzando criteri relativi alla diversa tipologia dei crediti ceduti e riferiti:

a) alla coerenza e alla regolarità dei dati indicati nelle comunicazioni e nelle opzioni di cui al presente comma con i dati presenti nell'Anagrafe tributaria o comunque in possesso dell'Amministrazione finanziaria;

b) ai dati afferenti ai crediti oggetto di cessione e ai soggetti che intervengono nelle operazioni a cui detti crediti sono correlati, sulla base delle informazioni presenti nell'Anagrafe tributaria o comunque in possesso dell'Amministrazione finanziaria;

c) ad analoghe cessioni effettuate in precedenza dai soggetti indicati nelle comunicazioni e nelle opzioni di cui al presente comma.

2. Se all'esito del controllo risultano confermati i rischi di cui al comma 1, la comunicazione si considera non effettuata e l'esito del controllo è comunicato al soggetto che ha trasmesso la comunicazione. Se, invece, i rischi non risultano confermati, ovvero decorso il periodo di sospensione degli effetti della comunicazione di cui al comma 1, la comunicazione produce gli effetti previsti dalle disposizioni di riferimento.
3. Fermi restando gli ordinari poteri di controllo, l'Amministrazione finanziaria procede in ogni caso al controllo nei termini di legge di tutti i crediti relativi alle cessioni per le quali la comunicazione si considera non avvenuta ai sensi del comma 2.
4. I soggetti obbligati di cui all'articolo 3 del decreto legislativo 21 novembre 2007, n. 231, che intervengono nelle cessioni comunicate ai sensi degli articoli 121 e 122 del presente decreto, non procedono all'acquisizione del credito in tutti i casi in cui ricorrono i presupposti di cui agli articoli 35 e 42 del predetto decreto legislativo n. 231 del 2007, fermi restando gli obblighi ivi previsti.
5. Con provvedimento del direttore dell'Agenzia delle entrate sono stabiliti criteri, modalità e termini per l'attuazione, anche progressiva, delle disposizioni di cui ai commi 1 e 2.

5.2 TESTO DEL DECRETO REQUISITI ECOBONUS (D.M. 06/08/2020)

Requisiti tecnici per l'accesso alle detrazioni fiscali per la riqualificazione energetica degli edifici - cd. Ecobonus.

G.U. 05/10/2020, n. 246

Art. 1. - Oggetto, ambito di applicazione e definizioni

1. Il presente decreto, in attuazione dell'art. 14, comma 3-ter, del decreto-legge n. 63 del 2013, definisce i requisiti tecnici che devono soddisfare gli interventi che danno diritto alla detrazione delle spese sostenute per interventi di efficienza energetica del patrimonio edilizio esistente, spettanti ai sensi del citato articolo, nonché gli interventi finalizzati al recupero o restauro della facciata esterna degli edifici esistenti di cui all'art. 1, comma 220 della legge 27 dicembre 2019, n. 160 e gli interventi che danno diritto alla detrazione di cui ai commi 1 e 2 dell'art. 119 del decreto-legge 19 maggio 2020, n. 34, convertito, con modificazioni, dalla legge 17 luglio 2020, n. 77, ivi compresi i massimali di costo specifici per singola tipologia di intervento.
2. Ai fini del presente decreto si applicano le definizioni di cui al decreto legislativo 19 agosto 2005, n. 192 e le definizioni di cui al decreto del Ministro dello sviluppo economico 26 giugno 2015 recante «Applicazione delle metodologie di calcolo delle prestazioni energetiche e definizione delle prescrizioni e dei requisiti minimi degli edifici». Si applicano altresì le definizioni di cui al decreto del Presidente della Repubblica 6 giugno 2001, n. 380, del decreto del Ministro delle infrastrutture e dei trasporti 2 marzo 2018 recante approvazione del glossario contenente l'elenco non esaustivo delle principali opere edilizie realizzabili in regime di attività edilizia libera, e delle vigenti norme tecniche per le costruzioni approvate con decreto del Ministro delle infrastrutture e dei trasporti 17 gennaio 2018.
3. Fatto salvo quanto previsto al comma 2, ai fini del presente decreto si applicano le seguenti definizioni:
    a) Bonus Facciate: la misura di cui ai commi 219, 220, 221 e 222 dell'art. 1 della legge 27 dicembre 2019, n. 160;
    b) Decreto Rilancio: il decreto-legge 19 maggio 2020, n. 34, convertito, con modificazioni, dalla legge 17 luglio 2020, n. 77;
    c) Decreto Requisiti Minimi: il decreto del Ministro dello sviluppo economico 26 giugno 2015 recante «Applicazione delle metodologie di calcolo delle prestazioni energetiche e definizione delle prescrizioni e dei requisiti minimi degli edifici»;
    d) Decreto Relazioni Tecniche: il decreto del Ministro dello sviluppo economico 26 giugno 2015 recante «Schemi e modalità di riferimento per la compilazione della relazione tecnica di progetto ai fini dell'applicazione delle prescrizioni e dei requisiti minimi di prestazione energetica negli edifici»;
    e) Decreto Linee Guida APE: il decreto del Ministro dello sviluppo economico 26 giugno 2015 recante «Adeguamento del decreto del Ministro dello sviluppo economico, 26 giugno 2009 - Linee Guida nazionali per la certificazione energetica degli edifici»;
    f) fornitore: fabbricante o suo rappresentante autorizzato nell'Unione europea oppure importatore che immette o mette in servizio il prodotto sul mercato dell'Unione, ovvero fornitore di servizi;
    g) sostituzione funzionale: installazione di un microcogeneratore di cui all'art. 2, comma 1, lettera e), punti ix e x, adibito all'uso di impianto di climatizzazione invernale, in sostituzione di un generatore di calore precedentemente installato, il quale può rimanere installato con esclusiva funzione di apparecchio di riscaldamento supplementare;
    h) tecnico abilitato: soggetto abilitato alla progettazione di edifici e impianti nell'ambito delle competenze ad esso attribuite dalla legislazione vigente iscritto agli specifici ordini e collegi professionali;
    i) edificio unifamiliare: per edificio unifamiliare si intende quello riferito ad un'unica unità im-

mobiliare di proprietà esclusiva, funzionalmente indipendente, che disponga di uno o più accessi autonomi dall'esterno e destinato all'abitazione di un singolo nucleo familiare. Una unità immobiliare può ritenersi «funzionalmente indipendente» qualora sia dotata di installazioni o manufatti di qualunque genere, quali impianti per l'acqua, per il gas, per l'energia elettrica, per il riscaldamento di proprietà esclusiva (ad uso/ autonomo esclusivo) e la presenza di un «accesso autonomo dall'esterno», presuppone che l'unità immobiliare disponga di un accesso indipendente non comune ad altre unità immobiliari, chiuso da cancello o portone d'ingresso che consenta l'accesso dalla strada o da cortile o giardino di proprietà esclusiva;
j) parti comuni degli edifici: le parti di cui all'art. 1117 del codice civile, degli edifici dotati di più unità immobiliari;
k) interventi trainanti: interventi eseguiti ai sensi dell'art. 119, comma 1 del Decreto Rilancio;
l) interventi trainati: interventi eseguiti ai sensi dell'art. 119, comma 2 del Decreto Rilancio;
m) finestre comprensive di infissi: le chiusure tecniche trasparenti e opache, apribili e assimilabili, e dei cassonetti, comprensivi degli infissi.

Art. 2. - Tipologia e caratteristiche degli interventi

1. Ai fini del presente decreto è identificata la seguente tipologia di interventi:
   a) interventi di riqualificazione energetica globale di cui al comma 344 dell'art. 1 della legge 27 dicembre 2006, n. 296, eseguiti su edifici esistenti o su singole unità immobiliari esistenti;
   b) interventi sull'involucro edilizio di edifici esistenti o parti di edifici esistenti, di cui al comma 345 dell'art. 1, della legge finanziaria 2007, di cui ai commi 2, lettere a) e b), 2-quater e 2-quater.1 dell'art. 14 del decreto-legge n. 63 del 2013, di cui al comma 220 dell'art. 1 della legge 27 dicembre 2019, n. 160 e di cui all'art. 119 comma 1, lettera a) del Decreto Rilancio. Tali interventi possono riguardare:
      i. le strutture opache verticali e/o le strutture opache orizzontali (coperture e pavimenti), delimitanti il volume riscaldato verso l'esterno, verso vani non riscaldati e contro terra;
      ii. la sostituzione di finestre comprensive di infissi delimitanti il volume riscaldato verso l'esterno e verso vani non riscaldati;
      iii. la posa in opera di schermature solari di cui all'allegato M del decreto legislativo n. 311 del 2006, che riguardino, in particolare, l'installazione di sistemi di schermatura e/o chiusure tecniche oscuranti mobili, montate in modo solidale all'involucro edilizio o ai suoi componenti;
      iv. le parti comuni di edifici condominiali, che interessino l'involucro dell'edificio con un'incidenza superiore al 25 per cento della superficie disperdente lorda dell'edificio medesimo;
      v. le parti comuni di edifici condominiali, che interessino l'involucro dell'edificio con un'incidenza superiore al 25 per cento della superficie disperdente lorda dell'edificio medesimo e che conseguono almeno le qualità medie di cui alle tabelle 3 e 4, dell'Allegato 1 del Decreto Linee Guida APE;
      vi. i medesimi interventi di cui ai punti iv e v, realizzati nelle zone sismiche 1, 2 e 3 che contestualmente determinino il passaggio ad una classe di rischio sismico inferiore, secondo quanto stabilito dal decreto del Ministro delle infrastrutture e dei trasporti 28 febbraio 2017, n. 58;
      vii. i medesimi interventi di cui ai punti iv e v, realizzati nelle zone sismiche 1, 2 e 3 che contestualmente determinino il passaggio a due o più classi di rischio sismico inferiori, secondo quanto stabilito dal decreto del Ministro delle infrastrutture e dei trasporti 28 febbraio 2017, n. 58;
      viii. ai sensi del comma 220 dell'art. 1 della legge di bilancio 2020, cd. Bonus Facciate, le strutture opache verticali delle facciate esterne influenti dal punto di vista energetico riguardanti il rifacimento dell'intonaco delle medesime facciate per oltre il 10% della superficie disperdente lorda complessiva degli edifici esistenti ubicati nelle zone A o B ai sensi del decreto ministeriale n. 1444 del 2 aprile 1968;
      ix. ai sensi del comma 1, lettera a) dell'art. 119 del Decreto Rilancio, l'isolamento delle superfici opache verticali, orizzontali e inclinate che interessano l'involucro dell'edificio, o

dell'unità immobiliare situata all'interno di edifici plurifamiliari che sia funzionalmente indipendente e disponga di uno o più accessi autonomi dall'esterno, con un'incidenza superiore al 25 per cento della superficie disperdente lorda dell'edificio medesimo;

c) interventi di installazione di collettori solari di cui all'art. 1, comma 346, della legge 27 dicembre 2006, n. 296 per la produzione di acqua calda per usi domestici o industriali e per la copertura del fabbisogno di acqua calda in piscine, strutture sportive, case di ricovero e cura, istituti scolastici e università;

d) interventi di installazione di collettori solari di cui alle lettere b) e c) dell'art. 119 del Decreto Rilancio in sostituzione, anche parziale, delle funzioni di riscaldamento ambiente e produzione di acqua calda sanitaria assolte prima dell'intervento dall'impianto di climatizzazione invernale esistente;

e) interventi riguardanti gli impianti di climatizzazione invernale e produzione di acqua calda sanitaria di cui all'art. 1, comma 347, della legge 27 dicembre 2006, n. 296 e di cui alle lettere b) e c) dell'art. 119 del Decreto Rilancio. Tali interventi possono riguardare:

i. la sostituzione, integrale o parziale, di impianti di climatizzazione invernale con impianti dotati di caldaie a condensazione;

ii. i medesimi interventi di cui al punto i, con la contestuale installazione di sistemi di termoregolazione evoluti, appartenenti alle classi V, VI oppure VIII della comunicazione della Commissione 2014/C 207/02;

iii. i medesimi interventi di cui ai punti i e ii, eseguiti ai sensi della lettera b) del comma 1 dell'art. 119 del Decreto Rilancio, o su impianti di edifici unifamiliari o unità immobiliari situate all'interno di edifici plurifamiliari che siano funzionalmente indipendenti e dispongano di uno o più accessi autonomi dall'esterno ai sensi della lettera c) del comma 1 dell'art. 119 del Decreto Rilancio;

iv. la sostituzione, integrale o parziale, di impianti di climatizzazione invernale con impianti dotati di generatori d'aria calda a condensazione;

v. la sostituzione, integrale o parziale, di impianti di climatizzazione invernale con impianti dotati di pompe di calore ad alta efficienza, anche con sistemi geotermici a bassa entalpia, destinati alla climatizzazione invernale con o senza produzione di acqua calda sanitaria e alla climatizzazione estiva se reversibili, aventi i requisiti di cui all'allegato F;

vi. i medesimi interventi di cui al punto v, eseguiti ai sensi delle lettere b) e c) del comma 1 dell'art. 119 del Decreto Rilancio;

vii. la sostituzione, integrale o parziale, di impianti di climatizzazione invernale con impianti dotati di apparecchi ibridi, costituiti da pompa di calore e caldaia a condensazione, realizzati e concepiti per funzionare in abbinamento tra loro;

viii. i medesimi interventi di cui al punto vii eseguiti ai sensi delle lettere b) e c) del comma 1 dell'art. 119 del Decreto Rilancio;

ix. la sostituzione funzionale, integrale o parziale, di impianti di climatizzazione invernale con impianti dotati di micro-cogeneratori di potenza elettrica inferiore a 50kWe;

x. i medesimi interventi di cui al punto ix eseguiti ai sensi delle lettere b) e c) del comma 1 dell'art. 119 del Decreto Rilancio;

xi. la sostituzione di scaldacqua tradizionali con scaldacqua a pompa di calore dedicati alla produzione di acqua calda sanitaria;

xii. l'installazione di scaldacqua a pompa di calore in sostituzione di un sistema di produzione di acqua calda quando avviene con lo stesso generatore di calore destinato alla climatizzazione invernale ai sensi delle lettere b) e c) del comma 1 dell'art. 119 del Decreto Rilancio;

xiii. l'installazione, di impianti di climatizzazione invernale dotati di generatori di calore alimentati da biomasse combustibili;

xiv. ai sensi della lettera c) del comma 1 dell'art. 119 del Decreto Rilancio, esclusivamente per le aree non metanizzate nei comuni non interessati dalle procedure di infrazione comunitaria n. 2014/2147 del 10 luglio 2014 o n. 2015/2043 del 28 maggio 2015 per la non ottemperanza dell'Italia agli obblighi previsti dalla direttiva 2008/50/CE, la sostituzione dell'impianto di climatizzazione invernale con caldaie a biomassa aventi prestazioni emissive con i valori previsti almeno per la classe 5 stelle individuata ai sensi del regolamento

di cui al decreto del Ministro dell'ambiente e della tutela del territorio e del mare 7 novembre 2017, n. 186;
xv. l'allaccio a sistemi di teleriscaldamento efficiente, definiti ai sensi dell'art. 2, comma 2, lettera tt), del decreto legislativo 4 luglio 2014, n. 102, ai sensi delle lettere b) e c) dell'art. 119 del Decreto Rilancio, esclusivamente per i comuni montani non interessati dalle procedure europee di infrazione n. 2014/2147 del 10 luglio 2014 o n. 2015/2043 del 28 maggio 2015 per l'inottemperanza dell'Italia agli obblighi previsti dalla direttiva 2008/50/CE;

f) installazione e messa in opera, nelle unità abitative, di dispositivi e sistemi di building automation.

2. Gli interventi di cui ai punti da iv a vii della lettera b) del comma 1 possono comprendere, beneficiando delle stesse percentuali di detrazione, i lavori di sostituzione di finestre comprensive di infissi e di installazione delle schermature solari che insistono sulla stessa superficie di involucro oggetto dell'intervento di isolamento termico e gli interventi sugli impianti comuni purché siano eseguiti contestualmente e siano inseriti nella stessa relazione tecnica di cui al Decreto Relazioni Tecniche.
3. Ai fini della definizione dei requisiti tecnici degli interventi finalizzati contestualmente alla riduzione del rischio sismico, di cui all'art. 2, comma 1, lettera b), punti vi e vii, si applicano le disposizioni di cui al decreto del Ministro delle infrastrutture e dei trasporti 28 febbraio 2017, n. 58.
4. Ai fini dell'accesso al beneficio di cui all'art. 1, comma 1, gli interventi di cui al comma 1 rispettano i requisiti di cui all'allegato A.
5. Ai fini dell'applicazione dell'art. 119, comma 2 del Decreto Rilancio, fatto salvo il caso indicato al medesimo comma, in cui l'edificio sia sottoposto ad almeno uno dei vincoli previsti dal codice dei beni culturali e del paesaggio, di cui al decreto legislativo 22 gennaio 2004, n. ?42, o gli interventi di cui al citato comma 1 siano vietati da regolamenti edilizi, urbanistici e ambientali, le date delle spese sostenute per gli interventi trainati, sono ricomprese nell'intervallo di tempo individuato dalla data di inizio e dalla data di fine dei lavori per la realizzazione degli interventi trainanti. In tal caso agli interventi trainati si applica la medesima percentuale di detrazione degli interventi trainanti. Ove possibile, gli interventi sono inseriti nella stessa relazione tecnica di cui al Decreto Relazioni Tecniche.

Art. 3. - Limiti delle agevolazioni

1. Le detrazioni concesse per gli interventi di cui all'art. 2 si applicano con le percentuali di detrazione, i valori di detrazione massima ammissibile o di spesa massima ammissibile riportati nell'allegato B al presente decreto.
2. L'ammontare massimo delle detrazioni o della spesa massima ammissibile per gli interventi di cui all'art. 2, fermi restando i limiti di cui all'allegato B, è calcolato nel rispetto dei massimali di costo specifici per singola tipologia di intervento. Tale ammontare è calcolato, secondo quanto riportato all'allegato A, punto 13. Fatti salvi gli interventi di cui all'art. 119 del Decreto rilancio, fanno eccezione le spese per gli interventi di riduzione del rischio sismico di cui all'art. 2, comma 1, lettera b), punti vi e vii, per i quali non sono definiti massimali di costo specifici.
3. Nel caso in cui uno degli interventi di cui all'art. 2 consista nella mera prosecuzione di interventi della stessa categoria iniziati in anni precedenti sullo stesso immobile, ai fini del computo del limite massimo di spesa o di detrazione, si tiene conto anche delle spese o delle detrazioni fruite negli anni precedenti.

Art. 4. - Soggetti ammessi alla detrazione

1. Per gli interventi di cui all'art. 2, la detrazione dall'imposta sul reddito spetta:
   a) alle persone fisiche, agli enti e ai soggetti di cui all'art. 5 del Testo unico delle imposte sui redditi, approvato con il decreto del Presidente della Repubblica 22 dicembre 1986, n. 917, non titolari di reddito d'impresa, che sostengono le spese per la esecuzione degli interventi di cui all'art. 14 del decreto-legge n. 63 del 2013 sugli edifici esistenti, su parti di edifici esistenti o su unità immobiliari esistenti di qualsiasi categoria catastale, anche rurali, posseduti o detenuti;

b) ai soggetti titolari di reddito d'impresa che sostengono le spese per la esecuzione degli interventi di cui al predetto art. 2 sugli edifici esistenti, su parti di edifici esistenti o su unità immobiliari esistenti di qualsiasi categoria catastale anche rurali, posseduti o detenuti;
c) agli Istituti autonomi per le case popolari, comunque denominati, nonché agli enti aventi le stesse finalità sociali dei predetti istituti, istituiti nella forma di società che rispondono ai requisiti della legislazione europea in materia di in house providing e, fatti salvi gli interventi di cui all'art. 119 del Decreto Rilancio, che siano costituiti e operanti alla data del 31 dicembre 2013, per interventi di efficienza energetica realizzati su immobili, di loro proprietà, ovvero gestiti per conto dei comuni, adibiti ad edilizia residenziale pubblica, nonché dalle cooperative di abitazione a proprietà indivisa per interventi realizzati su immobili dalle stesse posseduti e assegnati in godimento ai propri soci, che sostengono le spese per la esecuzione degli interventi di cui al predetto art. 2 sugli edifici esistenti, su parti di edifici esistenti o su unità immobiliari esistenti di qualsiasi categoria catastale anche rurali.

2. Le detrazioni di cui all'art. 119 del Decreto Rilancio possono essere fruite dai soggetti di cui al medesimo art. 119, comma 9.
3. Nel caso in cui gli interventi di cui al presente decreto siano eseguiti mediante contratti di locazione finanziaria, la detrazione compete all'utilizzatore ed è determinata in base al costo sostenuto dalla società concedente.

Art. 5. - Spese per le quali spetta la detrazione

1. La detrazione per la realizzazione degli interventi di cui all'art. 2 spetta per le spese relative a:
   a) interventi che comportano una riduzione della trasmittanza termica U degli elementi opachi costituenti l'involucro edilizio, purché detta trasmittanza non sia inferiore ai pertinenti valori di cui all'allegato E, comprensivi delle opere provvisionali e accessorie, attraverso:
      i. fornitura e messa in opera di materiale coibente per il miglioramento delle caratteristiche termiche delle strutture esistenti;
      ii. fornitura e messa in opera di materiali ordinari, anche necessari alla realizzazione di ulteriori strutture murarie a ridosso di quelle preesistenti, per il miglioramento delle caratteristiche termiche delle strutture esistenti;
      iii. demolizione e ricostruzione dell'elemento costruttivo;
      iv. demolizione, ricostruzione o spostamento, anche sotto traccia, degli impianti tecnici insistenti sulle superfici oggetto degli interventi di cui alla presente lettera a);
   b) interventi che comportano una riduzione della trasmittanza termica U delle finestre comprensive degli infissi, purché detta trasmittanza non sia inferiore ai pertinenti valori di cui all'Allegato E, attraverso:
      i. miglioramento delle caratteristiche termiche delle strutture esistenti con la fornitura e posa in opera di una nuova finestra comprensiva di infisso;
      ii. miglioramento delle caratteristiche termiche dei componenti vetrati esistenti con integrazioni e sostituzioni;
      iii. coibentazione o sostituzione dei cassonetti nel rispetto dei valori limite delle trasmittanze previsti per le finestre comprensive di infissi;
   c) interventi di fornitura e installazione di sistemi di schermatura solare e/o chiusure tecniche oscuranti mobili, montate in modo solidale all'involucro edilizio o ai suoi componenti, all'interno, all'esterno o integrati alla superficie finestrata nonché l'eventuale smontaggio e dismissione di analoghi sistemi preesistenti, nonché la fornitura e messa in opera di meccanismi automatici di regolazione e controllo delle schermature;
   d) interventi impiantistici concernenti la climatizzazione invernale e/o la produzione di acqua calda e l'installazione di sistemi di building automation attraverso:
      i. fornitura e posa in opera di tutte le apparecchiature termiche, meccaniche, elettriche ed elettroniche, nonché delle opere idrauliche e murarie necessarie per la realizzazione a regola d'arte di impianti solari termici organicamente collegati alle utenze, anche in integrazione con impianti termici;
      ii. smontaggio e dismissione dell'impianto di climatizzazione invernale esistente, parziale o totale, fornitura e posa in opera di tutte le apparecchiature termiche, meccaniche, elettri-

che ed elettroniche, delle opere idrauliche e murarie necessarie per la sostituzione, a regola d'arte, di impianti di climatizzazione invernale con impianti di cui all'art. 2, comma 1, lettera e). Sono altresì ricomprese le spese per l'adeguamento della rete di distribuzione e diffusione, dei sistemi di accumulo, dei sistemi di trattamento dell'acqua, dei dispositivi di controllo e regolazione nonché dei sistemi di emissione;

iii. fornitura e posa in opera di tutte le apparecchiature elettriche, elettroniche e meccaniche nonché delle opere elettriche e murarie necessarie per l'installazione e la messa in funzione a regola d'arte, all'interno degli edifici o delle unità abitative, di sistemi di building automation degli impianti termici degli edifici. Non è compreso tra le spese ammissibili l'acquisto di dispositivi che permettono di interagire da remoto con le predette apparecchiature, quali telefoni cellulari, tablet e personal computer o dispositivi similari comunque denominati;

e) interventi di riduzione del rischio sismico, di cui all'art. 2, comma 1, lettera b), punti vi e vii, secondo quanto precisato dal decreto del Ministro delle infrastrutture e dei trasporti, 28 febbraio 2017, n. 58;

f) prestazioni professionali necessarie alla realizzazione degli interventi di cui alle superiori lettere da a) a e), comprensive della redazione, delle asseverazioni e dell'attestato di prestazione energetica, ove richiesto, nonché quelle di cui all'art. 119, comma 15 del Decreto Rilancio.

Art. 6. - Adempimenti

1. Fermo restando quanto disposto dal comma 3 dell'art. 12, i soggetti di cui all'art. 4, che intendono avvalersi delle detrazioni relative alle spese per gli interventi di cui all'art. 2, sono tenuti a:

a) depositare in Comune, ove previsto, la relazione tecnica di cui all'art. 8, comma 1, del decreto legislativo 19 agosto 2005, n. 192 o un provvedimento regionale equivalente. La suddetta relazione tecnica è comunque obbligatoria per gli interventi che beneficiano delle agevolazioni di cui all'art. 119 del Decreto rilancio;

b) nei casi e nelle modalità di cui all'art. 8, acquisire l'asseverazione di un tecnico abilitato che attesti la congruenza dei costi massimi unitari e la rispondenza dell'intervento ai pertinenti requisiti richiesti;

c) nei casi e con le modalità di cui all'art. 7, acquisire l'attestato di prestazione energetica;

d) acquisire, ove previsto, la certificazione del fornitore delle valvole termostatiche a bassa inerzia termica;

e) salvo l'importo del corrispettivo oggetto di sconto in fattura o cessione del credito di cui all'art. 121, comma 1, del Decreto Rilancio, effettuare il pagamento delle spese sostenute per l'esecuzione degli interventi mediante bonifico bancario o postale dal quale risultino il numero e la data della fattura, la causale del versamento, il codice fiscale del beneficiario della detrazione ed il numero di partita IVA, ovvero, il codice fiscale del soggetto a favore del quale il bonifico è effettuato. Tale condizione è richiesta per i soggetti di cui all'art. 4, comma 1, lettera a);

f) conservare le fatture o le ricevute fiscali comprovanti le spese effettivamente sostenute per la realizzazione degli interventi e, limitatamente ai soggetti di cui all'art. 2, comma 1, lettera a), la ricevuta del bonifico bancario, ovvero del bonifico postale, attraverso il quale è stato effettuato il pagamento. Se le cessioni di beni e le prestazioni di servizi sono effettuate da soggetti non tenuti all'osservanza delle disposizioni di cui al decreto del Presidente della Repubblica 26 ottobre 1972, n. 633, la prova delle spese può essere costituita da altra idonea documentazione. Se i lavori sono effettuati dal detentore dell'immobile, va altresì acquisita la dichiarazione del proprietario di consenso all'esecuzione dei lavori. Nel caso in cui gli interventi sono effettuati su parti comuni degli edifici va, altresì, acquisita copia della delibera assembleare e della tabella millesimale di ripartizione delle spese. Tale documentazione può essere sostituita dalla certificazione rilasciata dall'amministratore del condominio;

g) trasmettere all'ENEA entro novanta giorni dalla fine dei lavori, i dati contenuti nella scheda descrittiva che contiene i modelli di cui ai successivi punti i) e ii), ottenendo ricevuta informatica, esclusivamente attraverso il sito internet reso annualmente disponibile:

i. l'Allegato C, esclusivamente per gli interventi indicati al primo periodo dell'allegato medesimo, contenente i principali dati estratti dall'attestato di prestazione energetica ovvero dall'attestato di qualificazione energetica, sottoscritto da un tecnico abilitato;
ii. la scheda informativa relativa agli interventi realizzati contenente i dati del modello di cui all'allegato D, ai fini dell'attività di monitoraggio di cui all'art. 10;

h) trasmettere all'ENEA, nei casi previsti dai commi 13 e 13-bis dell'art. 119 del Decreto Rilancio, l'asseverazione attestante il rispetto dei requisiti previsti dal presente decreto e la corrispondente dichiarazione di congruità delle spese sostenute in relazione agli interventi agevolati, con i modi e nei tempi previsti dal decreto di cui al medesimo comma;
i) conservare ed esibire, su richiesta dell'Agenzia delle Entrate o di ENEA, la documentazione di cui al presente articolo.

Art. 7. - Attestato di prestazione energetica

1. L'attestato di prestazione energetica delle unità immobiliari interessate dagli interventi, da prodursi nella situazione successiva all'esecuzione degli interventi, è obbligatorio per gli interventi di cui all'art. 2, comma 1, lettera a), e lettera b) punti i, ii e punti da iv a ix, con l'esclusione dei lavori di sostituzione di finestre comprensive di infissi in singole unità immobiliari.
2. Per gli interventi di cui all'art. 2, comma 1, lettera b), punto v, fatto salvo quanto previsto al comma 1, è obbligatoria la produzione dell'attestato di prestazione energetica riferita all'intero edificio, prodotto nella situazione ante e post intervento, allo scopo di valutare, secondo i criteri di cui al punto 12 dell'Allegato A, il conseguimento della qualità estiva ed invernale secondo le tabelle 3 e 4 dell'allegato 1 al Decreto Linee Guida APE.
3. Per gli interventi di cui all'art. 119, commi 1 e 2 del Decreto Rilancio, è obbligatoria la produzione degli attestati di prestazione energetica nella situazione ante e post intervento di cui al punto 12 dell'Allegato A. Ai fini di cui al presente comma, non sono ammessi gli attestati redatti tramite l'utilizzo di software basati su metodi di calcolo semplificati di cui al punto 4.2.2 dell'allegato 1 del Decreto Linee Guida APE.

Art. 8. - Asseverazione per gli interventi che accedono alle detrazioni

1. Al fine di accedere alle detrazioni, gli interventi di cui all'art. 2 sono asseverati da un tecnico abilitato, che ne attesti la rispondenza ai pertinenti requisiti richiesti nei casi e nelle modalità previste dal presente decreto, secondo le disposizioni dell'Allegato A. Tale asseverazione comprende, ove previsto dalla legge, la dichiarazione di congruità delle spese sostenute in relazione agli interventi agevolati, intesa come rispetto dei massimali di costo di cui al presente decreto, prevista dal decreto del Ministero dello sviluppo economico di cui all'art. 119, comma 13, lettera a) del Decreto Rilancio.
2. Le asseverazioni di cui al comma 1, nei casi indicati all'Allegato A, possono essere sostituite da un'analoga dichiarazione resa dal direttore lavori nell'ambito della dichiarazione sulla conformità al progetto delle opere realizzate, obbligatoria ai sensi dell'art. 8, comma 2, del decreto legislativo 19 agosto 2005, n. 192, e successive modifiche e integrazioni.
3. Il tecnico abilitato nelle asseverazioni di cui al presente articolo o il direttore dei lavori nella dichiarazione di conformità delle opere realizzate dichiara altresì che gli interventi rispettano le leggi e le normative nazionali e locali in tema di sicurezza e di efficienza energetica.

Art. 9. - Trasferimento delle quote e cessione del credito

1. In caso di trasferimento per atto tra vivi dell'unità immobiliare residenziale sulla quale sono stati realizzati gli interventi di cui all'art. 2, le relative detrazioni non utilizzate in tutto o in parte dal cedente spettano, salvo diverso accordo tra le parti, per i rimanenti periodi d'imposta, all'acquirente persona fisica dell'unità immobiliare. In caso di decesso dell'avente diritto, la fruizione del beneficio fiscale si trasmette, per intero, esclusivamente all'erede che conservi la detenzione materiale e diretta del bene.

2. I soggetti beneficiari di cui all'art. 4 possono optare per la cessione di un credito d'imposta corrispondente alla detrazione spettante ai sensi dall'art. 14 del decreto-legge n. 63 del 2013 e successive modificazioni, nonché per un contributo anticipato sotto forma di sconto dai fornitori o, in alternativa, per la cessione del credito corrispondente alla detrazione spettante ai sensi degli articoli 119 e 121 del Decreto Rilancio.

Art. 10. - Monitoraggio e comunicazione dei risultati

1. ENEA acquisisce ed elabora le informazioni ottenute secondo quanto previsto dal presente decreto, al fine di monitorare il raggiungimento degli obiettivi di efficienza energetica e l'efficacia dell'utilizzo delle risorse pubbliche impiegate allo scopo.
2. ENEA, sulla base delle elaborazioni di cui al comma 1, predispone e trasmette al Ministero dello sviluppo economico, entro il 31 marzo di ogni anno, un rapporto tecnico-economico relativo ai risultati dell'anno precedente, anche stimati. I risultati stimati nel rapporto relativo all'anno precedente sono consolidati nei rapporti successivi, sulla base delle documentazioni fiscali definitive.
3. Il rapporto di cui al comma 2 è pubblicato sul sito internet del Ministero dello sviluppo economico e di ENEA.

Art. 11. - Controlli

1. Per gli interventi previsti dal presente decreto, ENEA effettua controlli, anche a campione, con procedure e modalità disciplinate con il decreto del Ministro dello sviluppo economico 11 maggio 2018 concernente le procedure e modalità per l'esecuzione dei controlli sulla sussistenza delle condizioni per la fruizione delle detrazioni fiscali per le spese sostenute per interventi di efficienza energetica.

Art. 12. - Disposizioni finali ed entrata in vigore

1. Le disposizioni e i requisiti tecnici di cui al presente decreto si applicano agli interventi la cui data di inizio lavori sia successiva all'entrata in vigore del presente decreto. Agli interventi la cui data di inizio lavori, comprovata tramite apposita documentazione, sia antecedente la data di entrata in vigore del presente decreto, si applicano, ove compatibili, le disposizioni di cui al decreto del Ministro dell'economia e delle finanze di concerto con il Ministro dello sviluppo economico 19 febbraio 2007, pubblicato nella Gazzetta Ufficiale in data 26 febbraio 2007.
2. Resta inteso che, al fine di accedere alle detrazioni spettanti ai sensi dell'art. 119 del Decreto Rilancio, permane l'obbligo previsto all'art. 8 di acquisire l'asseverazione che comprenda, nei casi previsti dalla legge, la dichiarazione di congruità delle spese sostenute dal 1° luglio 2020 al 31 dicembre 2021, e, per i soggetti di cui al comma 9, lett. c), dell'art. 119 del Decreto Rilancio, dal 1° luglio 2020 al 30 giugno 2022, in relazione anche agli interventi agevolati la cui data di inizio lavori sia antecedente l'entrata in vigore del presente decreto.
3. La data di inizio lavori può essere comprovata, ove prevista, dalla data di deposito in comune della relazione tecnica di cui all'art. 8, comma 1, del decreto legislativo 19 agosto 2005, n. 192.
4. Le disposizioni di cui al presente decreto, entrano in vigore il giorno successivo alla sua pubblicazione nella Gazzetta Ufficiale della Repubblica italiana.

ALLEGATO A - Requisiti da indicare nell'asseverazione per gli interventi che accedono alle detrazioni fiscali

Ai sensi dell'articolo 8, al fine di accedere alle detrazioni, gli interventi di cui all'articolo 2 sono asseverati da un tecnico abilitato, che attesti la rispondenza dell'intervento ai pertinenti requisiti richiesti nei casi e nelle modalità previste dal presente decreto, e in particolare secondo quanto riportato al presente allegato.

1 Interventi di riqualificazione energetica globale di edifici esistenti

1.1 L'asseverazione del tecnico abilitato per gli interventi di riqualificazione energetica globale di edifici esistenti di cui all'articolo 2, comma 1, lettera a), specifica il rispetto dei requisiti previsti dal paragrafo 3.4, dell'Allegato 1 del Decreto Requisiti Minimi.

2 Interventi sull'involucro di edifici esistenti

2.1 Con riferimento all'articolo 2, comma 1 per gli interventi di cui alla lettera b, l'asseverazione:

a) per i punti i e ii, riporta i valori delle trasmittanze delle strutture su cui si interviene nella situazione ante (valore medio anche stimato) e post intervento (valori certificati o calcolati) e la dichiarazione che essi risultano rispettivamente maggiori e minori o uguali ai valori riportati nella tabella 1 dell'allegato E al presente decreto. Limitatamente alla sola sostituzione di finestre comprensive di infissi in singole unità immobiliari la suddetta asseverazione può essere sostituita da una dichiarazione dei fornitori o assemblatori o installatori di detti elementi, attestante il rispetto dei suddetti requisiti tecnici;

b) per il punto iii, specifica che detti sistemi sono installati all'interno, all'esterno o integrati alla superficie finestrata e che limitatamente alle sole schermature solari, queste sono installate esclusivamente sulle esposizioni da Est (E) a Ovest (O) passando per il Sud (S). Inoltre specifica che per i componenti finestrati con orientamento da Est a Ovest passando per Sud, la prestazione di schermatura solare installata abbia il valore del fattore di trasmissione solare totale g_{tot} (serramento più schermatura) minore o uguale a 0,35. L'asseverazione, nei casi in cui non è obbligatorio il deposito in Comune della relazione tecnica di cui all'articolo 8, comma 1 del D.lgs. 192/05 e successive modificazioni, può essere sostituita da una dichiarazione dei fornitori attestante che il valore del fattore di trasmissione solare totale g_{tot} (infisso più serramento) sia minore o uguale a 0,35 valutato con riferimento al vetro tipo C secondo la norma UNI EN 14501. In ogni caso, al fine della valutazione della prestazione delle chiusure oscuranti è indicato il valore della resistenza termica supplementare o addizionale valutata secondo la UNI EN 13125;

c) per i punti iv, v, vi, vii e ix, contiene la dichiarazione che l'intervento riguardi parti comuni dell'edificio e che abbia incidenza superiore al 25% della superficie disperdente dell'edificio verso l'esterno e/o vani non riscaldati e/o il terreno;

d) per il punto v, oltre a quanto suddetto, con riferimento alle tabelle 3 e 4 dell'Allegato 1 del Decreto Linee Guida APE, contiene la dichiarazione che, dopo la realizzazione degli interventi, l'involucro dell'intero edifico consegua almeno la qualità media per le prestazioni energetiche invernale ed estiva;

e) per i punti vi e vii, oltre a quanto suddetto, contiene la dichiarazione che l'intervento abbia determinato una riduzione del rischio sismico rispettivamente di una classe o di due o più classi, secondo quanto stabilito dal decreto del Ministro delle infrastrutture e dei trasporti 28 febbraio 2017, n. 58;

f) per il punto ix, oltre a quanto indicato alla lettera c), contiene la dichiarazione che l'intervento, unitamente agli altri interventi trainati e trainanti congiuntamente eseguiti, abbia determinato l'incremento di due classi energetiche con riferimento all'attestato di prestazione energetica, e la dichiarazione di congruità delle spese sostenute in relazione agli interventi agevolati, con riferimento al punto 13.

g) per i punti da c) a f), oltre a quanto suddetto, contiene la verifica che i valori delle trasmittanze termiche dei vecchi elementi strutturali (strutture opache e/o trasparenti) risultino superiori ai pertinenti valori limite riportati nell'allegato E del presente decreto;

h) per i punti da c) a f), oltre a quanto suddetto, contiene la verifica che i valori delle trasmittanze dei nuovi elementi strutturali siano inferiori o uguali ai pertinenti valori riportati nell'allegato E del presente decreto;

3 Interventi di installazione di pannelli solari

3.1 Con riferimento all'articolo 2, comma 1, lettere c) e d), e in base a quanto riportato all'Allegato H, l'asseverazione, o idonea documentazione prodotta dal fornitore degli apparecchi, specifica il rispetto dei seguenti requisiti:

a) i collettori solari sono in possesso della certificazione Solar Keymark;

b) in alternativa, per gli impianti solari termici prefabbricati del tipo factory made, la certificazione di cui al punto a) relativa al solo collettore può essere sostituita dalla certificazione Solar Keymark relativa al sistema;

c) i collettori solari hanno valori di producibilità specifica, espressa in termini di energia solare annua prodotta per unità di superficie lorda A_G, o di superficie degli specchi primari per i collettori lineari di Fresnel, calcolata a partire dal dato contenuto nella certificazione Solar Keymark (o equivalentemente nell'attestazione rilasciata da ENEA per i collettori a concentrazione) per una temperatura media di funzionamento di 50°C, superiore ai seguenti valori minimi:

i. nel caso di collettori piani: maggiore di 300 kWh_t/m^2 anno, con riferimento alla località Würzburg;

nel caso di collettori sottovuoto e collettori a tubi evacuati: maggiore di 400 kWh_t/m^2 anno, con riferimento alla località Würzburg;

nel caso di collettori a concentrazione: maggiore di 550 kWh_t/m^2 anno, con riferimento alla località Atene;

d) per gli impianti solari termici prefabbricati per i quali è applicabile solamente la UNI EN 12976, la producibilità specifica, in termini di energia solare annua prodotta QL per unità di superficie di apertura Aa, misurata secondo la norma UNI EN 12976-2 con riferimento al valore di carico giornaliero, fra quelli disponibili, più vicino, in valore assoluto, al volume netto nominale dell'accumulo del sistema solare prefabbricato, e riportata sull'apposito rapporto di prova (test report) redatto da un laboratorio accreditato, deve essere maggiore di 400 kWh_t/m^2 anno, con riferimento alla località Würzburg;

e) i collettori solari e i bollitori impiegati sono garantiti per almeno cinque anni;

f) gli accessori e i componenti elettrici ed elettronici sono garantiti almeno due anni;

g) l'installazione dell'impianto è stata eseguita in conformità ai manuali di installazione dei principali componenti;

h) per i collettori solari a concentrazione per i quali non è possibile l'ottenimento della certificazione Solar Keymark, la certificazione di cui al punto i è sostituita da un'approvazione tecnica rilasciata dall'ENEA;

i) nel caso di collettori solari dotati di protezione automatica dall'eccesso di radiazione solare, per i quali non è possibile l'ottenimento della certificazione Solar Keymark e la certificazione di cui al punto i è sostituita da un'approvazione tecnica rilasciata dall'ENEA, i valori di producibilità specifica di cui alla lettera c) sono ridotti del 10 per cento;

j) per gli impianti la cui superficie dei collettori solari è inferiore a 20 m^2 l'asseverazione può essere sostituita dalla dichiarazione del produttore che attesti il rispetto delle condizioni tecniche sopra elencate con l'esclusione del punto g, per la quale si fa riferimento alla dichiarazione di conformità rilasciata dall'installatore ai sensi del D.M. 37/08.

4 Interventi di sostituzione degli impianti di climatizzazione invernale con impianti dotati di caldaie a condensazione

4.1 Con riferimento all'articolo 2, comma 1, lettera e), per gli interventi di sostituzione di impianti di climatizzazione invernale con impianti dotati di caldaie a condensazione e/o generatori di aria calda a condensazione deve essere prodotta l'asseverazione redatta da un tecnico abilitato o idonea documentazione prodotta dal fornitore degli apparecchi come sotto specificato, attestante:

a) per gli interventi dal punto i al punto iii, che gli impianti di climatizzazione invernale esistenti sono sostituiti con impianti di climatizzazione invernale dotati di caldaie a condensazione con efficienza energetica stagionale per il riscaldamento d'ambiente s maggiore o uguale al 90% pari al valore minimo della classe A di prodotto prevista dal regolamento delegato (UE) n. 811/2013 della Commissione europea del 18 febbraio 2013 o, per le caldaie a condensazione di potenza superiore a 400 kW, con rendimento termico utile maggiore o uguale a 98,2%, misurato secondo le norme UNI EN 15502. Per impianti con potenza termica utile nominale non superiore a 100 kW l'asseverazione può essere sostituita da una dichiarazione del fornitore. Tali requisiti possono essere comprovati tramite la scheda prodotto o caratteristiche tecniche facente parte delle informazioni rese dal fornitore ai sensi dei Regolamenti della Commissione n. 811/2013 e n.813/2013, riportante il valore dell'efficienza energetica stagionale del riscaldamento d'ambiente s della caldaia [1]. Per gli interventi di cui al punto ii, i requisiti sono inoltre comprovati dalla scheda prodotto del dispositivo di controllo della temperatura che deve appartenere alle classi V, VI oppure VIII della Comunicazione della Commissione 2014/C 207/02;

b) per gli interventi di cui al punto iv, che sono stati installati generatori di aria calda a condensazione con rendimento termico utile riferito al potere calorifico inferiore a carico pari al 100% della potenza termica utile nominale maggiore o uguale a 93 + 2 log (Pn), dove log Pn è il logaritmo in base 10 della potenza utile nominale del singolo generatore, espressa in kW, e dove per valori di Pn maggiori di 400 kW si applica il limite massimo corrispondente a 400 kW. Per impianti con potenza termica utile nominale non superiore a 100 kW l'asseverazione può essere sostituita da una dichiarazione del fornitore;

c) per i soli interventi di sostituzione di impianti di climatizzazione invernale con impianti dotati di generatori di calore aventi potenza termica utile maggiore a 100 kW, l'asseverazione contiene le seguenti ulteriori specificazioni:

i. è stato adottato un bruciatore di tipo modulante;
ii. la regolazione climatica agisce direttamente sul bruciatore;
iii. è stata installata una pompa di tipo elettronico a giri variabili o sistemi assimilabili;
iv. il sistema di distribuzione è messo a punto ed equilibrato in relazione alle portate.

5 Interventi di sostituzione di impianti di climatizzazione invernale con impianti dotati di pompe di calore ad alto rendimento anche con sistemi geotermici a bassa entalpia

5.1 Per gli interventi di sostituzione di impianti di climatizzazione invernale con impianti dotati di pompe di calore ad alta efficienza anche con sistemi geotermici a bassa entalpia di cui all'articolo 2, comma 1, lettera e), punti v e vi, è prodotta l'asseverazione redatta da un tecnico abilitato, o idonea documentazione prodotta dal fornitore degli apparecchi, attestante che:

a) sono installate pompe di calore che hanno un coefficiente di prestazione (COP/GUEh – e se del caso, per le pompe di calore reversibili, EER/GUEc) almeno pari ai pertinenti valori minimi, fissati nella tabella 3 e 4 dell'allegato F al presente decreto. Qualora siano installate pompe di calore elettriche dotate di variatore di velocità (inverter), i pertinenti valori di cui all'allegato F sono ridotti del 5%;

b) per impianti di potenza termica utile complessiva superiore a 100 kW dichiarata dal fornitore nelle condizioni di temperatura cui all'allegato F, che il sistema di distribuzione, è messo a punto ed equilibrato in relazione alle portate.

5.2 Per le pompe di calore di potenza termica utile non superiore a 100 kW, come dichiarata dal fornitore nelle condizioni di temperatura cui all'allegato F, l'asseverazione può essere sostituita da una dichiarazione del fornitore attestante il rispetto dei requisiti tecnici di cui al punto 5.1.

6 Interventi di sostituzione di impianti di climatizzazione invernale con impianti dotati di sistemi ibridi

6.1 Per gli interventi di sostituzione di impianti di climatizzazione invernale con impianti dotati sistemi ibridi di cui all'articolo 2, comma 1, lettera e), punti vii e viii, è prodotta l'asseverazione redatta da un tecnico abilitato, o idonea documentazione prodotta dal fornitore degli apparecchi, attestante che:

a) il sistema ibrido è costituito da pompa di calore e caldaia a condensazione, espressamente realizzati e concepiti dal fabbricante per funzionare in abbinamento tra loro;

---

[1] Per le sole caldaie con potenza nominale superiore a 400 kW, asseverazione rilasciata da un tecnico abilitato attestante che sono state installate caldaie a condensazione con rendimento termico utile riferito al potere calorifico inferiore a carico pari al 100% della potenza termica utile nominale maggiore o uguale a 93 + 2 log (Pn) (nelle condizioni 80/60 °C), dove log Pn è il logaritmo in base 10 della potenza utile nominale del singolo generatore, espressa in kW, posta pari a 400 kW.

b) il rapporto tra la potenza termica utile nominale della pompa di calore e la potenza termica utile nominale della caldaia è minore o uguale a 0,5;
c) il COP/GUE della pompa di calore rispetta i limiti di cui all'allegato F al presente decreto;
d) la caldaia è del tipo a condensazione ed avere rendimento termico utile, a carico pari al 100% della potenza termica utile nominale (per le caldaie ad acqua con temperature minima e massima rispettivamente di 60 e 80 °C) maggiore o uguale a 93 + 2 log(Pn), dove log(Pn) è il logaritmo in base 10 della potenza utile nominale del singolo generatore, dove per valori di Pn maggiori di 400 kW si applica il limite massimo corrispondente a 400 kW;
e) per impianti di potenza utile della caldaia superiore a 100 kW, è stato adottato un bruciatore di tipo modulante, la regolazione climatica agisce direttamente sul bruciatore, è stata installata una pompa di tipo elettronico a giri variabili o sistemi assimilabili e che il sistema di distribuzione è messo a punto ed equilibrato in relazione alle portate.

6.2 Per sistemi ibridi con potenza termica utile della caldaia minore o uguale a 100 kW l'asseverazione può essere sostituita da una dichiarazione del fornitore attestante il rispetto dei requisiti tecnici di cui al punto 6.1.

7 Interventi di sostituzione di impianti di climatizzazione invernale con impianti dotati di micro-cogeneratori

7.1 Per gli interventi di sostituzione di impianti di climatizzazione invernale con impianti dotati microcogeneratori di cui all'articolo 2, comma 1, lettera e), punti ix e x, è prodotta asseverazione redatta da un tecnico abilitato attestante:
a) che l'intervento, sulla base dei dati di progetto, conduce a un risparmio di energia primaria (PES), come definito all'allegato III del decreto del Ministro dello sviluppo economico 4 agosto 2011, pari almeno al 20 per cento;
b) che tutta l'energia termica prodotta sarà utilizzata per soddisfare la richiesta termica per la climatizzazione degli ambienti e la produzione di acqua calda sanitaria.

7.2 Qualora sia previsto il mantenimento del generatore precedentemente installato con funzione di back-up, l'asseverazione di cui al punto 7.1 ne riporta le motivazioni.

7.3 All'asseverazione di cui al punto 7.1 deve essere allegata la dichiarazione del fornitore dell'unità di microcogenerazione dalla quale si abbia evidenza delle prestazioni energetiche e in cui si attesti l'assenza di dissipazioni termiche, variazioni del carico, regolazioni della potenza elettrica, rampe di accensione e spegnimento di lunga durata, altre situazioni di funzionamento modulabile che determinano variazioni del rapporto energia elettrica/energia termica.

7.4 Per la realizzazione, la connessione alla rete elettrica e l'esercizio degli impianti di microcogenerazione si fa riferimento al decreto del Ministro dello Sviluppo economico 16 marzo 2017.

8 Interventi di sostituzione di scaldacqua tradizionali

8.1 Nel caso di scaldacqua tradizionali con scaldacqua a pompa di calore di cui all'articolo 2, comma 1, lettera e), punto xi, l'asseverazione è sostituita da una dichiarazione del fornitore o dalla documentazione a corredo del prodotto da cui si desume il rispetto della condizione prevista dal punto 3, lettera c), dell'allegato 2 al decreto legislativo 3 marzo 2011, n. 28 (COP > 2,6).

9 Interventi di installazione di impianti dotati di generatori di calore alimentati da biomasse combustibili

9.1 Nel caso di interventi installazione, generatori di calore alimentati da biomasse combustibili di cui all'articolo 2, comma 1, lettera e), punti xiii e xiv, l'asseverazione di cui all'articolo 8, comma 1, o idonea documentazione prodotta dal fornitore degli apparecchi, specifica il rispetto dei requisiti pertinenti di cui all'allegato G.

9.2 Nel caso di generatori di potenza termica utile minore o uguale a 100 kW l'asseverazione di cui al punto 9.1 può essere sostituita da una dichiarazione del fornitore del generatore.

10 Indicazioni generali per gli interventi sugli impianti di climatizzazione invernale

10.1 Nel caso degli interventi di cui all'articolo 2, comma 1, lettera e), la potenza termica complessiva dei nuovi generatori di calore installati non può superare per più del 10% la potenza complessiva dei generatori di calore sostituiti, salvo che l'aumento di potenza sia motivato con la verifica dimensionale dell'impianto di riscaldamento condotto secondo la norma UNI EN 12831. Nel caso di generatori di calore unifamiliari combinati, destinati alla climatizzazione invernale e alla produzione di acqua calda sanitaria, sono comunque ammesse potenze nominali fino a 35 kW. Nel caso sia prevista la produzione di acqua calda sanitaria per una pluralità di utenze, gli interventi rispettano il comma 6 dell'articolo 5 del DPR 412/93.

10.2 Nell'ambito degli interventi di cui all'articolo 2, comma 1, lettera e), è ammissibile la trasformazione degli impianti individuali autonomi in impianti di climatizzazione invernale centralizzati con contabilizzazione del calore. È invece esclusa la trasformazione o il passaggio da impianti di climatizzazione invernale centralizzati per l'edificio o il complesso di edifici ad impianti individuali autonomi.

10.3 Nel caso di interventi riguardanti gli impianti di climatizzazione invernale all'articolo 2, comma 1, lettera e) punti i, ii, iv, v, vii, ix, xi, e xiii, ove tecnicamente possibile, sono installate valvole termostatiche a bassa inerzia termica corredate dalla certificazione del fornitore, ovvero altro sistema di termoregolazione per singolo ambiente, con l'esclusione:

a) dei locali in cui l'installazione di valvole termostatiche o altra regolazione di tipo modulante agente sulla portata sia dimostrata inequivocabilmente non fattibile tecnicamente nel caso specifico;

b) dei locali in cui è installata una centralina di termoregolazione con dispositivi modulanti per la regolazione automatica della temperatura ambiente;

c) degli impianti al servizio di più locali, ove è possibile omettere l'installazione di elementi di regolazione di tipo modulante agenti sulla portata esclusivamente sui terminali di emissione situati all'interno dei locali in cui è presente una centralina di termoregolazione, anche se questa agisce, oltre che sui terminali di quel locale, anche sui terminali di emissione installati in altri locali;

d) degli impianti di climatizzazione invernale progettati e realizzati con temperature medie del fluido termovettore inferiori a 45°C.

Il motivo della eventuale mancata installazione delle suddette valvole termostatiche è riportato nella dichiarazione di conformità resa ai sensi del decreto del Ministro dello sviluppo economico 22 gennaio 2008, n. 37 recante regolamento concernente l'attuazione dell'articolo 11-quaterdecies, comma 13, lettera a) della legge n. 248 del 2 dicembre 2005, recante riordino delle disposizioni in materia di attività di installazione degli impianti all'interno degli edifici, a cura dell'installatore e, ove prevista, nella relazione tecnica di cui all'articolo 8, comma 1, del decreto legislativo 19 agosto 2005, n. 192 redatta a cura del tecnico abilitato.

10.4 Nel caso di interventi di allaccio a sistemi di teleriscaldamento efficiente di cui all'articolo 2, comma 1, lettera e), punto xv, l'asseverazione di cui all'articolo 8, comma 1, attesta che a parità delle altre condizioni, il consumo di energia primaria per i servizi sostituiti a seguito del suddetto allaccio è inferiore al consumo della situazione ex-ante.

11 Interventi di installazione di sistemi di building-automation

11.1 Nel caso di sistemi di building automation di cui all'articolo 2, comma 1, lettera f), installati nelle unità abitative congiuntamente o indipendentemente dagli interventi di sostituzione di impianti di climatizzazione invernale, l'asseverazione, o idonea documentazione prodotta dal fornitore degli apparecchi, specifica che la suddetta tecnologia afferisce almeno alla classe B della norma EN 15232 e consente la gestione automatica personalizzata degli impianti di riscaldamento o produzione di acqua calda sanitaria o di climatizzazione estiva in maniera idonea a:

a) mostrare attraverso canali multimediali i consumi energetici mediante la fornitura periodica dei dati. La misurazione dei consumi può avvenire anche in maniera indiretta anche con la possibilità di utilizzare i dati atri sistemi di misurazione installati nell'impianto purché funzionanti;

b) mostrare le condizioni di funzionamento correnti e la temperatura di regolazione degli impianti;

c) consentire l'accensione, lo spegnimento e la programmazione settimanale degli impianti da remoto.

11.2 L'asseverazione per impianti di potenza utile inferiore a 100 kW può essere sostituita da una dichiarazione dell'installatore.

12 Interventi che fruiscono delle detrazioni fiscali del 110% ai sensi del Decreto Rilancio

12.1 Per gli interventi ai sensi del Decreto Rilancio, articolo 119, commi 1 e 2, le asseverazioni di cui al presente allegato, redatte ai sensi del decreto di cui al comma 13 del medesimo articolo, contengono la dichiarazione del tecnico abilitato che l'intervento ha comportato il miglioramento di almeno due classi energetiche (o una classe energetica qualora la classe ante intervento sia la A3). All'asseverazione sono allegati gli attestati di prestazione energetica ante e post intervento rilasciati da tecnici abilitati, dal progettista o dal direttore dei lavori, nella forma di dichiarazione sostitutiva di atto notorio.

12.2 Gli attestati di prestazione energetica (APE) di cui al punto 12.1, qualora redatti per edifici con più unità immobiliari, sono detti "convenzionali" e sono appositamente predisposti ed utilizzabili esclusivamente allo scopo di cui al punto 12.1 stesso.

12.3 Gli APE convenzionali di cui al punto 12.2 vengono predisposti considerando l'edificio nella sua interezza, considerando i servizi energetici presenti nella situazione ante-intervento. Per la redazione degli APE convenzionali, riferiti come detto a edifici con più unità immobiliari, tutti gli indici di prestazione energetica dell'edificio considerato nella sua interezza, compreso l'indice $EP_{gl,nren,rif,standard\ (2019/21)}$ che serve per la determinazione della classe energetica dell'edificio, si calcolano a partire dagli indici prestazione energetica delle singole unità immobiliari. In particolare ciascun indice di prestazione energetica dell'intero edificio è determinato calcolando la somma dei prodotti dei corrispondenti indici delle singole unità immobiliari per la loro superficie utile e dividendo il risultato per la superficie utile complessiva dell'intero edificio.

13 Limiti delle agevolazioni

13.1 Per gli interventi di cui all'articolo 119, commi 1 e 2 del Decreto Rilancio, nonché per gli altri interventi che, ai sensi del presente allegato prevedano la redazione dell'asseverazione ai sensi del presente allegato A da parte del tecnico abilitato, il tecnico abilitato stesso che la sottoscrive allega il computo metrico e assevera che siano rispettati i costi massimi per tipologia di intervento, nel rispetto dei seguenti criteri:

a) i costi per tipologia di intervento sono inferiori o uguali ai prezzi medi delle opere compiute riportati nei prezzari predisposti dalle regioni e dalle province autonome territorialmente competenti, di concerto con le articolazioni territoriali del Ministero delle infrastrutture e dei trasporti relativi alla regione in cui è sito l'edificio oggetto dell'intervento. In alternativa ai suddetti prezziari, il tecnico abilitato può riferirsi ai prezzi riportati nelle guide sui "Prezzi informativi dell'edilizia" edite dalla casa editrice DEI – Tipografia del Genio Civile;

b) nel caso in cui i prezzari di cui alla lettera a) non riportino le voci relative agli interventi, o parte degli interventi da eseguire, il tecnico abilitato determina i nuovi prezzi per tali interventi in maniera analitica, secondo un procedimento che tenga conto di tutte le variabili che intervengono nella definizione dell'importo stesso. In tali casi, il tecnico può anche avvalersi dei prezzi indicati all'Allegato I. La relazione firmata dal tecnico abilitato per la definizione dei nuovi prezzi è allegata all'asseverazione di cui all'articolo 8;

c) sono ammessi alla detrazione di cui all'articolo 1, comma 1, gli oneri per le prestazioni professionali connesse alla realizzazione degli interventi, per la redazione dell'attestato di prestazione energetica APE, nonché per l'asseverazione di cui al presente allegato, secondo i valori massimi di cui al decreto del Ministro della giustizia 17 giugno 2016 recante approvazione delle tabelle dei corrispettivi commisurati al livello qualitativo delle prestazioni di progettazione adottato ai sensi dell'articolo 24, comma 8, del decreto legislativo n. 50 del 2016.

13.2 Per gli interventi di cui al presente allegato A, per i quali l'asseverazione può essere sostituita da una dichiarazione del fornitore o dell'installatore, l'ammontare massimo delle detrazioni fiscali o della spesa massima ammissibile è calcolato sulla base dei massimali di costo specifici per singola tipologia di intervento di cui all'allegato I al presente decreto.

13.3 Qualora la verifica ai sensi dei punti 13.1 o 13.2 evidenzi che i costi sostenuti sono maggiori di quelli massimi ivi indicati in relazione a una o più tipologie di intervento, la detrazione è applicata nei limiti massimi individuati dal presente decreto.

ALLEGATO B - Tabella di sintesi degli interventi

1. Per gli interventi ammessi alle detrazioni fiscali di cui all'articolo 1, comma 1, sono riportati nella tabella 1 il riferimento legislativo, la detrazione massima o l'importo massimo ammissibile, la percentuale di detrazione e il numero di anni su cui deve essere ripartita la detrazione.

Tabella 1. - Interventi ammessi (*)

Tipo Intervento	**Riferimento Normativo**	**Definizione intervento**	**Riferimento all'articolo 2 C. 1**	**Detrazione massima ammissibile € (*)**	**Spesa massima ammissibile €**	**Aliquota Detrazione %**	**Numero di anni su cui ripartire la detrazione**
Riqualif. globale	C. 344, articolo 1 L. 296/2006	a) Riqualificazione energetica globale	lett. a)	100.000		65%	10
Involucro edilizio (ex comma 345)	C. 345, articolo 1 L. 296/2006	b) coibentazione di strutture opache verticali, strutture opache orizzontali (coperture e pavimenti) (**)	lett. b), p. i	60.000		65%	10
	C. 345 L. 296/2006	c) sostituzione di finestre comprensive di infissi (**)	lett. b), p. ii	60.000		50%	10
	C. 2 lett. b) articolo 14 DECRETO-LEGGE 63/2013	d) installazione di schermature solari	lett. b), p. iii	60.000		50%	10
	C. 2.quater articolo 14 DECRETO-LEGGE 63/2013	e) interventi su parti comuni che interessano l'involucro dell'edificio con un'incidenza superiore al 25% della superficie disperdente (***)	lett. b), p. iv		40.000 (£)	70%	10
	C. 2.quater articolo 14 DECRETO-LEGGE 63/2013	f) stessi interventi della superiore lettera e) che conseguono almeno le qualità medie di cui alle tabelle 3 e 4, dell'Allegato 1, al decreto 26/06/2015 "decreto Linee guida per la certificazione energetica" (***)	lett. b), p. v		40.000 (£)	75%	10
	C. 2.quater.1 articolo 14	g) interventi di cui alle superiori lettere e) e f) realiz-	lett. b), p. vi		136.000 (£)	80%	10

	DECRETO-LEGGE 63/2013	zati nelle zono sismiche 1, 2 e 3 che contestualmente sono finalizzati alla riduzione del rischio sismico che determinano il passaggio ad una classe di rischio inferiore (***)					
	C. 2.quater.1 articolo 14 DECRETO-LEGGE 63/2013	h) interventi di cui alle superiori lettere e) e f) realizzati nelle zono sismiche 1, 2 e 3 che contestualmente sono finalizzati alla riduzione del rischio sismico che determinano il passaggio il passaggio a due classi di rischio inferiore (***)	lett. b), p. vii		136.000 (£)	85%	10
	C. 220, articolo 1 L. 160/2019	i) interventi sulle strutture opache verticali delle facciate esterne influenti dal punto di vista energetico o che interessino l'intonaco per oltre il 10% della superficie disperdente lorda complessiva degli edifici esistenti ubicati nelle zone A o B ai sensi del D.M. n. 1444 del 2 aprile 1968	lett. b), p. viii			90%	10
	C. 1 lett. a) Articolo 119 DECRETO-LEGGE 34/2020	j) interventi di isolamento delle superfici opache verticali e orizzontali che interessano l'involucro dell'edificio con un'incidenza superiore al 25 per cento della superficie disperdente lorda dell'edificio	lett. b), p. ix		(#)	110%	5

Collettori Solari	C. 346, articolo 1 L. 296/2006	k) installazione di collettori solari termici	lett. c)	60.000		65%	10
	C. 1 lett. b) Articolo 119 DECRETO-LEGGE 34/2020		lett. d)		($)	110%	5
	C. 1 lett. c) Articolo 119 DECRETO-LEGGE 34/2020		lett. d)		30.000	110%	5
Impianto di climatizzazione invernale e produzione di acqua calda sanitaria	C. 347, articolo 1 L. 296/2006 C.1 articolo 14 DECRETO-LEGGE 63/2013 (****)	l) caldaie a condensazione con efficienza energetica stagionale per il riscaldamento d'ambiente s maggiore o uguale al 90%	lett. e), p. i	30.000		50%	10
	C. 347, articolo 1 L. 296/2006 C.1 articolo 14 DECRETO-LEGGE 63/2013 (****)	m) intervento di cui al superiore punto l) contestuale installazione di sistemi di termoregolazione evoluti, appartenenti alle classi V, VI oppure VIII della comunicazione della Commissione 2014/C 207/02	lett. e), p. ii	30.000		65%	10
	lett. b), C.1 articolo 119 DECRETO-LEGGE 34/2020	n) caldaie a condensazione con s maggiore o uguale al 90% su impianti centralizzati	lett. e), p. iii		($)	110%	5
	lett. c), C.1 articolo 119 DECRETO-LEGGE 34/2020				30.000	110%	5
	C. 347 articolo 1 L. 296/2006 (****)	o) sostituzione, integrale o parziale, di impianti di climatizzazione invernale con impianti dotati di generatori d'aria calda a condensazione	lett. e), p. iv	30.000		65%	10

	C. 347 articolo 1 L. 296/2006 (****)	p) sostituzione, integrale o parziale, di impianti di climatizzazione invernale con impianti dotati di pompe di calore ad alta efficienza	lett. e), p. v	30.000		65%	10
	lett. b) C.1 articolo 119 DECRETO-LEGGE 34/2020	q) sostituzione, integrale o parziale, di impianti di climatizzazione invernale con impianti dotati di pompe di calore ad alta efficienza	lett. e), p. vi		($)	110%	5
	lett. c) C.1 articolo 119 DECRETO-LEGGE 34/2020				30.000	110%	5
	C. 1 articolo 1 DECRETO-LEGGE 63/2013	r) sostituzione, integrale o parziale, di impianti di climatizzazione invernale con impianti dotati di apparecchi ibridi	lett. e), p. vii	30.000		65%	10
	lett. b) C.1 articolo 119 DECRETO-LEGGE 34/2020	s) sostituzione, integrale o parziale, di impianti di climatizzazione invernale con impianti dotati di apparecchi ibridi	lett. e), p. viii		($)	110%	5
	lett. c) C.1 articolo 119 DECRETO-LEGGE 34/2020				30.000	110%	5
	C. 1 articolo 1 DECRETO-LEGGE 63/2013 (****)	t) microcogeneratori	lett. e), p. ix	100.000		65%	10
	lett. b) C.1 articolo 119 DECRETO-LEGGE 34/2020	u) microcogeneratori	lett. e), p. x		($)	110%	5
	lett. c) C.1 articolo 119 DECRETO-LEGGE 34/2020				30.000	110%	5
	C. 4. articolo 4 DECRETO-LEGGE	v) sostituzione di scaldacqua tradizionali con scaldacqua a pompa	lett. e), p. xi	30.000		65%	10

	201/2011	di calore dedicati alla produzione di acqua calda					
	lett. b) e c) C.1 articolo 119 DECRETO-LEGGE 34/2020	w) sostituzione di scaldacqua con scaldacqua a pompa di calore dedicati alla produzione di acqua calda sanitaria	lett. e), p. xii		($)	110%	5
	C. 2.bis articolo 1 DECRETO-LEGGE 63/2013	x) installazione, di impianti di climatizzazione invernale dotati di generatori di calore alimentati da biomasse combustibili	lett. e), p. xiii	30.000		50%	10
	lett. c) C.1 articolo 119 DECRETO-LEGGE 34/2020	y) sostituzione degli impianti di climatizzazione invernale esistenti caldaie a biomassa aventi prestazioni emissive con i valori previsti almeno per la classe 5 stelle individuata ai sensi del regolamento di cui al decreto del Ministro dell'ambiente e della tutela del territorio e del mare 7 novembre 2017, n. 186	lett. e), p. xiv		30.000	110%	5
	lett. b) C.1 articolo 119 DECRETO-LEGGE 34/2020	z) allaccio a sistemi di teleriscaldamento efficiente	lett. d), p. xv		($)	110%	5
	lett. c) C.1 articolo 119 DECRETO-LEGGE. 34/2020				30.000	110%	5
Building automation	C. 88, articolo 1, L. 208/2015	ba) sistemi di building automation	lett. e)	15.000		65%	10

(*) Detrazione per singola unità immobiliare. La percentuale di detrazione prevista dall'articolo 119, comma 1 del Decreto Rilancio per gli interventi individuati nella tabella 1 dalle lettere j), o), q), s), u), w). si applica anche agli interventi di efficientamento energetico della stessa tabella 1, individuati dalle lettere da b), ad e), da k) a n), lettere p), t) e lettere da x) a z), nei limiti di spesa in essa indicati a condizione che siano eseguiti congiuntamente ad almeno uno degli interventi di cui al suddetto articolo 119, comma 1.

Nel caso in cui l'intervento sia eseguito congiuntamente ad uno degli interventi trainanti di cui all'articolo 119, comma 1 del Decreto Rilancio, il numero di anni su cui ripartire la detrazione è pari a cinque.
(**) Se gli interventi di cui alle lettere a) e b), del comma 345 riguardano la stessa unità immobiliare la detrazione massima complessiva rimane pari a € 60.000.
(***) Possono comprendere, con gli stessi limiti di spesa e con la stessa percentuale di detrazione, la sostituzione degli infissi e l'installazione delle schermature solari insistenti sulle stesse pareti oggetto degli interventi e gli interventi sugli impianti comuni centralizzati.
(****) Nel caso che l'intervento riguardi l'installazione di più macchine la detrazione massima complessiva rimane di € 30.000 o di € 100.000 euro nel caso che si installi un micro-cogeneratore.
(£) Da moltiplicare per il numero di unità immobiliari che compongono l'edificio.
(#) Euro 50.000 per gli edifici unifamiliari o per le unità immobiliari situate all'interno di edifici plurifamiliari che siano funzionalmente indipendenti e dispongano di uno o più accessi autonomi dall'esterno; euro 40.000 moltiplicati per il numero delle unità immobiliari che compongono l'edificio per gli edifici composti da due a otto unità immobiliari; euro 30.000 moltiplicati per il numero delle unità immobiliari che compongono l'edificio per gli edifici composti da più di otto unità immobiliari.
($) Euro 20.000, moltiplicati per il numero delle unità immobiliari che compongono l'edificio, per gli edifici composti fino a otto unità immobiliari ovvero a euro 15.000, moltiplicati per il numero delle unità immobiliari che compongono l'edificio, per gli edifici composti da più di otto unità immobiliari

ALLEGATO C - Scheda dati sulla prestazione energetica (dati estratti da APE o AQE)

ALLEGATO D - Scheda informativa

Si omettono gli Allegati C e D. Detti Allegati - ai sensi della lettera *g)*, comma 1, art. 6 del presente decreto - devono essere trasmessi all'ENEA entro 90 giorni dalla conclusione dei lavori, per via telematica tramite l'apposito portale.

ALLEGATO E - Requisiti degli interventi di isolamento termico

Tabella 1 - Valori di trasmittanza massimi consentiti per l'accesso alle detrazioni

Tipologia di intervento	**Requisiti tecnici di soglia per la tipologia di intervento**	
i. Strutture opache orizzontali: isolamento coperture (calcolo secondo le norme UNI EN ISO 6946)	Zona climatica A	≤ 0,27 W/m²*K
	Zona climatica B	≤ 0,27 W/m²*K
	Zona climatica C	≤ 0,27 W/m²*K
	Zona climatica D	≤ 0,22 W/m²*K
	Zona climatica E	≤ 0,20 W/m²*K
	Zona climatica F	≤ 0,19 W/m²*K
ii. Strutture opache orizzontali: isolamento pavimenti (calcolo secondo le norme UNI EN ISO 6946)	Zona climatica A	≤ 0,40 W/m²*K
	Zona climatica B	≤ 0,40 W/m²*K
	Zona climatica C	≤ 0,30 W/m²*K
	Zona climatica D	≤ 0,28 W/m²*K
	Zona climatica E	≤ 0,25 W/m²*K
	Zona climatica F	≤ 0,23 W/m²*K
iii. Strutture opache verticali: isolamento pareti perimetrali (calcolo secondo le norme UNI EN ISO 6946)	Zona climatica A	≤ 0,38 W/m²*K
	Zona climatica B	≤ 0,38 W/m²*K
	Zona climatica C	≤ 0,30 W/m²*K
	Zona climatica D	≤ 0,26 W/m²*K

	Zona climatica E	≤ 0,23 W/m²*K
	Zona climatica F	≤ 0,22 W/m²*K
iv. Sostituzione di finestre comprensive di infissi (calcolo secondo le norme UNI ENISO 10077-1)	Zona climatica A	≤ 2,60 W/m²*K
	Zona climatica B	≤ 2,60 W/m²*K
	Zona climatica C	≤ 1,75 W/m²*K
	Zona climatica D	≤ 1,67 W/m²*K
	Zona climatica E	≤ 1,30 W/m²*K
	Zona climatica F	≤ 1,00 W/m²*K

Ai sensi delle norme UNI EN ISO 6946, il calcolo della trasmittanza delle strutture opache non include il contributo dei ponti termici.

ALLEGATO F - Requisiti delle pompe di calore

1. Per le pompe di calore, l'accesso alle detrazioni è consentito a condizione che le predette pompe di calore soddisfino i seguenti requisiti:

a) per le pompe di calore elettriche il coefficiente di prestazione istantanei (COP) deve essere almeno pari ai valori indicati nella Tabella 1. La prestazione delle pompe deve essere dichiarata e garantita dal costruttore della pompa di calore sulla base di prove effettuate in conformità alla UNI EN 14511. Al momento della prova la pompa di calore deve funzionare a pieno regime, nelle condizioni indicate nella Tabella 1.

Tabella 1 - Coefficienti di prestazione minimi per pompe di calore elettriche

Tipo di pompa di calore Ambiente esterno/interno	**Ambiente esterno [°C]**	**Ambiente interno [°C]**	**COP**	**EER**
aria/aria	Bulbo secco all'entrata: 7 Bulbo umido all'entrata: 6	Bulbo secco all'entrata: 20 Bulbo umido all'entrata: 15	3,9 [2]	3,4
aria/acqua potenza termica utile riscaldamento ≤ 35 kW	Bulbo secco all'entrata: 7 Bulbo umido all'entrata: 6	Temperatura entrata: 30 Temperatura uscita: 35	4,1	3,8
aria/acqua potenza termica utile riscaldamento > 35 kW	Bulbo secco all'entrata: 7 Bulbo umido all'entrata: 6	Temperatura entrata: 30 Temperatura uscita: 35	3,8	3,5
salamoia/aria	Temperatura entrata: 0	Bulbo secco all'entrata: 20 Bulbo umido all'entrata: 15	4,3	4,4
salamoia/acqua	Temperatura entrata: 0	Temperatura entrata: 30 Temperatura uscita: 35	4,3	4,4
acqua/aria	Temperatura entrata: 10 Temperatura uscita: 7	Bulbo secco all'entrata: 20 Bulbo umido entrata: 15	4,7	4,4
acqua/acqua	Temperatura entrata: 10	Temperatura entrata: 30 Temperatura uscita: 35	5,1	5,1

b) per le pompe di calore a gas il coefficiente di prestazione (GUE) deve essere almeno pari ai valori indicati nella seguente Tabella 2.

[2] Per i soli sistemi di tipo rooftop il COP minimo è pari a 3,2.

Tabella 2 - Coefficienti di prestazione minimi per pompe di calore a gas

Tipo di pompa di calore Ambiente esterno/interno	**Ambiente esterno [°C]**	**Ambiente interno [°C]**	**GUEh**
aria/aria	Bulbo secco all'entrata: 7 Bulbo umido all'entrata : 6	Bulbo secco all'entrata: 20	1,46 [3]
aria/acqua	Bulbo secco all'entrata: 7 Bulbo umido all'entrata : 6	Temperatura entrata: 30 [4]	1,38
salamoia/aria	Temperatura entrata: 0	Bulbo secco all'entrata: 20	1,59
salamoia/ acqua	Temperatura entrata: 0	Temperatura entrata: 30 [5]	1,47
acqua/aria	Temperatura entrata: 10	Bulbo secco all'entrata: 20	1,60
acqua/acqua	Temperatura entrata: 10	Temperatura entrata: 30 [6]	1,56

Il valore minimo dell'indice di efficienza energetica (GUEc) per pompe di calore a gas è pari a 0,6 per tutte le tipologie.

La prestazione deve essere dichiarata e garantita dal costruttore della pompa di calore sulla base di prove effettuate in conformità alle seguenti norme, restando fermo che al momento della prova le pompe di calore devono funzionare a pieno regime, nelle condizioni indicate nelle Tabelle 1 e 2 sopra riportate:

- UNI EN 12309-2015: per quanto riguarda le pompe di calore a gas ad assorbimento (valori di prova sul p.c.i.);
- UNI EN 16905 per quanto riguarda le pompe di calore a gas a motore endotermico;

c) nel caso di pompe di calore a gas ad assorbimento, le emissioni in atmosfera di ossidi di azoto (NO_x espressi come NO_2), dovute al sistema di combustione, devono essere calcolati in conformità alla vigente normativa europea e devono essere inferiori a 120 mg/kWh (valore riferito all'energia termica prodotta);

d) nel caso di pompe di calore a gas con motore a combustione interna, le emissioni in atmosfera di ossidi di azoto (NO_x espressi come NO_2), dovute al sistema di combustione, devono essere calcolati in conformità alla vigente normativa europea e devono essere inferiori a 240 mg/kWh (valore riferito all'energia termica prodotta);

e) nel caso di pompe di calore elettriche o a gas dotate di variatore di velocità (inverter o altra tipologia), i pertinenti valori di cui alle tabelle 1 e 2 sono ridotti del 5%.

ALLEGATO G - Requisiti degli impianti e degli apparecchi a biomassa

1. Al fine del recepimento degli ambiti di intervento individuati nel "Piano di azione per il miglioramento della qualità dell'aria" del 4 giugno 2019, l'accesso alle detrazioni per i generatori di calore alimentati con biomassa è subordinato:

a) nel caso di contestuale sostituzione di un altro impianto a biomasse, al conseguimento della certificazione ambientale con classe di qualità 4 stelle o superiore ai sensi del decreto del Ministro dell'ambiente e della tutela del territorio e del mare del 7 novembre 2017, n.186;

b) in tutti gli altri casi, al conseguimento della certificazione ambientale con classe di qualità 5 stelle ai sensi del medesimo decreto.

2. Per gli impianti e gli apparecchi a biomassa, l'accesso alle detrazioni è consentito a condizione che soddisfino i seguenti requisiti:

a) Per le caldaie a biomassa di potenza termica nominale inferiore o uguale a 500 kWt:

[3] Per i soli sistemi di tipo rooftop il GUEh minimo è pari a 1,2.

[4] Δt: pompe di calore ad assorbimento: temperatura di uscita di 40°C. Pompe di calore a motore endotermico: temperatura di uscita di 35°C.

[5] Si veda la nota 3.

[6] Si veda la nota 3.

i. certificazione di un organismo accreditato che attesti la conformità alla norma UNI EN 303-5, classe 5;

ii. obbligo di installazione di un sistema di accumulo termico dimensionato secondo quanto segue:

- per le caldaie con alimentazione manuale del combustibile, in accordo con quanto previsto dalla norma EN 303-5;
- per le caldaie con alimentazione automatica del combustibile, prevedendo un volume di accumulo non inferiore a 20 dm^3/kWt;
- per le caldaie automatiche a pellet prevedendo comunque un volume di accumulo, tale da garantire un'adeguata funzione di compensazione di carico, con l'obiettivo di minimizzare i cicli di accensione e spegnimento, secondo quanto indicato dal costruttore e/o dal progettista.

iii. il combustibile utilizzato deve essere certificato da un organismo di certificazione accreditato che ne certifichi la conformità alla norma UNI EN ISO 17225 ivi incluso il rispetto delle condizioni previste dall'Allegato X, Parte II, sezione 4, paragrafo 1, lettera d) alla parte V del d.lgs. 152/2006 e successive modificazioni. Nel caso delle caldaie potrà essere utilizzato solo pellet appartenente alla classe di qualità per cui il generatore è stato certificato, oppure pellet appartenente a classi di miglior qualità rispetto a questa. In tutti i casi la documentazione fiscale dovrà riportare l'evidenza della classe di qualità e il codice di identificazione rilasciato dall'Organismo di certificazione accreditato al produttore e/o distributore del pellet;

iv. possono altresì essere utilizzate altre biomasse combustibili purché previste tra quelle indicate dall'Allegato X, Parte II, sezione 4, paragrafo 1, alla parte V del d.lgs. 152/2006 e successive modificazioni, solo nel caso in cui la condizione di cui al comma 1 risulti certificata anche per tali combustibili.

b) Per le stufe ed i termocamini a pellet:

i. certificazione di un organismo accreditato che attesti la conformità alla norma UNI EN 14785;

ii. il pellet utilizzato deve essere certificato da un organismo di certificazione che ne certifichi la conformità alla norma UNI EN ISO 17225-2 ivi incluso il rispetto delle condizioni previste dall'Allegato X, Parte II, sezione 4, paragrafo 1, lettera d) alla parte V del d.lgs. 152/2006 e successive modificazioni.

c) Per i termocamini a legna:

i. certificazione di un organismo accreditato che attesti la conformità alla norma UNI EN 13229;

ii. la legna utilizzata e certificata secondo la norma UNI EN ISO 17225-5. Possono altresì essere utilizzate altre biomasse combustibili purché previste tra quelle indicate dall'Allegato X, Parte II, sezione 4, paragrafo 1, alla parte V del d.lgs. 152/2006 e successive modificazioni, solo nel caso in cui la condizione di cui al comma 1 risulti certificata anche per tali combustibili.

d) Per le stufe a legna:

i. certificazione di un organismo accreditato che attesti la conformità alla norma UNI EN 13240;

ii. la legna utilizzata e certificata secondo la norma UNI EN ISO 17225-5. Possono altresì essere utilizzate altre biomasse combustibili purché previste tra quelli indicate dall'Allegato X, Parte II, sezione 4, paragrafo 1, alla parte V del d.lgs. 152/2006 e successive modificazioni, solo nel caso in cui la condizione di cui al punto iii risulti certificata anche per tali combustibili.

ALLEGATO H - Collettori solari

Per gli interventi di installazione di pannelli solari, l'accesso alle detrazioni è consentito a condizione che soddisfino i requisiti di cui all'Allegato A, capitolo 3.
L'energia termica prodotta in un anno per unità di superficie lorda, espressa in kWht/m² anno è calcolata come segue:

a) per impianti solari realizzati con collettori piani o con collettori sottovuoto o collettori a tubi evacuati

$$Q_u = \frac{Q_{col}}{A_G}$$

b) per impianti solari termici del tipo factory made per i quali è applicabile la sola norma EN 12976

$$Q_u = \frac{Q_L}{3{,}6 \cdot A_G}$$

c) per impianti solari termici realizzati con collettori solari a concentrazione

$$Q_u = \frac{Q_{\mathrm{sol}}}{A_G}$$

dove:

i. A_G è l'area lorda del singolo modulo di collettore/sistema solare così come definita nelle norme UNI EN ISO 9806 e UNI EN 12976 e riportata nella certificazione Solar Keymark o, equivalentemente, nell'attestazione rilasciata da ENEA per i collettori a concentrazione.

ii. Q_{col} è l'energia termica prodotta in un anno da un singolo modulo di collettore solare, espressa in kWht, il cui valore, relativo alla località di riferimento di Würzburg, è riportato nella certificazione Solar Keymark, scegliendo, a seconda del tipo di applicazione, la temperatura media di funzionamento del collettore (Tm) così come definita nella Tabella 1.

iii. Q_L è l'energia termica prodotta dal sistema solare factory made su base annuale, espressa in MJ, così come definita ai sensi della norma UNI EN 12976, il cui valore, relativo alla località di riferimento di Würzburg, è riportato nell'attestazione di conformità (test report) rilasciata da laboratorio accreditato. Poiché il suddetto test report riporta diversi valori di tale grandezza per diversi valori del carico termico giornaliero, ai fini del riconoscimento dell'incentivo va considerato il valore, tra quelli disponibili, corrispondente ad un carico termico giornaliero, espresso in litri/giorno, pari al volume del serbatoio solare o al volume ad esso più vicino.

iv. Q_{sol} è l'energia termica prodotta in un anno da un singolo modulo di collettore solare a concentrazione, espressa in kWht, il cui valore, relativo alla località di riferimento di Atene, è riportato nella certificazione Solar Keymark (ove applicabile) o nell'attestazione di conformità rilasciata dall'ENEA, scegliendo, a seconda del tipo di applicazione, la temperatura media di funzionamento del collettore (Tm) così come definita nella Tabella 1.

Tabella 1 - Temperature medie di funzionamento in relazione alla destinazione del calore prodotto

Applicazione a cui è destinato il calore prodotto	T_m - Temperatura media di funzionamento
Produzione di acqua calda sanitaria	50 °C
Produzione combinata di a.c.s. e riscaldamento ambiente	
Produzione di calore di processo a bassa temperatura	75 °C
Solar cooling a bassa temperatura	

Produzione di calore di processo a media temperatura	150 °C
Solar cooling a media temperatura	

ALLEGATO I - Massimali specifici di costo per gli interventi sottoposti a dichiarazione del fornitore o dell'installatore ai sensi dell'Allegato A

Tabella 1 - Spesa specifica onnicomprensiva massima ammissibile della detrazione per tipologia di intervento

Tipologia di intervento	Spesa specifica massima ammissibile
Riqualificazione energetica	
Interventi di cui all'articolo 2 comma 1, lettera a) - zona climatica A, B, C	800,00 €/m^2
Interventi di cui all'articolo 2 comma 1, lettera a) - zona climatica D, E, F	1.000,00 €/m^2
Strutture opache orizzontali: isolamento coperture	
Esterno	230,00 €/m^2
Interno	100,00 €/m^2
Copertura ventilata	250,00 €/m^2
Strutture opache orizzontali: isolamento pavimenti	
Esterno	120,00 €/m^2
Interno/terreno	150,00 €/m^2
Strutture opache verticali: isolamento pareti perimetrali	
Esterno/diffusa	150,00 €/m^2
Interno	80,00 €/m^2
Parete ventilata	200,00 €/m^2
Sostituzione di chiusure trasparenti, comprensive di infissi	
Zone climatiche A, B e C	
Serramento	550,00 €/m^2
Serramento + chiusura oscurante (persiana, tapparelle, scuro)	650,00 €/m^2
Zone climatiche D, E ed F	
Serramento	650,00 €/m^2
Serramento + chiusura oscurante (persiana, tapparelle, scuro)	750,00 €/m^2
Installazione di sistemi di schermatura solari e/o ombreggiamenti mobili comprensivi di eventuali meccanismi di automatici di regolazione	230,00 €/m^2
Collettori solari	
Scoperti	750,00 €/m^2
Piani vetrati	1.000,00 €/m^2
Sottovuoto e a concentrazione	1.250,00 €/m^2
Caldaie ad acqua a condensazione e generatori di aria calda a condensazione (*)	
$P_{nom} \leq 35$kWt	200,00 €/kWt
$P_{nom} > 35$kWt	180,00 €/kWt
Micro-cogeneratori	
Motore endotermico / altro	3.100,00 €/kWe

Celle a combustibile		25.000,00 €/kWe
Pompe di calore (*)		
Tipologia di pompa di calore	**Esterno/Interno**	
Compressione di vapore elettriche o azionate da motore primo e pompe di calore ad assorbimento	Aria/Aria	600,00 €/kWt (**)
	Altro	1300,00 €/kWt
Pompe di calore geotermiche	-	1900,00 €/kWt
Sistemi ibridi (*)		1.550,00 €/kWt [7]
Generatori di calore alimentati a biomasse combustibili (*)		
$P_{nom} \leq 35kWt$		350,00 €/kWt
$P_{nom} > 35kWt$		450,00 €/kWt
Scaldacqua a pompa di calore		
Fino a 150 litri di accumulo		1000,00 €
Oltre 150 litri di accumulo		1250,00 €
Installazione di tecnologie di building automation		50,00 €/m^2

(*) Nel solo caso in cui l'intervento comporti il rifacimento del sistema di emissione esistente, come opportunamente comprovato da opportuna documentazione, al massimale si aggiungono € 150/m^2 per sistemi radianti a pavimento, o € 50/m^2 negli altri casi, ove la superficie si riferisce alla superficie riscaldata.
(**) Nel caso di pompe di calore a gas la spesa specifica massima ammissibile è pari a 1.000 €/kWt.

I costi esposti in tabella si considerano al netto di IVA, prestazioni professionali e opere complementari relative alla installazione e alla messa in opera delle tecnologie.

[7] Ci si riferisce alla potenza utile in riscaldamento della pompa di calore.

5.3 TESTO DELLA CIRCOLARE 08/08/2020, N. 24/E

Detrazione per interventi di efficientamento energetico e di riduzione del rischio sismico degli edifici, nonché opzione per la cessione o per lo sconto in luogo della detrazione previste dagli articoli 119 e 121 del decreto-legge 19 maggio 2020, n. 34 (Decreto Rilancio) convertito con modificazione dalla legge 17 luglio 2020, n. 77. Primi chiarimenti.

PREMESSA

Il Decreto Rilancio [8], nell'ambito delle misure urgenti in materia di salute, sostegno al lavoro e all'economia, nonché di politiche sociali connesse all'emergenza epidemiologica da COVID-19, ha introdotto nuove disposizioni in merito alla detrazione delle spese sostenute dal 1° luglio 2020 al 31 dicembre 2021, a fronte di specifici interventi in ambito di efficienza energetica, di interventi antisismici, di installazione di impianti fotovoltaici nonché delle infrastrutture per la ricarica di veicoli elettrici negli edifici (cd. Superbonus).

In particolare, l'articolo 119 del citato Decreto Rilancio, nell'incrementare al 110 per cento l'aliquota di detrazione spettante, individua le tipologie e i requisiti tecnici degli interventi oggetto di beneficio, l'ambito soggettivo di applicazione dell'agevolazione nonché gli adempimenti da porre in essere ai fini della spettanza della stessa.

Le nuove disposizioni si affiancano a quelle già vigenti che disciplinano le detrazioni spettanti per gli interventi di recupero del patrimonio edilizio [9], inclusi quelli antisismici (cd. *"sismabonus")* [10], nonché quelli di riqualificazione energetica degli edifici (cd. *"ecobonus"* [11]).

Altra importante novità, introdotta dal Decreto Rilancio [12], è rappresentata dalla possibilità di optare, in luogo della fruizione diretta della detrazione, per un contributo anticipato sotto forma di sconto dal fornitore dei beni o servizi (cd. *"sconto in fattura")* o, in alternativa, per la cessione del credito corrispondente alla detrazione spettante.

Trattandosi di una normativa di particolare favore, il Decreto Rilancio, in aggiunta agli adempimenti ordinariamente previsti per le predette detrazioni spettanti per gli interventi di recupero del patrimonio edilizio e di riqualificazione energetica degli edifici, introduce un sistema di controllo strutturato per evitare comportamenti non conformi alle disposizioni agevolative.

Con la presente circolare si forniscono chiarimenti di carattere interpretativo necessari a definire in dettaglio l'ambito dei soggetti beneficiari e degli interventi agevolati e, in generale, gli adempimenti a carico degli operatori.

1. AMBITO SOGGETTIVO DI APPLICAZIONE

L'ambito soggettivo di applicazione del Superbonus è delineato al comma 9 dell'articolo 119 del Decreto Rilancio, ai sensi del quale le disposizioni disciplinanti le tipologie di interventi ammessi e i requisiti tecnici richiesti si applicano alle spese sostenute dal 1° luglio 2020 al 31 dicembre 2021 per gli interventi effettuati:

a) dai *"condomìni";*

b) dalle *"persone fisiche, al di fuori dell'esercizio di attività di impresa, arti e professioni, su unità immobiliari".* Per tali soggetti, il Superbonus si applica limitatamente agli interventi di efficienza energetica realizzati su un numero massimo di due unità immobiliari, fermo restando

---

[8] Il decreto-legge 19 maggio 2020, n. 34, convertito, con modificazione, dalla legge 17 luglio 2020 n.77.

[9] Attualmente disciplinato dall'articolo 16-bis del testo unico delle imposte sui redditi (TUIR) di cui al decreto del Presidente della Repubblica 22 dicembre 1986, n. 917.

[10] Attualmente disciplinati dall'articolo 16 del decreto-legge 4 giugno 2013, n. 63, convertito dalla legge 3 agosto 2013, n. 90.

[11] Attualmente disciplinati dall'articolo 14 del citato decreto-legge n. 63 del 2013.

[12] In base alla disposizione contenuta nell'articolo 121 Decreto Rilancio.

il riconoscimento delle detrazioni per gli interventi effettuati sulle parti comuni dell'edificio;
c) dagli Istituti autonomi case popolari (IACP), comunque denominati nonché dagli enti aventi le stesse finalità sociali dei predetti Istituti, istituiti nella forma di società che rispondono ai requisiti della legislazione europea in materia di *"in house providing"*, per interventi realizzati su immobili, di loro proprietà ovvero gestiti per conto dei comuni, adibiti ad edilizia residenziale pubblica [13]. Per questi soggetti la norma prevede che il Superbonus spetti anche per le spese sostenute dal 1° gennaio 2022 al 30 giugno 2022. Il medesimo termine si applica anche ai condomini nei quali la prevalenza della proprietà dell'immobile (da calcolare in base alla ripartizione millesimale) sia riferibile ai predetti istituti o enti;
d) dalle cooperative di abitazione a proprietà indivisa, per interventi realizzati su immobili dalle stesse posseduti e assegnati in godimento ai propri soci [14];
d-bis) dalle Organizzazioni non lucrative di utilità sociale di cui all'articolo 10 del decreto legislativo 4 dicembre 1997, n. 460; dalle organizzazioni di volontariato iscritte nei registri di cui alla legge 11 agosto 1991, n. 266 nonché dalle associazioni di promozione sociale iscritte nei registri nazionali, regionali e delle provincie autonome di Trento e Bolzano previsti dall'articolo 7 della legge 7 dicembre 2000, n. 383 [15];
e) dalle associazioni e società sportive dilettantistiche iscritte nel registro istituito ai sensi dell'articolo 5, comma 2, lettera c), del decreto legislativo 23 luglio 1999, n. 242, *"limitatamente ai lavori destinati ai soli immobili o parti di immobili adibiti a spogliatoi"*.

Il Superbonus spetta anche alle *"comunità energetiche rinnovabili"* costituite in forma di enti non commerciali o da parte di condomìni che aderiscono alle *"configurazioni"* [16], limitatamente alle spese sostenute per impianti a fonte rinnovabile gestiti dai predetti soggetti [17].
Nel caso in cui gli interventi siano eseguiti mediante contratti di locazione finanziaria, la detrazione compete all'utilizzatore ed è determinata in base al costo sostenuto dalla società concedente [18].

1.1. "*Condomìni*"

Sono ammessi al Superbonus gli interventi effettuati dai condomìni [19], di isolamento termico delle superfici opache verticali, orizzontali e inclinate che interessano l'involucro dell'edificio, nonché gli interventi realizzati sulle parti comuni degli edifici stessi per la sostituzione degli impianti di climatizzazione invernale esistenti con impianti centralizzati.
Tenuto conto della locuzione utilizzata dal legislatore riferita espressamente ai *"condomìni"* e non alle *"parti comuni"* di edifici, ai fini dell'applicazione dell'agevolazione l'edificio oggetto degli interventi deve essere costituito in condominio secondo la disciplina civilistica prevista [20]. A tal fine si ricorda che il *"condominio"* costituisce una particolare forma di comunione in cui coesiste la proprietà individuale dei singoli condòmini, costituita dall'appartamento o altre unità immobiliari accatastate separatamente (box, cantine, etc.), ed una comproprietà sui beni comuni dell'immobile. Il condominio può svilupparsi sia in senso verticale che in senso orizzontale.
Si tratta di una comunione forzosa, non soggetta a scioglimento, in cui il condomino non può, rinunciando al diritto sulle cose comuni, sottrarsi al sostenimento delle spese per la loro conservazione e sarà comunque tenuto a parteciparvi in proporzione ai millesimi di proprietà [21].
Secondo una consolidata giurisprudenza, la nascita del condominio si determina automaticamente, senza che sia necessaria alcuna deliberazione, nel momento in cui più soggetti costruiscono su un suolo comune ovvero quando l'unico proprietario di un edificio ne cede a terzi piani o por

---

[13] In base all'articolo 119, comma 1, lettera c) del Decreto Rilancio.
[14] In base all'articolo 119, comma 1, lettera d) del Decreto Rilancio.
[15] In base all'articolo 119, comma 1, lettera d-bis) del Decreto Rilancio.
[16] In accordo a quanto previsto dall'articolo 42-bis del decreto-legge 30 dicembre 2019, n. 162, convertito, con modificazioni, dalla legge 28 febbraio 2020, n. 8.
[17] In base all'articolo 119, commi 5 e 6 del Decreto Rilancio.
[18] In base all'articolo 4, comma 3 del decreto del Ministro dello Sviluppo Economico di concerto con il Ministro dell'Economia e delle Finanze e del Ministro dell'Ambiente e della Tutela del Territorio e del Mare e del Ministro delle Infrastrutture e dei Trasporti 6 agosto 2020.
[19] In base all'articolo 119, comma 1, lettera a) e lettera b) del Decreto Rilancio.
[20] In base agli articoli da 1117 a 1139 del codice civile.
[21] Cfr. circolare 6 novembre 2000, n. 204/E e circolare 7 febbraio 2007 n. 7/E.

zioni di piano in proprietà esclusiva, realizzando l'oggettiva condizione del frazionamento, come chiarito dalla prassi in materia [22].
In presenza di un *"condominio minimo"*, ovvero di edificio composto da un numero non superiore a otto condomini [23], risultano comunque applicabili le norme civilistiche sul condominio, fatta eccezione degli articoli [24] che disciplinano, rispettivamente, la nomina dell'amministratore (nonché l'obbligo da parte di quest'ultimo di apertura di un apposito conto corrente intestato al condominio) e il regolamento di condominio (necessario in caso di più di dieci condomini).
Al fine di beneficiare del Superbonus per i lavori realizzati sulle parti comuni, i condomìni che, non avendone l'obbligo, non abbiano nominato un amministratore non sono tenuti a richiedere il codice fiscale. In tali casi, ai fini della fruizione del beneficio, può essere utilizzato il codice fiscale del condomino che ha effettuato i connessi adempimenti. Il contribuente è comunque tenuto a dimostrare che gli interventi sono stati effettuati su parti comuni dell'edificio.
Per quanto riguarda l'individuazione delle parti comuni interessate dall'agevolazione, è necessario far riferimento all'articolo 1117 del codice civile, ai sensi del quale sono parti comuni, tra l'altro, il suolo su cui sorge l'edificio, i tetti e i lastrici solari nonché le opere, le installazioni, i manufatti di qualunque genere che servono all'uso e al godimento comune, come gli impianti per l'acqua, per il gas, per l'energia elettrica, per il riscaldamento e simili fino al punto di diramazione degli impianti ai locali di proprietà esclusiva dei singoli condòmini.
Il singolo condòmino usufruisce della detrazione per i lavori effettuati sulle parti comuni degli edifici, in ragione dei millesimi di proprietà o dei diversi criteri applicabili ai sensi degli articoli 1123 e seguenti del codice civile.
In linea con quanto appena illustrato, in applicazione del dettato normativo contenuto nell'articolo 119 in esame, il Superbonus non si applica agli interventi realizzati sulle parti comuni a due o più unità immobiliari distintamente accatastate di un edificio interamente posseduto da un unico proprietario o in comproprietà fra più soggetti.

1.2. Persone fisiche

Il Decreto Rilancio [25] individua tra i destinatari del Superbonus *"le persone fisiche, al di fuori dell'esercizio di attività di impresa, arti e professioni"*.
La predetta detrazione, riguarda tutti i contribuenti residenti e non residenti nel territorio dello Stato che sostengono le spese per l'esecuzione degli interventi agevolati.
Con la locuzione *"al di fuori dell'esercizio di attività di impresa, arti e professioni"*, il Legislatore ha inteso precisare che la fruizione del Superbonus riguardi unità immobiliari (oggetto di interventi qualificati) non riconducibili ai cd. *"beni relativi all'impresa"* (articolo 65 del TUIR) o a quelli strumentali per l'esercizio di arti o professioni (articolo 54, comma 2, del TUIR).
Ne consegue che, la detrazione spetta anche ai contribuenti persone fisiche che svolgono attività di impresa o arti e professioni, qualora le spese sostenute abbiano ad oggetto interventi effettuati su immobili appartenenti all'ambito *"privatistico"* e, dunque, diversi:

- da quelli strumentali, alle predette attività di impresa o arti e professioni;
- dalle unità immobiliari che costituiscono l'oggetto della propria attività;
- dai beni patrimoniali appartenenti all'impresa.

La norma stabilisce, inoltre, che tale limitazione riguarda esclusivamente gli interventi realizzati *"su unità immobiliari"*, in quanto i soggetti titolari di reddito d'impresa e gli esercenti arti e professioni possono fruire del Superbonus in relazione alle spese sostenute per interventi realizzati sulle parti comuni degli edifici in condominio, qualora gli stessi partecipino alla ripartizione delle predette spese in qualità di condòmini. In tal caso, la detrazione spetta, in relazione agli interventi riguardanti le parti comuni, a prescindere dalla circostanza che gli immobili posseduti o detenuti dai predetti soggetti siano immobili strumentali alle attività di impresa o arti e professioni ovvero unità immobiliari che costituiscono l'oggetto delle attività stesse ovvero, infine, beni patrimoniali appartenenti all'impresa.

---

[22] Cfr. risoluzione 14 febbraio 2008, n. 45/E.
[23] In base all'articolo articolo 1129 del codice civile.
[24] In base agli articoli 1129 e 1138 del codice civile.
[25] In base all'articolo 119, comma 1, lettera b) e comma 9 lettera b) del Decreto Rilancio.

I contribuenti persone fisiche possono beneficiare del Superbonus relativamente alle spese sostenute per interventi realizzati su massimo due unità immobiliari. Tale limitazione non si applica, invece, alle spese sostenute per gli interventi effettuati sulle parti comuni dell'edificio [26].
In linea generale, inoltre, trattandosi di una detrazione dall'imposta lorda, il Superbonus non può essere utilizzato dai soggetti che possiedono esclusivamente redditi assoggettati a tassazione separata o ad imposta sostitutiva ovvero che non potrebbero fruire della corrispondente detrazione in quanto l'imposta lorda è assorbita dalle altre detrazioni o non è dovuta (come nel caso dei soggetti che rientrano nella cd. no tax area).
È il caso, ad esempio, dei soggetti titolari esclusivamente di redditi derivanti dall'esercizio di attività d'impresa o di arti o professioni che aderiscono al regime forfetario di cui all'articolo 1, commi da 54 a 89 della legge 23 dicembre 2014, n. 190, poiché il loro reddito (determinato forfetariamente) è assoggettato ad imposta sostitutiva.
I predetti soggetti, tuttavia, possono optare, ai sensi dell'articolo 121 del Decreto Rilancio, in luogo dell'utilizzo diretto della detrazione per un contributo, sotto forma di sconto sul corrispettivo dovuto (cd. sconto in fattura) anticipato dal fornitore che ha effettuato gli interventi e da quest'ultimo recuperato sotto forma di credito d'imposta, con facoltà di successiva cessione del credito ad altri soggetti, ivi inclusi gli istituti di credito e gli altri intermediari finanziari [27]. In alternativa, i contribuenti possono, altresì, optare per la cessione di un credito d'imposta di importo corrispondente alla detrazione ad altri soggetti, ivi inclusi istituti di credito e altri intermediari finanziari con facoltà, per questi ultimi, di successiva cessione (cfr. paragrafo n.7).
Ai fini dell'esercizio dell'opzione, non rileva, infatti, la circostanza che il reddito non concorra alla formazione della base imponibile oppure che l'imposta lorda sia assorbita dalle altre detrazioni o non è dovuta, essendo tale istituto finalizzato ad incentivare l'effettuazione degli interventi indicati nel comma 2 dell'articolo 121 prevedendo meccanismi alternativi alla fruizione della detrazione che non potrebbe essere utilizzata direttamente in virtù delle modalità di tassazione del contribuente potenzialmente soggetto ad imposizione diretta.
Resta fermo, tuttavia, che qualora i soggetti titolari di redditi assoggettati a tassazione separata o ad imposta sostitutiva possiedano anche redditi che concorrono alla formazione del reddito complessivo, potranno utilizzare direttamente il Superbonus in diminuzione dalla corrispondente imposta lorda.
Il Superbonus, inoltre, non spetta ai soggetti che non possiedono redditi imponibili i quali, inoltre, non possono esercitare l'opzione per lo sconto in fattura o per la cessione del credito. Si tratta, ad esempio, delle persone fisiche non fiscalmente residenti in Italia che detengono l'immobile oggetto degli interventi in base ad un contratto di locazione o di comodato. Restano, infine, esclusi dalle agevolazioni in esame (fruizione diretta del Superbonus o, in alternativa esercizio dell'opzione per lo sconto in fattura o per la cessione), gli organismi di investimento collettivo del risparmio (mobiliari e immobiliari) che, pur rientrando nel novero dei soggetti all'imposta sul reddito delle società (IRES) ai sensi dell'articolo 73 comma 1, lettera c), del TUIR, non sono soggetti alle imposte sui redditi e all'imposta regionale sulle attività produttive [28].
Ai fini della detrazione, le persone fisiche che sostengono le spese devono possedere o detenere l'immobile oggetto dell'intervento in base ad un titolo idoneo, al momento di avvio dei lavori o al momento del sostenimento delle spese, se antecedente il predetto avvio. La data di inizio dei lavori deve risultare dai titoli abilitativi, se previsti, ovvero da una dichiarazione sostitutiva di atto di notorietà effettuata nei modi e nei termini previsti dal decreto del Presidente della Repubblica 28 dicembre 2000, n. 445. In particolare, i soggetti beneficiari devono [29]:

- possedere l'immobile in qualità di proprietario, nudo proprietario o di titolare di altro diritto reale di godimento (usufrutto, uso, abitazione o superficie);
- detenere l'immobile in base ad un contratto di locazione, anche finanziaria, o di comodato, regolarmente registrato, ed essere in possesso del consenso all'esecuzione dei lavori da parte del proprietario. Al fine di garantire la necessaria certezza ai rapporti tributari, la mancanza

[26] In base all'articolo 119, comma 15-bis del Decreto Rilancio.
[27] In base all'articolo 121, comma 1, lettere a) e b) del Decreto Rilancio.
[28] In base all'articolo 6, comma 1, del decreto-legge 25 settembre 2001, n. 351 e all'articolo 73, comma 5-quinquies del TUIR.
[29] Cfr., da ultimo, Circolare 8 luglio 2020, n. 19.

di un titolo di detenzione dell'immobile risultante da un atto registrato, al momento dell'inizio dei lavori o al momento del sostenimento delle spese se antecedente, preclude il diritto alla detrazione anche se si provvede alla successiva regolarizzazione.

Sono ammessi a fruire della detrazione anche i familiari del possessore o del detentore dell'immobile, individuati ai sensi dell'articolo 5, comma 5, del TUIR (coniuge, componente dell'unione civile di cui alla legge 20 maggio 2016, n. 76, parenti entro il terzo grado e affini entro il secondo grado) nonché i conviventi di fatto ai sensi della predetta legge n. 76 del 2016, sempreché sostengano le spese per la realizzazione dei lavori. La detrazione spetta a tali soggetti, a condizione che:

- siano conviventi con il possessore o detentore dell'immobile oggetto dell'intervento alla data di inizio dei lavori o al momento del sostenimento delle spese ammesse alla detrazione se antecedente all'avvio dei lavori;
- le spese sostenute riguardino interventi eseguiti su un immobile, anche diverso da quello destinato ad abitazione principale, nel quale può esplicarsi la convivenza. La detrazione, pertanto, non spetta al familiare del possessore o del detentore dell'immobile nel caso di interventi effettuati su immobili che non sono a disposizione (in quanto locati o concessi in comodato).

Per fruire del Superbonus non è necessario che i familiari abbiano sottoscritto un contratto di comodato essendo sufficiente che attestino, mediante una dichiarazione sostitutiva di atto notorio, di essere familiari conviventi.

Ha diritto alla detrazione anche il promissario acquirente dell'immobile oggetto di intervento immesso nel possesso, a condizione che sia stato stipulato un contratto preliminare di vendita dell'immobile regolarmente registrato.

1.3. "*Comunità energetiche rinnovabili*"

Il Superbonus si applica anche alle *"Comunità energetiche rinnovabili"* costituite *"in forma di enti non commerciali o di condomini che aderiscono alle configurazioni"* di cui all'articolo 42-bis del decreto-legge 30 dicembre 2019, n. 162, convertito con modificazione dalla legge 28 febbraio 2020, n.8, limitatamente, tuttavia, alle spese sostenute per gli impianti a fonte rinnovabile gestiti dalle predette comunità energetiche.

Al riguardo, si osserva che, in base alla disposizione contenuta nel comma 16-bis dell'articolo 119, per le sole Comunità energetiche rinnovabili costituite in forma di enti non commerciali o di condomìni in accordo alla richiamata normativa di settore, l'esercizio di un impianto fotovoltaico di potenza fino a 200 KW, non costituisce svolgimento di attività commerciale abituale.

Per tali fattispecie, il successivo il comma 16-ter, nell'estendere il Superbonus agli impianti realizzati nell'ambito delle predette comunità energetiche, regola anche la modalità di applicazione della relativa detrazione stabilendo che il Superbonus si applica sul costo dell'impianto fino alla potenza di 20 kW e per la quota riferita alla eccedenza (e, comunque, fino a 200 kW) spetta la detrazione pari al 50 per cento delle spese di cui all'art. 16-bis, lett. h), del TUIR, e fino a un ammontare complessivo di spesa non superiore a euro 96.000 riferito all'intero impianto.

Per l'individuazione dei limiti e le modalità relativi all'utilizzo e alla valorizzazione dell'energia condivisa prodotta da impianti incentivati ai sensi del presente comma occorre fare riferimento ad apposito decreto che verrà emanato dal Ministero dello sviluppo economico.

2. AMBITO OGGETTIVO

Sotto il profilo oggettivo, il Superbonus spetta a fronte del sostenimento delle spese relative a taluni specifici interventi finalizzati alla riqualificazione energetica e alla adozione di misure antisismiche degli edifici (cd. interventi *"trainanti"*) nonché ad ulteriori interventi, realizzati congiuntamente ai primi (cd. interventi *"trainati"*).

In entrambi i casi, gli interventi devono essere realizzati:

- su parti comuni di edifici residenziali in *"condominio"* (sia trainanti, sia trainati);
- su edifici residenziali unifamiliari e relative pertinenze (sia trainanti, sia trainati);
- su unità immobiliari residenziali funzionalmente indipendenti e con uno o più accessi auto-

nomi dall'esterno site all'interno di edifici plurifamiliari e relative pertinenze (sia trainanti, sia trainati); nonché
- su singole unità immobiliari residenziali e relative pertinenze all'interno di edifici in condominio (solo trainati).

Sono escluse le unità immobiliari appartenenti alle categorie catastali A1 (Abitazioni di tipo signorile - Unità immobiliari appartenenti a fabbricati ubicati in zone di pregio con caratteristiche costruttive, tecnologiche e di rifiniture di livello superiore a quello dei fabbricati di tipo residenziale), A8 (Abitazioni in ville - Per ville devono intendersi quegli immobili caratterizzati essenzialmente dalla presenza di parco e/o giardino, edificate in zone urbanistiche destinate a tali costruzioni o in zone di pregio con caratteristiche costruttive e di rifiniture, di livello superiore all'ordinario) e A9 (A/9 Castelli, palazzi di eminenti pregi artistici o storici - Rientrano in questa categoria i castelli ed i palazzi eminenti che per la loro struttura, la ripartizione degli spazi interni e dei volumi edificati non sono comparabili con le Unità tipo delle altre categorie; costituiscono ordinariamente una sola unità immobiliare. È compatibile con l'attribuzione della categoria A/9 la presenza di altre unità, funzionalmente indipendenti, censibili nelle altre categorie). Nel caso in cui siano effettuati interventi su edifici che rientrano in una delle categorie catastali sopra indicate, il contribuente potrà, comunque, beneficiare delle altre detrazioni spettanti per tali interventi, in presenza dei requisiti e degli adempimenti necessari a tal fine.

Per edificio unifamiliare si intende un'unica unità immobiliare di proprietà esclusiva, funzionalmente indipendente, che disponga di uno o più accessi autonomi dall'esterno e destinato all'abitazione di un singolo nucleo familiare.

Una unità immobiliare può ritenersi *"funzionalmente indipendente"* qualora sia dotata di installazioni o manufatti di qualunque genere, quali impianti per l'acqua, per il gas, per l'energia elettrica, per il riscaldamento di proprietà esclusiva.

La presenza, inoltre, di un *"accesso autonomo dall'esterno"*, presuppone, ad esempio, che *"l'unità immobiliare disponga di un accesso indipendente non comune ad altre unità immobiliari chiuso da cancello o portone d'ingresso che consenta l'accesso dalla strada o da cortile o giardino di proprietà esclusiva".*

Le *"unità immobiliari funzionalmente indipendenti e con uno o più accessi autonomi dall'esterno, site all'interno di edifici plurifamiliari"*, alle quali la norma fa riferimento, vanno individuate verificando la contestuale sussistenza del requisito della *"indipendenza funzionale"* e dell'"accesso autonomo dall'esterno", a nulla rilevando, a tal fine, che l'edificio plurifamiliare di cui tali unità immobiliari fanno parte sia costituito o meno in condominio.

Pertanto, l'unità abitativa all'interno di un edificio plurifamiliare dotata di accesso autonomo fruisce del Superbonus autonomamente, indipendentemente dalla circostanza che la stessa faccia parte di un condominio o disponga di parti comuni con altre unità abitative (ad esempio il tetto).

L'agevolazione riguarda le spese sostenute per interventi effettuati su singole unità immobiliari residenziali e su parti comuni di edifici residenziali situati nel territorio dello Stato. Come già precisato, sono escluse le spese sostenute per interventi su immobili utilizzati per lo svolgimento di attività di impresa, arti e professioni, come identificati al paragrafo 1.2.

In caso di interventi realizzati sulle parti comuni di un edificio, le relative spese possono essere considerate, ai fini del calcolo della detrazione, soltanto se riguardano un edificio residenziale considerato nella sua interezza. Qualora la superficie complessiva delle unità immobiliari destinate a residenza ricomprese nell'edificio sia superiore al 50 per cento, è possibile ammettere alla detrazione anche il proprietario e il detentore di unità immobiliari non residenziali (ad esempio strumentale o merce) che sostengano le spese per le parti comuni. Se tale percentuale risulta inferiore, è comunque ammessa la detrazione per le spese realizzate sulle parti comuni da parte dei possessori o detentori di unità immobiliari destinate ad abitazione comprese nel medesimo edificio [30].

In caso di interventi realizzati sulle parti comuni, inoltre, la detrazione spetta anche ai possessori (o detentori) di sole pertinenze (come ad esempio box o cantine) che abbiano sostenuto le spese relative a tali interventi.

Ai fini del Superbonus l'intervento deve riguardare edifici o unità immobiliari *"esistenti"*, non es-

[30] Cfr. circolare n. 19/E/2020.

sendo agevolati gli interventi realizzati in fase di nuova costruzione (esclusa l'ipotesi dell'installazione di sistemi solari fotovoltaici di cui al comma 5 dell'articolo 119 del Decreto Rilancio). L'agevolazione spetta anche a fronte di interventi realizzati mediante demolizione e ricostruzione inquadrabili nella categoria della *"ristrutturazione edilizia"* ai sensi dell'articolo 3, comma 1, lett. d) del d.P.R. 6 giugno 2001, n. 380, *"Testo unico delle disposizioni legislative e regolamentari in materia edilizia".*

2.1. Interventi *"trainanti o principali"* - Efficienza energetica e misure antisismiche

Secondo quanto stabilito ai commi 1 e 4 dell'articolo 119, il Superbonus spetta per interventi:

- di isolamento termico delle superfici opache verticali, orizzontali e inclinate che interessano l'involucro degli edifici, compresi quelli unifamiliari, con un'incidenza superiore al 25 per cento della superficie disperdente lorda dell'edificio medesimo o dell'unità immobiliare funzionalmente indipendente e che disponga di uno o più accessi autonomi dall'esterno, sita all'interno di edifici plurifamiliari;
- di sostituzione degli impianti di climatizzazione invernale esistenti con impianti centralizzati per il riscaldamento, il raffrescamento o la fornitura di acqua calda sanitaria sulle parti comuni degli edifici, o con impianti per il riscaldamento, il raffrescamento o la fornitura di acqua calda sanitaria sugli edifici unifamiliari o sulle unità immobiliari funzionalmente indipendenti e che dispongano di uno o più accessi autonomi dall'esterno site all'interno di edifici plurifamiliari;
- antisismici e di riduzione del rischio sismico di cui ai commi da 1-bis a 1-septies dell'articolo 16 del decreto-legge n. 63 del 2013 (cd. sismabonus).

Al riguardo, si ricorda che, in linea con la prassi in materia, la sostituzione del generatore di calore è sufficiente per godere della detrazione al 110 per cento. Sono inoltre ammesse le spese relative all'adeguamento dei sistemi di distribuzione (tubi), emissione (sistemi scaldanti) e regolazione (sonde, termostati e valvole termostatiche).

2.1.1. Interventi di isolamento termico sugli involucri

Il Superbonus spetta nel caso di interventi di isolamento termico delle superfici opache verticali (pareti generalmente esterne), orizzontali (coperture, pavimenti) ed inclinate delimitanti il volume riscaldato, verso l'esterno o verso vani non riscaldati che rispettano i requisiti di trasmittanza *"U"* (dispersione di calore), espressa in W/m^2K, definiti dal decreto del Ministro dello Sviluppo economico dell'11 marzo 2008 che interessano l'involucro dell'edificio, anche unifamiliare, o dell'unità immobiliare funzionalmente indipendente e che disponga di uno o più accessi autonomi dall'esterno sita all'interno di edifici plurifamiliari, con un'incidenza superiore al 25 per cento della superficie disperdente lorda dell'edificio medesimo.

I parametri cui far riferimento sono quelli applicabili alla data di inizio dei lavori.

I materiali isolanti utilizzati devono rispettare i criteri ambientali minimi di cui al decreto del Ministro dell'ambiente e della tutela del territorio e del mare 11 ottobre 2017.

Per tali interventi il Superbonus è calcolato su un ammontare complessivo delle spese pari a:

- 50.000 euro per gli edifici unifamiliari o per le unità immobiliari funzionalmente indipendenti site all'interno di edifici plurifamiliari;
- 40.000 euro, moltiplicato per il numero delle unità immobiliari che compongono l'edificio, se lo stesso è composto da due a otto unità immobiliari;
- 30.000 euro, moltiplicato per il numero delle unità immobiliari che compongono l'edificio, se lo stesso è composto da più di otto unità.

Ciò implica che, ad esempio, nel caso in cui l'edificio sia composto da 15 unità immobiliari, il limite di spesa ammissibile alla detrazione è pari a 530.000 euro, calcolato moltiplicando 40.000 euro per 8 (320.000 euro) e 30.000 euro per 7 (210.000 euro).

Come illustrato, la detrazione nella misura del 110 per cento si applica se l'intervento di isolamento termico coinvolge il 25 per cento della superficie disperdente lorda dell'edificio medesimo. Al riguardo, si precisa che rientrano tra le spese ammissibili al Superbonus, anche quelle per la coibentazione del tetto, a condizione che il tetto sia elemento di separazione tra il volume riscaldato e l'esterno

[31], che anche assieme ad altri interventi di coibentazione eseguiti sull'involucro opaco incida su più del 25 per cento della superficie lorda complessiva disperdente e che gli interventi portino al miglioramento di due classi energetiche dell'edificio, anche congiuntamente agli altri interventi di efficientamento energetico e all'installazione di impianti fotovoltaici e sistemi di accumulo.

2.1.2. Sostituzione degli impianti di climatizzazione invernale sulle parti comuni degli edifici in condominio

Il Superbonus si applica agli interventi effettuati sulle parti comuni degli edifici in condominio per la sostituzione degli impianti di climatizzazione invernale esistenti con:

- impianti centralizzati per il riscaldamento, il raffrescamento o la fornitura di acqua calda sanitaria a condensazione, con efficienza almeno pari alla classe A di prodotto prevista dal regolamento delegato (UE) n. 811/2013 della Commissione del 18 febbraio 2013, a pompa di calore, ivi inclusi gli impianti ibridi o geotermici, anche abbinati all'installazione di impianti fotovoltaici e relativi sistemi di accumulo;
- impianti di microcogenerazione;
- impianti a collettori solari.

Nel caso di interventi effettuati sugli edifici ubicati in comuni montani non interessati dalle procedure europee di infrazione n. 2014/2147 del 10 luglio 2014 o n. 2015/2043 del 28 maggio 2015 per l'inottemperanza dell'Italia agli obblighi previsti dalla direttiva 2008/50/CE, il Superbonus spetta anche per le spese relative all'allaccio a sistemi di teleriscaldamento efficiente, definiti ai sensi dell'articolo 2, comma 2, lettera tt), del decreto legislativo 4 luglio 2014, n. 102.
La detrazione è calcolata su un ammontare complessivo delle spese non superiore ai seguenti importi:

- euro 20.000 moltiplicato per il numero delle unità immobiliari che compongono l'edificio per gli edifici composti fino a otto unità immobiliari;
- euro 15.000 moltiplicato per il numero delle unità immobiliari che compongono l'edificio per gli edifici composti da più di otto unità immobiliari.

Ciò implica che, ad esempio, nel caso in cui sia l'edificio sia composto da 15 unità immobiliari, il limite di spesa ammissibile alla detrazione è pari a 265.000 euro, calcolato moltiplicando 20.000 euro per 8 (160.000 euro) e 15.000 euro per 7 (105.000 euro).
La detrazione spetta, nel limite massimo di spesa previsto, anche per le spese relative allo smaltimento e alla bonifica dell'impianto sostituito nonché per la sostituzione della canna fumaria collettiva esistente, mediante sistemi fumari multipli o collettivi nuovi, compatibili con apparecchi a condensazione, con marcatura CE di cui al regolamento delegato (UE) 305/2011, nel rispetto dei requisiti minimi prestazionali previsti dalla norma UNI 7129-3.
Nel caso di installazione di impianti fotovoltaici e relativi sistemi di accumulo, il limite di spesa previsto per tale intervento (fino a euro 48.000) si aggiunge quello stabilito per la sostituzione degli impianti di climatizzazione invernale.

2.1.3. Sostituzione di impianti di climatizzazione invernale sugli "edifici unifamiliari" o sulle unità immobiliari di edifici plurifamiliari

Il Superbonus spetta per interventi effettuati sugli *"edifici unifamiliari"* o sulle unità immobiliari funzionalmente indipendenti e che dispongano di uno o più accessi autonomi dall'esterno, site all'interno di edifici plurifamiliari, per la sostituzione degli impianti di climatizzazione invernale esistenti con:

- impianti per il riscaldamento, il raffrescamento o la fornitura di acqua calda sanitaria a condensazione, con efficienza almeno pari alla classe A di prodotto prevista dal regolamento delegato (UE) n. 811/2013 della Commissione del 18 febbraio 2013, a pompa di calore, ivi inclusi gli impianti ibridi o geotermici, anche abbinati all'installazione di impianti fotovoltaici e relativi sistemi di accumulo;
- impianti di microcogenerazione;
- impianti a collettori solari.

[31] Tale indicazione è da ritenere superata stante la modifica normativa introdotta dalla L. 30/12/2020, n. 178 (Legge di bilancio 2021), comma 66, lettera a), n. 2).

In caso di interventi realizzati su edifici ubicati in aree non metanizzate nei comuni non interessati dalle procedure europee di infrazione n. 2014/2147 del 10 luglio 2014 o n. 2015/2043 del 28 maggio 2015 per l'inottemperanza dell'Italia agli obblighi previsti dalla direttiva 2008/50/CE, il Superbonus spetta anche per la sostituzione degli impianti di climatizzazione invernale esistenti con caldaie a biomassa aventi prestazioni emissive con i valori previsti almeno per la classe 5 stelle individuata ai sensi del regolamento di cui al decreto del Ministro dell'ambiente e della tutela del territorio e del mare 7 novembre 2017, n. 186.
In caso di interventi realizzati su edifici ubicati in comuni montani non interessati dalle procedure europee di infrazione n. 2014/2147 del 10 luglio 2014 o n. 2015/2043 del 28 maggio 2015 per l'inottemperanza dell'Italia agli obblighi previsti dalla direttiva 2008/50/CE, infine, il Superbonus spetta anche per l'allaccio a sistemi di teleriscaldamento efficiente, definiti ai sensi dell'articolo 2, comma 2, lettera tt), del decreto legislativo 4 luglio 2014, n. 102.
La detrazione è calcolata su un ammontare complessivo delle spese non superiore a euro 30.000 per singola unità immobiliare. Nel predetto limite, la detrazione spetta anche per le spese relative allo smaltimento e alla bonifica dell'impianto sostituito.
A tale limite di spesa si aggiunge quello previsto nel caso di eventuale installazione di impianti fotovoltaici e relativi sistemi di accumulo (fino a euro 48.000).

2.1.4. Interventi antisismici (sismabonus)

Per le spese sostenute dal 1° luglio 2020 al 31 dicembre 2021, la detrazione prevista dall'articolo 16, commi da 1-bis a 1-septies, del decreto-legge n. 63 del 2013 è elevata al 110 per cento.
Si tratta, nello specifico, degli interventi antisismici per la messa in sicurezza statica delle parti strutturali di edifici o di complessi di edifici collegati strutturalmente, di cui all'art. 16-bis, comma 1, lett. i), del TUIR, le cui procedute autorizzatorie sono iniziate dopo il 1° gennaio 2017, relativi a edifici ubicati nelle zone sismiche 1, 2 e 3 di cui all'ordinanza del Presidente del Consiglio dei ministri n. 3274 del 20 marzo 2003, inclusi quelli dai quali deriva la riduzione di una o due classi di rischio sismico, anche realizzati sulle parti comuni di edifici in condominio (commi da 1-bis a 1-sexies).
L'aliquota più elevata si applica, infine, anche alle spese sostenute dagli acquirenti delle cd. case antisismiche, vale a dire delle unità immobiliari facenti parte di edifici ubicati in zone classificate a rischio sismico 1, 2 e 3 (individuate dall'ordinanza del Presidente del Consiglio dei ministri n. 3519 del 28 aprile 2006) oggetto di interventi antisismici effettuati mediante demolizione e ricostruzione dell'immobile da parte di imprese di costruzione o ristrutturazione immobiliare che entro 18 mesi dal termine dei lavori provvedano alla successiva rivendita (comma 1-septies).
Il Superbonus spetta anche per la realizzazione di sistemi di monitoraggio strutturale continuo a fini antisismici, eseguita congiuntamente ad uno degli interventi di cui ai citati commi da 1-bis a 1-septies nel rispetto dei limiti di spesa previsti per tali interventi.
Gli importi di spesa ammessi al Superbonus sono pari a:

- 96.000 euro, nel caso di interventi realizzati su singole unità immobiliari. Il limite di spesa ammesso alla detrazione è annuale e riguarda il singolo immobile. Nell'ipotesi in cui gli interventi realizzati in ciascun anno consistano nella mera prosecuzione di lavori iniziati negli anni precedenti sulla stessa unità immobiliare, ai fini della determinazione del limite massimo delle spese ammesse in detrazione occorre tenere conto anche delle spese sostenute negli anni pregressi. Si ha, quindi, diritto all'agevolazione solo se la spesa per la quale si è già fruito della relativa detrazione nell'anno di sostenimento non ha superato il limite complessivo.
  In caso di più soggetti aventi diritto alla detrazione (comproprietari, ecc.), tale limite deve essere ripartito tra gli stessi per ciascun periodo d'imposta in relazione alle spese sostenute ed effettivamente rimaste a carico. L'ammontare massimo di spesa ammessa alla detrazione va riferito all'unità abitativa e alle sue pertinenze unitariamente considerate, anche se accatastate separatamente [32];
- 96.000 euro, nel caso di acquisto delle *"case antisismiche"*;
- 96.000 euro moltiplicato per il numero delle unità immobiliari di ciascun edificio, per gli interventi sulle parti comuni di edifici in condominio.

[32] Cfr., da ultimo, circolare n. 19/E del 2020.

Se il credito corrispondente alla detrazione spettante è ceduto ad un'impresa di assicurazione e contestualmente viene stipulata una polizza che copre il rischio di eventi calamitosi, la detrazione spettante per i premi assicurativi versati prevista nella misura del 19 per cento dall'articolo 15, comma 1, lettera f-bis), del TUIR è elevata al 90 per cento.
Al riguardo si precisa che la detrazione per i premi assicurativi non può essere *"ceduta"* in quanto l'articolo 121 del Decreto Rilancio richiama gli *"interventi"* antisismici dell'articolo 16 del decreto-legge n.63 del 2013 e del comma 4 dell'articolo 119 del decreto-legge in esame. In sostanza, l'impresa di assicurazione potrà acquisire il credito corrispondente al sismabonus ma non il credito corrispondente alla detrazione spettante per il premio assicurativo. Inoltre, per espressa previsione normativa, gli interventi antisismici possono essere effettuati su tutte le unità abitative, anche in numero superiore alle due unità in quanto, l'unico requisito richiesto è che tali unità si trovino nelle zone sismiche 1, 2 e 3. La suddivisione dei comuni italiani per rischio sismico è consultabile ad un apposito link [33] al sito del Dipartimento della Protezione Civile.

2.2. Interventi *"trainati"*

Il Superbonus [34] spetta anche per:

- le spese sostenute per tutti gli interventi di efficientamento energetico indicati nell'articolo 14 del decreto-legge n. 63 del 2013 (cd. *"ecobonus")*, nei limiti di detrazione o di spesa previsti da tale articolo per ciascun intervento;
- l'installazione di infrastrutture per la ricarica di veicoli elettrici negli edifici di cui all'articolo 16-ter del citato decreto-legge n. 63 del 2013.

La maggiore aliquota si applica solo se gli interventi sopra elencati sono eseguiti congiuntamente con almeno uno degli interventi di isolamento termico o di sostituzione degli impianti di climatizzazione invernale elencati nel paragrafo 2.1 e sempreché assicurino, nel loro complesso, il miglioramento di due classi energetiche oppure, ove non possibile, il conseguimento della classe energetica più alta e a condizione che gli interventi siano effettivamente conclusi.
Con riferimento alla condizione richiesta dalla norma che gli interventi trainati siano effettuati congiuntamente agli interventi trainanti ammessi al Superbonus si precisa che tale condizione si considera soddisfatta se *"le date delle spese sostenute per gli interventi trainati, sono ricomprese nell'intervallo di tempo individuato dalla data di inizio e dalla data di fine dei lavori per la realizzazione degli interventi trainanti"* [35]. Ciò implica che, ai fini dell'applicazione del Superbonus, le spese sostenute per gli interventi trainanti devono essere effettuate nell'arco temporale di vigenza dell'agevolazione, mentre le spese per gli interventi trainati devono essere sostenute nel periodo di vigenza dell'agevolazione e nell'intervallo di tempo tra la data di inizio e la data di fine dei lavori per la realizzazione degli interventi trainanti. Pertanto, se il contribuente ha sostenuto spese per interventi trainanti (ad esempio per il rifacimento del cd. *"cappotto termico"* o la sostituzione dell'impianto di climatizzazione invernale) a marzo 2020 e, pertanto, non ammesse al Superbonus, non potrà beneficiare di tale agevolazione neanche per le spese sostenute per la sostituzione delle finestre o per l'installazione di impianti fotovoltaici (interventi trainati) ancorché i relativi pagamenti siano effettuati successivamente all'entrata in vigore delle agevolazioni in commento, ad esempio, a settembre 2020.
Il Superbonus [36] spetta, infine, anche per le seguenti tipologie di interventi:

- l'installazione di impianti solari fotovoltaici connessi alla rete elettrica su determinati edifici [37], fino ad un ammontare complessivo delle spese non superiore a euro 48.000 per singola unità immobiliare e comunque nel limite di spesa di euro 2.400 per ogni kW di potenza nominale dell'impianto solare fotovoltaico;

---

[33] Si suggerisce per un migliore e più completo aggiornamento la consultazione della scheda tematica *"La classificazione sismica di tutti i comuni italiani dal 1927 a oggi"* sul sito *www.legislazionetecnica.it*
[34] In base ai commi 2 e 8 dell'articolo 119 del Decreto Rilancio
[35] In base all'articolo 2, comma 5 del decreto del Ministro dello Sviluppo Economico di concerto con il Ministro dell'Economia e delle Finanze e del Ministro dell'Ambiente e della Tutela del Territorio e del Mare e del Ministro delle Infrastrutture e dei Trasporti 6 agosto 2020.
[36] In base ai commi 5 e 6 dell'articolo 119 del Decreto Rilancio.
[37] Trattasi degli edifici di cui all'articolo 1, comma 1, lettere a), b), c) e d), del decreto del Presidente della Repubblica 26 agosto 1993, n. 412.

- l'installazione contestuale o successiva di sistemi di accumulo integrati negli impianti solari fotovoltaici agevolati, nel limite di spesa di 1.000 euro per ogni kWh.

La maggiore aliquota si applica solo se gli interventi sopra elencati sono eseguiti congiuntamente con almeno uno degli interventi di isolamento termico o di sostituzione degli impianti di climatizzazione invernale elencati nel paragrafo 2.1.

Qualora l'edificio sia sottoposto ad almeno uno dei vincoli previsti dal codice dei beni culturali e del paesaggio [38] o gli interventi trainanti di efficientamento energetico siano vietati da regolamenti edilizi, urbanistici e ambientali, la detrazione del 110 per cento si applica in ogni caso a tutti gli interventi trainati, fermo restando il rispetto della condizione che tali interventi portino a un miglioramento minimo di due classi energetiche oppure, ove non possibile, il conseguimento della classe energetica più alta nel senso sopra chiarito. Pertanto, se l'edificio è sottoposto ai vincoli previsti dal predetto codice dei beni culturali e del paesaggio o il rifacimento dell'isolamento termico è vietato da regolamenti edilizi, urbanistici o ambientali, il Superbonus si applica, comunque, ai singoli interventi ammessi all'ecobonus (ad esempio, sostituzione degli infissi), purché sia certificato il miglioramento energetico.

2.2.1 Interventi di efficientamento energetico

Gli interventi trainati di efficientamento energetico per i quali spetta il Superbonus sono quelli richiamati nell'articolo 14 del decreto-legge n. 63 del 2013, eseguiti congiuntamente ad almeno uno degli interventi di isolamento termico delle superfici opache o di sostituzione degli impianti di climatizzazione invernale esistenti.

Al riguardo, si ricorda che i predetti interventi sono agevolabili a condizione che gli edifici oggetto degli interventi abbiano determinate caratteristiche tecniche e, in particolare, siano dotati di impianti di riscaldamento funzionanti, presenti negli ambienti in cui si realizza l'intervento agevolabile. Questa condizione è richiesta per tutte le tipologie di interventi agevolabili ad eccezione dell'installazione dei collettori solari per produzione di acqua calda e dei generatori alimentati a biomassa e delle schermature solari. Pertanto, ad esempio, qualora l'edificio sia privo di impianto di riscaldamento, in caso di realizzazione di un nuovo impianto, quest'ultimo non potrà fruire del Superbonus.

2.2.2 Installazione di impianti solari fotovoltaici e di sistemi di accumulo

Il Superbonus si applica alle spese sostenute per l'installazione di impianti solari fotovoltaici connessi alla rete elettrica su determinati edifici [39], nonché per la installazione, contestuale o successiva, di sistemi di accumulo integrati nei predetti impianti solari fotovoltaici agevolati.

L'applicazione della maggiore aliquota è subordinata alla:

- installazione degli impianti eseguita congiuntamente ad uno degli interventi trainanti di isolamento termico delle superfici opache o di sostituzione degli impianti di climatizzazione nonché di adozione di misure antisismiche che danno diritto al Superbonus;
- cessione in favore del Gestore dei servizi energetici (GSE) Spa con le modalità di cui all'articolo 13, comma 3 del decreto legislativo 29 dicembre 2003, n. 387, dell'energia non auto-consumata in sito ovvero non condivisa per l'autoconsumo, ai sensi dell'articolo 42-bis del decreto-legge 30 dicembre 2019, n. 162, convertito, con modificazioni, dalla legge 28 febbraio 2020, n. 8.

La detrazione è calcolata su un ammontare complessivo delle spese non superiore a euro 48.000 e, comunque, nel limite di spesa di euro 2.400 per ogni kW di potenza nominale dell'impianto solare fotovoltaico.

La detrazione è riconosciuta anche in caso di installazione, contestuale o successiva, di sistemi di accumulo integrati nei predetti impianti solari fotovoltaici ammessi al Superbonus, alle stesse condizioni, negli stessi limiti di importo e ammontare complessivo previsti per gli interventi di installazione di impianti solari e, comunque, nel limite di spesa di euro 1.000 per ogni kWh di capacità di accumulo dei predetti sistemi.

---

[38] Di cui al decreto legislativo 22 gennaio 2004, n. 42.

[39] Trattasi degli edifici di cui all'articolo 1, comma 1, lettere a), b), c) e d), del decreto del Presidente della Repubblica 26 agosto 1993, n. 412.

Il limite di spesa per l'installazione dell'impianto fotovoltaico e del sistema di accumulo è ridotto ad euro 1.600 per ogni kW di potenza nel caso in cui sia contestuale ad un intervento di ristrutturazione edilizia, di nuova costruzione o di ristrutturazione urbanistica, di cui all'articolo 3, comma 1, lettere d), e) ed f), del decreto del Presidente della Repubblica 6 giugno 2001, n. 380.
Il limite di 48.000 euro, stabilito cumulativamente [40] per l'installazione degli impianti solari fotovoltaici e dei sistemi di accumulo integrati nei predetti impianti, è riferito alla singola unità immobiliare.
La detrazione non è cumulabile con altri incentivi pubblici o altre forme di agevolazione di qualsiasi natura previste dalla normativa europea, nazionale e regionale, compresi i fondi di garanzia e di rotazione di cui all'articolo 11, comma 4, del decreto legislativo 3 marzo 2011, n. 28, e gli incentivi per lo scambio sul posto di cui all'articolo 25-bis del decreto-legge 24 giugno 2014, n. 91, convertito, con modificazioni, dalla legge 11 agosto 2014, n. 116.

2.2.3 Infrastrutture per la ricarica di veicoli elettrici

Il Superbonus si applica alle spese sostenute, su un ammontare massimo delle spese stesse pari a euro 3.000, per l'installazione delle infrastrutture per la ricarica di veicoli elettrici negli edifici nonché per i costi legati all'aumento di potenza impegnata del contatore dell'energia elettrica, fino ad un massimo di 7 kW, di cui all'articolo 16-ter del decreto-legge n. 63 del 2013.
Il limite di spesa ammesso alla detrazione, pari a 3.000 euro, è annuale ed è riferito a ciascun intervento di acquisto e posa in opera delle infrastrutture di ricarica. Nel caso in cui la spesa sia sostenuta da più contribuenti la stessa, nel limite massimo previsto, va ripartita tra gli aventi diritto in base al costo sostenuto da ciascuno. Il predetto limite è, inoltre, riferito a ciascun contribuente e costituisce, pertanto, l'ammontare massimo di spesa ammesso alla detrazione anche nell'ipotesi in cui, nel medesimo anno, il contribuente abbia sostenuto spese per l'acquisto e la posa in opera di più infrastrutture di ricarica.
Ai fini dell'applicazione del Superbonus l'installazione deve essere eseguita congiuntamente ad un intervento di isolamento termico delle superfici opache o di sostituzione degli impianti di climatizzazione invernale indicati nel paragrafo 2.1.

3. REQUISITI PER L'ACCESSO AL SUPERBONUS

Ai fini dell'accesso al Superbonus, gli interventi di isolamento termico delle superfici opache o di sostituzione degli impianti di climatizzazione invernale esistenti devono:

- rispettare i requisiti previsti dal decreto del Ministro dello Sviluppo Economico di concerto con il Ministro dell'Economia e delle Finanze e del Ministro dell'Ambiente e della Tutela del Territorio e del Mare e del Ministro delle Infrastrutture e dei Trasporti del 6 agosto 2020 [41];
- assicurare, nel loro complesso, anche *"congiuntamente"* (nel senso indicato al paragrafo 2.2, e salve le ipotesi indicate nel medesimo paragrafo) agli interventi di efficientamento

---

[40] Questo punto è da ritenere superato, come espressamente indicato dalla Risoluzione 28/09/2020, n. 60/E, secondo cui il massimale di spesa relativo agli interventi di installazione di impianti fotovoltaici e relativi sistemi di accumulo di 48.000 Euro va riferito distintamente agli interventi di installazione degli impianti solari fotovoltaici e dei sistemi di accumulo integrati nei predetti impianti.

[41] In base al comma 3-ter dell'articolo 14 del decreto-legge n. 63 del 2013, il quale prevede che con uno o più decreti del Ministro dello sviluppo economico, di concerto con il Ministro dell'economia e delle finanze, il Ministro dell'ambiente e della tutela del territorio e del mare e il Ministro delle infrastrutture e dei trasporti, da adottare entro sessanta giorni dalla data di entrata in vigore della presente disposizione, sono definiti i requisiti tecnici che devono soddisfare gli interventi che beneficiano delle agevolazioni di cui al presente articolo, ivi compresi i massimali di costo specifici per singola tipologia di intervento, nonché le procedure e le modalità di esecuzione di controlli a campione, sia documentali che in situ, eseguiti dall'ENEA e volti ad accertare il rispetto dei requisiti che determinano l'accesso al beneficio. Nelle more dell'emanazione dei decreti di cui al presente comma, continuano ad applicarsi il decreto del Ministro dell'economia e delle finanze 19 febbraio 2007, pubblicato nella Gazzetta Ufficiale n. 47 del 26 febbraio 2007, e il decreto del Ministro dello sviluppo economico 11 marzo 2008, pubblicato nella Gazzetta Ufficiale n. 66 del 18 marzo 2008. L'ENEA, ai fini di assicurare coerenza con la legislazione e la normativa vigente in materia di efficienza energetica, limitatamente ai relativi contenuti tecnici, adegua il portale attualmente in essere e la relativa modulistica per la trasmissione dei dati a cura dei soggetti beneficiari delle detrazioni di cui al presente articolo.

energetico di cui al medesimo articolo 14 del decreto-legge n. 63 del 2013, all'installazione di impianti solari fotovoltaici ed, eventualmente, dei sistemi di accumulo, il miglioramento di almeno due classi energetiche dell'edificio condominiale, unifamiliare o della singola unità immobiliare funzionalmente indipendente e che disponga di uno o più accessi autonomi dall'esterno site all'interno di edifici plurifamiliari, ovvero, se non possibile in quanto l'edificio o l'unità immobiliare è già nella penultima (terzultima) classe, il conseguimento della classe energetica più alta.

Ne consegue che qualora l'edificio si trova in classe energetica *"A3"* basterà salire alla classe successiva *"A4"* per veder riconosciuta la detrazione nella misura del 110 per cento.

Il miglioramento energetico è dimostrato dall'Attestato di Prestazione Energetica (A.P.E.), di cui all'articolo 6 del decreto legislativo 19 agosto 2005, n. 192, ante e post intervento, rilasciato da un tecnico abilitato nella forma della dichiarazione asseverata.

4. DETRAZIONE SPETTANTE

La detrazione è riconosciuta nella misura del 110 per cento, da ripartire tra gli aventi diritto in cinque quote annuali di pari importo e si applica alle spese sostenute, per interventi *"trainanti"* e *"trainati"*, dal 1° luglio 2020 al 31 dicembre 2021, indipendentemente dalla data di effettuazione degli interventi.

In caso di interventi di isolamento termico delle superfici opache o di sostituzione degli impianti di climatizzazione invernale esistenti, realizzati su edifici unifamiliari o sulle unità immobiliari funzionalmente indipendenti e che dispongono di uno o più accessi autonomi dall'esterno site all'interno di edifici plurifamiliari, il Superbonus spetta per le spese sostenute dalle persone fisiche - nonché dai soggetti che producono reddito d'impresa o esercenti arti e professioni in relazione agli interventi su immobili diversi da quelli utilizzati per lo svolgimento di attività di impresa, arti e professioni - per interventi realizzati su un massimo di due unità immobiliari. Tale limitazione non opera per le spese sostenute per gli interventi effettuati sulle parti comuni dell'edificio.

I limiti di spesa ammessi alla detrazione variano in funzione della tipologia di interventi realizzati nonché degli edifici oggetto dei lavori agevolabili.

L'importo massimo di detrazione spettante si riferisce ai singoli interventi agevolabili e deve intendersi riferito all' edificio unifamiliare o alla unità immobiliare funzionalmente indipendente oggetto dell'intervento e, pertanto, andrà suddiviso tra i soggetti detentori o possessori dell'immobile che partecipano alla spesa in ragione dell'onere da ciascuno effettivamente sostenuto e documentato.

Nel caso in cui sul medesimo immobile siano effettuati più interventi agevolabili, il limite massimo di spesa detraibile sarà costituito dalla somma degli importi previsti per ciascuno degli interventi realizzati.

Pertanto, ad esempio, nel caso in cui due contribuenti comproprietari di un edificio unifamiliare sostengano spese per interventi di isolamento termico delle superfici opache, per i quali il limite di spesa è di 50.000 euro e di sostituzione dell'impianto di climatizzazione invernale, per il quale il limite di spesa è pari a euro 30.000, avranno diritto ad una detrazione pari al 110 per cento, calcolata su un importo di spesa complessivamente pari a 80.000, da ripartire in base alla spesa effettivamente sostenuta da ciascuno.

Analogamente nel caso in cui il condominio realizzi un intervento di sostituzione dell'impianto termico (intervento trainante) e il condomino, al quale sono imputate spese per tale intervento pari, ad esempio, a 10.000 euro, effettui interventi trainati , sostituendo sulla propria unità immobiliare, gli infissi con una spesa pari a 20.000 euro, nonché installando le schermature solari, con una spesa pari a 5.000 euro, avrà diritto ad una detrazione pari a 38.500 euro (110 per cento di 35.000 euro).

Nel caso di interventi realizzati su parti comuni di edifici in condominio, per i quali il limite di spesa è calcolato in funzione del numero delle unità immobiliari di cui l'edificio è composto, l'ammontare di spesa così determinato costituisce il limite massimo di spesa agevolabile riferito all'intero edificio e non quello riferito alle singole unità che lo compongono. Ciascun condomino potrà calcolare la detrazione in funzione della spesa a lui imputata in base ai millesimi di proprietà o ai diversi criteri applicabili, ai sensi degli artt. 1123 e seguenti del Codice civile ed effettivamente rimborsata al condominio anche in misura superiore all'ammontare commisurato alla singola unità immobiliare. Nel caso, ad esempio, in cui in un edificio in condominio composto da 5 unità immobiliari siano realizzati interventi di isolamento termico delle superfici opache, per il quale il limite di spesa è pari a 40.000 euro moltiplicato per il numero delle unità immobiliari (200.000 euro) ciascun condomino potrà calcolare la detrazione anche su un importo di spesa a lui imputata superiore a 40.000 euro.

Qualora si attuino interventi caratterizzati da requisiti tecnici che consentano di ricondurli astrattamente a due diverse fattispecie agevolabili - essendo stata realizzata, ad esempio, la sostituzione dell'impianto di climatizzazione invernale, astrattamente riconducibile sia tra gli interventi *"trainati"* sia tra quelli *"trainanti"* - il contribuente potrà applicare una sola agevolazione.

La detrazione dall'imposta lorda può essere fatta valere ai fini sia dell'imposta sul reddito delle persone fisiche (IRPEF) – nel rispetto delle limitazioni indicate al paragrafo 1.2 per i soggetti che producono reddito d'impresa o esercenti arti e professioni - che dell'imposta sul reddito delle società (IRES) - sia pure limitatamente a spese sostenute per interventi realizzati sulle parti comuni di edifici residenziali in condominio - e si riferisce alle spese sostenute nel 2020 o nel 2021 o, per i soggetti con periodo d'imposta non coincidente con l'anno solare, nei periodi d'imposta in corso alla data del 31 dicembre 2020 e alla data del 31 dicembre 2021, nonché per gli IACP comunque denominati e dagli enti aventi le stesse finalità sociali dei predetti Istituti per le spese sostenute fino al 30 giugno 2022 indipendentemente dalla data di avvio degli interventi cui le spese si riferiscono.

Ciò comporta, in particolare che, in applicazione dei principi generali, ai fini dell'individuazione del periodo d'imposta in cui imputare le spese stesse occorre fare riferimento:

- per le persone fisiche, compresi gli esercenti arti e professioni, e gli enti non commerciali, al criterio di cassa e, quindi, alla data dell'effettivo pagamento, indipendentemente dalla data di avvio degli interventi cui i pagamenti si riferiscono. Ad esempio, un intervento ammissibile iniziato a luglio 2019, con pagamenti effettuati sia nel 2019 che nel 2020 e 2021, consentirà la fruizione del Superbonus solo con riferimento alle spese sostenute nel 2020 e 2021;
- per le imprese individuali, le società e gli enti commerciali, al criterio di competenza e, quindi, alle spese da imputare al periodo di imposta in corso al 31 dicembre 2020 o al 31 dicembre 2021, indipendentemente dalla data di avvio degli interventi cui le spese si riferiscono e indipendentemente dalla data dei pagamenti. Si ritengono assimilabili a tali soggetti, altresì, le imprese minori di cui all'articolo 66 del TUIR che, come chiarito con la circolare 13 aprile 2017, n. 11/E, sono sottoposte ad un regime *"improntato alla cassa"*. Lo stesso legislatore, infatti, ha richiamato per alcuni componenti di reddito - che mal si conciliano con il criterio di cassa - la specifica disciplina prevista dal TUIR, rendendo di fatto operante per tali componenti il criterio di competenza. Ciò, in particolare, avviene per la deduzione delle quote di ammortamento che rappresentano la tecnica contabile mediante la quale le spese qui in esame concorrono alla formazione del risultato di periodo.

Per le spese sostenute da soggetti diversi dalle imprese individuali, dalle società e dagli enti commerciali relative ad interventi sulle parti comuni degli edifici, rileva, ai fini dell'imputazione al periodo d'imposta, la data del bonifico effettuato dal condominio, indipendentemente dalla data di versamento della rata condominiale da parte del singolo condomino.

Ad esempio, nel caso di bonifico eseguito dal condominio dopo il 1° luglio 2020, danno diritto al Superbonus anche le rate versate dal condomino nel 2019, nel 2020 e nel 2021 se in data antecedente alla scadenza dei termini della presentazione della dichiarazione dei redditi relativa al 2020.

La detrazione spetta sulle spese effettivamente sostenute e rimaste a carico del contribuente. Ne consegue che la detrazione non spetta se le spese sono rimborsate e il rimborso non ha concorso al reddito; eventuali contributi ricevuti dal contribuente devono, dunque, essere sottratti dall'ammontare su cui applicare la detrazione. Pertanto, ad esempio, qualora il contribuente persona fisica a fronte delle spese agevolabili riceve i contributi in periodi di imposta successivi a quelli in cui ha beneficiato della detrazione, tali contributi devono essere assoggettati a tassazione separata ai sensi dell'articolo 17, comma 1, lettera n-bis), del TUIR. Si considerano, invece, rimaste a carico le spese rimborsate per effetto di contributi che hanno concorso a formare il reddito in capo al contribuente.

In ogni caso, come tutte le detrazioni dall'imposta lorda, l'agevolazione è ammessa entro il limite che trova capienza nella predetta imposta annua; pertanto, la quota annuale della detrazione che non trova capienza nell'imposta lorda di ciascun anno, non può essere utilizzata in diminuzione dell'imposta lorda dei periodi d'imposta successivi né essere chiesta a rimborso.
Va, tuttavia, ricordato che, in alternativa alla fruizione della detrazione, il contribuente (anche incapiente) può optare per il cd. sconto in fattura o per la cessione del credito corrispondente alla detrazione stessa (cfr. paragrafo n. 7).
La detrazione si applica, inoltre, sul valore totale della fattura, al lordo del pagamento dell'IVA.
In caso di trasferimento per atto tra vivi dell'unità immobiliare residenziale (vendita o donazione) sulla quale sono stati realizzati gli interventi ammessi al Superbonus, le relative detrazioni non utilizzate in tutto o in parte dal cedente spettano, salvo diverso accordo tra le parti, per i rimanenti periodi d'imposta, all'acquirente persona fisica dell'unità immobiliare. In caso di decesso dell'avente diritto, la fruizione del beneficio fiscale si trasmette, per intero, esclusivamente all'erede che conservi la detenzione materiale e diretta del bene.

5. ALTRE SPESE AMMISSIBILI AL SUPERBONUS

Per espressa previsione normativa, sono detraibili nella misura del 110 per cento, nei limiti previsti per ciascun intervento, le spese sostenute per il rilascio del visto di conformità nonché delle attestazioni e delle asseverazioni.
La detrazione, inoltre, spetta anche per talune spese sostenute in relazione agli interventi che beneficiano del Superbonus, a condizione, tuttavia, che l'intervento a cui si riferiscono sia effettivamente realizzato. Si tratta, in particolare:

- delle spese sostenute per l'acquisto dei materiali, la progettazione e le altre spese professionali connesse, comunque richieste dal tipo di lavori (ad esempio, l'effettuazione di perizie e sopralluoghi, le spese preliminari di progettazione e ispezione e prospezione);
- degli altri eventuali costi strettamente collegati alla realizzazione degli interventi (ad esempio, le spese relative all'installazione di ponteggi, allo smaltimento dei materiali rimossi per eseguire i lavori, l'imposta sul valore aggiunto qualora non ricorrano le condizioni per la detrazione, l'imposta di bollo e i diritti pagati per la richiesta dei titoli abilitativi edilizi, la tassa per l'occupazione del suolo pubblico pagata dal contribuente per poter disporre dello spazio insistente sull'area pubblica necessario all'esecuzione dei lavori).

6. CUMULABILITÀ

Per gli interventi diversi da quelli che danno diritto al Superbonus restano applicabili le agevolazioni già previste dalla legislazione vigente in materia di riqualificazione energetica.
Si tratta, in particolare, delle detrazioni spettanti per:

- interventi di riqualificazione energetica degli edifici disciplinati dall'articolo 14 del decreto-legge n. 63 del 2013 non effettuati *"congiuntamente"* a quelli che danno diritto al Superbonus. Ai sensi di tale ultimo articolo, la detrazione attualmente prevista va dal 50 per cento al 85 per cento delle spese sostenute, in base alla tipologia di interventi effettuati, da ripartire in 10 quote annuali;
- l'installazione di impianti solari fotovoltaici, diversi da quelli che danno diritto al Superbonus che rientrano, invece, tra gli interventi finalizzati al risparmio energetico di cui all'articolo 16-bis, comma 1, lett. h), del TUIR, nonché dell'installazione contestuale o successiva dei sistemi di accumulo funzionalmente collegati agli impianti solari fotovoltaici stessi. Ai sensi di tale ultimo articolo, la detrazione è attualmente pari al 50 per cento delle spese sostenute da ripartire in 10 quote annuali;
- l'installazione di infrastrutture per la ricarica di veicoli elettrici negli edifici, diverse da quelle che danno diritto al Superbonus, che rientrano tra gli interventi ammessi alla detrazione di cui all'articolo 16-ter del decreto-legge n. 63 del 2013, pari al 50 per cento delle spese sostenute, da ripartire tra gli aventi diritto in 10 quote annuali di pari importo.

Si precisa, inoltre, che gli interventi trainanti ammessi al Superbonus possono astrattamente rientrare anche tra quelli di riqualificazione energetica agevolabili ai sensi del citato articolo 14 del decreto-legge n. 63 del 2013, oppure tra quelli di recupero del patrimonio edilizio richiamati all'articolo 16 del medesimo decreto-legge n. 63 del 2013. In considerazione della possibile sovrapposizione degli ambiti oggettivi previsti dalle normative richiamate, il contribuente potrà avvalersi, per le medesime spese, di una sola delle predette agevolazioni, rispettando gli adempimenti specificamente previsti in relazione alla stessa.
Qualora si attuino interventi riconducibili a diverse fattispecie agevolabili - essendo stati realizzati, ad esempio, nell'ambito della ristrutturazione dell'edificio, sia interventi ammessi al Superbonus (ad esempio, il cd. cappotto termico) sia interventi edilizi, esclusi dal predetto Superbonus, ma rientranti tra quelli di ristrutturazione edilizia di cui al citato articolo 16-bis del TUIR, per cui spetta una detrazione pari al 50 per cento delle spese (ad esempio, il rifacimento dell'impianto idraulico), il contribuente potrà fruire di entrambe le agevolazioni a condizione che siano distintamente contabilizzate le spese riferite ai due diversi interventi e siano rispettati gli adempimenti specificamente previsti in relazione a ciascuna detrazione.

7. ALTERNATIVE ALLE DETRAZIONI

Ai sensi dell'articolo 121 del Decreto Rilancio, i soggetti che sostengono, negli anni 2020 e 2021, spese per gli interventi elencati al paragrafo 7.2 possono optare, in luogo dell'utilizzo diretto della detrazione spettante in sede di dichiarazione dei redditi relativa all'anno di riferimento delle spese, alternativamente:

a) per un contributo, sotto forma di sconto sul corrispettivo dovuto, di importo massimo non superiore al corrispettivo stesso, anticipato dal fornitore di beni e servizi relativi agli interventi agevolati (cd. *"sconto in fattura")*. Il fornitore recupera il contributo anticipato sotto forma di credito d'imposta di importo pari alla detrazione spettante, con facoltà di successive cessioni di tale credito ad altri soggetti, ivi inclusi gli istituti di credito e gli altri intermediari finanziari. Pertanto, ad esempio, nel caso in cui il contribuente sostenga una spesa pari a 30.000 euro alla quale corrisponde una detrazione pari a 33.000 euro (110 per cento), a fronte dello sconto applicato in fattura pari a 30.000 euro, il fornitore maturerà un credito d'imposta pari a 33.000 euro. Nel caso in cui, invece, il fornitore applichi uno sconto *"parziale"*, il credito d'imposta è calcolato sull'importo dello sconto applicato. Ciò comporta, in sostanza, che se a fronte di una spesa di 30.000 euro, il fornitore applica uno sconto pari a 10.000 euro, lo stesso maturerà un credito d'imposta pari a 11.000 euro. Il contribuente potrà far valere in dichiarazione una detrazione pari a 22.000 euro (110 per cento di 20.000 euro rimasti a carico) o, in alternativa, potrà optare per la cessione del credito corrispondente a tale importo rimasto a carico ad altri soggetti, inclusi istituti di credito e altri intermediari finanziari;

b) per la cessione di un credito d'imposta corrispondente alla detrazione spettante, ad altri soggetti, ivi inclusi istituti di credito e altri intermediari finanziari, con facoltà di successive cessioni.

L'opzione può essere effettuata in relazione a ciascuno stato di avanzamento dei lavori che, con riferimento agli interventi ammessi al Superbonus, non possono essere più di due per ciascun intervento complessivo. Il primo stato di avanzamento, inoltre, deve riferirsi ad almeno il 30 per cento dell'intervento medesimo.
Nel caso in cui più soggetti sostengano spese per interventi realizzati sul medesimo immobile di cui sono possessori, ciascuno potrà decidere se fruire direttamente della detrazione o esercitare le opzioni previste, indipendentemente dalla scelta operata dagli altri.
In particolare, per interventi sulle parti comuni degli edifici, non è necessario che il condominio nel suo insieme opti per lo sconto in fattura o per la cessione del credito corrispondente alla detrazione spettante. Infatti, alcuni condomini potranno scegliere di sostenere le spese relative agli interventi e beneficiare così della detrazione, mentre altri potranno optare per lo sconto in fattura o per la cessione del credito.

I crediti d'imposta sono utilizzati in compensazione [42] attraverso il modello F24.
Non si applica il limite generale di compensabilità [43] previsto per i crediti di imposta e contributi pari a 700.000 euro (elevato a 1 milione di euro per il solo anno 2020), né il limite di 250.000 euro applicabile ai crediti di imposta da indicare nel quadro RU della dichiarazione dei redditi [44].
L'opzione, inoltre, può essere esercitata, sempre con riferimento alle spese sostenute negli anni 2020 e 2021, anche sulla base delle rate residue di detrazione non fruite. In tale ipotesi, l'opzione si riferisce a tutte le rate residue ed è irrevocabile. Ad esempio, il contribuente che ha sostenuto la spesa nell'anno 2020 può scegliere di fruire delle prime due rate di detrazione spettante, indicandole nelle relative dichiarazioni dei redditi, e di cedere il credito corrispondente alle restanti rate di detrazione.
Il credito d'imposta è usufruito con la stessa ripartizione in quote annuali con la quale sarebbe stata utilizzata la detrazione.
La quota di credito d'imposta non utilizzata nell'anno non può essere usufruita negli anni successivi, e non può essere richiesta a rimborso.
La cessione può essere disposta in favore:
- dei fornitori dei beni e dei servizi necessari alla realizzazione degli interventi;
- di altri soggetti (persone fisiche, anche esercenti attività di lavoro autonomo o d'impresa, società ed enti);
- di istituti di credito e intermediari finanziari.

I soggetti che ricevono il credito hanno, a loro volta, la facoltà di successive cessioni.
Il condomino può cedere l'intera detrazione calcolata o sulla base della spesa approvata dalla delibera assembleare per l'esecuzione dei lavori, per la quota a lui imputabile, o sulla base delle spese sostenute nel periodo d'imposta dal condominio, anche sotto forma di cessione del credito d'imposta ai fornitori, per la quota a lui imputabile.

7.1. Modalità di esercizio dell'opzione

Le modalità di esercizio dell'opzione, da effettuarsi in via telematica, anche avvalendosi dei professionisti abilitati alla trasmissione telematica delle dichiarazioni (dottori commercialisti, ragionieri, periti commerciali e consulenti del lavoro) [45] sono definite con il Provvedimento del Direttore dell'Agenzia delle entrate dell'8 Agosto 2020.

7.2. Interventi per i quali è possibile optare per la cessione o lo sconto

L'opzione può essere esercitata relativamente alle detrazioni spettanti per le spese per gli interventi di:
- recupero del patrimonio edilizio di cui all'articolo 16-bis, comma 1, lettere a) e b), del TUIR. Si tratta, in particolare, degli interventi di manutenzione straordinaria, di restauro e risanamento conservativo e di ristrutturazione edilizia effettuati sulle singole unità immobiliari nonché dei precedenti interventi e di quelli di manutenzione ordinaria effettuati sulle parti comuni degli edifici;
- efficienza energetica indicati nell'articolo 14 del decreto-legge n. 63 del 2013 quali, ad esempio, gli interventi di sostituzione degli impianti di riscaldamento o delle finestre comprensive di infissi, gli interventi sulle strutture o sull'involucro degli edifici, e quelli finalizzati congiuntamente anche alla riduzione del rischio sismico (ecobonus), nonché gli interventi di efficienza energetica che danno diritto al Superbonus;
- adozione di misure antisismiche di cui all'articolo 16 del medesimo decreto-legge n. 63 del 2013 (sismabonus), compresi quelli che danno diritto al Superbonus. L'opzione può essere

[42] Ai sensi dell'articolo 17 del decreto legislativo 9 luglio 1997, n. 241, per il pagamento delle imposte sui redditi, l'IVA, l'IRAP, i contributi previdenziali dovuti da titolari di posizione assicurativa, i contributi previdenziali e assistenziali dovuti dai datori dei lavori, i premi per l'assicurazione contro gli infortuni sul lavoro e le malattie professionali, le tasse sulle concessioni governative, le tasse scolastiche, le imposte sostitutive delle imposte sui redditi e dell'IVA, le somme che i soggetti tenuti alla riscossione dell'incremento all'addizionale comunale debbono riversare all'INPS.
[43] Previsto dall'articolo 34, della legge 23 dicembre 2000, n. 388.
[44] Previsto dall'articolo 31, comma 1, del decreto-legge 31 maggio 2010, n. 78, convertito, con modificazioni, dalla legge 30 luglio 2010, n. 122.
[45] Ai sensi del comma 3 dell'articolo 3 del decreto del Presidente della Repubblica 22 luglio 1998, n. 322.

esercitata anche con riferimento alla detrazione spettante per l'acquisto delle *"case antisismiche"* (comma 1-septies);
- recupero o restauro della facciata degli edifici esistenti, ivi inclusi quelli di sola pulitura o tinteggiatura esterna, per i quali spetta il cd. bonus facciate introdotto dalla legge di Bilancio 2020 (cfr. articolo 1, comma 219 e 220, della legge 27 dicembre 2019, n. 160);
- installazione di impianti fotovoltaici indicati nell'articolo 16-bis, comma 1, lettera h) del TUIR, compresi quelli che danno diritto al Superbonus;
- installazione di colonnine per la ricarica dei veicoli elettrici di cui all'articolo 16-ter del citato decreto-legge n. 63 del 2013, compresi quelli che danno diritto al Superbonus.

8. ADEMPIMENTI NECESSARI AI FINI DEL SUPERBONUS

Come già precisato, le disposizioni in materia di Superbonus si affiancano a quelle già vigenti che disciplinano le detrazioni spettanti per gli interventi di recupero del patrimonio edilizio, inclusi quelli antisismici (cd. *"sismabonus")*, nonché quelli di riqualificazione energetica degli edifici (cd. *"ecobonus")*.
In particolare, il Superbonus, a differenza delle predette agevolazioni, prevede un'aliquota di detrazione più elevata, nonché una diversa modalità di fruizione dell'agevolazione in quanto la detrazione è ripartita in 5 quote annuali di pari importo ed è inoltre possibile optare per un utilizzo alternativo della detrazione mediante lo sconto e la cessione.
Pertanto, in linea generale, anche ai fini del Superbonus è necessario effettuare gli adempimenti ordinariamente previsti per gli interventi di recupero del patrimonio edilizio e di efficientamento energetico degli edifici, inclusi quelli antisismici e quelli finalizzati al recupero o restauro della facciata esterna degli edifici esistenti, nonché quelli di installazione di colonnine per la ricarica dei veicoli elettrici.
In particolare, anche ai fini del Superbonus, il pagamento delle spese per l'esecuzione degli interventi, salvo l'importo del corrispettivo oggetto di sconto in fattura o cessione del credito, deve essere effettuato mediante bonifico bancario o postale dal quale risulti la causale del versamento, il codice fiscale del beneficiario della detrazione ed il numero di partita IVA, ovvero, il codice fiscale del soggetto a favore del quale il bonifico è effettuato. L'obbligo di effettuare il pagamento mediante bonifico non riguarda i soggetti esercenti attività d'impresa. Su tali bonifici, le banche, Poste Italiane SPA nonché gli istituti di pagamento - autorizzati in base alle disposizioni di cui al decreto legislativo n. 11 del 2010 e al decreto legislativo n. 385 del 1993 (TUB) a prestare servizi di pagamento - applicano, all'atto dell'accredito dei relativi pagamenti, la ritenuta d'acconto (attualmente nella misura dell'8 per cento) di cui all'articolo 25 del decreto-legge n. 78 del 2010. A tal fine possono essere utilizzati i bonifici predisposti dagli istituti di pagamento ai fini dell'ecobonus ovvero della detrazione prevista per gli interventi di recupero del patrimonio edilizio.
Inoltre, in aggiunta ai predetti adempimenti, è necessario acquisire:
- ai fini dell'opzione per la cessione o per lo sconto il visto di conformità dei dati relativi alla documentazione che attesta la sussistenza dei presupposti che danno diritto al Superbonus;
- ai fini del Superbonus nonché dell'opzione per lo sconto in fattura o per la cessione del credito corrispondente al predetto Superbonus l'asseverazione del rispetto dei requisiti tecnici degli interventi effettuati nonché della congruità delle spese sostenute in relazione agli interventi agevolati.

8.1. Visto di conformità

Ai fini dell'opzione per la cessione o lo sconto riferiti al Superbonus prevista dall'articolo 121 del Decreto Rilancio, è necessario richiedere il visto di conformità dei dati relativi alla documentazione che attesta la sussistenza dei presupposti che danno diritto alla detrazione d'imposta. Il visto di conformità è rilasciato ai sensi dell'articolo 35 del citato decreto legislativo n. 241 del 1997, dai soggetti incaricati della trasmissione telematica delle dichiarazioni (dottori commercialisti, ragionieri, periti commerciali e consulenti del lavoro) e dai responsabili dell'assistenza fiscale dei CAF che sono tenuti a verificare la presenza delle asseverazioni e delle attestazioni rilasciate dai professionisti incaricati.

8.2. Asseverazione

È necessario, inoltre, richiedere, sia ai fini dell'utilizzo diretto in dichiarazione del Superbonus che dell'opzione per la cessione o lo sconto:

- per gli interventi di efficientamento energetico, l'asseverazione da parte di un tecnico abilitato, che consente di dimostrare che l'intervento realizzato è conforme ai requisiti tecnici richiesti e la corrispondente congruità delle spese sostenute in relazione agli interventi agevolati. Una copia dell'asseverazione è trasmessa, esclusivamente per via telematica, all'Agenzia nazionale per le nuove tecnologie, l'energia e lo sviluppo economico sostenibile (ENEA), secondo le modalità stabilite con il decreto del Ministro dello Sviluppo Economico 3 agosto 2020;
- per gli interventi antisismici, l'asseverazione da parte dei professionisti incaricati della progettazione strutturale, direzione dei lavori delle strutture e collaudo statico secondo le rispettive competenze professionali, e iscritti ai relativi Ordini o Collegi professionali di appartenenza, dell'efficacia degli interventi, in base alle disposizioni di cui al decreto del Ministero delle Infrastrutture e dei trasporti 28 febbraio 2017, n. 58 e successive modificazioni. I professionisti incaricati devono attestare anche la corrispondente congruità delle spese sostenute in relazione agli interventi agevolati. L'asseverazione è depositata presso lo sportello unico competente di cui all'articolo 5 del decreto del Presidente della Repubblica 3 giugno 2001, n. 380.

L'asseverazione è rilasciata al termine dei lavori o per ogni stato di avanzamento dei lavori e attesta i requisiti tecnici sulla base del progetto e della effettiva realizzazione.

Per gli interventi di miglioramento energetico ammessi al Superbonus, ai fini dell'asseverazione della congruità delle spese si fa riferimento ai prezzari individuati dal decreto del Ministro dello Sviluppo Economico di concerto con il Ministro dell'Economia e delle Finanze e del Ministro dell'Ambiente e della Tutela del Territorio e del Mare e del Ministro delle Infrastrutture e dei Trasporti del 6 agosto 2020 [46].

Per gli interventi relativi alla adozione di misure antisismiche ammessi al Superbonus, i professionisti incaricati della progettazione strutturale, della direzione dei lavori delle strutture e del collaudo statico, secondo le rispettive competenze professionali, iscritti agli ordini o ai collegi professionali di appartenenza, nel rispetto della normativa di settore applicabile, attestano la corrispondente congruità delle spese sostenute in relazione agli interventi agevolati. Il soggetto che rilascia il visto di conformità verifica la presenza delle asseverazioni e delle attestazioni rilasciate dai professionisti incaricati.

Ai fini del rilascio delle predette attestazioni ed asseverazioni, i tecnici abilitati sono tenuti alla stipula di una polizza di assicurazione della responsabilità civile, con massimale adeguato al numero delle attestazioni o asseverazioni rilasciate e agli importi degli interventi oggetto delle predette attestazioni o asseverazioni e, comunque, non inferiore a 500.000 euro, al fine di garantire ai propri clienti e al bilancio dello Stato il risarcimento dei danni eventualmente provocati dall'attività prestata.

Resta ferma l'applicazione delle sanzioni penali ove il fatto costituisca reato, ai soggetti che rilasciano attestazioni e asseverazioni infedeli si applica la sanzione amministrativa pecuniaria da euro 2.000 a euro 15.000 per ciascuna attestazione o asseverazione infedele resa.

La non veridicità delle attestazioni o asseverazioni comporta la decadenza dal beneficio. Si applicano le disposizioni della legge 24 novembre 1981, n. 689. L'organo addetto al controllo sull'osservanza della presente disposizione ai sensi dell'articolo 14 della legge 24 novembre 1981, n. 689, è individuato nel Ministero dello sviluppo economico.

8.3. Documentazione da conservare

Ai fini del Superbonus il contribuente deve conservare le fatture o le ricevute fiscali comprovanti le spese effettivamente sostenute per la realizzazione degli interventi e, limitatamente ai soggetti di cui al punto 1.2, la ricevuta del bonifico bancario, ovvero del bonifico postale, attraverso il quale è stato effettuato il pagamento.

Se le cessioni di beni e le prestazioni di servizi sono effettuate da soggetti non tenuti

[46] Tale indicazione è da ritenere superata stante la modifica normativa introdotta dalla L. 30/12/2020, n. 178 (Legge di bilancio 2021), comma 66, lettera a), n. 2).

all'osservanza delle disposizioni di cui al decreto del Presidente della Repubblica 26 ottobre 1972, n. 633, la prova delle spese può essere costituita da altra idonea documentazione.
Se i lavori sono effettuati dal detentore dell'immobile, va altresì acquisita la dichiarazione del proprietario di consenso all'esecuzione dei lavori.
Nel caso in cui gli interventi sono effettuati su parti comuni degli edifici va, altresì, acquisita copia della delibera assembleare e della tabella millesimale di ripartizione delle spese. Tale documentazione può essere sostituita dalla certificazione rilasciata dall'amministratore del condominio.
È necessario, altresì, conservare una copia dell'asseverazione trasmessa all'ENEA per gli interventi di efficientamento energetico, nonché, per gli interventi antisismici, una copia dell'asseverazione depositata presso lo sportello unico competente di cui all'articolo 5 del decreto del Presidente della Repubblica 3 giugno 2001, n. 380.

9. CONTROLLI

Ai fini del controllo, si applicano, nei confronti dei soggetti che esercitano l'opzione, le attribuzioni e i poteri previsti dagli articoli 31 e seguenti del decreto del Presidente della Repubblica 29 settembre 1973, n. 600, e successive modificazioni.
I fornitori e i soggetti cessionari rispondono solo per l'eventuale utilizzo del credito d'imposta in modo irregolare o in misura maggiore rispetto al credito d'imposta ricevuto. Pertanto, se soggetto acquisisce un credito d'imposta, ma durante i controlli dell'ENEA o dell'Agenzia delle entrate viene rilevato che il contribuente non aveva diritto alla detrazione, il cessionario che ha acquistato il credito in buona fede non perde il diritto ad utilizzare il credito d'imposta.
L'Agenzia delle entrate nell'ambito dell'ordinaria attività di controllo procede, in base a criteri selettivi e tenendo anche conto della capacità operativa degli uffici, alla verifica documentale della sussistenza dei presupposti che danno diritto alla detrazione nei termini di cui all'articolo 43 del decreto del Presidente della Repubblica 29 settembre 1973, n. 600 e all'articolo 27, commi da 16 a 20, del decreto-legge 29 novembre 2008, n. 185, convertito, con modificazioni dalla legge 28 gennaio 2009, n. 2.
Qualora sia accertata la mancata integrazione, anche parziale, dei requisiti che danno diritto alla detrazione d'imposta, l'Agenzia delle entrate provvede al recupero dell'importo corrispondente alla detrazione non spettante nei confronti del soggetto che ha esercitato l'opzione, maggiorato degli interessi di cui all'articolo 20 del decreto del Presidente della Repubblica 29 settembre 1973, n. 602, e delle sanzioni di cui all'articolo 13 del decreto legislativo 18 dicembre 1997, n. 471.
Il recupero dell'importo della detrazione non spettante è effettuato nei confronti del soggetto beneficiario fermo restando, in presenza di concorso nella violazione, oltre all'applicazione dell'articolo 9, comma 1 del decreto legislativo 18 dicembre 1997, n. 472, anche la responsabilità in solido del fornitore che ha applicato lo sconto e dei cessionari per il pagamento dell'importo di cui al comma 5 e dei relativi interessi.

5.4 TESTO DELLA CIRCOLARE 29/11/2021, N. 16/E

Misure urgenti per il contrasto alle frodi nel settore delle agevolazioni fiscali ed economiche – Decreto-legge 11 novembre 2021, n. 157.

PREMESSA

Con il decreto-legge 11 novembre 2021, n. 157, recante «Misure urgenti per il contrasto alle frodi nel settore delle agevolazioni fiscali ed economiche», in corso di conversione, (di seguito "Decreto anti-frodi") - pubblicato nella Gazzetta ufficiale della Repubblica italiana dell'11 novembre 2021 ed entrato in vigore il 12 novembre 2021 [47] - sono state introdotte misure urgenti per contrastare i comportamenti fraudolenti e rafforzare le misure che presidiano le modalità di fruizione di determinati crediti d'imposta e detrazioni.

È stata, inoltre, disciplinata, razionalizzata e potenziata l'attività di accertamento e di recupero da parte dell'Agenzia delle entrate, con riferimento alle agevolazioni richiamate dagli articoli 1 e 2 del Decreto anti-frodi, nonché alle agevolazioni e ai contributi a fondo perduto, da essa erogati, introdotti a seguito dell'emergenza epidemiologica da Covid-19.
Al fine di recepire le modifiche normative apportate dal Decreto anti-frodi, l'Agenzia delle entrate ha emanato il provvedimento del 12 novembre 2021, prot. n. 312528, con cui sono state apportate modifiche al provvedimento del Direttore dell'Agenzia delle entrate dell'8 agosto 2020, prot. n. 283847, e sono stati approvati il nuovo modello di comunicazione delle opzioni, le relative istruzioni per la compilazione e le specifiche tecniche per la trasmissione telematica del modello all'Agenzia delle entrate.

Con la presente circolare si forniscono i primi chiarimenti sull'applicazione di tali disposizioni.

1. MISURE DI CONTRASTO ALLE FRODI IN MATERIA DI DETRAZIONI PER LAVORI EDILIZI E CESSIONI DEI CREDITI. ESTENSIONE DELL'OBBLIGO DEL VISTO DI CONFORMITÀ E DELLA CONGRUITÀ DEI PREZZI

1.1. Superbonus

L'articolo 1, comma 1, lett. a), del Decreto anti-frodi ha esteso l'obbligatorietà del visto di conformità anche al caso in cui il Superbonus sia fruito dal beneficiario nella propria dichiarazione dei redditi e ha rinviato ad un ulteriore decreto ministeriale (del Ministro della transizione ecologica) l'individuazione di valori massimi, per talune categorie di beni, cui occorre far riferimento per asseverare la congruità delle spese sostenute per gli interventi rientranti nella predetta agevolazione.

1.1.1. Visto di conformità

Il citato articolo 1, comma 1, lett. a), n. 1), del Decreto anti-frodi ha modificato il comma 11 dell'articolo 119 del Decreto rilancio, che, nella versione previgente, prevedeva l'obbligo di apposizione del visto di conformità [48] dei dati relativi alla documentazione attestante la sussistenza dei presupposti che danno diritto al Superbonus solo nelle ipotesi in cui il contribuente intendeva avvalersi - in luogo dell'utilizzo diretto della detrazione spettante in sede di dichiarazione dei redditi -

---

[47] L'articolo 5 del Decreto anti-frodi prevede che «Il presente decreto entra in vigore il giorno successivo a quello della sua pubblicazione nella Gazzetta Ufficiale della Repubblica italiana e sarà presentato alle Camere per la conversione in legge».
[48] L'articolo 119, comma 11, del Decreto rilancio prevede, tra l'altro, che «Il visto di conformità è rilasciato ai sensi dell'articolo 35 del decreto legislativo 9 luglio 1997, n. 241, dai soggetti indicati alle lettere a) e b) del comma 3 dell'articolo 3 del regolamento di cui al decreto del Presidente della Repubblica 22 luglio 1998, n. 322, e dai responsabili dell'assistenza fiscale dei centri costituiti dai soggetti di cui all'articolo 32 del citato decreto legislativo n. 241 del 1997».

dell'opzione per la cessione del credito o lo sconto in fattura di cui al successivo articolo 121, recante «Opzione per la cessione o per lo sconto in luogo delle detrazioni fiscali».
Con la modifica in commento, l'obbligo del visto di conformità viene esteso anche al caso in cui, con riferimento alle spese per interventi rientranti nel Superbonus, il contribuente fruisca di tale detrazione nella dichiarazione dei redditi, salva l'ipotesi in cui la dichiarazione sia presentata «direttamente dal contribuente all'Agenzia delle entrate, ovvero tramite il sostituto d'imposta che presta l'assistenza fiscale».
Più precisamente, tale obbligo è escluso nell'ipotesi in cui la dichiarazione sia presentata direttamente dal contribuente, attraverso l'utilizzo della dichiarazione precompilata predisposta dall'Agenzia delle entrate (modello 730 o modello Redditi), ovvero tramite il sostituto d'imposta che presta l'assistenza fiscale (modello 730) [49].
Si precisa che il visto di conformità riguarda solo i dati relativi alla documentazione che attesta la sussistenza dei presupposti che danno diritto alla detrazione. In tali casi, fermi restando gli obblighi di conservazione documentale previsti in capo ai soggetti che rilasciano il visto di conformità, il contribuente è tenuto a conservare la documentazione attestante il rilascio del visto di conformità (da acquisire entro la data di presentazione della dichiarazione dei redditi), unitamente ai documenti giustificativi delle spese e alle attestazioni che danno diritto alla detrazione.
Resta fermo che il contribuente è tenuto a richiedere il visto di conformità sull'intera dichiarazione nei casi normativamente previsti: si pensi, ad esempio, all'ipotesi in cui la dichiarazione modello 730 sia presentata a un Centro di assistenza fiscale (CAF) o a un professionista abilitato oppure all'ipotesi prevista dall'articolo 1, comma 574, della legge 27 dicembre 2013, n. 147, secondo cui i contribuenti che, ai sensi dell'articolo 17 del decreto legislativo 9 luglio 1997, n. 241, utilizzino in compensazione i crediti relativi alle imposte sui redditi e alle relative addizionali, alle ritenute alla fonte, alle imposte sostitutive delle imposte sul reddito e all'imposta regionale sulle attività produttive, per importi superiori a 5.000 euro annui, hanno l'obbligo di richiedere l'apposizione del visto di conformità relativamente alle singole dichiarazioni dalle quali emerge il credito.
In tali casi, infatti, il visto sull'intera dichiarazione assorbe il sopra descritto obbligo introdotto dall'articolo 1, comma 1, lett. a), n. 1), del Decreto anti-frodi.
Infine, ai sensi del combinato disposto dell'articolo 119, comma 15, del Decreto rilancio, che prevede che «Rientrano tra le spese detraibili per gli interventi di cui al presente articolo quelle sostenute per il rilascio [...] del visto di conformità di cui al comma 11», e del citato articolo 1, comma 1, lett. a), n. 1), del Decreto anti-frodi, sono detraibili le spese sostenute per l'apposizione di tale visto anche nel caso in cui il contribuente fruisca del Superbonus direttamente nella propria dichiarazione dei redditi.

1.1.1.1. Ambito di applicazione temporale

L'obbligo di apposizione del visto di conformità, introdotto per la fruizione del Superbonus direttamente nella dichiarazione dei redditi del contribuente, trova applicazione per le persone fisiche, compresi gli esercenti arti e professioni, e gli enti non commerciali, cui si applica il criterio di cassa, con riferimento alle fatture emesse e ai relativi pagamenti intervenuti a decorrere dal 12 novembre 2021, data di entrata in vigore del Decreto anti-frodi. Ciò in quanto, in applicazione del predetto criterio di cassa, il presupposto agevolativo si realizza nel momento del sostenimento della spesa che dà diritto alla detrazione.
Non è, pertanto, richiesto il visto di conformità per le spese relative all'anno 2020 indicate nella dichiarazione dei redditi relativa al medesimo anno 2020 (modello 730/2021 o modello Redditi 2021), anche se presentata dopo l'11 novembre 2021. Tale obbligo non sussiste neanche in caso di successiva presentazione di una dichiarazione dei redditi integrativa relativa al periodo d'imposta 2020.

[49] La relazione illustrativa al Decreto anti-frodi chiarisce, infatti, che «L'obbligo del visto di conformità non sussiste se la dichiarazione è presentata direttamente dal contribuente, attraverso l'utilizzo della dichiarazione precompilata predisposta dall'Agenzia delle entrate, ovvero tramite il sostituto d'imposta che presta l'assistenza fiscale».

Per ragioni di sistematicità nell'applicazione delle disposizioni previste dal Decreto anti-frodi e tenuto conto dello specifico obiettivo dallo stesso perseguito di contrastare i comportamenti fraudolenti e rafforzare le misure che presidiano le modalità di fruizione di determinati crediti d'imposta e detrazioni, si ritiene che, anche per le imprese individuali, le società e gli enti commerciali, cui si applica il criterio di competenza, il predetto obbligo di apposizione del visto di conformità trovi applicazione con riferimento alle fatture emesse a decorrere dal 12 novembre 2021, a prescindere dal periodo di imputazione della spesa [50].

1.1.2. Asseverazione

Il citato articolo 1, comma 1, lett. a), n. 2), del Decreto anti-frode ha modificato il comma 13-bis dell'articolo 119 del Decreto rilancio che, nella versione previgente, prevedeva, ai fini dell'attestazione della congruità delle spese sostenute, che l'asseverazione dovesse tenere conto, per gli interventi ammessi al Superbonus [51], dei prezzari successivamente individuati dal decreto del Ministro dello sviluppo economico del 6 agosto 2020, recante «Requisiti tecnici per l'accesso alle detrazioni fiscali per la riqualificazione energetica degli edifici - cd. Ecobonus», pubblicato nella Gazzetta ufficiale della Repubblica italiana del 5 ottobre 2020, e - nelle more dell'adozione del predetto decreto - dei prezzi riportati nei prezzari predisposti dalle Regioni e dalle Province autonome, dei listini ufficiali o dei listini delle locali camere di commercio, industria, artigianato e agricoltura ovvero, in difetto, dei prezzi correnti di mercato in base al luogo di effettuazione degli interventi.
Con la modifica in commento viene previsto che, per stabilire la congruità delle spese che devono essere asseverate dal tecnico abilitato, occorre fare riferimento non solo ai prezzari individuati dal predetto decreto ministeriale, ma anche ai valori massimi stabiliti, per talune categorie di beni, da un emanando decreto del Ministro della transizione ecologica. Viene, inoltre, precisato che nelle «more dell'adozione dei predetti decreti, la congruità delle spese è determinata facendo riferimento ai prezzi riportati nei prezzari predisposti dalle regioni e dalle province autonome, ai listini ufficiali o ai listini delle locali camere di commercio, industria, artigianato e agricoltura ovvero, in difetto, ai prezzi correnti di mercato in base al luogo di effettuazione degli interventi».
Al riguardo, si ritiene che - nelle more dell'adozione del decreto del Ministero della transizione ecologica previsto dal citato articolo 1, comma 1, lett. a), del Decreto anti-frodi - ai fini dell'asseverazione relativa agli interventi finalizzati alla riqualificazione energetica rientranti nel Superbonus, si debba continuare a fare riferimento al citato d.m. 6 agosto 2020 [52].
In particolare, ai sensi dell'Allegato A, punto 13.1, del d.m. 6 agosto 2020, l'asseverazione attesta il costo massimo per tipologia di intervento nel rispetto dei seguenti criteri: «i costi per tipologia di intervento sono inferiori o uguali ai prezzi medi delle opere compiute riportati nei prezzari predisposti dalle regioni e dalle province autonome territorialmente competenti, di concerto con le articolazioni territoriali del Ministero delle infrastrutture e dei trasporti relativi alla regione in cui è sito l'edificio oggetto dell'intervento. In alternativa ai suddetti prezzari, il tecnico abilitato può riferirsi ai prezzi riportati nelle guide sui "Prezzi informativi dell'edilizia" edite dalla casa editrice DEI - Tipografia del Genio Civile» (lett. a); inoltre «nel caso in cui i prezzari di cui alla lettera a) non riportino le voci relative agli interventi, o parte degli interventi da eseguire, il tecnico abilitato determina i nuovi prezzi per tali interventi in maniera analitica, secondo un procedimento che tenga conto di tutte le variabili che intervengono nella definizione dell'importo stesso. In tali casi, il tecnico può anche avvalersi dei prezzi indicati all'Allegato I...» (lett. b).

---

[50] Cfr. per il criterio di competenza, da ultimo, circolare del 22 dicembre 2020, n. 30/E, risposta 5.1.1.

[51] Cfr. articolo 119, commi 1, 2, 3 e 4, del Decreto rilancio.

[52] L'articolo 12 del d.m. 6 agosto 2020 prevede, infatti, che:

> «1. Le disposizioni e i requisiti tecnici di cui al presente decreto si applicano agli interventi la cui data di inizio lavori sia successiva all'entrata in vigore del presente decreto. Agli interventi la cui data di inizio lavori, comprovata tramite apposita documentazione, sia antecedente la data di entrata in vigore del presente decreto, si applicano, ove compatibili, le disposizioni di cui al decreto del Ministro dell'economia e delle finanze di concerto con il Ministro dello sviluppo economico 19 febbraio 2007, pubblicato nella Gazzetta Ufficiale in data 26 febbraio 2007.
> 2.Resta inteso che, al fine di accedere alle detrazioni spettanti ai sensi dell'art. 119 del Decreto Rilancio, permane l'obbligo previsto all'art. 8 di acquisire l'asseverazione che comprenda, nei casi previsti dalla legge, la dichiarazione di congruità delle spese sostenute dal 1° luglio 2020 al 31 dicembre 2021, e, per i soggetti di cui al comma 9, lett. c), dell'art. 119 del Decreto Rilancio, dal 1° luglio 2020 al 30 giugno 2022, in relazione anche agli interventi agevolati la cui data di inizio lavori sia antecedente l'entrata in vigore del presente decreto».

Per l'asseverazione relativa agli interventi diversi da quelli finalizzati alla riqualificazione energetica, compresi quelli di riduzione del rischio sismico, rientranti nel Superbonus, occorre, invece, fare riferimento al criterio residuale individuato dal citato articolo 119, comma 13-bis, del Decreto rilancio, ossia ai prezzi riportati nei prezzari predisposti dalle Regioni e dalle Province autonome, ai listini ufficiali o ai listini delle locali camere di commercio, industria, artigianato e agricoltura ovvero, in difetto, ai prezzi correnti di mercato in base al luogo di effettuazione degli interventi. Ciò in quanto il citato d.m. 6 agosto 2020 non contiene alcuna specifica indicazione in merito a tali interventi [53].

Con particolare riferimento all'acquisto di case antisismiche, ai fini del Superbonus, si ricorda che la detrazione di cui al comma 1-septies dell'articolo 16 del decreto-legge 4 giugno 2013, n. 63, convertito, con modificazioni, dalla legge 3 agosto 2013, n. 90, è commisurata al prezzo della singola unità immobiliare risultante nell'atto pubblico di compravendita e non alle spese sostenute dall'impresa in relazione agli interventi agevolati. Non va, pertanto, attestata la corrispondente congruità delle spese neanche a seguito della modifica normativa in commento.
In ultimo, con riferimento ai modelli di asseverazione di cui al comma 13 dell'articolo 119 del Decreto rilancio, relativi agli interventi rientranti nel Superbonus, si rinvia a quelli previsti:

- per gli interventi finalizzati alla riqualificazione energetica rientranti nel Superbonus, dagli Allegati 1 (in caso di lavori conclusi) e 2 (in caso di stati di avanzamento lavori) del decreto del Ministero dello sviluppo economico del 6 agosto 2020, recante «Requisiti delle asseverazioni per l'accesso alle detrazioni fiscali per la riqualificazione energetica degli edifici - cd. Ecobonus», pubblicato nella Gazzetta ufficiale del 5 ottobre 2020;
- per gli interventi finalizzati alla riduzione del rischio sismico rientranti nel Superbonus, dall'Allegato B del decreto del Ministero delle Infrastrutture e dei Trasporti del 28 febbraio 2017, n. 58, recante «Sisma Bonus - Linee guida per la classificazione del rischio sismico delle costruzioni nonché le modalità per l'attestazione, da parte di professionisti abilitati, dell'efficacia degli interventi effettuati».

1.1.3. Cessione delle rate residue di detrazione non fruite

Poiché l'obbligo del rilascio dell'asseverazione, così come del visto di conformità, era già previsto dal Decreto rilancio, resta invariata la disciplina relativa alle comunicazioni di cessione del credito concernenti le rate residue non fruite delle detrazioni riferite alle spese sostenute nell'anno 2020 per gli interventi ammessi al Superbonus.
Pertanto, il contribuente che ha utilizzato direttamente in detrazione nella propria dichiarazione dei redditi relativa all'anno 2020 la prima rata di spese relativa ad interventi ammessi al Superbonus e intende cedere le rate residue non fruite, nelle more dell'entrata in vigore del predetto decreto del Ministro della transizione ecologica, ai fini della comunicazione della cessione, deve essere in possesso dell'asseverazione già acquisita per la fruizione diretta della detrazione per la prima rata, nonché del visto di conformità dei dati relativi alla documentazione attestante la sussistenza dei presupposti che danno diritto al Superbonus.

1.2. *Si omette il punto 1.2 perché non attinente il Superbonus*

2. MISURE DI CONTRASTO ALLE FRODI IN MATERIA DI CESSIONI DEI CREDITI. RAFFORZAMENTO DEI CONTROLLI PREVENTIVI

L'articolo 2 del Decreto anti-frodi inserisce, dopo l'articolo 122 del Decreto rilancio, l'articolo 122-bis, rubricato «Misure di contrasto alle frodi in materia di cessioni dei crediti. Rafforzamento dei controlli preventivi».

[53] Cfr. risposta a istanza di interpello dell'Agenzia delle entrate del 9 novembre 2020, n. 538.

Come chiarito dalla relazione illustrativa al Decreto anti-frodi, tale articolo contiene disposizioni che assolvono a funzioni di presidio preventivo, fermi restando i poteri di controllo nel merito dell'Amministrazione finanziaria in relazione alle operazioni di cessione dei crediti avvenute sia antecedentemente sia successivamente all'entrata in vigore della norma.
Ai sensi del comma 1 dell'articolo 122-bis del Decreto rilancio, l'Agenzia delle entrate - entro cinque giorni lavorativi dall'invio delle comunicazioni delle opzioni per lo sconto o per le cessioni dei crediti, anche successive alla prima, trasmesse all'Agenzia delle entrate ai sensi degli articoli 121 e 122 [54] del predetto decreto (di seguito comunicazioni) - ha la facoltà di sospendere, per un periodo non superiore a trenta giorni dalla data di sospensione, gli effetti delle predette comunicazioni.
Deve trattarsi di comunicazioni che presentano profili di rischio utilizzabili dall'Agenzia delle entrate ai fini del relativo controllo preventivo.
Tali profili di rischio sono individuati utilizzando criteri relativi alla diversa tipologia dei crediti ceduti e riferiti:

- alla coerenza e alla regolarità dei dati indicati nelle comunicazioni con i dati presenti nell'Anagrafe tributaria o comunque in possesso dell'Amministrazione finanziaria;
- ai dati afferenti ai crediti oggetto di cessione e ai soggetti che intervengono nelle operazioni cui detti crediti sono correlati, sulla base delle informazioni presenti nell'Anagrafe tributaria o comunque in possesso dell'Amministrazione finanziaria;
- ad analoghe cessioni effettuate in precedenza dai soggetti indicati nelle comunicazioni.

Il comma 2 dell'articolo 122-bis del Decreto rilancio prevede che, se all'esito del controllo, tali rischi:

- risultano confermati, la comunicazione si considera non effettuata e l'esito del controllo è comunicato al soggetto che ha trasmesso la comunicazione;
- non risultano confermati, ovvero se risulta decorso il periodo di sospensione degli effetti della comunicazione senza che i rischi risultino confermati, la comunicazione produce gli effetti previsti dalle disposizioni di riferimento.

Ciò premesso, il termine di utilizzo del credito è da ritenersi prorogato per un periodo pari a quello di sospensione degli effetti della comunicazione stessa (al massimo di 30 giorni), se all'esito della predetta attività di controllo i rischi di frode non siano stati confermati.
Il comma 3 dell'articolo 122-bis del Decreto rilancio prevede che, «Fermi restando gli ordinari poteri di controllo, l'Amministrazione finanziaria procede in ogni caso al controllo nei termini di legge di tutti i crediti relativi alle cessioni per le quali la comunicazioni si considera non avvenuta ai sensi del comma 2».
Resta inteso che il sopra descritto presidio preventivo posto in essere dall'Agenzia delle entrate non esonera i soggetti coinvolti nelle cessioni - in primis, i cessionari ed i fornitori che acquistano il credito a fronte del contributo, sotto forma di sconto sul corrispettivo dovuto - dal ricorso all'ordinaria diligenza richiesta per evitare la partecipazione a condotte fraudolente. Difatti, né la mancata selezione della specifica comunicazione tra quelle oggetto di sospensione, né la rimozione della sospensione inizialmente operata, ovvero il decorso dei 30 giorni senza conferma dei profili di rischio, precludono gli ordinari poteri di controllo dell'Amministrazione finanziaria e, pertanto, non costituiscono alcun riconoscimento circa la spettanza della specifica agevolazione: il presidio preventivo antifrode de quo si fonda sull'analisi dei profili di rischio individuati dal legislatore, idonei ad intercettare (e bloccare) le più rilevanti condotte illecite, ma non rappresenta un controllo sostanziale dell'agevolazione, né della regolarità della comunicazione.
Il comma 4 dell'articolo 122-bis del Decreto rilancio prevede che i soggetti obbligati di cui all'articolo 3 del decreto legislativo 21 novembre 2007, n. 231, che intervengono nelle cessioni comunicate ai sensi degli articoli 121 e 122 del Decreto rilancio, non procedono all'acquisizione del credito in tutti i casi in cui ricorrono i presupposti di cui agli articoli 35 («Obbligo di segnalazione delle operazioni sospette») e 42 («Astensione») del predetto d.lgs. n. 231 del 2007, fermi restando gli obblighi ivi previsti.
Come chiarito dalla relazione illustrativa al Decreto anti-frodi, ai fini dell'individuazione delle operazioni sospette, oggetto dell'obbligo di comunicazione all'Unità di informazione finanziaria (UIF), è necessario tenere conto dei rischi connessi con:

---

[54] Concernente la cessione dei crediti d'imposta riconosciuti da provvedimenti emanati per fronteggiare l'emergenza da COVID-19 (credito d'imposta per botteghe e negozi; credito d'imposta per i canoni di locazione degli immobili a uso non abitativo e affitto d'azienda; credito d'imposta per l'adeguamento degli ambienti di lavoro; credito d'imposta per la sanificazione e l'acquisto di dispositivi di protezione).

- l'eventuale natura fittizia dei crediti stessi;
- la presenza di cessionari dei crediti che pagano il prezzo della cessione con capitali di possibile origine illecita;
- lo svolgimento di abusiva attività finanziaria da parte di soggetti privi delle prescritte autorizzazioni che effettuano plurime operazioni di acquisto di crediti da un'ampia platea di cedenti [55].

Pertanto, si ritiene che laddove ricorrano i presupposti per la segnalazione di operazioni sospette, a prescindere dall'effettivo assolvimento del relativo obbligo da parte dei soggetti obbligati di cui al citato articolo 3 del d.lgs. n. 231 del 2007, e ciononostante detti soggetti obbligati procedano all'acquisto del credito, tale condotta è valutata anche ai fini del concorso nelle violazioni relative all'utilizzo dei crediti in argomento.

Infine, il comma 5 dell'articolo 122-bis del Decreto rilancio rinvia ad un provvedimento del direttore dell'Agenzia delle entrate, in corso di emanazione, la definizione dei criteri, delle modalità e dei termini per l'attuazione dei predetti controlli preventivi.

[55] Comunicazione UIF dell'11 febbraio 2021, relativa alla prevenzione di fenomeni di criminalità finanziaria connessi con l'emergenza da COVID-19.

5.5 MASSIMARIO INTERPELLI AGENZIA ENTRATE

Raccolta ragionata delle massime reperibili nelle risposte a interpelli dell'Agenzia delle entrate sul tema del Superbonus 110%.

5.5.1 Valenza giuridica delle risposte agli interpelli

Attraverso gli istituti dell'Interpello - disciplinato dall'art. 11 della L. 27/07/2000, n. 212 - e quello della consulenza giuridica esterna, i contribuenti possono chiedere all'Agenzia delle entrate di pronunciarsi in relazione all'interpretazione di norme tributarie.
Molto numerosi sono gli interpelli, e le conseguenti risposte fornite, riguardanti il Superbonus 110%, la detrazione fiscale per interventi di efficientamento energetico e adeguamento antisismico degli edifici esistenti disciplinata dall'art. 119 del D.L. 34/2020 e dai susseguenti provvedimenti attuativi e documenti di prassi.
Non è facile per il contribuente e il professionista districarsi tra le molte risposte, dal momento che esse:

- hanno efficacia esclusivamente per lo specifico caso descritto nell'istanza;
- non possono contenere alcun principio innovativo, potendo unicamente fare applicazione di quanto già disciplinato da normativa e prassi esistenti (Circolari o Risoluzioni);
- riguardano casi estremamente specifici e pertanto devono essere applicati con molta cautela a fattispecie più generali;
- prendono in considerazione solo aspetti fiscali, non trattando o dando per scontati aspetti afferenti invece la materia urbanistico-edilizia, o dettagli tecnici, che sono essenziali in una materia come quella trattata;
- sono molto prolissi, contenendo sempre una parte iniziale in cui viene riassunta la disciplina generale dell'istituto del Superbonus;
- le risposte sono elaborate in base al quadro normativo vigente al momento della loro redazione, e pertanto potrebbero non essere aggiornate in funzione di successivi sviluppi, anche già intervenuti al momento della pubblicazione dell'interpello stesso, spesso non immediata.

Da qui, la creazione di questo "*Massimario*", nel quale vengono estrapolati i principi di diritto ricavabili dalle risposte (appunto le "*massime*"), che vengono poi raccolti e catalogati per argomento al fine di facilitarne la consultazione.

5.5.2 Massimario degli interpelli sul Superbonus

5.5.2.1 Accorpamento, frazionamento o variazione del numero di unità immobiliari

Riqualificazione di unità immobiliare con accorpamento ad altra unità preesistente non oggetto di riqualificazione.

In caso di riqualificazione energetica con accorpamento, il miglioramento di due classi energetiche oppure, ove non possibile, il conseguimento della classe energetica più alta, richiesto dalla norma ai fini dell'applicazione del Superbonus, deve essere attestato per l'intero edificio risultante, al termine dei lavori, dall'accorpamento.

Interpello 27/11/2020, n. 562

Calcolo dei massimali per intervento che prevede il frazionamento di una unità immobiliare preesistente in due o più unità immobiliari, o viceversa l'accorpamento di due o più unità immobiliari in una.

Nel caso in cui gli interventi comportino l'accorpamento di più unità abitative o la suddivisione in più immobili di un'unica unità abitativa, per l'individuazione del limite di spesa, vanno considerate le unità immobiliari censite in Catasto all'inizio degli interventi edilizi, e non quelle risultanti alla fine dei lavori. Ciò implica in sostanza che in questi casi va valorizzata la situazione esistente all'inizio dei lavori e non quella risultante dagli stessi ai fini dell'applicazione delle detrazioni.

Interpello 13/04/2021, n. 242

NOTE

Nello stesso senso anche:

- Interpello 24/11/2021, n. 791
- Interpello 15/10/2021, n. 709
- Interpello 17/09/2021, n. 608
- Interpello 14/04/2021, n. 248
- Interpello 10/03/2021, n. 168
- Interpello 24/02/2021, n. 127
- Interpello 07/01/2021, n. 15
- Interpello 07/01/2021, n. 17
- Interpello 08/02/2021, n. 90, che peraltro fa riferimento a un intervento realizzato tramite demolizione e ricostruzione, con variazione del numero delle unità immobiliari
- Interpello 04/11/2020, n. 523

Accorpamento abitazione con pertinenza ad altra unità immobiliare non pertinenziale.

Nell'ipotesi di una abitazione dotata di pertinenza, che venga accorpata ad altra unità adiacente ma non pertinenziale (nella fattispecie, un garage C/6), l'abitazione con pertinenza conta comunque alla stregua di una sola unità, ai fini del calcolo dei massimali.

Interpello 13/04/2021, n. 242

Accorpamento di più unità immobiliari non funzionalmente indipendenti a crearne altre che siano invece funzionalmente indipendenti.

Dato che nelle ipotesi di accorpamento di più unità abitative, va valorizzata la situazione esistente all'inizio dei lavori e non quella risultante dagli stessi ai fini dell'applicazione delle detrazioni, non è possibile accedere al Superbonus per interventi edilizi su un immobile composto attualmente da N unità immobiliari disposte su due piani e appartenenti ad unico proprietario, che porterebbe alla costituzione di due unità immobiliari accostate completamente indipendenti e con accessi autonomi su giardini di proprietà.

Infatti, la configurazione dell'immobile ante lavori non appare riconducibile né al concetto di condominio, né a quello di edificio residenziale unifamiliare o di unità immobiliari residenziali funzionalmente indipendenti. Non rileva quindi la circostanza che al

termine dei lavori sarà possibile individuare due unità indipendenti e con accessi separati su cortili di proprietà.
Interpello 07/01/2021, n. 15

NOTE
A seguito delle modifiche introdotte dalla L. 30/12/2020, n. 178 (Legge di bilancio 2020), tra i soggetti beneficiari del Superbonus sono state incluse anche le persone fisiche (sempre purché al di fuori dell'esercizio di attività di impresa, arte o professione) con riferimento agli interventi su edifici composti da due a quattro unità immobiliari distintamente accatastate, anche se posseduti da un unico proprietario o in comproprietà tra le stesse persone fisiche.
Ne segue che quanto riportato dall'Interpello è valido per edifici con 5 o più unità abitative.

5.5.2.2 Ampliamento volumetrico

Interventi di efficientamento energetico e di riduzione del rischio sismico di un edificio con ampliamento (senza demo-ricostruzione): detraibilità delle spese riferibili alla parte esistente.
L'intervento di ristrutturazione (senza demolizione e ricostruzione) con ampliamento dell'edificio esistente - nel presupposto che sia inquadrabile nella categoria della "*ristrutturazione edilizia*" ai sensi della lettera *d)*, art. 3 del D.P.R. 380/2001 - è agevolabile, ma solo per le spese riferibili alla parte esistente. Il contribuente ha l'onere di mantenere distinte, in termini di fatturazione, le spese riferite all'intervento realizzato sulla parte già esistente rispetto a quello realizzato sulla parte ampliata o, in alternativa, essere in possesso di un'apposita attestazione che indichi i predetti importi rilasciata dall'impresa di costruzione o ristrutturazione ovvero dal direttore dei lavori sotto la propria responsabilità, utilizzando criteri oggettivi.
Interpello 07/01/2021, n. 12

NOTE
Quanto sopra è valido anche a seguito delle modifiche apportate dall'art. 10 del D.L. 76/2020 al Testo unico dell'edilizia, che consentono a determinate condizioni l'ampliamento in ristrutturazione edilizia, in quanto le richiamate modifiche riguardano esclusivamente il diverso caso in cui siano realizzati interventi edilizi di demolizione e successiva ricostruzione di edifici esistenti.
Nello stesso senso anche:
- Interpello 30/08/2021, n. 567
- Interpello 27/07/2021, n. 513
- Interpello 14/04/2021, n. 248
- Interpello 08/01/2021, n. 24, il quale ricorda tuttavia che, invece, l'installazione degli impianti fotovoltaici con il Superbonus può essere effettuata anche su edificio di nuova costruzione, oppure, in caso di ampliamento, con riguardo anche alla spesa riferita alla parte ampliata.

Sismabonus su edificio demolito e ricostruito con aumento volumetrico.

Laddove l'intervento di demolizione e ricostruzione, anche con aumento volumetrico (come consentito a seguito delle innovazioni introdotte dall'art. 10 del D.L. 76/2020, che include nella nozione anche interventi in cui non vengono rispettati la sagoma e/o il sedime originari dell'edificio demolito, o che prevedano un incremento volumetrico ove consentito dalle disposizioni normative urbanistiche o dagli strumenti urbanistici comunali) rientri tra quelli di "*ristrutturazione edilizia*" - di cui alla lettera *d)*, art. 3 del D.P.R. 380/2001 - come risultante dal titolo amministrativo, e vengano effettuati interventi rientranti nel Superbonus, è possibile fruire delle citate agevolazioni, nel rispetto di ogni altra condizione richiesta dalla normativa e ferma restando l'effettuazione di ogni adempimento richiesto.

Interpello 07/10/2021, n. 684

NOTE

A tale proposito si ricorda che la Commissione di monitoraggio per il Superbonus costituita presso il Consiglio superiore dei lavori pubblici - con parere di ottobre 2020 - ha a sua volta indicato che le spese relative all'incremento di volume a seguito di interventi di demolizione e ricostruzione sono ammissibili al Super-Sismabonus.

Quanto sopra, tuttavia, solo a partire dal 17/07/2020, data in cui l'art. 10 del D.L. 76/2020 ha inserito l'aumento volumetrico, connesso agli interventi di cui sopra, non meramente legato a "*innovazioni necessarie per l'adeguamento alla normativa antisismica*" all'interno della definizione della "*ristrutturazione edilizia*", visto che il provvedimento normativo emanato non prevede nessuna specifica retroattività.

Il parere ha chiarito altresì che per l'applicazione di tale novità occorrerà richiedere, se necessario e possibile, all'ente territoriale competente la modifica del titolo abilitativo già rilasciato allineando l'intervento alla ristrutturazione edilizia.

Vedi anche:

- Interpello 27/07/2021, n. 513
- Interpello 07/01/2021, n. 11.

Interventi di risparmio energetico un edificio demolito e ricostruito con aumento volumetrico.

Fermo restando che possono accedere al Superbonus - nel rispetto di ogni altra condizione richiesta dalla normativa e ferma restando l'effettuazione di ogni adempimento richiesto - gli interventi di demolizione e ricostruzione con ampliamento che rientrino tra quelli di "*ristrutturazione edilizia*" di cui alla lettera *d)*, art. 3 del D.P.R. 380/2001, come risultante dal titolo amministrativo, dalle spese sostenute occorre scorporare quelle derivanti dall'ampliamento.

Interpello 08/02/2021, n. 88

NOTE

Nello stesso senso anche:

- Interpello 15/10/2021, n. 709
- Interpello 07/10/2021, n. 684
- Interpello 22/06/2021, n. 423

- Interpello 16/09/2021, n. 593
- Interpello 16/03/2021, n. 175, il quale a tale proposito specifica che in questi casi il contribuente ha l'onere di mantenere distinte, in termini di fatturazione, le due tipologie di intervento (ristrutturazione e ampliamento) o, in alternativa, essere in possesso di un'apposita attestazione che indichi gli importi riferibili a ciascuna tipologia di intervento, rilasciata dall'impresa di costruzione o ristrutturazione ovvero dal direttore dei lavori sotto la propria responsabilità, utilizzando criteri oggettivi.

Si vedano in proposito anche le risposte a FAQ Enea (risposta n. 7). A tale proposito si ricorda che la Commissione di monitoraggio per il Superbonus costituita presso il Consiglio superiore dei lavori pubblici - con parere di ottobre 2020 - ha a sua volta indicato che le spese relative all'incremento di volume a seguito di interventi di demolizione e ricostruzione non sono ammissibili al Super-Ecobonus.

Superbonus per intervento di ripristino edificio precedentemente demolito

È ammessa la fruibilità del Superbonus in relazione ad interventi da realizzare mediante ricostruzione, su diverso sedime e con aumento della volumetria di un fabbricato demolito, purché gli interventi rientrino nella categoria di "*ristrutturazione edilizia*" di cui all'art. 3 del D.P.R. 380/2001, lettera *d)*, la quale ricomprende in tale categoria anche gli interventi "*volti al ripristino di edifici, o parti di essi, eventualmente crollati o demoliti, attraverso la loro ricostruzione, purché sia possibile accertarne la preesistente consistenza*".

Interpello 07/10/2021, n. 684

5.5.2.3 Attestato di prestazione energetica

Produzione dell'Attestato di prestazione energetica ante intervento successiva all'inizio dei lavori.

L'APE ante intervento può essere redatto anche successivamente all'inizio dei lavori, e dovrà riferirsi alla situazione esistente alla data di inizio degli stessi. Tale adempimento può essere assolto avvalendosi dell'APE compilato con riferimento ai dati dell'impianto ante intervento, al fine di ottenere due APE (ante e post intervento) confrontabili.

Interpello 09/12/2020, n. 571

NOTE

Nello stesso senso anche:

- Interpello 08/02/2021, n. 88, il quale a sua volta chiarisce che quanto sopra si applica anche in caso di interventi che abbiano avuto inizio prima del 01/07/2020, data di avvio del Superbonus.

Si vedano in proposito anche le risposte a FAQ Enea (risposta n. 7).

Edifici in classe energetica A3 o A4

Nel caso in cui la classe energetica dell'edificio sia pari alla classe energetica A3 o A4 è sufficiente nella situazione post intervento il raggiungimento della classe energetica A4.

Interpello 20/07/2021, n. 488

NOTE
Quindi in pratica l'Interpello afferma che anche l'immobile che si trovi già nella classe A4 può usufruire del Superbonus, senza sostanzialmente che sia necessario un salto di classe energetica, nella fattispecie non possibile.

Attestato di prestazione energetica ante e post intervento in caso di demolizione e ricostruzione con aumento volumetrico.
Nel caso di interventi di demolizione e ricostruzione con ampliamento, l'APE ante intervento deve riferirsi alla situazione esistente alla data di inizio dei lavori, mentre l'APE post intervento deve essere redatto considerando l'edificio nella sua configurazione finale.
Interpello 08/02/2021, n. 88

NOTE
Nello stesso senso anche:
- Interpello 16/03/2021, n. 175

Si vedano in proposito anche le risposte a FAQ Enea (risposta n. 7).

Esonero Attestato di prestazione energetica ante intervento per edificio collabente.
Per l'edificio collabente, ferma restando la necessità di dimostrare che nello stato iniziale l'edificio era dotato di un impianto idoneo a riscaldare gli ambienti di cui era costituito, da fornirsi tramite una relazione tecnica, non è necessario produrre l'APE ante intervento, ai sensi dell'art. 119 del D.L. 34/2020, comma 1-*quater*.
Interpello 07/10/2021, n. 684

NOTE
Nello stesso senso anche:
- Interpello 08/03/2021, n. 161
- Interpello 25/08/2021, n. 557, il quale ribadisce che anche in caso di esonero dalla produzione dell'APE iniziale ai sensi dell'art. 119 del D.L. 34/2020, comma 1-*quater*, è comunque necessario dimostrare - sulla base di una relazione tecnica - che nello stato iniziale l'edificio era dotato di un impianto idoneo a riscaldare gli ambienti di cui era costituito.

In conclusione, con riferimento all'applicazione del citato comma 1-quater, art. 119 del D.L. 34/2020, poiché resta fermo il requisito della preesistenza dell'impianto, ed è piuttosto raro o improbabile avere un edificio non completo (privo di copertura o pareti) ma provvisto di impianto funzionante, il riferimento è presumibilmente da intendere solo a un edificio soggetto a un evento che ne ha modificato lo stato (in pratica l'edificio collabente oppure, come nel caso di specie, l'edificio già precedentemente demolito, da ricostruire), ma aveva comunque in precedenza un impianto. Questo tipo di edificio (ferma restando la dimostrazione dell'impianto preesistente) non ha necessità dell'APE ante operam, ma l'importante è che si arrivi a mezzo degli interventi previsti al miglioramento energetico richiesto dalla norma.

Dimostrazione del miglioramento energetico dell'edificio.
Il miglioramento energetico dell'edificio deve essere dimostrato sull'intero edificio in condominio e non con riferimento alle singole unità immobiliari che lo compongono.
Interpello 14/04/2021, n. 248

Attestato di prestazione energetica negli interventi delle ASD eseguiti su locali a spogliatoio.
Nei casi in cui la parte dell'edificio adibita a spogliatoi non costituisce una autonoma unità immobiliare, la certificazione energetica ante e post lavori deve riguardare l'intero immobile esistente e non solamente la parte adibita a spogliatoi.
Interpello 30/08/2021, n. 567

5.5.2.4 Barriere architettoniche

Irrilevanza ai fini del bonus della presenza nell'edificio di over 65 o disabili.
La detrazione per interventi finalizzati all'eliminazione di barriere architettoniche - di cui all'art. 16-*bis* del D.P.R. 917/1986, comma 1, lettera *e)* - spetta per le spese sostenute per gli interventi che presentano le caratteristiche previste dalla specifica normativa di settore applicabile ai fini dell'eliminazione delle barriere architettoniche, an-che in assenza di persone di età superiore a 65 anni o disabili nell'unità immobiliare o nell'edificio oggetto degli interventi.
Interpello 05/07/2021, n. 455

NOTE
Il chiarimento deriva dalla risposta resa dal Ministero dell'economia all'interrogazione in Commissione Finanze n. 5-05839 del 29/04/2021, i chiarimenti di prassi forniti relativamente agli edifici in condominio si applicano, in generale, anche agli edifici posseduti da un unico proprietario o da più comproprietari.

Cessione del credito o sconto in fattura per gli interventi finalizzati alla rimozione di barriere architettoniche.
Gli interventi relativi alle barriere architettoniche possono usufruire della cessione del credito, ma questo solo quando rientrano tra quelli trainati (lettera b del comma 2 dell'art. 121 del D.L. 34/2020). In altri termini, la cessione del credito (o sconto in fattura) è attivabile solo quando l'intervento rientra nel perimetro applicativo del Superbonus, e non quando viene eseguito come normale ristrutturazione al 50%.
Interpello 05/07/2021, n. 455

NOTE
Il chiarimento interpretativo (già presente nella Guida Superbonus dell'Agenzia entrate, edizione di febbraio/marzo 2021) sana il fatto che il legislatore ha "*dimenticato*" di inserire l'intervento concernente l'eliminazione di barriere architettoniche fra quelli per i quali è ammessa la cessione del credito, che pertanto non è prevista specificamente per tale categoria di intervento (comma 2, art. 121 del D.L. 34/2020). In seguito, per poter esercitare l'opzione anche per questi interventi sono state adeguate la modulistica e le procedure online/software, che inizialmente non prevedevano tale opzione.

5.5.2.5 *Bonifici*

Pagamento delle spese tramite i bonifici predisposti dagli istituti di pagamento ai fini dell'Ecobonus.

Ai fini della fruibilità del Superbonus è possibile utilizzare anche i bonifici predisposti dagli istituti di pagamento ai fini dell'Ecobonus. Si tratta del c.d. "*bonifico parlante*", dal quale risultano gli elementi necessari, quali la causale del versamento, il codice fiscale del beneficiario della detrazione, il numero di partita IVA o il codice fiscale del soggetto a favore del quale il bonifico è effettuato.

Interpello 27/11/2020, n. 562

5.5.2.6 *Calcolo massimali*

Calcolo massimali di spesa per unità abitative "funzionalmente indipendenti".

L'ammontare massimo di spesa ammessa alla detrazione va riferito ciascuna unità abitativa funzionalmente indipendente posseduta e alle sue pertinenze (anche se accatastate separatamente). Ad esempio: 50.000 Euro per gli interventi di isolamento termico, 30.000 Euro per interventi di sostituzione dell'impianto termico, e così via.

Interpello 05/01/2021, n. 10

NOTE

- Il principio è espresso anche dalla Circolare 08/08/2020, n. 24/E, punto 2.1.4.

Nello stesso senso anche:

- Interpello 10/03/2021, n. 167, secondo il quale, nell'ipotesi di edificio unifamiliare, oppure di unità immobiliare funzionalmente indipendente e con accesso autonomo dall'esterno, è possibile accedere al Superbonus per le spese sostenute per interventi realizzati su tale ultima unità immobiliare, a destinazione residenziale e sulle eventuali unità pertinenziali, fermo restando che l'ammontare massimo di spesa ammessa alla detrazione va riferito all'unità abitativa e alle sue pertinenze unitariamente considerate, anche se accatastate separatamente e anche se più di una.
- Interpello 09/11/2021, n. 765, che - rettificando quanto indicato nell'Interpello 568/2021 - ha confermato quanto già da noi affermato in sede di "*Consulenza Superbonus 110%*" con riguardo al calcolo del limite di spesa per l'edificio unifamiliare o per l'unità immobiliare funzionalmente indipendente e autonoma. Nel caso di edificio unifamiliare o per l'unità immobiliare funzionalmente indipendente e autonoma, i bonus fiscali 110% - sia per interventi trainanti che trainati - vanno calcolati in base a una sola unità. L'ammontare massimo di spesa ammessa alla detrazione va riferito all'unità abitativa e alle sue pertinenze unitariamente considerate, anche se accatastate separatamente e anche se più di una.

Calcolo del massimale per interventi sulle parti comuni di edifici condominiali o plurifamiliari in genere.

Per interventi realizzati sulle parti comuni di edifici condominiali o plurifamiliari in genere, l'ammontare massimo di spesa agevolabile va determinato in base al numero delle unità immobiliari distintamente accatastate che compongono l'edificio oggetto di interventi, e il calcolo va effettuato tenendo conto anche delle pertinenze, comprese (anche ai fini dell'Ecobonus) quelle non servite dall'impianto termico. Rimangono tuttavia

escluse le pertinenze collocate in un edificio diverso da quello oggetto degli interventi.
Interpello 08/02/2021, n. 90

NOTE
Nello stesso senso anche:
- Interpello 16/03/2021, n. 175
- Interpello 13/12/2021, n. 806, il quale esamina il caso di un edificio con due unità immobiliari abitative e due pertinenze staccate dal corpo di fabbrica principale. Nel ribadire che ai fini dell'intervento sulle parti comuni non vanno calcolate nel massimale le pertinenze staccate, l'Interpello ha tuttavia ricordato che nella fattispecie si avrebbe a disposizione un ulteriore massimale autonomo di 96.000 Euro anche per la demolizione e ricostruzione dell'edificio contenente le pertinenze. Ciò perché si trattava nel caso specifico di un Sismabonus, quest'ultimo applicabile anche alle sole pertinenze, ed inoltre considerando che le spese relative ai lavori sulle parti comuni dell'edificio, essendo oggetto di un'autonoma previsione agevolativa ma soprattutto essendo di proprietà di soggetti giuridici diversi (condominio e singoli proprietari), devono essere considerate, dal condòmino o dall'unico proprietario dell'intero edificio, in modo autonomo ai fini dell'individuazione del limite di spesa detraibile.

Il principio è espresso anche dalla Circolare 22/12/2020, n. 30/E, punti 4.4.4 e 4.4.5.
Come indicato in risposta all'interrogazione in Commissione Finanze n. 5-05839 del 29/04/2021, i chiarimenti di prassi forniti relativamente agli edifici in condominio si applicano, in generale, anche agli edifici posseduti da un unico proprietario o da più comproprietari.

Massimali di spesa per intervento di installazione di impianto fotovoltaico e sistema di accumulo.
Il limite di spesa per gli interventi relativi ad installazione di impianti fotovoltaici e sistemi di accumulo - fissato a 48.000 Euro dal comma 5, art. 119 del D.L. 34/2020 - è distintamente (e non cumulativamente) riferito agli interventi di installazione degli impianti solari fotovoltaici e dei sistemi di accumulo integrati dei predetti impianti, quindi per un totale di 96.000 Euro.
Interpello 27/10/2020, n. 499

NOTE
In merito al limite di spesa per il fotovoltaico si veda anche la Risoluzione 30/09/2020, n. 60/E.

Calcolo dei massimali negli interventi delle ASD.
Per le Associazioni sportive dilettantistiche il calcolo dei massimali deve essere effettuato con l'applicazione dei principi adottati in tutti i casi, pertanto avuto riguardo al numero di unità immobiliari catastalmente distinte presenti nel fabbricato.
Interpello 30/08/2021, n. 567

NOTE
Il principio è espresso anche dalla Circolare 22/12/2020, n. 30/E, punto 2.1.1.

Cumulabilità esecuzione sul medesimo immobile più interventi riconducibili a diverse fattispecie agevolabili.

Qualora si attuino sul medesimo immobile più interventi riconducibili a diverse fattispecie agevolabili, il limite massimo di spesa ammesso alle corrispondenti detrazioni è costituito dalla somma degli importi previsti per ciascuno degli interventi realizzati. Poiché, tuttavia, non è possibile fruire di più detrazioni a fronte delle medesime spese, occorre che siano distintamente contabilizzate le spese riferite ai diversi interventi e siano rispettati gli adempimenti specificamente previsti in relazione a ciascuna detrazione.

Inoltre, poiché il Superbonus spetta - nei limiti di spesa previsti - anche per taluni costi strettamente collegati alla realizzazione degli interventi agevolabili, ai fini della fruizione di più agevolazioni, è necessario fornire adeguata dimostrazione dell'autonomia degli interventi in questione.

Interpello 09/11/2020, n. 538

NOTE

Nello stesso senso anche:

- Interpello 18/11/2021, n. 784
- Interpello 13/04/2021, n. 242
- Interpello 16/03/2021, n. 175
- Interpello 10/03/2021, n. 167
- Interpello 24/02/2021, n. 127
- Interpello 27/01/2021, n. 58

Il principio è espresso anche dalla Circolare 22/12/2020, n. 30/E, punto 4.4.3.

5.5.2.7 Cambio di destinazione d'uso

Superbonus per lavori di trasformazione di immobile non residenziale in residenziale.

È possibile fruire della detrazione nella misura del 110% delle spese sostenute per gli interventi anche nell'ipotesi di cambio di destinazione d'uso in abitativo dell'immobile oggetto dei lavori, purché nel provvedimento amministrativo che assente questi ultimi risulti chiaramente tale cambio e sempreché l'immobile al termine dei lavori rientri in una delle categorie catastali ammesse al beneficio.

Interpello 18/03/2021, n. 191

NOTE

In linea generale il principio è applicabile in tutti i casi, a prescindere dalla categoria catastale iniziale dell'immobile. In pratica, sono ammesse al Superbonus anche le spese sostenute per interventi realizzati su immobili che solo al termine degli stessi saranno destinati ad abitazione, a patto che:

- nel provvedimento amministrativo che autorizza i lavori risulti chiaramente il cambio di destinazione d'uso del fabbricato in origine non abitativo;
- sussistano tutte le altre condizioni e siano effettuati tutti gli adempimenti previsti dalla norma agevolativa.

Nello stesso senso anche:

- Interpello 15/10/2021, n. 709

- Interpello 10/05/2021, n. 318, il quale estende il principio anche al Sismabonus acquisti
- Interpello 16/09/2021, n. 593
- Interpello 07/01/2021, n. 17
- Interpello 09/11/2020, n. 538

Cambio di destinazione di uso ad abitativo di una pertinenza in categoria C/2.
Sono ammesse al Superbonus anche le spese sostenute per interventi realizzati su immobili che solo al termine degli stessi saranno destinati ad abitazione. Tale possibilità, tuttavia, è subordinata alla condizione che nel provvedimento amministrativo che autorizza i lavori risulti chiaramente il cambio di destinazione d'uso del fabbricato in origine non abitativo e che sussistano tutte le altre condizioni e siano effettuati tutti gli adempimenti previsti dalla norma agevolativa.
Interpello 27/11/2020, n. 562

5.5.2.8 Cessione del credito e sconto in fattura

Regime fiscale della cessione del credito con riferimento a IVA e imposta di Registro
La cessione del credito, con particolare riguardo all'IVA, costituisce un'operazione di natura finanziaria e come tale è esente da imposizione. Nel caso in cui l'operazione di cessione del credito sia con finalità di finanziamento, tale operazione rientra tra quelle esenti da IVA ai sensi dell'art. 10, comma 1, del D.P.R. 26/10/1972, n. 633. In relazione alla cessione del credito, il cessionario ha la facoltà (non l'obbligo) di fatturare, anche a richiesta della controparte, l'operazione in esenzione, indicando nella stessa l'ammontare del corrispettivo pattuito nell'accordo contrattuale per la cessione.
Con riferimento all'imposta di registro, un'operazione di cessione del credito è riconducibile alla disciplina recata per gli atti per i quali non sussiste l'obbligo di chiedere la registrazione, ai sensi dell'art. 5 della Tabella allegata al D.P.R. 26/04/1986, n. 131.
Interpello 24/05/2021, n. 369

Cessione del credito in favore di società di cui il contribuente è socio e amministratore.
Fermi restando tutti gli adempimenti necessari a tal fine, non risulta ostativa la circostanza che la cessione del credito avvenga a favore di una società a responsabilità limitata nella quale il contribuente è socio e membro del consiglio di amministrazione.
Interpello 16/03/2021, n. 175

Cessione del credito con modalità diverse nei vari SAL
Il soggetto cessionario del credito per un primo SAL, che a sua volta abbia eseguito ulteriore cessione del credito per una certa parte a un soggetto e per altra parte ad altro soggetto, non è vincolato a tale scelta per i successivi crediti di cui sarà cessionario riferiti a SAL successivi e/o al la fine lavori. Potrà pertanto in tali occasioni procedere alla ulteriore cessione del credito di cui sarà cessionario anche secondo diversi schemi e a diversi soggetti, in base agli accordi presi.
Interpello 15/07/2021, n. 483

Opzione cessione del credito o sconto in fattura da parte di contribuente forfetario.
Il contribuente c.d. "*forfetario*", salvo il rispetto di tutti i requisiti per la fruizione delle agevolazioni in parola e l'effettuazione degli adempimenti previsti, può esercitare l'opzione per la cessione del credito o per lo sconto in fattura ai sensi dell'art. 121 del D.L. 34/2020, anche se privo di capienza ai fini IRPEF. Ai fini dell'esercizio dell'opzione, non rileva infatti la circostanza che il reddito non concorra alla formazione della base imponibile oppure che l'imposta lorda sia assorbita dalle altre detrazioni o non è dovuta, essendo tale istituto finalizzato ad incentivare l'effettuazione degli interventi indicati nel comma 2 del citato art. 121 del D.L. 34/2020.
Interpello 12/11/2020, n. 543

NOTE
Nello stesso senso anche:
- Interpello 02/11/2020, n. 514

Ammontare massimo dello sconto in fattura e sconto in fattura parziale; necessità che lo sconto in fattura sia concordato col fornitore.
Il contributo sotto forma di sconto sul corrispettivo dovuto non può essere di ammontare superiore al corrispettivo stesso. Il fornitore che applica uno sconto "*parziale*" acquisirà un credito d'imposta calcolato sull'importo dello sconto applicato, mentre il contribuente potrà far valere in dichiarazione una detrazione pari al 110% della spesa rimasta a carico o, in alternativa, potrà optare per la cessione del credito corrispondente a tale detrazione ad altri soggetti, inclusi istituti di credito e altri intermediari finanziari.
In ordine alla possibilità che il fornitore possa negare il riconoscimento dello sconto in fattura, si fa presente che l'opzione in questione è esercitata dal contribuente che sostiene le spese "*di intesa con il fornitore*", rientrando tale intesa nelle ordinarie dinamiche dei rapporti contrattuali e delle pratiche commerciali.
Interpello 09/09/2020, n. 325

Sismabonus acquisti e cessione del credito.
Anche l'acquirente delle case antisismiche che fruisce del "*Sismabonus acquisti*" può optare per le alternative alla fruizione diretta del credito previste dall'art. 121 del D.L. 34/2020 (sconto in fattura o cessione del credito).
Interpello 08/01/2021, n. 19

Cessione del credito e registrazione dell'atto.
Non assume rilevanza la forma che viene utilizzata per procedere alla cessione del credito. Ne consegue che l'atto di cessione non è soggetto all'obbligo di registrazione, neanche laddove lo stesso dovesse rivestire la forma dell'atto pubblico o della scrittura privata autenticata.
Interpello 08/01/2021, n. 19

NOTE
In merito alla forma dell'atto di cessione del credito ed alla non necessità che questo venga registrato si veda anche:
- Risoluzione 05/12/2018, n. 84/E.

Cessione del credito o sconto in fattura per più interventi agevolabili
Per fruire del Superbonus mediante l'opzione dello "*sconto in fattura*" o della cessione del credito, è necessario inviare un modulo diverso di comunicazione dell'opzione per ogni intervento agevolabile che verrà eseguito.
Interpello 18/11/2021, n. 784

5.5.2.9 *Cittadini residenti all'estero o stranieri*

Accesso al Superbonus cittadino italiano residente all'estero e iscritto all'AIRE, proprietario di un immobile in Italia.
Tra i destinatari del Superbonus sono individuati le persone fisiche, al di fuori dell'esercizio di attività di impresa, arti e professioni, e la detrazione in argomento riguarda tutti i contribuenti residenti e non residenti nel territorio dello Stato che sostengono le spese per l'esecuzione degli interventi agevolati. Pertanto, il soggetto proprietario di una casa in Italia è titolare del relativo reddito fondiario e può accedere al Superbonus, ferma restando la presenza dei requisiti e delle condizioni normativamente previste. In caso di mancanza di una imposta lorda sulla quale operare la detrazione del 110%, l'istante potrà optare per la fruizione del Superbonus in una delle modalità alternative previste dall'art. 121 del D.L. 34/2020 (sconto in fattura o cessione del credito).
Interpello 17/12/2020, n. 602

NOTE
Nello stesso senso anche:
- Interpello 08/02/2021, n. 91
- Interpello 17/12/2020, n. 601
- Interpello 17/12/2020, n. 597
- Interpello 17/12/2020, n. 596
- Interpello 27/10/2020, n. 500

Fruibilità del Superbonus da parte di cittadino straniero proprietario di un immobile in Italia.
Ad un contribuente proprietario di una casa in Italia, quindi titolare unicamente del relativo reddito fondiario, non è precluso l'accesso al Superbonus. Il soggetto infatti, essendo proprietario di un immobile, è titolare di un reddito in Italia, e quindi in presenza dei requisiti e delle condizioni normativamente previste può accedere al Superbonus. In mancanza di una imposta lorda sulla quale operare la detrazione del 110%, il soggetto può optare per la fruizione del Superbonus in una delle modalità alternative alla detrazione dall'imposta previste dall'art. 121 del D.L. 34/2020.
Interpello 19/10/2020, n. 486

NOTE
Nello stesso senso anche:
- Interpello 28/01/2021, n. 60

5.5.2.10 Comproprietari, suddivisione dell'onere

Spettanza del beneficio fiscale in caso di comproprietà.

L'importo massimo di detrazione spettante va suddiviso tra i soggetti detentori o possessori dell'immobile che partecipano alla spesa in ragione dell'onere da ciascuno effettivamente sostenuto e documentato.

Interpello 27/01/2021, n. 58

NOTE

Si veda anche Interpello 05/10/2021, n. 656, secondo il quale peraltro risulta irrilevante la circostanza che i comproprietari appartengano o meno al nucleo familiare che vi risiede.

5.5.2.11 Condominio, esistenza, costituzione e interventi eseguiti solo da alcuni condomini

Configurabilità del condominio e conformazione dell'edificio.

Solo quando le caratteristiche strutturali delle varie unità facenti parte di un edificio (ad esempio, il tetto sostenuto da muri portanti in comune con l'edificio, le fognature e i canali discarico in comune, le fondazioni in comune, ecc.), siano tali da qualificarsi "*parti comuni*", sarà possibile accedere al Superbonus per gli interventi realizzati sulle parti comuni condominiali.

Interpello 18/03/2021, n. 196

Condominio con edificio unitario ma con un "corpo" amministrato separatamente.

Con riferimento a lavori di efficientamento energetico, il rispetto del 25% minimo della superficie disperdente lorda interessato dall'intervento, richiesto per usufruire del Superbonus, deve essere considerato con riguardo all'edificio nella sua interezza, anche se gli interventi sono eseguiti solo su alcuni volumi dell'edificio.

Interpello 01/07/2021, n. 453

NOTE

Se ne può dedurre un più generale principio secondo il quale, più che ad un concetto di gestione, il termine "*edificio*" va riferito ad una costruzione, la quale, per poter essere gestita autonomamente, deve essere suscettibile di divisione in parti distinte, aventi ciascuna una propria autonomia strutturale.

Detto in altri termini, non è possibile una divisione solo amministrativa dell'unico fabbricato, quando non sia giuridicamente possibile dividere in parti autonome strutturali.

In questi casi bisognerà pertanto valutare se sia possibile configurare più "*edifici*" distinti strutturalmente prima che (e oltre che) amministrativamente, verificando ad esempio che non ci siano "parti comuni" edilizie (facciate, copertura) tra le due diverse porzioni immobiliari, per poter considerare gli interventi per il Superbonus in maniera autonoma.

Applicazione del Superbonus a edificio condominiale e necessità di costituire il condominio secondo la disciplina civilistica.

Poiché ai sensi dell'art. 1129 del Codice civile, quando i condomini sono più di otto, la

nomina dell'amministratore è obbligatoria, quando si verifica tale condizione ma le strutture oggetto degli interventi non risultano costituite in condominio secondo la disciplina civilistica prevista, si ritiene che non si possa fruire della detrazione.
Interpello 03/02/2021, n. 83

NOTE
Si ricorda invece che, nel diverso caso in cui i condomini siano meno di otto - e quindi non sia obbligatoria la nomina dell'amministratore - la Circolare 08/08/2020, n. 24/E, al punto 1.1, chiarisce che i condomìni che, non avendone l'obbligo, non abbiano nominato un amministratore non sono tenuti a richiedere il codice fiscale. In tali casi, ai fini della fruizione del beneficio, può essere utilizzato il codice fiscale del condomino che ha effettuato i connessi adempimenti, e tuttavia il contribuente è comunque tenuto a dimostrare che gli interventi sono stati effettuati su parti comuni dell'edificio.

Abitazione e pertinenza di proprietà di soggetti diversi.
Il Superbonus, nel rispetto di ogni altra condizione richiesta dalla normativa e ferma restando l'effettuazione di ogni adempimento richiesto, è fruibile anche nel caso in cui l'edificio interessato sia composto da un'unità abitativa e da un magazzino in comproprietà tra due soggetti e l'altra unità abitativa sia di proprietà esclusiva di uno solo dei due (nella fattispecie si trattava di due coniugi).
Interpello 14/04/2021, n. 247

Applicazione del Superbonus alle sole unità residenziali in condominio composto sia da appartamenti che da negozi (superficie residenziale equivalente a quella non residenziale).
In caso di interventi realizzati sulle parti comuni di un edificio, le relative spese possono essere considerate, ai fini del calcolo della detrazione, soltanto se riguardano un edificio residenziale considerato nella sua interezza. Più in particolare:

- qualora la superficie complessiva delle unità immobiliari destinate a residenza ricomprese nell'edificio sia superiore al 50%, è possibile ammettere alla detrazione anche il proprietario e il detentore di unità immobiliari non residenziali (ad esempio strumentale o merce) che sostengano le spese per le parti comuni;
- viceversa, se tale percentuale risulta inferiore, è comunque ammessa la detrazione per le spese realizzate sulle parti comuni da parte dei possessori o detentori di unità immobiliari destinate ad abitazione comprese nel medesimo edificio, (che risulterà pertanto "*non residenziale nel suo complesso*"). In questo secondo caso, in pratica, il Superbonus per interventi realizzati sulle parti comuni spetta solo ai possessori di unità immobiliari residenziali, che potranno fruirne anche per interventi trainati realizzati sui propri immobili, sempreché questi ultimi non rientrino tra le categorie catastali escluse (A/1, A/8 e A/9).

Interpello 09/12/2020, n. 572

NOTE
Vedi anche Interpello 05/10/2021, n. 660 il quale ribadisce che la detrazione dall'imposta lorda può essere fatta valere dai soggetti IRES limitatamente alle sole spe-

se sostenute per interventi realizzati sulle parti comuni di edifici residenziali in condominio, nei limiti e nelle condizioni soprariportate, e pertanto sono sempre escluse per tali soggetti le spese eventualmente sostenute per interventi "*trainati*" effettuati sulle singole unità immobiliari (anche a destinazione residenziale) di cui sono proprietari (fattispecie relativa a condominio con unità residenziali di proprietà di un Trust).

Approvazione condominiale di interventi eseguiti solamente da alcuni condomini.
Nel rispetto di ogni altra condizione richiesta dalla norma agevolativa è possibile che solo alcuni condomini possano sostenere interamente le spese previste per gli interventi prospettati e beneficiare, quindi, dell'agevolazione fiscale, esprimendo parere favorevole a seguito di delibera valida del condominio ai sensi del comma 9-*bis*, art. 119 del D.L. 34/2020. In caso di fruizione del Superbonus solo in capo ad alcuni condomini, l'assemblea condominiale approverà con "*benefici ed oneri a carico solo di alcuni condomini*" gli interventi trainanti da eseguirsi. I medesimi condomini potranno beneficiare del Superbonus anche in relazione a eventuali interventi trainati (se persone fisiche e unità residenziali, escluse categorie catastali A/1, A/8 e A/9).
Interpello 22/09/2021, n. 620

NOTE
Il comma 9-*bis*, art. 119 del D.L. 34/2020, dispone che le deliberazioni dell'assemblea del condominio - se aventi per oggetto l'imputazione solo a uno o più condomini (e non a tutti) dell'intera spesa riferita all'intervento deliberato - sono valide a condizione che i condomini ai quali sono imputate le spese esprimano parere favorevole.
Nello stesso senso anche:
- Interpello 09/12/2020, n. 572

Criterio di suddivisione delle spese agevolabili e dei benefici nei condomini e applicazione al caso in cui le spese siano sostenute da un solo condomino.
Nel caso di interventi realizzati su parti comuni di edifici in condominio - per i quali il limite di spesa è calcolato in funzione del numero delle unità immobiliari di cui l'edificio è composto - l'ammontare di spesa così determinato costituisce il limite massimo di spesa agevolabile riferito all'intero edificio e non quello riferito alle singole unità che lo compongono. Ciascun condomino calcolerà pertanto la detrazione in funzione della spesa a lui imputata in base ai millesimi di proprietà o ai diversi criteri applicabili (ai sensi dell'art. 1123 del Codice civile e seguenti) ed effettivamente rimborsata al condominio anche in misura superiore all'ammontare commisurato alla singola unità immobiliare.
Interpello 27/10/2020, n. 499

Rispetto dei requisiti energetici in caso di intervento realizzato su una parte di proprietà privata ma a servizio comune dell'edificio condominiale.
Tuttavia, qualora l'assemblea del condominio autorizzi l'esecuzione dei lavori e deliberi all'unanimità che le relative spese saranno interamente a carico di un solo condomino, quest'ultimo potrà fruire del Superbonus per il totale delle spese sostenute, anche in misura eccedente rispetto a quella a lui imputabile in base alla quota condominiale, ma

ovviamente entro il limite derivante dal calcolo in base al numero di unità immobiliari dell'edificio.
Interpello 27/10/2020, n. 499

NOTE
Nello stesso senso:
- Interpello 16/09/2021, n. 598

Intestazione delle fatture per interventi su lastrico solare di proprietà esclusiva e svolgimento delle pratiche burocratiche.
In caso di intervento di isolamento termico realizzato su una parte a servizio comune dell'edificio in condominio ai sensi dell'art. 1117 del Codice civile - ancorché di proprietà esclusiva di un solo condomino - la verifica della sussistenza dei requisiti tecnico-prestazionali necessari ai fini dell'applicazione del Superbonus andrà effettuata con riferimento all'intero edificio. Sarà necessario, in particolare, che l'intervento interessi più del 25% della superficie disperdente lorda dell'intero edificio in condominio e che assicuri (anche congiuntamente a eventuali interventi "*trainati*") il miglioramento di almeno due classi energetiche dell'intero edificio (oppure, se non possibile, il conseguimento della classe energetica più alta).
Per gli interventi effettuati sul lastrico solare - al pari di ogni altro intervento realizzato sulle parti comuni di un edificio in condominio- devono essere intestati al condominio sia i documenti di spesa sia i relativi bonifici. Resta fermo che anche ai fini del Superbonus gli adempimenti necessari possono essere effettuati da uno dei condomini a ciò delegato (compreso, dunque, il proprietario del lastrico solare) o dall'amministratore del condominio che, nella generalità dei casi, provvede a ogni altro adempimento richiesto ai fini delle detrazioni spettanti in caso di interventi realizzati sulle parti comuni di un edificio in condominio.
Interpello 27/10/2020, n. 499

5.5.2.12 Condominio minimo
Condominio minimo e assenza obbligo di nomina amministratore e richiesta codice fiscale.
Al fine di beneficiare del Superbonus per i lavori realizzati sulle parti comuni, i condomìni che, non avendone l'obbligo, non abbiano nominato un amministratore non sono tenuti a richiedere il codice fiscale. In tali casi, ai fini della fruizione del beneficio, può essere utilizzato il codice fiscale del condomino che ha effettuato i connessi adempimenti. Il contribuente è comunque tenuto a dimostrare che gli interventi sono stati effettuati su parti comuni dell'edificio.
Interpello 18/03/2021, n. 196

NOTE
Il principio è espresso anche dalla Circolare 08/08/2020, n. 24/E, punto 1.1.
Nello stesso senso anche:
- Interpello 14/12/2021, n. 809, dove si chiarisce ulteriormente che le fatture devono essere emesse nei confronti del condòmino (o di entrambi i condòmini), che effettua

(oppure effettuano) anche i correlati adempimenti. Inoltre le detrazioni spettano anche a colui che non risulti intestatario del bonifico e/o della fattura nella misura in cui abbia effettivamente sostenuto le spese, a prescindere dalla circostanza che il bonifico sia stato o meno ordinato da un conto corrente cointestato con il soggetto che risulti, invece, intestatario dei predetti documenti. Ai fini della detrazione è, tuttavia, necessario che i documenti di spesa siano appositamente integrati con il nominativo del soggetto che ha sostenuto la spesa e con l'indicazione della relativa percentuale. Tali integrazioni devono essere effettuate fin dal primo anno di fruizione del beneficio, essendo esclusa la possibilità di modificare nei periodi d'imposta successivi la ripartizione della spesa sostenuta.

5.5.2.13 Contributi pubblici ricevuti per gli stessi interventi

In presenza di contributo pubblico ricevuto, la detrazione spetta se le spese sostenute dal contribuente sono state rimborsate e il rimborso non ha concorso al reddito; eventuali contributi ricevuti dal contribuente devono quindi essere sottratti dall'ammontare su cui applicare la detrazione.
Interpello 30/08/2021, n. 567

NOTE
Il principio è espresso anche dalla Circolare 08/08/2020, n. 24/E, punto 4.

5.5.2.14 Cooperative edilizie

Edificio costruito da cooperativa "mista", che ha mantenuto la proprietà delle parti comuni, dopo aver assegnato gli alloggi ai propri soci.
Sono destinatari del Superbonus, tra gli altri, i condomìni e le cooperative a proprietà indivisa, e per i condomìni si fa riferimento a edifici nei quali sussiste la "*proprietà mista*" nel senso individuato dalla disciplina civilistica prevista. Ne segue che, nel caso esaminato, poiché la cooperativa costruttrice ha mantenuto la proprietà delle parti comuni dopo aver assegnato gli alloggi ai soci, non emerge che le strutture oggetto degli interventi risultano costituire un "*condominio*" secondo la disciplina civilistica prevista, e pertanto è precluso l'accesso al Superbonus.
Interpello 03/02/2021, n. 83

Fruibilità del Superbonus per una cooperativa a proprietà divisa.
Una cooperativa a proprietà "*divisa*" non risulta inclusa nell'ambito soggettivo di applicazione del Superbonus, di cui al comma 9, art. 119 del D.L. 34/2020.
Interpello 16/03/2021, n. 184

Cooperativa a proprietà indivisa e immobili assegnati in godimento a soci.
Nell'ambito di una cooperativa "*proprietà indivisa*", il Superbonus spetta per le unità immobiliari a destinazione abitativa assegnate in godimento ai soci, sia con riferimento agli interventi trainanti che trainati.
Interpello 19/07/2021, n. 486

5.5.2.15 Edificio vincolato

Interventi trainati su singole unità immobiliari inserite in edificio condominiale tutelato.

Se l'edificio - anche se condominiale - è sottoposto ai vincoli previsti dal D. Leg.vo 42/2004 (Codice dei beni culturali e del paesaggio) o l'esecuzione di interventi trainanti di isolamento termico è vietato da regolamenti edilizi, urbanistici o ambientali, il Superbonus si applica, comunque, ai singoli interventi ammessi all'Ecobonus (ad esempio, sostituzione degli infissi), purché sia certificato il miglioramento energetico, fermo restando il rispetto della condizione che tali interventi portino a un miglioramento minimo di due classi energetiche oppure, ove non possibile, il conseguimento della classe energetica più alta.

Interpello 16/12/2020, n. 595

NOTE

L'Interpello non chiarisce se in questi casi il miglioramento della classe energetica vada riferito all'intero edificio o possa riguardare solamente le singole unità immobiliari oggetto degli interventi trainati.

5.5.2.16 Fotovoltaico

Fotovoltaico su edificio diverso da quello oggetto degli interventi agevolati.

Nel presupposto che sussistano tutti i requisiti previsti per la fruizione del Superbonus e, in particolare, che venga effettivamente realizzato un intervento trainante sull'edificio che verrà servito dall'impianto fotovoltaico, il contribuente ha la possibilità di fruire del Superbonus anche quando l'installazione è effettuata su un edificio diverso da quello oggetto degli interventi agevolati, di cui detiene (almeno) la comproprietà dell'area necessaria all'installazione stessa.

Interpello 20/09/2021, n. 614

Fotovoltaico e quota d'obbligo fonti rinnovabili

Con riferimento al Superbonus, è ammissibile all'incentivo l'intera quota di potenza dell'impianto fotovoltaico a prescindere dagli obblighi di cui all'art. 11 del D. Leg.vo 28/2011.

Interpello 20/07/2021, n. 488

Impianto fotovoltaico con pannelli installati su terreno di pertinenza dell'abitazione.

L'installazione di impianti fotovoltaici può essere agevolata se è effettuata anche sulle pertinenze di edifici e unità immobiliari, e pertanto anche nel caso in cui l'installazione sia effettuata in un'area pertinenziale dell'edificio in condominio, ad esempio, sulle pensiline di un parcheggio aperto.

Interpello 10/03/2021, n. 171

NOTE

Il principio è espresso anche dalla Circolare 22/12/2020, n. 30/E, punto 4.3.2.

Inoltre, il comma 5, art. 119 del D.L. 34/2020, dopo la modifica introdotta dall'art. 1 della L. 178/2020, comma 66, lettera *i)*, prevede espressamente la possibilità di beneficiare del Superbonus per l'installazione degli impianti solari fotovoltaici su strutture pertinenziali agli edifici.

Intervento di ampliamento senza demolizione e ricostruzione e installazione di impianto fotovoltaico.

Con riferimento all'istallazione di impianti fotovoltaici per la fruizione del Superbonus, il comma 5, art. 119 del D.L. 34/2020, prevede che la detrazione riguarda l'installazione di sistemi solari fotovoltaici su edifici così come definiti dal comma 1, lettere *a)*, *b)*, *c)* e *d)*, art. 1 del D.P.R. 412/1993. Dal momento che la citata lettera *d)* riguarda a sua volta gli "*edifici di nuova costruzione*", deve ritenersi che l'installazione degli impianti fotovoltaici con il Superbonus possa essere effettuata anche su edificio di nuova costruzione.

Con riferimento pertanto alla fattispecie qui esaminata, per l'installazione dell'impianto fotovoltaico il Superbonus spetta sull'intera spesa sostenuta, nei limiti previsti dalla norma, a nulla rilevando che il predetto impianto sia a servizio anche della parte ampliata.

Interpello 20/07/2021, n. 488

NOTE

Nello stesso senso anche:

- Interpello 08/01/2021, n. 24

5.5.2.17 *General contractor e altre figure simili*

Servizi connessi alla realizzazione degli interventi agevolabili forniti da un unico contraente generale (c.d. "General Contractor").

Il committente può accedere al Superbonus ed esercitare l'opzione per lo sconto in fattura in relazione ai costi che l'impresa, in qualità di "*contraente generale*", gli fatturerà per la realizzazione di interventi specifici oggetto di agevolazione, inclusi quelli relativi ai servizi professionali necessari per lo svolgimento dei lavori e per l'effettuazione delle pratiche amministrative e fiscali inerenti l'agevolazione (visto di conformità e asseverazioni), sulla base di uno schema assimilabile al mandato senza rappresentanza.

Interpello 14/04/2021, n. 254

NOTE

Nello stesso senso anche:

- Interpello 15/07/2021, n. 480
- Interpello 19/04/2021, n. 261
- Interpello 24/09/2021, n. 623, il quale ha chiarito che il regime previsto per il General Contractor è applicabile anche alla rete di imprese con soggettività giuridica di cui alla L. 30/07/2010, n. 122.

Applicabilità del Superbonus ai corrispettivi resi per attività di mero coordinamento.

L'eventuale corrispettivo corrisposto al "*contraente generale*" per l'attività di mero coordinamento svolta e per lo sconto in fattura applicato, trattandosi di costi non direttamente imputabili alla realizzazione dell'intervento, quindi non caratterizzati da un'immediata correlazione con gli interventi che danno diritto alla detrazione, non rientrano nell'agevolazione.

Interpello 14/04/2021, n. 254

NOTE

Nello stesso senso anche:

- Interpello 15/07/2021, n. 480

Il principio in base al quale non sono ammissibili a detrazione i costi riferibili a prestazioni di mero coordinamento generale o comunque non caratterizzati da un'immediata correlazione con gli interventi che danno diritto alla detrazione, deriva da quanto già espresso con la Circolare 22/12/2020, n. 30/E, punto 4.4.1, e si applica anche all'eventuale compenso aggiuntivo a tale titolo corrisposto all'amministratore di condominio.

Regime IVA dei pagamenti intervenuti tra il General Contractor e la committenza.

Le prestazioni rese o ricevute tra il mandante (committente) e il mandatario (GC) e tra il mandatario (GC) e il terzo (professionista) - e viceversa - mantengono la stessa natura oggettiva e il medesimo regime IVA (Risoluzione Agenzia Entrate 30/07/2002, n. 250/E, Risoluzione Ministero delle finanze 11/02/1998 n. 6). Ne segue che, il servizio oggetto del contratto di mandato ai fini IVA rimane lo stesso in entrambi i passaggi, dal terzo prestatore del servizio al mandatario e da quest'ultimo al mandante, e quindi la rifatturazione delle prestazioni da parte del GC al committente, nel caso di mandato senza rappresentanza, è soggetta alla medesima aliquota IVA della prestazione originaria (ad esempio il 22% per le prestazioni rese dai professionisti tecnici).

Interpello 24/09/2021, n. 623

Detraibilità delle spese in caso di rapporto con il General Contractor impostato come mandato con rappresentanza.

È possibile esercitare il diritto alla detrazione da parte del committente anche nell'ipotesi in cui il beneficiario della detrazione affidi direttamente l'incarico per la realizzazione degli interventi agevolabili ai professionisti e alle imprese e si deleghi il GC (o la rete di imprese) al pagamento del compenso dovuto in suo nome e per suo conto, in forza quindi di un mandato con rappresentanza.

Interpello 24/09/2021, n. 623

NOTE

Si veda anche Interpello 15/07/2021, n. 480

Si evince dai citati interpelli come nel mandato con rappresentanza, in cui il professionista è incaricato direttamente dal committente, non può esserci sconto in fattura, a meno che questo non sia concesso dal professionista stesso, in quanto è lui che emette la fattura nei confronti della committenza, e non il GC.

Detraibilità spese sostenute da un soggetto privato in relazione a un contratto di Project financing per una iniziativa su edificio di edilizia residenziale pubblica.

Le eventuali spese per lavori e attività tecniche fatturate al promotore possono essere detraibili solo se quest'ultimo rientri tra i soggetti menzionati nel comma 9, art. 119 del D.L. 34/2020, sostenga effettivamente le spese per gli interventi agevolabili e possieda o detenga l'immobile oggetto dei lavori sulla base di un titolo idoneo.

Interpello 10/05/2021, n. 321

5.5.2.18 Immobile a uso promiscuo

Superbonus su immobile ad uso promiscuo.

Se gli interventi sono realizzati su unità immobiliari residenziali adibite promiscuamente all'esercizio dell'arte o della professione, oppure all'esercizio dell'attività commerciale, la detrazione spettante è ridotta al 50% (va calcolata sul 50% delle spese sostenute), anche nell'ipotesi specifica di interventi che interessino unità immobiliari residenziali adibite promiscuamente anche all'attività di *Bed and Breakfast* occasionale o abituale (fattispecie di abitazione unifamiliare non facente parte di un condominio, adibita in parte a *Bed and Breakfast*, la cui attività è esercitata in forma professionale con partita IVA).

Interpello 09/12/2020, n. 570

NOTE

In merito al caso specifico del *Bed and Breakfast* si veda anche la Risoluzione 24/01/2008, n. 18/E.

Nello stesso senso anche:

- Interpello 28/01/2021, n. 65 e Interpello 22/03/2021, n. 198 (quest'ultimo riferito ad unità immobiliare residenziale adibita promiscuamente anche all'esercizio di attività professionale), i quali ulteriormente specificano che il principio si applica sia agli interventi antisismici che a quelli finalizzati al risparmio energetico.

5.5.2.19 Impianto termico preesistente

Ammissibilità Ecobonus unità immobiliari prive di impianto di riscaldamento.

Gli interventi finalizzati al risparmio energetico sono agevolabili a condizione che gli edifici oggetto degli interventi stessi abbiano determinate caratteristiche tecniche e, in particolare, siano dotati di impianti di riscaldamento funzionante e presente negli ambienti ove si eseguono i lavori. Ne segue che per le unità immobiliari prive dell'impianto di riscaldamento le spese sostenute per interventi finalizzati al risparmio energetico (es. isolamento termico) non possono accedere al Superbonus.

Interpello 10/03/2021, n. 168

NOTE

Il principio è espresso anche dalla Circolare 08/08/2020, n. 24/E, al punto 2.2.1.

Necessità del requisito della presenza dell'impianto in caso di interventi "trainanti" di Sismabonus e isolamento termico.

Per qualsiasi intervento di efficientamento energetico è necessario che l'impianto di riscaldamento, funzionante o riattivabile con un intervento di manutenzione, anche straordinaria, sia presente nell'immobile oggetto di intervento.

Interpello 04/11/2020, n. 523

Ammissibilità di caminetto o stufa a pellet quale impianto termico preesistente.

Per gli interventi realizzati a partire dall'11/06/2020, occorre fare riferimento alla nuova definizione di "*impianto termico*", nella quale rientrano anche le stufe a legna o a pellet, nonché i caminetti e termocamini, purché fissi. Per gli interventi realizzati prima di tale

data, invece, in base alla previgente disposizione, opera l'assimilazione agli impianti termici delle stufe, caminetti, apparecchi per il riscaldamento localizzato ad energia radiante, scaldacqua unifamiliari; se fissi e quando la somma delle potenze nominali del focolare degli apparecchi al servizio della singola unità immobiliare è maggiore o uguale a 15 kW.
Interpello 27/11/2020, n. 562

NOTE
In merito alla previgente definizione di "*impianto termico*" si veda anche Risoluzione 12/08/2009 n. 215/E.
A proposito dell'ammissibilità di un caminetto o di una stufa a pellet quale impianto termico preesistente, l'Agenzia delle entrate dà un parere solo sull'aspetto fiscale, ma dal punto di vista edilizio le cose possono essere diverse. Nella fattispecie infatti l'immobile interessato dagli interventi era un magazzino. Una cantina, una soffitta, un magazzino non dovrebbero essere riscaldati (salvo eccezioni, cioè ad esempio se vi sia un impianto di riscaldamento legittimamente esistente perché l'immobile è destinato ad ambito commerciale/produttivo e necessita di idonea climatizzazione degli ambienti a causa della presenza di persone e/o beni deperibili quali ad esempio prodotti agricoli o farmaceutici, materiali tecnologici, ecc.).
Se ci si trova in queste situazioni, l'intervento non è fattibile, a prescindere dal parere fornito dall'Agenzia delle entrate.

5.5.2.20 Impianto termico sostituzione

Sostituzione impianto termico preesistente in immobile unifamiliare da frazionare con impianti autonomi per le singole unità derivanti dal frazionamento.
Sono agevolabili gli interventi finalizzati alla trasformazione degli impianti individuali autonomi in impianti di climatizzazione invernale centralizzati con contabilizzazione del calore e quelli finalizzati alla trasformazione degli impianti centralizzati per rendere applicabile la contabilizzazione del calore, mentre è esclusa la trasformazione dell'impianto di climatizzazione invernale da centralizzato ad individuale o autonomo.
Interpello 24/02/2021, n. 127

NOTE
Sul tema in questione si veda il punto 10.2, Allegato A al D.M. 06/08/2020 (Decreto Requisiti Ecobonus).

Accesso al Superbonus per intervento di sostituzione impianto di riscaldamento e produzione acqua calda sanitaria con due impianti separati, uno per il riscaldamento e l'altro per ACS (scaldabagno a pompa di calore).
Nel caso esaminato è possibile usufruire del Superbonus considerando che l'installazione di uno scaldabagno a pompa di calore per la produzione di acqua calda sanitaria rientra tra gli interventi trainanti di cui alla lettera *c)*, comma 1, art. 119 del D.L. 34/2020, mentre a sua volta l'installazione di un impianto di riscaldamento (nella fattispecie una termostufa a pellet) rientrerebbe tra gli interventi di efficientamento energetico che godono dell'Ecobonus, e pertanto potrebbe essere considerato un inter-

vento "*trainato*" ai sensi del comma 2, art. 119 del D.L. 34/2020.
Interpello 17/12/2020, n. 600

NOTE
L'installazione della termostufa a pellet va considerata intervento trainato dal momento che un impianto a biomassa può essere realizzato come intervento trainante solo per le aree non metanizzate nei comuni non interessati dalle procedure europee di infrazione nn. 2014/2147 o 2015/2043.
Nell'Interpello in oggetto, invece, non è del tutto chiarito se la sostituzione di un impianto di riscaldamento e produzione acqua calda sanitaria con due impianti separati, uno per il riscaldamento e l'altro per ACS possa essere considerato nel suo complesso come un unico intervento trainante.

5.5.2.21 *Indipendenza funzionale immobili*

Indipendenza funzionale unità immobiliare che condivide con altra unità lo scarico fognario.
La presenza di uno scarico fognario in comune con altra unità non osta alla qualificazione dell'unità immobiliare come "*funzionalmente indipendente*", in presenza dei previsti requisiti di indipendenza impiantistica e accesso dall'esterno dell'edificio.
Interpello 16/02/2021, n. 115

NOTE
Nello stesso senso anche:
- Interpello 16/02/2021, n. 116, relativo al caso leggermente diverso di una unità dotata di impianti di deiezione e depurazione dei reflui civili esclusivi, ma solo finché non convogliati verso un depuratore comune con altre unità.

Indipendenza funzionale unità immobiliare con utenze condominiali e contatori di ripartizione.
Nel caso di edifici separati con allacci alle utenze condominiali e contatori di ripartizione per ciascun appartamento, le unità immobiliari non possono qualificarsi come funzionalmente indipendenti. Infatti, gli impianti (acqua, energia elettrica e gas) sono di proprietà delle singole abitazioni dall'interno delle stesse fino al punto di installazione dei contatori, mentre sono di proprietà condivisa con il complesso condominiale per le tratte che vanno dai contatori fino all'allaccio condominiale con gli enti gestori. Dunque, riprendendo la previsione di cui al comma 1-bis dell'art. 119 del D.L. 34/2020, la condizione che un'unità immobiliare possa ritenersi funzionalmente indipendente qualora sia dotata di almeno tre impianti di proprietà esclusiva implica che gli stessi non siano serviti da una utenza comune.
Interpello 15/12/2021, n. 810

Ammissibilità al Superbonus di due unità immobiliari abitative "funzionalmente indipendenti" sovrapposte verticalmente.
Nel rispetto di ogni altra condizione richiesta dalla normativa, ferma restando l'effettuazione di ogni adempimento richiesto, e nel presupposto che le unità immobi-

liari su cui effettuare gli interventi siano funzionalmente indipendente nei termini previsti dalla norma, è possibile accedere al Superbonus con riferimento a unità immobiliari a uso residenziale poste una sopra l'altra nel contesto del medesimo edificio, dotate di un proprio impianto per l'acqua, per l'energia elettrica e di impianto di riscaldamento esclusivo, e che dispongono di un accesso dalla strada indipendente.
Interpello 05/01/2021, n. 10

Ammissibilità al Superbonus di unità immobiliare abitativa "funzionalmente indipendente" con annesse altre unità non abitative.
Un'unità immobiliare a destinazione residenziale, "*funzionalmente indipendente*" e quindi dotata di almeno tre installazioni o manufatti di proprietà esclusiva tra impianti per l'acqua, per il gas, per l'energia elettrica e per il riscaldamento, e che disponga di un accesso autonomo dall'esterno, può accedere al Superbonus, mentre eventuali altre unità non residenziali annesse (nella fattispecie un ufficio accatastato A/10 e una unità adibita a cabina elettrica dell'Enel), non essendo residenziali, non possono essere oggetto di agevolazioni.
Interpello 08/01/2021, n. 21

NOTE
Nello stesso senso anche:
- Interpello 28/01/2021, n. 62, concernente il caso di una unità funzionalmente indipendente e con accesso autonomo, ubicata in un edificio plurifamiliare composto da varie altre unità (otto, nella fattispecie).

Sussistenza requisito dell'accesso autonomo per villetta a schiera inserita nel contesto di un residence e a cui si accede da un passo carraio privato comune a più abitazioni.
Nel caso di una "*villetta a schiera*" si ha "*accesso autonomo dall'esterno*" qualora, ad esempio: la stessa sia situata in un comprensorio o in un parco di comproprietà con altri soggetti o alla stessa si accede dall'area di corte di proprietà comune usata anche per i posti auto; il cortile o il giardino su cui si affacciano gli ingressi indipendenti siano di proprietà esclusiva, anche se indivisa, dei proprietari delle singole unità immobiliari.
Pertanto, nel caso di specie riferibile ad una villetta a schiera che risulta inserita nel contesto di un residence ed a cui si accede da un passo carraio privato comune a più abitazioni, nel presupposto che l'unità immobiliare su cui effettuare gli interventi sia funzionalmente indipendente nei termini sopra descritti, disponendo la stessa di un accesso autonomo dall'esterno comune ad altri immobili, è possibile accedere al Superbonus.
Interpello 05/01/2021, n. 9

Valutazione della indipendenza funzionale di una unità immobiliare e irrilevanza dell'esistenza o meno di un condominio.
Le "*unità immobiliari funzionalmente indipendenti e con uno o più accessi autonomi dall'esterno, site all'interno di edifici plurifamiliari*", alle quali la norma fa riferimento, vanno individuate verificando la contestuale sussistenza del requisito della "*indipen-*

denza funzionale" e dell'"*accesso autonomo dall'esterno*", a nulla rilevando, a tal fine, che l'edificio plurifamiliare di cui tali unità immobiliari fanno parte sia costituito o meno in condominio.
Interpello 09/09/2020, n. 328

Autonomia funzionale immobile con accesso indipendente non comune ad altre unità immobiliari, chiuso da cancello, al quale si accede dal percorso pedonale a servizio dei singoli edifici in condominio.
Si può ritenere che l'unità immobiliare abbia "*accesso autonomo dall'esterno*" quando all'immobile si accede attraverso una strada privata e/o in multiproprietà o attraverso un terreno di utilizzo comune, ma non esclusivo, non essendo rilevante la proprietà pubblica o privata e/o esclusiva del possessore dell'unità immobiliare all'accesso in questione, oppure quando si è in presenza di accesso anche da cortile/passaggio comune che affaccia su strada.
Interpello 04/11/2020, n. 524

Tre unità residenziali "funzionalmente indipendenti" e con accessi tramite portoncini blindati autonomi, tutti prospicienti sull'ambito esterno comune dal quale si accede alla pubblica via.
Un edificio composto da due corpi affiancati di cui uno ospita l'unità immobiliare residenziale mentre l'altro corpo ospita due ulteriori unità immobiliari ad uso abitativo, presenta il requisito dell'accesso autonomo dall'esterno se tutte le unità hanno accessi prospicienti sull'ambito esterno comune, dal quale si accede alla pubblica via tramite un cancello pedonale e due carrai.
Interpello 07/01/2021, n. 16

5.5.2.22 Infissi

Con riferimento alla possibilità di ammettere al Superbonus i nuovi serramenti che hanno una diversa geometria rispetto a quelli esistenti, sentito il Ministero dello sviluppo economico, l'Agenzia delle entrate ha affermato che anche per gli interventi diversi da quelli di demolizione e ricostruzione, è possibile fruire dell'Ecobonus ordinario e del Super-Ecobonus anche nell'ipotesi di interventi di spostamento e/o variazione di forma e dimensione degli infissi a condizione che la superficie "*totale*" degli infissi nella situazione post-intervento sia minore o uguale di quella ex ante.
Interpello 30/07/2021, n. 524

NOTE
Nello stesso senso anche: Interpello 16/11/2021, n. 780
Si ritiene di interpretare la risposta nel senso che, ove si superi la superficie antecedente all'intervento, non sia possibile detrarre nulla, non essendo consentito effettuare uno scorporo in proporzione alla superficie preesistente.
Con l'Interpello 16/11/2021, n. 779, inoltre, è stato chiarito che l'agevolazione spetta solo nel caso di sostituzione di componenti già esistenti o di loro parti e non nel caso di nuova installazione.

5.5.2.23 Interventi trainati

Intervento di riqualificazione energetica "globale" trainato.

L'intervento di riqualificazione energetica "*globale*" degli edifici, di cui al comma 344, art. 1 della L. 296/2006, non può essere trainato nell'ambito del Superbonus 110%. Trattasi di conseguenza logica del fatto che occorre invece considerare i singoli interventi sull'involucro edilizio e/o impiantistici che rientrano già nelle varie altre fattispecie di interventi trainanti o trainati, e pertanto tale intervento, nell'impianto normativo delineato per il Superbonus, non ha senso.

Interpello 18/01/2021, n. 43

NOTE

Il principio è espresso anche dalla Circolare 22/12/2020, n. 30/E, punto 4.2.4.

5.5.2.24 Intervento in corso alla data del 01/07/2020

Applicazione del Superbonus a interventi iniziati prima del 01/07/2020.

La detrazione è riconosciuta nella misura del 110% alle spese sostenute, per interventi trainanti e trainati, nel periodo di vigenza del Superbonus (a partire dal 01/07/2020), indipendentemente dalla data di effettuazione degli interventi. Ad esempio, un intervento ammissibile iniziato a luglio 2019, con pagamenti effettuati sia nel 2019 che nel 2020 e 2021, consentirà la fruizione del Superbonus solo con riferimento alle spese sostenute nel 2020 (dopo il 01/07/2020) e 2021, sempreché si tratti di interventi ammissibili e siano rispettati i requisiti previsti dalla norma agevolativa e dalla prassi.

Interpello 09/12/2020, n. 571

5.5.2.25 Isolamento termico involucro edilizio

Interventi per il miglioramento dei ponti termici.

È possibile usufruire del Superbonus anche sulle porzioni dell'isolamento esterno degli ambienti non riscaldati necessarie al miglioramento dei ponti termici afferenti gli ambienti riscaldati (come, ad esempio, le porzioni di facciate delimitanti il sottotetto e l'autorimessa, lo sporto di gronda e l'intradosso e/o estradosso dei balconi).

Interpello 06/10/2021, n. 665

NOTE

Si tratterebbe in questo caso di spese "*strettamente correlate*" alla esecuzione della lavorazione principale, che potranno rientrare nella misura in cui il tecnico abilitato ne certifichi la necessità in funzione delle esigenze tecniche sopra illustrate (vedi Interpello 07/10/2021, n. 685).

Superbonus per intervento di isolamento termico di pareti vetrate non apribili tramite sostituzione con pareti in muratura.

Stante l'esplicito richiamo, contenuto nell'art. 119 del D.L. 34/2020 esclusivamente alle "*superfici opache verticali, orizzontali e inclinate*" - e non anche ad altri elementi costituenti l'involucro edilizio - si ritiene che le spese sostenute per l'intervento di sostituzione della parete verticale dell'immobile costituita da vetrate con una parete isolante, non rientrano tra quelle che danno diritto alla detrazione.

Interpello 03/11/2020, n. 521

Fruibilità del Superbonus per isolamento termico pareti riferite a una singola unità immobiliare non autonoma in condominio.

Si può accedere alla detrazione del 110% per interventi - autorizzati dall'assemblea condominiale - che interessino solo la parte dell'involucro dell'edificio che riguarda una unità abitativa. Ciò a condizione che tali interventi interessino l'involucro dell'edificio con una incidenza superiore al 25% della superficie disperdente lorda dell'edificio medesimo e che assicurino il miglioramento di almeno due classi energetiche dell'edificio oppure, se non possibile, il conseguimento della classe energetica più alta.

Interpello 24/09/2020, n. 408

Intervento trainato di isolamento termico dall'interno.

Con riferimento agli interventi di isolamento termico realizzati sulle pareti interne di unità immobiliare in condominio, qualora venga effettuato sulle parti comuni dell'edificio in condominio almeno un intervento "*trainante*", tale circostanza consente a ciascun condominio di poter fruire del Superbonus effettuando sulla singola unità immobiliare gli interventi "*trainati*" che rientrano nel c.d. Ecobonus, compresi quelli di isolamento dall'interno. L'eventualità che l'intervento condominiale non venga effettuato, per il diniego da parte degli organi competenti delle previste autorizzazioni amministrative, comporterà ovviamente la mancata fruibilità della detrazione del 110% per gli interventi sulle pareti interne della propria abitazione.

Interpello 24/09/2020, n. 408

Intervento di isolamento termico di lastrico solare.

L'isolamento termico del lastrico solare di proprietà esclusiva rientra fra gli interventi trainanti di isolamento termico agevolabili ai sensi della lettera *a)*, art. 119 del D.L. 34/2020.

Interpello 27/10/2020, n. 499

Detraibilità con Bonus facciate o Bonus ristrutturazioni interventi eccedenti l'isolamento termico trainante per il Superbonus.

I lavori di isolamento sulle porzioni "*fredde*", che non siano però necessari alla risoluzione dei ponti termici, possono comunque usufruire del Bonus ristrutturazioni oppure del Bonus facciate.

Interpello 06/10/2021, n. 665

NOTE

Va aggiunto però che in questi casi bisogna riuscire a scorporare dall'intervento principale soggetto a Superbonus un autonomo e distinto intervento - che abbia una sua ben precisa connotazione e non sia invece solamente una estensione del principale finalizzata a far rientrare nell'agevolazione spese che altrimenti non rientrerebbero - e tenerlo distinto con distinti computo metrico, spese tecniche, contabilità, fatturazione e pagamenti, in modo da poter cumulare gli importi. Il contribuente è tenuto altresì a fornire adeguata dimostrazione in merito all'autonomia dei distinti interventi (cfr. Interpello 09/11/2020, n. 538).

5.5.2.26 Muro di contenimento e opere esterne al fabbricato

Applicazione Sismabonus per intervento su muro di contenimento di un immobile.

Considerato che l'art. 1117 del Codice civile ricomprende tra le parti comuni "*le fondazioni, i muri maestri, il suolo su cui sorge l'edificio*", e che tale elencazione non è tassativa, si ritiene che gli interventi su un muro di contenimento, sempreché funzionali all'adozione di misure antisismiche in relazione alle parti strutturali dell'edificio condominiale, possano essere annoverati tra gli interventi sulle "*parti comuni*" interessate dall'agevolazione. Ne consegue che in relazione alle spese sostenute per un intervento di ricostruzione con criteri antisismici di un muro di contenimento si possa accedere al Superbonus.

Interpello 01/02/2021, n. 68

NOTE

Nello stesso senso anche:

- Interpello 14/10/2021, n. 706, dove il caso di specie riguardava un intervento di consolidamento del muro di contenimento dell'immobile, e ricostruzione dello stesso con criteri antisismici. Nella risposta in commento, l'Agenzia delle entrate si è limitata a ribadire la necessità di accertamenti di tipo tecnico, compiuti da un professionista che asseveri - in base alle disposizioni di cui al D. Min. Infrastrutture e Trasp. 28/02/2017, n. 58 - l'efficacia dell'intervento al fine della riduzione del rischio sismico.

Le conclusioni raggiunte sono basate sulla considerazione che l'art. 1117 del Codice civile ricomprende tra le parti comuni "*le fondazioni, i muri maestri, il suolo su cui sorge l'edificio*", e che tale elencazione non è tassativa. Di conseguenza, gli interventi su un muro di contenimento - sempreché funzionali all'adozione di misure antisismiche in relazione alle parti strutturali dell'edificio condominiale - sarebbero annoverabili tra gli interventi sulle "*parti comuni*" interessate dall'agevolazione.

A tal riguardo, la risposta dell'Agenzia è secondo noi applicabile per analogia anche alla bifamiliare, qualora possa integrare le condizioni richieste e cioè:

- che si tratti di opere concernenti le "*parti comuni*" (è tale anche il suolo sul quale sorge la costruzione, salvo diverso accordo);
- nonché funzionali all'adozione di misure antisismiche in relazione alle parti strutturali dell'edificio "*condominiale*" (come certamente anche una bifamiliare può essere).

Sembra invece più difficile estendere la cosa alla casa unifamiliare, a meno che il muro di contenimento non sia in aderenza e quindi tale da essere considerato "*parte strutturale*" dell'edificio, valutazione evidentemente che spetterà al tecnico incaricato della progettazione.

Infatti a tale proposito, la Commissione di monitoraggio sul Superbonus, con parere di settembre 2021, ha ricordato che non è raro il caso in cui la stabilità di una costruzione sia affidata anche ad opere esterne al perimetro del fabbricato o comunque che esistano manufatti posti in prossimità del fabbricato stesso, il cui degrado strutturale può di fatto mettere a rischio la stabilità della costruzione principale.

In questi casi, conoscenza e valutazione oggettiva delle condizioni di stabilità di un'area più estesa del perimetro della costruzione, inclusi i manufatti e le opere d'arte even-

tualmente interferenti, sono fondamentali al fine della corretta progettazione di interventi di messa in sicurezza e riduzione del rischio sismico.
Di conseguenza, secondo la Commissione, gli interventi finalizzati a ridurre il rischio sismico derivante da situazioni come quelle rappresentate possono essere ricompresi tra quelli ammessi al Superbonus, al pari degli altri interventi, anche locali, finalizzati ad accrescere le prestazioni strutturali delle fondazioni nei confronti dell'azione sismica.
Resta tuttavia necessario che il progettista, il direttore dei lavori e, ove previsto, il collaudatore statico, ciascuno per quanto di competenza, vadano ad esplicitare il nesso di causalità tra la stabilità dell'edificio nei confronti dell'azione sismica e l'eventuale carenza da sanare in elementi posti nelle vicinanze delle costruzioni. In altri termini, i tecnici dovranno attestare il rapporto causa-effetto, ex ante ed ex post, che, nel processo di riduzione del rischio sismico, si instaura tra la costruzione e gli interventi progettati per le situazioni al contorno.
Altro elemento da attestare a cura dei tecnici è quello relativo all'appartenenza dell'intervento ad una singola unità immobiliare, ad un condominio, ovvero al carattere sovra condominiale, anche per applicare quanto detto in relazione alle conclusioni già raggiunte dall'Agenzia entrate.

5.5.2.27 Onlus, IACP, Associazioni sportive, Enti religiosi, Fondazioni ed enti vari

Onlus, estensione del Superbonus agli immobili di qualsiasi categoria catastale.
Non essendo prevista alcuna limitazione espressa, per Onlus, Organizzazioni di volontariato e Associazioni di promozione sociale, il beneficio spetta per tutti gli interventi agevolabili, indipendentemente dalla categoria catastale e dalla destinazione dell'immobile oggetto degli interventi, ferma restando la necessità che gli interventi siano effettuati sull'intero edificio.
Interpello 17/09/2021, n. 609

NOTE
In merito all'estensione del Superbonus per le Onlus agli immobili di qualsiasi categoria catastale si vedano anche:
- Interpello 27/07/2021, n. 517, il quale ha inoltre precisato che per le Onlus, le OdV e le APS il Superbonus spetta indipendentemente dalla circostanza che l'edificio sia o meno costituito in condominio e, pertanto, anche con riferimento ad interventi realizzati su edifici composti anche da più quattro unità immobiliari di proprietà dei sopra richiamati soggetti.
- Interpello 14/04/2021, n. 253
- Interpello 14/04/2021, n. 251
- Interpello 14/04/2021, n. 250
- Interpello 14/04/2021, n. 249
- Interpello 25/03/2021, n. 206
- Interpello 13/04/2021, n. 239

Il principio è espresso anche dalla Circolare 22/12/2020, n. 30/E, punto 2.1.1.

Cooperativa sociale di produzione e lavoro che corrisponde retribuzioni pari o superiori al 50% degli altri costi

La Cooperativa sociale di produzione e lavoro che corrisponde retribuzioni per un importo non inferiore al 50% dell'ammontare complessivo di tutti gli altri costi tranne quelli relativi alle materie prime e sussidiarie, rientrando tra le ipotesi di esenzione dalle imposte sui redditi di cui all'art. 11 del D.P.R. 601/1973, non può beneficiare del Superbonus e nemmeno optare per lo sconto in fattura o la cessione del credito, salvo che non possieda altri redditi, ivi compresi eventuali redditi di capitale.

Interpello 27/07/2021, n. 517

Fruibilità del Superbonus per le ASD esclusivamente sui locali adibiti a spogliatoio.

L'Associazione sportiva dilettantistica può fruire del Superbonus limitatamente alle spese riferite ai lavori di riqualificazione energetica effettuati sulla parte di edificio adibita a spogliatoio già esistente e dotata di impianto di climatizzazione. In caso di spostamento o riallocazione dei locali adibiti a spogliatoio dovranno essere escluse dal Superbonus le spese riferite all'intervento realizzato sulla parte ampliata dove verrà riallocata una parte degli spogliatoi.

Interpello 30/08/2021, n. 567

NOTE

Nello stesso senso anche:

- Interpello 10/11/2021, n. 774, il quale specifica ulteriormente che la sostituzione dell'impianto di climatizzazione che serve, oltre allo spogliatoio, anche il resto dell'immobile in cui esso si trova, con un analogo impianto - che rispetti i criteri energetici previsti - non esclude il contribuente dal beneficio, sebbene lo stesso risulti limitato alle spese sostenute in relazione alla climatizzazione del solo spogliatoio o della parte dell'immobile adibita allo spogliatoio.

Termini di scadenza del Superbonus per le Onlus

Una Fondazione, soggetto di diritto privato iscritto all'anagrafe delle ONLUS, tra i cui scopi statutari non rientrino la gestione del patrimonio di edilizia residenziale pubblica e/o l'acquisizione di immobili da destinare all'edilizia residenziale pubblica, non può fruire ai fini del Superbonus del maggior termine previsto per i soggetti di cui al comma 9, lettera c), art. 119 del D.L. 34/2020 (IACP comunque denominati o altri enti aventi analoghe finalità istituzionali).

Interpello 25/06/2021, n. 448

Fruibilità Superbonus a favore di ente ecclesiastico civilmente riconosciuto che da statuto svolge anche attività che rientrano nella fattispecie delle Onlus (c.d. "Onlus parziale").

Può usufruire del Superbonus un ente ecclesiastico iscritto nell'anagrafe delle Onlus che utilizza gli immobili oggetto di intervento nell'ambito del ramo Onlus per il perseguimento delle finalità sociali, tenendo una contabilità separata ai sensi dell'art. 20-*bis* del D.P.R. 600/1973. A tal fine rileva la circostanza che dalla predetta contabilizzazione risulti che le unità immobiliari oggetto dei descritti interventi agevolati siano utilizzate esclusivamente per la parte afferente al ramo Onlus.

Interpello 20/09/2021, n. 615

Applicazione del Superbonus a una cooperativa sociale di produzione e lavoro.

Ai sensi dell'art. 11 del D.P.R. 601/1973, una cooperativa sociale di produzione e lavoro che corrisponde retribuzioni per un importo pari o superiore al 50% dell'ammontare complessivo di tutti gli altri costi tranne quelli relativi alle materie prime e sussidiarie è esente dalle imposte sui redditi, mentre fruisce di una esenzione parziale se l'ammontare delle retribuzioni è inferiore al 50%.

Ne consegue che nel caso di esenzione totale la cooperativa non potrà beneficiare del Superbonus, né potrà esercitare l'opzione per lo sconto in fattura o per la cessione del credito corrispondente alla detrazione. Viceversa, in caso di esenzione parziale, potrà accedere al Superbonus con la possibilità di optare per la fruizione in una delle modalità alternative della cessione del credito o dello sconto in fattura (purché ovviamente la cooperativa rientri nel novero dei soggetti ammessi ai sensi della lettera d-*bis*, comma 9, art. 119 del D.L. 34/2020, quindi ad esempio sia iscritta al registro delle Onlus).

Interpello 14/04/2021, n. 253

Onlus, non applicabilità del limite di due unità immobiliari previsto per le persone fisiche.

Per Onlus, Organizzazioni di volontariato e Associazioni di promozione sociale non opera la limitazione contenuta nel comma 10, art. 119 del D.L. 34/2020 in merito alla possibilità di fruire del Superbonus limitatamente a due unità immobiliari, in quanto tale disposizione riguarda solo le persone fisiche, al di fuori dell'esercizio di attività di impresa, arti e professioni.

Interpello 13/04/2021, n. 239

NOTE

Nello stesso senso anche:

- Interpello 14/04/2021, n. 253
- Interpello 14/04/2021, n. 250
- Interpello 14/04/2021, n. 249

Il principio è espresso anche dalla Circolare 22/12/2020, n. 30/E, punto 2.1.1.

Fruibilità del Superbonus per gli enti religiosi (parrocchia).

La norma non indica espressamente tra i soggetti beneficiari del Superbonus gli enti religiosi, i quali, pertanto, potranno fruire del Superbonus se rientrano anche tra i soggetti di cui alla lettera *d-bis)* del comma 9, art. 119 del D.L. 34/2020 (Onlus, organizzazioni di volontariato, associazioni di promozione sociale). Diversamente, tali enti potranno beneficiare del Superbonus solo per le spese sostenute per interventi realizzati sulle parti comuni degli edifici in condominio, qualora partecipino alla ripartizione delle spese in qualità di condomino.

Interpello 07/01/2021, n. 14

Interventi realizzati da enti di gestione di edilizia residenziale pubblica.

Un ente pubblico di servizio non economico, dotato di autonomia organizzativa, patrimoniale, amministrativa e contabile che svolge le attività tipiche degli ex IACP, può rientrare tra i soggetti destinatari del Superbonus, ai sensi dell'art. 119 del D.L.

34/2020, comma 9, lettera c). Per tali soggetti il Superbonus si applica con riferimento agli interventi realizzati esclusivamente su immobili adibiti ad "*edilizia residenziale pubblica*", di proprietà dei predetti enti oppure gestiti per conto dei comuni.
Interpello 08/03/2021, n. 162

Società di "in house providing".
Ai fini del Superbonus, è necessario che il soggetto che gestisce gli immobili adibiti a edilizia residenziale pubblica per conto del Comune sia in grado di certificare la sussistenza delle condizioni necessarie per essere qualificato società "*in house providing*". In assenza di tale documentazione, il soggetto in questione non potrà essere qualificato tra i soggetti di cui all'art. 119 del D.L. 34/2020, comma 9, lettera c) e quindi beneficiare dell'agevolazione.
Interpello 30/08/2021, n. 572

Assimilazione di una Fondazione agli IACP ai fini di qualificazione "in house providing".
Con riferimento all'assimilazione di una Fondazione agli IACP ai fini di qualificazione "*in house providing*", la verifica dei profili soggettivi deve essere effettuata caso per caso e attiene all'applicazione della legislazione nazionale e regionale in materia di edilizia residenziale sociale nonché, per le società "*in house providing*", della legislazione europea in materia. Pertanto, l'assimilazione è possibile nel caso in cui l'ente interessato dimostri il possesso dei requisiti soggettivi e oggettivi di cui all'art. 119 del D.L. 34/2020, comma 9, lettera c).
Interpello 13/12/2021, n. 807

Fruibilità del Superbonus per una fondazione iscritta al registro delle Onlus.
Una fondazione iscritta all'anagrafe delle Onlus rientra tra i soggetti di cui alla lettera *d-bis)*, comma 9, art. 119 del D.L. 34/2020, e pertanto, nel presupposto che siano rispettate tutte le condizioni previste per accedere all'agevolazione, la stessa potrà accedere al Superbonus ed esercitare le opzioni previste dall'art. 121 del D.L. 34/2020 medesimo.
Interpello 28/01/2021, n. 64

NOTE
Nello stesso senso anche:
- Interpello 14/04/2021, n. 252
- Interpello 14/04/2021, n. 251
- Interpello 14/04/2021, n. 250
- Interpello 14/04/2021, n. 249

Con Interpello 14/04/2021, n. 251 è stato di converso chiarito che una fondazione non rientra tra i soggetti ammessi al Superbonus, e pertanto, a meno che non integri anche i requisiti di una Onlus, non potrà accedere al Superbonus.

Fruibilità del Superbonus per le Onlus anche in riferimento a immobili non costituiti in condominio.

Per le ONLUS, le OdV e le APS il beneficio spetta indipendentemente dalla circostanza che l'edificio sia o meno costituito in condominio. Pertanto, il Superbonus spetta anche con riferimento ad interventi realizzati su edifici composti anche da più unità immobiliari (anche più di quattro unità abitative) di proprietà dei sopra richiamati soggetti.

Interpello 14/04/2021, n. 252

Fruibilità del Superbonus per le prestazioni dei dipendenti dell'IACP.

Sono agevolabili le spese sostenute per le prestazioni per la progettazione, per la verifica e validazione dei progetti, per la direzione lavori, per il coordinamento della sicurezza, per il collaudo dei lavori, nonché per le modalità di documentazione delle stesse, anche se svolte da dipendenti dell'IACP. L'agevolazione spetta a condizione che i costi delle prestazioni afferenti gli interventi agevolabili svolte da tale personale siano debitamente documentati o rilevati almeno nella contabilità interna.

Interpello 30/11/2021, n. 795

Fruibilità del Superbonus per le spese di gara a carico dell'Ente IACP.

Sono agevolabili i costi correlati alle prestazioni a carico dell'ente IACP che agisce quale stazione appaltante ai sensi del D. Leg.vo 50/2016, dato che tali costi sono caratterizzati da un'immediata e necessaria correlazione con gli interventi che danno diritto alla detrazione, in quanto obbligatori e prodromici alla realizzazione degli interventi stessi. A titolo esemplificativo e non esaustivo, le spese agevolabili potrebbero essere le seguenti: costi per l'indizione e l'espletamento della gara di appalto; costo delle commissioni e dei seggi di gara; costi di pubblicazione bandi ed avvisi.

Interpello 30/11/2021, n. 795

Inapplicabilità del Superbonus per istituti pubblici di assistenza e beneficienza (IPAB).

Stante l'elencazione tassativa dei soggetti beneficiari di cui all'art. 119 del D.L. 34/2020, comma 9, non sussistono in capo agli istituti pubblici di assistenza e beneficienza (IPAB) i presupposti soggettivi per poter fruire del Superbonus.

Interpello 10/12/2021, n. 804

NOTE

Nel medesimo Interpello è stato chiarito che - secondo la Circolare 08/08/2020, n. 24/E, punto 2.1.4 - il Superbonus spetta anche ai contribuenti persone fisiche che svolgono attività di impresa, arti e professioni, qualora le spese sostenute abbiano ad oggetto interventi effettuati su immobili appartenenti all'ambito "*privatistico*". Dunque, anche in difetto del requisito soggettivo in capo all'IPAB, non è escluso che i singoli condòmini locatari delle singole unità immobiliari, in qualità di persone fisiche "*al di fuori dell'esercizio di attività di impresa, arti e professioni*", siano potenzialmente legittimati a beneficiare dell'agevolazione.

Si ricorda tuttavia in proposito la limitazione per i fabbricati interamente posseduti da unico proprietario, i quali sono ammessi a Superbonus solo se recanti un massimo di 4

unità immobiliari abitative oltre ad eventuali pertinenze (di tale limitazione l'Interpello non fa cenno).
Inoltre, la Circolare 25/06/2021, n. 25/E, pag. 442, indica che "*se l'unico proprietario di tutte le unità immobiliari di un edificio concede in locazione o in comodato tutte o alcune delle predette unità immobiliari a più soggetti (detentori), non si costituisce un condominio e, di conseguenza, non è possibile fruire del Superbonus*".

5.5.2.28 *Responsabile dei lavori*

Possibilità di far rientrare nelle spese ammesse al Superbonus, quelle relative alle attività svolte dal "Responsabile dei lavori".
I compensi spettanti al "*Responsabile dei lavori*" possono essere ammessi a beneficiare delle detrazioni se collegate alla realizzazione degli interventi ammessi al Superbonus, mentre tra le predette spese non rientrano i compensi specificatamente riconosciuti all'amministratore per lo svolgimento degli adempimenti dei condomini connessi all'esecuzione dei lavori e all'accesso al Superbonus. La quantificazione delle spese in questione dovrà essere effettuata, alla stregua di tutte le altre spese tecniche, in base al D. Min. Giustizia 17/06/2016.
Interpello 16/09/2021, n. 598

5.5.2.29 *Sismabonus*

Sismabonus e progetti su singola Unità Strutturale in centro storico o su singola villetta a schiera.
Il riferimento a "*progetti unitari*" per gli interventi di riduzione del rischio sismico nei centri storici - contenuto nell'art. 16-*bis* del D.P.R. 917/1986 - può essere inteso come limitato al concetto di singola Unità Strutturale, una volta individuata, e non necessariamente all'intero aggregato edilizio che tipicamente caratterizza i centri storici, con progetti, quindi, che possono essere redatti anche mettendo in atto interventi locali di cui al punto 8.4.1 delle NTC 2018. Spetterà al professionista incaricato valutare - anche sulla base dei chiarimenti forniti dalla Commissione per il monitoraggio del Superbonus - se gli interventi da realizzare possiedano i requisiti per essere considerati "*interventi di riparazione o locali*", nonché l'individuazione di una "*unità strutturale*" secondo le NTC 2018 e ogni valutazione in merito alla possibilità di redigere progetti di intervento su una porzione di edificio in autonomia rispetto all'edificio considerato nella sua interezza.
Interpello 28/09/2021, n. 630

NOTE
Nello stesso senso anche:
- Interpello 16/09/2021, n. 598

A sua volta, Interpello 26/08/2021, n. 560 specifica, richiamando i medesimi pareri della Commissione di monitoraggio sul Superbonus, che è possibile fruire del Superbonus per interventi di riparazione o locali su singoli elementi di villette o case "*a schiera*".
È inoltre opportuno aggiungere che spetterà al progettista dare evidenza dell'efficacia degli interventi locali al fine di dimostrare la complessiva efficacia ai fini della riduzione del rischio sismico (soprattutto nei casi in cui non vi sia variazione di classe sismi-

ca), nonché svolgere le necessarie considerazioni in merito alle interazioni dell'intervento sul singolo elemento del complesso a schiera o sulla singola Unità Strutturale in un aggregato edilizio, al fine se non altro di dimostrare che non viene peggiorato il comportamento statico della rimanente porzione del complesso o dell'aggregato, non interessata dagli interventi.
Con precedenti risposte - antecedenti al parere della Commissione (ad esempio, Interpello 28/01/2021, n. 63) e da considerare ora superate sul punto - era stata invece indicata la necessità che, in presenza di una villetta bifamiliare a sua volta costituita da due unità immobiliari, pur "*funzionalmente indipendenti*" e dotate di accessi autonomi dall'esterno (come nella fattispecie esaminata dall'Agenzia entrate nella risposta 63/2021), le spese relative agli interventi antisismici non potessero essere ammesse al Superbonus se l'intervento non avesse coinvolto nel complesso l'intera struttura.
Con l'Interpello 16/11/2021, n. 780 è stato invece ribadito che ai fini della fruizione dell'agevolazione è possibile anche considerare gli interventi sull'intera unità strutturale. A tal fine, è necessario che l'efficacia dell'intervento realizzato sull'intera unità strutturale, al fine della riduzione del rischio sismico, sia asseverata dai professionisti incaricati.

Sanabilità asseverazione per Sismabonus presentata con modello previgente e quindi privo della parte relativa all'attestazione di congruità delle spese.
Conformemente a quanto espresso dalla Commissione di monitoraggio sul Sismabonus istituita presso il Consiglio superiore dei lavori pubblici (risposte a quesiti febbraio 2021), in una ottica di semplificazione degli adempimenti la mancata presentazione dell'attestazione di congruità delle spese (conseguente alla presentazione del modello di cui all'Allegato B nella versione previgente a quella adattata al Superbonus introdotta dal D.M. 329/2020) non pregiudica l'accesso al Superbonus, purché la stessa venga prodotta entro il termine dei lavori o all'eventuale presentazione di ogni stato di avanzamento dei lavori.
Interpello 10/03/2021, n. 168

NOTE
Nello stesso senso anche:
- Interpello 16/06/2021, n. 410

Cumulabilità massimali tra Sismabonus e interventi di ristrutturazione.
Per effetto del rinvio all'art. 16-*bis* del D.P.R. 917/1986, gli interventi ammessi al Sismabonus sono quelli indicati nel medesimo art. 16-*bis* del D.P.R. 917/1986, che deve intendersi quale norma di riferimento generale. In particolare, per effetto del predetto rinvio, gli interventi ammessi al Sismabonus non possono fruire di un autonomo limite di spesa in quanto non costituiscono una nuova categoria di interventi agevolabili. Pertanto, nel caso in cui vengano eseguiti sul medesimo immobile sia interventi di recupero del patrimonio edilizio sia interventi antisismici, il limite massimo di spesa ammesso alla detrazione è complessivamente pari a 96.000 euro.
Interpello 22/02/2021, n. 121

NOTE
Lo stesso principio è stato espresso anche dalla Risoluzione 28/09/2021, n. 60/E, ed è da ritenersi esteso anche ad altri interventi facenti riferimento al citato art. 16-*bis* del D.P.R. 917/1986 e ammissibili al Superbonus, quali in particolare quelli relativi agli impianti fotovoltaici nonché all'eliminazione delle barriere architettoniche.

Parametri per congruità dei costi per interventi di Super-Sismabonus.
Ai fini dell'asseverazione da parte dei professionisti incaricati della congruità delle spese sostenute in relazione agli interventi agevolati con il Super-Sismabonus, occorre fare riferimento ai prezzi riportati nei prezzari predisposti dalle regioni e dalle province autonome, ai listini ufficiali o ai listini delle locali camere di commercio, industria, artigianato e agricoltura ovvero, in difetto, ai prezzi correnti di mercato in base al luogo di effettuazione degli interventi. Va peraltro rilevato che nell'Allegato B al D. Min. Infrastrutture e Trasp. 28/02/2017, n. 58 è previsto, tra l'altro, che il tecnico indichi il prezzario mediante il quale ha stimato la congruità della spesa ammessa alla detrazione.
Interpello 09/11/2020, n. 538

Asseverazione tardiva per il Sismabonus, conseguenze.
Con riguardo alla presentazione dell'asseverazione del progettista strutturale, di cui all'Allegato B, un'asseverazione tardiva non consente l'accesso alla detrazione.
Interpello 13/04/2021, n. 240

NOTE
Nello stesso senso innumerevoli interpelli, ad esempio:
- Interpello 15/10/2021, n. 709
- Interpello 24/05/2021, n. 366
- Interpello 30/08/2021, n. 567

Asseverazione tardiva per il Sismabonus, quando va presentata contestualmente all'avvio della procedura edilizia e quando può invece essere presentata entro la data di inizio dei lavori.
Non è possibile usufruire dell'agevolazione per lavori iniziati nel 2019, qualora non sia stata presentata la prevista asseverazione delle classi di rischio sismico contestualmente all'avvio del procedimento edilizio. Infatti, la modifica normativa che consente di presentare l'asseverazione anche non contestualmente purché entro l'inizio dei lavori, si applica per i titoli edilizi presentati a partire dal 16/01/2020 (data di entrata in vigore del D.M. 24/2020 che ha introdotto la suddetta modifica).
Interpello 30/08/2021, n. 567

NOTE
Nello stesso senso:
- Interpello 13/04/2021, n. 240
- Interpello 24/02/2021, n. 127
- Interpello 07/01/2021, n. 12
- Interpello 25/03/2021, n. 209

Tempestività asseverazione in caso di variante in corso d'opera
In caso di presentazione di variante in corso d'opera relativa a titolo edilizio per il quale l'asseverazione non sia stata presentata tempestivamente, in mancanza di un parere dell'Ufficio tecnico del Comune che attesti che la data di presentazione della variante al permesso di costruire possa essere considerata una diversa e successiva (rispetto all'originario titolo abilitativo urbanistico) data di inizio del procedimento autorizzatorio, si fa riferimento alla procedure originaria e pertanto l'asseverazione è comunque da considerarsi tardiva.
Interpello 25/08/2021, n. 554

NOTE
Nello stesso senso anche:
- Interpello 06/10/2021, n. 674

Sismabonus per interventi autorizzati alla data del 01/01/2017
La Commissione di monitoraggio sul Sismabonus istituita presso il Consiglio superiore dei lavori pubblici (Parere del 9 agosto 2021) ha precisato che con le parole aggiunte dalla L. 30/12/2020, n. 178 (Legge di bilancio 2021) il legislatore ha inteso consentire l'accesso al beneficio anche con riferimento agli interventi per i quali a partire dal 1° gennaio 2017 sia stato rilasciato il titolo edilizio, indipendentemente dalla data di inizio della procedura autorizzatoria. La Commissione ha altresì precisato che le modifiche sono entrate in vigore a partire dal 1° gennaio 2021 e, pertanto, la nuova disposizione si applica alle spese sostenute a partire da tale ultima data.
Interpello 10/11/2021, n. 775

NOTE
Nello stesso senso anche:
- Interpello 10/11/2021, n. 772

5.5.2.30 Sismabonus acquisti

Super-Sismabonus acquisti applicabile solo per immobili residenziali.
Il Superbonus può trovare applicazione solo con riferimento all'acquisto di unità immobiliari ad uso abitativo al termine dell'intervento, e conseguentemente essere accatastato in una delle categorie agevolabili.
Interpello 25/08/2021, n. 556

Sismabonus acquisti su edificio ricostruito con un maggior numero di unità immobiliari.
Nel rispetto dei requisiti previsti, il Sismabonus acquisti è fruibile in relazione a ciascuna delle unità che viene acquistata, indipendentemente dalla circostanza che le unità immobiliari dell'edificio dopo la ricostruzione siano in numero maggiore rispetto a quelle iniziali.
Interpello 18/03/2021, n. 191

Limite di spesa per acquisto di unità immobiliare dotata di pertinenza.
Il Super-Sismabonus acquisti spetta per l'acquisto dell'immobile residenziale e, nel caso di atto unico di acquisto relativo ad appartamento e pertinenza, si potrà beneficiare della detrazione sul costo complessivo entro il limite di spesa stabilito di 96.000 Euro.
Interpello 18/03/2021, n. 191

Sismabonus acquisti per intervento su più fabbricati.
In caso di intervento che coinvolge più fabbricati ma oggetto di una unica pratica edilizia, l'agevolazione per il singolo acquirente non è condizionata necessariamente all'ultimazione dei lavori riguardanti tutti i fabbricati, quanto al rispetto dei requisiti previsti dalla normativa antisismica come risultanti delle previste attestazioni professionali.
Interpello 18/03/2021, n. 191

Asseverazione tardiva in caso di riclassificazione della zona sismica.
Ai fini del Sismabonus acquisti, nel caso in cui il deposito dell'Allegato B del D. Min. Infrastrutture e Trasp. 28/02/2017, n. 58 (contenente il modello relativo all'asseverazione del progettista) non sia stato effettuato in quanto alla data di presentazione della richiesta del titolo abilitativo il Comune era classificato in zona sismica 4, è ammessa l'asseverazione tardiva, che deve essere presentata dall'impresa a partire dalla data di produzione effetti della riclassificazione sismica regionale ed entro la data di stipula del rogito dell'immobile.
Interpello 24/09/2021, n. 624

NOTE
Si veda in proposito anche la Risoluzione 03/07/2020, n. 38/E.
Nello stesso senso anche:
- Interpello 10/11/2021, n. 775
- Interpello 10/11/2021, n. 773
- Interpello 10/11/2021, n. 772
- Interpello 10/11/2021, n. 770
- Interpello 08/11/2021, n. 764
- Interpello 27/10/2021, n. 749
- Interpello 27/07/2021, n. 516
- Interpello 16/06/2021, n. 410
- Interpello 24/05/2021, n. 366

Si veda altresì l'Interpello 16/09/2021, n. 598, il quale chiarisce che al fine di verificare in quale zona sismica si trovi l'edificio occorre fare riferimento alla classificazione sismica regionale vigente.

Lavori ultimati in data antecedente alla data di produzione degli effetti della riclassificazione sismica regionale.
Ai fini del Sismabonus acquisti, è necessario che gli interventi edilizi non siano ancora terminati al momento del passaggio alla classe sismica 3.
Interpello 10/11/2021, n. 773

NOTE

Nello stesso senso anche l'Interpello 10/11/2021, n. 770, che conferma la fruibilità del Sismabonus acquisti qualora gli interventi non siano stati ancora ultimati al momento di passaggio dalla zona sismica 4 alla 3.

Sismabonus acquisti su immobile demolito e ricostruito con aumento di volumetria e aumento del numero di unità immobiliari.

Il Sismabonus acquisti si applica anche nell'ipotesi in cui la demolizione e ricostruzione dell'edificio abbia determinato un aumento volumetrico rispetto a quello preesistente (a prescindere dalla circostanza che il titolo abilitativo sia emesso come ristrutturazione edilizia o nuova costruzione), ma nel presupposto che l'intervento sia effettuato all'interno dei limiti e nel rispetto di quanto consentito dagli strumenti urbanistici vigenti), sempreché le disposizioni normative urbanistiche in vigore permettano tale variazione, non rilevando la circostanza che il fabbricato ricostruito contenga un numero maggiore di unità immobiliari rispetto al preesistente.

Interpello 23/11/2020, n. 558

NOTE

Nello stesso senso anche:

- Interpello 24/05/2021, n. 364
- Interpello 24/05/2021, n. 366
- Interpello 23/11/2020, n. 557
- Interpello 02/11/2020, n. 515

Calcolo del massimale per il Sismabonus acquisti di immobile con pertinenza separatamente accatastata.

La detrazione deve essere calcolata, nel limite massimo di spesa di euro 96.000, sul prezzo risultante dall'atto di compravendita, unitariamente considerato, riferito all'immobile principale e alla pertinenza, anche se accatastati separatamente.

Interpello 02/11/2020, n. 515

NOTE

Nello stesso senso anche:

- Interpello 02/11/2020, n. 514

Sismabonus acquisti e attestazione di congruità della spesa.

Per il Sismabonus acquisti, posto che l'agevolazione è commisurata al prezzo della singola unità immobiliare risultante nell'atto pubblico di compravendita e non alle spese sostenute dall'impresa in relazione agli interventi agevolati, non è necessario produrre l'attestazione di congruità della spesa. Ne segue che gli acquirenti delle case antisismiche, ferma restando la sussistenza degli ulteriori requisiti, possono beneficiare del Super-Sismabonus senza necessità di procedere all'attestazione di congruità della spesa sostenuta, e anche in presenza di un'asseverazione predisposta con il modello previgente.

Interpello 25/08/2021, n. 556

NOTE

Nello stesso senso anche:

- Interpello 24/05/2021, n. 366
- Interpello 20/07/2021, n. 494, il quale precisa inoltre che di conseguenza non occorre redigere il computo metrico.
- Interpello 17/03/2021, n. 190

Massimale per Sismabonus acquisti in caso di acquisto di unità immobiliare abitativa con pertinenza (box auto separatamente accatastata e indicazione separata del prezzo nell'atto.

In caso di acquisto di pertinenza (nella fattispecie, un box auto) effettuato insieme a unità abitativa con indicazione nell'atto di vendita di separati corrispettivi, la detrazione d'imposta "*Sismabonus acquisti*" deve essere calcolata, nel limite massimo di spesa di Euro 96.000, sul prezzo risultante dall'atto di compravendita, unitariamente considerato, riferito all'immobile principale e alla pertinenza, anche se accatastati separatamente. L'acquisto della sola pertinenza svincolata dall'abitazione non rientra invece nel perimetro agevolativo.

Interpello 08/01/2021, n. 19

Sismabonus acquisti e fruibilità in capo all'impresa di Ecobonus o altre agevolazioni.

Nell'ambito di un unico progetto di ristrutturazione con demolizione e ricostruzione, laddove l'impresa di costruzione possa identificare le spese riferibili esclusivamente agli interventi di Ecobonus disciplinati dall'art. 14 del D.L. 63/2013, la detrazione in capo all'impresa non è incompatibile con il Sismabonus acquisti spettante agli acquirenti all'atto dell'acquisto delle unità immobiliari.

Interpello 25/08/2021, n. 556

NOTE

Nello stesso senso anche:

- Interpello 02/02/2021, n. 70, secondo il quale laddove, in aggiunta alle spese per gli interventi sismici per la successiva fruizione del Sismabonus acquisti per l'acquirente, sia possibile identificare le spese riferibili esclusivamente agli interventi di Ecobonus, la predetta detrazione non è incompatibile con il suddetto Sismabonus acquisti.

Per fruire della ulteriore detrazione aggiuntiva di cui trattasi, l'impresa esecutrice/cedente dovrebbe tenere distinta contabilizzazione delle relative spese rispetto a quelle riferibili alla demolizione e ricostruzione con miglioramento sismico dell'edificio, che non sarebbero agevolate per l'impresa ma costituirebbero presupposto per far accedere il successivo acquirente al Sismabonus acquisti. In tal modo, i due soggetti coinvolti fruirebbero, rispettivamente, di diverse agevolazioni, ognuna per determinati interventi e relative spese ammissibili.

Sismabonus acquisti se l'acquirente è società di persone o di capitali che acquisti l'unità immobiliare sia per uso proprio che per destinarlo alla locazione.

Il "*Sismabonus acquisti*", oltre che alla persona fisica, spetta anche se l'acquirente è so-

cietà di persone o di capitali che acquista l'unità immobiliare sia per uso proprio quale bene strumentale che per destinarlo alla locazione quale "*bene merce*". Si arriva a tale conclusione considerando che l'ambito applicativo dell'agevolazione è da intendersi in senso ampio, atteso che la norma intende favorire la messa in sicurezza degli edifici per garantire l'integrità delle persone prima ancora che del patrimonio.
Interpello 08/01/2021, n. 19

NOTE
Nello stesso senso anche:
- Interpello 02/02/2021, n. 70

In merito alla estensione dell'ambito applicativo del Sismabonus anche agli acquisti di immobili strumentali e/o merce si vedano anche:
- Risoluzione 25/06/2020, n. 34/E
- Risoluzione 12/03/2018, n. 22/E

Sismabonus acquisti e termine ultimo per la stipula dell'atto notarile di vendita.
Per l'applicazione del Sismabonus acquisti, affinché gli acquirenti delle unità immobiliari possano beneficiare della detrazione è necessario che l'atto di acquisto (o atto di assegnazione ai soci in caso di cooperativa) relativo agli immobili oggetto dei lavori sia stipulato entro la data stabilita dalla norma per la fine della misura agevolativa. A tale data, gli immobili oggetto dei lavori devono avere tutte le caratteristiche idonee per essere commercializzati.
Interpello 23/11/2020, n. 558

NOTE
Nello stesso senso anche:
- Interpello 24/05/2021, n. 366
- Interpello 25/08/2021, n. 556
- Interpello 25/03/2021, n. 209
- Interpello 18/03/2021, n. 191
- Interpello 11/02/2021, n. 103
- Interpello 03/02/2021, n. 80
- Interpello 02/02/2021, n. 70 e Interpello 17/03/2021, n. 190, i quali chiariscono altresì che è possibile beneficiare della detrazione anche con riferimento ad eventuali importi versati in acconto (per il Super-Sismabonus, a partire dal 01/07/2020), a condizione, tuttavia, che il preliminare di vendita dell'immobile sia registrato entro la data di presentazione della dichiarazione dei redditi nella quale si intende fruire della detrazione e che si realizzi anche il presupposto costituito dell'ultimazione dei lavori riguardanti l'intero fabbricato.
- Interpello 11/01/2021, n. 30
- Interpello 08/01/2021, n. 19
- Interpello 23/11/2020, n. 557
- Interpello 02/11/2020, n. 515

Sismabonus acquisti in caso di non coincidenza tra l'impresa che ha provveduto alla demolizione e quella che realizzato la ricostruzione.
Non è necessario che l'impresa esegua direttamente i lavori di miglioramento sismico bensì è possibile che tali lavori siano commissionati ad altra impresa esecutrice. Tuttavia, è necessario che l'impresa appaltante sia titolare del titolo abilitativo necessario alla realizzazione dei lavori finalizzati al miglioramento sismico e che sia un'impresa astrattamente idonea ad eseguire tali lavori. L'astratta idoneità, a titolo esemplificativo, è ritenuta sussistente attraverso la verifica del codice attività ATECO oppure attraverso la previsione espressa dell'attività di costruzione o di ristrutturazione immobiliare nell'oggetto sociale.
Interpello 10/05/2021, n. 320

Inapplicabilità del Sismabonus acquisti per su immobili di proprietà di Fondi comuni d'investimento immobiliare di tipo chiuso.
I Fondi comuni d'investimento immobiliare di tipo chiuso non possono qualificarsi alla stregua di imprese di costruzione e ristrutturazione, e pertanto non è possibile estendere in via interpretativa il Sismabonus acquisti agli immobili di proprietà di tali soggetti, i quali non possono svolgere attività diretta di costruzione di beni immobili (quanto sopra, sulla base del parere reso dalla Banca d'Italia, secondo il quale il patrimonio dell'OICR non può essere utilizzato per perseguire strategie di tipo imprenditoriale, siano esse commerciali e/o industriali).
Interpello 30/12/2021, n. 890

5.5.2.31 Spese varie accessorie e di completamento
Ammissibilità spese connesse necessarie al completamento dell'intervento principale.
Il Superbonus spetta anche per altri eventuali costi collegati all'intervento principale, a condizione che: - questi siano strettamente funzionali e necessari alla realizzazione degli interventi agevolabili; - l'intervento a cui si riferiscono sia effettivamente realizzato; - l'individuazione delle spese connesse sia compiuta da un tecnico abilitato, che ne attesti la rispondenza ai pertinenti requisiti richiesti, nonché la congruità delle spese sostenute in relazione agli interventi agevolati. Sono, pertanto, escluse dal beneficio fiscale in esame le spese prive di immediata correlazione con i lavori eseguiti. (Fattispecie relativa a spese per la rimozione degli elementi decorativi della facciata oggetto di isolamento e successivo riposizionamento degli stessi).
Interpello 07/10/2021, n. 685

NOTE
Nello stesso senso anche:
- Interpello 06/10/2021, n. 672 (fattispecie relativa a interventi di rimozione dell'amianto)
- Interpello 08/02/2021, n. 90 (fattispecie relativa alla realizzazione dell'impiantistica idro-termo sanitaria, compreso sistema di ventilazione meccanica controllata)
- Interpello 16/09/2021, n. 593
- Interpello 16/03/2021, n. 175

Il principio è espresso anche dalla Circolare 22/12/2020, n. 30/E, punto 4.4.3, nonché nella Risoluzione 28/09/2020, n. 60/E, e nella Circolare 08/08/2020, n. 24/E, al punto 5. In tutti i casi, per essere agevolabili, le spese devono essere caratterizzate da un'immediata correlazione con gli interventi che danno diritto alla detrazione (Interpello 15/07/2021, n. 480).

Ammissibilità spese per studio di fattibilità

La detrazione delle spese per lo "*studio di fattibilità*", in quanto spesa professionale connessa e comunque richiesta dal tipo dei lavori, ovviamente a condizione che i lavori vengano poi svolti e portati a termine.

Interpello 15/07/2021, n. 480

5.5.2.32 *Stati di avanzamento lavori*

Determinazione del 30% dell'intervento per ciascuno stato di avanzamento lavori (SAL).

Per quanto riguarda la modalità di determinazione del 30% dell'intervento agevolabile - necessario, ai sensi del comma 1-*bis*, art. 121 del D.L. 34/2020, per esercitare l'opzione per lo sconto sul corrispettivo dovuto all'impresa o per la cessione del credito corrispondente al Superbonus in relazione a ciascuno stato di avanzamento dei lavori (SAL) - occorre fare riferimento all'ammontare complessivo delle spese riferite all'intero intervento e non all'importo massimo di spesa ammesso alla detrazione.

Interpello 09/11/2020, n. 538

Superbonus e raggiungimento del 60% dei lavori.

Con riferimento all'art. 119 del D.L. 34/2020, comma 8-bis, primo periodo, ai fini della verifica della circostanza che al 30 giugno 2022 sia stato realizzato almeno il 60% dell'intervento "*complessivo*", tale percentuale va commisurata all'intervento complessivamente considerato e non solo a determinati tipi di lavori (come ad esempio le opere strutturali, per i quali nel caso di specie l'istante intendeva usufruire del Superbonus).

Interpello 24/11/2021, n. 791

NOTE

Dal principio enunciato nell'Interpello segue che la concessione delle agevolazioni è legata al completamento degli interventi stessi in maniera integrale, come descritti nei procedimenti edilizi attivati e nelle tempistiche previste dagli stessi.

5.5.2.33 *Superbonus rafforzato nei territori colpiti da sisma*

Alternatività aumento dei massimali per edifici situati nei territori colpiti da eventi sismici e fruizione di contributo per la ricostruzione.

L'art. 119 del D.L. 34/2020, commi 4-*ter* e 4-*quater*, prevede che i limiti delle spese ammesse alla fruizione degli incentivi fiscali Superbonus (Eco e Sisma) - per tutti gli interventi da questo previsti - siano aumentati del 50% per gli interventi di ricostruzione di fabbricati danneggiati in tutti i comuni interessati da tutti gli eventi sismici verificatisi a partire dal 01/01/2009 dove sia stato dichiarato lo stato di emergenza. Tuttavia, nel caso in cui il contributo per la ricostruzione sia già stato ricevuto dal proprietario prece-

dente, il contribuente non ha la possibilità di fruire del c.d. "*Superbonus rafforzato*", previsto dai commi 4-*ter* e 4-*quater* dell'art. 119 del D.L. 34/2020, dato che tale agevolazione è considerata come alternativa al contributo e presuppone il diritto e la successiva rinuncia formale allo stesso.
Interpello 26/08/2021, n. 563

NOTE
Si segnala peraltro che - come specificato nella Guida Agenzia entrate luglio 2021 ("*Sismabonus ed Ecobonus nei territori colpiti da eventi sismici*") - la detrazione di cui al comma 4-*ter* è alternativa al contributo per la ricostruzione degli edifici danneggiati dal sisma previa rinuncia ai contributi erogati dalle strutture impegnate nei processi di ricostruzione. A seguito della rinuncia, il contribuente può usufruire del Superbonus con la maggiorazione del 50% dei limiti di spesa. Nel caso in cui il contributo sia stato già percepito dal beneficiario anche soltanto parzialmente e questi voglia fruire del c.d. "*Superbonus rafforzato*", il soggetto rinunziante è tenuto al rimborso delle somme già riscosse, maggiorate degli interessi legali, secondo modalità stabilite da ciascuna struttura impegnata nei processi di ricostruzione.
Si veda in proposito anche Interpello 05/10/2021, n. 662

5.5.2.34 Superficie disperdente lorda, calcolo

Calcolo della superficie disperdente lorda in presenza di un sottotetto non riscaldato, computo della copertura in questo caso.
Ai fini del computo della superficie disperdente lorda non rientra la superficie del tetto quando il sottotetto non è riscaldato. Tuttavia, nel presupposto che la condizione di intervenire su più del 25% della superficie disperdente sia raggiunta con la coibentazione delle superfici che, nella situazione ante intervento, delimitano il volume riscaldato verso l'esterno, vani freddi o terreno, possono rientrare nel Superbonus anche gli interventi di coibentazione del tetto che delimiti vani non riscaldati.
Interpello 07/10/2021, n. 680

NOTE
Nello stesso senso anche:
- Interpello 14/04/2021, n. 114.

In pratica, secondo l'Agenzia delle entrate, nel calcolo del 25% della superficie disperdente lorda (SDL) non rientra la copertura che delimiti un sottotetto non riscaldato.
Si ricorda che, secondo la nota del 31/08/2021 di Enea, a seguito di alcuni chiarimenti interpretativi avuti con il Ministero della Transizione Ecologica, le spese relative ai lavori di coibentazione di una copertura non disperdente sono ammissibili a patto che non si esegua contemporaneamente la coibentazione del solaio sottostante.

5.5.2.35 Titoli validi di possesso o detenzione

Interventi realizzati da una associazione sportiva dilettantistica negli spogliatoi dell'immobile affidato in gestione dal Comune in base ad una convenzione.
La Convenzione tra un'associazione sportiva dilettantistica ed un Comune per la gestione di un Palazzetto dello sport di cui quest'ultimo è proprietario costituisce titolo

idoneo a consentire all'associazione l'applicazione delle disposizioni relative al Superbonus. Trattandosi di titolo di detenzione, ai fini dell'accesso al Superbonus in relazione alle spese sostenute per la realizzazione di interventi relativi all'immobile o parte di esso adibito a spogliatoio, da parte della ASD, è necessario il previo assenso scritto del Comune proprietario.
Interpello 16/02/2021, n. 114

NOTE
Il medesimo principio è espresso anche dall'Interpello 17/09/2021, n. 610 con riferimento a Onlus, Organizzazioni di volontariato e Associazioni di promozione sociale.
Inoltre, con Interpello 30/08/2021, n. 567 è stato ritenuto titolo valido anche un contratto di assegnazione in concessione d'uso gratuito.
Si veda anche Interpello 27/07/2021, n. 515 secondo il quale costituisce titolo valido anche una convenzione avente ad oggetto la "*manutenzione e custodia degli impianti sportivi*", anche se stipulata a titolo non esclusivo (in quanto nella fattispecie l'immobile viene utilizzato anche dallo stesso ente comunale per l'attività scolastica).
Con l'Interpello 10/11/2021, n. 774 è stato inoltre affermato che ai fini dell'agevolazione le associazione e società sportive dilettantistiche (iscritte nell'apposito registro istituito presso il CONI) possono, in via alternativa: essere titolari di un diritto reale sull'immobile, anche di godimento oppure detenere l'immobile in base ad un contratto di locazione, anche finanziaria, o ad un contratto di comodato, regolarmente registrato, ed essere in possesso del consenso all'esecuzione dei lavori da parte del proprietario.

Necessità di un titolo di possesso o detenzione registrato al momento di inizio dei lavori o di sostenimento delle spese, se antecedente.
Ai fini della detrazione, le persone fisiche che sostengono le spese devono possedere o detenere l'immobile oggetto dell'intervento in base ad un titolo idoneo, al momento di avvio dei lavori o al momento del sostenimento delle spese, se antecedente il predetto avvio. In particolare, i soggetti beneficiari, devono detenere l'immobile in base ad un contratto di locazione, anche finanziaria, o di comodato, regolarmente registrato, ed essere in possesso del consenso all'esecuzione dei lavori da parte del proprietario. Al fine di garantire la necessaria certezza ai rapporti tributari, la mancanza di un titolo di detenzione dell'immobile risultante da un atto registrato, al momento dell'inizio dei lavori o al momento del sostenimento delle spese se antecedente, preclude il diritto alla detrazione anche se si provvede alla successiva regolarizzazione.
Interpello 09/09/2020, n. 327

Interventi realizzati dall'usufruttuario di immobile segregato in un trust.
L'usufruttuario di unità abitativa residenziale segregata in un *trust*, che sostenga spese per interventi antisismici e di riqualificazione energetica, può accedere al Superbonus.
Interpello 21/07/2021, n. 498

5.5.2.36 Supercondominio

Interventi di isolamento termico di alcuni edifici facenti parte di un Supercondominio e contestuale sostituzione della centrale termica a servizio di tutti gli edifici.

In caso di "*Supercondominio*", cioè di un condominio formato da più edifici ciascuno con proprio civico e codice fiscale, secondo l'art. 1117-*bis* del Codice civile si applicano le stesse disposizioni in materia di condominio, in quanto compatibili. Ne segue che nella fattispecie indicata possono accedere al Superbonus i condòmini che possiedono le unità immobiliari all'interno degli edifici per i quali, tramite i lavori indicati, sarà verificato il rispetto dei requisiti richiesti, e in particolare il doppio passaggio di classe energetica attestato mediante gli appositi APE convenzionali ante e post intervento. La verifica è in pratica effettuata singolarmente per ciascun edificio.

Interpello 08/02/2021, n. 94

NOTE

Il principio è espresso anche dalla Circolare 22/12/2020, n. 30/E, punto 5.2.4.

5.5.2.37 Unico proprietario dell'intero edificio

Interventi su edificio costituito da più unità immobiliari distintamente accatastate in comproprietà fra gli stessi soggetti.

In caso di interventi su edificio costituito da più unità immobiliari, distintamente accatastate, in comproprietà fra più soggetti, non sarà possibile beneficiare della detrazione del 110% né con riferimento alle spese sostenute per interventi realizzati sulle parti a servizio comune delle predette unità immobiliari, né con riferimento alle spese sostenute per interventi effettuati sulle singole unità immobiliari in quanto non inserite in un condominio.

Interpello 10/09/2020, n. 329

NOTE

Tale chiarimento è ora da ritenersi valido solo per gli immobili con 5 o più unità immobiliari, a seguito della modifica introdotta al comma 9, art. 119 del D.L. 34/2020 ad opera della L. 30/12/2020, n. 178, Legge di bilancio 2020).

Unico proprietario di edificio da due a quattro unità immobiliari.

Per effetto della modifica introdotta dalla Legge di bilancio 2021 (art. 1 della L. 178/2020, comma 66) - in base alla quale il Superbonus si applica anche agli interventi effettuati dalle persone fisiche, al di fuori dell'esercizio di attività di impresa, arte o professione, con riferimento agli interventi su edifici composti da due a quattro unità immobiliari distintamente accatastate, anche se posseduti da un unico proprietario o in comproprietà da più persone fisiche - l'agevolazione spetta anche se gli interventi sono realizzati su edifici non in condominio in quanto composti da più unità immobiliari (fino a 4) di un unico proprietario o comproprietari.

Interpello 27/01/2021, n. 58

NOTE

Risulta dunque superato, sotto questo profilo, l'Interpello 08/02/2021, n. 87, il quale -

pur essendo successivo - è stato scritto in base alla normativa precedente alla modifica introdotta dalla menzionata Legge di bilancio 2021, e nega la fruibilità del Superbonus per un edificio composto da due unità immobiliari distintamente accatastate di proprietà di un unico soggetto.

Calcolo del numero di unità immobiliari per il rispetto del requisito delle massimo quattro unità riferito a edificio di unico proprietario o stessi comproprietari
Per le persone fisiche, ammesse al Superbonus con riferimento agli interventi su edifici composti da due a quattro unità immobiliari distintamente accatastate, anche se posseduti da un unico proprietario o in comproprietà tra le stesse persone fisiche, il conteggio delle unità ai fini della verifica del limite di 4 deve avvenire senza considerare le pertinenze, anche se distintamente accatastate; pertanto, potrebbe fruire del bonus anche l'unico proprietario, ad esempio, di un edificio con 4 abitazioni e 2, 3, 4 o N pertinenze. Viceversa, rimane ferma la regola in base alla quale il calcolo dei massimali va fatto includendo le suddette pertinenze distintamente accatastate, così come accade nei condomini.
Interpello 07/07/2021, n. 464

NOTE
Nello stesso senso anche:
- Interpello 07/07/2021, n. 461, dal quale si evince altresì che l'unico proprietario dell'edificio potrà eseguire anche interventi trainati, su due delle unità abitative presenti nell'edificio.
- Interpello 09/06/2021, n. 397

Massimale di spesa per edificio di unico proprietario da due a quattro unità immobiliari.
Ai fini della verifica del limite di spesa sui cui calcolare la detrazione, edificio di unico proprietario da due a quattro unità immobiliari, vanno prese in considerazione (analogamente a quanto avviene per i condomini) tutte le unità immobiliari di cui si compone l'edificio risultanti al catasto all'inizio degli interventi edilizi, incluse le pertinenze, come previsto dalla Circolare 22/12/2020, n. 30/E, punto 4.4.6.
Interpello 17/09/2021, n. 608

NOTE
Come chiarito in risposta all'interrogazione in Commissione Finanze n. 5-05839 del 29/04/2021, agli edifici posseduti da un unico proprietario o da più comproprietari, si applicano, in generale, i chiarimenti di prassi forniti relativamente agli edifici in condominio.

5.5.2.38 Unione di fatto a fini fiscali
Super-Ecobonus su abitazione costituita da tre particelle catastali unite di fatto ai fini fiscali.
La Circolare 13/06/2016, n. 27/E, paragrafo 1.7, ha chiarito che - pur non essendo di norma ammissibile la fusione di unità immobiliari, anche se contigue, quando per cia-

scuna di esse sia riscontrata l'autonomia funzionale e reddituale, e ciò indipendentemente dalla titolarità di tali unità - se a seguito di interventi edilizi vengono meno i menzionati requisiti di autonomia, pur essendo preclusa la possibilità di fondere in un'unica unità immobiliare i due originari cespiti in presenza di distinta titolarità, è possibile dare evidenza negli archivi catastali dell'unione di fatto ai fini fiscali delle eventuali diverse porzioni autonomamente censite, che saranno "*di fatto*" considerate alla stregua di un'unica unità immobiliare. Ciò posto, quanto sopra varrà anche ai fini della qualificazione dell'unità immobiliare per l'accesso al Superbonus, e pertanto l'edificio costituito da particelle catastali unite ai fini fiscali può considerarsi come un'unica unità residenziale unifamiliare, con conseguente applicazione di un unico limite di spesa ai fini della fruizione del Superbonus.
Interpello 22/02/2021, n. 122

5.5.2.39 Unità collabenti e in corso di definizione (categorie catastali F/2 e F/4)

Edificio collabente costituito da due unità immobiliari distintamente accatastate, entrambe in categoria catastale F/2, con successivo frazionamento.
In caso di edificio collabente con più unità immobiliari, si applicano per il calcolo dei massimali i normali principi applicabili agli edifici plurifamiliari.
Interpello 22/02/2021, n. 121

Superbonus unità collabenti (F/2).
Le detrazioni spettano anche per le spese sostenute per interventi realizzati su immobili classificati nella categoria catastale F/2 ("*unità collabenti*"), a condizione che al termine dei lavori l'immobile rientri in una delle categorie catastali ammesse al beneficio, immobili residenziali diversi da A/1, A/8, A/9 e relative pertinenze. Ciò in quanto, pur trattandosi di una categoria riferita a fabbricati totalmente o parzialmente inagibili e non produttivi di reddito, gli stessi possono essere considerati come edifici esistenti, trattandosi di manufatti già costruiti e individuati catastalmente.
Ai fini del Super-Ecobonus, inoltre, per gli edifici collabenti, nei quali l'impianto di riscaldamento non è funzionante, deve essere dimostrabile che l'edificio è (*rectius*, era) dotato di impianto di riscaldamento rispondente alle caratteristiche tecniche previste dalle norme vigenti e che tale impianto è (*rectius*, era) situato negli ambienti nei quali sono effettuati gli interventi di riqualificazione energetica. Ciò in quanto, ai fini della predetta agevolazione, gli edifici oggetto degli interventi devono avere determinate caratteristiche tecniche e, in particolare, devono essere dotati di impianti di riscaldamento funzionanti, presenti negli ambienti in cui si realizza l'intervento.
Interpello 16/09/2021, n. 599

NOTE
Nello stesso senso anche:

- Interpello 16/09/2021, n. 593, il quale rammenta l'applicabilità agli edifici collabenti del comma 1-*quater*, art. 119 del D.L. 34/2020, il quale esonera dalla produzione dell'Attestato di prestazione energetica ante intervento gli edifici sprovvisti di copertura, di uno o più muri perimetrali, o di entrambi, purché al termine degli in-

terventi raggiungano una classe energetica in fascia A.
- Interpello 09/09/2020, n. 326
- Interpello 25/03/2021, n. 210;
- Interpello 22/02/2021, n. 121 il quale ribadisce che per unità collabenti prive di impianto di riscaldamento le spese per gli interventi di efficientamento energetico non possono essere ammesse al Superbonus;
- Interpello 08/03/2021, n. 161, in base al quale la dimostrazione che nello stato iniziale l'edificio era dotato di un impianto idoneo a riscaldare gli ambienti di cui era costituito deve essere fornita tramite una relazione tecnica, e che in questi casi non è necessario produrre l'APE ante intervento.

Superbonus unità in corso di definizione (F/4).
Le unità immobiliari accatastate in categoria F/4 possono concorrere alla formazione della spesa massima ammissibile alle agevolazioni, trattandosi di immobili per lo più terminati, la cui destinazione d'uso e la consistenza non sono state ancora definite. Con il citato Interpello 599/2021, analizzando una fattispecie concreta, è stato infatti chiarito che sono agevolabili al 110% gli interventi eseguiti su un fabbricato accatastato in categoria F/4, potendosi esso ritenere esistente. Quanto sopra, tuttavia, a condizione di poter dimostrare l'idoneità dell'immobile al suo utilizzo, o il suo effettivo utilizzo secondo natura e destinazione, tramite documentazione precedente l'avvio dei lavori, idonea ad attestare lo stato dei luoghi, la funzionalità degli impianti e l'utilizzabilità degli spazi (documentazione fotografica, perizie, certificato di residenza, utenze, ecc.). Inoltre, la detrazione spetta nella misura del 110% a condizione che nel titolo edilizio venga previsto il cambio di destinazione d'uso dello stesso in abitativo.
Interpello 16/09/2021, n. 599

5.5.2.40 Unità in costruzione

Superbonus su edificio condominiale composto anche da unità immobiliari di categoria catastale F/3. Calcolo dei massimali e della superficie disperdente lorda.
Ai fini della fruizione dei benefici del Superbonus, condizione indispensabile per fruire della detrazione è che gli interventi siano eseguiti su unità immobiliari e su edifici "*esistenti*". In relazione a tale requisito, le unità immobiliari, iscritte nel Catasto Fabbricati con la categoria F/3 "*unità in corso di costruzione*", non sono definibili quali unità "*esistenti*", in quanto sono ancora in corso di costruzione, e pertanto non possiedono i requisiti per l'accesso al Superbonus.
La presenza in condominio di unità immobiliari accatastate nella categoria F/3 non preclude la possibilità al condominio di accedere al Superbonus, se le restanti unità immobiliari sono diversamente accatastate ed hanno natura residenziale, sempre che venga rispettata per gli interventi trainanti di isolamento termico delle superfici opache verticali, orizzontali e inclinate che interessano l'involucro, l'incidenza superiore al 25% della superficie disperdente lorda dell'edificio esistente, calcolata senza considerare le unità in corso di costruzione.
Tuttavia, le unità accatastate nella categoria F/3 non concorrono alla formazione della spesa massima ammissibile e non possono essere oggetto di interventi trainati.
Interpello 16/03/2021, n. 174

NOTE

Nello stesso senso:

- Interpello 17/09/2021, n. 609

5.5.2.41 Visto di conformità

Rilascio visto di conformità per immobile dello stesso professionista.

Il professionista abilitato, ai sensi del comma 3, art. 3 del D.P.R. 322/1998 può apporre autonomamente il visto di conformità ai fini dell'opzione per la cessione o per lo sconto in fattura, dallo stesso esercitata in qualità di beneficiario della detrazione.

Interpello 28/01/2021, n. 61

Detraibilità spese per il rilascio del visto di conformità.

Per espressa previsione normativa, sono detraibili con il Superbonus, nei limiti previsti per ciascun intervento, le spese sostenute per il rilascio del visto di conformità, anche se del caso con la modalità dello sconto in fattura.

Interpello 15/07/2021, n. 480